Lenguas en diálogo

El iberorromance y su diversidad lingüística y literaria
Ensayos en homenaje a Georg Bossong

Hans-Jörg Döhla, Raquel Montero Muñoz
y Francisco Báez de Aguilar González (eds.)

Lenguas en diálogo

El iberorromance y su diversidad lingüística y literaria
Ensayos en homenaje a Georg Bossong

Hans-Jörg Döhla, Raquel Montero Muñoz
y Francisco Báez de Aguilar González (eds.)

Iberoamericana • Vervuert • 2008

Bibliographic information published by Die Deutsche Nationalbibliothek
Die Deutsche Nationalbibliothek lists this publication in the Deutsche Nationalbibliografie;
detailed bibliographic data are available on the Internet at <http://dnb.ddb.de>.

© Iberoamericana, 2008
Amor de Dios, 1 — E-28014 Madrid
Tel.: +34 91 429 35 22
Fax: +34 91 429 53 97
info@iberoamericanalibros.com
www.ibero-americana.net

© Vervuert, 2008
Elisabethenstr. 3-9 — D-60594 Frankfurt am Main
Tel.: +49 69 597 46 17
Fax: +49 69 597 87 43
info@iberoamericanalibros.com
www.ibero-americana.net

ISBN 978-84-8489-366-0 (Iberoamericana)
ISBN 978-3-86527-388-8 (Vervuert)

Depósito Legal: S. 742-2008

Diseño de cubierta: W Pérez Cino

Impreso en España
The paper on which this book is printed meets the requirements of ISO 9706

ÍNDICE

Para Georg Bossong

Con motivo de su 60 cumpleaños tenemos el gran placer y honor de homenajear a Georg Bossong regalándole el presente volumen. Manifestamos así nuestro agradecimiento por su amistad y su apoyo incondicional tanto en cuestiones profesionales como personales. Siempre ha sido y es un gusto trabajar con él como asistentes y gozar de sus amplios conocimientos, que en todo momento han constituido una fuente de inspiración y motivación. Aprovechamos la ocasión para agradecerle la paciencia y disponibilidad que nos ha brindado en todo momento.

Desde 1994 Georg Bossong es catedrático de Lingüística Iberorrománica en la Universidad de Zúrich, siguiendo la tradición de estudios árabes iniciada por Arnald Steiger y continuada por el profesor Gerold Hilty. Destacamos aquí su tesis sobre los *Canones de Albateni* y su remarcable tesis de habilitación titulada *Probleme der Übersetzung wissenschaftlicher Werke aus dem Arabischen in das Altspanische zur Zeit Alfons des Weisen*, en la que acuña el término «aculturación» (*Akkulturierung*). Siendo Georg Bossong uno de los pocos especialistas en los estudios hispanoárabes, su cátedra constituye un lugar de acogida para jóvenes científicos que quieran investigar en este campo, de manera que se vienen realizando numerosas tesinas, tesis doctorales y habilitaciones relacionadas con este tema. La gran labor de Georg Bossong en el ámbito de estudios hispanoárabes e hispanohebreos ha dado frutos en numerosos artículos y monografías dedicados especialmente a la lírica árabe, hebrea y romance de al-Andalus. Cabe mencionar en este contexto su obra titulada *Das Wunder von al-Andalus. Die schönsten Gedichte aus dem maurischen Spanien*, publicada en 2005 en la editorial C. H. Beck, una antología de traducciones alemanas en verso de poesía árabe y hebrea de al-Andalus.

Sin embargo, su afán y su interés científicos nunca se han limitado a esta área de investigación. Ya desde el inicio de su carrera científica Georg Bossong ha estudiado las demás lenguas románicas, así como otras lenguas indoeuropeas, las lenguas amerindias, el vasco y el chino, por mencionar sólo algunas. Aparte de en sus estudios de lingüística comparada, su universalidad se muestra también en sus pesquisas infatigables sobre tipología y lingüística general; por ejemplo, fue pionero en la descripción de la marcación diferencial del objeto en las lenguas neopersas.

Otro punto de su interés lo constituye la sociolingüística, especialmente temas relacionados con el multilingüismo, el plurilingüismo, los conflictos de identidad y la lingüística de contacto, como muestra el extenso número de publicaciones en este campo llevadas a cabo por el homenajeado.

No fue fácil reunir este polifacetismo en un volumen monotemático. En busca de un título en el que fuera posible conjugar un amplio abanico temático, decidimos optar por *Lenguas en diálogo: el iberorromance y su diversidad lingüística y literaria*. Dada la variedad y la difusión de las lenguas iberorrománicas, consideramos que bajo este título podríamos englobar estudios con distintos enfoques. De manera que hemos reunido trabajos sobre aspectos semánticos, lexicológicos, sociolingüísticos y tipológicos, tanto desde una perspectiva diacrónica como sincrónica. El centro de interés está en la variación lingüística del iberorromance por su contacto con otras lenguas, como el árabe, el hebreo, el tagalo en el chabacano de las Islas Filipinas, o las situaciones de diglosia, como en Angola en la época colonial. No deben faltar en este contexto estudios de lingüística misionera, disciplina joven seguida por Georg Bossong. La diversidad lingüística del iberorromance en la literatura también es un tema que suscita interés al homenajeado; recordemos, por ejemplo, sus estudios sobre Augusto Roa Bastos y la presencia del guaraní en su literatura (véase su bibliografía, al final del presente volumen). Por lo tanto, tampoco podían faltar aportaciones de estudios sobre la manifestación de la diversidad lingüística en obras literarias, como lo es el artículo sobre el portugués de Mozambique en la literatura de mediados del siglo pasado. Esperamos, pues, haber conseguido incorporar la variedad a la unidad para hacer justicia al vasto campo de especialidades que domina el homenajeado.

La labor editorial no ha estado exenta de alguna que otra dificultad, sobre todo porque el trabajo ha sido realizado a espaldas del homenajeado, ya que queríamos sorprenderle con este obsequio. Agradecemos particularmente a

Christa Bossong su complicidad incondicional y sus valiosas sugerencias. Queremos expresar nuestro agradecimiento también a otras personas que no han dudado en apoyarnos en nuestro proyecto, como Martín Lienhard e Itzíar López Guil, cuya ayuda ha sido inestimable para la realización del homenaje. Nuestra gratitud también va dirigida a Marília Mendes, a Cristina Solé, a Celia Berná Sicilia, a Yvonne Kiegel-Keicher. Damos las gracias, también, a los amigos y colegas que han aceptado nuestra invitación a participar en este homenaje, pues sin su contribución no habría sido posible la realización de este libro.

Es un placer que la editorial Iberoamericana/Vervuert haya estado dispuesta a acoger este volumen para su publicación. Agracedemos especialmente a Kerstin Houba la disponibilidad con la que siempre ha atendido a nuestras dudas y preguntas.

Finalmente, queremos manifestar nuestro más sincero reconocimiento a la Hochschulstiftung der Universität Zürich (Fundación de la Universidad de Zúrich), al Zürcher Universitätsverein (Asociación Universitaria de Zúrich) y a la Sociedad Suiza de Estudios Hispánicos (SSEH), que han patrocinado este homenaje.

Recibe, pues, querido amigo, este libro como muestra de amistad y agradecimiento.

Raquel Montero Muñoz, Hans-Jörg Döhla,
Francisco Báez de Aguilar González

EL POLICENTRISMO DEL ESPAÑOL: VARIACIONES LINGÜÍSTICAS EN LA PRENSA MEXICANA

Francisco Báez de Aguilar González
Universidad de Málaga

1. INTRODUCCIÓN

Al hablar con españoles que han visitado por primera vez algún país ibe-roamericano sobre sus primeras impresiones y experiencias en el Nuevo Mundo, con frecuencia hemos coincidido en que fuimos con un bagaje de tópicos sobre el español y, en parte, sobre la cultura española de ultramar que poco tenía que ver con la realidad que luego encontramos. Con la certeza de que íbamos a visitar un país donde se hablaba nuestra lengua materna, el español, ni siquiera se nos había pasado por la mente que pudiéramos tener problemas para entendernos con la población autóctona, leer el menú de los restaurantes o comprender las noticias de la prensa local. Como mucho supo-níamos que habría algunas expresiones coloquiales, algún que otro alimento, plato o bebida típicos, alguna que otra referencia, palabra o denominación local que desconoceríamos –a pesar de todo lo que creíamos haber aprendido en España por la televisión, la prensa, los tratados científicos, etc. sobre Ibe-roamérica y sus variantes lingüísticas–. Si en lo primero –la comunicación con la población autóctona– no había habido grandes sorpresas, tanto mayor y numerosas fueron estas con respecto a lo demás.

La incomodidad e inseguridad que sentí al intentar leer mi primer perió-dico local en el aeropuerto de México, D. F., concretamente el *Diario de México*, donde aparecían titulares como:

«Aprehenden a custodios cómplices de los fugados»
«No se vale chantajear al gobierno: Barra de abogados»
«Alemania tiene confianza en el futuro de México: Kohl»;

o mi estupefacción cuando tuve en mis manos el primer menú de un «restau-rante» autóctono y popular en uno de los mercados capitalinos despertaron mi curiosidad por esta cuestión lingüística, que nada tenía que ver con el motivo de mi visita a México –unas jornadas medievales en la UNAM–, y ya desde el primer momento sentí la necesidad de analizar detenidamente ese «otro» español, que no solo era diferente del español estándar, sino también del español de México reflejado en gran parte de los artículos filo-lógicos específicos que había leído a lo largo de mi carrera académica como hispanista.

Los estudios sobre el español de América suelen centrar su atención en la descripción de las características fonéticas (Alvar 1990), léxicas (Buesa 1992, Wotjak/Zimmermann 1994) o del sistema verbal (Moreno de Alba 1978, Rojas-Anadón 1979, Knauer 1998). Algunos estudios como los de Cotton & Sharp (1988), Quilis (1992) o Alvar (1991, 1996) ofrecen descrip-ciones generales que por su amplia temática no pueden profundizar en los diferentes aspectos variacionales, al igual que algunos análisis históricos o sociolingüísticos (Quilis 1992).

Una gran parte de los trabajos justifica el hecho diferencial predominan-temente con argumentos de sustrato –influencias de las lenguas indígenas, de la pluralidad dialectal de los colonos–, argumentos de adstrato –influencias de las lenguas occidentales– o con el supuesto conservadurismo hispano-americano, haciendo honor a la enorme complejidad étnica, social e histórica del vasto territorio hispanoamericano. Sin embargo, rara vez se considera suficientemente la relevancia del *policentrismo lingüístico*, al que gracias a ciertos fenómenos externos que están teniendo lugar en el mundo hispano podemos entretanto hacer responsable de toda una serie de innovaciones léxicas, semánticas y morfosintácticas específicas de cada centro político-lingüístico o sociolingüístico en el mundo de habla hispana.

El proceso de autonomía política ha promovido en España –al igual que en otros países– una toma de consciencia con respecto a la relevancia sociocultural y política de la identidad lingüística, primero en cuanto a las lenguas nacionales y poco después en cuanto a otras variedades regionales y dialectales. En el plano internacional, los gobiernos se están dando cuenta

de la relevancia económica de las lenguas supranacionales: como se oyó
una y otra vez durante el II Congreso Internacional de la Lengua Española
celebrado en Valladolid en octubre de 2001, el valor económico del español
se podía calcular con suficiente precisión en millones de euros o de dólares
como para hacer ver a los políticos cuán productivo resultaría su fomento
internacional. Por ello, los trabajos en los que se plantea la variación lingüística en su contexto mundial y considerando los aspectos internos como
los externos –como el de Bossong (1996) sobre las normas y los conflictos
normativos– o bien las deformaciones del lingüista –como el de Simone
(1997) sobre la lengua de *default* en un ambiente de variación– son una base
ideal para el planteamiento y discusión de nuevos puntos de vista y caminos
en la investigación lingüística moderna.

En su artículo diferencia Bossong (1996: 614 ss.) entre la «norma calibre»
(*norme-étalon*) o diasistémica, cuya realización es más bien platónica, y la
norma modelo (*norme-modèle*), que es realizada efectivamente. Esta norma
modelo o monosistémica puede ser la única de una lengua –es el caso de
las lenguas monocéntricas– o estar representada por varias normas, en el
caso de las lenguas policéntricas como el portugués, el inglés y, de manera
especial, el español:

> L'espagnol lui aussi, existe sous forme de deux variétés principales: celle
> de l'Espagne centro-orientale et septentrionale; et celle que l'on a l'habitude
> d'appeler «atlantique» , c'est-à-dire l'andalou, le canarien et les dialectes de
> toute l'Amérique hispanophone [...]. Du reste, l'espagnol «atlantique» est loin
> d'être uniforme. Il y a des normes multiples régionales, avec des isoglosses qui
> se répercutent sur tout le continent américain. Si l'on peut parler d'une identité
> linguistique de Castille, il n'en est rien de l'Amérique avec ses vingt pays his-
> panophones (Bossong 1996: 615).

Este pasaje de Bossong pone de relieve cómo las valoraciones tradicionales, en este caso de índole diacrónica y geográfica, nos imponen una
manera determinada de ver las cosas de la que a veces hemos de librarnos.
Por ello, al hablar del policentrismo español todos pensamos primeramente en dos núcleos: «España» –por ser el lugar de origen del *variandum*
genéticamente primario o primitivo[1], por ser el país que da nombre a esta
lengua y, entre otros motivos más, por la fuerza de la Real Academia

---

[1] Cf. Simone (1996: 31).

de la Lengua Española– e «Hispanoamérica»[2] –por ser el mayor centro de habla española fuera de la Península–. Sólo en un segundo momento constatamos, a veces, que este centro lingüístico «est loin d'être uniforme» y que en Hispanoamérica encontramos un gran número de centros de generación y normativización –académica o popular– del español. En la discusión político-lingüística se echaba de menos hasta hace pocos años[3] la pregunta de por qué se ha de oponer de un lado el núcleo lingüístico-normativo de «España» y, del otro, todos los demás. ¿Es suficiente la motivación genética? O ¿se trata más bien del peso de la Real Academia de la Lengua Española? ¿Estamos ante una subordinación –si podemos usar este término– voluntaria de Hispanoamérica? O ¿se trata más bien de una presunción unilateral española?

Otro fenómeno que se puede comprobar continuamente en los congresos sobre las lenguas y las hablas de España tiene que ver con el desarrollo político-lingüístico de los nacionalismos en España y la inseguridad –¿o precisión?– que este *nos* impone a la hora de usar términos como «lengua», «dialecto», «habla», pero sobre todo el de «español».

Son muy numerosos los ejemplos en los que los lingüistas nos creemos obligados a evitar el uso del calificativo «español» y a sustituirlo por «castellano», aunque para evitar connotaciones políticas o críticas nacionalistas sustituyamos un término que quizás peque por exceso por otro que generalmente lo hace por defecto. ¿Por qué no podemos hablar con la conciencia tranquila de una «identidad lingüística de España»? ¿Es tan relevante la necesidad de excluir a las regiones españolas con lengua propia, que nos vemos obligados a eliminar a las otras regiones no castellanas para poder utilizar un solo término –el de mayor alcance–, «Castilla», y evitar la incomodidad, por no decir imposibilidad, de tener que precisar en cada momento a qué Comunidades Autónomas y a qué parte de estas nos referimos cuando usamos el término de «español»?

Todo esto nos lleva también a la cuestión de cuál es el estándar español del que parte, o puede partir, el lingüista que hace una comparación entre

---

[2] En el nuevo sentido específico convenido por las Academias de la Lengua Española.

[3] Cf. las declaraciones hechas por el director de la Real Academia Víctor García de la Concha en *El País* (4-7-2001) sobre la capitalidad multipolar del español y la conciencia que debemos tener de que este no solo es patrimonio del país en que nació, sino que lo compartimos en condiciones de igualdad con otros países.

diferentes variedades del español. Si se tratara aquí de un estudio comparativo entre el español estándar peninsular y el español «estándar» de México[4] hecho por un lingüista castellano, se supondría rápidamente que este puede partir de su lengua materna, considerada de manera general el estándar español, y se cuestionaría su competencia en relación con el estándar de México. Pero ¿qué sucede cuando el investigador es de Galicia, de Cataluña, del País Vasco o, como en mi caso, de Andalucía? ¿Nos legitima nuestra nacionalidad española y nuestra variedad materna española para considerarnos hablantes del español, de la lengua de partida para la comparación con las otras variantes hispanoamericanas? Si consideramos la gran variedad diatópica, diastrática y diafásica del español en España, ¿qué variedad o variedades son las que pueden tomarse como punto de referencia, como origen del *variandum*? Y a nivel individual, en lo que concierne al investigador, ¿de qué manera influye nuestra variedad materna, nuestro idiolecto, en la evaluación de los datos lingüísticos –aquí español de México/español estándar o peninsular–?

Pongamos, por ejemplo, mi caso: yo soy miembro de una familia andaluza, por parte materna de la provincia de Granada, por parte paterna de la capital de Málaga; he vivido mi infancia entre un pueblecito de Granada, la capital malagueña y, como hijo de emigrantes, también en Alemania. Mi formación primaria, secundaria y superior, así como mi actividad profesional, se han desarrollado en España, Alemania y Suiza. Por todo esto, con respecto al español, he vivido en un ambiente en cierto sentido diglósico: «andaluz» en mi entorno familiar y personal –pues la familia y los amigos difícilmente aceptan que cambies de registro–, «castellano» en mi entorno académico y profesional –pues, hasta hace poco, el andaluz estaba considerado como una mala variedad del castellano, divertida en el tiempo libre, *non grata* en la vida pública–. De aquí que la variedad por defecto (*default variety*) de la que parta en esta investigación sea necesariamente el español estándar que he aprendido, practicado y perfeccionado en la teoría como en la práctica a lo largo de mi vida académica y profesional, pero también, en una parte importante, en mi vida privada, con todo su bagaje de andalucismos y otros dialectalismos incorporados a lo largo de los años en el trato con familiares,

---

[4] Dado que en el presente estudio se defiende la idea del policentrismo del español y esto implica que haya diferentes estándares del español, para simplificar me referiré en lo sucesivo al español estándar en el sentido tradicional como «español peninsular», consciente de la imprecisión geográfica del término.

amigos y compañeros de estudio y trabajo hispanohablantes en otras regiones de España y en el extranjero.

Finalmente, quisiera mencionar que si mi variedad materna –el andaluz de Málaga y de Granada–, más que entorpecerme, me ha servido durante el análisis de los textos para detectar y cuestionar toda una serie de palabras cuyo uso y significado no me atrevía a tildar directamente de andaluz, mexicano o castellano, la consulta de diccionarios con frecuencia no ha aportado aclaración alguna, y la de amigos y compañeros españoles y mexicanos ha complicado aún más las cosas.

2. Aspectos léxicos del español de México

El corpus analizado abarca toda una serie de periódicos y revistas de difusión local, regional y nacional dirigida a diferentes tipos de lectores, general y específico, con el fin de poder obtener una amplia visión de las diferentes variedades sociolectales, y en parte dialectales, del español de la prensa mexicana. Este, así como los resultados de otros estudios, permite establecer en el español de México, y seguramente en el de las otras zonas de Hispanoamérica, entre otros, varios grupos generales de expresiones que lo caracterizan o diferencian en mayor o menor grado del español peninsular; por ejemplo, en función del origen etimológico de los términos, del origen geográfico de los referentes, o del uso y significado contextual y de la comprensibilidad de las expresiones en un centro lingüístico u otro. Veamos algunos de los grupos más relevantes.

2.1. *Expresiones autóctonas de etimología indígena*

Estas pueden denotar realidades mexicanas inexistentes en España y, por ello, sin denominación equivalente en español –*zapote*, *chayote*, *tuza*–, animales, productos u objetos mexicanos exportados con el término indígena a España –*caimán*, *chocolate*, *maíz*–, realidades comunes a ambos países, habiéndose impuesto en unos casos la denominación indígena –*chapulín* ('saltamontes'), *tecolote* ('búho')– o conviviendo ambas denominaciones, la española y la indígena –*pavo/guajolote*, *amigo/cuate*, *tigre/jaguar*, *león/puma*–.

Es evidente que la mayoría de estos términos indígenas no son conocidos en España, salvo que el denotado haya pasado a formar parte de la vida cotidiana española, como en el caso del *chocolate* o del *maíz*, o que por algún otro motivo –divulgación mediática o cultural– se haya producido una difusión general del conocimiento del denotado y su denominación, como es el caso del *caimán* o del *coyote*. No obstante, el conocimiento de estos términos no implica que se conozca también su origen mexicano.

2.2. Expresiones autóctonas de etimología española

Estas denotan realidades comunes o exclusivamente mexicanas para las que se acuñaron en México denominaciones a partir de las posibilidades inmanentes en el sistema español, pero en todo caso diferentes de las elegidas por el español peninsular. En las frases extraídas de la revista *Alarma*:

(1)   El padre de la joven, de 44 años de edad, residente de una *ranchería* de la *entidad* nayarita [...][5] (*Al*: 2),

(2)   El *jefe de manzana* también fue lesionado, luego de declarar [...] (*Al*: 7),

(3)   [...] y curiosamente las mangas de su *chamarra de mezclilla*, color azul, tenían manchas de sangre [...] (*Al*: 12),

un español puede reconocer *ranchería*, *entidad* o *jefe de manzana* como palabras españolas, pero no sabrá decir qué realidades designan exactamente *ranchería* y *entidad*; y, en cuanto a *jefe de manzana*, captará el significado, pero se sorprenderá, pues se trata de un cargo o función desconocidos en España.

Este español reconocerá también *chamarra de mezclilla* como expresión española y sabrá aproximadamente a qué objeto se refiere, en tanto la palabra *chamarra* se usa también en España para «cazadora», pero no sabrá qué quiere decir *de mezclilla*, pues este material se denomina en España «tela vaquera», y el *DRAE*[6] o el *DUE* solo explican, s. v. «mezclilla», que se trata

---

[5] La cursiva y el subrayado en los ejemplos citados aquí y en lo sucesivo son míos. La negrita en los titulares de los noticieros es del original.

[6] Se tienen en cuenta en el presente estudio tanto la 21.ª edición del *DRAE* como su 22.ª edición, considerada por García de la Concha como la edición «panhispánica». El

de un tejido hecho como la mezcla, pero de menos cuerpo. El significado preciso 'cazadora vaquera' es, pues, solo asequible a los mexicanos.

Y probablemente también le llame la atención a un español la preposición *de* en «residente de una ranchería» («residir» rige en el español estándar la preposición «en»), así como la locución *luego de* en «luego de[7] declarar».

Sólo con cierta imaginación y por el claro contexto puede un español deducir el significado mexicano que parece tener *humanidad* en la frase:

(4)   El infeliz hombre tenía una herida como de cinco centímetros en el mentón y múltiples fracturas en la cabeza, asimismo, escoriaciones en diversas partes de su *humanidad* (*Al*: 31).

Y en la siguiente, el hablante español seguramente no comprenda, ni siquiera en el contexto, lo que significan *no le hace* o *desciende y pelas*:

(5)   *No le hace* qué problema tenga, Sra. Roberta le ayudará (*Al*: 9),
(6)   Yolita *desciende y pelas*, está a tiempo de ingresar sin retardo al taller de prendas de vestir de dama [...] (*Pa*: 2).

Sólo si reflexiona sobre su significado, en un acto de abstracción comparativa podría rellenar el hueco *No .... qué problema tenga, Sra. Roberta le ayudará* por «importa» (y antepondrá el artículo «la» al apelativo indirecto *Sra.*); y si se acuerda de las expresiones coloquiales «Ha salido que se las pela», «Salió pelando», podrá interpretar el significado aproximado 'sale corriendo', aunque, eso sí, seguirá frunciendo el ceño con sorpresa o diversión por *ingresar sin retardo* –entrar sin retraso– *al taller* –en el taller– de *prendas de vestir de dama* –ropa de señora–.

Evidentemente, la expresión *prendas de vestir* pertenece plenamente al español peninsular. Lo que uno puede preguntarse aquí es si en un lenguaje coloquial del español peninsular, como el que predomina en este artículo del suplemento mexicano de *El País de México*, aparecería «prenda de ves-

---

Diccionario panhispánico de dudas (*DPD* 2005) no ha aportado mayores aclaraciones en los casos aquí tratados.

[7] Tras corroborar con diferentes hablantes españoles mi impresión de que en España se diría en este caso «después de», he constatado un uso frecuente de «luego de» en novelas históricas o de fantasía cuyas acciones tienen lugar en la Edad Media. Esto apuntaría al conservadurismo de que suelen ser tildadas las variedades hispanoamericanas.

tir» o más bien «ropa». En todo caso, dudo que un español utilizara en un contexto similar *de dama* y no «de señora». Es más, creo que deberíamos irnos al otro extremo de la escala sociolectal para encontrar la expresión *de dama* en España[8].

Otras veces resulta difícil de determinar el verdadero significado contextual de una palabra, como aquí el de *camellón*:

(7)   Aproximadamente 100 granaderos [...] se colocaron sobre el *came-llón* de San Cosme [...] (*Al*: 7).

El significado de 'tierra cultivada en las isletas de algunas lagunas de México' encontrado en la enciclopedia *Encarta 2000*[9] queda aquí descartado al desarrollarse los hechos en un barrio de la ciudad de México. Los hechos narrados en el artículo y el contexto textual siguen permitiendo, no obstante, tres significados tan próximos —'mediana', 'arcén'[10] y 'calle principal'— que solo el lector autóctono parece poder decidir cuál es el significado correcto en este caso: 'calle principal'.

Si comparamos la definición de la 22.ª edición del *DRAE* (2001) s. v. *camellón*:

camellón[1]. (De *camello*, por la forma). m. **caballón**. [...] **4.** *Guat.* y *Méx.* Trozo, a veces ajardinado, que divide las dos calzadas de una avenida. ‖ **5.** *Guat.* y *Pan.* **arcén** (‖ de carretera.)

con la que aparece en la edición anterior (*DRAE* 1995 s. v.):

camellón[1]. (De *camello*, por la forma). 1. m. caballón,

---

[8]   Resulta sorprendente que predomine precisamente en la revista sensacionalista *Alarma* un léxico y, en general, un lenguaje de un nivel sociocultural estándar o alto, en tanto que *El País de México* se inclina más por un lenguaje coloquial o de nivel sociocultural bajo.

[9]   «**camellón**[1] [....] 3 *Méx.* Tierra cultivada en las isletas que flotan en algunas lagunas del Valle de México.» (*Encarta 2000*/VOX s. v. *camellón*). Al consultar la *Biblioteca de Consulta Microsoft® Encarta® 2005*, ya no aparecía esta definición, sino que se remitía a la definición del *DRAE*, al haber sustituido este al VOX de la edición de *Encarta 2000*.

[10]   Aunque según el nuevo *DRAE* este significado solo sería usual en Guatemala y Panamá.

constatamos el intento de la Real Academia por conseguir un diccionario «panamericano». No obstante se sigue echando en falta el significado 'calle principal' que me han confirmado para el ejemplo de la revista *Alarma* los informantes mexicanos. Tan solo en Hediger (1977, s. v. «camellón») he encontrado la definición «calle principal del pueblo» documentada en *La mala hora*, de Gabriel García Márquez.

Por otro lado, seguimos sin poder decir si (alguno de) estos significados surgieron en el español peninsular a partir de «caballón»[11] y fueron trasladados a América, pero sin que posteriormente terminaran de imponerse en España, o si se trata de una acuñación semántica mexicana.

No hace falta demasiada fantasía para relacionar el significado peninsular de *camellón/caballón* 'lomo entre surco y surco de la tierra arada' con el significado mexicano de 'trozo, a veces ajardinado, que divide las dos calzadas de una avenida', especialmente si consideramos la otra realidad específicamente mexicana que designa *camellón*: 'tierra cultivada en las isletas que flotan en algunas lagunas del Valle de México'; o para relacionarlo con el significado que tiene el término en Panamá y Guatemala de 'arcén' (según varios informantes mexicanos, esta acepción también se conoce en su país), o –por sinécdoque– con el de 'calle principal'.

Es en este tipo de ejemplos donde creo que se evidencia de manera ideal el policentrismo lingüístico del español y donde se nos muestra una riqueza variacional generada a partir del sistema español, que por sus características lingüísticas, por su difusión y por su uso difícilmente se puede considerar meramente dialectal.

2.3. *Expresiones de origen –mayormente– inglés o de otras lenguas occidentales*

Préstamos directos sin alteración alguna, es decir, extranjerismos:

---

[11] En *DRAE* (2001) s. v. *caballón* hallamos la siguiente definición: «(Del aum. de *caballo*). m. Lomo entre surco y surco de la tierra arada. || 2. Lomo que se levanta con la azada para formar y dividir las eras de las huertas y para plantar las hortalizas o aporcarlas. || 3. Lomo que se dispone para contener las aguas o darles dirección en los riegos». *Caballón* es un término desconocido para algunos de los informantes mexicanos. Cf. también Corominas s. v. *caballo* y *caballón*, para una explicación precisa de la posible evolución de «caballón» a «camellón» y de su documentación histórica.

(8)   El *shopping* en su forma más atractiva (*Co*: 63),
(9)   Sí yo ya uso *brassier* […] (*DM*: 6).

Préstamos directos que han sido «hispanizados» fonética y gráficamente.
Habría que distinguir aquí entre:

a)   Préstamos que el español de México ha recibido a través del español
      peninsular, como *suéter* (del inglés *sweater*), *béisbol* (del inglés
      base-ball).

b)   Préstamos que el español de México ha importado directamente
      de otras lenguas:

(10)   La *desregulación* es la base para que crezca el número de contri-
       buyentes (*Pa*: 1),
(11)   Gagne *pegó un doblete* al iniciar la entrada, pero Martínez *dio
       un elevado de out* al intentar un *sacrificio*. Una *rola de out* de
       Wayne Kirby le permitió a Gagne llegar hasta tercera, y anotó
       cuando Todd Hollandsworth *pegó un doblete* hacia la línea *del
       jardín izquierdo* (*Ex*: 5D).

c)   Préstamos que existen tanto en el español de México como en
      el peninsular, pero que en uno y otro se han «hispanizado» de
      manera diferente, aunque siempre respetando los procedimientos
      del sistema español: *checar* ('comprobar', 'chequear'), del inglés *to
      check*; *lonchería* ('tipo de bar para comer'), del inglés *lunch*; *pit-
      chear* (término del béisbol americano), del inglés *to pitch*; *macarela*
      ('arenque', 'caballa'), del alemán *Makrele*.

Estos ejemplos muestran cómo en México, con una situación geopolítica
y geolingüística muy distinta y distante de España, se ejerce una actividad
prestamista propia, paralela a la del español peninsular, y una actividad
variacional y selectiva en cuanto a los préstamos realizados por este último.
Por ello, podemos hablar también aquí de un centro de gestación del español
propio.

2.4. *Expresiones que se encuentran tanto en el español de México como en el de España*

Estas expresiones se diferencian en cuanto a que en el español estándar moderno pueden tener una serie de connotaciones diferentes, como:

a) arcaizantes: *estampillas postales* ('sellos'), *festinar* ('apresurar'), *vocero* ('portavoz');

b) y/o dialectales, sociolectales, de lenguajes de especialidad, etc.: *balde* ('cubo'), *chamarra* ('cazadora', 'chaqueta'), *occisos* ('muertos'), *necropsia* ('autopsia');

c) y/o haber sufrido en su uso restricciones, ampliaciones o diferenciaciones cualitativas (en cuanto al significado): *arribar* ('llegar'), *carro* ('coche', 'automóvil'), *migrante* ('*emigrante*');

d) cuantitativas (en cuanto a la frecuencia de uso), como, por ejemplo, el uso figurado generalizado de términos marineros en el lenguaje cotidiano de México: *enrolarse entre las costureras del barrio, abordar el microbús, ir a bordo de una camioneta*, etc.

O bien pueden tener un significado diferente en el español estándar moderno por tratarse de neologismos léxicos o semánticos de creación mexicana a partir del sistema común, de préstamos secundarios del español, o simplemente de términos que han tenido una evolución semántica diferente en ambas variedades: *contacto* ('enchufe eléctrico'), *embrutecidos* ('borrachos'), *mezclilla* ('tejido vaquero'), *cuadra* ('manzana de edificios'), *chavo*[12] ('muchacho', 'chaval').

A estos cuatro grupos principales de orden léxico-semántico hay que sumar toda una serie de casos marginales o difíciles de clasificar, así como otros grupos de diferencias morfosintácticas, ortográficas o de puntuación no menos importantes, que no podrán exponerse más que ejemplarmente aquí.

La impresión que tiene un español al oír o leer este español de México no es la del tópico tradicional de «un español salpicado de indigenismos y

---

[12] Este y otros muchos términos se han difundido en España debido a las telenovelas de producción hispanoamericana emitidas con gran éxito por las cadenas de televisión españolas.

arcaísmos con ciertas simplificaciones en la morfología verbal, y la continua repetición del diminutivo -*ito*», sino la de un español peculiar y extraño en el que el tópico se desvanece ante la enorme riqueza de expresiones que reconocemos como españolas, pero cuyo significado o uso contextual no terminamos de comprender y que nos dejan un sentimiento de sorpresa, duda o extrañeza.

Lo expuesto permite afirmar que México es por lo menos uno de los numerosos centros de gestación del español en Hispanoamérica, y que su prensa es por lo menos uno de los medios en los que se reflejan sus frutos o innovaciones. Estas innovaciones no se dan solo en la lengua hablada –lo que podría inducir a pensar que se trata solo de variaciones diatópicas o diafásicas comunes–, sino también en la lengua escrita de los diferentes niveles socioculturales: desde la prensa popular hasta la dirigida a lectores de un nivel cultural medio o superior, o a especialistas, por ejemplo, de la economía o de la industria.

3. ASPECTOS MORFOLÓGICOS

Aparte de los fenómenos léxicos comentados, quisiera destacar algunos aspectos morfosintácticos observados en la prensa mexicana, pero que en la lengua hablada no me llamaron tanto la atención.

3.1. *El artículo*

Llama la atención la frecuente elisión de los artículos en la prensa mexicana. Este fenómeno que encontramos tanto en los titulares como en los textos:

(12)   Cifras de Semarnap **Sector pesquero reporta baja**[13] (*Tr*: 1),
(13)   Creció <u>50%</u> la Venta de Computadoras en Seis Meses (*Ep*: 39),
(14)   No le hace qué problema tenga, **Sra. Roberta** le ayudará. (*Al*: 9),

es conocido también en la prensa española, pero lo que nos llama la atención es la frecuencia, por no decir la regularidad, de la elisión, que afecta tanto a los artículos determinados como a los indeterminados. Si comparamos los ejemplos anteriores con otros de la prensa anglosajona y

---

[13] Cf. nota 5.

consideramos la situación geopolítica y geolingüística de México, fácilmente
podríamos pensar en un influjo estilístico diafásico del inglés:

(15)   Connecticut: Man's Death Not Related to Anthrax, Governor Says
       (*NYT*),
(16)   Palmdale schools, city to exchange sites (*DN*),
(17)   **Troops Face Serious Threat, Rumsfeld Says**: Mounting Disorder
       in Afghanistan A Concern; Marine Patrols Begin (*WP*).

En los casos de los apelativos indirectos (*Sra. Roberta le ayudará*) o
de los porcentajes (*Creció 50%*) la influencia del inglés es evidente y llega
a producir una transgresión de la norma peninsular. Transgresión que, por
cierto, dudo que sea percibida como tal por los mexicanos, acostumbrados
a otras transgresiones o innovaciones más profundas como, por ejemplo, en
el uso de *ser* y *estar*, independientemente de cuál sea su motivación.

No obstante, no se trata de un fenómeno general, como lo demuestran
otros casos:

(18)   *La punta* de un iceberg. *El saqueo* en Conasupo (*Tr*: 6-B),
(19)   Afirma *el dólar* su tendencia alcista en *los mercados* mundiales
       (*Fi*: 1A).

A veces el uso del artículo o su omisión parece que sea algo arbitrario o
que todavía no se haya establecido claramente por tratarse de extranjerismos
relativamente nuevos:

(20)   *Temas* económicos, políticos y sociales caracterizan la obra de
       [...]. *Obras* ganadoras del encuentro, en el que participaron [...]
       se exhiben en el Museo de Arte Carrillo Gil. [pero:] *Los artistas*
       premiados son seis [...] (*Pa*: 6),
(21)   Ya *un 43 por ciento* de los interrogados informaron que aplican
       la Internet para su trabajo cotidiano (*Co*: 48) [14],

---

[14] En este y en el siguiente ejemplo –ambos extraídos de la revista *Cooperación* (publicada por la Cámara México-Alemana de Comercio e Industria A. C., (México, D. F.))– cabe también pensar que los autores de estos artículos siguen normas diferentes al observar la coherencia del uso o no del artículo ante la indicación del número de porcentaje y el uso

(22) Más *de 20 por ciento* habían llegado *a Internet* a través de un oferente comercial (*Co*: 48).

Con frecuencia nos estamos moviendo en continuos de aceptabilidad o corrección (siempre con respecto al estándar peninsular):

(23) Advirtió: «Habrá que impedir *que autoridades* mexicanas proporcionen información de empresas nacionales [...]» (*DM*: 1),

(24) Gratis te *enviaré Milagroso* crucifijo con cadena, todo baño de oro 14 kilates [...] y *recibirá sorprendente* revelación sobre su propia vida (*Al*: 5),

(25) La «antídoto» se *denomina Ley* de Protección al Comercio y *la Inversión* de Normas Extranjeras que Contravengan el Derecho Internacional y será editada para ser enviada a todos los gobiernos [...] (*DM*: 1).

Tampoco en el siguiente caso me atrevería a decir que el uso del artículo determinado sea incorrecto, aunque en el estándar peninsular se usaría normalmente el indeterminado:

(26) [...] y puedes *echarle la mano* con los gastos (*Pa*: 2).

En el ejemplo siguiente se ha eliminado el artículo incluso en la locución de relativo:

(27) [...] buscaron las huellas dejadas por los criminales, *mismas que* los llevaron hasta unas chozas [...] (*Al*: 31).

3.2. *El género*

Solo aparecen unos pocos casos de uso distinto del género en la prensa analizada y que al tratarse de expresiones idiomáticas, dobletes léxicos o extranjerismos difícilmente permiten sacar conclusiones:

---

del artículo ante la palabra «Internet»: en el primer ejemplo aparecen ambos artículos, en el segundo, ninguno. Este fenómeno se observa también en otros muchos casos.

(28)   Si algo logró el oriundo de Salzburgo fue *la* de serle fiel a los textos
        de Mozart [...] (*Vu*: 68),
(29)   El ministro de Comunicaciones [...] hizo *un llamado* para limpiar
        la imagen del país [...] (*Tr*: 4-B),
(30)   Los daneses disfrutan *el famoso «Bratwurst»* [tipo de salchicha]
        de la cocina alemana [...] (*Co*: 63).

Aunque en las telenovelas y series hispanoamericanas sí se dan con mayor
frecuencia los casos de términos usados con un género distinto como el de
un llamado.

3.3. *El pronombre*

No se han observado diferencias en cuanto al uso de los pronombres, ni
siquiera en cuanto al doble dativo, también usual en la prensa mexicana,
aparte del conocido uso idiomático del imperativo + le:

(31)   [...] desciende en la terminal del metro y *córrele* hasta la masa
        humana que intenta ingresar (*Pa*: 2),
y de un caso especial de *leísmo*[15]:

(32)   Yolita es de las mujeres a las que temprano, muy de mañanita, *se
        les ve caminar* presurosas rumbo la fábrica (*Pa*: 2).

No obstante, se trata aquí de un «leísmo de caso» y no «de género» como,
por ejemplo, en Castilla[16].

---

[15]   En contra de lo que afirmaba Lope Blanch en 1983: «Con gran escrúpulo se ha conservado así mismo en México la distinción etimológica de las formas átonas de los pronombres personales de tercera persona, sin que aparezca la forma *le* con oficio de complemento
objetivo masculino [...]» (1991: 12).

[16]   Es decir, en las zonas leístas castellanas suele producirse, por un lado, una generalización del pronombre de dativo masculino *le* de manera que se usa éste tanto con valor
de dativo como de acusativo. Y, por otro lado, el pronombre de acusativo femenino se usa
también con valor de dativo; sin embargo, no se sustituiría como en el ejemplo citado el
pronombre de acusativo femenino «las» por el de dativo.

3.4. *El verbo*

No podemos entrar aquí en detalle en la compleja temática del uso de los tiempos y modos verbales en el español de México[17]. Especialmente, si tenemos en cuenta que este es uno de los campos en los que ya de por sí existe una gran variación regional y sociocultural dentro del español peninsular. En el presente estudio nos limitaremos a destacar algunos de los fenómenos observados en los textos analizados.

3.4.1. Usos del futuro

Llama la atención el frecuente uso del futuro perifrástico en perjuicio del futuro imperfecto:

(33)   Cuando me escriban les *voy a enviar* una foto mía (*Al*: 26),

y del futuro imperfecto en casos en los que en el español estándar probablemente utilizaríamos el presente:

(34)   Celebrarán hoy el Vigésimo Aniversario de la Organización Marítima Internacional [...] (*Ex*: 25-A).

3.4.2. Restricción del pretérito pluscuamperfecto

La sustitución del pretérito pluscuamperfecto por el indefinido no es un fenómeno raro en España, especialmente en ciertas regiones y sectores socioculturales; sin embargo, los ejemplos presentados a continuación se considerarían, por lo menos en la prensa española, claramente como errores gramaticales o de *consecutio temporum*:

(35)   Comentó que Ramiro ya *empezó* una gestión [...] para que expulsen al senador, quien [...] pide en Chiapas la paz [...] (*Tr*: 1),

---

[17] Al lector interesado en esto le recomiendo los apartados correspondientes en las obras sobre el español de México o de América, algunas citadas más arriba (por ejemplo, Alvar (1996), Lope Blanch (1991)); y de manera especial los estudios de Moreno de Alba (1978) sobre los valores de las formas verbales en el español de México; de Rojas-Anadón (1979) sobre el subjuntivo en el español de Sudamérica; y de Gabriele Knauer (1998) sobre el subjuntivo en el español de México y su interrelación con la sintaxis, la semántica y factores interaccionales. Cf. también Báez de Aguilar (2002).

(36)   El canciller alemán, que no entró en detalles de si el Gobierno mexicano *cedió* en los apartados [...] (*Pa*: 3).

(37)   [...] como si se tratara de un adolescente que *cometió*[18] una travesura (*Al*: 6).

3.4.3. Usos del subjuntivo

En los textos escritos mexicanos se muestra la misma tendencia que en la lengua hablada a suprimir el subjuntivo en aquellos casos en que los hechos son evidentemente reales y a utilizarlo en aquellos en los que los hechos se consideran irreales, especialmente si no han sucedido aún. Cabe aquí, no obstante, preguntarse cuáles de los siguientes ejemplos son característicos del español de México y cuáles son simplemente característicos de la lengua popular hispana, pero que en España no se toleran, p. ej., en la prensa escrita:

(38)   [...] logró rescatar a la muchachita, luego de que el padre de aquella se *molestó* porque quien iba a ser su yerno [...] (*Al*: 2),

(39)   ¿Cómo andamos siglo y medio después de que se *escribió* lo anterior? (*DM*: 2).

Esta valoración objetiva de lo sucedido y subjetiva de lo que esté/está por suceder no solo influye sobre el uso del subjuntivo, sino que determina también la *consecutio temporum* en general.

(40)   Comentó que Ramiro ya empezó una gestión [...] para que *expulsen* al senador, quien [...] pide en Chiapas la paz [...] (*Tr*: 1),

(41)   [...] pero mientras no se compruebe que *tenga* alguna culpabilidad en el caso Colosio, no se puede proceder a expulsarlo (*DM*: 2),

(42)   Los heridos fueron trasladados al Hospital Fernando Quiroz, en donde informaron que el niño atropellado *se recuperará* a plenitud [...] (*Al*: 6).

---

[18] La forma gramaticalmente correcta sería un pluscuamperfecto de subjuntivo, aunque coloquialmente se aceptaría un pluscuamperfecto de indicativo.

3.4.4. Rección

Los verbos y su rección presentan igualmente una variación que va desde el uso extraño –pero posible en el estándar peninsular– de una preposición alternativa o la omisión de la preposición, hasta una rección verbal claramente diferente del español peninsular. En España probablemente llamarían la atención los siguientes ejemplos:

(43)   [...] me gustaría *encontrar a* una compañera de preferencia chaparrita [...] (*Al*: 27),

(44)   [...] pero *me tardé* un poco más de lo previsto al *encontrar a* una amiga (*Al*: 3),

(45)   No *se vale* chantajear al gobierno: Barra de Abogados (*DM*: 4).

En el primer ejemplo, el español peninsular rara vez usaría el verbo «encontrar» con la preposición «a», por tratarse de un complemento transitivo de persona, pero usaría la forma pronominal «encontrarse con» en el segundo (*al encontrarme con una amiga*); y a pesar de la tendencia peninsular a pronominalizar una gran cantidad de verbos, no lo haríamos con «tardar», ni tampoco con los verbos «valer» o «rehusar», al menos en los contextos aquí citados. Pero qué hacer cuando no se puede determinar claramente si se trata de un uso preposicional distinto, de un cambio de rección o simplemente de una confusión sintáctica, o lexemática, entre verbos semánticamente afines como *rehusar/negarse a*; *comentar/hablar sobre*; *enfrentar/afrontar*; *enterar/comunicar*:

(46)   [...] negó su participación y *se rehusaba a comentar sobre* el incidente [...] (*Al*: 12),

(47)   [...] que aprenda a conducir y a tener valor para *enfrentar* responsabilidades (*Al*: 6),

(48)   La causa de la querella de Hacienda [...] es un fraude por no *haber enterado*[19] *al* fisco cantidades retenidas por concepto de Impuesto al Producto del Trabajo e Impuesto al Valor Agregado (*DM*: 2).

---

[19] Cabría preguntarse aquí si la pérdida de la preposición «de» se debe a una influencia, solo por ejemplo, del verbo «comunicar», o del inglés *to report*.

3.4.5. Uso de *ser* y *estar*

Los que hemos dado clases de español para extranjeros conocemos bien la dificultad que tienen los alumnos para usar correctamente «ser» y «estar», y nosotros para explicarles el uso que intuitivamente nos parece evidente a todo hispanohablante, o deberíamos decir «que nos *parecía* evidente a todo hispanohablante *peninsular*». Pues, entre tanto, estamos acostumbrados a un uso muy distinto en las telenovelas y series hispanoamericanas, independientemente del «estándar hispanoamericano» de estas. No obstante, no dejan de sorprender en el *Diario de México* las siguientes frases:

(49)   Es inexplicable que una comisión que a la fecha no *es* instalada formalmente, sea utilizada por personas ajenas a ella para darse lustre personal [...] (*DM*:3),

(50)   [...] y subrayó que [...] la confianza depositada en nuestro país, que *está* convertido el segundo socio económico más importante de Alemania en América Latina [...] (*DM*: 3).

El primer ejemplo refleja uno de los errores típicos del alumno de español para extranjeros y sorprende al tratarse de un uso de *ser* claramente delimitable por su función gramatical precisa y exclusiva: ser + participio = voz pasiva. Y el segundo ejemplo lo tacharíamos simplemente de erróneo, en tanto que como mínimo habría que insertar la preposición «en», si bien la forma correcta de la frase sería «que se ha convertido en el segundo socio».

Aunque no sean frecuentes estos casos en la prensa analizada, probablemente se trate del mismo proceso de extensión de la cópula *estar* a expensas de *ser* en predicados adjetivales que Silva-Corvalán ya había observado en el español mesoamericano de los Estados Unidos[20] y que, como decía antes, fácilmente podemos observar en el español hablado de las telenovelas hispanoamericanas.

Dice la autora:

[...] la extensión de ESTAR a contextos previamente reservados para SER no causa anomalía sintáctica sino semántico-pragmática [...] el avance observado

---

[20]   Cf. este fenómeno entre los españoles de segunda generación en Suiza en Jiménez Ramírez (2001: 37).

en Estados Unidos tiene como punto de partida las variedades ancestrales de México [...] (Silva-Corvalán 1992: 846).

3.5. *Adverbios y preposiciones*

También aquí encontramos la misma «riqueza variacional» de difícil justificación en su frecuencia y complejidad, salvo que partamos de la idea de un policentrismo del español:

(51)   El jefe de manzana también fue lesionado, *luego de* [≈después de] declarar [...] (*Al*: 7),

(52)   Vendió a su recien nacido *en* [≈por] 50 dólares (*Al*: 33).

4. ASPECTOS SINTÁCTICOS: EL ORDEN DE LAS PALABRAS

Aunque suene a tautología, lo primero que llama la atención del español al leer algunos diarios de México son los titulares, concretamente la alteración regular del orden de los componentes de la frase en la mayoría de estos:

(53)   Inician nortes **Extremar precauciones en el mar, pide la Capitanía** (*Tr*: 2-C).

Los titulares de los periódicos españoles suelen respetar el orden normal de la oración española –sujeto - verbo - objeto (SVO)–. Gran parte de los titulares de la prensa mexicana analizada muestran un orden distinto y en muchos casos chocante:

(54)   VOS: Informan sobre gira europea asambleístas (*DM*: 5),

(55)   VSO: Llama ministro colombiano limpiar imagen de la nación (*Tr*: 4-B),

(56)   OVS: Más gubernaturas quiere el movimiento obrero: Fidel (*DM*: 6).

A esto se une una tendencia marcada a la aposición, generalmente aprovechando las posibilidades de los verbos de lengua o *dicendi* (71), pero anteponiendo, con frecuencia, también otros elementos:

(57)   Avionazo en Costas Peruanas; 6 de los 70 Muertos, Mexicanos
       (*Fi*: 1),
(58)   Arranque de la Privatización, la Semana Entrante (*Fi*: 1).

O invirtiendo el orden lógico del sujeto *dicendi* del estilo directo[21]:

(59)   A desterrar actitud derrotista: clero (*Tr*: 2-B).
(60)   Se Recobraron 25.000 Empleos en la Construcción: **CNIC** (*Ep*:
       34).

Esto no solo dificulta la comprensión, sino que permite incluso interpretaciones equivocadas si se parte de la norma peninsular:

(61)   Alemania tiene confianza en el futuro de México: Kohl (*DM*: 3).

Este titular, para un español, da a entender que el futuro de México es
«Kohl», cuando de hecho «Kohl» es sólo el sujeto *dicendi*. Esta licencia se
explota hasta llegar al extremo de la aposición múltiple:

(62)   Descartado el Riesgo de una Devaluación: la Flotación, Correcta:
       IP (*Fi*: 1).

Más de un titular se convierte así en todo un acertijo interpretativo, sobre
todo cuando a ello se le suman otras tendencias como el estilo telegráfico:

(63)   Vigilará CNC no se conformen nuevos latifundios: Gándara M.
       (*Pr*: 20),
(64)   Aprehenden a custodios cómplices de los fugados (*DM*: 6)[22].

En los titulares mexicanos y norteamericanos se observan ciertas estructuras comunes prácticamente desconocidas en los titulares de los noticieros
españoles, como la de titulares divididos en dos partes separadas, gene-

---

[21] En algunos titulares, parece que para justificar «gramaticalmente» la posposición
del sujeto, este es marcado como sujeto pasivo, a pesar de que los restantes elementos de la
frase (verbo y objeto) permanecen inalterados en su forma activa: *Reduce índice delictivo
por **la policía de barrio*** (*Tr*: 4C).
[22] Es también llamativa la frecuencia de titulares que empiezan por un verbo.

ralmente, por dos puntos (65, 66), un titular principal escrito en negrita (y, a veces, con un tamaño de fuente mayor) y otro secundario en fuente estándar (67, 68), o un estilo telegráfico evocado por la eliminación de la mayoría de los artículos y de los pronombres relativos, así como por una cierta predominancia de formas impersonales o pseudoimpersonales (69, 70):

(65) Connecticut: Man's Death Not Related to Anthrax, Governor Says (*NYT*),

(66) Injustas alzas constantes a básicos: amas de casa (*Pr*: 17),

(67) **Troops Face Serious Threat, Rumsfeld Says**: Mounting Disorder in Afghanistan A Concern; Marine Patrols Begin (*WP*)[23],

(68) Redujo niveles de bienestar
Absurda la permanencia del neoliberalismo (*Tr*: 2-C),

(69) Palmdale schools, city to exchange sites (*DN*),

(70) Llama ministro colombiano limpiar imagen de la nación (*Tr*: 4-B).

Estas estructuras similares «gráficamente» o a primera vista resultan ser bastante diferentes si se analizan detenidamente desde un punto de vista morfosintáctico.

En los titulares mexicanos la primera parte antes de los dos puntos suele ser la frase del titular, y la segunda parte, el sujeto *dicendi* con o sin verbo *dicendi*:

(71) Ambiente Favorable Para las Inversiones, Observa Zedillo (*Fi*: 1),

(72) Vigilará CNC no se conformen nuevos latifundios: Gándara M. (*Pr*: 20).

La primera parte de los titulares norteamericanos, por el contrario, está constituida generalmente por el sujeto *dicendi* o por una palabra o expresión clave que resume el tema expuesto en la segunda parte del titular después de los dos puntos, y además, al igual que en la prensa española, los titulares norteamericanos no suelen alterar el orden SVO de los elementos de la frase

---

[23] Los ejemplos de los noticieros norteamericanos aquí citados se han extraído de las ediciones correspondientes en Internet del día 28-11-2001. Cf. tb. Báez de Aguilar 2002.

ni el de las palabras en general, como hemos comentado y comprobado más arriba en la prensa mexicana:

(73)   Kings: Cat to claw way back (*DN*),
(74)   The Recovery Package: $38 Billion Tax Hiatus Proposed (*NYT*).

Los titulares mexicanos imitan gran parte de los procedimientos norteamericanos para concentrar el máximo de información en un mínimo de palabras, pero van más allá, y al alterar el orden usual de los elementos de la frase, adelantan y concentran la mayor parte de la información remática al principio del titular en unos casos, y en otros, al crear una serie aposicional, acentúan o evocan un carácter impersonal de los titulares y la sensación de una concentración aún mayor de la información.

Estos procedimientos afectan igualmente al texto principal de los artículos:

(75)   Por la sequía y la falta de créditos, la producción de alimentos bajó 17% [...] (*DM*: 1),
(76)   La industria de la construcción recuperó este año 25.000 empleos de los 200.000 que perdió durante 1995, aseguró el presidente de la Cámara Nacional de la Industria de la Construcción (CNIC) [...] (*Ep*: 34).

Y pueden llegar incluso a producir frases ambiguas o incorrectas:

(78)   Reduce índice delictivo por la policía de barrio (*Tr*: 4-C),
       ≅ La policía de barrio reduce [el] índice delictivo, o
       ≅ [El] índice delictivo [es] reduc[ido] por la policía de barrio.

5. Conclusiones

La liberalización individual, la democratización social y de ahí el incrementado sentimiento del valor propio, la autoconsciencia, el *Selbstbewusstsein* alemán no sólo han hecho posible que tengan lugar los procesos sociopolíticos de los últimos 50 años en la sociedad occidental, y de los últimos 25 en la sociedad hispana, sino que nos han llevado también a adoptar una actitud diferente frente a las lenguas en general, y especialmente frente a la lengua propia, ya sea ésta lengua nacional, lengua regional, dialecto o simplemente una variedad del estándar.

El cuestionamiento y discusión de toda norma social en las últimas décadas, que con frecuencia está desembocando en la liberalización incluso de las más estrictas normas tradicionales, afecta por supuesto también a las normas lingüísticas, y de ahí a la impermeabilidad de los diferentes registros lingüísticos socioculturales y mediáticos. Pasados son los tiempos en los que el bachiller o el licenciado eran representantes de un lenguaje cuidado y acorde a la norma. Es más, a la vista del cada vez más presente periodismo rápido o *light* –p. ej., *España directo*, *Andalucía directo*, etc.– y del pseudoperiodismo –aquel en el que autodenominados profesionales del periodismo se dedican a lavar en público día a día la ropa sucia de los demás y/o la propia–, empiezan a sonar a eco de otros tiempos los conflictos del periodista o el redactor de una agencia de prensa que se enfrenta a diario a sendos problemas –el uno ideológico y el otro material– de decidir si debe «tener como norma la neutralización de su estilo, para acercarlo a un posible grado cero de expresividad, a un común denominador idiomático, tendente a la pura denotación», tal como lo postula Lázaro Carreter (1990: 28), o considerarse un artesano de la palabra, tal como lo defiende Alberto Saldarriaga:

> Los periodistas, como artesanos de la palabra, tenemos que tener conciencia de que no solo debemos cultivar el respeto sagrado por los hechos para difundirlos con objetividad. Debemos por igual tratar con reverencia y predilección el instrumento, la herramienta con que damos cuenta de ellos: la palabra, el idioma, la lengua (en: García Domínguez/Gómez Font 1990: 191).

La realidad imperante en nuestra época y en nuestros medios es la que obliga al periodista a concentrarse más en el contenido que en la forma, ante la máxima caducidad de las noticias y en una competencia editorial cada vez más virulenta:

> Trabajamos demasiado deprisa, sobre el teletipo o la pantalla, muy dentro del estrés, y el tópico o lo *dantesco* nos acechan y nos llevan al huerto. Al periodista se le da poco tiempo para la preparación, para la lectura, la puesta al día. Está siempre en el tajo comiendo langosta para ganarse las lentejas, de recepción en

recepción y de rueda de prensa en rueda de prensa (Cita de Manuel Leguineche en García Domínguez/Gómez Font 1990: 216).

Sin olvidar que, probablemente, una parte importante de los lectores no presupone ni espera que lo escrito en la prensa o lo dicho en los noticiarios se atenga fielmente a la norma lingüística.

Consecuencia positiva de todo esto es que *El País de México* pueda permitirse ofrecer no solo artículos en perfecto castellano estándar sino también artículos rebosantes de «mexicanismos». Que cualquier noticiero –como muestran los ejemplos aquí presentados– pueda ofrecer una gran variedad de registros en función del contenido de los artículos. O que ciertos aspectos –a pesar de ir en contra del estándar peninsular– puedan afectar a toda la edición, como es el caso de los titulares en el *Diario de México* y en el *Excelsior*, o la pronunciada influencia estadounidense en *El Financiero*, o alemana en la revista bilingüe hispanoalemana *Cooperación*.

Sin embargo, la consecuencia más importante, en el marco aquí analizado, es que los ejemplos presentados en este artículo dejan de mostrar una serie de variedades regionales, dialectales o incorrectas frente al tradicional estándar español, para mostrar la enorme riqueza variacional e innovadora del español de México con respecto al español estándar. Una riqueza variacional que evidentemente no afecta solo al léxico, sino también a la morfosintaxis y al estilo; una riqueza innovadora que permite cuestionar el supuesto arcaísmo del español de México; una riqueza que, aparte del influjo indígena en unos casos concretos y del influjo norteamericano en otros, tiene sus fuentes esencialmente en el propio sistema del español; y, finalmente, una riqueza que si la consideramos representativa de lo que sucede en otros países o regiones del mundo hispánico, nos obliga a aceptar la realidad de un español policéntrico.

6. BIBLIOGRAFÍA

6.1. *Corpus mexicano de la investigación*

AL: *El Nuevo ALARMA! Únicamente la VERDAD* (27-9-1996). México, D. F.

Co: *Cooperación* (sept./oct. 1996). México, D. F.: Cámara México-Alemana de Comercio e Industria A. C.

DM: *Diario de México* (20-9-1996). México, D. F.

EP: *Época. Semanario de México* (23-9-1996). México, D. F.

EX: *Excelsior. El periódico de la vida nacional* (3-10-1996). México, D. F.

FI: *El Financiero* (3-10-1996). México, D. F.

NO: *Novedades. Un diario independiente* (3-10-1996), México, D. F.

PA: *El País de México* (20-9-1996). México, D. F.

PR: *La Prensa* (23-9-1996). México, D. F.

TR: *Tribuna de Yucatán. Diario independiente al servicio de la provincia* (30-9-96). Mérida, Yucatán.

VU: *Vuelo. Revista a bordo de Mexicana de Aviación S. A.* (octubre 1996). México, D. F.

6.2. *Corpus angloamericano de la investigación*

CNN: <www.cnn.com> [USA edition]

DN: <www.dailynews.com> [Washington]

HN: <www.heraldnet.com>

LO: <www.laopinion.com> [Los Ángeles]

NYT: <www.newyorktimes.com>

SFNM: <www.santafenewmexican.com>

USAT: <www.usatoday.com>

WP: <www.washingtonpost.com>

6.3. *Bibliografía crítica y diccionarios citados*

ALVAR, MANUEL (1990): *Norma lingüística sevillana y español de América*. Madrid: Cultura Hispánica.

— (1991): *El español de las dos orillas*. Madrid: Mapfre (Colección América, 92).

— (dir.) (1996): *Manual de dialectología hispánica. El español de América*. Barcelona: Ariel Lingüística.

BÁEZ DE AGUILAR GONZÁLEZ, FRANCISCO (2002): *Variaciones léxicas y morfosintácticas en el español de la prensa mexicana*. Málaga: Servicio de Publicaciones de la Universidad de Málaga.

BOSSONG, GEORG (1996): «Normes et conflits normatifs», en: Goebl, Hans/Nelde, Peter H./Starý, Zdenk/Wölck, Wolfgang (eds.): *Linguistique de contact. Manuel international des recherches contemporaines*, 1. Berlin/New York: Walter de Gruyter, 609-624.

42   Francisco Baéz de Aguilar González

BUESA OLIVER, TOMÁS/ENGUITA UTRILLA, JOSÉ MARÍA (1992): *Léxico del español de América: su elemento patrimonial e indígena*. Madrid: Mapfre.

COTTON, ELEANOR GREET & SHARP, JOHN M.: *Spanish in the Americas*. Washington, D.C.: Georgetown University Press 1988.

DRAE = Real Academia Española (^{21}1995): *Diccionario de la lengua española* [CD-ROM]. Madrid: Espasa Calpe.

DRAE 2001 = Real Academia Española (^{22}2001): *Diccionario de la lengua española*. <http://buscon.rae.es/draeI/>.

DPD 2005 = Real Academia Española (2005): *Diccionario panhispánico de dudas*. <http://buscon.rae.es/dpdI/>.

DUE = MOLINER, MARÍA (1996): *Diccionario de uso del español* [CD-ROM]. Madrid: Gredos.

ENCARTA 2000 = *Enciclopedia Microsoft Encarta 2000* [CD-ROM]. Microsoft 1993-1999.

ENCARTA 2005 = *Biblioteca de Consulta Microsoft Encarta 2005* [CD-ROM]. 1993-2004 Microsoft Corporation.

GARCÍA DOMÍNGUEZ, PEDRO/GÓMEZ FONT, ALBERTO (comps.) (1990): *El idioma español en las agencias de prensa*. Compilación de Fundación Germán Sánchez Ruipérez y Agencia EFE. Madrid/Salamanca: Fundación Germán Sánchez Ruipérez.

HEDIGER, HELGA (1977): *Particularidades léxicas en la Novela Hispanoamericana*. Bern/Frankfurt am Main/Las Vegas: Peter Lang.

JIMÉNEZ RAMÍREZ, FÉLIX (2001): *El español en la Suiza alemana. Estudio de las características lingüísticas e identitarias del español de la segunda generación en una situación de contacto de lenguas*. Frankfurt am Main: Peter Lang.

KNAUER, GABRIELE (1998): *Der Subjuntivo im Spanischen Mexicos. Sein Wechselverhältnis zwischen Syntax, Semantik und interaktionalen Faktoren*. Tübingen: Niemeyer (Beihefte zur Zeitschrift für Romanische Philologie, 292).

LÁZARO CARRETER, FERNANDO (1990): «El idioma del periodismo ¿lengua especial?», en: García Domínguez, Pedro/Gómez Font, Alberto (comps.): *El idioma español en las agencias de prensa*. Compilación de la Fundación Germán Sánchez Ruipérez y Agencia EFE (Primer Seminario Internacional, Madrid, 2-6 de octubre de 1989). Madrid: Fundación Germán Sánchez Ruipérez, 25-44.

LOPE BLANCH, JUAN M. (1991): *Estudios sobre el español de México*. México: Publicaciones del Centro de Lingüística Hispánica, 13. Universidad Nacional Autónoma de México.

MORENO DE ALBA, JOSÉ G. (1978): *Valores de las formas verbales en el español de México*. México: Universidad Nacional Autónoma de México.

QUILIS, ANTONIO (1992): *La lengua española en cuatro mundos*. Madrid: Mapfre (Colecciones Mapfre 1492. Col. 4, Idioma e Iberoamérica, 6).

ROJAS-ANADÓN, SILVIA (1979): *El subjuntivo en el español de Sudamérica: Indicios de cambio sintáctico*. London: University Microfilms International. University of Michigan.

SILVA-CORVALÁN, CARMEN (1992): «El español actual en Estados Unidos», en: Hernandez Alonso, César (coord.): *Historia y presente del español de América*. Valladolid: Junta de Castilla y León, 827-856.

SIMONE, RAFFAELE (1997): «¿Cuál es la lengua de *default* en un ambiente de variación?», en: Narbona Jiménez, Antonio/Ropero Nuñez, Miguel (eds.): *El habla andaluza* (Actas del Congreso del Habla Andaluza. Sevilla, 4-7de marzo de 1997). Sevilla: Universidad de Sevilla, 29-41.

WOTJAK, GERD/ZIMMERMANN, KLAUS (eds.) (1994): *Unidad y variación léxicas del español de América*. Frankfurt am Main: Vervuert (Bibliotheca Ibero-Americana, 50).

CATALÀ *MALDAR*:
COMPROVACIÓ I RECTIFICACIÓ

Germà Colón Domènech
Institut d'Estudis Catalans y Universität Basel

1. *MALDAR* EN LA LLENGUA LITERÀRIA

El verb *maldar*, intransitiu, segons el diccionari de l'Institut d'Estudis Catalans, significa 'afanyar-se, esforçar-se, per obtenir alguna cosa'. Avui, en la llengua literària, té plena vigència, fins i tot entre escriptors de València i Mallorca, indrets en els quals és desconegut en el parlar corrent. Així, un escriptor valencià com Ferran Torrent inicia la seva novel·la *Gràcies per la propina* amb aquesta frase:

> Un somni és un lloc imprecís, l'escapada momentània d'un present incert. En qualsevol cas, aquella vesprada d'hivern de 1992 *maldava* per situar-me en el lloc inconcret del passat mentre el meu germà llegia arrepapat al sofà, prop de la xemeneia. (Torrent 1995: 9);

i, més endavant, torna a emprar el verb:·«... Tomàs *maldava* per vendre un dels tres camps o bé un tros de pati». (Torrent 1995: 178)

Si *maldar* no viu a Mallorca, en canvi, a l'illa de Menorca ja és documenta a la primeria del segle XIX en el *Diccionari menorquí, espanyol, francès i llatí* d'Antoni Febrer i Cardona (2002): «**maldar**. | Procurar. | Procurer. Tâcher. | Contendere. Conari»[1].

---

[1] També hi és introduït el participi, ortografiat *maldad*: «Procurado.| Procuré. Tâché.| Conatus». (Febrer i Cardona 2002 s. v.)

Al Principat el *Diccionario Catalán-Castellano-Latino* d'Esteve-Belvit-ges-Juglà (1805) recull **maldar**: «*Pugnar, bregar.* Contendere».

A partir d'ací entrarà de la mà de Labèrnia en la lexicografia catalana, encara que aquest autor ofereix una definició no gens clara i es veu que depèn del predecessor: «**Maldar**. v. a (*sic*) Barallar-se, renyir. *Pugnar, bregar, patullar.* Contendo, is. ‖ ter. BARALLAR, REPENDRER, RENYAR». (Labèrnia 1840 s. v.) Aquest semantisme, que és el propi de les terres de Tortosa, es mantindrà als diccionaris del segle XIX, com en el Labèrnia postum de 1888-1892 (Labernia s. d.)², i començament del segle XX, i també en el de Bulbena (1905)³ o en el de Vogel (1911)⁴.

Ja Pompeu Fabra, però, el 1932, defineix el verb com a intransitiu: «Afa-nyar-se, esforçar-se, per obtenir alguna cosa» (s. v.). I a partir de comença-ment del segle XX *maldar* serà un terme normal en la ploma dels escriptors catalans septentrionals, tal com Víctor Català, Ramon Caselles, Joaquim Ruyra; així es pot veure al *DCVB* (s. v.).

2. DESCONEIXEMENT PARCIAL DEL TERME

Maldar passa per ser un mot conegut a tot el Principat. De tota manera, diré que el meu col·lega Pere Ramírez i Molas, natural de Vic i bon coneixedor de la seva llengua, em confessà fa uns anys que desconeixia aquest verb. Davant d'aquesta circumstància vaig fer una petita enquesta entre el personal jove de l'Institut d'Estudis Catalans: una vigatana, de Roda de Ter, em digué que al seu poble *maldar* és desconegut i que sap que és un mot de la llengua molt elevada; la mateixa resposta em donaren una noia del Bergadà i una altra de Barcelona. Tothom en sabia de l'existència –en les altes esferes de l'idioma– però insistien que aquest verb no s'usava. I a mi em sobta que no aparegui *maldar* en els rics materials extrets dels seixanta-cinc *Quaderns de camp* de Alcover (2005), prova que no és tan popular com sembla⁵.

---

² La definiciô és exactament igual que en l'edició de 1840; només s'ha suprimit el llatí.

³ Bulbena (1905 s. v.): «**Maldar**. Moure brega, renyar». En aquest cas manca l'equivalència francesa.

⁴ Vogel (1911 s. v.): «**Maldar**. zanken, streiten; sich plagen».

⁵ He continuat preguntant a gent culta de Barcelona i se m'ha respòs que no era un mot conegut espontàniament, sinó après per la lectura o a l'escola. Tenim la confirmació del que acabem d'exposar.

3. ESMENT «SOSPITÓS» D'UN ANTIC MALDAR

Ara bé, el *DCVB* addueix, a més, com a primera data un text pretesament del segle XIV, tret de l'obra que anomena *Collació*, text que havia estat publicat el 1857. Vet-lo ací: «Lo mesquí logat qui tot lo jorn *malda* e treballa». Copiem el passatge d'on és extret en un context més ample:

> La segona (sc. falta) es treball de jornaler no pagar tantost car lo mesqui logat qui tot lo jorn *malda* e treballa sil pagues al vespre tot lo treball li fuig e li oblida e si nol pagues doblatsli son afany per ço no pagarlo tantost que ha fet son lavor es mortal peccat lo qual per si crida a Deu e ell lo poneix per son punt. (Bofarull 1857: 382)

La tal *Collació*, donada com a inèdita per Bofarull, que la treu d'un còdex provinent del monestir de Sant Cugat del Vallès, és en realitat l'obra coneguda com a *Doctrina compendiosa*, atribuïda a Francesc Eiximenis (1300-1409). D'aquesta edició no em fiava gens. A més, fa temps que, basant-me en la llengua de l'obra, refuso l'atribució eiximeniana, i així ho vaig exposar en una ràpida nota (Colón 1969: 16); més endavant, Jaume Riera i Sans, amb més autoritat, també rebutjava la paternitat d'Eiximenis (1984). Però ara aquest punt no interessa. Crec que l'obra, la qual s'ha conservat en vuit manuscrits (un perdut durant la guerra del 1936), és de començament del segle XV i probablement d'un menoret del cercle eiximenià.

4. DISCUSSIÓ ETIMOLÒGICA

El cas és que, en un principi, vaig considerar que el *maldar* de la *Collació* devia ser un mot fantasma i la meva suspicàcia la va pagar el meu mala-guanyat col·lega Hans-Erich Keller. Aquest, en un estudi dedicat al seu mestre (i meu) Walther von Wartburg, aprofitava el passatge de *maldar* tret de l'Alcover-Moll, per parlar del suposat «grec massaliota» i per afegir-hi les formes catalanes i occitanes de *maldar*, el semantisme de les quals li semblaven claríssim. Així explicava:

> Restent les formes occitanes et catalanes. Là aussi, les évolutions séman-tiques ne présentent pas de difficultés: La signification principale en catalan (attestée depuis le XIVe s.), à savoir 's'efforcer, essayer d'obtenir un résultat' remonte évidemment au grec [μελετά] 'take thought or care for; attend to, study'

(Liddell-Scott), et Empordà, Plana de Vic 'insister, ne cesser de faire ou de dire une chose' à 'pursue, exercise; practice, esp. practice speaking' (Liddell-Scott), tandis que le sens 'tanguer et rouler (en parlant d'un bateau)' des Baléares est à rapprocher du sarde 'changer d'idée ou de propos' et s'explique donc comme celui-ci. (Keller 1968: 241)

El fet de parlar d'aquest mirífic grec de Marsella, basant-se en una ocurrència catalana que a mi no em semblava gens segura, em dugué a una precipitada rèplica, encara que la considero vàlida:

> Por cierto que si el autor [Keller] hubiese controlado el único testimonio aislado del cat. *maldar* (en un texto que se atribuyó erróneamente a Eiximenis) no afirmaría que la significación principal del vocablo «attesté depuis le XIVe s.» (p. 2419) es tal o cual. (Colón 1969: 16)

Joan Coromines, en el seu *DECat* (s. v. *maldar*), excepcionalment, em donà la raó i va prescindir d'aquest pseudo-eiximenià *maldar*; suposà aleshores que *malda* era una lliçó errònia per *malla*, del verb *mallar* 'batre amb un mall', proposició que no trobo gens probable.

Pel que fa a l'occità *maudá* 'maugréer; temporiser; sommeiller' (Mistral 1932 s. v. *maudar*), introduït per Keller, té ben poc a veure semànticament amb el cat. *maldar*, i no es poden presentar ambdues formes com una cosa unitària.

5. *Maldar* en la *Doctrina compendiosa*

Avui haig de tornar sobre aquest verb antic *maldar*, perquè no és ni un mot fantasma ni un testimoni aïllat, ans es troba amb altres texts del segle XV.

En primer lloc, ara tenim ben publicat el text de la *Doctrina compendiosa* i tots els manuscrits concorden en la lliçó <malda> o <malde>. Així, el manuscrit de Ripoll, que és a la base de l'edició (amb grafia modernitzada) del P. Martí de Barcelona:

> La segona és treball de jornaler no pagat tantost, car lo mesquí logat qui tot lo jorn *malda* e treballa, si'l pagues al vespre, tot lo treball li fuig e li oblida, e si nol pagats, doblats-li son affany. Per ço, no pagar-lo tantost que ha fet son

lavor és mortal peccat, lo qual per si crida a Déu e ell lo poneix per son punt.[6]
(Eiximenis 1929: 122)

L'edició que a mi em fa més confiança és la de Ramon Miquel i Planas, i aquí el passatge que ens interessa diu així[7]:

La segona, es lo trebaill del jornaler no pagat tantost, car, lo mesqui logat, qui tot lo jorn *malde*, sil pagats al vespre, tot lo trebaill li fuig e li oblide; e, si nol pagats, doblatsli son afany. Per ço, no pagar lo tantost que ha feta sa lauor, es mortal peccat, lo qual per si crida a Deu e ell lo poneix per son peccat. (Eiximenis s. d.: 227)

Podem estar segurs de l'existència d'aquest verb, en construcció absoluta i amb el sentit d''esforçar-se, afanyar-se, treballar intensament'[8].

6. SÀTIRA DE PEROT JOAN

Un altre esment del segle XV ens el forneix el Cançoner català de la Universitat de Saragossa. Ací el poeta Perot Joan escriu:

Dicatis qui us ha ginyat
de penyar en la figuera
aquel abit qui us fon dat
per saguir la vida clera,
i aveu pres bona carrera.
Per aver renegat Deu,
ça e lla vos *maldareu*[9],

---

[6] Per la variant que l'editor dóna en l'aparat, sembla que el passatge «*malda* e treballa, si'l pagues» és tret del ms. de Sant Cugat. La variant del de Ripoll és «e *malda*, si'l pagues». (Eiximenis 1929: 145)

[7] Aquesta edició restà interrompuda i només disposem del text i no pas l'estudi que preparava Ramon Miquel i Planas.

[8] Un cop redactat aquest treball, s'ha publicat una edició escolar de la *Doctrina compendiosa*, obra que ara el curador Curt Wittlin atribueix al valencià Ramon Soler (2006). El passatge que ens interessa fa: «lo mesquí llogat qui tot lo jorn *malda* e treballa». (Soler 2006: 111)

[9] La lectura del manuscrit és clarament *maldereu* (f. 116v+). En l'edició que Auferil donà en l'Apèndix B de la seva edició de Frances Ferrer transcriu per error «maldareu». (Ferrer 1989: 312)

mas en Xullella fareu
la sepultura derrera. (f. 116 v°).
(Ferrer 1989: 312)[10]

Vet ací la reproducció del text del manuscrit:

Aquesta sàtira l'adreça el poeta a un tal Bernat Fajadell, beneficiat de la
Seu de Barcelona, que havia penjat els hàbits[11]. El terme *maldereu* (grafia
de tipus oriental per *maldareu*) està també emprat absolutament, amb la
significació 'haureu d'esforçar-vos amb gran pena, haureu de cansar-vos
inútilment de patir', per haver renegat. La raó per la que apareix Xullella,
és a dir, el poble xurro de Chulilla en els Serrans, prop de la regió de l'Alt
Palància ens la dóna el text mateix, puix una mà va afegir damunt d'aquest
nom «es preso de bisbe»; és a dir, que aquest castell era destinat com a presó
d'eclesiàstics. Avui no es conserva cap record d'aquest trist destí[12].

---

[10] Vegeu Baselga 1896: 69-70.
[11] Vegeu Ferrer 1989: 311-312; Riquer 1964: 90.
[12] Manuel Sanchis Guarner recull una cançó sobre Chulilla, que no deu tenir res a
veure amb la poesia de Joan Perot:

7. LLETRA DEL MALAGUANYAT REI PORTUGUÈS

El darrer exemple antic és del 4 de juny de l'any 1465, i es troba en una carta del rei intrús Pere de Portugal, expedida des de Palamós, adreçada a als seus «súbdits», en la qual es plany de la poca col·laboració que hi troba. Si no s'aporten diners per sostenir la guerra, caldrà perseverar. I continua:

> Mas així *maldarem*, e si miraculosament no se fa, serà la cosa e lo dan durable: perqueus pregam com á bons e feels vassalls e verdaders cathalans e encara requerim vos adopteu als pagaments de aquesta subvencio e feta massa de diners se farà massa de gent e sera satisfet al desig de tots e ab Deu se aconseguira lo benaventurat repos en lo qual cascu aconseguirá la condigna retribució. (Coroleu 1878: 503)

8. UN *MALDAR* INTRÚS

Aquests són els tres passatges que ens asseguren que *maldar*, no és, com jo pensava, un mot fantasma, ans bé un terme de la llengua. Encara el *DCVB* (s. v. *tòfona*), ens en proporciona un exemple, que cal refusar: «De capirotades de tòferes: Les tòferes pendràs e *malda-les* bé ab aygua bullida» (Mestre Robert). Un cop controlat el passatge, llegim: «De capirotades de tòferes: Les tòferes pendràs e *scalda-les* bé ab aygua bullida». (1977: 2)

9. *MALDAR*, TERME MARÍTIM

Després d'haver eliminat aquest intrús, també haurem de prescindir de l'accepció nàutica de *maldar*, que ofereix igualment el *DCVB*: «Brandar, moure's descompassadament un vaixell, tant de popa i proa com dels costats, a causa del mal temps» (Palma). «Hem maldat molt tota la nit» (s. v., accepció 2). Ací *maldar* és una forma del ben conegut *baldar*, amb l'equivalència acústica per nasalitat: $B = M$.

«En Chulilla son dotores,
dotores de los caminos,
con tanta agua que tienen,
siempre van bebiendo vino». (1963: 52)

10. MALDAR, PARENT DE MELDAR?

Caldria ara, quan tenim els aspectes filològics una mica més aclarits, veure si el nostre *maldar* 'esforçar-se' té la mateixa procedència que el verb *meldar* 'ensenyar, meditar' (< μελετᾶν, tan usat entre els jueus a l'edat mitjana. És la solució que m'hauria agradat poder oferir ara a l'admirat col·lega Georg Bossong. Però després d'haver llegit sobre el tema els treballs de Blondheim, Levy, Coromines (que a la fi no se'n mostra gaire partidari), etc., deixo de banda aquest punt, tot expressant el meu escepticisme pel que fa al terme català[13]. Considero més assenyat col·locar *maldar* entre els mots d'origen desconegut i esperar pacientment una solució acceptable[14].

11. BIBLIOGRAFÍA

ALCOVER, ANTONI M. (2005): *Dades dialectals* [CD-Rom a cura de Maria Pilar Perea]. Mallorca: Conselleria d'Educació i Cultura/Govern de les Illes Balears.

AUFERIL: vegeu Ferrer.

BASELGA, MARIANO (1896): *El cancionero catalán de la Universidad de Zaragoza.* Zaragoza: Cecilio Gasca.

BOFARULL Y MASCARÓ, PRÓSPERO DE (1973 [1857]): *Documentos literarios en antigua lengua catalana: siglos XIV y XV.* Vol. XIII. Barcelona: Archivo de la Corona de Aragón.

BULBENA, ANTONI (1905): *Diccionari català-francès-castellà.* Barcelona: Badia.

COLÓN, GERMÀ (1969): «Valor del testimonio aislado en lexicología», *Travaux de linguistique et de littérature* 7, 161-168.

COROLEU, JOSEP (1878): «El condestable de Portugal, rey intruso de Cataluña», *Revista de Gerona.*

DCVB = Alcover, Antoni M./Moll, Francesc de B. (1930-1962): *Diccionari català-valencià-balear.* Palma de Mallorca: Editorial Moll.

DECAT = Coromines, Joan (1980-2001): *Diccionari etimològic i complementari de la llengua catalana.* Barcelona: Curial Edicions Catalanes.

EIXIMENIS, FRANCESC (1929): *Doctrina compendiosa.* Text i anotació pel P. Martí de Barcelona. Barcelona: Barcino (Els Nostres Clàssics, 24).

---

[13] Coromines (DECat. s. v.) arriscadament voldria que un m-'a-l-t-r-i-t-s, en lletres hebrees d'un dels epitalami descoberts per Jaume Riera i Sans (1974) es pogués llegir com a *maltarets* i que aquest fóra un *maldarets*.

[14] No cal dir que el nostre *maldar* no té res a veure amb el portuguès *maldar* 'maldizer'.

— (s. d.): *Obres*. Ediciò de Ramon Miquel i Planas. Barcelona: Biblioteca Catalana.

ESTEVE, JOAQUÍN/BELVITGES, JOSEPH/JUGLÀ, ANTONIO (1803-1805): *Diccionario Catalán-Castellano-Latino*. Barcelona.

FABRA, POMPEU (1932): *Diccionari general de la llengua catalana*. Barcelona: Llibreria Catalònia.

FEBRER I CARDONA, ANTONI (2002 [s. d.]): *Diccionari menorquí, espanyol, francès i llatí*. Edició crítica i estudi preliminar a cura de Maria Paredes. Barcelona: Institut d'Estudis Catalans.

FERRER, FRANCESC (1989): *Obra completa*. A cura de Jaume Auferil. Barcelona: Barcino (Els Nostres Clàssics, 128).

KELLER, HANS-ERICH (1968): «Notes d'étymologie gallo-romane et romane», dins: Baldinger, Kurt (ed.): *Festschrift Walther von Wartburg zum 80. Geburtstag*. Tübingen: Niemeyer.

LABERNIA Y ESTELLER, PERE (s. d.): *Diccionari de la Llengua catalana ab la correspondencia castellana*. Barcelona: Espasa.

— (1839-1840): *Diccionari de la Llengua catalana ab la correspondencia castellana y llatina*. Barcelona: En la estampa dels hereus de la v. Pla.

MARTÍ DE BARCELONA: vegeu Eiximenis (1929).

MIQUEL I PLANAS: vegeu Eiximenis (s. d.).

MISTRAL, FRÉDÉRIC (1932): *Lou Tresor dóu Felibrige ou Dictionnaire provençal-français*. Paris: Delagrave.

RIERA I SANS, JAUME (1974): *Cants de noces dels Jueus Catalans*. Barcelona: Curial.

— (1984): «Fra Francesc Eiximenis no és l'autor de la *Doctrina compendiosa*», dins: Pérez Montaner, Jaume (ed.): *Estudis en memòria del professor Manuel Sanchis Guarner. Estudis de llengua i literatura catalanes*. 2 vols. València: Universitat de València. Vol. 2, 65-76.

RIQUER, MARTÍ DE (1964): *Història de la literatura catalana*. Barcelona: Ariel.

ROBERT, MESTRE (1977): *Libre del coch*. Edició a cura de Veronika Leimgruber. Barcelona: Curial.

SANCHIS GUARNER, MANUEL (1963): *Els pobles valencians parlen els uns dels altres*, dins: Sanchis Guarner, Manuel: *Obra completa*. Vol. 5. València: Edicions 3 i 4.

SOLER, RAMON (2006): *Doctrina compendiosa*. Edició a cura de Curt Wittlin. Paiporta (València): Denes, Col·lecció Bàsica.

TORRENT, FERRAN (1995): *Gràcies per la propina*. Barcelona: Columna Jove.

VOGEL, EBERHARD (1911): *Taschenwörterbuch der katalanischen und deutschen Sprache*. Berlin-Schöneberg: Langenscheidtsche Verlagsbuchhandlung.

BASQUE, ROMANCE, AND AREAL TYPOLOGY: WHAT DO WE LEARN FROM THE WORLD ATLAS OF LANGUAGE STRUCTURES?

Bernard Comrie

Max Planck Institute for Evolutionary Anthropology,
Leipzig, and University of California, Santa Barbara

For the Romance linguist who, like Georg Bossong, from time to time leaves the well-trodden paths of the Romance languages to look at Basque, the inevitable impression is that of crossing a major linguistic divide, if not a chasm. Of course, if that linguist, again like Georg Bossong, is also a typologist, then the sense of *pas encore vu* is all the more welcome. But nonetheless, it remains the case that familiar features of the Romance world appear to be turned on their heads, with verb-object order giving way to object-verb with a preverbal focus position; largely head-initial noun phrase structure giving way to largely head-final; person-number agreement restricted to the subject giving way to a poly-personal verb form that seems to want to agree with everything it can, and then some – not many languages follow Basque in obligatorily encoding the gender of the familiar addressee in the verb morphology even when the addressee is not an argument of the verb, or even otherwise mentioned in the sentence (Hualde and Ortiz de Urbina 2003: 242-246); and finite subordinate clauses giving way to various «de-ranked», non-finite constructions.

Now, perhaps few of these features are absolute: As in Romance languages, adjectives follow their head noun in Basque, although it should be noted that, as shown by Dryer (2005a), this is by far the majority pattern worldwide. Of the 1213 languages in Dryer's sample, 768 have the adjective after the noun, only 340 before the noun, a ratio of 69 : 31. (In addition, 102 languages have no clear preference for one order or the other, and 3 languages only allow the encoding of attributive adjectives by means of internally headed relative clauses.) If instead of languages one counts genera (roughly, genealogical units comparable to the major branches of Indo-European), then the ratio falls slightly to 66 : 34, and if one counts language families, it falls again to 59 : 41; but the imbalance is still striking[1]. The increasing use of clitic pronouns in the presence of full noun phrases, a kind of agreement, in Romance languages is a movement in the direction of the Basque poly-personal verb, but is still far from the complexity found in Basque. Basque does have finite subordinate clauses, and Romance languages do have non-finite devices for combining clauses (most noticeably, the infinitive), but the balance between the two types remains different as between Basque and Romance. Thus quite generally, the typological differences between Basque and Romance are robust.

The proverbial isolation of the speakers of Basque, to whatever extent true, cannot be the whole picture, because in some areas there is clear evidence of close contact between the two languages. Basque has borrowed a substantial amount of vocabulary from Romance, starting from early loans from Latin (Michelena 1995). The phonologies of Basque and Spanish are remarkably similar. And at the micro-level, contact between Basque and Romance has resulted, for instance, in the spread of various detailed features from one language to the other, most recently in particular from Romance to Basque; Haase (1992), for instance, discusses the influence of Gascon and French on varieties of Basque spoken in France, including the extension of the Basque comitative case to include instruments, paralleling French *avec* or Gascon *dab* (Haase 1992: 61-81)[2].

An impression of typological diversity is one thing, but it would be nicer to have an actual objective measure of the extent to which Basque is different from Romance languages, in comparison with equivalent distance measures

---

[1] If a given genus or family includes languages with both feature values, then it will be assigned *qua* genus or family to both types; there is thus a built-in tendency for ratios to move towards 50 : 50 as one moves from languages to genera, from genera to families.

[2] Identical expression of accompaniment and instrument is shown by Stolz et al. (2005) to be a widespread pattern in Europe, but rather rare elsewhere. In this respect, varieties of Basque that have not undergone the merger are atypical European languages, but typical of the world-wide pattern.

between some other of the world's languages. The availability of *The World Atlas of Language Structures* (Haspelmath et al. 2005; hereafter *WALS*) supplies one way of carrying out this task. *WALS* provides, for around 140 typological features, an account of the geographical distribution of feature values across a sample of the languages of the world. *WALS* operates with a basic sample of 200 languages, i. e. in general contributors tried to gather information for all features in these 200 languages, although there are several gaps in the chapters/maps dealing with particular features, while some chapters/maps include languages, in some cases many languages, that go beyond the 200-language sample. In addition to the printed *WALS* atlas, there is also an interactive CD-ROM that enables the user to work creatively with the data underlying *WALS*, e. g. by testing correlations. Finally, the database itself, which is available for scientific research purposes, enables even further creative use to be made of the database. It is one such exploitation of the data-base that will be reported in this article.

One way of measuring the distance between two objects that are characterized by values for the same or overlapping sets of features is the so-called relative Hamming distance[3]. Let us suppose that for two languages, the relevant feature value is given for both languages for n features. Let us suppose moreover that the two languages have the same value for m of these features. Then the relative Hamming distance is $(n - m)/n$, usually expressed as a percentage, i. e. the percentage of features for which information is available that have different values in the two languages. (It follows that the relative Hamming distance between any language and itself will always be 0.) Clearly, it only makes sense to compute a relative Hamming distance if the feature values for a large enough number of features are available, and this is one of the factors constraining the choice of languages in the present investigation.

Using *WALS* materials to compute relative Hamming distances between languages does give rise to a number of problems of interpretation, and any assessment of the results of the present study should, of course, bear these problems in mind. For instance, different feature values are always treated as discretely distinct, although in some cases this may be counterintuitive;

---

[3] In dialectometric research, this same concept has been called the «relativer Identitätswert» (Goebl 1984: 76). I am grateful to Michael Cysouw both for general consultation on this concept and for the specific calculations embodied in table 2.

for instance, one might want to treat languages with no preference for the order of adjective and noun as in between those with the order noun-adjective and those with the order adjective-noun, but this was not done here. Not all features are independent of one another, although a fully meaningful relative Hamming distance would require that they are. Thus, three chapters/maps in *WALS* explicitly deal with correlations between features that are treated separately in other chapters/maps, in this way directly repeating material. Sometimes, a feature value in one chapter/map predicts a feature value in another chapter/map, even though other feature values do not; for instance, if a language has no gender opposition, then clearly it has no gender opposition based on sex, whereas if a language does have a gender opposition, then it may or may not use sex as a component of the opposition. Some feature values correlate highly across features, e. g. verb-object languages tend to have prepositions, while object-verb languages tend to have postpositions, although the two features are not absolutely mutually dependent, since some languages combine verb-object order with postpositions or object-verb order with prepositions[4], this means again that the two features are not completely independent. Even beyond this, it is not clear that all features included in *WALS* should be weighted equally. Finally, the selection of typological features covered in *WALS* is itself subject to various biases, such as the range of phenomena that have typically interested typologists in recent years, the ready availability of material in descriptive grammars for particular features, etc. Nonetheless, the «raw» use of *WALS* data is a methodologically valuable first step, one which, as will be seen below, does seem to give interesting results, though one which can surely be refined in future work.

Table 1 lists the 17 languages that were included in the investigation, together with their genealogical affiliation (as used for *WALS*). The selection of languages was constrained by the need for a large enough number of shared features in the data-base for the languages under comparison. In fact, all languages belong to the 200-language sample, indeed all but Irish belong to an even narrower 100-language sample for which contributors were particularly urged to get data on as many features as possible. As comparisons from Romance, standard French and Spanish are chosen;

---

[4] In the sample of 1033 languages used by Dryer (2005b: 427) have object-verb and postpositions, 417 have verb-object and prepositions, 38 have verb-object and postpositions, and 10 have object-verb and prepositions. The ratio of languages adhering to the correlations relative to those contravening it is thus 95 : 5.

clearly, it would have been interesting to include Romance varieties in closer, longer-term contact with Basque, such as Gascon, but *WALS* does not contain enough relevant data. A number of languages for which genealogical affiliation with Basque has been claimed are included, following largely the list of claims reported in Trask (1995), although of course such ancient languages as Iberian could not be included because of lack of data. But inclusion is made of the three Caucasian families (Kartvelian, Northwest Caucasian, and Nakh-Daghestanian), of Burushaski, and of Navajo (representing the Athabaskan/Na-Dene group). It should be emphasized that none of the results of the investigation bear directly on the question of genealogical affiliation, only on typological similarity. Finally, a set of other languages of Europe/the Mediterranean, Asia, and the northern fringe of North America are included for comparison and contrast.

LANGUAGE	ABBREVIATION	GENUS/FAMILY
Basque	bsq	Basque/Basque
French	fre	Italic/Indo-European
Spanish	spa	Italic/Indo-European
Irish	iri	Celtic/Indo-European
Russian	rus	Slavic/Indo-European
Hindi	hin	Indic/Indo-European
Finnish	fin	Finnic/Uralic
Turkish	tur	Turkic/Altaic
Abkhaz	abk	Northwest Caucasian/ Northwest Caucasian
Georgian	geo	Kartvelian/Kartvelian
Lezgian	lez	Lezgic/Nakh-Daghestanian
Arabic, Egyptian	aeg	Semitic/Afroasiatic
Berber, Middle Atlas	bma	Berber/Afroasiatic
Burushaski	bur	Burushaski/Burushaski
Chukchi	chk	Chukotko-Kamchatkan
Greenlandic, West	grw	Eskimo-Aleut/Eskimo-Aleut
Navajo	nav	Athabaskan/Na-Dene

Table 1: Languages included in the investigation

Table 2 gives the relative Hamming distance between each pair of languages included in table 1. As is usual in reporting the results of such calculations, some redundancy is built into the table as a cross-check: In particular, each language has a relative Hamming distance of 0 with respect to itself, and since each language is listed on both the horizontal and vertical axes, the result for each pair of languages is presented twice.

	bsq	fre	spa	iri	rus	hin	fin	tur	abk	geo	lez	aeg	bma	bur	chk	grw	nav
bsq	0	54	50	57	50	43	52	42	45	44	45	55	60	44	48	44	50
fre	54	0	26	43	31	45	44	52	62	57	61	46	59	60	68	70	63
spa	50	26	0	44	35	48	47	56	58	53	62	46	52	56	59	62	62
iri	57	43	44	0	45	54	47	65	67	69	70	44	45	66	64	67	73
rus	50	31	35	45	0	40	36	48	61	48	56	48	52	55	58	66	65
hin	43	45	48	54	40	0	43	42	54	40	42	49	60	39	49	60	57
fin	52	44	47	47	36	43	0	43	62	55	54	56	59	60	55	54	67
tur	42	52	56	65	48	42	43	0	52	48	43	60	65	47	55	54	62
abk	45	62	58	67	61	54	62	52	0	55	47	55	57	48	62	55	50
geo	44	57	53	69	48	40	55	48	55	0	46	60	64	40	46	56	61
lez	45	61	62	70	56	42	54	43	47	46	0	69	69	41	49	51	66
aeg	55	46	46	44	48	49	56	60	55	60	69	0	36	56	62	64	66
bma	60	59	52	45	52	60	59	65	57	64	69	36	0	68	62	60	63
bur	44	60	56	66	55	39	60	47	48	40	41	56	68	0	51	53	58
chk	48	68	59	64	58	49	55	55	62	46	49	62	62	51	0	48	60
grw	44	70	62	67	66	60	54	54	55	56	51	64	60	53	48	0	45
nav	50	63	62	73	65	57	67	62	50	61	66	66	63	58	60	45	0

Table 2: Relative Hamming distances between Basque and selected other languages

The results are instructive, in part expected, in part perhaps surprising. Basque certainly does not come out as particularly close to Spanish (distance 50) or French (distance 54). Indeed, if one arranges the 16 languages other than Basque in order of increasing distance from Basque, Spanish falls in position 9 (i. e. just below the half-way mark), French in position 13 (followed only by Egyptian Arabic, Irish, and Middle Atlas Berber). Basque is not particularly close to any other language in the sample, though perhaps surprisingly the two languages to which it is closest are Turkish (distance 42) and Hindi (distance 43), two languages to which it is not usually compared typologically (and to which no close genealogical link is, to my knowledge, being actively pursued). While the only relative Hamming distance in the 20s is between two languages in the same genus (French and Spanish, distance 26), there are 5 relative Hamming distances in the 30s, 3 between languages in the same family (French and Russian, distance 31; Spanish and Russian, distance 35; Egyptian Arabic and Middle Atlas Berber, distance 36), but also 2 crossing family boundaries (Russian and Finnish, distance 36; Hindi and Burushaski, distance 39).

However, it perhaps makes more sense, given the problems inherent is assigning too much significance to small numerical differences, to group together those languages that are typologically closest to Basque (separated by a Hamming distance in the range 42-45), namely Turkish (distance 42), Hindi (distance 43), Georgian, Burushaski, and West Greenlandic (distance 44), and Abkhaz and Lezgian (distance 45). It is significant that this group includes languages from the three Caucasian families and Burushaski, languages with which Basque has often been compared, whether typologically or genealogically. This suggests that it may well have been typological similarities that first led linguists to compare Basque with these languages, although this of course leaves open the question of whether there is a genealogical link to any of them.

A final remark will take us first away from Basque, only to return to it circuitously. Table 2 does suggest typological closeness between the two Afroasiatic languages on the one hand and Irish on the other. Indeed, the closest language to each of Egyptian Arabic and Middle Atlas Berber other than the other Afroasiatic language is Irish. Irish is closer to Egyptian Arabic and Middle Atlas Berber (in that order; distances 44 and 45) than to any other languages other than the other Indo-European languages French (distance 43) and Spanish (distance 44, thus tying with Egyptian Arabic). Although the sample for the present investigation is Basque-oriented rather than Semitic- or Berber-oriented, and thus does not include enough neighboring languages to the Afroasiatic languages treated, this does suggest that the *WALS* materials corroborate the typological closeness of Celtic and Mediterranean Afroasiatic argued for in Gensler (1993). There is, however, no typological closeness between this Celtic/Afroasiatic cluster and Basque; indeed, Egyptian Arabic, Irish, and Middle Atlas Berber are, in ascending order, the typologically most distant languages from Basque in the sample (distances 55, 57, and 60 respectively).

In conclusion, applying relative Hamming distance measures to *WALS* material does provide an objective confirmation of the intuition that Basque is typologically distant from the Romance languages. While some of the distance measures are puzzling (in particular, the typological closeness to Turkish and Hindi) and merit deeper investigation, it is also interesting that Basque turns out to be typologically close to a substantial set of languages with which it has been linked, however successfully or unsuccessfully, in terms of genealogical affiliation.

BIBLIOGRAPHY

DRYER, MATTHEW S. (2005a): «Order of adjective and noun», in: Haspelmath et al. (2005), 354-357.

— (2005b): «Relationship between the order of object and verb and the order of adposition and noun phrase», in: Haspelmath et al. (2005), 386-389.

GENSLER, ORIN DAVID (1993): *A typological evaluation of Celtic/Hamito-Semitic syntactic parallels*. Doctoral Thesis. University of California Berkeley.

GOEBL, HANS (1984). *Dialektometrische Studien anhand italoromanischer, rätoromanischer und galloromanischer Sprachmaterialien aus AIS und ALF*. Bd. 1. Tübingen: Niemeyer.

HAASE, MARTIN (1992): *Sprachkontakt und Sprachwandel im Baskenland: die Einflüsse des Gaskognischen und Französischen auf das Baskische*. Hamburg: Buske.

HASPELMATH, MARTIN/DRYER, MATTHEW S./GIL, DAVID/COMRIE, BERNARD (eds.) (2005): *The world atlas of language structures*. Oxford: Oxford University Press.

HUALDE, JOSÉ IGNACIO/LAKARRA, JOSEBA A./TRASK, R. L. (eds.) (1995): *Towards a history of the Basque language*. Amsterdam: John Benjamins.

HUALDE, JOSÉ IGNACIO/ORTIZ DE URBINA, JON (eds.) (2003): *A grammar of Basque*. Berlin: Mouton de Gruyter.

MICHELENA, LUIS (1995): «The Latin and Romance element in Basque», in: Hualde et al. (1995), 137-169.

STOLZ, THOMAS/STROH, CORNELIA/URDZE, AINA (2005): «Comitatives and instrumentals», in: Haspelmath et al. (2005), 214-217.

TRASK, ROBERT L. (1995): «Origins and relatives of the Basque language: review of the evidence», in: Hualde et al. (1995), 65-99.

CODE-SWITCHING
AND CODE-MIXING IN IBN QUZMĀN REVISITED

Federico Corriente
Universidad de Zaragoza

> Comme ceux à qui il dédiait ses zadjals, il devait
> avoir une bonne connaissance du dialecte roman
> courant dans l'Espagne musulmane du Sud. Il en
> cite non seulement des mots isolés, mais aussi de
> petites phrases. Le berbère parlé par les Sahariens
> ne lui était pas non plus complètement inconnu; cer-
> taines pièces dédiées à ses dignataires almoravides
> sont émaillées de mots de cette langue [...].
>
> G. S. Colin, in: *Encyclopédie de l'Islam²*, III: 874

The interest in Romance interference in Ibn Quzmān's *Dīwān* is hardly new, as this was perhaps the earliest among its many characteristic features to attract the attention of scholars, from the very moment of its effective discovery back in 1881, even before the first facsimile edition by Gunzburg (1896).

As is widely known, the de facto discoverer, Baron von Rosen, immediately asked Dozy to edit the manuscript, but the great Dutch Arabist declined because he felt that his knowledge of Andalusi Arabic was insufficient. Then, Baron von Rosen, aware of the importance of being well-versed in Western Arabic to be able to cope with the task of editing an Andalusi Arabic text interspersed with Romance, and probably some Berber quotations also, lent the ms. to Simonet, hoping that the latter would undertake the task. The outcome, by no means a meagre one, of all these endeavours is the occurrence in Simonet (1888) of many items excerpted from IQ, with a more or less accurate Romance interpretation. Thereafter, every subsequent scholar concerned with IQ, right up to García Gómez, has devoted some time to this subject,[1] although none has gone as far as Tuulio, who called IQ a bilingual Hispano-Arab poet, a somewhat exaggerated claim when one stops to consider the actual percentage of IQ's Romance quotes contained in his Andalusi Arabic text, as will at once become evident to anyone reading the following pages.

As far as García Gómez is concerned, we have repeatedly commended his work on IQ on the account of the enormous progress it signified vis-à-vis previous editorial attempts, despite its being flawed by his untenable assumption of a merely Romance-based metrical system, his frequent disregard of linguistic methods, and his habit of introducing whimsical, wholesale emendations. Nevertheless, García Gómez also deserves credit for having found the correct interpretation of most Romance items in IQ's work, and provided such useful tools as their cross-references and alphabetical lists, resulting in the best and most thorough treatment of this topic to his day.

However, as we have hinted, in spite of his remarkable achievements, not every hypothesis in his rather lengthy study appears to be tenable. We already pointed out to some of our disagreements in Corriente (1980a), where we set up lists of:

A)   Items that could be vouchsafed or needed just slight amendments;

B)   Items that had to be struck off as misconstructions or, at least, reinterpreted, and

C)   Items which García Gómez had overlooked.

Needless to say, after a number of years, during which the study of IQ has been one of our main concerns, and never having had any qualms about recanting presumed previous mistakes, we have changed our views on some etyma in IQ's lexicon, as can often be seen in our published works.[2] Further-

---

[1]   Mainly Tuulio (1941), Colin (1962), García Gómez (1972), Al-Ahwānī (1972-1973, 1974-1975 and 1976-1978) and, more recently, Bossong (2003).

[2]   See the bibliography attached to Corriente (2003).

more, what in principle was considered a simple matter of lexical borrowing and/or bilingualism appears now, in the light of recent advances in socio-linguistics, psycholinguistics and grammar, to be more aptly dealt with under the labels of relexification and/or code-switching and code-mixing.

In order to apply these new techniques and approaches, however, we must first ascertain the validity of the data contained in our aforementioned survey of the material, which provides the following picture:

A) Among items considered definitively established on pp. 184-185 of that study, we must now eliminate */lúp/ 'wolf',[3] */manjár/ 'food',[4] */pul-liqár/ 'thumb',[5] */qúrq/ 'shoe',[6] */roṭónṭo/[7] 'round' and */tan/ 'so much'.[8] The remaining items appear to hold good, though many of them should most likely or certainly be reclassified as fully integrated into Andalusi Arabic (e. g., /čawčál/ 'to whisper', /čiqála/ 'cicada', /čírč/ 'northerly wind', /fačáyra/ 'face', /fašqár/ 'heap of sheaves', /fullár/ 'puff-pastry', /iškála/ 'goblet', /ištipár/ 'steppe', /káppa/ 'cloak', /labáč/ 'southeast wind', /makkár/ 'even', /mámma/ 'Mom', /mánna/ 'trick', /marqaṭál/ 'flea market', /máyu/ 'May', /mixšáyr/ 'a kind of goblet', /milán/ 'kite', /pandáyr/ 'tambourine', /paníč/ 'panic-grass', /parṭál/ 'sparrow', /píč/ 'pitch, tar', /qubṭál/ 'elbow', /šáyra/ 'frail', /šuqúr/ 'axe', /ṭušṭún/ 'toast', /ya/ 'already'[9] and /yanáyr/ '[feast of the First of] January'). Concerning, however, some items considered by us as doubtful, or for which we proposed just slight amendments (see p. 185 of that article of ours), we are now quite certain about the Arabic etyma of /falúk/ 'West wind',[10] /fartál/

---

[3] As 9/14/4 is to be corrected as /waṭṭabíʻa tirúddu lúbbu jazám/ «and nature disavows his mind altogether», without any Romance admixture.

[4] We have changed our mind about this item too in Corriente (2003: 116-117), as the context would rather support the genuine Arabic words *manjar* 'path' or, with the addition of a mere dot, *matjar* 'business, deal'.

[5] As 86/10/2 is to be corrected as /las nazarfán milliqár/ «I shall not curl (= bend or move) even my little finger», with a different Romance item.

[6] Which appears to be a Greek item of Eastern background, according to Corriente (1997: 424a).

[7] For which we now prefer Simonet's proposal /REṬÉNṬO/ 'saved, withheld' as a better match within the context.

[8] Where the ms. has a clear >tun<, which makes perfect sense in Romance as /TÚ+N/ (< /TÚ+EN/), which we have endorsed since Corriente (1995).

[9] About which García Gómez (1972 III: 432-433) retains some of its value.

[10] A euphemism for /dabūr/, according to Corriente (1989: 234).

'to escape',[11] and /tazmirát/ 'flute-playing',[12] and we think that in 102/4/3 the likeliest reading is /qošíṭo/ 'taken (prisoner)' (cf. Castilian *cogido*, Catalan *collit*, Portuguese *colhido*, see below).[13]

B) In addition to the items in pp. 185-190 of that survey, which we thought had to be dismissed and for which we offered alternative proposals, we must add: 1) That */baršáyr/ in 69/16/4 is also a ghost-word,[14] 2) That /dubáyla/ 'incurable ulcer' in 11/7/1 is genuine Arabic and bears no relation whatsoever to Castilian *duelo*, 3) That the reading of the ms. in 7/1/3, >ʾšbāyiḏ<, for which we had emphatically rejected García Gómez's interpretations as a reflex of Latin *evanĭtus*, Portuguese *esvaido*, etc., and suggested */EŠPOLYÁḎO/, would be better interpreted in our present view as a reflex of Latin *expăvĭdus* 'scared', 4) That our former correction to *múra (D26, p. 189 of that survey) has now been superseded by our reappraisal of the whole line 7/1/3, in Corriente (2003:112), q. v., 5) That there is no reflex whatsoever of Castilian *payo* 'peasant' in 103/7/4, since that was just a misapprehension in our edition of 1980, corrected by that of 1995 as /bába/ 'deserving', 6) That */qarmál/ 'flageolet', although attested in other sources of Andalusi Arabic lexicon, is not supported by 24/2/2, where that garbled item is likelier to be read as /injihár/l/ 'clay castanets', 7) That */qúrru/ 'ring of performers' must be forsaken, since the ms. has >qurra<, a well-known personal name perfectly appropriate to the context, as purported in our Cairene edition, although it would also be possible to read Qázz(i) 'raw silk', considering that, two stanzas below, another performer is called Qunbár 'cocoanut fiber used to weave

---

[11] Apparently, a dissimilated derivate of */fattal/, cf. Egyptian Arabic /šamma' il-fatla/ «he run off» and Andalusi Arabic /aftál/ «he turned his face».

[12] Metaphorically said of a poor performance or bungled job, through a semantic juncture based upon the fact that flute players had a bad reputation, like very musician or singer after the tenets of strict Islamic orthodoxy. Curiously enough, string instrument players were better appreciated by most people, and even integrated in Sufi orchestras, while wind instruments retained a sinful, even devilish association.

[13] This is one of the few cases in which Romance Andalusi solutions do not go along with the more conservative Eastern and Western Romances, but with the more evolutive Central Romance, i. e., Castilian, as shown by the examples in Corriente (2000-2001: 230, fn. 365). Even the *kharjah* A8 has a parallel imperative plural /KOŠÉḎ/.

[14] Our direct perusal of the ms. in Leningrad allowed us to correct the reading into /báz/ 'falcon, hawk', on top of which some reader had jotted down /šayn/ 'ugly', no doubt because this verse repeats a rhyme (i. e., commits *īṭā'*), that word having been later on incorporated into the line by an inadvertent copyist.

very rough material',[15] and 8) That our former correction to /zarqán/ (D40, p. 190 of that survey) is now invalidated by the new reading of 86/10/2 (see above our note on */pulliqár/). García Gómez, on the other hand, appears to have been right after all when he read >mqḥūl< as >fuḥūl< in 103/3/2, on the authority of Ibn Hišām Allaxmī,[16] as we have subsequently learned and included in our works, and when he read >bukkāru< in 142/2/4.[17] He had also been closer than us to the truth when he guessed at a Romance idiom in 87/24/3, as explained below, and upon reading /aljári/ 'my neighbour' in 76/7/4, the ungrammaticalness of which is understandable as a case of interference by substratal Romance.

C) There are further additions and corrections not only to García Gómez's pioneering edition, but also in the case of ours (Corriente 1980b and 1995), affecting true or alleged Romance items, such as the following:

1) In 82/7/4, a difficult passage indeed, we have proposed since our Cairene edition of 1995 the reading /wa'aná kinnaṭabyáṭ fī duxáni mušammár/ «And I would wear a suit of gauze with tucked-up sleeves»,[18] wherein the Andalusi Arabic verb /ṭabyáṭ/ would have derived from the passive participle of Romance /AṬABYÁR/ (cf. Castilian and Portuguese ataviado).

2) In 1/674 */čírki/ 'oaky' can no longer be upheld after careful direct perusal of the ms., but neither García Gómez, who read šawkī and, incoherently but instinctively correct, translated rugosa (= rough), nor our subsequent editions had hit the mark. In fact, the ms. has the correct reading >širkī< 'pagan', hitherto not understood, said of a certain breed of sheep characterized by very rough hides on their necks, as can be seen in Dozy (1881 I: 752) and Bustamante/Corriente/Tilmatine (2004: 38, n.° 545).

---

[15] It is notorious that dancers and sometimes even singers in those performing groups were often young homosexuals who scorned each other and were poked fun at when the first fuzz appeared on their faces, as shown by IQ 53/3/5 faḥlá ma ánt qázzi tarjáʿ qunbár «Suddendly, while you were raw silk, you have become cocoanut fiber». This makes clear that both terms were used as nicknames of those performers.

[16] See Pérez Lázaro (1990: 264).

[17] In the light of the appearance of this word in Ibn Alʿawwām, according to Dozy (1881 I: 106).

[18] Instead of */kúnt AṬABYÁṬ/ in the Madrilenian edition, with practically no difference in meaning. García Gómez had preferred to alter the ms. into an unlikely *kannunaṭniṭ 'I would gambol'.

3) In 7/10/3 /šafláq/ is not 'whistle', nor does it derive from Romance. As explained in our Cairene edition, thanks to Allaxmī (cf. Pérez Lázaro 1990 I: 317), we now know that it meant 'patting on the buttocks as a sign of rejection'.

4) In 9/31/2 >šīšu< is to be emended as /pušáyša/ 'little penis', as corrected in our Cairene edition.

5) We no longer believe that >burḍulūk< in 82/3/4, understood by García Gómez as *burḍuqūn 'young and strong', may be correct. Considering the semantic juncture between 'mule' and 'strong', it could just have resulted from attaching the augmentative-derogative Romance suffix {+ÓK} to Andalusi Arabic /birḍáwn/ 'mule'.

6) As purported in our Cairene edition, all previous hypotheses about >'lṭayṭar< in 7/15/1 might be unnecessary, if the text is read with minimal alteration of diacritical dots, as /aẓ-ẒEBṬÓR/, i. e., 'the debtor', because the poet is talking about being treated too harshly by judges on account of his 'just overdue' petty debts. In connection with this, it might be reminded that the first word of 122/17/1 could be read as */naxšíšu/ < Latin noxiōsus 'vicious (criminal)', as a further witness to the survival of old legal jargon which could have been familiar to many Andalusis before the definitive sway of Muslim law and its Arabic technical language.

7) We still believe that the possibly corrupt passage of 19/8/4 is too risky a ground to venture any proposal. However, in Corriente (2003: 114), and with every reservation, we have suggested */KÍ TE BERÁD biḥáli? wáy 'aṭarí/ «Who would see you in such a predicament like mine? What a smell was mine!».

8) We have been suggesting since our Cairene edition that >yā šī< in 41/10/3 might be interpreted as /ya iššír/, i. e., Berber /ya iššir/ «hey, young man», which would make sense as this poem is addressed to a Berber speaking North African high official.

9) For 103/5/2, since our edition of 1980, we had suggested a Neo-Persian idiom *bā mošt vešahmāt «checkmate in one move» which, however, is not recorded in the related literature.

Having thus revised and updated the corpus of Romance terms and utterances in IQ in the course of preparing for publication the Cairene edition of 1995 and subsequent improvements of the text, especially Corriente (2003), and before passing judgment on cases of code-switching and code-mixing contained therein, we must exclude from synchronic consideration every true loanword, i. e., words of Romance origin completely assimilated by Andalusi Arabic. We presently tend to believe that most isolated words of Romance origin in IQ belong to this category, as borne out not only by their recurrence in other Andalusi Arabic sources, but also by their high degree of morphophonemic integration,[19] acquisition of characteristic and complex syntactic functions (e. g., /makkár/ 'even', /yádda/ 'also',[20] /ya/ 'already'), or just by belonging to semantic fields where relexification is to be expected and almost unavoidable on account of the environmental and cultural differences between the rude Arab tribesmen who invaded the Iberian Peninsula and the lexicon of animal and plant names, arts, crafts and social habits practised by the local inhabitants and subsequently learnt by the newcomers and their mixed offspring, the Andalusi people who, though never entirely cut off from Eastern culture never also entirely forsook their cultural and linguistic Hispanic heritage.[21]

---

[19] Given away by such features as adoption of Arabic phonotactic patterns (e. g., /šuqúr/ 'axe', /iltimáq/ 'riding boots' and /čírč/ 'northerly wind'), broken plurals (e. g., /partál → parátil/ 'sparrow', /qamāṣil/ 'drinking vessels', /čaráyiṭ/ 'cosmetics'), regular plurals (e. g., /puntát/ 'stitches', /punyát/ 'punches'), diminutives (e. g., /pušáyša/ 'little penis', /quṭáytan/ 'little chain', /ṭuwáyšar/ 'small cloak') and verbal inflexional morphemes (e. g., /yačáwčalu/ 'they gossip', /yilúčč/ 'it shines', /tišantár/ 'you are incensed').

[20] See Corriente (1983: 30) about the etymon of this item, fully integrated in Andalusi Arabic.

[21] This is relevant in IQ in the case of animal names (e. g., /partál/ 'sparrow', /miqnín/ 'linnet', /čiqála/ 'cicada', /ġallína/ 'hen', /milán/ 'kite', /xaláq/ 'thief dove'), terms related to plants (e. g., /ištipár/ 'steppe', /íška/ 'touchwood'), tools, vessels and musical instruments (e. g., /šuqúr/ 'axe', /napáli/ 'razor', /quṭáytan/ 'little chain', /mixšáyr/, /qanṭabár/, /qunqál/ and / iškála/ 'kinds of wine-drinking vessels', /qubál/ 'bucket', /pandáyr/ 'tambourine'), cookery (e. g., /lábṭa/ 'leavened bread', /fullár/ 'puff-pastry', /iġrannún/ and /pulyāṭ/ 'kinds of porridge', /ṭuštún/ 'toast'), winds (e. g., /čírč/ 'northerly wind, /labáč/ 'southeast wind'), calendar and agricultural terms (e. g., /yannáyr/ 'January', /márs/ 'March', /máyu/ 'May', /fašqár/ 'stook of heaves', /bukkáru/ 'draining outlet'), clothing and cosmetics (e. g., /ṭuwáyšar/ 'small cloak', /káppa/ 'cloak', /iltimáq/ 'riding boots', /puntát/ 'stitches', /čaráyiṭ/ 'make-up'). This probably applies also to household words such as those related to human anatomy (e. g., /pušáyša/ 'little penis', /palaṭár/ 'palate', /qurqumúl/ 'top of the head', /qúllu/ 'neck', /milliqár/ 'little finger', /qubṭál/ 'elbow', /fačáyra/ 'face', /pilóš/ 'hairy', a euphemism for 'vulva'), interjections (e. g., /aṣáp/, used to frighten away dogs or cats, /áyya/ «come on!», /záz/ «bang!»), and some other expressive words (like /ṭannáš/ 'stubborn', /ardún/ 'ungrateful', /mánna/ 'trick' and /šantár/ 'to get incensed').

This does not mean, of course, that one cannot find isolated words from Romance stock in IQ that are genuine cases of code-switching. He, for instance, and for poetic motives, appears to have used non-integrated Romance words in rhyme positions, e. g., 9/42/2-3 >aḍamaṭūr< (= Castilian *adamador*) 'lover' and >ẓulūr< (= Castilian and Catalan *dolor*) 'pain', 10/2/1 >šilibāṭu< (= Castilian *chiflado*) 'crazy', 20/3/2 >aṭrabaššān< (= Caastilian *travesaño*, Catalan *travesser*, Portuguese *travessão*) 'crosspiece', 20/6/4 >šudadāri< (= Castilian *sudario*, Catalan *sudari*, Portuguese *sudário*[22]) 'my shroud', 20/16/4 >b.lāri< (= Castilian and Portuguese *velar*, Catalan *vetllar*) 'my waking', 46/3/4 >kabāl< (= Castilian and Portuguese *cabal*) 'exact', 87/10/3 (but also in other locations) >būn< (= Castilian *bueno*, Catalan *bon*, Portuguese *bom*) 'good; well', 90/9/2-3 >q.nāj< and >qarẓāš< (= Castilian *canasto* and *cardencha*, Catalan *canastra* and *cardet*, Portuguese *canastro*), 'basket' and 'thistle', 90/12/3 >bulūš< (= Catalan *pilós*, Portuguese *pe/iloso*) 'hairy; vulva', 90/14/4 >ṭušṭūn< (= Castilian *tostón*) 'toast', 90/15/4 >baštūn< (= Castilian *bastón*, Catalan *bastó*, Portuguese *bastão*), 'stick', 99/15/3 >taqaṭīj< to be read as /peqaṭíj/ (= Castilian *pegadizo*, Portuguese *pegadiço*), 'sticky'. In a few other instances, however, non-integrated Romance words appear out of rhyme positions, e. g., the aforementioned >ẓabṭūr< 'debtor' (if our proposal is correct), 19/10/2 >r.ṭ.nṭu< (= Latin *retentus*) 'saved, withheld', 83/12/2 >runbīṭu< (= Portuguese and old or vulgar Castilian *rompido*) 'broken', and 90/1/3 >bīnu bīnu< (= Castilian *vino*, Catalan *vi*, Portuguese *vinho*) 'wine'. Although in most of these cases the slot could as well have been filled with genuine Andalusi Arabic words, the overall impression gained therefrom is that isolated non-integrated Romance words were used by IQ mostly as a rhyme-creating device. This, however, happens rather seldom: in eight *zajals* out of 149 and mostly in the very poems containing other longer Romance utterances, which seems to imply some conditioning by the setting.

As for longer utterances entirely in Romance or hybrid, but at least containing more than one such a word, in our present state of knowledge we can list them as follows:

---

[22] Cf. Castilian *sudadero* in Nebrija and Antonio de Guevara, overlooked by Monroe (2006: 5), while trying to reinterpret this passage of IQ with scarce fortune, as generally in this article of his, where he goes as far as portraying the poet as an avowed pimp of his own wife, something really unbelievable in the Andalusi milieu, even for a jesting *zajjāl* like IQ and, besides, not granted at all by any passage of that poem.

5/7/2: >ṭuṭ bān kirāyu nuwāfaq< = /ṬÓṬO BEN KERÉYO niwáfaq/: «I shall hit upon every good thing, I gather». Romance: object (a noun phrase integrated by an adjective and a substantive), Arabic verb containing it subject.

7/1/3: >laxšala ʾšbāyiḏ m.qdām ḏiknūra< = /LÁXŠALO+ ŠPAYÍḎO miqdám ḏakfúra/:[23] «a superb champion left him scared». Romance: verb, object, predicative, Arabic: subject with an apposition.

10/2/1: >tun ḥ.zīn t.n yanāṭu< = /TÚ+N[24] ḥazínO TÚ+ PENÁṬO/: «You are sad because of it, you are sorry for it». Everything is seemingly Romance in these two asyndetic nominal sentences, as even Arabic /ḥazín/ appears morphophonemically integrated by means of a suffix and so is it found in Medieval Castilian:[25] however, the syntax betrays the substratal interference of Arabic in the lack of a copulative verb.[26]

11/9/2: >kakariš< = /KÉ KERÉŠ/: «What do you want?». Wholly Romance sentence containing interrogative object pronoun and verb with self-contained subject, a tag or fragment in an instance of emblematic switching.

13/14/1: >l.kull.hum yaġl.b ʾaḏ.ll ūnu< = /likúlluhum yaġláb AḎÁLLA ÚNO/: «A single one defeats them all totally». Arabic: object[27] and verb. Romance: adverb[28] and subject.

19/13/3: >ḏūnu ḥyḏ< = /ḎÓNO ČÉḎO/: «I grant a gift». Wholly Romance sentence containing object and verb (including its self-contained subject), in an instance of metalinguistic code-switching, whereby the poet exhibit his bilingual competence.[29]

---

[23] See Corriente (2003: 112) about the details and reasons for this most recent emendation in the text of our Cairene edition. However, it is still an insecure item.

[24] Thus in the ms., and not to be corrected into */TAN/ "so sad, so sorrowful", as done by all editors, including us before Corriente (1995). Andalusi Romance was not a quasiidentical forerunner of modern Castilian and, not surprisingly, appears to have possessed the pronominal adverb /EN/ "of it", with a first elidible vowel, as in Catalan, French, Italian, etc., of which there is plenty of evidence in kharjah texts (cf. Corriente 1997: 351, § 2.1.3.1).

[25] See Corriente (1999: 339b), s. v. hacino.

[26] About this feature of Andalusi Romance, see Corriente (1997: 357, § 3.2.1).

[27] Introduced by the preposition /li-/, according to Corriente (1992: 111-112).

[28] Although totally assimilated by Andalusi Arabic, cf. Corriente (1983: 29-30).

[29] Or rather trilingual, as in the next line he uses >afki<, seemingly aiming at Berber ǝfkiyyi «give me», a poor show of competence in that language, however, since the context would require fkiġ «I have given». Curiously enough, this is the only instance in the whole Dīwān where IQ mixes his Andalusi Arabic with Romance and Berber at the same time, which probably means that the dedicatee of this zajal, somebody called or nicknamed Ibn

20/6/2: >l.w kuntu ṭrnāṭ dū marti< = /l.w kuntu ṭrnāṭ dū marti< = /law
kúnt ADORNÁṬO DO[30] MORTE/:[31] «even if I were (already) shrouded
after my death». Arabic: conditional marker and copulative verb, Romance:
predicate, integrated by a participle and prepositional phrase.

20/6/3: >lawa 'trammat 'alayy dunuxti< = /law atrammát 'alíyya DO
NÓXTE/: «Even if she threw herself on top of me in the middle of the night».
Arabic: conditional marker, verb and prepositional phrase. Romance: another
prepositional phrase or adverb.

20/16/2: >'lhlāl 'y kdrmā rikāri< = /alhilál, ÁYYA, KE DÓRMA
REKÉRE/: «Here is the crescent (i. e., the onset of darkness); come on, put
up my bed (literally: take care of my sleeping)». Arabic: self-predicative

---

Fulfal, must have been a North African with strong ties in al-Andalus. We have repeatedly
alluded to the characteristic underrating of the Berber presence in al-Andalus in both Arabic
and Western sources (cf. Corriente 1999: 59-62); an example thereof is the slow recognition
of Berber words in IQ, according to Corriente (2002: 106), from only one item in García
Gómez (1972) to six in Corriente (1995), thanks to the important additions of Bencherifa
(1975). Symptomatically enough, Colin's important contribution to the Berber share in
Andalusi Arabic was never published during his lifetime: this was done only posthumously
by Ferrando (1997).

[30] This shape of the preposition /DE/ happens again in 20/6/3 and 49/5/2, vs. >d< in
82/10/1 and >da< in 99/11/4. Although one must not attach too much importance to such
haphazard vocalizations, that lectio dificilior might reflect an Andalusi Romance subdialect
with an /l/-less article, at least in contraction with prepositions, like in the case of Galician
and Portuguese do, da. This might explain the surprising apparent absence of the Romance
definite article in the whole corpus of IQ, the curious /ENA/ (= Castilian en la, Portuguese na)
"in the" of 21/4/2, and the etymon of Castilian gazpacho about which, see Corriente (1999:
332). However, not every such instance can be dealt with as a case of hitherto unreported
intervocalic loss of /l/ in Andalusi Romance: the matter requires further study, as it does not
always occur (cf., in IQ, /čiqála/, /DOLÓR/, /iškála/, /MÁLE/, /milán/, /ŠILIBÁṬO/, /TÁLE/),
nor does it follow the same rules as in Galician and Portuguese. In Corriente (2001-2002:
225) we considered the possibility of this being a repressed low-register feature.

[31] Our knowledgeable colleague J.T. Monroe recently proposed, in his new interpretation of IQ 20 (Monroe 2006: 5), with which, however, we cannot often agree, that this line
is instead to be read */ḥatta law kuntu TORNÁTO DE MÓRTE/ «even though I were to
rise from the dead», objecting to our proposal that one cannot want anything after death;
however, by the same token, nobody would come back from the dead, so that the whole
stanza would make no sense. The passage is indeed imaginative, ironical and not abiding
by any logic, as when IQ fancies a visit paid to him by of Mr. Gold, the arrest of Mr. Wine
for mischief-making or the beating of mean Fortune in his *zajals* 88, 137 and 105.

subject. Romance: interjection,[32] subordinating marker with its matching subjunctive and imperative main verb of the sentence.[33]

21/4/2: >'n šāšthu< = /ENA ŠEŠTA 'aráḍ 'alíyya + nnujúm/: «during the nap time (= at noon) he made me see stars». Romance: prepositional phrase. Arabic: verb containing its subject, prepositional phrase and object.

21/6/1: >fāḥ waṭdu< = /FÁČ ROṬÚNDO nimút waráh/: «a round face for the sake of which I die». Romance: topicalized noun phrase integrated by substantive and adjective. Arabic: verb and prepositional phrase including pronoun of reference to the Romance noun phrase.

22/9/4: >nanāb.ṣ ṭāli< = /NON ÁBEŠ ṬÁLE/: «you have no match». Entirely Romance sentence, in intersentential switch, containing negative marker, verb with self-contained subject and object.

49/5/2: >lifulān yaḏḏ maxšall dušūl< = /lifuláni yaḏḏa MEXŠÍLLA ḌO ŠÓL/: «my man too has a cheek like the sun». Arabic: prepositional phrase as predicate plus adverb. Romance: noun phrase (integrated by substantive and genitive complement) as subject.

50/8/3: >mytān dī bšak< = /MAÑÁMNA ḌE PÁŠKA[34] law ánni narák/: «The morning of the Feast would be to me, if I saw you». Romance: noun phrase (integrated by a substantive and its genitive complement) in self-predication, which generates the apodosis of a conditional sentence, entirely Arabic, with the appropriate marker, subject, verb and object.

67/2/2: >yaḏ ql ḏā 'lġzālh 'yk 'llī h ḏā 'lhjylh< = /YÉḌ ḌE[35] QÓLLO Ḍ+ alġazála E(Ḍ) BOKÉLLA Ḍ+ alhujáyla/: «He has the neck of a gazelle

---

[32] In fact, a tag (= Castilian *ea*, Catalan and Portuguese *eia*), perfectly assimilated by Andalusi Arabic.

[33] This verb cannot be a 3rd person of the present tense, as mistakenly assumed in all editions, before our Cairene one. Other early Andalusi Arabic texts unequivocally posit an ending /+Ḍ/ in such instances, cf. Corriente (1997: 352) and Corriente (2000-2001: 231). Besides, the new reading matches better the following Arabic utterance /qúm 'ala náf-sak wa'málli saríri/ «get up and make my bed», which would be, as in other instances of Romance phrases, its near translation, a fact first duly underscored by García Gómez (1972 III: 249-250). It is worth nothing that the meaning of /REKÉRE/ «take care» is closer to Latin *rĕquīro* than to Castilian *requerir*: this and similar cases should give food for thought to those of our colleagues who are prone to base their interpretations of Andalusi Romance utterances upon their knowledge of modern Castilian alone.

[34] In spite of the garbled graphemes, this idiom is vouchsafed by its Arabic equivalent, /ṣabáḥ al'íd/ in IQ 83/10/1.

[35] This proposal (= Castilian es de) is supported by the notorious fully Arabic parallel text of the zajjāl Albu'bu', /laš axáḍ 'únq alxušáyyaf wasaráq fúmm alhujáyla/, first quoted

and the little (red) mouth o a little partridge». Arabic: genitive complements of both objects. Romance: copulative verb with predicate integrated by two prepositional phrases with those Arabic genitive complements. In this instance of intrasentential code-mixing, the author shifts back to Arabic twice, the second time in search of a convenient rhyme.

75/9/4: >knt ṭly dihīb< = /KÍ TE ṬÁLYA(Ḍ) ḌE MÍB?/: «Who cuts you off me?».[36] Intersentential switch of an entirely Romance sentence integrated by an interrogative pronoun as subject, another personal pronoun as object, verb and prepositional phrase. Its selection appears to be rhyme-related.

76/7/4: >ʿšqāy m.mmā 'ḍšt hāḏā 'ljārī ʿalay 'lxumārī< = /ʿišqÉYA, MÁMMA, AḌ+ EŠT[37]+ aljári ʿala lxumári/: «In my dizziness, mother, I fell in love thoroughly with this neighbour of mine». Romance: inflexional morphemes of the verb and its subject, vocative tag, preposition as marker of accusative and demonstrative pronoun. Arabic: root morpheme of the verb, object and prepositional phrase. If our interpretation is correct, this would be the only instance in the whole corpus where a Romance verb is derived from an Arabic root;[38] on the other hand, this utterance is also remarkable for its broken Arabic syntax in /aljári/ and /alxumári/, doubly determined by the article and a possessive suffix, presumably because of the underlying Romance syntax.

---

by Stern (1974: 88-89), and dealt with in detail in Corriente (1994: 101).

[36] Very close to a famous *kharjah* by Ibn Ruḥaym, with a *muʿāraḍah* (imitation) by Ṭodros Abulʿāfiya: see Stern (1974: 146), Ġazī (1979 I: 379), Jones (1988: 284-287) and Corriente (1997: 306 and 318). For this reason, in our two editions, we had emended the text as /NON TE ṬOLYA ḌE MÍB/ but, considering that *kharjah* texts were at times slightly modified in order to adapt them to other poems, we see now no reason to literally impose that reading on IQ, especially as it merely comes from the more recent and often innovating Ṭodros, because the mss. are not reliable in the case of Ibn Ruḥaym. Incidentally, the interrogative pronoun may quite well have been */KÉN/, in agreement with Castilian *quién* and Portuguese *quem*, instead of Catalan *qui*, as none of its witnesses (cf. Corriente 1997: 366) excludes that shape with assimilation of /n/ to the next consonant, while one of them, A20 >kn<, even suggests a straight interpretation as /KÉN/.

[37] >hāḏā< appears to be a gloss of Romance /ÉŠTE/ "this", metrically superfluous and therefore excised from our editions

[38] The opposite, however, is attested in 14/4/4 /tišantár/ «you are incensed», 79/5/2 /yičáwčalu/ «they gossip», 82/7/4 /kinnaṭabyáṭ/ «I would be dressed up», and 83/10/2 and 10/1/2 /yilúč/ «it shines».

82/10/1: >'l.ā 'lbā 'yš ḏlj 'nūna ḏ.yy.h< = /ÁLYA ÁLBA ÁYAŠ ḌE LÚČE EN ÚNA[39] ḎÍYYA/: «Have a second dawn of light in one day». This intersentential and entirely Romance switch, glossed in the next line, is probably phatic and taken from a pre-existing song, which creates an uncommon situation in IQ: being the first line of the stanza, Romance acts here as host language and conditions further rhyming. The predicate is a noun phrase, integrated by a substantive plus an adjective plus a genitive complement, and the imperative verb contains its subject.

83/11/1-2: >kānnina bāš 'fāj 'bādu mālī< = /áyn dik alayyám waḏik allayáli K+ EN[40] NON BÉ(Ḍ)ŠE FÁČ E(D) BÉḌO MÁLE/: «Where are those days and those nights of which no face is seen (anymore), but (instead) I see evil?» Arabic: two compounded interrogative noun sentences. Romance: a relative sentence (with its appropriate marker, pronominal adverb, negative verb and subject), plus a copulative verbal sentence, with subject, verb and object.

84/11/2-4: >nūn fāṭiši 'lbašra …[41] 'ḏāl jāh nūn 'ukubbār <= /qálat li: BÓN, FÁṬOŠ ÁLBOŠ, narák baḥal alquṭún … E(Ḍ) Ḍ+ aljáh NON+ OKUPÁR/: «she said to me: Handsome,[42] (you have) good (literally 'white') omens, you look to me like cotton (i. e., 'lucky'), do not worry about protection». After the Arabic introduction, we have a vocative tag and a self-predicative noun phrase (substantive plus adjective) in Romance, next, in Arabic, a verbal sentence (verb with self-contained subject, object and a prepositional phrase as a complement), and then the fourth line, which would be entirely Romance but for Arabic /aljāh/, perhaps assimilated; it contains a prepositional phrase copulatively linked to the preceding Arabic and a negative infinitive with an

---

[39] The feminine gender of Romance /ḎÍYYA/ 'day' is not a copyist's mistake: as proven by the *kharjah* A22 (cf. Corriente 1997: 291), either this was a continuation of standard Latin usage or that word was considered as feminine on account of its ending, through an analogical mistake easily committed by bilingual speakers.

[40] We emended the interpretation of this word in our Cairene edition on account of the discovery of the frequent use of the pronominal adverb /EN/ (see above).

[41] There is here a three-syllable metrical gap, perhaps caused by haplography of */EḌ AḌÁLLA Ḍ+aljáh/, etc., i. e., «and do not worry at all about protection», with the adverb /AḌÁLLA/, about which see Corriente (1983: 29-30).

[42] We have changed our previous interpretation of this word as an adverb ('well'), which does not tally with any of its appearances in the *kharjas* (A11, 13, 25, 29, 32, H17 and H24), nor in IQ (this passage and 87/10/3). This correction should also be introduced in Corriente (1997: 362-363).

imperative connotation, not uncommon in Romance syntax. At any rate, this utterance contains at least three, if not four switches in a row. Such an unusual frequency would point in or view to a very high degree of bilingualism.

84/12/4: >'št k.rāy 'w nammār< = /ÉŠTE KERÍYA ÉW NOMMÁR/: «This is the one I wanted to name». The introduced utterance is entirely Romance with a topicalized object, main verb, subject and subordinate infinitive. The speaker is the same woman of 11/2-4, which gives weight to the idea that, in this dialogue, the poet speaks Arabic only, although understanding Romance, while she speaks Romance mostly, although understanding Arabic.

86/9/3: >saftar.yya yā burūn< = /ŠÁP TA DÍYA,[43] ya BARÓN/: «know your (lucky) day, o baron (i. e., do not delude yourself about victory and defeat)». The introduced utterance, put in the mouth of the Aragonese king Alfonso I «the Battler» in a setting identifiable as that of his defeat near Fraga in 1134, is entirely Romance, since Arabic /yā/ had been assimilated, to judge from its frequent use even in the Castilian *Poema de mio Cid* and, later on, in Aljamiado texts. It contains an imperative verb with its object, plus a vocative, and is a case of phatic switching.

87/24/3: /yiqúlu axrúj tará BARRIBÉS/: «They said: come out and see B.» The meaning of this last word or phrase is something of a riddle: the ms. has >b.rbānas<, which must be a mistake, since the metre requires *fā'ilun*, i. e., an anceps syllable immediately followed by a short one, and then by a long one. In our Madrilenian edition, we proposed the reading /bárri fás/ «the country of Fes», but later on we have discovered a curious and most likely related /berrbiš/ in Northern Moroccan,[44] according to which we emended

---

[43] This phrase is quite garbled in the ms., however, our proposal derives some support from the poet's Arabic gloss in the next line, where Andalusi Arabic /mayyáz/ 'he knew' and /ḥurúb/ 'wars' would be matching Romance /ŠAP(ÉR)/ and /DÍYA/. By the way, we have a similar text in which a defeated king exhorts himself to be patient and wait for a better chance in the future, namely, the last line of the words attributed in the *Poema de Alfonso XI* to the Merinid Abulḥasan 'Alī b. 'Uṯmān b. Abī Ya'qūb after the battle of River Salado: /amší tarqí alkárra/ «Get away (now); you will get your own's back another time» (cf. Corriente 2006: 120-121). In our view, the defeated Aragonese king was not addressing any of his barons, but only himself, it being well known that the original meaning of this word of Germanic stock was «nobleman», as in the family name of the notorious also Aragonese Jewish linguist Ibn Bārūn.

[44] Rendered by Mercier (1951: 279) as «attention!», and by Premare (1993: 169) as «je t'en mets au défi».

this passage in the Cairene edition. This made us think that perhaps García Gómez (1972 I: 442) was, as in some other cases, instinctively on the right trail when he proposed a Romance utterance here, though not hitting the mark exactly with his *ven, verás*. While looking for something that might fit well into the phonetics and semantics of both the Moroccan item and this passage of IQ, we came to the conclusion that the original reading might have been *MÍRA BÉ(DE)S, i. e., «look and see».[45]

94/29/3: >'nd baštyṭ< = /ÁNDA BAŠṬÍṬO múr 'azíz makrúm/: «keep being well-stocked», imperative and predicative in Romance, immediately followed by their Andalusi Arabic translation in a phatic shift.

99/11/4: >wuji ḏašūl< = /aw biḥál wúčči ḎE ŠÓL/: «Or like a sunny (i. e., gorgeous) face». Romance prepositional phrase preceded by another Arabic prepositional phrase. However, in our Madrilenian edition of 1980, first translation of 1984 and Corriente (2003: 119-120) we have preferred to minimally correct the ms. into /RÁJJU/ 'ray', as the poet is comparing somebody's face (>'j<) to the moon halo and, expectably, the sunshine.

102/4/1-3 and 5/1-2: >byṭ mūḏan byṭ wa'y byṭ qwlu .wdw lā t.qūl kkrbyṭ kišatr in šīt qašīṭ ywn satar'y furina katību wall.h ma n.ḥtāj alġ.lām bybu< = /BÍṬA, MEW ḎÓNNO, BÍṬA, WÁY, PÍṬO, qúl: niwáddu,[46] la taqúl ṬÚ KARPÍṬO, K+ EŠTARÉYO in šíta QOŠÍṬO … NON EŠTARÉYO POR UN KATÍBO, wálla ma naḥtáj alġulám BÍBO/ «– (Spare my) life, my lord, life is what I beg for, woe is me! Say: 'I want him (alive)', do not say: 'You must be slain', for I shall stay (put), if you please, as a prisoner. – I shall not be halted by just one captive; by God, I do not need the youth alive». This dialogue between the Christian soldier who surrenders and asks for mercy

---

[45] I. e., a close translation of the common Arabic idiom /'unẓur tara/, which is close enough to the Arabic context. The assimilative evolution of /m/ is no big problem: however, it is not altogether unthinkable that Neo-Arabic /barrā/ 'outside' would have entered Andalusi Romance (as its derivate /bárri/, whence Castilian *barrio*, Catalan *barri* and Portuguese *bairro*, originally 'suburb', today 'quarter'; see Corriente 1999: 120b), so that the original reading would have been /bárra BÉS/ «(Go) out and see!», closely matching the preceding Andalusi Arabic /axrúj tará/.

[46] In this item, with a first consonant without diacritical dots (>b<, >y<, >n<, >t< or >ṭ<?), we have changed our mind again, as neither */YO DÓ/ «I give» nor */TEW DÓ/ «I give it to you» are believable in Andalusi Romance, with which we are becoming better acquainted; see Corriente (2003: 120, fn. 16). We are aware, of course, that even our present proposal is far from unassailable: one would expect a spelling >nwdh<, and the use of the same language, i.e., Romance, in both alternatives for the prisoner, life and death.

and the Muslim captain who does not grant it to it, so that he is not encum-
bered with the prisoner, is the longest hybrid text in the whole *Dīwān* and
portrays its most interesting setting for code-switching, in spite of including
some even now uncertain spots. Both characters are cast as bilinguals but,
while the Christian's Arabic is circumscribed to tags («say», «do not say», «I
want him», «if you please»), the Muslim switches twice and exhibits perfect
bilingual competence by using sentences of parallel complexity in both languages. The first quite complex Romance utterance contains a main sentence
(object, repeated for emphasis, vocative, interjection, and verb containing its
subject; then, after four Arabic words, a nominal sentence again without a
copulative verb, and finally, a subordinate causal sentence with its marker,
verb, subject and predicative, embedding the conditional Arabic phrase /in
šíta/ «if you please». As for the Muslim's answer, it has a wholly Romance
sentence with a negative verb, subject and prepositional phrase, while the
sequence is Arabic, with a tag, negative verb including subject and object,
closed by a Romance predicative.

Having thus established the comprehensive corpus of switches in IQ with
a hopefully reasonable degree of certainty, we can now proceed to ask
ourselves the standard questions concerning reasons behind this behaviour
(referential, directional, expressive, phatic, metalinguistic or poetic), types
of switches (tag switching, intrasentential and intersentential), sentence slots
where they can occur, grammatical constraints for their occurrence and
eventual strategies of neutrality involved.

As for the reasons for code-switching in IQ, if we exclude from consideration loanwords fully assimilated and, therefore, not to be considered as
true cases of code-mixing, we cannot detect the referential type[47] in him,
as IQ is obviously more at home with Andalusi Arabic than with Romance;
however, some of the characters portrayed by him might be in the converse
position, like the woman who tells him his fortune, or the Christian soldier
who begs for mercy, so that the Romance put in their mouths would be an
artistic device designed to depict their total or partial inability to express
themselves in Arabic on most or just some subjects.

---

[47] I. e., switches from the host or base language to a second one because of the speaker's
lack of vocabulary in a particular field.

His switching is often simultaneously directive,[48] expressive and phatic, as it emphasizes the mixed identity of Andalusis and highlights changes of tone, from more to less solemn, i. e., from higher to lower registers.

There are also cases of metalinguistic shifting (5/7/2, 7/1/3, 10/2/2, 13/14/1, 19/3/3-4, 20/6/2-3, 22/9/4, 50/8/3, 67/2/2, 83/11/12, 94/29/2 and 99/11/4), where the poet displays his linguistic capabilities or his mimicking ability to reproduce the half-tongued speech of slave-girls (78/7/4) and Northern Christians (86/9/3, 102/4/1-3), or the bilingual speech of women from lower classes (11/9/2, 20/165/2, 49/5/2, 84/11/2-4 and 12/4).

In other cases, his switching appears to be of the poetic kind, as a rhyme-creating device (7/1/3, 10/2/2, 13/14/1, 20/6/2-3 and 16/2, 22/9/4, 49/5/2, 82/10/1, 83/11/2, 84/12/4, 86/10/2, 99/11/4 and 102/4/1-3), or designed to introduce quotes from earlier famous poems, as in 75/9/4 and probably 82/10/1.

Another important issue in the study of code-switching is where it occurs. On historical and psychological grounds we can assert that IQ's base or host language is obviously Arabic, as this was the dominant language of a society well on its way to becoming monolingual.[49] Also from a sociolinguistic

---

[48] The total number of poems with unassimilated Romance utterances in IQ amounts to 22 (with all in all 27 utterances), a relatively low rate (14,7%) of the total number of poems wholly preserved in the unique ms. of his Dīwān (= 149). In these poems he overtly names twelve patrons, who are sometimes the dedicatees of more than one poem, while the remaining six zajals do not contain the name of any patron: our conclusion is that IQ operated such switches with the aim of emphasizing the inclusion among his patrons of Andalusis who were not only bilingual but also sympathetic to the use of Romance in their familiar surroundings. This involves an expressive function too, namely, laying emphasis on their mixed identity: by the same token, this would apply also to his rare Berber utterances in 19/13/4 (əfkyyii «give me») and, above all, in 41/7/3, 8/3-4 and 10/3 (aškd «come here», ərwəl «run away», and iššir «young man»; see our Cairene edition, p. 496 and Corriente 1998: 273), a poem addressed to the Almoravid prince Muḥammad b. Sīr, who had released him from jail for offenses to Islamic morals, punishable even with death. Against Colin's opinion, this was no proof of IQ's competence in that language, generally despised by Andalusis and reputed as impossible for foreigners to learn (cf. the anecdote reported by Ibn Marzūq in Viguera 1981: 344). In other cases, however, he obviously refrained from such switches, because many Andalusis had abandoned their allegiance to Romance for the reasons outlined below.

[49] This process appears to have proceeded at a very hasty pace, as Ibn Mardanīš, a slightly younger contemporary of IQ, was already harshly criticized for using Romance and other manners of the Christians (cf. 'Inān 1973-1974 III: 123). It was indeed triggered by the connection between that language and the increased threats of the feared Christendom, but

viewpoint, IQ's *Dīwān* makes perfectly clear that, in the Andalusi society, Arabic was the unmarked linguistic code of average settings, while Romance was apt only for some specific situations.

As for grammatical (universal or particular) constraints (whether absolute or statistically significant), it can hardly come as a surprise that he follows the by now established patterns and rules most of the time: in many instances, the switches are intersentential (10/2/2, 11/9/2, 19/13/3, 22/9/4, 75/9/4, 76/7/4, 82/10/1, 83/11/12, 84/12/4, 86/9/3 and 10/2, 94/29/3, 102/4/1-3 and 5/1), and many of his intrasentential switches are tags, exclamations or adverbs (e. g., 88/5/3 and 137/9/2 /ÉYYA/, 84/11/2 and 87/10/3 /BÓN/, 90/1/3 /BÍNO, BÍNO!/, 20/6/3 /ḌO NÓXTE/, 21/4/2 /ENA ŠÉŠTA/).

Within one and the same syntagm, we find switching between the substantive and its genitive complement (67/2/2), between the subject and the rest of the sentence (13/14/1, 20/16/2, 21/6/1, 49/5/2, 50/8/3 and, conversely, from Romance to Arabic in 7/1/3), between verb and subject (5/7/2, 67/2/2) and between a copulative verb and the predicate (20/6/2). The more striking cases are those where the switch occurs between a preposition and its regime without any neutralizing element (99/11/4) and, above all, cases where the pronominal suffixes are attached to Romance nouns (20/6/4 and 20/16/4).[50]

Finally, IQ sometimes uses some of the most conspicuous strategies of neutralization of linguistic identity, i. e., doubling (e. g., in 10/2/1, 10/13/3, 94/29/3, perhaps 82/10/2 and 87/24/3) and foreigner talk (76/7/4).

Our conclusion from the foregoing data for the linguistic situation of al-Andalus as a whole, at the time when IQ wrote his *zajals*, and for his own speech competence and performance, is that he personally witnessed the sudden speedy turnabout from a slow evolution from bilingualism to monolingualism to a hectic burst in that same direction. He is still bilingual, as proven by his several rather correct and fluently produced Romance utterances, but

---

the African invasions might have speeded it, as Andalusis found in being monolingual in Arabic a means to assert their cultural and social superiority as Arabs over the Berbers.

[50] This violates not only the rule forbidding switches between dependent elements without an intervening neutralizing element such as a determiner, but also the requirement of preserving linear order, so that cases like /ŠUDADER+i/ «my shroud» and /BELÁR+i/ «my waking» must perhaps be construed as reflecting not the structure of Castilian *mi sudario, mi vela*, but that of *el sudario mío, la vela mía*.

these are brief and short-winded: he probably had spoken a lot more of it in his younger days, in the rural areas where he was reared and in the lower quarters of Cordoba where he had sewn his first wild oats, but he is beginning to get our of practice, because it is no longer fashionable to speak it in the kind of company he keeps most of the time. Even in poems dedicated to thoroughbred Andalusis who saw in Romance a token of identity, his appeals to this key are only occasional and nobody would have dreamed of writing or just listening to a whole stanza, let alone a whole *zajal*, in Romance. His Romance syntax shows signs of being encroached upon by Andalusi Arabic,[51] as if Southern Romance were dying away at that time, a simultaneous victim of the prestige of Arabic as a token of higher Islamic culture and of the onslaught of Norther Christendom against al-Andalus, which made Romance sound unpatriotic.

Our admired colleague and dedicatee of this article, G. Bossong (2003), has compared the two stages of Romance represented by the *kharjas* and IQ and reached the conclusion, with which we do agree, that in them the host language was Romance and the directionality of the switch was towards Arabic, while the situation in IQ's code-switching would have been just the opposite. The *kharjas* were indeed quotes from much older poems intentionally composed only in Romance, Andalusi Arabic or an admixture of both, depending on the preference and competence of the folks who composed them, with mostly referential switching to Arabic on certain areas, like the lyrical language of love ('lover', 'beloved', 'absence', 'passion', 'dark', 'blond', etc., see Corriente 1991: 67), but in IQ's days it would not have been possible to keep a good level of idiomatic and poetic Romance for a long while and, consequently, what we get across is just short phrases, remnants and tokens of what once had been a full-fledged linguistic system, capable of producing its own poetry, even with the borrowed metrics, strophic arrangements and most themes of Arabic stock.[52]

---

[51] E. g., when treating /NÓXTE/ 'night', /FÁČ/ 'face' and /MÓRTE/ 'death' as masculine, like their Arabic equivalents, but not necessarily in the absence of copulative verb in nominal sentences, which is already characteristic of the much earlier Andalusi Romance of the *kharjas*.

[52] The same conclusion about the speedy obsolescence of Romance in al-Andalus under the Almoravid rule is reached by Corriente (2000-2001), while dealing with the materials of the *'Umdatu ṭ-ṭabīb*, a botanical treatise by Abulxayr Al'šbīlī, a contemporary of Almu'tamid, containing many Romance plant names with absurd etyma, since he

BIBLIOGRAPHY

AL-AHWĀNĪ, 'ABDAL'AZĪZ (1972-1973, 1974-1975 and 1976-8): «'Alà hāmiš dīwān Ibn Quzmān», *Revista del Instituto de Estudios Islámicos en Madrid* 17, 13-245; 18, 17-77 and 19, 21-60.

APPEL, RENÉ/MUYSKEN, PIETER (1988): *Language Contact and Bilingualism*. London: Edward Arnold.

BENCHERIFA, MOHAMED (1975): *Proverbes Andalous de Abu Yahyà Az-zaǧǧālī* I. Fes: Maṭbaʿat Muḥammad Alxāmis.

BOSSONG, GEORG (2003): «El cambio de código árabe-románico en las *ḫaraǧāt* e Ibn Quzmān», in: Temimi, Abdeljelil (ed.): *Hommage à l'École d' Oviedo d'Études Aljamiado (dédié au Fondateur Álvaro Galmés de Fuentes)*. Zaghouan: Publications de la Fondation Temimi pour la Recherche Scientifique et l'Information (FTERSI), 129-149.

BUSTAMANTE, JOAQUÍN/CORRIENTE, FEDERICO/TILMATINE, MOHAND (2004): *Kitābu 'umdati ṭ-ṭabīb fī maʿrifati nnabāt likullu labīb* I. Madrid: Consejo Superior de Investigaciones Científicas.

COLIN, GEORGES S. (1962): «Quzmaniana», in: *Études d'orientalisme dédiées à la mémoire de E. Lévi-Provençal*. Paris: Maisonneuve et Larose.

CORRIENTE, FEDERICO (1977): *A grammatical sketch of the Spanish-Arabic dialect bundle*. Madrid: Instituto Hispano-Árabe de Cultura.

— (1980a): «Notas de lexicología hispanoárabe. I. Nuevos romancismos en Aban Quzmán y crítica de los propuestos», *Vox Romanica* 39, 194-210.

— (1980b): *Gramática, métrica y texto del cancionero hispanoárabe de Aban Quzmán. (reflejo de la situación lingüística de Al-Andalus tras concluir el período de las Taifas)*. Madrid: Instituto Hispano-Árabe de Cultura.

— (1983): «La serie mozárabe-hispanoárabe *aḍālah, aḍāqal, aḍašš* ... y la preposición castellana *hasta*», *Zeitschrift für romanische Philologie* 99, 29-32.

— (1984): *El Cancionero hispanoárabe de Ibn Quzmān*. Madrid: Editora Nacional.

— (1989): *El léxico árabe andalusí según P. de Alcalá*. Madrid: Departamento de Estudios Árabes e Íslámicos de la Universidad Complutense.

— (1991a): *El léxico árabe andalusí según el* Vocabulista in arabico. Madrid: Departamento de Estudios Árabes e Islámicos de la Universidad Complutense.

---

found nobody who could explain them to him rightly. Abulxayr must have been at least two generations older than Ibn Quzmān, but probably lacked his rural experiences during his younger years, which would explain the latter's better acquaintance with Romance, it being a sociolinguistic principle that threatened languages die out sooner in the cities, as in the case of Basque, Galician and the Valencian dialect of Catalan.

— (1991b): «Andalusian utterances in the *Kharjas* under the constraints of *'arūḍ*», in: Jones, Alan/Hitchcock, Richard (eds.): *Studies on the Muwaššaḥ and the Kharja*. Oxford: Ithaca Press, 60-67.

— (1992): *Árabe andalusí y lenguas romances*. Madrid: Mapfre.

— (1994): «Textos andalusíes de cejeles no quzmanianos en Alḥillī, Ibn Sa'īd Almaġribī, Ibn Xaldūn y en la Genizah», *Foro Hispánico* 7, 61-104.

— (1995): *Dīwīn Ibn Quzmān Alqurṭūbī*. Cairo: Higher Council of Culture.

— (1997): *Poesía dialectal árabe y romance en Alandalús*. Madrid: Gredos.

— (1998): «Le berbère en Al-Andalus», *Études et Documents Berbères* 15-16, 269-275.

— (1999): *Diccionario de arabismos y voces afines en iberorromance*. Madrid: Gredos.

— (2000-2001): «El romandalusí reflejado por el glosario botánico de Abulxayr», *Estudios de Dialectología Norteafricana y Andalusí* 5, 93-241.

— (2002): «The Berber adstratum of Andalusi Arabic», in: Arnold, Werner/Bobzin, Hartmut (eds.): *Festschrift für Otto Jastrow zum 60. Geburtstag*. Wiesbaden: Harrassowitz, 105-111.

— (2003): «Correcciones y adiciones a la edición cairota del *Dīwān* de Ibn Quzmān», *Estudios de Dialectología Norteafricana y Andalusí* 7, 111-123.

— (2006): «A vueltas con las frases árabes y algunas hebreas incrustadas en las literaturas medievales hispánicas», *Revista de Filología Española* 36.1, 105-126.

Dozy, Reinhardt P. A. (1881): *Supplément aux dictionnaires arabes*. Leiden: Brill.

Ferrando, Ignacio (1997): «G. S. Colin y los berberismos del árabe andalusí», *Estudios de Dialectología Norteafricana y Andalusí* 2, 105-145.

García Gómez, Emilio (1972): *Todo Ben Quzmān, editado, interpretado, medido y explicado*. 3 vols. Madrid: Gredos.

Ġāzī, Sayyid (1979): *Dīwān almuwaššaḥāt al 'andalusiyyah*. Alexandria: Alma'ārif.

Gumperz, John J. (1976): «The sociolinguistic significance of conversational code-switching», in: *Papers on Language and Context* (Working Paper 46). Berkeley: University of California, Language Behavior Research Laboratory, 1-46.

— (1982): *Discourse Strategies*. Cambridge: Cambridge University Press.

Gunzburg, David de (1896): *Le Divan d'Ibn Quzman*. Berlin: S. Calvary & Co.

'Inān, Muḥammad 'Abdallāh (1973-1974) (ed.): *Al'iḥāṭah fī axbār Ġarnāṭah* (by Ibn Alxaṭīb). Cairo: Alma'ārif.

Jones, Alan (1988): *Romance Kharjas in Andalusian Arabic Muwaššaḥ poetry*. Oxford: Ithaca Press.

MERCIER, HENRY (1951): *Dictionnaire arabe-français*. Rabat: La Porte.

MONROE, JAMES T. (2006): «The mystery of the missing mantle: the poet as wittol? (Ibn Quzmān's zajal 20)», *Journal of Arabic Literature* 37.1, 1-45.

PÉREZ LÁZARO, JOSÉ (ed.) (1990): *Almadxal ilà taqwīm allisān wata'līm albayān* (by Ibn Hišām Allaxmī). Madrid: Consejo Superior de Investigaciones Científicas – Instituto de Cooperación con el Mundo Árabe.

PREMARE, ALFRED-L. DE (1993-1999): *Dictionnaire arabe-français*. Paris: L'Harmattan.

SIMONET, FRANCISCO J. (1888): *Glosario de voces ibéricas y latinas usadas entre los mozárabes. Precedido de un estudio sobre el dialecto hispano-mozárabe*. Madrid: Establecimiento Tipográfico de Fortanet. Reimpresión (1967): Amsterdam: Oriental Press.

STERN, SAMUEL M. (1974): *Hispano-Arabic strophic poetry*. Edited by L. P. Harvey. Oxford: Clarendon Press.

TUULIO, OIVA J. (1941): *Ibn Quzmān, poete hispano-arabe bilingue: édition critique partielle et provisoire: chansons 10, 19, 20, 79, 84, 87, 90*. Helsinki: Societas Orientalis Fennica, IX, 2.

VIGUERA, MARÍA JESÚS (ed.) (1981): *Almusnad aṣṣaḥīḥ alḥasan fī ma'āṯir mawlānā Abilḥasan* (by Ibn Marzūq). Algiers: Zabana.

LA TRADUCCIÓN COMO CONTACTO DE LENGUAS: EL CASO DE LAS TRADUCCIONES ÁRABE-CASTELLANAS DEL SIGLO XIII

Hans-Jörg Döhla
Universität Zürich

اطلبوا العلم ولو في الصين

Buscad el saber aunque sea en China.

1. INTRODUCCIÓN

El contacto de lenguas es tan antiguo como el contacto entre los seres humanos de distintas procedencias, puesto que el hombre mismo es el portador de la lengua. Por lo tanto dos o más lenguas pueden entrar en contacto solamente a través de la unión social de sus hablantes. Además, el contacto físico no es suficiente; los hombres también tienen que tener la intención de interactuar y de comunicar algo. Para eso, les hace falta un mismo código que les permita asegurar la comprensión mutua de los mensajes intercambiados.

Como atestigua la Biblia presentando la *confusio linguarum* como castigo a los seres humanos por parte de Dios, el hecho de que cada grupo hablara su propia lengua fue considerado un obstáculo para la comunicación humana.

Por eso, ya desde los tiempos más remotos, los seres humanos se vieron obligados a aprender otros idiomas, al lado de su lengua materna, para poder enfrentar la necesidad de comunicarse. Weinreich (1966 [1953]: 1) utiliza el término de 'contacto de lenguas' sugiriendo que «two or more languages will be said to be IN CONTACT if they are used alternately by the same persons».

Los escenarios pensables que tienen como fin el contacto de lenguas son los siguientes[1]: dos grupos de procedencia distinta se instalan en la misma tierra de nadie sin población autóctona, donde se mezclan (p. ej. europeos y esclavos en Mauricio); un grupo se establece en el territorio de otro grupo con fines bélicos o pacíficos (p. ej. los romanos en la Península Ibérica o los inmigrantes (*Gastarbeiter*) en búsqueda de trabajo en Alemania); dos grupos vecinos se relacionan sin invasión territorial (p. ej. las tribus indígenas en Australia); representantes de grupos diferentes se encuentran en un lugar neutro con un fin común, sin embargo después de un cierto tiempo se separan regresando cada uno a su país o territorio de origen (p. ej. la Misión jesuita San Ignacio (Montana, EEUU) como punto de encuentro del comercio entre las distintas tribus indígenas); hay contacto de lenguas a nivel educado y erudito, contacto que no tiene confines geográficos y que además puede limitarse al contacto de dos lenguas en el cerebro de un individuo sin otros contactos sociales, como se da en la traducción de un texto de una lengua L_A a otra L_B (p. ej., hasta el siglo XVIII la lengua latina fue la lengua del ámbito erudito, utilizada por los científicos y filósofos europeos).

Este contacto de una persona con dos o más lenguas nos lleva al fenómeno del 'bilingüismo', que es «the practice of alternately using two languages» (Weinreich 1966 [1953]: 1). A su vez, este bilingüismo puede ser fuente de interferencia lingüística[2]:

> Those instances of deviation from the norms of either language which occur in the speech of bilinguals as a result of their familiarity with more than one language, i. e. as a result of language contact, will be referred to as INTERFERENCE phenomena. [...] The term interference implies the rearrangement of patterns that result from the introduction of foreign elements into the more highly structured domains of language.

La forma y la intensidad de la interferencia pueden variar bastante dependiendo de la duración y de la intensidad del contacto, del grado del dominio

---

[1] Para más ejemplos detallados véase Thomason (2001: 15-21).

[2] Aplicamos aquí el término *interferencia* sin connotación negativa, haciendo referencia a su uso en la física, donde se utiliza para determinar «la acción recíproca de las ondas, de la cual puede resultar, en ciertas condiciones, aumento, disminución o anulación del movimiento ondulatorio» (*DRAE*[22] s. v. *interferencia*). Ya desde 1967, Clyne habla de *transferencia* en lugar de *interferencia*.

de las diferentes lenguas en contacto por parte de los hablantes respectivos y de otros factores sociolingüísticos y antropológicos.

En la presente contribución, consideramos el acto de la traducción bajo el punto de vista de lenguas en contacto. Al mismo tiempo, como caso específico, nos limitamos a las traducciones castellanas del árabe en la España medieval, investigando si las interferencias morfosintácticas se deben únicamente a la influencia árabe externa, o si se pueden encontrar también tendencias similares internas.

A lo largo del siglo xx se ha estudiado sobre todo la interferencia sintáctica árabe en los textos traducidos[3], descuidando bastante el estudio léxico-semántico. En este campo de investigación, el homenajeado tuvo un papel de pionero con la edición de *Los Canones de Albateni* (1978) y con la publicación de un estudio sobre el nacimiento de una lengua de cultura a través de la aculturación[4] por parte de una lengua estímulo en el ámbito de las traducciones del árabe al castellano medieval (véase *Probleme der Übersetzung wissenschaftlicher Werke aus dem Arabischen in das Altspanische zur Zeit Alfons des Weisen* (1979)).

2. LA TRADUCCIÓN COMO CONTACTO ENTRE LENGUAS

De todas formas, el acto de la traducción constituye un caso especial de contacto de lenguas. Destaca en este contexto, sobre todo, la conciencia del contacto por parte del traductor. Es decir, el contacto, por lo general de dos lenguas, se efectúa en el cerebro del traductor mientras lee un texto en la lengua L_A y busca convertir el mensaje del mismo en la otra lengua L_B. Si solamente una persona está implicada, este proceso puede llevarse a cabo de manera absolutamente silenciosa sin necesidad del habla[5]. Por

---

[3] Véase Dietrich (1937), Galmés de Fuentes ([2]1996 [1956]), Hottinger (1958) y Huffman (1973).

[4] Este término (*Akkulturierung* en alemán) fue acuñado por Georg Bossong para designar la ampliación de las capacidades expresivas, tanto léxicas como sintácticas, de una lengua vernácula por parte de una lengua cultural de alto prestigio literario y expresivo. La aculturación normalmente se efectúa a través de la traducción de textos científicos. P. ej., la lengua griega aculturó al latín y al árabe; estas dos lenguas, a su vez, aculturaron al castellano medieval.

[5] Sabemos que en la Edad Media se solían recitar en alto los textos al leerlos. No sabemos en qué medida esa costumbre corresponde también al acto de traducción. Vamos a ver

eso, la traducción no constituye un acto de comunicación normal en el que haya interacción de dos o más hablantes que tienen un contacto audiovisual directo a través de un canal[6]. El traductor no espera una respuesta inmediata a su enunciado, así que no tiene límites temporales en su acto. Asimismo, una vez apuntado el mensaje en la lengua L_B, el traductor aún puede corregir y modificar su nuevo significante si le parece necesario. Esta corrección también puede ser realizada por otra persona. Todo eso también significa que la dirección de una interferencia posible ya está fijada desde el comienzo de la traducción, puesto que, por la naturaleza de esta, que es monodireccional, solo la lengua destinataria puede sufrir cambios inducidos por la lengua fuente, no viceversa.

Todo esto significa también que ninguna de las dos lenguas implicadas en una traducción tiene por qué estar viva: podemos realizar una traducción de un texto del acadio al latín. Durante la Edad Media se realizaron innumerables traducciones del latín a casi todas las lenguas europeas, p. ej. al alemán medio (véase Betz (1949) para la interferencia del latín en estas traducciones). Sin embargo, para hacer posible la adaptación de tales préstamos a otros textos escritos o, más aún, a la variedad hablada de un idioma, es imprescindible que la lengua destinataria esté viva.

El resultado de una traducción es una palabra, una frase o un texto entero cuyos significados corresponden, en el caso ideal, exactamente al significado del modelo[7]. En ese sentido, el traductor se ve obligado a relacionar dos lenguas distintas a través de un mismo referente. Es decir, la lengua L_A ejerce una cierta presión[8] en el traductor, y de esta forma puede interferir en el mensaje generado en la lengua L_B.

Principalmente en el plano de la estructura superficial, existen entre el texto modelo y su traducción varios grados de correspondencia y diferencia, sobre los que se ha discutido ampliamente desde la Antigüedad[9]. Se pueden

---

más abajo cuál era la forma de traducir un texto en la España medieval.

[6] En tiempos modernos, también cuenta la comunicación meramente auditiva al teléfono.

[7] Por cuestiones de espacio, no podemos discutir aquí los modelos de traducción de Bossong (1979: 11-21) y de García Yebra (1982: I, 44-59), que tienen en cuenta todos los factores que entran en juego en el proceso de la traducción.

[8] Wandruszka (1977: 102) habla de un «Druck der Ausgangssprache».

[9] Véanse los estudios de Nida/Taber (1969), García Yebra (1982 y 1994) y Newmark (1995).

distinguir dos puntos extremos entre los cuales existe un número infinito de graduaciones: un extremo es la traducción palabra por palabra, o morfo por morfo, propagada ya por Jerónimo, sobre todo para la traducción de textos religiosos (véase Haßler 2001: 155). Encontramos este fenómeno en el ámbito hispánico solamente en las traducciones de la Biblia hebrea al ladino, es decir, a la variedad judeoespañola empleada exclusivamente para el texto sagrado:

ki	yáʕan	ʔašer	ʕaśíta	ʔet	ha-davar	ha-ze	wə-loʔ	ḥaśáxta	ʔet-binəxa
ke	*por encuanto*	*ke*	*izistes*	*a*	*la koza*	*la esta*	*i no*	*debedastes*	*a tu ižo*

ʔet-yəḥidexa	:	ki	varex	ʔavaréxəxa	wə-harba	ʔarbe	ʔet-zarʕaxa
a tu regalado	:	*ke sierto*	*bendezir*	*te bendeziré*	*i mučiguar*	*mučiguaré*	*a tu semen*

kə-xoxəvey	há-šamáyim	wə-xa-ḥol	ʕal-śəfat	ha-yam	wə-yiraš	zarʕaxa
komo estrelyas	*de los sielos*	*i komo arena*	*sobre oría*	*de la mar*	*i eredará*	*tu semen*

ʔet	šaʕar	ʔoyəvaw	wə-hitbarəxu	bə-zarʕaxa	kol	goyey	ha-ʔárec
a	*sibdad*	*de sus enemigos*	*i se bendezirán*	*kon tu semen*	*todos*	*los ǧentíos*	*de la tierra*

ʕéqev	ʔašer	šamáʕta	bə-qoli
por pago	*ke*	*sentistes*	*en mi boz*

(Génesis 22, 16-18)
(Bossong 1991: 379s.)

Como vemos, la traducción sigue exactamente el orden lineal del modelo hebreo, descuidando el significado en detrimento de esta, por lo que el mensaje del texto ladino queda mutilado hasta la incomprensibilidad. Además, ya notamos que ni siquiera en esta traducción sagrada se ha podido mantener la regla de la traducción 'palabra por palabra'.

El otro extremo insiste en la importancia de la sustancia semántica, es decir, del mensaje, respetando más las necesidades de la lengua de la traducción. Tal opinión la compartió p. ej. Martín Lutero al traducir los textos bíblicos al alemán (véase Haßler 2001: 155s.). De esta manera, llegamos al punto en el que los significados de los elementos individuales del texto traducido ya no tienen nada que ver con los del modelo, puesto que el traductor le ha dado una interpretación propia al mensaje, coherente con el contexto. En la traducción alemana del *Libro de buen amor* por Gumprecht (1972) encontramos la traducción siguiente:

> *buenö es jugar fermoso: echar alguna cobierta*
> 'gut ist es, sich artige Dinge zu sagen: etwas in verstellter Sprache zu sagen'
> (Gumprecht 1972: l, 656c)

Aparte del principio, 'gut ist es', en el resto de la traducción ni un elemento individual corresponde a otro del modelo como equivalencia directa; 'sagen', 'Sprache', 'Dinge', todos estos elementos del texto alemán no existen en el original.

La multitud de traducciones realizadas durante la Edad Media española, sobre todo durante la época alfonsí, de textos científicos y literarios del árabe al español antiguo se encuentran en alguna parte entre estos dos puntos extremos. No obstante, opinamos que en cada momento del acto de la traducción, los traductores querían traducir el modelo árabe de la mejor manera posible, tanto respetando las necesidades de la joven lengua española como ampliando las posibilidades de ella (véanse también Millás Vallicrosa 1933 y Tallgren 1934). Además, podemos afirmar, después de un cotejo minucioso de la traducción castellana del libro de *Calila y Dimna* con su modelo árabe, que los traductores sabían muy bien tanto el árabe como el castellano antiguo.

3. LAS TRADUCCIONES CASTELLANAS DEL ÁRABE EN LA ESPAÑA MEDIEVAL[10]

En el caso concreto de las traducciones alfonsíes del árabe al castellano antiguo se pueden advertir algunas cosas más. La lengua fuente y la de la traducción no tienen ninguna relación genética, y, tipológicamente, se encuentran bastante alejadas (Bossong 1982: 2). Además, el estado de evolución de las dos lenguas no era el mismo. Mientras que en el siglo XIII el árabe ya se podía considerar una lengua acabada en su evolución, el castellano se encontraba en pleno desarrollo.

---

[10] Para una lista de las obras traducidas del árabe al castellano (y al portugués y al catalán), véase Faulhaber (2004).

El hecho de que las traducciones se realizaran en la Península Ibérica tiene que ver con la presencia árabe de ya más de cinco siglos –en el siglo XIII en España[11]– y se puede interpretar como resultado de la convivencia de cristianos, árabes y judíos durante todos estos siglos, influenciándose culturalmente entre ellos no solo en el ámbito erudito, y mostrando gran interés por la ciencia árabe, mucho más avanzada que la cristiana. Ya desde el siglo XII se efectuaron traducciones del árabe al latín a través de una versión oral intermedia en lengua romance (Menéndez Pidal 1951). En el siglo XIII, la lengua destinataria ya no fue el latín, sino la vernácula lengua romance misma. Este impulso para la evolución del castellano como lengua científica y literaria fue iniciado por la población erudita judía de Toledo, que consideraba el latín la lengua de la liturgia cristiana, propagando por consiguiente el empleo del castellano (Castro 1983 [1948]: 447-555).

Como nos indica el prólogo del *Lapidario*, el rey Alfonso X mismo fue quien recibió el libro de un judío y

> de que este libro touo en su poder, fizo lo leer a otro su judio, que era su fisico et dizien le Yhuda Mosca el Menor, que era mucho entendudo en la arte de astronomia et sabie et entendie bien el arauigo et el latin. Et de que por este iudio, su fisico, ouo entendido el bien et la grand pro que en el iazie, mando gelo trasladar de arauigo en lenguaie castellano por que los omnes lo entendiessen meior et se sopiessen del mas aprouechar. Et ayudol en este trasladamiento Garci Perez, un su clerigo que era otrossi mucho entendudo en este saber de astronomia (*Lapidario*: 19).

Lo que aprendemos de este párrafo del *Lapidario*, y lo que hay que suponer también para la mayoría de las otras traducciones, es lo siguiente:

— las traducciones se llevaron a cabo por un equipo de dos o más personas;

— una persona parece ser judía, y la otra cristiana.

---

[11] Véase la última monografía sobre este tema de Bossong (2007).

De esa manera, un judío, versado en árabe y en romance, y un cristiano, hablante de la lengua castellana, tradujeron en equipo el texto en cuestión al castellano[12]; en un primer paso, seguramente de manera oral (véase Menéndez Pidal 1951). Esta versión oral se la dictaron a un copista, el cual la fijó por escrito. Después de la fijación por escrito, un enmendador corrigió el texto añadiendo notas marginales al manuscrito (véase Hilty 1954: XXXIX-XL y 2005: XXVII-XXXI).

Eso quiere decir que sí había comunicación oral y, seguramente, también interacción y discusión en el acto de traducción. Por lo tanto, es de esperar un cierto carácter oral de los textos traducidos al castellano antiguo.

4. La interferencia en las traducciones castellanas

Ya hemos dicho arriba que el acto de traducción es meramente un proceso mental en el que una persona, que sabe bien dos lenguas, convierte un mensaje escrito de la lengua L_A en otra lengua L_B. Durante este proceso mental se pueden producir interferencias entre las lenguas L_A y L_B de tal manera que pueden aparecer elementos léxicos y estructurales de la lengua L_A en la lengua destinataria L_B. Creemos, junto con Thomason/Kaufman, que «as far as the strictly linguistic possibilities go, any linguistic feature can be transferred from one language to any other language» (1988: 14).

Sin embargo, los portadores de la lengua no adaptan todos los elementos con la misma facilidad. Por eso, Ross (1988: 12)[13] proporciona una jerarquía de la facilidad de préstamo ('ease of borrowing') según los niveles gramaticales: elementos léxicos > fenómenos sintácticos > palabras funcionales libres > morfemas ligados > fonemas[14].

En lo que se refiere a las traducciones del árabe al castellano medieval, los préstamos tomados por parte del equipo de traductores se limitan al ámbito léxico y morfosintáctico. No se han prestado durante la empresa científica

---

[12] En el siglo XII, primeramente hicieron una traducción oral del árabe al romance vernácula, es decir, el castellano antiguo, tomando esta versión oral como base para seguir la traducción al latín (Menéndez Pidal 1951). Nunca se ha estudiado la influencia por parte del castellano hablado en las traducciones latinas del árabe.

[13] Información tomada de Curnow (2001: 417).

[14] Esta jerarquía no implica que solamente se presten fonemas cuando ya se han prestado elementos de los otros niveles. Se basa en experiencia empírica.

a partir del siglo XIII ni palabras funcionales, ni morfemas ligados, ni, por el carácter de las traducciones como acto que no tiene énfasis en la lengua hablada, se encuentran interferencias fonéticas ni fonémicas.

En lo que sigue, veremos cuáles son los elementos léxicos y morfosintácticos prestados del árabe al castellano antiguo de los textos traducidos.

Para dar una visión general de los elementos léxicos prestados del árabe tenemos que distinguir dos tipos de textos: los científicos y los literarios. Mientras que los textos científicos se caracterizan por la adaptación de muchos préstamos directos del árabe, los textos literarios no suelen tomar palabras directamente de aquel. P. ej., el texto de los *Bocados de oro*[15] no tiene ni una adaptación lexical directa del árabe. En la versión castellana de *Calila y Dimna* solamente figuran tres innovaciones lexicales[16]: *abnue* (ár. and. **abn awé* < ár. cl. *ibn 'āwà* 'chacal'), *tittuya* (< ár. *ṭīṭawà* 'sisón') y *remasera* (**rāmahazār(a)* 'cierto medicamento desconocido') (véase Döhla 2007). En estos casos, ciertamente faltaba la correspondencia exacta en el castellano antiguo, lo que obligó a los traductores a incorporar los términos árabes a su texto traducido. Sin embargo, es interesante observar que ninguno de estos tres términos se propagó más allá del texto de *Calila y Dimna*.

En cambio, los textos científicos muestran un mayor número de préstamos directos. Damos aquí dos ejemplos de *Los Canones de Albateni* tomados de Bossong (1978: 146 y 168): *ataçir* (ár. and. **at-tasyīr* < ár. cl. *tasyīr* 'curso de las estrellas') y *clima* (< ár. *iqlīm* 'región'). Estos términos sí han sobrevivido en el español moderno[17].

Además, existe en la traducción de *Los Canones de Albateni* otro gran número de creaciones nuevas dentro del castellano antiguo que siguen el modelo árabe. Así, figura allí por primera vez el término *eguador*, con las variantes *yguador* e *igualador*, traducción del árabe *mu'addil* 'ecuador' (Bossong 1978: 203s.): *eguador* se compone del lexema ligado *egua-* y del

---

[15] Véase la edición de Crombach (1971).

[16] Aún existen dos manuscritos de *Calila y Dimna*, uno es del primer tercio del siglo XV (ms. A), otro de 1467 (ms. B). La traducción original se realizó en 1251, bajo el mandato del infante Alfonso, el posterior rey Alfonso X el Sabio. Véase Döhla (2007) para más informaciones sobre la historia de la obra y de los manuscritos.

[17] También aparecen en los textos científicos palabras prestadas que después del uso limitado en el campo de la astrología y astronomía se han perdido, como p. ej. *axataba/ xataba* (ár. *šaṭba* 'dioptra, pínula') (Bossong 1978: 150).

sufijo -*dor*, que sirve para formar un *nomen agentis*; el lexema *egua*- proviene del sentido básico de la raíz verbal árabe '*adala* 'ser igual'; de esa manera, *eguador* traduce literalmente *mu'addil* 'él que hace dos partes iguales', es decir, el participio agentivo del II. tema verbal '*addala* 'dividir en dos partes iguales'.

Una gran parte de las innovaciones externas e internas se han mantenido hasta hoy en día como términos técnicos, hasta llegar a través de traducciones latinas de los textos castellanos a las lenguas europeas modernas: p. ej. alem. *Klima* y *Äquator*.

Según Haugen (1950), se puede establecer la jerarquía siguiente en cuanto a la facilidad de prestar elementos léxicos: sustantivos > verbos > adjetivos > adverbios > preposiciones, etc.

Podemos confirmar que en la gran mayoría de los préstamos léxicos se trata de sustantivos (véanse los ejemplos de arriba). Sin embargo, resulta difícil juzgar la situación de las otras categorías lexicales, puesto que carecemos de una base de datos que se refiera a los textos traducidos. Solamente podemos advertir que ni en *Los Canones de Albateni* ni en *Calila y Dimna* se han prestado verbos[18], adjetivos, adverbios o preposiciones nuevos. Es decir, todos los ejemplos que encontramos en *Calila y Dimna*[19], p. ej., también existen en textos anteriores a la traducción del mismo en 1251 y en otros textos que no son traducciones del árabe. Por eso, hay que suponer o que se han creado en otros contextos cultos fuera del ámbito de la traducción o que se han introducido en la lengua escrita a través de la lengua hablada, donde habían ya existido antes. La observación general de que existen sobre todo préstamos de sustantivos –tanto en la lengua hablada como en la escrita, incluyendo las traducciones del árabe– concuerda con el razonamiento de Appel/Muysken:

---

[18] A no ser que la etimología nueva del verbo *açomar* 'proponer un precio por, regatear por' (atestiguado por primera vez en *Calila y Dimna* 1251 (aparece en los dos manuscritos existentes en el mismo lugar)) sea aceptada: no creemos verosímil la etimología latina propuesta por el *DCECH* I: 436, que lo declara variante de *asomar* 'indicar, apuntar; subir a un estado superior' (der. de *somo* < lat. SŬMMUS 'el más alto') con influjo fonético de *azuzar* 'incitar a los perros para que embistan'. Por el contrario, opinamos que se trata de otro verbo homófono de etimología y significado distintos. Así, *açomar* deriva del III. tema verbal *sāwama* 'regatear' de la raíz árabe *swm* 'exponer a la venta, indicar un precio' (véase Döhla 2007).

[19] Encontramos los verbos *falagar/afalagar* y *açomar*; los adjetivos *baldío*, *mezquino* y *rahez*; y el adverbio *balde* (Döhla 2007).

Desde una perspectiva más general, las palabras «gramaticales» (adjetivos, sustantivos, verbos) se prestarán con mayor facilidad que los elementos «funcionales» (artículos, pronombres, conjunciones), dado que las primeras tienen una relación clara con el contenido cultural que las segundas, en cambio, no tienen (1996: 256).

Tanto más importancia tiene una palabra como *hasta*, con las formas antiguas *ata*, *adta* y *adte* (*DCECH* III 323), preposición árabe (*ḥattà*) adaptada en la lengua hablada, cuanto que corrobora la suposición de un contacto muy intenso entre hablantes del árabe y del romance primitivo.

A pesar de esta difusión amplia de algunos términos, hay que destacar el hecho de que existen muchos menos préstamos árabes directos debidos a las traducciones de lo que uno se imagina. Estos parecen ser más numerosos en textos con terminología muy específica, como p. ej. el *Lapidario*.

Al lado de los préstamos directos, se encuentran en los textos traducidos una gran cantidad de calcos semánticos y extensiones del significado bajo la presión de una palabra árabe de significado similar. P. ej., en *Calila y Dimna* aparece el verbo *encarecer* en el sentido transitivo 'hacer difícil; dificultar'. Este significado peculiar constituye un calco semántico derivacional, puesto que no solamente se tomó el adjetivo *caro* como base léxica para la formación de un verbo, sino también se adaptó el significado medieval 'difícil' del mismo.

Resumiendo lo expuesto arriba, podemos afirmar que los traductores no adaptaron tantos elementos lexicales directamente del árabe, sino que, mayoritariamente, intentaron expresarse con los medios ya existentes utilizando derivaciones internas.

En el ámbito de la sintaxis, la influencia por parte de la lengua modelo es mucho más grande y evidente. A lo largo del siglo XX se han realizado varios estudios acerca de la influencia sintáctica del árabe en las obras traducidas al castellano antiguo. Entre ellos destacan los de Dietrich (1937), Galmés de Fuentes (²1996 [1956]), Hottinger (1958) y Huffman (1973). A continuación nos limitaremos a considerar el estudio de Huffman (1973), por dos razones: primero, porque en Europa no se ha tomado lo suficiente en cuenta; segundo, porque «this study does not examine those features discussed by Galmés, Dietrich, or Hottinger which could be of interest only in the narrower sense of the influence of a particular text on its translation (such as the various means of representing the relative pronoun in *Calila y Dimna*)» (Huffman 1973: 11). De esa manera, «only those features were analyzed which seemed to be peculiarly Semitic, and not Indo-European» (Huffman 1973: 15). En las líneas que siguen presentaremos de manera resumida los fenómenos de interferencia sintáctica analizados por Huffman, dando –por razones de espacio– un ejemplo para cada uno[20]. Entre paréntesis ponemos el número de la página de Huffman (1973):

I (34)	que *non* se ayunta el haver *sinon* de poblamiento de la tierra (BdO)	wa-*lā* ǧamʻa lil-māli *ʼillā* min ʻamārati l-ʼarḍi
IIa (40)	*un sabio que se quebranto con el* la nave (BdO) [en IIa a IIc hay un pronombre *ʻāʼid* en árabe que se refiere a un elemento de la frase anterior]	ʼinna *raǧulaⁿ mina l-hukamāʼi kasara bihī* markabuⁿ
IIb (45)	que hay muchos *omnes, que son malas sus obras e buenos sus dichos* (BdO)	fa-ʼinna kaṯīraⁿ mina *l-nāsi tadbīrātuhum radīʼatun waʼaqwāluhum sadīdatun*
IIc (49)	en *su libro quel dizen* Almageste (Bat)	fī *l-kitābi l-maʻrūfi* bil-maǧasṭīy
III (57)	e *al que furta tajale* la mano (BdO) [= anacoluto]	wa-man *saraqa fa-qtaʻ* yadahū
IV (62)	et la iusticia *se departe en muchas partes* (Por) [= paranomasia, *figura etimológica*]	wa-l-ʻadlu *yanqasimu ʼaqsāmaⁿ*
V (68)	non dexé *templo de* todos *los templos* (Por) [= paranomasia]	fa-lam ʻadiʻ *haykalaⁿ mina l-hayākili*

---

[20] Las abreviaciones de las fuentes son las siguientes: *Bocados de oro* (BdO), *Al-Battani* (Bat), *Poridat de poridades* (Por), *Primera Crónica General* (PCG), *Calila y Dimna* (Cal).

VI (71)	*esta fue una cosa de las princi-pales por que se perdio Ualen-cia* (PCG) [en lugar de *una de las principales cosas*]	-
VII (73)	*de saber como son los çielos de la luna, & sos mouimientos* (Bat) [= posesión múltiple]	*fī ṣifati 'aflāki l-qamri wa-harakātihī*
VIII (76)	*e la mejor cosa en este mundo e la mas noble es buena fama* (BdO) [= genitivo múltiple con formas del superlativo o del elativo en árabe]	*'afdalu 'amri 'l-dunya wa-'ašrafuhū ḥusnu l-ṯanā'i*
IX (80)	*por lo que paresce de sus bon-dades* (BdO)	*bi-mā ẓahara min maḥāsinihī*
X (84)	*la biuora de Yndia, la que mata con el catar* (Por) [= uso de *el que* o *el qual* en función de pronombre relativo]	*'al-'afā'ī 'l-hindiyyatu llatī taqtulu bil-naẓari*
XI (89)	*ca bien conozco las sus cos-tumbres del leon* (Cal) [= uso pleonástico del pronombre posesivo]	_[21]
XII (92)	*el arredramiento que es entrel grado que tu quieres et entrell grado de mediel cielo* (Bat)	*'al-ba'du lladī bayna l-daraǧati llatī 'aradta wa-bayna daraǧati wasṭi l-samā'i*
XIII (93)	*ca sopo que si el león non viese las señales en Sençeba que él dixiera que lo sospecharía* (Cal)	*wa-ẓanna 'anna l-'asada 'in lam yar mina l-ṯawri l-'alāmāta llatī ḍakarahā lahū fa-'annahū muttahimahū*
XIV (97)	*acaécele lo que le acaecie al mayordomo del mar con la tit-tuya* (Cal)	*'aṣābahū mā 'aṣāba l-muwakkila bil-baḥri mina l-ṭīṭūya*

En los textos consultados por Huffman se encuentran muchos más fenómenos, que en algunos casos solo aparecen esporádicamente y en consecuencia les falta una cierta sistematización en el uso.

Para llevar a cabo su análisis empírico, Huffman utilizó las siguientes cuatro traducciones en su totalidad: *Poridat de poridades*, *Bocados de oro*, *Libro de los canones de Albateni* y la *Azafea* de Azarquiel[22]. Además, por razones comparativas, incorporó también un corpus de 27 extractos del mismo tamaño (alrededor de 21.275 palabras) tomados de textos fechados entre 1251 y 1601: dos traducciones del árabe: *Calila y Dimna* (1251) y el *Libro de las cruzes* (1259); un texto aljamiado-morisco de 1588: *El rrekontamiento del rrey Ališand^e re*; los 24 textos restantes no provienen del ámbito musulmán[23]. Utilizó también algunas partes derivadas de fuentes árabes y otras fuentes latinas tanto de la *General estoria* como de la *Primera Crónica General*. Por último, consultó también *La Conquête de Constantinople* en francés antiguo (las versiones de Geoffroi de Villehardouin y de Robert de Clari) y libros sobre sintaxis latina y sus fuentes.

---

[21] Döhla (2004) pone de relieve que no se trata de una construcción árabe la que sirvió de modelo para el uso frecuente de esta locución en los textos traducidos. Más bien, hay que suponer una influencia del hebreo medieval que sí obligatoriamente usa la construcción en cuestión.

[22] Para omitir *Calila y Dimna* esgrime que «a further advantage of avoiding still another use of *Calila y Dimna* is that the texts of the four Spanish works selected for this study follow more closely the available Arabic texts than is the case with *Calila y Dimna*» (Huffman 1973: 13). Pero ya desde Sprengling (1924) se conocían unos manuscritos árabes que se encuentran más cercanos al texto castellano y que por primera vez se tomaron en cuenta en Döhla (2007).

[23] *Castigos y documentos del Rey Don Sancho* (1293), *Libro del Cauallero Zifar* (c. 1300), Don Juan Manuel: *El Conde Lucanor* (1335), Pero López de Ayala: *Crónica de Enrique II* (c. 1385), Ruy González de Clavijo: *Embajada a Tamorlán* (1410), Fernán Pérez de Guzmán: *Generaciones y semblanzas* (1450), Gutierre Díez de Games: *Crónica de Don Pedro Niño* (1450), Fernando del Pulgar: *Claros varones de Castilla* (1486), Diego de San Pedro: *Cárcel de amor* (1492), *Amadís de Gaula* (1492?), Fernando de Rojas: *La Celestina* (1499), Alfonso de Valdés: *Diálogo de Mercurio y Carón* (1530), Juan de Valdés: *Diálogo de la lengua* (1535?), Antonio de Guevara: *Menosprecio de corte y alabanza de aldea* (1539), *Lazarillo de Tormes* (1554), Luis de Granada: *Guía de pecadores* (1556), Jorge de Montemayor: *La Diana* (1558), Gaspar Gil Polo: *Diana enamorada* (1564), Teresa de Jesús: *Libro de su vida* (1565), Bernal Díaz del Castillo: *Historia verdadera de la conquista de la Nueva España* (c. 1568), Teresa de Jesús: *Las moradas* (1577), Luis de León: *De los nombres de Cristo* (1583), Ginés Pérez de Hita: *Guerras civiles de Granada* (1595), Juan de Mariana: *Historia de España* (1601).

Lo que nos interesa en cuanto a los arabismos sintácticos estudiados por Huffman (1973) es la cuestión siguiente: ¿existían ya los fenómenos morfosintácticos en el castellano o previamente en la lengua latina? ¿O hay que suponer una causa meramente externa ejercida por la lengua árabe? En Meillet (1921), el autor sustenta la opinión de que los préstamos gramaticales, y por lo tanto morfosintácticos, solo son posibles entre lenguas con sistemas similares y, sobre todo, entre dialectos de un mismo idioma. Sin embargo, en nuestro caso, las dos lenguas en contacto tienen muy poco en común y no tienen ninguna relación genética.

En cambio, Jakobson modifica la proposición de Meillet advirtiendo que «La langue n'accepte des éléments de structures étrangers que quand ils correspondent à ses tendances de développement» (1962 [1938]: 241). Una opinión similar la comparte Bossong (1979: 174), no creyendo en una creación *ex nihilo* sin tendencias propias ya del castellano medieval.

Por último, Thomason/Kaufman (1988: 14), como se citó arriba, opinan que todos los elementos lingüísticos se pueden prestar de un idioma a otro. Sin embargo, reconocen una mayor facilidad si los elementos en cuestión ya están presentes en la lengua destinataria (p. 54).

Utilizamos aquí los resultados empíricos y los ejemplos proporcionados por Huffman (1973) para ver si los fenómenos en cuestión ya existían en el latín (L) y en qué medida se encuentran en el corpus de los textos no relacionados con el mundo árabe (Corp). Todos los datos absolutos y relativos de Huffman quedan excluidos, dado que surgen ciertas dudas metodológicas en lo que se refiere a las estadísticas y comparaciones numéricas, porque el tamaño de los extractos comparados difiere mucho de uno a otro (véase arriba la descripción de los textos). Añadiremos en la tabla siguiente una columna con los resultados de la búsqueda de tales fenómenos antes del año 1250 –porque en aquel año se tradujo el *Lapidario*, una de las primeras empresas del futuro rey Alfonso X el Sabio (reinó de 1252 a 1284)– realizada en el *CORDE* y el *CDE* (<1250). Por razones de espacio no se incluirán ni los ejemplos en concreto ni las obras mencionadas por Huffman, como tampoco las cifras estadísticas. Sí se indicará, por lo general, si se puede localizar un fenómeno en L, Corp o <1250 (con + y –). Solamente se encuentran en <1250 aquellos datos que nos parecen ser de interés para este estudio. Si las posibilidades nos privan de una búsqueda eficaz, el símbolo indicado es el ∞.

De todas formas, esperamos encontrar solamente apariciones esporádicas de los fenómenos en cuestión, puesto que se trata de usos raros y especiales que parecen ser ajenos a las tendencias gramaticales mayoritarias de la Edad Media castellana. Si no fuera así, no saltarían a la vista y no se podría postular una posible influencia por parte del árabe.

	L	<1250	CORP
I	+	+	+
IIa	−	−	+
IIb	−	−	+
IIc	−	+ (la locución 'que le dizen' aparece por primera vez en *La semejanza del mundo* de c. 1223 (*CORDE*))	+
III	+	∞	+
IV	+	+ (Berceo: *Vida de San Millán de la Cogolla* (*CORDE*)[24]: 'vivié vida lazdrada')	+
V	(+)[25]	−	−
VI	−	∞	+
VII	−	−	+
VIII	−	∞	+
IX	+	−	+
X	−	+ (Berceo: *Del sacrificio de la misa* (*CORDE*)[26]: 'El beso del altar signífica el beso el que dio a don Christo Judas el malapreso')	+
XI	+ (encontramos un ejemplo del latín hispánico: 'et jactarunt eum jn terra ad te ſuoſ pedeſ de illo abbate'; c. 1050?, León (Menéndez Pidal ([10]1986 [1926]: 26))	+ (*Fuero de Soria* (1196) (*CORDE*)[27]: '& el matador sea su enemjgo de ellos'. *Carta de empeño* (anónimo, 1229) (*CORDE*)[28]: 'E aquesto fue fecho en Cannas, ante donna Urraca su mugier de don Lop.'	+

XII	–	–	–
XIII	–	∞	+
XIV	–	∞	+

Según el análisis realizado por Huffman (1973) y los datos agregados por nosotros podemos afirmar que existen casos en los que la influencia por parte del árabe es muy evidente: IIa/b, V, VII, XII. En otros cuatro casos específicos hay que suponer un cierto impulso árabe por la carencia de datos: VI, VIII, XIII, XIV. En siete casos logramos testificar su presencia ya en el latín y/o en textos no traducidos anteriores a 1250 como variante: I, IIc, III, IV, IX, X, XI. Sin embargo, la alta frecuencia en los textos traducidos del árabe se debe claramente a la influencia por parte de la lengua y la estilística árabes. Solo tres de los fenómenos estudiados se encuentran también en textos modernos: I, III, IX (Huffman 1973: 109). En cuanto al ejemplo XI, no hay correspondencia entre los ejemplos encontrados en los textos castellanos y sus modelos árabes, puesto que no se trata de un sintagma permitido en árabe. Döhla 2004 propone un origen hebreo de este fenómeno. Ya Lapesa (⁹1981: 151) afirma que «junto al factor árabe es necesario tener en cuenta el hebreo, ya que no pocos de estos rasgos son comunes a las dos lenguas y abundan en versiones castellanas de la Biblia; además los traductores del árabe al romance solían ser judíos»; observación también hecha por Bossong (1978: 17).

De hecho, hasta hoy, no conocemos la influencia que tuvo la lengua hebrea, dominio de los traductores judíos, en el proceso de la traducción.

Finalmente, queremos destacar el orden de palabras en los textos traducidos y en el castellano medieval en general, aspecto también estudiado por Huffman (1973: 21-25). Los estudios de Neumann-Holzschuh (1997: 215-222) y de Bossong (2006) revelan claramente que el orden VSO encontrado mayoritariamente en los textos traducidos del árabe no se debe a la influencia por parte de este, dado que ya encontramos este orden como norma en las *Glosas Emilianenses*:

---

[24] Ed. de Brian Dutton. Madrid: Espasa-Calpe, 1992, p. 172.
[25] Los ejemplos proceden mayoritariamente de traducciones bíblicas del hebreo, lengua semítica que también utiliza bastante a menudo ese medio estilístico.
[26] Ed. de Pedro M. Cátedra. Madrid: Espasa-Calpe, 1992, p. 1012.
[27] Ed. de Galo Sánchez. Madrid: Centro de Estudios Históricos, 1919, p. 195.
[28] Ramón Menéndez Pidal. Madrid: Centro de Estudios Históricos, 1919, p. 128.

[...] las glosas sintáctico-posicionales nos revelan que la sintaxis del español arcaico pertenecía al tipo centrífugo puro. El orden VSO predomina absolutamente. [...] el orden VS(C, O) es rigurosamente observado. Frente a la libertad del latín que puede variar el orden del verbo y del sujeto por razones estilísticas y rítmicas, el estado de lengua reflejado en las *Glosas Emilianenses* se caracteriza por un orden esquemático e invariable. Se reproduce cada VS del latín por un VS románico, y se transforma cada SV del latín en un VS románico. La uniformidad sintáctica es total (Bossong 2006: 537 y 539).

Otra vez vemos que el árabe meramente intensifica un cierto uso de la lengua que ya estaba presente antes de las traducciones como variante interna.

5. OBSERVACIONES FINALES

Resumiendo, se puede afirmar que los traductores recurrieron bastante a los elementos internos ya existentes en la joven lengua castellana, tanto en la creatividad léxica como en la sintáctica. Pero, por la falta de ciertos recursos en la lengua aún en desarrollo, se vieron obligados a aceptar algunos modelos léxicos y sintácticos en sus traducciones. En la mayoría de los casos, las estructuras morfosintácticas imitadas por los traductores ya estaban presentes en el castellano primitivo o en la lengua latina: esto confirma la suposición de Thomason/Kaufman (1988: 54). También se corrobora la observación de Bossong (1978: 17), puesto que las interferencias sintácticas no parecen ser errores estructurales que constituyan un cuerpo extraño en la lengua[29], es decir, no se introdujeron elementos absolutamente revolucionarios que cambiaran la estructura morfosintáctica del castellano con respecto a las otras lenguas románicas. Huffman comenta los fenómenos de II de la manera siguiente:

> We are dealing in this case with locutions which do not occur in modern Spanish, except for colloquial use of the 'que su' form. They are characteristic of a language in a developping stage, when a simple base form of the relative pronoun is overworked, and before full utilization is made of more complicated connective structures (such as, in the case of Spanish, cuyo or de los cuales).

---

[29] Por ejemplo, refiriéndonos al fenómeno XI, sería absolutamente ilícito construir en árabe una frase como *ibnuhū l-maliki* 'su hijo del rey', a causa de reglas gramaticales fijas. Véase Döhla (2004).

The employment of an «undeclined» que, followed by a pronoun to show the function of que in the clause was a simple and direct solution. As we have noted, the fact that this usage is standard in Arabic without doubt played a large role in propagating its use in Spanish. (1973: 54)

Por eso, tenemos que imaginarnos el castellano medieval como lengua dinámica en desarrollo.

Además, se trata de una influencia estilística que se permitía por el hecho de que la lengua árabe gozaba de un alto prestigio científico, literario y estilístico, aparte de representar una necesidad lingüística. El prestigio como raíz de la interferencia intencionada se ha atestiguado en muchas ocasiones y este, ciertamente, se puede aducir como causa principal en la recepción de elementos latinos en las lenguas europeas nacionales. Por ende, podemos verificar junto con Galmés de Fuentes (1996: 230) una cierta «voluntad de dejarse influir».

Esta suposición de «la voluntad de dejarse influir» aún parece ser más justificada si se considera el hecho de que, después del mero acto de traducción, se copiaban y enmendaban los textos, actos que suponen la eliminación de los elementos que parecían demasiado forasteros. Huffman advierte que

Alfonso's translators, though they were obviously influenced by their models, did not follow them slavishly to produce word-by-word renderings. Clearly, they often avoided a particular turn of expression, sensing that it simply would not fit comfortably into Spanish syntax. Indeed, a complete correspondence of forms would be worthless to a study such as this one, as it would indicate that the translators were unskilled, that they mechanically transformed the words of one language into their equivalents in another. (1973: 14)

El resultado de esta empresa traductora tiene dos lados opuestos. Por un lado, los traductores se aprovecharon del modelo árabe en un proceso de aculturación, para hacer madurar los medios expresivos presentes y para incorporar nuevos recursos en la joven lengua castellana, sobre todo en el ámbito lexical. Por otro lado, es sorprendente observar que solamente tres fenómenos morfosintácticos de los mencionados arriba aún se pueden encontrar hoy en día de manera esporádica en la lengua escrita[30]. En este contexto Coloma Lleal afirma que

---

[30] Carecemos de datos concretos para valorar la influencia de las traducciones árabes en la lengua hablada.

Frente a la extraordinaria riqueza del legado árabe en el léxico, el sistema morfosintáctico de los romances hispanos apenas se vio modificado como consecuencia del contacto con esa lengua. Quedaron algunos elementos gramaticales: en castellano, la preposición *hatta* 'hasta', tal vez el demostrativo *he*, cruzado con el latín *ellum* y con el imperativo, también con valor deíctico, *habe* o *habeatus* (> *afé*, *he*). Los romances peninsulares siguieron fieles al sistema románico (1990: 195).

Parece que los elementos incorporados del árabe en las traducciones castellanas no se promovieron en la lengua hablada, por pertenecer estos a la lengua culta.

Esta fidelidad al sistema románico ciertamente se puede explicar por la pérdida de prestigio del árabe en los siglos XIV y XV, cuando se veía en los árabes a unos enemigos infieles. Ya durante el siglo XV la lengua de prestigio fue el latín, hecho testimoniado por la publicación de la gramática latina *Introductiones latinae* de Nebrija en 1482. Esta gramática sirvió como modelo para la descripción de idiomas por parte de los misioneros españoles tanto en el Nuevo Mundo como en Asia y en África. Es decir, el punto de enfoque había cambiado. Ya no era la lengua árabe la fuente de innovaciones expresivas, lingüísticas y estilísticas, sino que, acordándose de la herencia latina y mirando hacia la Italia renacentista, se efectuó una relatinización del castellano, eliminando, poco a poco, todos los elementos sintácticos y estilísticos ajenos a esta herencia. Esta adaptación a la lengua latina llegó a tal punto que se puede afirmar una cierta convergencia entre las lenguas románicas (excepto el rumano) a pesar de el movimiento divergente entre ellas (Albrecht 1995: 4). Convergencia también debida, en parte, al contacto de lenguas derivado de las innumerables traducciones realizadas del latín a las lenguas románicas. Estas traducciones se realizaron de una lengua muerta a otra viva.

6. BIBLIOGRAFÍA

ALBRECHT, JÖRN (1995): «Der Einfluss der frühen Übersetzertätigkeit auf die Herausbildung der romanischen Literatursprachen», en: Schmitt, Christian/Schweickard, Wolfgang (eds.): *Die Romanischen Sprachen im Vergleich*. Akten der gleichnamigen Sektion des Potsdamer Romanistentages 27.-30.9.1993. Bonn: Romanistischer Verlag, 1-37.

APPEL, RENÉ/MUYSKEN, PIETER (1996): *Bilingüismo y contacto de lenguas*. Barcelona: Ariel.

BETZ, Werner (1949): *Deutsch und Lateinisch. Die Lehnbildungen der althochdeutschen Benediktinerregel*. Bonn: Bouvier.

BOSSONG, GEORG (1978): *Los Canones de Albateni. Herausgegeben sowie mit Einleitung, Anmerkungen und Glossar versehen von Georg Bossong*. Tübingen: Niemeyer (Beihefte zur Zeitschrift für romanische Philologie, 165).

— (1979): *Probleme der Übersetzung wissenschaftlicher Werke aus dem Arabischen in das Altspanische zur Zeit Alfons des Weisen*. Tübingen: Niemeyer (Beihefte zur Zeitschrift für romanische Philologie, 169).

— (1982): «Las traducciones alfonsíes y el desarrollo de la prosa científica castellana», en: Hempel, Wido/Briesemeister, Dietrich (eds.): *Actas del Coloquio Hispano-Alemán Ramón Menéndez Pidal* (Madrid, 31 de marzo a 2 de abril de 1978). Tübingen: Niemeyer, 1-14.

— (1991): «Moriscos y sefardíes: variedades heterodoxas del español», en: Strosetzki, Christoph/Botrel, Jean-François/Tietz, Manfred (eds.): *Actas del I Encuentro Franco-Alemán de Hispanistas* (Mainz, 9-12.3.1989). Frankfurt am Main: Vervuert, 368-392.

— (2006): «La sintaxis de las *Glosas Emilianenses* en una perspectiva tipológica», en: Bustos Tovar, José Jesús/Girón Alconchel, José Luis (eds.): *Actas del VI Congreso Internacional de Historia de la Lengua Española* (Madrid, 29 de septiembre-3 de octubre de 2003). Madrid: Arcos Libros.

— (2007): *Das maurische Spanien. Geschichte und Kultur*. München: C.H. Beck.

CASTRO, AMÉRICO (1983 [1948]): *España en su historia (Cristianos, moros y judíos)*. Barcelona: Crítica.

CDE = DAVIES, MARK: *Corpus del español (CDE)*. Banco de datos en línea. <www.corpusdelespanol.org> (octubre 2007).

CLYNE, MICHAEL (1967): *Transference and triggering*. Den Haag: Nijhoff.

CORDE = Real Academia Española de la Lengua: *Corpus Diacrónico del Español (CORDE)*. Banco de datos en línea. <www.rae.es> (octubre 2007).

CROMBACH, MECHTHILD (1971): *'Bocados de oro': Kritische Ausgabe des altspanischen Textes*. Bonn: Universität Bonn.

CURNOW, TIMOTHY J. (2001): «What language features can be 'borrowed'?», en: Aikhenvald, Alexandra Y./Dixon, R. M. W. (eds.): *Areal diffusion and genetic inheritance. Problems in comparative linguistics*. Oxford: Oxford University Press, 412-436.

DCECH = COROMINAS, JUAN/PASCUAL, JOSÉ A. (^{2}1980-1991): *Diccionario crítico etimológico castellano e hispánico*. 6 vols. Madrid: Gredos.

DIETRICH, GÜNTER: *Beiträge zur arabisch-spanischen Übersetzungskunst im 13. Jh.* Kirchhain: S/N 1937.

DÖHLA, HANS-JÖRG (2004): «Der gehäufte pleonastische Gebrauch des Possessivpronomens in der altspanischen Konstruktion des Typus SU FIJO DEL RREY – ein syntaktischer Arabismus?», en: Arnscheidt, Gero et al. (eds.): *Enthüllen – Verhüllen. Text und Sprache als Strategie.* Beiträge zum 19. Forum Junge Romanistik 2003. Bonn: Romanistischer Verlag, 217-229.

— (2007): *El libro de Calila e Dimna (1251).* Edición nueva de los dos manuscritos castellanos, con una introducción intercultural y un análisis lexicográfico árabe-español. Versión electrónica de la tesis doctoral publicada por la Zentralbibliothek de la Universidad de Zúrich, Suiza.

*DRAE*²² = Real Academia Española de la Lengua (2001): *Diccionario de la lengua española.* Madrid: Espasa Calpe.

FAULHABER, CHARLES B. (2004): «Semitica iberica: Translations from Hebrew and Arabic into the medieval Romance vernaculars of the Iberian Peninsula», *Bulletin of Spanish Studies 81,* 7-8, 873-896.

GALMÉS DE FUENTES, ÁLVARO (²1996 [1956]): *Influencias sintácticas y estilísticas del árabe en la prosa medieval castellana.* Madrid: Gredos.

GARCÍA YEBRA, VALENTÍN (1982): *Teoría y práctica de la traducción.* 2 vols. Madrid: Gredos.

— (1994): *Traducción: historia y teoría.* Madrid: Gredos.

— (2004): *Traducción y enriquecimiento de la lengua del traductor.* Madrid: Gredos.

GUMBRECHT, H. U. (1972) = Ruiz, Juan: *Libro de buen amor.* Übersetzt und eingeleitet von Hans Ulrich Gumbrecht. München: Wilhelm Fink.

HASSLER, GERDA (2001): «Übersetzung als Sprachkontakt», en: Haßler, Gerda (ed.): *Sprachkontakt und Sprachvergleich.* Münster: Nodus, 153-171.

HAUGEN, EINAR (1950): «The analysis of linguistic borrowing», *Language 26,* 210-231.

HILTY, GEROLD (1954): *Aly Aben Ragel: El Libro conplido en los iudizios de las estrellas.* Introducción y edición por G. H. Madrid: Real Academia Española.

HILTY, GEROLD (2005): *Aly Aben Ragel: El Libro conplido en los iudizios de las estrellas. Partes 6 a 8.* Introducción y edición por G. H. Zaragoza: Instituto de Estudios Islámicos y del Oriente Próximo.

HOTTINGER, ARNOLD (1958): »*Kalila u. Dimna*«. *Ein Versuch zur Darstellung der arabisch-altspanischen Übersetzungskunst.* Bern: Francke.

HUBER, WOLFGANG (1977): «Interferenz und Syntax», en: Kolb, Herbert/Lauffer, Hartmut (eds.): *Sprachliche Interferenz: Festschrift für Werner Betz zum 65. Geburtstag.* Tübingen: Niemeyer, 57-75.

HUFFMAN, HENRY R. JR. (1973): *Syntactical Influences of Arabic on medieval and later Spanish prose*. Tesis inédita da la Universidad de Wisconsin. Ann Arbor: University Microfilms.

JAKOBSON, ROMAN (1962 [1938]): «Sur la théorie des affinités phonologiques entre les langues», en: Jakobson, Roman: *Selected writings*. Vol. 1: *Phonological studies*. Berlin/New York: Mouton de Gruyter, 234-246.

LAPESA, RAFAEL ([9]1981): *Historia de la lengua española*. Madrid: Gredos.

LAPIDARIO = Rodríguez M. Montalvo, Sagrario (1981): *Lapidario: según el manuscrito escurialense H.I.15*. Madrid: Gredos.

LLEAL, COLOMA (1990): *La formación de las lenguas romances peninsulares*. Barcelona: Barcanova.

MEILLET, ANTOINE (1921): *Linguistique historique et linguistique générale*. Paris: Champion.

MENÉNDEZ PIDAL, GONZALO (1951): «Cómo trabajaron las escuelas alfonsíes», *Nueva Revista de Filología Hispánica* V, 4, 363-380.

MENÉNDEZ PIDAL, RAMÓN ([10]1986 [1926]): *Orígenes del español*. Madrid: Espasa-Calpe.

MILLÁS VALLICROSA, J. (1933): «El literalismo de los traductores de la corte de Alfonso el Sabio», *Al-Andalus I*, 155-187.

NEUMANN-HOLZSCHUH, INGRID (1997): *Die Satzgliedanordnung im Spanischen. Eine diachrone Analyse*. Tübingen: Niemeyer.

NEWMARK, PETER (1995): *Manual de traducción*. Madrid: Cátedra.

NIDA, EUGENE A./TABER, CHARLES R. (1969): *Theorie und Praxis des Übersetzens, unter besonderer Berücksichtigung der Bibelübersetzung*. Weltbund der Bibelgesellschaften.

RIEHL, CLAUDIA MARIA (2004): *Sprachkontaktforschung. Eine Einführung*. Tübingen: Narr.

ROSS, MALCOLM. D. (1988): *Proto Oceanic and the Austronesian languages of Western Melanesia*. Canberra: Pacific Linguistics, Australian National University.

SALA, MARIUS (1998): «Lenguas en contacto en el ámbito hispánico», en: Ward, Aengus M. (ed.): *Actas del XII Congreso de la Asociación Internacional de Hispanistas* (Birmingham, 1995). Vol. I: Medieval y lingüística. Birmingham: Department of Hispanic Studies, University of Birmingham, 27-40.

SPRENGLING, MARTIN (1924): «Kalila Studies. I», *The American Journal of Semitic Languages and Literatures* XL, 2, 81-97.

TALLGREN, O. J. (1934): «Acerca del literalismo arábigo-español de la astronomía alfonsina», *Al-Andalus II*, 223-225.

110   Hans-Jörg Döhla

THOMASON, SARAH (2001): *Language contact: an introduction.* Washington, D. C.:
Georgetown University Press.

THOMASON, SARAH/KAUFMAN, TERRENCE (1988): *Language contact, creolization, and
genetic linguistics.* Berkeley/Los Angeles: University of California Press.

WANDRUSZKA, MARIO (1977): «Interferenz und Übersetzung», en: Kolb, Herbert/
Lauffer, Hartmut (eds.): *Sprachliche Interferenz: Festschrift für Werner Betz
zum 65. Geburtstag.* Tübingen: Niemeyer, 101-118.

WEINREICH, URIEL (1966 [1953]): *Languages in contact.* Den Haag: Mouton.

Toward a Typology of Lexical Borrowing: Primary Adjectives as Loanwords in Spanish

Steven N. Dworkin
University of Michigan

The history of loanwords or lexical borrowing in the Romance languages has given rise to an enormous body of scholarly literature. Most of these studies focus in considerable detail on such topics as borrowings between two specific Romance languages, or center on the various languages from which a given target language borrowed words. They usually describe and classify the semantic categories of the borrowings viewed against the relevant historical and cultural background. Specialists in Romance diachronic lexicology have tended not to concern themselves with the many broad linguistic issues raised by lexical borrowings, such as the extent to which words belonging to specific semantic fields or grammatical categories tend to be borrowed with greater frequency. Several general linguists concerned with language-contact phenomena have sought to construct what Lass (1997: 189) called a «hierarchy of borrowability». With regard to lexical borrowing (as opposed to the borrowing of grammatical elements such as inflectional or derivational suffixes, prepositions, syntactic constructions), all analysts agree that nouns lend themselves with the greatest ease to borrowing. In Haugen's «scale of adaptability» (1950), nouns are followed by verbs, with adjectives being even harder to borrow. A number of linguists have sought to explain why verbs do not seem to lend themselves to borrowing with great ease (see Curnow 2001: 415-417). Moravcsik (1975) argues that verbs are borrowed as if they were nouns. The recipient language then adds its own set of morphological inflections to convert these nouns into verbs, following the same processes that they would employ in the creation of denominal verbs. However, to the best of my knowledge, no specialist has examined the borrowability of adjectives. In this essay in honor of Georg Bossong, a scholar who has contributed to both Romance and general linguistics, especially in the subfield of linguistic typology, I wish to discuss the history of those Spanish primary adjectives which entered the language as loanwords, and compare my tentative findings with the data collected to date by the Loanword Typology Project (= LWT), currently being carried out at the Max Planck Institute for Evolutionary Anthropology in Leipzig under the direction of Martin Haspelmath and Uri Tadmor.

LWT is a collaborative undertaking involving an international team of specialists that is trying to determine from a cross-linguistic perspective the likelihood that a word with a given lexical meaning will be borrowed from one language into another language. The goal is to determine with regard to the forty-six selected languages (of which Romanian is the only Romance language) the presence of loanwords alongside inherited vocabulary in twenty-four semantic fields. These are based on the semantic categories of the Intercontinental Dictionary Series (initiated by the late Mary Ritchie Key and now under the direction of Bernard Comrie, the Director of the Linguistics Department at the Max Planck Institute), which essentially go back to the categories in Buck (1949), as well as the 1955 version of the Swadesh List. In total, there are 1,460 semantic items in the data base for each language, of which 113 are expressed by adjectives in English and the Romance languages. The basic English word is used as the heading for each entry, with the corresponding word in French, Spanish, German and Russian to guide the investigator. Although the LWT Project seeks primarily to determine which semantic fields tend to be the sources of loanwords, the database allows the investigator to analyze loanwords by grammatical categories.

For the purpose of this study I shall define a primary adjective as an adjective which either historically, or at least in the view of a language's speakers, does not derive from an underlying noun, verb, or other adjective. Dixon (2004) describes such adjectives as monomorphemic. The distinction between historical reality and speaker's perceptions is important. At no moment in the history of Spanish would any speaker have been able to segment such adjectives as *limpio* 'clean', *recio* 'strong, rigid', *sucio* 'dirty', or *tibio* 'lukewarm, tepid' into a verbal base followed by an unstressed derivational suffix -*io*. Yet historically the Latin adjectives which gave rise to the aforecited Spanish forms could be analyzed into two component parts, namely a verbal base reflecting a stative verb in -ĒRE to which was welded the unstressed derivational suffix -IDUS (e. g., LIMPIDUS, RIGIDUS, SUCIDUS, TEPIDUS). Borrowed adjectives are those items which did not enter Hispano-Romance through oral transmission from Spoken Hispano-Latin or which were not created within Hispano-Romance through processes of derivational morphology or creative expression. Some linguists who work on language-contact phenomena distinguish between linguistic features which entered the recipient language through direct contact and borrowing from a donor language and elements which have their origin in a substratal language. With regard to Spanish (as well as the other Romance languages), lexical items which come from the pre-Roman languages entered the local varieties of Spoken Latin either as deliberate borrowings on the part of Latin speakers to fill gaps in the lexicon or as retentions on the part of speakers who otherwise gave up their indigenous speech in favor of the recently-imposed prestige language, Latin. Since the transition from Spoken Hispano-Latin to Spanish is an uninterrupted evolutionary continuum, potentially relevant items of pre-Roman origin will be treated in the same way as adjectives borrowed from the other languages with which Spanish came into contact during the course of its history. If it can be demonstrated that a word is possibly of Basque origin, then the analyst must decide if the word entered the Spoken Latin of Roman Spain or whether its presence in Spanish results from later Basque-Romance contact.

In the history of many languages, lexical borrowing is the result of contact and bilingualism at the level of the spoken language. Spanish and the other Romance languages find themselves in an almost unique situation. In the course of their gradual elaboration in the medieval and early modern periods as written vehicles of culture and scholarship, the Romance languages borrowed numerous lexical items from Latin texts of classical antiquity, i. e., from the fossilized literary register of the vernacular from which they evolved. In the Spanish tradition such words are labeled as *latinismos* or *cultismos*, terms whose suitability and accuracy have been the subject of much discussion. Additionally, in the case of Spanish, the process of preparing written Romance and Latin translations of Arabic scientific treatises also contributed Arabisms to the expanding Spanish lexicon, alongside the numerous words of Arabic origin that go back to the many centuries of oral contact between Romance and Spoken Hispano-Arabic. Indeed, the incorporation of Arabic scientific terminology into vernacular Romance writings on astronomy was one of the first scholarly topics investigated by Georg Bossong (1978, 1979).

If we leave aside those adjectives which entered Spanish in the late Middle Ages or Early Modern period as Latinisms, the corpus of primary adjectives which represent direct loanwords is relatively small. In the following list of adjectives that entered Spanish as loanwords, I employ the label OSp. (= Old Spanish) to identify those items that have not survived into the modern language. Many of the Old Spanish adjectives are sparsely documented in the medieval record and some may have been restricted to the literary register without ever being fully incorporated as loanwords into colloquial speech.

BORROWED ADJECTIVES IN SPANISH

— Pre-Roman languages: *izquierdo* 'left', *zurdo* 'left-handed'.

— Arabisms: *alazán* 'reddish-brown (of horses)', *azul* 'blue', *baladí* 'banal, trivial', OSp. *gafo* 'leprous', *haragán* 'idle, lazy', OSp. *hazino* 'sad, afflicted', OSp. *horro* 'free', *mezquino* 'small, mean, miserable', OSp. *ra-fez, re-fez, ra-hez, re-hez* 'cheap, vile', *zafio* 'crude', *zarco* 'light-blue (of eyes)'.

— Gallicisms (including southern French): *bello* 'handsome, beautiful', OSp. *bruno* 'brown', OSp. *(des)marrido* 'weak, faint, afflicted', OSp. *(f)ardido* 'daring, bold', OSp. *feble* 'weak, feeble', OSp. *fol* 'mad, crazy', *fornido* 'strong, robust', *franco* 'free', *garrido* 'handsome, beautiful', *gris* 'gray', OSp. *laido* 'ugly, repugnant', *libre* 'free', *ligero* 'light, quick, easy'.

— Lusisms: *ledo* 'happy, joyful'.

— Italianisms: *bizarro* 'brave, gallant, courageous', *brusco* 'rough, abrupt'.

I have excluded from the list above the adjectives *blanco* 'white' and *rico* 'rich', both of Germanic origin, as neither represents the result of contact between Spoken Hispano-Latin and a Germanic language; rather, both adjectives entered the Iberian Peninsula as part of the Latin of the Roman Empire.

I have not included here adjectives derived within Spanish from nominal or verbal bases which themselves had entered Spanish as loanwords, e. g., *borracho* 'drunk', possibly coined from etymologically opaque *borracha* 'wineskin', believed to be ultimately of pre-Roman origin; *barato* 'cheap', based ultimately on the verb *baratar* 'to negotiate, arrange, gain an advantage', of unknown origin, although the immediate source of the adjective may be the noun *barato* 'dealing, fraud'; OSp. *mañero* 'sterile' < MANNARIUS, derived from Hispano-Latin MANNUS 'donkey', of pre-Roman origin; *zahareño* 'scornful, intractable', derived from the Arabism *zahara*, employed almost exclusively in the phrase *de zahara*, a technical term used to refer to the capturing of the young of a falcon from their nest perched on a rock (*DCECH*, s. v. *zahareño*, but see discussion in Kiesler 1994: 301-302). The Gallicisms *desmarrido*, *(f)ardido*, *fornido*, and *garrido* are borrowed from Old French and Old Occitan participles in *-i* and *-it* and were not derived in Old Spanish from an *-ir* verb (for details see Dworkin 1985: 30-39).

There remains a residue of primary adjectives whose origins (and consequently their possible classification as loanwords) continue to be the subject of scholarly dispute. Romanists disagree on the origin of Sp. *listo* 'ready; alert, quick (of intelligence)', and its cognates Pg., It. *lesto*, Cat. *llest*, Fr. *leste*. Over the years several Germanic etymologies have been proposed to account for these forms. On the assumption that OIt. *lesto* and OCat. *llest*, past-participles of the local reflexes of LEGERE 'to read', represent the original uses of this word family, the *DCECH* (s. v. *listo*) posited a past participle *LEX(I)TUS < LEGERE as the base of Sp. *listo* and its cognates (via an intermediate *liesto* with subsequent reduction of the diphthong *ie* as in *aviespa > avispa, riestra > ristra*). Wartburg (1957) could not decide whether Sp. *listo* is an adjective of Visigothic origin which had remained restricted to the level of dialect speech until the sixteenth century, or whether it had been borrowed from It. *lesto*. Colón (1962: 79-81) viewed the Spanish adjective, often documented in the early sixteenth century in the phrase *andar listo*, as a borrowing of It. *lesto* (as used in *andare lesto*), although he frankly admitted, as had Wartburg before him, that he could not adequately account for the /i/ of Sp. *listo*. Although its exact origin has not been identified with certainty, it seems safe to class *listo* as a loanword.

Three different hypotheses have sought to explain the genesis of Sp. *terco* 'stubborn'. The *DCECH* (s. v. *terco*) linked *terco* to Cat. *enterch* 'stiff, rigid', Bearn. *terc* 'cruel, treacherous', and It. *terchio/tirchio* 'miserly, crude' and saw in this alleged word family the reflexes of a Celtic base *TERCOS, preserved in Middle Irish *terc*, Welsh *taerc* 'miserly, scarce'. This analysis presupposes that the proposed Celtic base entered the Spoken Latin of the Iberian Peninsula. The absence of examples of *terco* until the late fifteenth century may suffice to invalidate Corominas's analysis. H. Meier (1960: 292-295) also linked *terco* and *tirchio* but analyzed them as backformations at the level of Spoken Latin from *TRIC(C)ULARE < *TRICARE < TRICAE 'trivia; obstacles'. Taking an entirely different tack, Malkiel (1947) had proposed that *terco* was spun off as a backformation from the rare verb *entercar*, a doublet of *enternegar* < INTERNECARE 'to kill'.

The etymology of *guapo* 'handsome, good-looking', 'bold, valiant' (in New World Spanish) has received little attention. This adjective, not documented until the seventeenth century, first meant 'roguish, light-hearted' and was often used as a noun to refer colloquially to a lady's boyfriend. The *DCECH* (s. v. *guapo)* claims that *guapo* was borrowed from medieval French dialect forms (*wape, gape gouape*, discussed in detail by Baldinger 1974: s. v. *gape*) descended from Lat. VAPPA 'flat, insipid wine' and entered Spanish in the colloquial speech of the criminal underworld, a circumstance that would explain its late initial documentation in the textual record. Wartburg (1961: 168-169) viewed Fr. *gouape* 'hooligan' as an adaptation of Sp. *guapo*, but described as «wohl recht» Corominas's etymological analysis. As there is clearly no Latin etymon that would explain the genesis of *guapo* in Spanish, nor is there a Spanish nominal or verbal base from which *guapo* might represent a backformation, it seems safe to classify *guapo* as a loanword.

The origin of OSp. *sandío* (mod. *sandio*, Pg. *sandeu)* 'simple, foolish' is still unknown. Scholars today no longer accept the hypothesis that this adjective is jocularly based on the Arabism *sandía* 'watermelon'. Craddock (1982) proposed that the Spanish adjective represented a lexicalization of the OFr. oath *(par le) sanc dieu* 'by God's blood', heard in the speech of the many French soldiers and pilgrims who entered the Iberian Peninsula during the time of the *Reconquista*, and which may have come into Spanish from Galician-Portuguese.

Different etymologies have been proposed to account for the genesis of Sp. *lozano* (OSp. *loçano)*, Pg. *loução* 'handsome, elegant'. The Gothic base proposed by Malkiel (1947) met the approval of E. Gamillscheg (1967: 89), an authority on Romance-Germanic linguistic contacts, but was rejected by H. Meier (1950: 188-191) and J. Corominas/Pascual (*DCECH*, s. v. *loza*) who independently analyzed *lozano* as a metaphorical derivative of *loza* 'earthenware; crockery, porcelain'.

Specialists agree that Sp. *ufano* 'boastful, proud', is ultimately of Germanic origin. The *DCECH* (s. v. *ufano*) argues that the adjective was derived within Spanish from the noun *ufana*, 'pride, boastfulness', borrowed from Old Provençal. Adjectival *ufano* does not appear with any regularity in texts until the early 15th century, whereas the noun *ufana* is documented regularly in 13th century sources.

The origin of Sp. *tacaño* 'miserly', orig. 'indolent, roguish' is controversial. The *DCECH* (s. v. *tacaño*) derives *tacaño* from Heb. *taqqanah* 'rule, regulation', a proposal roundly rejected by Corriente (1999: 445), who proposes an Arabic base. Both the *DCECH* and Corriente note that *tacaño* originally came into Spanish as a noun and that its adjectival function is historically secondary.

As can be seen from the list of primary adjectives that are clearly loanwords, there are almost no adjectives of pre-Roman or Germanic origin. Specific cultural circumstances, namely taboos associated with OSp. *siniestro* 'left', amply recorded in medieval sources, may have led to the eventual incorporation into Spanish, Portuguese and Catalan respectively of *izquierdo*, *esquerdo* and *esquerre*, with reflexes also in Gascon and Southern varieties of French; cf. the replacement of OFr. *senestre* by *gauche*, of Germanic origin (Malkiel 1979). Do the Romance forms, as well as Basque *ezker*, go back to an early pre-Indo-European substratum language, or were the Romance forms all borrowed at a later stage from an ancestral stage of Basque when that language was still spoken in a wider area of northern Spain? Sp. *zurdo* may be a later borrowing from Basque. Both *blanco* and *rico* are customarily viewed as the reflexes of early Germanic loans into the Spoken Latin of the Roman Empire, and are certainly not part of the small lexical heritage bequeathed to Spanish by the Visigoths. At the risk of circularity, could the etymologist invoke the rarity of adjectival borrowings in Hispano-Romance from pre-Roman and Germanic languages as an argument against the likelihood of the proposed Celtic and Visigothic etymologies for *terco* and *lozano* respectively? In other words, to what extent can etymologists employ the findings of diachronically-slanted typologies of processes of lexical change as analytical tools?

A number of the adjectives which entered Spanish as loanwords belong to the domain of primary or basic color terms: *azul*, OSp. *bla(v)o*, *blanco*, OSp.

bruno, and *gris*. As noted above, specialists agree that the Germanic root
BLANK which underlies *blanco*, Fr. *blanc*, Pg. *branco*, It. *bianco*, 'white' was
integrated early into Imperial Spoken Latin and was thus diffused through-
out the Roman Empire (although it failed to leave reflexes in Romanian).
However I would not wish to discount the possibility that the Germanic root
originally entered the Spoken Latin of Gaul, from which *blanc* was later diffused as an early Gallicism to the Iberian and Italian Peninsulas, displacing
the local reflexes of ALBUS 'white', e. g., OSp., OPg. *alvo*. Arabic has long
been recognized as the immediate source from which *azul* (ultimately of
Persian origin) entered Spanish and Portuguese. The Arabic word entered
Spanish with reference to lapis lazuli, and it gradually became a color term
through its use in the phrase *de color de azul* 'of the color of lapis lazuli'.
Prior to the fifteenth century *azul*, attested modifying *manto* in a tenth-
century document, was employed in texts almost exclusively in reference to
stones (as in the Alfonsine *Lapidario*) and fabrics. In Old Spanish *cárdeno*
often designated the color blue. The Gallicism *bla(v)o* usually referred to
a wool textile, although there are two examples of *bla(v)o* used as a color
adjective in late-fifteenth century medical texts. One text seems to imply
a semantic difference between *blavo* and *cárdeno*: «La cólera [...] que es
blava e la que es *cárdena* han mayor sequedat e mayor calentura» (*Tratado
de las fiebres*, f. 105v59, cited in Barrio Estévez 1997: 191). In the medieval
language the Gallicism *gris* was first used to modify the noun *peñas* 'furs'
before acquiring its current general meaning in the fourteenth century. Prior
to the integration of *gris*, Old Spanish turned to *ceniziento* and *cenizoso*,
derived from *cenizas* 'ashes' to designate the color gray. The Gallicism *bruno*
never was a serious rival to *pardo* and *moreno* as a designation for 'brown'.
The semantic equivalency of *bruno* and *moreno* is shown in the following
passage from the late-fifteenth century *Tratado de phisonomía*, «El color
moreno o *bruno* significa buena complexion» (cited in Barrio Estévez 1997:
192). Spanish also borrowed from Arabic two other color terms which are
used in very restricted semantic contexts, namely *alazán/alazano* 'sorrel,
chestnut, reddish-brown' (in reference to the skin of horses) and *zarco* '(light)
blue' (with reference to eyes).

Two other semantic patterns emerge from an analysis of borrowed primary adjectives in Spanish. Several items denote qualities associated with
physical appearance: *bello*, *garrido*, *guapo*, all of which mean 'handsome,
beautiful', and OSp. *laido* 'ugly' (a word which may have been restricted to

the medieval literary language (see Dworkin 1990)). Dworkin 1980 seeks to demonstrate that *garrido* so used is an adaptation of the OFr. participle and adjective *garni* (from the verb *garnir*; cf. OSp. *guarnir* and *guarnecer*) rather than a lexicalized relic of *garrido*, past-participle of the rare OSp. verb *garrir* 'to chatter' < GARRIRE, as suggested in the *DCECH*. With regard to the relevant Arabisms, almost all these items denote negative qualities or characteristics: *baladí* 'banal, trivial', OSp. *gafo* 'leprous', *haragán* 'idle, lazy', OSp. *hazino* 'sad, afflicted', OSp. *horro* 'free', *mezquino* 'small, mean, miserable', OSp. *ra-fez, re-fez, ra-hez, re-hez* 'cheap, vile', *zafio* 'crude'. Although *horro* 'free (from slavery)' has a positive meaning, this adjective has acquired the meaning 'sterile' with reference to cows and mares in Andalusian. To what extent does the negative semantic value of most Arabic adjectives borrowed into Spanish reflect attitudes of speakers of Hispano-Romance toward their Arabic speaking neighbors? What was the role in their transmission of Arabic-speaking Christians who lived in Alandalus? Much work remains to be done from the perspective of modern sociolinguistics and the study of languages in contact on the borrowing and integration of Arabisms into Medieval Spanish in order to be able to answer these questions.

Spanish seems to have borrowed relatively few adjectives from languages with which it has been in contact up to the end of the Middle Ages. Indeed, a significant proportion of the adjectives borrowed in the medieval period failed to strike permanent root in the language. The number of borrowed primary adjectives increases considerably if one adds those adjectives which were taken directly from written Latin. Herrero Ingelmo (1994-1995: 36) states that 52% of the Latinate neologisms found in sixteenth- century poetry are adjectives. Although these *cultismos* can be classified as borrowings, their method of entry into the language and their diffusion through the speech community are not identical to the trajectory of those adjectives that came into Spanish through contact at the level of the spoken language. Learned adjectives were taken deliberately from Latin texts as part of an ongoing process in the late medieval and early modern periods of linguistic elaboration in order to render Spanish a worthy equal to Latin as a linguistic vehicle of erudition and culture. At the outset they were available only to a select minority of the speech community. Several such adjectives, documented for the first time only in the fifteenth and sixteenth centuries, eventually became common everyday words, replacing the medieval signifiers for these concepts, e. g., *débil* 'weak', *difícil* 'difficult', *estéril* 'sterile', *fácil* 'easy', *pálido* 'pale', *rápido* 'quick', *último* 'last', *único* 'only, unique' (Dworkin 2002a, 2002b, 2005, 2006), whereas others were borrowed to fill conceptual gaps in the Spanish lexicon. The linguistic, social and cultural processes by which these adjectives slowly spread from the written language to become integrated into everyday speech remain to be studied in detail.

I wish to conclude this study by offering a brief glance at the provisional findings for borrowed adjectives in the languages surveyed for the LWT. Strictly speaking, I am here not comparing identical databases. The adjectives recorded in the LWT database correspond and are limited to the selected semantic concepts which correspond to adjectives in Indo-European languages, whereas my own survey of borrowed primary adjectives in Spanish had no semantic restrictions. The LWT data come from the modern varieties of the language at issue, whereas I have included in my survey Old Spanish adjectives which have fallen into disuse. With regard to their status as loanwords, the adjectives in the LWT database are ranked according to the following four criteria: «no evidence for borrowing», «perhaps borrowed», «probably borrowed», and «clearly borrowed». To date, the database contains the findings for twenty-nine different languages. Martin Haspelmath (personal communication, March 1, 2007) informs me that as of that date the database contains 244 adjectives marked as «clearly borrowed» while 1,824 adjectives show no evidence of borrowing. Here are the figures for selected languages of those adjectives marked as «probably borrowed» and «clearly borrowed»: Dutch, 10; Sami, 20; Yakut, 25; Japanese, 28; Saramaccan, 33; English, 43; Romanian (the only Romance language in the database), 58; Berber, 64.

A summary of this paper's findings is in order. In the period from the era of Spoken Hispano-Latin to the beginning of the modern language, Spanish seems to have borrowed few adjectives from languages with which it was in contact. A significant portion of the borrowed adjectives documented in the medieval language failed to survive. There is no way of knowing to what degree these adjectives ever took root in colloquial medieval Hispano-Romance. The majority of borrowed adjectives in the modern language are later loans from Classical Latin. I wish to suggest that there exists a symbiotic relationship between diachronically-slanted lexical typology and etymology. A typology of processes of lexical change such as borrowing must rest on a firm etymological foundation. In turn, the tendencies revealed by typological studies of the lexicon may aid the etymologist in evaluating the viability of a hypothesis offered to explain the origin of a genetically-obscure word. For example, the comparative rarity of borrowed adjectives in earlier stages of the history of Spanish may be a useful clue to etymologists evaluating hypotheses concerning the origins of etymologically-obscure adjectives.

There remain several questions regarding adjectives as loanwords that require further research. Are there semantic fields in which adjectives seem to be borrowed with greater frequency? Do languages tend to borrow more readily adjectives with denote negative qualities and characteristics? To what degree are cultural and historical factors such as the prestige of the donor language more important than linguistic conditions in the borrowing of adjectives? To what extent is the behavior of Spanish with regard to the borrowing through language contact typical? Answers (perhaps partial) to these questions must await a detailed analysis of the LWT database.

BIBLIOGRAPHY

DCECH = Corominas/Pascual 1980-1991.

BALDINGER, KURT (1974): *Dictionnaire étymologique de l'ancien français*, fasc. G2. Quebec/Tübingen/Paris: Presses de l'Université Laval/Niemeyer/Klincksieck.

BARRIO ESTÉVEZ, LAURA DEL (1997): *El léxico cromático en la Edad Media: una aportación al estudio del cambio semántico.* 2 vols. Trabajo de investigación, Universitat Autònoma de Barcelona.

BOSSONG, GEORG (1978): *Los Canones de Albateni. Herausgegeben sowie mit Einleitung, Anmerkungen und Glossar versehen von Georg Bossong.* Tübingen: Niemeyer.

— (1979): *Probleme der Übersetzung wissenschaftlicher Werke aus dem Arabischen in das Altspanische zur Zeit Alfons des Weisen.* Tübingen: Niemeyer.

BUCK, CARL DARLING (1949): *A dictionary of selected synonyms in the principal Indo-European languages. A contribution to the history of ideas.* Chicago: University of Chicago Press.

COLÓN, GERMÀ (1962): «El *Diccionario crítico etimológico de la lengua castellana.* Notas de etimología y lexicografía hispánicas», *Zeitschrift für romanische Philologie* 78, 59-96. (Reprinted in G. Colón 2002, 70-111.)

— (2002): *Para la historia del léxico español.* 2 vols. Madrid: Arco/Libros.

COROMINAS, JUAN/PASCUAL, JOSÉ ANTONIO (1980-1991): *Diccionario crítico etimológico castellano e hispánico.* 6 vols. Madrid: Gredos.

CORRIENTE, FEDERICO (1999): *Diccionario de arabismos y voces afines en ibero-rromance*. Madrid: Gredos.

CRADDOCK, JERRY R. (1982): «Portugués antiguo *sandeu*, castellano antiguo *sandío* 'loco': una sugerencia etimológica nueva», in: Winkelmann, Otto/Braisch, Maria (eds.): *Festschrift für Johannes Hubschmid zum 65. Geburtstag. Beiträge zur allgemeinen, indogermanischen und romanischen Sprachwissenschaft*. Bern: Francke, 955-959.

CURNOW, TIMOTHY J. (2001): «What language features can be borrowed?», in: Aikhenvald, Alexandra Y./Dixon, R. M. W. (eds.): *Areal diffusion and genetic inheritance*. Oxford: Oxford University Press, 412-436.

DIXON, R. M. W. (2004): «Adjectival classes in typological perspective», in: Aikhenvald, Alexandra Y./Dixon, R. M. W. (eds.): *Adjectival classes: a cross-linguistic typology*. Oxford: Oxford University Press, 1-49.

DWORKIN, STEVEN N. (1980): «Older Luso-Hispanic *garrido* (a) 'silly, foolish', (b) 'handsome, beautiful': one source or two sources?», *Romance Philology* 34, 195-205.

— (1985): *Etymology and derivational morphology: the genesis of Old Spanish denominal adjectives in -ido* Tübingen: Niemeyer.

— (1990): «The role of near-homonymy in lexical loss: the demise of OSp. *laido* 'ugly, repugnant'», *La Corónica* 19, 32-48.

— (2002a): «La incorporación de latinismos en el español medieval tardío: Algunas cuestiones lingüísticas y metodológicas», in: Saralegui Platero, Carmen/Casado Velarde, Manuel (eds.): *Pulchre, Bene, Recte. Estudios en homenaje al Profesor Fernando González Ollé*. Pamplona: EUNSA, 421-433.

— (2002b): «Pérdida e integración léxicas: *aína* vs. *rápido* en el español premoderno», in: Pöll, Bernhard/Rainer, Franz (eds.): *Vocabula et vocabularia. Études de lexicologie et de (méta-) lexicographie romanes en l'honneur du 60ᵉ anniversaire de Dieter Messner*. Frankfurt: Peter Lang, 109-18.

— (2005): «La historia de la lengua y el cambio léxico», *Iberorromania* 62, 59-70.

— (2006): «Cambio léxico en el Medioevo tardío: la pérdida del esp. ant. *esleer* y *poridad*», *Revista de Historia de la Lengua Española* 1, 31-43.

GAMILLSCHEG, ERNST (1967): «Germanismos», in: *Enciclopedia lingüística hispánica*. Vol. 2. Madrid: CSIC, 79-91.

HAUGEN, EINAR (1950): «The analysis of linguistic borrowing», *Language* 26, 210-231.

HERRERO INGELMO, JOSÉ LUIS (1994-1995): *Cultismos renacentistas (Cultismos léxicos y semánticos en la poesía del siglo XVI)*. Separata from *Boletín de la Real Academia Española*, 74-75.

KIESLER, REINHARD (1994): *Kleines vergleichendes Wörterbuch der Arabismen im Iberoromanischen und Italienischen.* Tübingen/Basel: Francke.

LASS, ROGER (1997): *Historical linguistics and language change.* Cambridge: Cambridge University Press.

MALKIEL, YAKOV (1947): «Three Hispanic word studies: Latin MACULA in Ibero-Romance; Old Portuguese *trigar*; Hispanic *lo(u)çano*», *University of California Publications in Linguistics* 1:7, 227-296.

— (1979): «Semantic universals, lexical polarization, taboo. The Romance domain of 'left' and 'right' revisited», in: Brogyanyi, Bela (ed.): *Studies in diachronic, synchronic and typological linguistics. Festschrift for Oswald Szemerényi on the Occasion of his 65th Birthday.* Part II. Amsterdam: Benjamins, 507-527.

MEIER, HARRI (1950): «Esp. *loza, lozano, loco*; Port. *loiça ~ louça, loução, louco, tolo*», *Revista de Filología Española* 34, 184-194.

— (1960): «Lateinisch-Romanisches II», *Romanistisches Jahrbuch* 11, 289-309.

MORAVCSIK, EDITH A. (1975): «Verb borrowing», *Wiener Linguistische Gazette* 8, 3-30.

SWADESH, MORRIS (1955): «Towards greater accuracy in lexico-statistic dating», *International Journal of American Linguistics* 21, 121-137.

WARTBURG, WALTHER VON (1957): «Die Etymologie von it. *lesto* und die Partizipien auf *-estus*», *Zeitschrift für romanische Philologie* 73, 268-73.

— (1961): *Französisches etymologisches Wörterbuch. Eine Darstellung des galloromanischen Sprachschatzes.* Vol. 14. Basel: R. G. Zbinden.

LAS TRADUCCIONES DE *EIUS* E *ILLIUS* EN LAS BIBLIAS ROMANCEADAS. NUEVAS PERSPECTIVAS PARA EL ESTUDIO DE LA EXPRESIÓN DE LA POSESIÓN EN ESPAÑOL MEDIEVAL[1]

Andrés Enrique-Arias
Universitat de les Illes Balears

1. INTRODUCCIÓN

Un desafío metodológico inevitable a la hora de estudiar la evolución diacrónica de fenómenos morfosintácticos a partir de documentos históricos es la dificultad de identificar y controlar el amplio número de factores estructurales (internos) y contextuales (externos) que condicionan la variación en los textos escritos. Para empezar, es difícil definir los contextos de ocurrencia de las variables morfosintácticas por estar estas normalmente condicionadas por factores sintácticos, semánticos y pragmáticos, lo cual obliga a hacer un análisis muy detallado y una interpretación cuidadosa de los datos. Al mismo tiempo, hay toda una serie de dimensiones contextuales que potencialmente condicionan la variación en los textos; me refiero a factores como la caracterización social del autor y los destinatarios, la modalidad discursiva (narración, descripción, argumentación), el género y el registro, rasgos de oralidad, procedencia dialectal, tradiciones de escritura, o el hecho de que el texto sea traducción de otra lengua (Herring/Reenen/

---

[1] Este trabajo se ha desarrollado en el marco de los proyectos de investigación HUM2004-05036/FILO, HUM2007-62259/FILO y HA2006-0078, cofinanciados con fondos FEDER. Agradezco a María Nadia Lassel Sopeña, Bruno Vanrell Rodríguez y Mar Campos Prats su ayuda en la transcripción de los textos medievales empleados en este estudio.

Schøsler 2000: 1). Como en muchos casos los documentos antiguos nos han llegado desprovistos de información sobre el contexto en que se produce y se recibe el texto (autor, destinatario, su dialecto geográfico y social, fecha precisa de composición, avatares de la transmisión textual, etc.), el lingüista no puede controlar con precisión las dimensiones contextuales que caracterizan a cada texto y se arriesga a hacer un análisis parcial o erróneo de los fenómenos de variación lingüística presentes en los mismos.

Estos inconvenientes se pueden atenuar cuando el lingüista tiene acceso a un corpus paralelo, es decir, textos que son traducción de un mismo original y por tanto tienen el mismo contenido subyacente y han sido influidos por convenciones textuales semejantes, pero están compuestos en diferentes periodos históricos (ver Enrique-Arias en prensa, Enrique-Arias y Davies en prensa). El análisis contrastivo de estructuras que son traducción de un mismo original es una herramienta metodológica valiosa, pues permite controlar las variables lingüísticas que condicionan la variación. Las diversas soluciones que ofrecen los traductores a lo largo del tiempo ante una misma expresión de la lengua fuente nos permiten apreciar de manera más controlada la evolución histórica de las estructuras presentes en la lengua meta, ya que los sucesivos equivalentes de traducción están insertados en un contexto de ocurrencia con un alto grado de equivalencia semántica, sintáctica y pragmática. Así pues, al trabajar con un corpus paralelo el investigador puede hacer abstracción de la influencia de las propiedades contextuales para concentrarse en la evolución diacrónica de fenómenos estructurales (fonéticos, morfosintácticos, etc.) y llegar así a conclusiones más matizadas en lo que respecta a su evolución diacrónica. Alternativamente, es posible prestar atención a las propiedades contextuales para identificar, por ejemplo, variación entre los subgéneros representados en los textos, o los rasgos que diferencian a los textos del corpus de otros textos no traducidos pertenecientes al mismo periodo histórico.

Evidentemente, un corpus paralelo no resuelve todos los problemas que son intrínsecos a la tarea de reconstruir estados de lengua a partir de textos históricos, pero permite que el investigador observe la evolución histórica de fenómenos estructurales (internos) controlando las dimensiones contextuales (externas) que condicionan la variación en los textos antiguos.

En este trabajo, empleo datos procedentes de *Biblia Medieval* (Enrique-Arias 2008a), un corpus paralelo y alineado de traducciones bíblicas medievales, para tratar de determinar con mayor precisión el efecto de factores estructurales y estilísticos en la distribución de algunas de las expresiones posesivas de tercera persona características del español antiguo: el adjetivo posesivo con o sin artículo (*su casa/la su casa*), el giro sustitutivo del adjetivo posesivo formado a partir de la preposición *de* + pronombre de tercera persona (*la casa de él*) y la construcción pleonástica con duplicación de posesivos (*la su casa de él*)[2].

2. EXPRESIÓN DE LA POSESIÓN EN ESPAÑOL MEDIEVAL: FACTORES ESTRUCTURALES (INTERNOS) Y CONTEXTUALES (EXTERNOS)

Las diferentes estructuras empleadas para expresar posesión en las variedades históricas y dialectales del español constituyen una serie de fenómenos de variación sintáctica que han recibido considerable atención en las últimas décadas (ver, por ejemplo, Eberenz 2000 o Company 1994 y en prensa). Las explicaciones que se han propuesto para dar cuenta de la distribución de las diferentes estructuras posesivas incluyen tanto propiedades estructurales (la función sintáctica del sintagma nominal que contiene el posesivo, o rasgos semánticos del posesor o la entidad poseída) como propiedades contextuales (expresividad, registro, estilo e influencia de otra lengua en textos que son traducción del árabe o el hebreo).

Sin duda el fenómeno más estudiado es el de la presencia optativa del artículo junto al posesivo (*su casa* frente a *la su casa*). El posesivo precedido de artículo (en adelante *art* + *pos*) es una construcción cuya frecuencia aumenta a lo largo de los siglos XIII y XIV, decae en el XV y prácticamente desaparece de la lengua estándar a partir del XVI, quedando relegada a variedades rurales del español peninsular. Como ya observó Lapesa (2000 [1971]) en un análisis de obras literarias, la frecuencia de aparición de esta construcción varía enormemente dependiendo del contenido o el estilo de los textos, siendo posible encontrar acusada variación entre pasajes dentro de una misma obra o entre diferentes escritos del mismo autor. Por otro lado Wanner (2005: 38-41) revela fuertes tendencias en la distribución de *art* + *pos* de acuerdo con parámetros como número y persona del poseedor y función sintáctica del sintagma que contiene la estructura posesiva. Así, la frecuencia de *art* + *pos* es mayor cuando el poseedor es singular y menos frecuente si

---

[2] Otras estructuras relacionadas que no estudiaré aquí son el posesivo precedido de artículo indeterminado (*una su casa*) y el posesivo pospuesto (*una casa suya*).

se trata de poseedor en tercera persona. De igual forma, la construcción es más frecuente cuando la entidad poseída es un sintagma preposicional.

En lo que respecta al giro sustitutivo del adjetivo posesivo formado a partir de la preposición *de* + pronombre de tercera persona (en adelante *de* + *pro*), que en ocasiones da lugar a la construcción pleonástica con duplicación de posesivos (*la su casa de él*), varios son los factores que se han considerado a la hora de analizar su distribución. Por un lado, estas estructuras se suelen explicar como un recurso para subsanar la ambigüedad referencial de *su(s)*, mientras que, por otro, la aparición de las mismas en pasajes en los que no es detectable una función desambiguadora hace pensar en una motivación estilística (Eberenz 2000: 299, 313-314). Company (1994) nota que los posesivos pleonásticos son una construcción atípica que muestra preferencia por poseídos humanos, frente a la relación posesiva prototípica, en la que hay una máxima diferenciación entre sus miembros de tal manera que el poseedor (+ humano) ejerce un fuerte control sobre lo poseído (+ cosa).

Además de los factores estilísticos y los relacionados con las propiedades semánticas y categoriales del poseedor y la entidad poseída, se ha propuesto la posibilidad de que *de* + *pro* pueda ser motivado por un influjo del original en textos que son traducción del hebreo o del árabe. Amigo Espada (1990: 134) sugiere que el uso de una expresión del tipo *hermano de vosotros* en vez de *vuestro hermano* constituiría un calco de base semítica, si bien no encuentra ningún ejemplo en el fragmento de *Génesis* según la traducción del códice Escorial I.i.7 que analiza. Tampoco aparece la construcción en un análisis de las estructuras posesivas que aparecen en los primeros diez capítulos del libro de *Isaías* en siete romanceamientos medievales hechos a partir del hebreo (cf. Enrique-Arias 2008b). No es de extrañar la ausencia de expresiones del tipo *la casa de él* y *su casa de él* en traducciones bíblicas hechas a partir del hebreo, pues la construcción que propiciaría el calco (la preposición *šel* con sufijos personales pospuesta al nombre que designa la entidad poseída) no es propia del hebreo bíblico. Sí es frecuente, por otro lado, en hebreo misnaico (Segal 1970 [1927]: 198-199), llegando a ser característica del hebreo rabínico y medieval. En consecuencia encontramos abundantes ejemplos del tipo *la casa de él* y *su casa de él* en textos medievales influidos por el hebreo rabínico, como es el caso de la versión castellana del *Yosipón* de la Biblioteca Menéndez Pelayo Ms. M-54. Da cuenta de la intensidad del préstamo el empleo en el *Yosipón* de esta construcción con pronombres de segunda y tercera persona (*la ley de vosotros*, *el consejo de nosotros*, etc.), algo excepcional en el castellano no traducido de la época (Eberenz 2000: 298-299)[3]. La existencia de la construcción hebrea propicia también la frecuente aparición de posesivos pleonásticos en textos judeoespañoles (García Moreno 2004: 277-79)[4].

En definitiva, la distribución de las diferentes fórmulas para expresar la posesión en español medieval parece obedecer a una combinación de factores internos y externos que incluyen dimensiones estilísticas (género textual, registro) y estructurales (propiedades sintácticas, semánticas y categoriales del poseedor y la entidad poseída) así como la posibilidad de influencia de la lengua fuente en textos que son traducción.

3. LA (SU) CASA DE ÉL COMO CALCO DEL LATÍN *EIUS/ILLIUS* EN ROMANCEAMIENTOS DE LA VULGATA

Un aspecto que ha pasado desapercibido en los estudios sobre la expresión de la posesión en el español medieval es que estructuras del tipo *la casa de él* y *su casa de él* aparecen con cierta frecuencia en textos bíblicos traducidos a partir de la Vulgata latina como calco de la expresión *domus eius* o *illius* (y sus plurales *eorum*, *illorum*) en el original[5]. No se trata de un calco automático, pues, como se puede apreciar en el ejemplo (1), los

---

[3] Agradezco a Santiago Gutiérrez García el haberme señalado la presencia de estas estructuras en la versión castellana del *Yosipón*.

[4] En lo *que* se refiere a la posible influencia del árabe en la aparición de posesivos pleonásticos en castellano medieval varias son las opiniones. Por un lado, Galmés de Fuentes (²1996 [1956]: 132) señala que la construcción pleonástica es «muy frecuente» en árabe, lo cual conduce a la existencia de este calco en textos españoles de base semítica. Ante el hecho bien conocido de la existencia de esta estructura desde antiguo en textos no relacionados con modelos árabes, Galmés de Fuentes concluye que el influjo árabe no hace sino intensificar una tendencia ya existente en el castellano general (p. 134). Estas afirmaciones son matizadas por Huffman (1973: 89-91), quien observa que la construcción posesiva pleonástica se da en el árabe solo «ocasionalmente» y que tanto los textos de su corpus que proceden del árabe como los procedentes de fuentes latinas presentan ejemplos de la misma. Por su parte, Döhla (2004) descarta completamente la influencia del árabe demostrando que los ejemplos árabes que presenta Galmés de Fuentes como supuestos inductores del calco no son posesivos pleonásticos: un análisis detenido de estas estructuras en su contexto revela que posesivo y frase genitiva no son correferenciales con la misma entidad.

[5] Por ejemplo, Montgomery (1962: 104) observa que en la traducción del *Evangelio* según San Mateo del códice Escorial I.i.6 abunda la expresión *de* + *pro* pero no establece la relación con *eius* e *illius* en el original.

traductores medievales (en este caso los del libro del *Eclesiástico* de la
General estoria de Alfonso X) emplean una variedad de estructuras para
traducir frases latinas con *eius* e *illius*. Así pues, encontramos posesivo
sin artículo en (1a), *art + pos* en (1b), *de + pro* en (1c) y la construcción
pleonástica que combina adjetivo posesivo y frase preposicional genitiva
con pronombre tónico en (1d)[6].

(1)   a) [Eco 1:30] bonus sensus usque in tempus abscondet **verba
          illius**
          El buen seso fasta en tiempo ascondrá **sus palabras** (GE4)

      b) [Eco 6:31] et **vincula illius** alligatura salutaris
          e **las sus prisiones** atadura de salud (GE4)

      c) [Eco 1:7] et multiplicationem **ingressus illius** quis intellexit
          e el amuchiguamiento de **la entrada d'él** ¿quién lo entendió?
          (GE4)

      d) [Eco 5:7] et in peccatores respicit **ira illius**
          e contra los pecados cata **la su saña d'él** (GE4)

También encontramos variación considerable en lo que respecta a los
equivalentes romances de *eius* o *illius* cuando tenemos traducciones del
mismo pasaje bíblico hechas independientemente. En los ejemplos (2) y (3) se
aprecia cómo los trasladadores medievales están lejos de ofrecer soluciones
unánimes para traducir expresiones posesivas con *eius* o *illius* del original
latino. En (2) *senes eius* es traducido como *los viejos della, los sus viejos* o

---

[6] Los ejemplos de la Vulgata proceden de la *Biblia Sacra iuxta Latinam Vulgatam
versionem ad Codicum fidem* (VV. AA. 1926-1995); estas son las abreviaturas que empleo
en adelante para referirme a los libros bíblicos empleados en el corpus: *Números* (Nú),
Deuteronomio (De), *Jueces* (Ju), *Isaías* (Is), *Jeremías* (Je), *Cantar de los Cantares* (Ca),
Macabeos I (Mac1), *Eclesiástico* (Eco). Para la consulta de los romanceamientos bíblicos he utilizado las transcripciones preparadas para el corpus *Biblia Medieval* (2008a);
identifico los códices bíblicos mediante las siguientes abreviaturas: Escorial I.i.3 (E3),
Escorial I.i.4 (E4), Escorial I.i.6 (E6), Escorial I.i.7 (E7), Escorial I.i.8 (E8), Biblioteca
Nacional de Madrid 10.288 (BNM), Academia de la Historia 87 (Ac87). Para las diferentes
partes de la *General estoria* de Alfonso X (GE) empleo los siguientes códices: Madrid
Biblioteca Nacional 816 (GE1), Évora Biblioteca Pública CXXV²⁻³ (R), completado con
Escorial Y-i-8 (S) para completar lagunas (GE2 y GE3), Urbana Vaticana 539 (GE4) y
Escorial I.I.2 (GE5). Para todos los textos he tenido acceso a facsímiles digitalizados de
los originales. En la presentación de los ejemplos sigo en términos generales los criterios
de Sánchez-Prieto Borja (1998).

sus viejos en las diferentes versiones. Del mismo modo, *stultitia illius* en (3) es traducido *su locura* en una versión y *la su locura d'él* en otra.

(2)   [Mac1 2:9] trucidati sunt **senes eius** in plateis
        a) **los viejos della** despeçados son en las calles (E6)
        b) **los sus viejos** degollados por las plaças (GE5)
        c) Despedaçados son **sus viejos** en las plaças (E4/Ac87)

(3)   [Eco 8:18] et simul cum **stultitia illius** peries
        a) e pereçrás tú en uno co*n* **su locura** (E6)
        b) e pereces tú en uno con **la su locura d'él** (GE4)

Los ejemplos precedentes ilustran de manera elocuente la principal ventaja de trabajar con un corpus paralelo en estudios diacrónicos de variación y cambio morfosintáctico. El análisis contrastivo de estructuras que son traducción de un mismo original facilita de manera notable el estudio de los límites de la variación lingüística a lo largo del tiempo, pues permite observar la evolución diacrónica de un amplio número de apariciones del fenómeno estudiado en las que se mantiene constante el contexto de ocurrencia de las mismas.

Otra ventaja evidente de un corpus paralelo y alineado de traducciones bíblicas es que, como se tiene acceso al texto latino subyacente, es posible buscar de manera selectiva aquellos pasajes en los cuales aparece la estructura estudiada, en este caso la expresión de la posesión. Un rastreo de las formas *eius* e *illius* en el original latino nos permite localizar automáticamente un gran número de ocurrencias de expresiones posesivas en las versiones castellanas. A diferencia de un corpus convencional, en el que las búsquedas están necesariamente limitadas a aquellas manifestaciones del fenómeno estudiado en las que hay un marcador explícito, el acceso al texto subyacente permite localizar ocurrencias del fenómeno sin límites en lo que respecta a su forma de expresión. Por ejemplo, el pronombre *eius* o *illius* del original es traducido también en ocasiones mediante otros elementos que expresan la relación de posesión o pertenencia: un pronombre átono de objeto indirecto (el llamado dativo posesivo o de interés), como en (4a), o un artículo definido cuando, como es el caso de (4b), la información referente al poseedor es inferible por el contexto.

(4)   [Macl 5:5] et incendit **turres eorum** igni cum omnibus qui in eis
       erant
       a) e q*u*emo**les las torres** co*n* cuantos estavan en ellas (E6)
       b) e puso fuego a **las torres** e q*u*emolos co*n* c*u*anto en ellas yazié
       d'ellos e matolos (GE5)
       c) e encendió **las torres d'ellos** en fuego co*n* todos los q*u*e en
       ellas era*n* (E4/Ac87)

A pesar de la amplia variedad observada en lo que refiere a equivalentes
de traducción de *eius* e *illius* en castellano medieval, podemos concluir que
las expresiones del tipo *la casa de él* y *su casa de él* en romanceamientos de
la Vulgata son calcos motivados por el original latino, ya que, en los textos
estudiados, estas expresiones nunca aparecen o apenas lo hacen si no es
para traducir estructuras con las formas latinas mencionadas anteriormente.
Así pues, el análisis de las traducciones de *eius* e *illius* tiene el interés de
incluir todo el abanico de posibilidades de variación en lo que respecta a
la expresión de la posesión en castellano a lo largo de la Edad Media. Un
examen detallado de las diferentes soluciones empleadas en las versiones
bíblicas proporciona información valiosa sobre los recursos lingüísticos que
estaban al alcance de los traductores a lo largo de diferentes periodos de la
historia y, en consecuencia, de las intuiciones lingüísticas de los hablantes.
El identificar aquellos contextos en los que los traductores consideraban que
era más apropiado o aceptable traducir con expresiones del tipo *su casa, la
su casa, la casa de él* y *su casa de él* nos permite conocer mejor el valor
de estas estructuras entre los hablantes de la época.

Finalmente, cabe destacar otra característica importante de la Biblia: al
englobar textos de variada tipología textual (histórico-narrativos, legislativos,
líricos, sapienciales, proféticos), constituye un corpus especialmente indicado
para estudiar la variación estilística en el empleo de las diferentes formas
de expresión de la posesión.

4. CORPUS

El corpus empleado en este estudio está compuesto de todas las formas
castellanas que traducen *eius, eorum, earum, illius, illorum* e *illarum* en
fragmentos seleccionados de traducciones bíblicas medievales hechas a

partir de la Vulgata latina. En el texto fuente latino hay un total de 505 apariciones de las estructuras estudiadas, que se desglosan de la siguiente manera: *eius* (297), *eorum* (116), *illius* (79), *illorum* (8), *earum* (4) e *illarum* (1). Teniendo en cuenta que se han analizado al menos dos traducciones de cada texto, en total se han examinado 1.299 equivalentes romances de las formas latinas seleccionadas.

El corpus escogido para este estudio representa los principales romanceamientos medievales hechos a partir del latín que conservamos. Se trata de versiones que corresponden a tres momentos históricos. La más antigua se ha transmitido en los códices escurialenses E6 y E8, que combinando los libros contenidos en cada uno de ellos permiten reconstruir la existencia de un texto prácticamente completo de la Biblia en romance a partir del latín cuyo original remontaría a mediados del siglo XIII y sería por tanto anterior a la elaboración de las grandes obras en prosa del *scriptorium* alfonsí. Solamente E6 se ha conservado en testimonio de la época de composición (c. 1250), mientras que E8 se conserva en un códice tardío copiado c. 1400 con fuerte impronta aragonesa.

Entre 1270 y 1280 se acomete bajo el patrocinio de Alfonso X una nueva iniciativa de traducción bíblica desde el latín, con versiones al castellano de la Vulgata para la *General estoria*. De los fragmentos analizados en este estudio, solamente los pertenecientes a GE1 y GE4 proceden de códices originales de la Cámara Regia. Hay un tercer momento de intensa actividad romanceadora entre finales del siglo XIV y comienzos del siglo XV, cuando el creciente interés entre los intelectuales por acceder a textos en su versión original da lugar a la realización de la gran mayoría de las biblias romanceadas que han llegado hasta nosotros. Al ser todas ellas traducción de la Biblia hebrea ha sido necesario seleccionar aquellos libros que no tienen un original hebreo y por fuerza han sido traducidos a partir del latín. Así, hay una versión del *Eclesiástico* traducida del latín que ha sido transmitida por los códices E4 y BNM, y dos versiones de los *Macabeos I*, una de ellas conservada en el códice E3 y la otra conservada en dos testimonios, E4 y Ac87. En los casos en que había más de un testimonio he seguido las lecturas de E4 tras comprobar que en lo que se refiere a las estructuras estudiadas no hay diferencias significativas entre los diferentes testimonios[7].

---

[7] Para un repaso de las cuestiones más importantes en lo que se refiere a datación, descripción y contenido de los códices que han transmitido romanceamientos bíblicos y

El cuadro que figura a continuación recoge los fragmentos bíblicos empleados en el estudio con el número de apariciones de expresiones posesivas latinas del tipo *eius* e *illius* en cada uno de ellos.

Fuentes latinas (505)	Versiones castellanas (1.299)
Histórico-Narrativo (173):	
Números 16-17 y 20-25 (39)	E8, GE1
Jueces 13-16 (27)	E8, GE2
Macabeos I 1-5 (107)	E6, GE5, E4/RAH, E3
Profético (193):	
Isaías 1-11 (106)	E6, GE3
Jeremías 1-11 (87)	E6, GE4
Lírico (64):	
Cantar de los Cantares (27)	E6, GE3
Deuteronomio 32-33 (37)	E8, GE1
Sapiencial (75)	
Eclesiástico 1-10 (75)	E6, GE4, E4/BNM

Tabla 1: Textos del corpus empleado en el estudio

La traducción de las 505 estructuras latinas estudiadas da lugar a 1.299 equivalentes romances. En el presente estudio me ceñiré a analizar los 952 casos que emplean una estructura posesiva del tipo *(la) su casa* o *(su) casa de él*. Los 347 casos restantes emplean una variedad de estructuras: artículo determinado sin adjetivo posesivo, posesor especificado mediante un sintagma nominal introducido con la preposición *de*, una oración de relativo, un pronombre dativo posesivo, o en algunos casos no se traduce el original latino. Por falta de espacio apenas me detendré a analizar estas estructuras, si bien un estudio más amplio debería analizar con detalle todas las opciones empleadas en la expresión de la posesión en los textos estudiados.

---

para una reseña de las ediciones disponibles remito a los estados de la cuestión de Pueyo Mena (1996) y Sánchez-Prieto Borja (2002).

5. ANÁLISIS

Una vez expuestas las características del corpus, paso a analizar los factores que favorecen cada una de las diferentes expresiones de la posesión en castellano medieval a la hora de traducir *illius* y *eius*. Más que hacer un análisis exhaustivo, en esta sección me propongo simplemente demostrar las posibilidades de un corpus de equivalentes de traducción para estudiar la variación entre las estructuras posesivas en español medieval, considerando una variable estructural (número del poseedor) y otra de tipo contextual (los subgéneros de la Biblia).

5.1. *de + pro ((su) casa de él)*

El corpus contiene un total de 320 ocurrencias del tipo *(su) casa de él* (frente a 632 de *(la) su casa*), es decir, las ocurrencias de *de + pro* para expresar posesión constituyen un tercio de las estructuras posesivas estudiadas (33,6%). Respecto a la evolución histórica observable a partir de la comparación de las diferentes versiones, para los textos de hacia 1250 (E6-E8) tenemos un 31,5% (130/413) de *de + pro*, porcentaje que aumenta de manera considerable en los textos de la *General estoria* (c. 1270-1280), donde alcanza el 49,8% (163/327), para decaer en los romanceamientos de comienzos del XV, donde el giro sustitutivo del posesivo solo constituye el 12,7% (27/212) de las expresiones posesivas.

Como ya se ha expuesto, la construcción *de + pro* se suele explicar como recurso para subsanar la ambigüedad referencial de *su(s)*, que no distingue género ni número del poseedor. El corpus permite clasificar fácilmente las expresiones posesivas según número del poseedor, pues en latín se realiza la distinción mediante el uso de *eius* e *illius* frente a *eorum, earum, illorum* o *illarum*. Así pues, he hecho un cómputo de la distribución de la estructura *de + pro* según el número del poseedor, considerando que si el uso de la misma tiene una función desambiguadora esperaríamos una frecuencia más alta de aparición para referirse a poseedores en plural.

	eius/illius	*eorum/illorum*	diferencial
E6	19,3% (48/249)	71,1% (59/83)	+51,8
E8	13,5% (8/59)	68,2% (15/22)	+54,7
TOTAL E6-E8	18,2% (56/308)	70,5% (74/105)	+52,3
GE1	44,4% (16/36)	62,5% (10/16)	+18,1
GE2 y 3	47,7% (41/86)	76,9% (10/13)	+29,2

GE4	68,5% (63/92)	44,7% (17/38)	-23,8
GE5	12,1% (4/33)	15,4% (2/13)	+3,3
TOTAL *General estoria*	50,2% (124/247)	48,8% (39/80)	-1,4
E3	5,9% (2/34)	0% (0/14)	-5,9
E4	5,8% (7/120)	40,9% (18/44)	+35,1
TOTAL SXV	5,8% (9/154)	31% (18/58)	+25,2
TOTAL CORPUS	**26,6% (189/709)**	**53,9% (131/243)**	**+27,3**

Tabla 2: Porcentaje de *la/su casa de él* vs. *(la) su casa* según número del poseedor

Los datos de la tabla 2 confirman que los traductores explotan las posibilidades del tipo *la casa de él* como desambiguador. Tomando el corpus en total, las expresiones latinas con *eorum* e *illorum* son traducidas por *de + pro* en un 53,9% de las ocasiones, casi exactamente el doble de la frecuencia relativa con que se emplea esta estructura para traducir formas latinas en singular (26,6%). Si analizamos los textos separadamente, también se aprecia que una mayoría de los mismos emplea más *de + pro* para traducir expresiones en plural en el original latino. En el caso de E6-E8 la diferencia es abrumadora, con un 70,5% de *de + pro* para poseedores en plural frente a 18,2% en el singular. La distribución en las versiones alfonsíes no es tan clara. Por un lado, GE1, 2 y 3 siguen, aunque de manera más moderada, la misma tendencia que E6-E8 de emplear con mayor frecuencia *de + pro* cuando el poseedor es plural. Por otro lado, encontramos en GE4 la tendencia contraria, pues la mayoría de las apariciones de *de + pro* traducen expresiones en singular en el original. Muy probablemente esta distribución se debe al hecho de que en los textos de GE4 cerca de la mitad de las ocurrencias de *de + pro* para traducir *eius* e *illius* (29 del 63 total) refieren a un poseedor femenino (*los tesoros d'ella, los ramos d'ella*, etc.). Quiere ello decir que en los textos de GE4 el empleo de *de + pro* para subsanar la opacidad de *su(s)* en cuanto a género resulta en un número más alto de la estructura para traducir expresiones en singular. Respecto de las versiones del siglo XV, E4 sigue la tendencia de la mayoría de los textos analizados favoreciendo claramente el tipo *la casa de él* para traducir *eorum* e *illorum* en el original. Por último, en E3 prácticamente no se da el giro sustitutivo del posesivo con *de + pro* (en las secciones analizadas de Mac1 en E3 solo hay dos ejemplos del tipo *la casa de él*);

se trata por tanto de un número demasiado pequeño que no permite hacer un análisis cuantitativo.

Podemos concluir, por tanto, que el corpus refleja claramente cómo en la mayoría de los textos el calco es explotado por los traductores como recurso para remediar la opacidad de *su(s)* en cuanto a género y número del poseedor.

Además de la función desambiguadora que acaba de ser ilustrada para *de + pro*, se ha propuesto una motivación estilística para esta estructura (Eberenz 2000: 299). La tabla 3 muestra la distribución del tipo *la casa de él* según el género textual. Los resultados están dispuestos en orden descendente de izquierda a derecha, de manera que los textos con menor incidencia de *de + pro* aparecen a la derecha en la tabla.

	Profético	Sapiencial	Narrativo	Lírico
E6-E8	36,6% (59/161)	36,4% (24/66)	25,8% (33/128)	24,1% (14/58)
	Sapiencial	Lírico	Profético	Narrativo
GE	52,2% (35/67)	48% (26/54)	37,6% (53/141)	17,1% (12/70)
			Narrativo	Sapiencial
E4			18,2% (18/99)	8,7% (6/69)

Tabla 3: *la (su) casa de él* frente a *(la) su casa* según estilo

En la versión más antigua, E6-E8, no parece que la frecuencia de *de + pro* responda a motivaciones estilísticas, pues se mantiene bastante constante en los textos de diferentes géneros, con una variación de 12,5 puntos entre el profético y el lírico. En la *General estoria* la diferencia es más acusada, con un rango de 35 puntos, y una distribución que sugiere que los traductores alfonsíes explotan las propiedades expresivas del tipo *la casa de él*. La estructura es más frecuente en géneros más elaborados, como son el sapiencial y el lírico, con valores en torno al 50%. En el primer caso, la naturaleza expositivo-argumentativa requiere una mayor precisión a la hora de expresar la posesión. En los textos líricos sería un artificio para enfatizar la posesión en descripciones del amado y la amada en el *Cantar de los Cantares*, o para ensalzar los atributos de Dios en el *Cántico de Moisés* del *Deuteronomio*. Por otro lado vemos menos incidencia de la estructura en el texto narrativo, en el que lo esperable es una tendencia a desenfatizar la posesión y darle mayor relevancia a la sucesión de eventos y situaciones.

En los textos del siglo XV tampoco es apreciable una distribución clara de *de + pro* motivada por el género textual (excluyo E3 por contener solamente dos ejemplos en un único texto). En E4, la construcción del tipo *la casa de él* es algo más frecuente en el texto narrativo que en el sapiencial, justo al contrario de lo que encontramos en los textos del XIII.

5.2. *art + pos*

La frecuencia relativa de *art + pos* frente a posesivo sin determinar en el corpus documenta la evolución diacrónica generalmente aceptada: un 37,1% (105/283) en los textos de mediados del XIII, un aumento sustancial hasta llegar al 62,8% (103/164) en las versiones alfonsíes de finales del XIII, para disminuir sensiblemente en las traducciones del XV, con un 6,5% (12/185) y un 2,2% (3/139) en E4 y E3, respectivamente.

La distribución de *art + pos* ha sido explicada, sobre todo en estudios hechos a partir de textos literarios, como motivada por factores estructurales y estilísticos. Entre los primeros, se ha observado que *art + pos* es más frecuente cuando el poseedor es singular (Wanner 2005: 39), lo cual coincide en gran parte con la distribución de formas en el corpus (ver tabla 4).

	eius/illius	*eorum/illorum*	diferencial
E6-E8	54,8% (138/252)	19,3% (6/31)	−35,5
GE	64,6% (82/127)	34,1% (14/41)	−30,5
S. XV (E3-E4)	6,2% (9/145)	7,5% (3/40)	+1,3
TOTAL CORPUS	**43,7% (229/524)**	**20,5% (23/112)**	**−23,2**

Tabla 4: Porcentaje de *la su casa* vs. *su casa* según número del poseedor

Los datos de la tabla 4 muestran, para los textos del XIII, un claro predominio de *art + pos* cuando el poseedor es singular, confirmando lo observado por Wanner (2005: 39). En los textos del XV prácticamente no se aprecia diferencia en lo que respecta a la variable examinada; en cualquier caso, se trata de textos en los que hay un número bastante reducido de ocurrencias de *art + pos*, lo cual impide hacer un análisis cuantitativo fiable.

El corpus permite también examinar la variación de tipo estilístico observando la distribución de *art + pos* en los diferentes géneros representados en los textos bíblicos. Los resultados aparecen en la tabla 5 dispuestos en orden descendente de izquierda a derecha, de manera que los textos con menor incidencia de *art + pos* aparecen a la derecha de la tabla.

	LÍRICO	PROFÉTICO	SAPIENCIAL	NARRATIVO
E6-E8	65,9% (29/44)	39,2% (40/102)	35,7% (15/42)	22,1% (21/95)
GE	84% (21/25)	77,6% (59/76)	66% (8/12)	26,8% (15/56)
E4			4,8% (3/63)	0% (0/76)
E3				19,6% (9/46)

Tabla 5. Porcentaje de *la su casa* vs. *su casa* según estilo

Los datos confirman de forma palmaria la observación ya clásica de Lapesa (2000 [1971]: 422) de que *art + pos* suele escasear en pasajes literarios «impersonalmente narrativos, pero aumenta en frecuencia y hasta predomina a veces en los fragmentos de carácter poético, retórico o donde hay proximidad afectiva del narrador». Es llamativo que la distribución de *art + pos* sea idéntica en los dos romanceamientos del XIII, con una gradación de mayor a menor, por este orden, en los textos de género lírico, profético, sapiencial y narrativo. En la versión de E4 la presencia de *art + pos* es residual, con solo tres ejemplos en el texto sapiencial y ninguno en el narrativo.

6. FINAL

Este trabajo ha ilustrado brevemente las posibilidades del empleo de un corpus de traducciones bíblicas medievales para analizar con mayor claridad y precisión los factores estructurales (internos) y contextuales (externos) que influyen en fenómenos de variación y cambio morfosintáctico desde una perspectiva diacrónica. El análisis de la distribución de las diferentes soluciones empleadas en los romanceamientos medievales para traducir estructuras posesivas latinas formadas con *eius* e *illius* ha servido para confirmar tendencias ya detectadas en estudios anteriores, como la motivación estilística de *art + pos* y la función desambiguadora de *de + pro*. Al mismo tiempo se ha revelado un aspecto no explorado hasta el momento: la aparición de *de + pro* en las traducciones del latín como calco de la estructuras posesivas con *eius* e *illius*.

140   Andrés Enrique-Arias

Evidentemente, este estudio no deja de ser una visión muy parcial. Cada
uno de los fenómenos reseñados aquí es susceptible de un estudio más profundo que dé cabida a más variables, y con un corpus más extenso que
permita un tratamiento cuantitativo para determinar con detalle cuál es
el alcance que tiene cada fenómeno en cada texto y explorar qué factores
lingüísticos y extralingüísticos condicionan su aparición.

7. BIBLIOGRAFÍA

AMIGO ESPADA, LORENZO (1990): «Biblias en romance y biblias en ladino: evolución
    de un sistema de traducción», *La Ciudad de Dios* 203, 111-142.

COMPANY COMPANY, CONCEPCIÓN (1994): «Semántica y sintaxis de los posesivos
    duplicados en el español de los siglos XV y XVI», *Romance Philology* 48, 3,
    111-135.

— (en prensa): «Artículo + posesivo + sustantivo y estructuras afines», en: Com-
    pany Company, Concepción (ed.): *Sintaxis histórica de la lengua española*, 2:
    La frase nominal. México, D.F.: Universidad Nacional Autónoma de México y
    Fondo de Cultura Económica.

DÖHLA, HANS-JÖRG (2004): «Der gehäufte pleonastische Gebrauch des Possessiv-
    pronomens in der altspanischen Konstruktion des Typus SU FIJO DEL RREY
    – ein syntaktischer Arabismus?» en: Arnscheidt, Gero et al. (eds.): *Enthüllen
    – Verhüllen. Text und Sprache als Strategie*. Beiträge zum 19. Forum Junge
    Romanistik 2003. Bonn: Romanistischer Verlag, 217-229.

EBERENZ, ROLF (2000): *El español en el otoño de la Edad Media*. Madrid: Gredos.

ENRIQUE-ARIAS, ANDRÉS (2008a): Biblia Medieval. http://www.bibliamedieval.es.

— (2008b): «Apuntes para una caracterización de la morfosintaxis de los tex-
    tos bíblicos medievales en castellano», en: Kabatek, Johannes (ed.): Sintaxis
    histórica del español: Nuevas perspectivas desde las Tradiciones Discursivas.
    Madrid/Frankfurt: Iberoamericana/Vervuert, 101-119.

— (en prensa): «Biblias romanceadas e historia de la lengua», *Actas del VII Con-
    greso Internacional de Historia de la Lengua Española*. Mérida, Yucatán
    (México), septiembre de 2006.

ENRIQUE-ARIAS, ANDRÉS/DAVIES, MARK (en prensa): «Research on historical prag-
    matics with *Biblia Medieval* (an aligned parallel corpus of medieval Spanish)»,
    en: Pusch, Claus D. (ed.): *Romance Corpus Linguistics III: Corpora and Prag-
    matics*. Tübingen: Gunther Narr.

GALMÉS DE FUENTES, ÁLVARO (²1996 [1956]): *Influencias sintácticas y estilísticas
    del árabe en la prosa medieval castellana*. Madrid: Gredos.

GARCÍA MORENO, AITOR (2004): *Relatos del pueblo ladinán (Meʻam loʻeź de Éxodo)*. Madrid: Consejo Superior de Investigaciones Científicas.

HERRING, SUSAN C./REENEN, PIETER VAN/SCHØSLER, LENE (2000): «On textual parameters and older languages», en: Herring, Susan C./Reenen, Pieter van/Schøsler, Lene (eds.): *Textual parameters in older languages*. Amsterdam/Philadelphia: John Benjamins, 1-31.

HUFFMAN, HENRY R. (1973): *Syntactical influences of Arabic on medieval and later Spanish prose*. Tesis defendida en la Universidad de Wisconsin. Ann Arbor: University Microfilms.

LAPESA, RAFAEL (2000 [1971]): «Sobre el artículo ante posesivo en castellano antiguo», en: Cano, Rafael/Echenique, María Teresa (eds.): *Estudios de morfosintaxis histórica del español*. Madrid: Gredos, 413-435.

MONTGOMERY, THOMAS (1962): *El evangelio de San Mateo según el manuscrito escurialense I.I.6. Texto, gramática y vocabulario*. Madrid: Anejos del Boletín de la Real Academia Española.

PUEYO MENA, FRANCISCO J. (ed.) (1996): *Biblia Romanceada: Biblioteca Nacional de Madrid ms. 10.288*. Madison: The Hispanic Seminary of Medieval Studies.

SÁNCHEZ-PRIETO BORJA, PEDRO (1998): *Cómo editar los textos medievales: Criterios para su presentación gráfica*. Madrid: Arco

— (2002): «Biblias romanceadas», en: Alvar, Carlos/Lucía, José M. (eds.): *Diccionario filológico de literatura medieval española. Textos y transmisión*. Madrid: Castalia, 213-216.

SEGAL, MOSES H. (1970 [1927]): *A Grammar of Mishnaic Hebrew*. Oxford: Clarendon.

VV. AA. (1926-1995): *Biblia Sacra iuxta Latinam Vulgatam versionem ad Codicum fidem. Cura et Studio Monachorum Abbatiae Pontificiae Sancti Hieronymi in Urbe Ordinis Sancti Benedicti edita*. Roma: Typis Polyglottis Vaticanis/Libreria Editrice Vaticana.

WANNER, DIETER (2005): «The corpus as a key to diachronic explanation», en: Kabatek, Johannes/Pusch, Claus D./Raible, Wolfgang (eds.): *Romance Corpus Linguistics II: Corpora and Diachronic Linguistics*. Tübingen: Gunther Narr, 31-44.

LAS INTERROGATIVAS INDIRECTAS EN CHABACANO: UN CASO DE ACCIÓN DEL SUSTRATO

Mauro Fernández
Universidad de A Coruña

1. INTRODUCCIÓN

La más persistente entre las muchas controversias que han venido atravesando los estudios criollos desde su nacimiento tal vez sea la que se centra en la naturaleza de los procesos que dieron lugar a la emergencia de las lenguas que constituyen su objeto de investigación. Pero los términos en los que se plantea esta polémica, que es más bien un conjunto de ellas interrelacionadas, han ido variando con el tiempo.

Hace medio siglo, dominaba el panorama la discusión sobre el hipotético origen único de los criollos en un pidgin portugués –o tal vez en la *lingua franca* mediterránea– y los sucesivos procesos de relexificación a que habría sido sometido, entendida esta como la sustitución masiva del léxico originario portugués del protopidgin por el de otras lenguas lexificadoras superpuestas. En apariencia, esta línea de discusión ha quedado soterrada; pero los razonamientos subyacentes en ella retornan, por ejemplo, en las propuestas más recientes de encontrar un origen único al menos para todos los criollos ingleses del Caribe, o para todos los criollos portugueses y españoles, etc.

En los últimos treinta y tantos años, en especial desde que Bickerton irrumpió en el campo con su novedosa hipótesis del «bioprograma», las discusiones sobre la formación de las lenguas criollas han venido enfrentando a quienes consideran que estas son el resultado de tendencias universales (ya sea el bioprograma de Bickerton, ya la Gramática Universal, o bien las mismas tendencias universales que actúan en la adquisición de segundas

lenguas) con quienes defienden que son el resultado específico de procesos únicos. Esta controversia se entremezcla con otras varias, como la que
discute si todos los criollos proceden necesariamente de un pidgin anterior
(hipótesis del «ciclo vital pidgin-criollo»), o el papel de los adultos y de los
niños en esta evolución, o la rapidez con la que se produjo la reestructuración
(catastrofismo vs. gradualismo) y, sobre todo, la determinación del aporte
de las lenguas de sustrato frente a las de superestrato.

En la versión más reciente de esta última polémica existen dos extremos
simbólicos, ocupados por Claire Lefebvre y Robert Chaudenson. Lefebvre
da alcance general a la hipótesis de la «relexificación», término que debe ser
entendido más en el sentido de los neogramáticos decimonónicos que en el
de los criollistas de los años sesenta. En estos se refería a la sustitución de
un léxico portugués por el de otra lengua colonial, mientras que en Lefebvre
el término se refiere a la conservación de una gramática originaria por parte
de quienes tienen que adquirir otra lengua en condiciones de input precario.
Se trata, pues, de una variante moderna de una idea antigua, que Sylvain
(1936) formulaba así en el caso del haitiano: «Nous sommes en présence
d'un français coulé dans le moule de la syntaxe africaine, ou [...] d'une langue éwé à vocabulaire français» (1936: 178). En términos más modernos, la
hipótesis que guía la investigación de Lefebvre es que:

> [...] the creators of a creole language, adult native speakers of the subs-
> tratum languages, use the properties of their native lexicons, the parametric
> values and semantic interpretation rules of their native grammars in creating a
> creole. Creole lexical entries are mainly created by the process of relexification.
> (1998: 9)

Y la relexificación se define, siguiendo a Muysken (1981: 61), «as the
process of vocabulary substitution in which the only information adopted
from the target language in the lexical entry is the phonological represen-
tation». Muysken pretendía con esta definición dar cuenta de lo que sucede
en la *media lengua* de Ecuador, que combina sistemáticamente la gramática
quechua con el vocabulario español.

En el otro extremo se sitúan quienes atribuyen casi todo lo que hay en los
criollos a rasgos o tendencias que ya existían en las variedades populares
de la lengua lexificadora. Así, los criollos franceses, por ejemplo, no harían
sino continuar tendencias que ya existían en las variedades populares de

francés, sostiene con vehemencia Chaudenson (1992, 2003), quien no oculta que «sustrato» es un término «dont on aura sans doute remarqué que je répugne à employer, même en l'adjoignant de précautionneux guillemets» (2003: 164). Chaudenson considera que el uso que hacen los criollistas del término «sustrato» se desvía mucho del habitual en la romanística. No niega Chaudenson que existan en los criollos rasgos concretos que procedan de «sustratos» específicos: su crítica punzante se dirige más bien contra quienes atribuyen toda o la mayor parte del proceso de formación de estas lenguas al «sustrato», así en general, o bien etiquetado en términos tan imprecisos como «sustrato africano», que nada quiere decir.

2. EL SUSTRATO EN LOS CRIOLLOS HISPANO-FILIPINOS

Aunque los criollos hispano-filipinos han desempeñado un papel secundario en estas controversias, la postura sustratista aparece bien representada. Ya Schuchardt decía que no le parecía descaminada la forma en que los españoles percibían el «español de cocina»: como un tagalo envuelto en túnica de español (1883: 16). Y atribuía, además, a la semejanza entre las lenguas filipinas el hecho –para él innegable– de que el «español de cocina» era más o menos igual en todo el archipiélago, salvo tal vez en Zamboanga, donde tenía un sabor peculiar, debido al predominio en el sustrato de las lenguas visayas.

Al igual que en otros criollos endógenos, en los que la población que cambia de lengua no cambia de territorio, la acción decisiva del sustrato y del adstrato en estos resulta difícil de negar. Incluso Whinnom (1956), que imaginaba un origen común para todos los criollos de la zona en un protopidgin exterior al archipiélago, se encontró ante la evidencia de rasgos gramaticales que sin duda procedían de la gramática de las lenguas filipinas. Al margen de la polémica sobre los orígenes, Forman (1972) señala algunos funcionamientos gramaticales en el zamboangueño similares a los de las lenguas filipinas. Lo mismo hace Lipski (2001, entre otros varios trabajos), que sí entra de lleno en la polémica sobre los orígenes. Ogiwara (2002) explora la presencia del sustrato en el predicado del caviteño. McWhorter sitúa al zamboangueño en una zona intermedia entre los criollos y las lenguas entreveradas: «intertwining just a little [...] but only just» (McWhorter 2002: 169-170). Y Grant, tras un minucioso repaso a todos los rasgos del zamboangueño que ha podido extraer de las diversas descripciones existentes, concluye que «es una lengua mezclada tal como la media lengua de Ecuador, el callahuaya de Bolivia, el michif de Canadá del Oeste, el ma'a o mbugu interior de Tanzania y el dialecto aleuto-ruso de la Isla de Cobre (Mednyj Aleut) en Siberia» (Grant 2002: 13).

Sin negar la acción del sustrato, Holm (2001) sugiere que podría haber sido más importante en la formación del chabacano el papel del superestrato, si bien nos advierte que sería prematuro dar nada por probado, pues sus resultados son solo preliminares. Los resultados que presenta proceden de una comparación multilateral, a partir de una matriz de rasgos morfosintácticos preestablecida, entre el chabacano, el palenquero y el papiamento, por una parte (las tres comparten como superestrato el portugués y el español[1]), y el chabacano y el tok pisin por otra, considerando que ambas comparten un «sustrato austronesio». Lo común entre los pares chabacano/papiamento, chabacano/palenquero y papiamento/palenquero es atribuido al superestrato, y lo común a la pareja chabacano/tok pisin es atribuido al sustrato. En mi opinión, esta comparación resulta de poca utilidad, pues la estrecha relación genética de los superestratos –considerados la misma lengua todavía en alguna gramática de mediados del siglo XVI– contrasta con la indefinición del supuesto «sustrato austronesio», por lo que no es extraño que aparezcan pocos rasgos, o más bien ninguno, atribuible con certeza al sustrato. De hecho, son más los emparejamientos entre el palenquero y el tok pisin que entre este y el chabacano, y son todavía más los que se dan entre el tok pisin y el papiamento, que superan incluso a los existentes entre el zamboangueño y el papiamento. En realidad, tan solo cinco puntos de los noventa y siete que se comparan son exclusivos de la pareja chabacano/tok pisin, y todos ellos consisten en la ausencia de rasgos presentes en los otros dos criollos. ¿Son estas cinco ausencias atribuibles al sustrato? Es difícil decirlo, moviéndose en un territorio tan amplio y nebuloso como el del «sustrato austronesio».

Por otra parte, no cabe duda de que en los criollos hispano-filipinos hay una notable presencia de rasgos gramaticales cuyo origen sustratístico parece innegable. Y a medida que la descripción va haciéndose más detallada y

---

[1] Holm se incluye entre quienes creen que el chabacano es un caso de relexificación en el sentido que se daba a este término hace cincuenta años: el léxico portugués originario habría sido reemplazado por otro de origen español.

cuidadosa, el número de rasgos atribuibles al sustrato aumenta. Resultan de especial interés los trabajos que vinculan al sustrato aquello que no es obvio, ya sean categorías encubiertas, ya otras que aparentan tener un origen portugués o español. Rubino (en prensa), por ejemplo, encuentra que las construcciones perifrásticas con *puede* en zamboangueño preservan las distinciones semánticas entre los modos estativo y potentivo, que en cebuano (y en las lenguas filipinas en general) se expresan mediante prefijos. Nadie había reparado antes en ello, pues en español también hay construcciones perifrásticas con el verbo *poder*. Nadie sospechaba que la frecuencia tan elevada de construcciones de este tipo en zamboangueño –frecuencia anómala desde la perspectiva del español– podía deberse a que mediante ellas se estaba dando cuenta de distinciones semánticas codificadas en la gramática de las lenguas filipinas. Por nuestra parte, hemos podido mostrar que algunos rasgos en los que se apoyaba Whinnom para defender la descendencia común a partir de un protopidgin portugués, tales como las funciones de las preposiciones *na* y *con*, son también producto de la acción del sustrato, y muestran en chabacano una distribución y un funcionamiento muy diferentes del que se observa en los criollos portugueses de la zona (Fernández 2004, 2007a). Y más recientemente (Fernández 2007b) hemos mostrado cómo las estructuras sintácticas básicas del chabacano presentan los mismos problemas para el análisis que los que nos presentan las lenguas filipinas en general.

3. LAS INTERROGATIVAS INDIRECTAS EN CHABACANO

En esta ocasión vamos a añadir un rasgo más a lista de los que se deben a la acción del sustrato. Se trata de un rasgo bastante visible, y muy peculiar desde la perspectiva del español, por lo que resulta llamativo que nadie haya reparado antes en él, pese a estar presente en los materiales sobre los que trabajaron Schuchardt, Whinnom o Forman, y que fueron reutilizados por diversos investigadores. El rasgo en cuestión se refiere a la forma de introducir las cláusulas interrogativas dependientes o indirectas.

En español, las interrogativas indirectas se introducen mediante la partícula *si* solo cuando no está presente en la cláusula dependiente otra palabra interrogativa, por ejemplo, *pregunté si vendría*; pero es imposible su uso cuando hay otra palabra interrogativa en la cláusula: *pregunté quién vendría*, *pregunté cuándo vendría*, etc. En estas subordinadas introducidas por un pronombre interrogativo, el español hereda el modelo latino, si bien cambiando el modo subjuntivo por el indicativo: *nescio qui venerit* 'no sé quién ha venido'.

En chabacano, en cambio, se usa la partícula *si* en ambos casos: *ya preguntá yo si ele ay vené*, pero también *ya preguntá yo si quien ay vené*, *ya preguntá yo si cuando ele ay vené*, *ya preguntá yo si paquimodo ele ay vené*, etc.

Se trata, como digo, de un rasgo muy visible, muy llamativo y muy frecuente en zamboangueño. En mi corpus particular tengo 155 ejemplos con alguna de la siguientes formas: *si quien* 'quién', *si cosa* 'qué', *si porqué* 'por qué', *si donde/onde* 'dónde', *si cuanto* 'cuánto', *si cuando* 'cuándo', *si paquemodo* o *si paquilaya/pakilaya* 'cómo'. A ellos hay que sumar unos cuantos más en los que la palabra interrogativa va precedida de alguna preposición: *si para donde*, *si para cosa*, o *si con quien*. Mi corpus está constituido en su mayor parte por textos procedentes de un foro de Internet denominado *Serioso y Pendehadas*, que liga a los zamboangueños dispersos por el mundo con los locales; son textos que tienen un carácter muy coloquial y espontáneo. Pero para que se pueda apreciar la presencia de esta construcción también en otros estilos más formales, veamos unos cuantos ejemplos tomados de *El Nuevo Testamento na Chavacano*[2]:

(1)   *Ustedes **sabe si paquemodo** ya vivi yo entre con ustedes desde el primer dia ya llega yo aqui na Asia* (Hechos de los Apóstoles 20:18).

'Ustedes **saben cómo** me porté todo el tiempo que estuve con ustedes, desde el primer día que vine a la provincia de Asia' (*íd.*, Nueva Versión Internacional).

(2)   *Por causa de este gente, **sabe** kita **si donde** Le ya sale. Pero cuando ay vene el Cristo, noay quien **sabe si donde** le ya sale* [...] (Juan 7:27).

'Nosotros **sabemos de dónde** viene este hombre, pero cuando venga el Cristo nadie sabrá su procedencia' (*íd.*, Nueva Versión Internacional).

---

[2] En *El Nuevo Testamento na Chavacano* hay muchos más casos. En un escaneado muy deficiente y no corregido de las ochenta páginas que ocupa el Evangelio de San Mateo con sus correspondientes anotaciones, una búsqueda automática localiza 27 ejemplos de *si cosa*, 43 de *si quien*, etc. En los ejemplos conservo la grafía utilizada en la fuente original.

(3) *Y ya sale le maskin noay le **sabe si donde** le ay anda* (Hebreos 11:8).
'Y salió sin **saber a dónde** iba' (*íd.*, Nueva Versión Internacional).

(4) *Todo el maga gente alla bien trambulicao gayot y ta grita sila cosa-cosa. Pero mayor parte diila **no sabe si por que** man sila ajuntao* (Hechos de los Apóstoles, 19:32).
'Había confusión en la asamblea. Cada uno gritaba una cosa distinta, y la mayoría ni siquiera **sabía para qué** se habían reunido' (*íd.*, Nueva Versión Internacional).

(5) *Y ya arria tamen mucho Demonio. Pero noay Le deja con el maga Demonio comversa, cay **sabe** sila **si quien** Ele* (Marcos 1:34).
'También expulsó a muchos demonios, pero no los dejaba hablar porque **sabían quién** era él' (*íd.*, Nueva Versión Internacional).

(6) ***No sabe** mas le, **si cosa** le ta comversa, cay bien espantao gayot sila* (Marcos 9:6).
'**No sabía qué** decir, pues todos estaban asustados' (*íd.*, Nueva Versión Internacional).

(7) *Por eso ganeh, bisia ustedes embuenamente, cay **no sabe** ustedes **si cuando** ay volve el dueño del casa* (Marcos 13:35).
'Por lo tanto, manténganse despiertos, porque **no saben cuándo** volverá el dueño de la casa' (*íd.*, Nueva Versión Internacional).

El verbo *saber* que se usa en todos los ejemplos anteriores es un caso prototípico de uso de esta construcción, al igual que otros verbos con capacidad para introducir preguntas indirectas: verbos de conocimiento y de duda sobre todo; pero también de lengua, de percepción, de estados de conciencia: es decir, verbos que significan 'saber', 'preguntar', 'decir', 'ver', 'oír', 'recordar', 'adivinar', 'pensar', etc.

Es preciso aclarar que no se trata de una construcción de uso obligatorio. En los textos recogidos por McKaughan (1954), por ejemplo, no aparece, aunque hay unas cuantas ocasiones en las que sí podría aparecer (por ejemplo: *no sabe sila cosa ay pasa* 'no sabían qué habría pasado', en vez de *no sabe sila si cosa ay pasa*). Es probable que existan factores lingüísticos y sociolingüísticos que favorezcan o que inhiban su uso, pero solo un estudio cuantitativo minucioso y debidamente controlado podrá determinar cuáles son y en qué grado y dirección influyen.

A primera vista, en mi corpus parece predominar claramente el uso de *si* frente a su ausencia, por lo que entiendo de forma provisional que lo no marcado, en el sentido de lo «más normal», es su uso, y lo marcado o «menos normal» es su ausencia. He explorado todos los casos en los que a *quien* interrogativo indirecto podría habérsele antepuesto la partícula *si*, y he encontrado solo diez casos en los que esa partícula no aparece, frente a cincuenta y cuatro en los que sí. Los verbos utilizados en los casos en que no aparece no sugieren nada especial: en cinco ocasiones es *sabe*, pero este es también el verbo que aparece con más frecuencia en los ejemplos en los que está presente la partícula. Los otros verbos son: *ulbida*, *mira*, *pregunta*, y el verbo inglés *guess*, pero también con estos parece ser más frecuente la presencia que la ausencia de la partícula *si*. Descartamos, pues, un condicionamiento léxico.

Esta partícula se usa también con subordinadas interrogativas que dependen de predicados adjetivales. En (8) el predicado es *buyung*, un adjetivo que significa 'mareado, aturdido', pero que en ese ejemplo equivale más bien a 'intrigados'. Lo mismo sucede en (9), donde el predicado es *asegurao* 'seguro'.

(8)　*Grupo kame ya anda na un restaurant. Habla pa el waitress con el uno na grupo: «Kamukha ka ni S, yung artista.» Buyung kame si quien ese si S. Sean Connery? Samuel Jackson? Steve McQueen?* (SyP 10/03/2001).
'Nuestro grupo fue a un restaurante. Dice la camarera a uno del grupo: te pareces a S., ese artista. Intrigados nosotros [sobre] quién [sería] el tal S. ¿Sean Connery? ¿Samuel Jackson? ¿Steve McQueen?'

(9)　*Ara segurao ya yo si quien gat tu* (SyP 23/07/2001).
'Ahora ya estoy seguro de quién eres exactamente'.

Relacionado con los usos anteriores está el que se muestra en (10):

(10)　*Y si quien dale toma maskin un vaso lang de agua con uno de este maga menor por causa cay discipulo le, ta asigura yo con ustedes gehdeh gayot ele ay perde su premio* (Mateo 10:42).
'Y cualquiera que dé a uno de estos pequeñitos un vaso de agua fría solamente, por cuanto es discípulo, de cierto os digo que no perderá su recompensa' (*íd.*, Nueva Versión Internacional).

En este ejemplo no nos hallamos propiamente ante un pronombre interrogativo, sino ante un indefinido, lo que nos sitúa en un terreno afín al de las interrogativas, si bien claramente distinto en español. Podríamos también pensar que la presencia de *si* en este caso tiene más que ver con las condicionales que con las interrogativas: *si alguien da un vaso de agua...* se puede formular también mediante un indefinido, *quienquiera que dé un vaso de agua*, o un relativo de generalización, *quien dé un vaso de agua, el que dé un vaso de agua*. Sin duda, hay importantes conexiones entre todas estas formas, pero optamos por considerar que *si quien* es un indefinido y no el inicio de una cláusula condicional, por las siguientes razones:

(i)   Hemos comprobado siete traducciones del Evangelio de San Mateo al español: en seis de ellas se elige un indefinido, y en una un relativo de generalización; hemos comprobado asimismo veintiuna versiones en inglés: en dieciséis figura un indefinido, en una un relativo de generalización y en cuatro una condicional.

(ii)   Hay casos en los que la interpretación condicional es imposible, como en el citado por Schuchardt con otro propósito: *si de donde donde*, glosado como 'von einer und der andern Seite' (Schuchardt 1883: 29). Schuchardt utiliza este ejemplo para ilustrar la reduplicación, pero su valor indefinido y la imposibilidad de un valor condicional resultan patentes en el contexto del que ha sido extraída esta muestra, una carta dirigida al autor y publicada en *La Oceanía Española*:

(11)   *pero como ta mirá yo, que mucho más ta ocupá su atension aquel mangá remitido **si de donde donde*** (Schuchardt 1883: 15).
        'pero como veo que ocupan mucho su atención aquellos escritos enviados de aquí y de allá'.

Este ejemplo no procede de Zamboanga (ninguno de los utilizados por Schuchardt tiene esa procedencia). Quien se lo envía a Schuchardt lo hace para ofrecerle una muestra de la «lengua de Parian», un barrio de Manila. Y esto nos lleva a otra dimensión: la del ámbito geográfico del rasgo que estamos presentando. La carta reproducida por Schuchardt nos muestra su uso con valores indefinidos en la propia Manila, pero con toda probabilidad también se utilizaba con las interrogativas indirectas, al igual que sucede en caviteño. Véanse los ejemplos (12) y (13), de caviteño actual, y (14) y (15), procedentes de los textos recopilados por Santos (1924):

(12) *Ta taranta bo, no sabi bo si cosa quidi hace.*
     'Te echas a temblar, no sabes qué hacer' (Anónimo, *Ñora Monang*).
(13) *Sabes tu si cosa yo ya mira adentro del Iglesia?*
     '¿Sabes qué vi dentro de la iglesia?' (Teresa Ejército, «Carta con su nieta»).
(14) *no sabe si cosa quiere* (Santos 1924:14).
     'no sabe qué quiere'.
(15) *ya ui yo qui si quien disi di pudi tray con el Rey tres barra de oro* [...] (Santos 1924: 22).
     'oí que se dice que quien logre llevarle al rey tres barras de oro [...]'.

El relato del que procede el ejemplo (14) es también uno de los seleccionados por Whinnom (1956), quien comenta: «*Si cosa* is an indefinite. (Compare below *No sabe si cosa di jací*, 'She dindn't know what to do'). Translate, 'It[3] doesn't know what it wants'» (Whinnom 1956: 63). Pero en sus comentarios al texto que incluye como muestra de la variedad del barrio manileño de Ermita, un cuento del escritor filipino Balmori, traduce la frase *si cosa el que ya sucedé contigo* de un modo inadecuado: 'If there is something that has happened to you...' (Whinnom 1956: 47). Una traducción más ajustada al significado que tiene el original es la que proponemos en (16), que resulta además mucho más pertinente para la situación que se describe en el relato: un padre que acaba de descubrir por los comentarios venenosos de una vendedora de pescado que su hija soltera ha quedado embarazada.

(16) *Jablá tú conmigo todo el veldade, jablá tú si cosa el que ya sucede contigo.*
     'Dime toda la verdad, dime qué te pasó', 'tell me what happened to you'.

---

[3] *It*, y no *he/she*, pues es un cerdo el que no sabe qué quiere.

Otros ejemplos que Whinnom tuvo bajo su lupa en algún momento son:

(17) *Preguntá usted con usted hija si quilaya de grande el suñgay que ya dejá na su testamento Andoy con usted...*
      'Pregúntele a su hija cómo es de grande el cuerno que Andoy le dejó a usted en su testamento'.

Whinnom no pudo interpretar *quilaya*, y no le pareció verosímil en este contexto la traducción que, según él, suministra Santos (1924): 'whatever'. Pero lo cierto es que la traducción que figura en Santos para *quilaya* es 'how, in what manner' (Santos 1924: 31). Tal vez esta confusión impidió a Whinnom fijar su atención en la presencia de la partícula *si* que precede a *quilaya*[4].

En cuanto al ternateño, en los materiales recogidos por Tirona (1923-1924) no hay interrogativas indirectas, ni tampoco en los ejemplos citados en los escasos trabajos publicados sobre este criollo. El único ejemplo de interrogativa indirecta lo he encontrado en un portal web sobre Ternate, y no usa la partícula *si*; pero Eeva Sippola, que ha efectuado recientemente investigación sobre el terreno, me ha informado de que en el ternateño actual también existe la posibilidad de usarla (comunicación personal, 1/12/2007).

4. LA ACCIÓN DEL SUSTRATO

Para una explicación adecuada de esta construcción, lo primero que procede es descartar la posibilidad de que nos hallemos ante la pervivencia en el chabacano de un uso desaparecido del español. No existe nada semejante en los cien millones de palabras del *Corpus Diacrónico del Español (CORDE)* de la Real Academia Española, y ninguno de los especialistas en Historia de

---

⁴ «I confess myself defeated by this phrase; I can hazard no guess as to the etymology of *quilaya*, and modern speakers of Ermitaño did not know the word, though Santos y Gómez, for Caviteño, offers the translation, 'whatever'» (Whinnom 1956: 46). Y más adelante: «**quilaya**. 'Whatever', 'what there may be'. The word occurs in Ermitaño also, but I can make no guess at its etymology» (1956: 61). Imaginamos que si Whinnom no se hubiera confundido al recoger la traducción aportada por Santos, habría relacionado inmediatamente *que laya* con el español *laya*, colocándolo en la serie que incluye a *quimodo* < 'qué modo', *quichura* < 'qué hechura', etc.

la Lengua Española a los que he preguntado conoce textos en los que esté presente algo semejante a *dime si quien eres*, etc.

En segundo lugar, hay que descartar también la posibilidad de una nivelación de las interrogativas indirectas en el pidgin malayo-portugués que algunos suponen que está en la base del chabacano. Nada similar existe en papia kristang, ni en macaísta (Alan Baxter, comunicación personal, 20/1/2006), y tampoco lo encontramos en las muestras que han llegado hasta nosotros de los criollos indonesios de Batavia y Tugu, ni en ninguno de los de la India. Se trata, pues, de un rasgo limitado a las Islas Filipinas.

En tercer lugar, procede averiguar si esa igualación de las interrogativas indirectas y usos similares que hemos visto se produjo *motu proprio* en chabacano, por un proceso analógico (lo que desde luego no parecería imposible), o si se produjo inducida por algún rasgo de las lenguas filipinas, que es lo que me propongo mostrar.

Primera semejanza: en tagalo se usa para las interrogativas indirectas la partícula *kung*, tanto si aparece otra palabra interrogativa como si no, como muestran los dos ejemplos siguientes:

(18) *Itinanóng ko **kung** daratíng siya.*
      'le pregunté **si** vendría'.

(19) *Itinanóng ko **kung kailán** siya daratíng.*
      'le pregunté **cuándo** vendría'.

Segunda semejanza: la partícula *kung* se usa también de forma habitual para introducir cláusulas condicionales, como en (20):

(20) ***kung** nanditó si Rosa, mas masayá sana táyo.*
      '**si** estuviese aquí Rosa, seríamos más felices'.

Tercera semejanza: el uso de *kung* más una palabra interrogativa para expresar un valor indefinido es habitual también en tagalo, con frecuencia seguido de la partícula *man*. Aunque este uso, que ilustramos mediante los ejemplos (21) y (22), es del todo normal, no lo he encontrado descrito en ninguna gramática.

(21) *Mas maganda raw sa Canada, sa Australia, sa Amerika, sa New Zealand o **kung saan man** ang buhay ay mas maginhawa.*

'Dicen que [se está] mejor en Canadá, en Australia, en América o en cualquier parte[,] la vida es más confortable'.

(22) **kung sino may** *installer ng O2 Jam or CSI na PC game! please...* *pahiram!!*
'quien tenga el instalador de O2 Jam o del juego CSI para PC! por favor... préstamelo!!'

Cuarta semejanza: la presencia de *kung* en cláusulas interrogativas indirectas que ya tienen una palabra interrogativa no parece ser obligatoria, aunque es la forma preferida, al menos en el tagalo actual, a juzgar por la presencia muy desigual de los dos modelos en Internet (por ejemplo, 'tú sabes qué...' aparece 8.720 veces como *alam mo kung ano*, frente a 1.290 como *alam mo ano*, según comprobación efectuada el 29/07/2007).

Al igual que en el caso del chabacano, también en el del tagalo ignoro qué factores lingüísticos y sociales, si los hay, propician la presencia o ausencia de *kung*. Nadie lo ha investigado todavía.

He elegido el tagalo para ilustrar esta comparación por la facilidad para encontrar ejemplos, aunque esta lengua no tuvo un protagonismo destacado en el surgimiento del zamboangueño. Pero sí lo tuvieron el cebuano y el ilonggo, y en ambas *kon* funciona del mismo modo que *kung* en tagalo. Se trata de un uso antiguo, que aparece ya registrado en los primeros diccionarios de lenguas filipinas hechos por los misioneros.

5. ¿UN CASO DE RELEXIFICACIÓN?

Parece que nos hallamos ante un ejemplo más, y muy claro, de la influencia de las lenguas filipinas sobre el chabacano. Podríamos incluso llamar a esa influencia «relexificación» en el sentido de Claire Lefebvre: una cadena fónica tomada del superestrato, *si*, sobre la que se proyecta la gramática de las lenguas de sustrato. Pero encuentro algunos inconvenientes para ello.

El primer inconveniente es que parte de esa gramática es la del español, puesto que en esta lengua también se usa la misma partícula para las condicionales y para un tipo de interrogativas indirectas: aquellas que no contienen otra palabra interrogativa. En la teoría de la relexificación de Lefebvre se sostiene que la elección de una forma fónica del superestrato viene inducida por alguna semejanza semántica entre la pieza elegida y una de la lengua original, y que los valores paramétricos de esta se aplican a aquella. Pero en este caso nos hallamos ante una semejanza gramatical más que semántica: se elige *si* porque es 'gramaticalmente' parecida a *kung/kon*, etc.

Otro inconveniente es que la teoría de la relexificación, en cuanto modelo de la génesis de los criollos, se apoya en una supuesta insuficiencia del input. Pero, como se muestra en Fernández (2006), la formación del zamboangueño parece haber sido tardía, y precedida por un largo período en el que la población local de Zamboanga hablaba variedades de español muy próximas a las habladas por la tropa y por la marinería española y mexicana. Tenemos algunas muestras de este español de los indígenas zamboangueños en su variedad más formal. Si en estas muestras encontrásemos ya este modelo de uso de la partícula *si*, no deberíamos atribuir la actuación del sustrato a la insuficiencia del input.

Disponemos al menos de un ejemplo. Se trata de una carta escrita por Doña Felipa Estrada de Montal el 2 de marzo de 1733. El apellido De Montal había sido concedido *ad honorem* a su padre por el rey Felipe V, en 1725, y el de Estrada lo toma de su esposo, Pedro Estrada Badde, que unos meses después de esta carta habría de ser nombrado «maestre campo, general de los naturales Lútaos y Subanos». Aporto estos datos para que se vea que se trata de personajes de la nobleza local muy hispanizados, y bilingües, según muestran las cartas. En esa carta encontramos ya la construcción de la que nos estamos ocupando:

(23)   *no sabe yo hasta ahora si adonde mandó el Rey á Badde.*

Ese texto no está escrito en criollo, sino en español, por más que sea difícil fijar un límite preciso entre los criollos y las lenguas lexificadoras. Y no me parece razonable sostener que sea el producto de un proceso de descriollización. ¿Qué descriollización podía haberse producido en 1733, quince años después de la refundación de Zamboanga? Es un español de contacto, claro está. Las huellas del sustrato son evidentes no solo en el uso de la partícula *si* delante de *adonde*; sino también en el orden de palabras, en el uso del verbo modal «no sabe» sin flexión (al igual que sucede en las lenguas filipinas), y en otros rasgos que contiene esta carta y que no están en el breve fragmento citado. Pero es español. No es criollo, no es todavía criollo, aunque no estamos lejos: si sustituimos *mandó* por *ya mandá* y *á Badde* por *con Badde*, tenemos la versión en puro chabacano actual:

(24)   *no sabe yo hasta ahora* [o *ara*] *si adonde ya mandá el Rey con Badde.*

Lo que estamos sugiriendo es que poco tuvo que ver en este caso la insuficiencia del input, pues este contenía ya el rasgo en cuestión; es decir: el sustrato no actuó necesariamente sobre los criollos en primer lugar, sino que pudo haberlo hecho –y probablemente lo hizo– sobre el limitado grupo social de filipinos que adquirieron el español que, posteriormente, sirvió de input para los criollos. El carácter especulativo de esta afirmación, apoyada en un único ejemplo disponible para todo el siglo XVIII, se reduce considerablemente si reparamos en lo que está sucediendo actualmente en el contacto entre las lenguas filipinas y el inglés, que ilustramos con un solo ejemplo por limitaciones de espacio:

(25)   *I just want to ask **if how** long it takes to have «CEŅOMAR CERTIFICATE» FOR ME??* (<http://www.gov.ph/forum/thread.asp?rootID=21232&catID=23&page=2> (26 de abril de 2007))

Este texto fue escrito por una chica filipina deseosa de agilizar los trámites para contraer matrimonio con su novio británico, y está dirigido a un foro que mantiene abierto el gobierno filipino, en el que la lengua habitual es el inglés. El inglés es lengua oficial de Filipinas y lengua vehicular de los niveles superiores de la enseñanza; todos los participantes en esos foros demuestran ser personas con un elevado nivel educativo y un buen dominio del inglés escrito. Y pese a ello, aparecen de vez en cuando construcciones como la que ilustra el ejemplo, y que con toda probabilidad serán más frecuentes en la lengua hablada. En tan solo unos minutos de búsqueda en Internet se pueden encontrar unos cuantos ejemplos con cualquiera de los pronombres interrogativos y con diversos verbos: *ask, know, see*, etc. Estos usos no son una consecuencia de la insuficiencia del input: se trata simplemente del inglés de los filipinos, en el que encontramos variación entre *ask how/ask if how*, etc. Y también es fácil encontrar combinaciones como *kung sino, if sino, kung who*, 'quién', tanto rodeadas de un contexto exclusivamente en inglés como de uno en tagalo, o con alternancias de código.

Wolff (2001) ha argumentado convincentemente, a partir de un análisis de los préstamos del español al tagalo, que tuvo que haber existido durante la Colonia un sector de la comunidad bilingüe en tagalo y en español, y que utilizaba el español de una forma entreverada con el tagalo como un código de distinción social, como índice de su pertenencia a un grupo escogido, de un modo semejante a como se utiliza hoy el inglés. Por consiguiente, el examen del inglés filipino, y en especial el de esa mezcla que se suele denominar Taglish, puede arrojar luz sobre lo que sucedió en el contacto entre el español y las lenguas filipinas. Según esto, un único ejemplo como el que hemos citado, producido en Zamboanga en 1733 y que atestigua *si adonde*, es suficiente para aseverar que también existían en el español de Filipinas *si quién, si qué, si cuándo*, etc.; y es también suficiente para sostener que fue en este español de contacto –y no específicamente en los criollos– donde se produjo la incorporación de nuevos valores para la partícula española *si*, siguiendo el modelo gramatical de las filipinas *kung, kon*, etc., de modo semejante a lo que observamos actualmente en el inglés *if*. Y aunque no conservemos testimonios de ello, en ese español de contacto debieron de existir, por consiguiente, formas como *kung sino, kung quien, si sino*, utilizadas en ese código de distinción social en el que el español y las lenguas filipinas alternarían y se mezclarían de un modo semejante a lo que sucede ante nuestros ojos con el Taglish. ¿Relexificación? Sí, claro está, pero solo si se desvincula de la precariedad del input. Y en ese caso nuestro análisis, paradójicamente, en vez de respaldar la posición de Lefebvre, más bien respalda la de quienes sostienen que los procesos mediante los que se formaron los criollos no difieren de los que dieron lugar a las variedades no criollas de las lenguas coloniales.

6. Bibliografía

Chaudenson, Robert (1992): *Des îles, des hommes, des langues. Langues créoles, cultures créoles*. Paris: L'Harmattan.

— (2003): *La créolisation: théorie, applications, implications*. Paris: L'Harmattan.

Fernández, Mauro (2004): «Plurifuncionalidad de la partícula *na* en el chabacano de Zamboanga», en: Fernández, Mauro/Fernández-Ferreiro, Manuel/Vázquez Veiga, Nancy (eds.): *Los criollos de base ibérica*. Frankfurt/Madrid: Vervuert/Iberoamericana, 41-59.

— (2006): «Las lenguas de Zamboanga según los jesuitas y otros observadores occidentales», *Revista Internacional de Lingüística Iberoamericana* 7, 9-26.

— (2007a): «Sobre el origen de *con* en chabacano», en: Schrader-Kniffki, Martina/

Morgenthaler García, Laura (eds.): *La Romania en interacción: entre historia, contacto y política. Ensayos en homenaje a Klaus Zimmermann.* Frankfurt/ Madrid: Vervuert/Iberoamericana, 453-474.

— (2007b): «El chabacano visto con otros ojos». Comunicación presentada en el *VII Encuentro Anual de la ACBLPE conjunto con la SPCL* (Amsterdam, 16-18 de junio de 2007).

FORMAN, MICHAEL (1972): *Zamboangueño texts with grammatical analysis.* Tesis doctoral. Cornell University.

GRANT, ANTHONY P. (2002): «El chabacano zamboangueño: una lengua mezclada», *Papia. Revista Brasileira de Estudos Crioulos* 12, 7-40.

HOLM, JOHN (2001): «Chabacano versus related Creoles: (Socio-)linguistic affinities and differences», en: Fernández, Mauro (ed.): *Shedding Light on the Chabacano Language (Estudios de Sociolingüística* 2(2)). Vigo: Universidade de Vigo, 69-93.

LEFEBVRE, CLAIRE (1998): *Creole genesis and the acquisition of grammar. The case of Haitian creole.* Cambridge: Cambridge University Press.

LIPSKI, JOHN (2001): «The place of Chabacano in the Philippine linguistic profile», en: Fernández, Mauro (ed.): *Shedding Light on the Chabacano Language (Estudios de Sociolingüística* 2(2)). Vigo: Universidade de Vigo, 119-164.

MCWHORTER, JOHN (2002): *The Power of Babel.* London: Random House.

MCKAUGHAN, HOWARD P. (1954): «Notes on Chabacano Grammar», *Journal of East Asiatic Studies* 3, 205-226.

MUYSKEN, PIETER (1981): «Halfway between Quechua and Spanish: The case for relexification», en: Highfield, Arnold/Valdman, Albert (eds.): *Historicity and Variation in Creole Studies.* Ann Arbor: Karoma Press, 52-78.

OGIWARA, YUTAKA (2002): «Aparición del sustrato en el predicado del caviteño», *Papia. Revista Brasileira de Estudos Crioulos* 12, 67-83.

RUBINO, CARL (en prensa): «Zamboangueño Chavacano and the potentive mode». Comunicación presentada en el congreso *Creole Language Structure between Substrates and Superstrates* (Leipzig, 3-5 de junio de 2005).

SANTOS Y GÓMEZ, ANTONIO (1924): «The Caviteño Dialect», ms., Tagalog Paper n.º 448 de la colección de H. Otis Beyer, National Library of the Philippines.

SCHUCHARDT, HUGO (1883): *Kreolischen Studien IV: Ueber das Malaiospanische der Philippines.* Wien: Buchhändler der kais. Akademie der Wissenschaften.

SYLVAIN, SUZANNE (1936): *Le créole haïtien, morphologie et syntaxe.* Weteren: De Meester [reimpreso en Genève: Slatkine Reprints, 1979].

TIRONA, TOMAS T. (1923-1924): «An account of the Ternate dialect of Cavite», ms., Tagalog Paper n.º 437 de la colección de H. Otis Beyer, National Library of the Philippines.

WHINNOM, KEITH (1956): *Spanish contact vernaculars in the Philippine Islands.* Hong Kong: Hong Kong University Press.

WOLFF, JOHN U. (2001): «The Influence of Spanish on Tagalog», en: Zimmermann, Klaus/Stolz, Thomas (eds.): *Lo propio y lo ajeno en las lenguas austronésicas y amerindias.* Frankfurt: Vervuert/Madrid: Iberoamericana, 233-252.

Lexicografía misionera de urgencia en la frontera del español (1555)

Manuel Galeote
Universidad de Málaga

1. Fray Alonso de Molina en su taller lexicográfico

Tres obras lexicográficas originales sobre la lengua de los indígenas mexicanos le debemos al misionero Alonso de Molina, de la orden de San Francisco, en Nueva España. La que inauguró con cimentación sólida su proyecto lexicográfico bilingüe náhuatl-español, el *Vocabulario castellano-náhuatl* (Molina 1555), resulta la más desconocida para los filólogos y lexicógrafos, sin duda por la rareza de ejemplares[1]. Se trata de la contribución lexicográfica más temprana de fray Alonso de Molina: un *diccionario de urgencia* que debió de circular manuscrito entre la comunidad franciscana. Aunque pudiera parecer obvio, Molina y los demás misioneros franciscanos necesitaban en

---

[1] Vid. Molina (2001 [1555]), con *Estudio preliminar* de M. Galeote, tal vez la primera monografía sobre el *Vocabulario*. Anteriormente sólo se había publicado una nota-recensión por parte de Smith Stark (2001). Se puede estar de acuerdo con que «es posible considerar el *Vocabulario* de Molina como la herramienta primordial, vieja y nueva a la vez, indispensable en la redacción de cuantos trabajos lingüísticos, lexicográficos o filológicos se han hecho desde 1555 hasta la fecha», Hernández de León-Portilla (1988 I: 29). Este primer diccionario de una lengua indoamericana «marca un hito en la historia de la lexicografía moderna» (Hernández de León-Portilla 1993: 216); es más, «un estudio a fondo de este vocabulario nos llevaría a descubrimientos inesperados que, sin duda, enriquecerían nuestro saber» (Hernández de León-Portilla 1995-1996: 484). Por eso resulta deplorable que en la reciente monografía de Lafaye (2002) no haya referencia alguna del *Vocabulario* publicado en los «albores de la imprenta mexicana». Tampoco hallamos bibliografía sobre la lexicografía bilingüe novohispana en la primera mitad del siglo XX, cf. Malkiel (1972: 156).

México un diccionario del náhuatl con toda urgencia. De ahí el *proyecto de un diccionario náhuatl en marcha (in fieri)*, que nace preñado, además, de información valiosísima para el estudio del español trasplantado al nuevo continente[2]. No parece necesario insistir en que el diccionario al que aspiró siempre Molina –una obra práctica lo más completa posible para hacer frente a las necesidades comunicativas de los misioneros– era un diccionario del náhuatl. Quienes tenían la imperiosa urgencia por darse a entender, colonizar nuevos territorios y adoctrinar en la fe católica eran los españoles.

Este sazonado fruto de 1555 mostraba ostensiblemente la labor gramatical, desarrollada en el Colegio Imperial de Santa Cruz de Tlatelolco, verdadera escuela de traductores y filólogos (Hernández de León-Portilla 1999), que convirtieron el convento en espacio de convivencia y trabajo. Una especialista como A. Hernández de León-Portilla ha caracterizado con minuciosidad la labor comunitaria de investigación, docencia y evangelización en Santiago de Tlatelolco, acompañada de un imparable proceso de gramaticalización que se retroalimentaba incesantemente. La culminación del proceso lexico-gráfico llegó con el alumbramiento editorial del más importante incunable americano (Molina 1555). Muchos factores auspiciaron este evento y uno de los más importantes, a nuestro juicio, lo constituye el hecho de que el obispo fray Juan Zumárraga, erasmista llegado a las Indias en 1528, decidiera «el establecimiento de una imprenta en el Nuevo Mundo [que] ayudaría a la empresa de evangelizar a los indios y de promover la educación en las colonias» (Griffin 1991: 117). Unido todo ello a una efervescencia gramatical y cultural sin precedentes (Hernández de León-Portilla 2003: 6-17), este vocabulario ya impreso tuvo que circular ampliamente, hasta lograr una segunda edición (ampliada) en 1571.

Fue impreso por un empleado de la Imprenta de Juan Cromberger, lla-mado Juan Pablos (Giovanni Paoli). Había llegado de Brescia (Italia) a España para trabajar en Sevilla y fue enviado a América para montar la primera imprenta, una sucursal en la Ciudad de México de la de Cromberger. Todo apunta a que se instaló en la Casa de las Campanas, propiedad del Obispo, a escasos metros del Zócalo capitalino. De este modo obtuvo el privilegio de

---

[2] El único ejemplar impreso que hemos visto con *tasa* es el digitalizado por la Fundación Tavera en CD-ROM (Hernández de León-Portilla 1998). Por lo demás, el precio de los dos volúmenes de 1571, cuya adquisición fue autorizada por el propio Molina para la primera *Biblioteca académica de las Américas* en el Colegio Imperial de Santa Cruz de Tlatelolco, ascendía a dieciséis pesos (Zulaica Gárate 1991: 90, Mathes 1982: 31).

convertirse en el «primer impresor en esta grande, insigne y muy leal ciudad de México» (Griffin 1991: 121-123).

En uno de sus viajes a las Indias, fray J. Zumárraga afianzó bien sus relaciones amistosas y comerciales con Cromberger, por lo que Griffin entiende que «no sólo Zumárraga recurría a los Cromberger cuando deseaba que hubiera libros para los lectores del Nuevo Mundo, sino que Juan era considerado el impresor español que imprimía ediciones especialmente para aquel mercado, incluso en lenguas amerindias [...] Resulta, por lo tanto, muy natural que fuese Cromberger la persona a quien se pidiese que enviara una imprenta a Méjico [*sic*], lo que hizo en 1539» (Griffin 1991: 119). En 1548, Juan Pablos «probablemente obtuvo el monopolio de la impresión en Nueva España» y «las obras que salieron del taller cromberguiano en México, sobre todo en la década 1550-1560, indican que era un impresor excelente» (Griffin 1991: 117-133).

Este primer vocabulario salió de las prensas con un título ya arcaico para su tiempo: *Aquí comiença un vocabulario en la lengua castellana y mexicana*...[3] En palabras de Menéndez Pidal (1944: XIV), se convirtió en el «primer diccionario de una lengua americana», impreso también en América, todavía bajo el reinado del emperador Carlos V, aunque corría el año de su abdicación.

La labor impresora de Juan Pablos prosiguió hasta 1560, pero en 1558 su antiguo empleado Antonio de Espinosa rogaba a la Corona que acabara el monopolio de la imprenta en la Nueva España (Griffin 1991: 166). Cuando Espinosa publicó el *Vocabulario* de 1571, Juan Pablos ya no pudo verlo porque había fallecido en 1560 (Stols 1989: 12). Sin embargo, todo apunta a que Espinosa habría colaborado en la edición príncipe de Molina (1555).

Históricamente, este vocabulario náhuatl nació en un contexto donde se ignoraba que los indígenas en el futuro acabarían asimilados por la cultura hispánica impuesta. Por tanto, al punto álgido en el que la magna empresa logró materializarse brillantemente, le sucedió inmediatamente un declive imparable que llega hasta nuestros días: el náhuatl clásico de Molina es una

---

[3] «El *Vocabulario* de 1555 se presenta en formas extrañamente arcaicas, sin título explícito y, en cambio, con un encabezamiento narrativo del texto [...]; mientras que las circunstancias más importantes, lugar y año de publicación, los responsables de una revisión hecha en el momento de la impresión se indican en un colofón final» (Ringmacher 1997: 83).

lengua extinta[4]. Se presupone que el «niño Alonsito» debió de codificar
y de normalizar la variación lingüística de aquella lengua viva, en la que
subsistían tradiciones discursivas e históricas que coloreaban más todavía
las variedades con las que debían lidiar los traductores, lexicógrafos y pro-
fesores de náhuatl[5].

2. LEXICOGRAFÍA MISIONERA EN LA ESTELA DE NEBRIJA

Fray Bernardino de Sahagún, el etnógrafo y antropólogo, colaboró con
Molina. Queda constancia en el colofón de que había supervisado el volumen
el «reuerendo padre fray Bernardino de Sahagun, [...] a quien el examen della
[de la obra] fue cometido» (Molina 1555: f. 261). Desde 1529 y durante toda su
vida, Sahagún desarrolló una vasta producción escrita de la cual «comenzóse
a decir de los que lo supieron que se hacia un *calepino* y aún hasta ahora hay
muchos que preguntan por él». Pretendía confeccionar «esta obra como una
red barredera para sacar a luz todos los vocablos de esta lengua con sus propias
metafóricas significaciones y todas sus maneras de hablar». Nos consta que en
1568, año de la cuarta estancia en Tlatelolco, Sahagún llevaba consigo «un Arte
de la lengua mexicana, con su Vocabulario y Apéndice» (León-Portilla 1987:
108-109 y 134-137; Vicente Castro/Rodríguez Molinero 1997: 125, 131).

No obstante, por el momento desconocemos qué materiales pudo mostrar
fray Bernardino a Molina para sus diccionarios, así como el alcance que tuvo
su revisión de las entradas del manuscrito y de las equivalencias léxicas entre
el castellano y el náhuatl. Además, resulta poco factible colacionar el repertorio lexicográfico náhuatl de Molina con los materiales obtenidos de cribar
o de rastrear los escritos conservados del sabio Sahagún. En consecuencia,
de esta indagación sobre las fuentes de que se valió el Padre Molina pocas
certezas se deducen, solo interrogantes.

---

[4] Molina no supo ver con claridad que la lengua acompaña al Imperio. Al apartarse de
Nebrija, siguiendo las consignas evangelizadoras franciscanas y esforzándose por aprender
la lengua de los vencidos, cometió un error fatal: se estaba colocando en los límites de la
historia. De su proyecto lingüístico hoy solo perdura el resplandor de lo efímero.

[5] Recuérdese algo que podría parecer extralingüístico: detrás de la historiografía y de
la historia de la ciencia subyace no solamente «una cuestión epistemológica, sino también
de intereses económicos, políticos, sociales e individuales» (Zimmermann 2004: 10).

También contó fray Alonso con un predecesor ilustre (Olmos 1993 [1547]), con informadores coetáneos y brillantes colaboradores, como Hernando de Ribas (Hernández de León-Portilla 1995-1996 y 1997).

Fray Pedro de Alcalá (1505) y fray Gabriel Busa (1507) demuestran en sus repertorios lexicográficos una indudable ascendencia nebrisense de la técnica aplicada. Sin embargo, en las Indias, los vocabularios bilingües no pudieron llegar a convertirse en meros calcos de los diccionarios de Nebrija, pues debieron ceñirse más ajustadamente a las características de las lenguas indoamericanas; revelaban limitaciones para compilar el caudal léxico de las lenguas indígenas: pueden citarse los vocabularios de Molina, Maturino Gilberti (1558), Juan de Córdoba (1578), Francisco de Alvarado (1593) y otros (Moreno Fernández 1994: 79-104).

Rotas las amarras con el *Vocabulario de romance en latín* de Nebrija –a pesar de lo que la historiografía lingüística ha sostenido incluso en nuestros días–, este vocabulario de 1555 constituye un testimonio lexicográfico de incalculable valor, asimismo, para la investigación historicolingüística. El tratamiento contrastivo de las formas castellanas y nahuas en este repertorio bilingüe debe muy poco a Nebrija.

En convivencia desde niño con los indígenas, el «niño Alonsito» coordinó una exhaustiva recopilación de léxico náhuatl. No hace falta insistir aquí en que el castellano y el náhuatl, a mediados del siglo XVI, se hallaban en una situación diferente, dada la hegemonía del náhuatl entre los pobladores de la Nueva España. Los misioneros eran una minoría con dificultades comunicativas inimaginables durante el proceso de evangelización que los había llevado hasta las Indias. El náhuatl alcanzó una posición destacada como lengua franca y con ella se traducían y transmitían los conceptos y principios cristianos o humanistas de Occidente a las sociedades nativas.

Molina concibió un macroproyecto de elaboración de materiales para enseñar la lengua náhuatl a los religiosos españoles. En el «Prólogo» (Molina 1555) se aniquilan sistemáticamente las ideas nebrisenses, so pretexto de que quienes han de regir a los pueblos deberán aprender la lengua de los súbditos, como había hecho el emperador Carlos V (Esparza 2003: 78, 2005: 1715-1717). Así, pues, igual que otros misioneros, Molina vivió hondamente la fascinación por la lengua de los indios.

El *Vocabulario* iba dirigido a los misioneros, hablantes de castellano. De otro modo no podría explicarse más del 40% de las entradas de la sección castellana. Carecerían de sentido estas si se olvidara que en la mente de

Molina está el náhuatl, lengua que el fraile dominaba casi perfectamente desde la infancia, con sus variedades geolectales y sociolingüísticas. Aunque no había sido el náhuatl su lengua materna, su influencia late en toda la sección castellana. Ya en el «Aviso primero» destaca Molina que en el *Vocabulario*

> se ponen algunos romances que en nuestro Castellano no quadran, ni se usan mucho; y esto se haze por dar a entender mejor la propiedad de la lengua de los indios, y assi dezimos *Abaxador*, aunque no se usa en nuestro romance, por declarar lo que quiere dezir esta palabra: *tlate mouiani*, la qual en buen romance quiere dezir «el que abaxa algo» (hoja 5).

Desde el punto de vista de la macroestructura, nos hallamos ante un depósito vivo de la cultura material mexicana y española. Aunque nada de lo que ve se encuentra descrito o inventariado en los textos griegos y latinos del Mundo Clásico, Molina deja constancia en su *Vocabulario* de la realidad cotidiana en un momento histórico de incipiente mestizaje, cuando el español derivaba en una lengua sedienta de antillanismos, nahuatlismos, voces caribes y tantas otras de diversa filiación indígena. Los préstamos indoamericanos y el fondo léxico patrimonial ponen de manifiesto al concurrir en las entradas (Molina 1555) la poliédrica realidad historicolingüística de la Nueva España.

Creemos que el «Aviso quinto» debe interpretarse en el sentido de que Molina aspiraba a un diccionario náhuatl-castellano y por ello se deslizó involuntariamente en los preliminares que tenía en mente aquella magna empresa:

> Todos los vocablos que hubiere diferentes para significar una misma cosa, que en el latín llamamos sinónimos, se distinguirán con un punto. [...] Y así hay muchos de esta manera, los cuales se *declararán* muy mejor, en el vocabulario que *comiença en la lengua de los yndios* (Molina 1555: hoja 6r., cursiva nuestra).

Vamos a comparar con el «Aviso quinto» de la edición de 1571:

> Y assi ay muchos desta manera, los quales se *declaran* muy mejor, en el Vocabulario *segundo* que comiença en la lengua de los yndios (Molina 1571: hoja 4r., cursiva nuestra).

Creemos que el vocabulario mexicano-castellano no se gestó como proyecto después de imprimirse el Molina de 1555, sino que su autor concibió desde el principio un *vocabulario interlingüe mexicano-español*, donde la lengua de partida era el náhuatl, aunque se accediera mediante una macroestructura lexemática castellana. De este modo se podría atesorar la riqueza de la lengua, convenientemente clasificada e inventariada[6]. Indudablemente, el *Vocabulario español-latino* y el *Diccionario latino-español* de Nebrija se mostraban como paralelos ilustres de su proyecto lexicográfico: un vocabulario náhuatl-castellano y castellano-náhuatl. Rechazamos que Molina en 1555 «ya anticipaba la existencia de la parte inversa de su vocabulario (la mexicano-castellana), por lo menos como proyecto, en este aviso quinto de la edición de 1555» (Hernández 2001: 22). Para nosotros, el franciscano perseguía un vocabulario náhuatl-castellano, aunque era más fácil empezar por el castellano-náhuatl. Cuando pudo dar a la imprenta el volumen soñado, escribió un prólogo que no tiene desperdicio:

> Digo esto, porque quando imprimi la primera vez el *Vocabulario de la lengua Mexicana*, obra a mi parecer harto buena y necesaria para ayudar a los ministros desta nueva iglesia, a la deuida execucion de sus oficios [...] no fue otro mi intento, sino començar a abrir camino, para que con el discurso del tiempo y con la inteligencia de otros mas biuos entendimientos, se fuesse poco a poco descubriendo la mina (a manera de decir) inacabable de vocablos y maneras de hablar que esta copiosissima y artificial lengua Mexicana tiene [...] Acorde de hazer esta segunda impresion, mejorando la obra que auia principiado en dos cosas. La vna, que al Vocabulario impresso en el año de cincuenta y cinco que comença en romance añadi [...] mas de quatro mil vocablos. La otra, en componer e imprimir este otro *Vocabulario que comença en lengua Mexicana, el qual me ha costado el trabajo que nuestro Señor sabe y los que lo entienden podrán imaginar* (Molina 1571, cursiva nuestra).

Queda bien claro que para Molina el *Vocabulario* de 1555 era un *diccionario náhuatl*. No se confunde cuando lo nombra *Vocabulario de la lengua Mexicana*. Es tan evidente que a veces lo olvidamos: los misioneros necesitaban un *vocabulario interlingüe del náhuatl*. Aceptemos, pues, que

---

[6] Sospechamos que el comienzo en 1547 de los trabajos de Molina, para redactar un diccionario bilingüe, coincidiría con el inicio de las investigaciones de fray Bernardino de Sahagún sobre la cultura náhuatl, en el contexto del Colegio Imperial de Santa Cruz de Tlatelolco.

Molina había redactado esas recomendaciones de uso del vocabulario para una obra náhuatl-castellano en la que ya estaba trabajando. Era consciente de que no podría alumbrar un diccionario integral, por definición, pues resulta imposible apilar todo el caudal léxico de ninguna lengua, no solo del náhuatl: «en este tiempo se me han ydo ofreciendo otros vocablos de nueuo, de los muy muchos que quedan y *quedaran siempre por poner*» («Prólogo al lector» del *Vocabulario mexicano-castellano*; cursiva nuestra).

3. LINGÜÍSTICA EN LA FRONTERA

Fray Alonso se nos muestra hoy como un prototipo de los activos «lingüistas en la frontera». Cada misionero empezó

> aprendiendo primero la lengua que se tratara [sic] de codificar, convirtiéndose en uno de sus hablantes, familiarizándose con ella plenamente, para después describirla como si fueran hablantes nativos. Lento y arduo procedimiento, que pocos lingüistas contemporáneos son capaces de adoptar. Aquel aprendizaje íntimo y vivencial, aquel procedimiento de americanización lingüística era, además, la mejor manera de identificarse con los pueblos amerindios, de comprender sus culturas, sus sentimientos, sus necesidades, sus inquietudes, todo lo cual permitió a estos misioneros convertirse en verdaderos defensores de los indios (Lope Blanch 1990: 46).

Las dificultades lingüístico-tipológicas con que se encontraban los frailes en América al estudiar las lenguas indígenas no eran tan distintas de las que fray Pedro de Alcalá había eludido al redactar su *Arte para ligeramente saber la lengua arauiga* (Granada, 1505), después de la conquista del reino nazarí de Granada: «A comparison of the doctrinas and confesionarios ot the first fathers in New Spain with the works of the type published by Pedro de Alcalá in Spanish and Arabic reveals that they are essentially the same in form and manner of presentation» (apud Grass 1965: 63).

La peculiaridad propia de los misioneros convertidos en lingüistas la ha puesto de relieve Esparza. Las argumentaciones misioneras proceden de las Sagradas Escrituras; actúan movidos por una obligación moral; persiguen predicar el evangelio en la lengua indígena y, al mismo tiempo, se comportan como «lingüistas en la frontera». Ahora bien, respecto de las ideas sobre las lenguas, Esparza postula una «interrelación entre el cuerpo doctrinal de principios e ideas lingüísticas inspiradas en los textos sagrados, que dan soporte teórico a las obras, y la necesidad de acudir a fuentes gramaticales específicas que ayuden a modelar del mejor modo posible la descripción gramatical de las lenguas indígenas» (Esparza 2003: 68-69 y 75).

Se han delimitado cuatro procesos epistemológicos de *percepción-construcción* de la novedad indoamericana: a) *construcción-aprendizaje* de la realidad lingüística por parte de los misioneros; b) *construcción-comprensión* de la cosmovisión y la cultura autóctona; c) *construcción-descripción* o *construcción-teorización* de dicha realidad; y d) *construcción-intervención espiritual*, que se materializaba en una transculturación, pues los contenidos cristianos se expresaban con la lengua ajena (Zimmermann 2005: 111). Para tan conspicuo teórico de la historiografía lingüística misionera como Zimmermann, la *actividad transcultural* se revela al utilizar algo de otra cultura en la propia; el producto transcultural, por su parte, resulta «un fenómeno observable que resulta de un proceso epistemológico y de una actividad transcultural» (p. 114). Aunque parezca obvio, conviene subrayar que los misioneros desconocían no solo las lenguas sino las religiones indígenas. De modo que concibieron como programa realizar la evangelización cristiana en la lengua del evangelizado, sin interesarse por la enseñanza del español como lengua extranjera (cf. Esparza 2005: 77-87). Sin embargo, al traducir con la lengua náhuatl los contenidos religiosos del cristianismo, los frailes estaban reestructurando toda conducta social indígena. Como bien recuerda Zimmermann, a diferencia de nuestras sociedades postsecularizadas, la religión ocupaba el centro de la cosmovisión indígena en aquel contexto histórico. De este modo, los misioneros llegaron a los límites de la comunicación intercultural: a una «equivalencia interlingüe aproximativa», debido a lo que se llama *relatividad lingüística*. Asimismo, mediante su intervención evangelizadora, los misioneros ejercían una intervención lingüística en la estructura léxico-semántica de las lenguas amerindias, que no se percibiría explícitamente (Zimmermann 2005: 123-127). En este punto conviene destacar la precariedad teórica de la Lexicología y la Lexicografía misioneras dentro de la disciplina que llamamos Historiografía Lingüística Misionera. En el iluminador estudio de Zimmermann, que abre el selecto volumen del primer congreso internacional de Oslo (2003) sobre esta disciplina, se despliega un cuadro de tareas pendientes innumerables:

La H[istoriografía] L[ingüística] M[isionera] es una subdisciplina de la historiografía de la lingüística bastante joven. Sin embargo, no había una discusión controvertida acerca de su forma de ser. Tampoco hubo una propuesta estructurada de cómo debería ser y de cómo debería hacerse. Ya que la LM ha sido poco conocida y que se encontraron juicios negativos y despectivos acerca de estas actividades, me parece necesario aceptar que una de las tareas fue la de convencer a los que no conocen este campo de estudio de la falsificación de la historia al respecto. [...] Quiero hacer una contribución a la búsqueda de una posición consensual de la historiografía de esta forma de las ciencias del lenguaje. Me propongo llegar a la propuesta teóricamente fundamentada del estatus de la LM y de las tareas y subcampos de ella pasando por la crítica, que es un instrumento de pensamiento viabilizador, no de denigración (Zimmermann 2004: 11-12).

El celo purista de los misioneros se fue acentuando con el tiempo y generó una extraña aversión de los desarrollos del náhuatl, que se tildaron de corrupción lingüística. Esto es, los frailes no tenían ojos para alcanzar a ver que, tras la conquista, colonización y predicación religiosa, tanto la cultura como la sociedad y la lengua náhuatl se habían transformado. Los franciscanos se olvidaban de que vivían en la frontera del español y en la frontera del náhuatl, vivían en un tiempo nuevo: una transición que algunos llaman desde la lingüística hispánica *la americanización del español*, *el mestizaje del español*, etc. (Canger 1994-95: 45). La lengua náhuatl no podía permanecer incólume y ajena a esta transformación por la llegada de un pueblo de colonizadores. A este proceso se le puede llamar de muchas maneras: *aculturación*, *hispanización* o *globalización*. Si la obra de Molina es una pieza básica en el estudio del impacto de la realidad cultural, material y lingüística mexicana con la lengua castellana, no es menos cierto que en el náhuatl también encontramos información sobre cómo la influencia de lo español revierte en ciertos cambios de la lengua. Ese encuentro interactivo de culturas, esa convivencia en la frontera repercutió en ambas comunidades lingüísticas, alterándolas incesantemente desde el primer momento.

Molina, como el resto de frailes, se negaba a reconocer la evidencia de los nuevos desarrollos lingüísticos, en tanto que perseguía una variedad antigua y tradicional del náhuatl, en un proceso similar al de los autores costumbristas que falsean la realidad idiomática, en busca de la inexistente originalidad prístina: las lenguas vivas están sometidas al cambio incesante.

Desde el punto de vista religioso y evangelizador, la conquista novohispana se convertía en una extensión cronológica y geográfica de la consumada reconquista peninsular. Desde los tiempos de la Europa medieval, la conversión de los infieles había sido objetivo vocacional de franciscanos y dominicos. Al igual que en el reino nazarí de Granada (tras su conquista definitiva en 1492), entre los indígenas mexicanos se dieron «ciertas similitudes en los métodos emprendidos para la conversión de ambos: el aprendizaje de la lengua de los nuevos convertidos por parte de los predicadores (a pesar del interés de la Corona por imponer el castellano), la dedicación especial a la instrucción de los niños, la insistencia en el desinterés material de los misioneros y la atracción externa hacia el culto cristiano», por lo que «la experiencia granadina pudo ser aprovechada de algún modo por los misioneros de México» (Aracil Varón 1999: 44). Por su parte, Garrido Aranda (1980: 33ss.) ha subrayado otros paralelismos entre la evangelización en tierras de moriscos y novohispanas: la superposición avasalladora de religiones, que no cambiaba el lugar de celebraciones rituales, la lucha de la Inquisición contra los rebrotes de la religión anterior, los contenidos similares en la catequesis, los métodos evangelizadores y la creación de instituciones para educar a los cristianos nuevos. Por lo tanto, al estudiar la situación de frontera y las estrategias lingüísticas respecto a la evangelización de los indígenas de México, habrá que revisar profundamente el precedente cercano (con su desarrollo paralelo, claro y preciso) de la conquista del Reino de Granada. Aquí se puso en marcha el desarrollo de un plan de actuación misional franciscana de gran envergadura que ya contemplaba la necesidad de disponer de herramientas lingüísticas. Su efectividad y eficacia rubricarían tales esfuerzos como un protocolo de actuación que debería extenderse a otras empresas similares[7].

La confección de materiales instrumentales como los vocabularios, calepinos, sermonarios, doctrinas, etc. mostraba una situación similar a la que se experimentó en Andalucía tras haber desaparecido la frontera de Granada. Inmediatamente, se dispuso de herramientas operativas tan eficaces como el *Arte para ligeramente saber la lengua arauiga*, de Pedro de Alcalá (Granada,

---

[7] Para Aracil Varón (1999: 45), pese a todo, «más allá de las importantes diferencias entre moriscos e indios, y aun considerando que la evangelización morisca continuaría desarrollándose, de forma paralela a la mexicana, durante el siglo XVI, es muy probable que la misión novohispana tuviera en la experiencia granadina un precedente destacado por lo que se refiere a algunos de los métodos concretos de misión».

1505); la *Doctrina Christiana en lengua Arauiga y Castellana*, de Martín de Ayala (Valencia, 1566) y la *Recopilación de algunos nombres arábigos que los árabes pusieron a algunas ciudades y a otras muchas cosas*, de Diego de Guadix (c. 1580). De esta manera, Santiago Matamoros se convirtió en Santiago Mataindios y se persiguió el aniquilamiento del mundo indígena con la difusión del cristianismo (Domínguez 2006: 33-36).

Al finalizar el siglo XVI había ya obras en mexicano, otomí, tarasco, mixteco, chuchón, huasteco, zapoteco y maya, sin contar con las realizadas en lenguas de Guatemala, sobresaliendo entre todas los cincos vocabularios, mexicano de Molina, tarasco de Gilberti, zapoteco de Córdoba, mixteco de Alvarado y maya de Villalpando. Al *VCM55* le cupo la gloria, además, de convertirse en modelo lexicográfico, para elaborar otros diccionarios plurilingües que partían del español y tenían como lengua de destino cualquier otra de las lenguas indígenas americanas, filipinas u oceánicas (Quilis 1998). El propio *Vocabulario trilingüe* de Urbano se realizó sobre el *Vocabulario* de 1555 (Lastra 1992).

4. Conclusiones

Desconocemos demasiado sobre la *lexicografía interlingüe misionera*. Además, carecemos de ediciones fiables, con criterios filológicos, y nos faltan estudios minuciosos, al estilo de los que han empezado a desarrollarse para ser presentados en los congresos de lingüística misionera, puestos en marcha en Oslo (Noruega) en el año 2003 (Zwartjes/Hovdhaugen 2004; Zwartjes/Altman 2005). Desde el punto de vista programático (Zimmermann 2004: 24-28), se precisa sistematizar los criterios para culminar el análisis historiográfico de esta obra lexicográfica (Molina 1555) concebida en la lengua indígena y orientada a la transculturación de los frailes españoles.

En los diccionarios de Molina los criterios metodológicos introdujeron novedades significativas en el modo de trabajar con las lenguas amerindias frente a los autores antecesores y coetáneos. Así, se rompió con los métodos de fray Andrés de Olmos, pues se buscaban estrategias para aprender sistemáticamente y de modo eficaz el uso de la lengua náhuatl por parte de los religiosos españoles.

De este modo, Molina, junto con otros gramáticos, como por ejemplo Maturino Gilberti, insufla a la obra de la lingüística misionera un aliento de modernidad que aún hoy nos sorprende en la descripción de las lenguas amerindias. Fray Alonso desarrolló un análisis *empírico-descriptivo* del náhuatl en forma de tres diccionarios y una gramática. Es cierto que el castellano y otras lenguas vulgares también gozaron de tratados gramaticales descriptivos. Sin embargo, «la empresa de los lingüistas misioneros (en Iberoamérica, en América del Norte, en Asia y en menor medida en África) ha sido, entonces, una **empresa empírica singular** en la época [...] Los lingüistas misioneros han construido a partir del análisis de las lenguas una serie de categorías gramaticales desconocidas hasta entonces en la tradición europea» (Zimmermann 2004: 16-23). De ellos pasaron a las obras de Hervás y de Humboldt (Breva Claramonte 2002 y 2004).

En aquel primer diccionario de Molina subyace un complejo entramado de transculturación, interferencia y política lingüística inexplorado suficientemente. Siempre hemos concebido el *Vocabulario* de 1555 como la pieza fundamental de la lexicografía hispanoamericana. Muchos años dedicó Molina religiosamente a escribir el más ambicioso vocabulario de la lengua náhuatl o mexicana, a pesar de las dificultades inimaginables que debió sortear durante tres largas décadas. Al principio y al final de ese proyecto vital se hallaban, respectivamente, el *Vocabulario castellano-náhuatl* (1555) y el *Vocabulario náhuatl-castellano* (1571).

5. BIBLIOGRAFÍA

ARACIL VARÓN, BEATRIZ (1999): *El teatro evangelizador. Sociedad, cultura e ideología en la Nueva España del siglo XVI*. Roma: Bulzoni Editore.

BREVA CLARAMONTE, MANUEL (2002): «Lorenzo Hervás (1735-1809) y la tipología lingüística moderna», en: *Actas del I Congreso Internacional de la SEL*. Madrid: Arco Libros, 161-171.

— (2004): «Contexto epistemológico y modelo doctrinal de las ideas lingüísticas de Lorenzo Hervás (1735-1809)», *Revista Española de Lingüística* 34, 1, 39-68.

CANGER, UNA (1994-1995): «Artes poco conocidos del náhuatl», *Amerindia* 19-20, 183-190.

DOMÍNGUEZ, JAVIER (2006): «Santiago Mataindios: La continuación de un discurso medieval en la Nueva España», *Nueva Revista de Filología Hispánica* 54, 1, 33-56.

Esparza, Miguel Ángel (2003): «Lingüistas en la frontera: sobre las motivaciones, argumentos e ideario de los misioneros lingüistas», *Romanistik in Geschichte und Gegenwart* 9, 1, 67-92.

— (2005): «Los prólogos de Alonso de Molina al *Vocabulario* (1555) y al *Arte* (1571)», *Filología y Lingüística. Estudios ofrecidos a Antonio Quilis*. Madrid: CSIC/UNED/Universidad de Valladolid, II, 1701-1718.

Garrido Aranda, Antonio (1980): *Moriscos e indios. Precedentes hispánicos de la evangelización en México*. México: UNAM.

Grass, Roland (1965): «America's first linguists: their objectives and methods», *Hispania* 48, 1, 57-66.

Griffin, Clive (1991): *Los Cromberger. La historia de una imprenta del siglo XVI en Sevilla y Méjico*. Madrid: Instituto de Cooperación Iberoamericana/Ediciones de Cultura Hispánica.

Hernández, Esther (2001): «Estudio», en: Molina (2001 [1571]), I.

Hernández de León-Portilla, Ascensión (1988): *Tepuztlahcuilolli, impresos en náhuatl*. México: UNAM.

— (1993): «Nebrija y el inicio de la lingüística mesoamericana», *Anuario de Letras* XXXI, 205-223.

— (1995-1996): «Hernando de Ribas, intérprete de dos mundos», *Revista Latina de Pensamiento y Lenguaje (Número monográfico: Estudios de filología y lingüística náhuatl)* 2, 477-493.

— (1997): «De la palabra hablada a la palabra escrita: Las primeras gramáticas del náhuatl», *Estudios de Cultura Náhuatl* 27, 210-223.

— (comp.) (1998): *Obras clásicas sobre la lengua náhuatl*. Madrid: Clásicos Tavera (Serie IX, vol. 8: *Fuentes lingüísticas indígenas*).

— (1999): «Un prólogo en náhuatl suscrito por Bernardino de Sahagún y Alonso de Molina», *Estudios de Cultura Náhuatl* 29, 199-208.

— (2003): «Las primeras gramáticas mesoamericanas: Algunos rasgos lingüísticos», *Historiographia Linguistica* XXX, 1-2, 1-44.

Lafaye, Jacques (2002): *Albores de la imprenta. El libro en España y Portugal y sus posesiones de ultramar (siglos XV y XVI)*. México: FCE.

Lastra, Yolanda (1992): «El vocabulario trilingüe de fray Alonso Urbano», en: Luna Traill, Elisabeth (coord.): *Scripta Philologica in honoren Juan M. Lope Blanch*, vol. 3. México: UNAM, 39-46.

León-Portilla, M. (1987): *Bernardino de Sahagún*. Madrid: Historia 16-Quorum.

Lope Blanch, Juan M. (1990): «La lingüística española en el siglo de Oro», en: *Estudios de historia lingüística hispánica*. Madrid: Arco Libros, 5-50.

MALKIEL, YAKOV (1972): *Linguistics and Philology in Spanish America. A Survey (1925-1970)*. The Hague/Paris: Mouton.

MATHES, MICHAEL (1982): *Santa Cruz de Tlatelolco: La primera biblioteca académica de las Américas*. México: Secretaría de Relaciones Exteriores.

MENÉNDEZ PIDAL, RAMÓN (1944): «Los incunables americanos», prólogo a *Doctrina cristiana en lengua española y mexicana por los religiosos de la Orden de Santo Domingo*. Ed. facs. de la impresa en México por Juan Pablos en 1548. Madrid: Ediciones de Cultura Hispánica (Colección de Incunables Americanos. Siglo XVI. Vol. I).

MOLINA, ALONSO DE (1555): *Aqui comiença vn vocabulario en la lengua Castellana y Mexicana*. México: Juan Pablos.

— (1571): *Vocabulario en lengua castellana y mexicana/Vocabulario en lengua mexicana y castellana*. (Ed. facs. de la impresa en México por Antonio de Espinosa en 1571. Madrid: Ediciones de Cultura Hispánica (Colección de Incunables Americanos. Siglo XVI. Vol. IV)).

— (2001 [1555]): *Aqui comiença vn vocabulario en la lengua Castellana y Mexicana*. Ed. facs. con estudio preliminar de Manuel Galeote. Málaga: Universidad de Málaga/Ayuntamiento de Málaga (Anejo XXXVII de *Analecta Malacitana*) [México: Juan Pablos].

— (2001 [1571]): *Vocabulario en lengua castellana y mexicana/Vocabulario en lengua mexicana y castellana*. Ed. facs. con estudio de E. Hernández. Madrid: AECI [México: Antonio de Espinosa].

MORENO FERNÁNDEZ, FRANCISCO (1994): «Antonio de Nebrija y la lexicografía americana del siglo XVI: A propósito del Lexicón de Fray Domingo de Santo Tomás», *Voz y Letra* V, 1, 79-104.

OLMOS, ANDRÉS DE (1993 [1547]): *Arte de la lengua mexicana*. Ed. facs., introducción y transliteración por Ascensión y Miguel León-Portilla. Madrid: Ediciones de Cultura Hispánica.

QUILIS, ANTONIO (1998): «Los estudios sobre las lenguas americanas y filipinas en los siglos XVI y XVII», en: *Estudios de lingüística y filología españolas. Homenaje a Germán Colón*. Madrid: Gredos, 405-413.

RINGMACHER, MANFRED (1997): «El *Vocabulario* náhuatl de Molina, leído por Humboldt y Buschmann», en: Zimmermann (ed.): 75-112.

SMITH STARK, THOMAS C. (2002): «El *primer Nebrija indiano*. Apuntes sobre una nueva edición del *Vocabulario* de Alonso de Molina», *Nueva Revista de Filología Hispánica* 50, 2, 531-541.

STOLS, ALEXANDER A. M. (1989 [1962]): *Antonio de Espinosa: el segundo impresor mexicano*. México: UNAM.

VICENTE CASTRO, FLORENCINO/RODRÍGUEZ MOLINERO, JOSÉ LUIS (1997): *Bernardino de Sahagún: El primer antropólogo en Nueva España (siglo XVI)*. Salamanca: Universidad de Salamanca [reimp. facs. León, 1986].

ZIMMERMANN, KLAUS (ed.) (1997): *La descripción de las lenguas amerindias en la época colonial*. Madrid/Frankfurt: Iberoamericana/Vervuert/.

— (2004): «La construcción del objeto de la historiografía de la lingüística misionera», en: Zwartjes/Hovdhaugen (eds.): 7-32.

— (2005): «Traducción, préstamos y teoría del lenguaje: La práctica transcultural de los lingüistas misioneros en el México del siglo XVI», en: Zwartjes/Altman: 107-136.

ZULAICA GÁRATE, ROMÁN (1991 [1939]): *Los franciscanos y la imprenta en México en el siglo XVI*. México: UNAM.

ZWARTJES, OTTO/HOVDHAUGEN, EVEN (eds.) (2004): *Missionary Linguistics/Lingüística misionera: Selected Papers from «The First International Conference on Missionary Linguistics» (Oslo, 13-16 March 2003)*. Amsterdam/Philadelphia: John Benjamins.

ZWARTJES, OTTO/ALTMAN, CRISTINA (eds.) (2005): *Missionary Linguistics II/Lingüística misionera II: Selected Papers from «The Second International Conference on Missionary Linguistics» (São Paulo, 10-13 March 2004): Orthography and Phonology*. Amsterdam/Philadelphia: John Benjamins.

UM NOVO TEXTO JUDEU-PORTUGUÊS ALJAMIADO

Gerold Hilty
Universität Zürich

Na minha contribuição à homenagem a Martin Lienhard apresentei a seguinte lista de textos judeu-portugueses aljamiados (Hilty 2006: 101-102):

— Instruções rituais em relação com uma *haggada*, num manuscrito de fins do século XIII ou princípios do século XIV (*Cecil Roth Collection* da Brotherton Library da Universidade de Leeds).

— Uma espécie de acta de empréstimo, redigida a 25 de Dezembro de 1408, por Joseph b. Guedalia Franco de Torres Vedras (manuscrit hébr. 215 da Biblioteca Nacional de Paris).

— A tradução das partes 4 a 8 do *Libro conplido*, feita por Joseph b. Guedalia Franco em 1411 (manuscrito Laud. Or. 310 da Bodleian Library de Oxford).

— O livro *De magia*, traduzido do espanhol ou do catalão (manuscrito Laud. Or. 282 da Bodleian Library de Oxford).

— Fragmentos duma tradução (efectuada cerca de 1450) da *Magna Chirurgia* de Guy de Chauliac (manuscrito Hunt.175* da Bodleian Library de Oxford).

— O *Livro de como se fazen as cores*, escrito provavelmente em Loulé em 1462 (manuscrito 945 dos «Codices Hebraici» da Biblioteca de Parma).

— Instruções rituais em relação com uma *haggada*, escritas cerca de 1485 (manuscrito Can. Or. 108 da Bodleian Library de Oxford).

No capítulo «Judeo-Portuguese» da *Jewish Language Research Website*, Miriam Sharon cita uma parte destes textos e acrescenta mais dois (Sharon 2002: 2):

— A medical treaty of ophthalmology in Portuguese Aljamiado from 1300, located in Biblioteca Publica Municipal 14 in Porto, Portugal.

— A treaty of medical astrology containing a part in Portuguese from the XVth century, located at the Jewish Theological Seminary in New York (Ms. 2626).

A primeira adição é errónea. O manuscrito em questão contém uma obra em judeu-castelhano, que, aliás, foi publicada em 1999: Pedro Hispano, *Tesoro de los proves. Versão em judeu-castelhano aljamiado (séc. XV).* Introdução, edição e índices por Maria Adélia Soares de Carvalho Mendes. *Mediaevalia.* Textos e estudos, 15-16 (1999).

A segunda adição despertou a minha curiosidade. Procurei um microfilme do manuscrito de Nova Iorque e constatei que o texto mencionado por Miriam Sharon tem muito interesse, embora seja bastante breve.

O manuscrito do Jewish Theological Seminary é um códice miscelâneo, que contém (*History of Science* 1980: 72):

— a tradução hebreia duma obra de Ibn al-Haiṭam
— sete obras de Ibn Ezra, Abraham ben Meir
— uma obra de Moisés ben Abraham de Leiria
— a tradução hebreia duma obra de Māšā'allāh

A obra que nos interessa é a de Moisés ben Abraham de Leiria. Este autor é praticamente desconhecido. No seu livro *Los judíos en Portugal*, a melhor conhecedora da história dos judeus em Portugal, Maria José Pimenta Ferro Tavares, cita esta personagem uma única vez dizendo: «Don João I también buscaría dos figuras desconocidas para este cargo (*sc.* el rabinado mayor): el maestre Moisés de Leiria, su físico, rabí mayor de 1391 a 1405, y Judas Cohen, su sucesor» (Ferro Tavares 1992: 54). Numa carta pessoal, esta investigadora escreveu-me:

Lamento não poder ajudá-lo como desejaria. Mestre Moisés de Leiria, rabi mor de Portugal no tempo de D. João I, e físico do rei, é um ilustre desconhecido, mesmo para mim. Ele é mencionado numa ordenação régia sobre as funções do rabi mor. – Poderia ser de Leiria, mas também sei que o topónimo Leiria se transformou num apelido toponímico de muitas famílias judaicas residentes em Lisboa, em Évora, etc. O problema reside na sua identificação, dado existir o mesmo nome ao longo do século XV em várias comunas do reino. Uma vez que a corte era itinerante e ele era um médico cortesão pode ter servido o rei numa dada localidade e depois ter acompanhado o soberano. Podia ser também um servidor do mestre da ordem de Avis que depois se tornou rei e quis manter perto de si uma pessoa da sua confiança, nomeando-o rabi mor. (carta de 10 de Julho de 2007)

O manuscrito de Nova Iorque não nos dá uma imagem completa desta personagem desconhecida, mas proporciona-nos alguns detalhes novos. Mostra-nos que Moisés de Leiria não era só físico (médico), mas também astrólogo. Com isto encontra-se na linha dos médicos/astrólogos judeus na corte portuguesa como, por exemplo, Mestre Guedelha, mencionado na *Crónica de D. Duarte*, de Rui de Pina, como «físico» do rei «e grande astrólogo» (Hilty 2006: 113). A obra contida no manuscrito de Nova Iorque intitula-se em hebreu *Sefer lada'at ḥaye ha-molad* 'Livro da ciência da vida dos recém-nascidos'; contém, pois, horóscopos de nascimento e é dedicado a Ḥayyim de Bribesca. Na passagem que transcreveremos, este nome é seguido de uma abreviatura, formada de *samech* e *teth*, que, segundo uma amável comunicação de Colette Sirat, pode significar *sofo tov* 'que o seu fim seja bom' (fórmula de bênção para vivos), ou *sefaradi tahor* 'sefardim puro', aludindo ao facto de que Ḥayyim fazia parte dos expulsos da Espanha, que se consideravam aristocratas. A segunda interpretação parece-me a mais provável, visto que Ḥayyim era originário de Briviesca (província de Burgos), cuja comunidade judia foi destruída na guerra civil de 1366-69 entre Pedro, o Cruel, e Enrique de Trastámara (cf. *EJ* IV, 189-190 [s. v. *Briviesca*]). É verdade que mais tarde se restabeleceu, mas, por razões cronológicas, inclino-me a julgar que, antes deste restabelecimento, Ḥayyim emigrara para Portugal, onde, no último terço do século XIV, Moisés de Leiria lhe dedicou o livro em questão.

No manuscrito que contém a obra, a primeira página e três linhas da segunda estão escritas em hebreu. De interesse maior são as últimas frases desta introdução. Eis aqui o texto:

> Projectei redigi-lo [*sc.* este livro] para ti [*sc.* Ḥayyim de Bribesca] em língua hebreia, mas desisti, porque a língua hebreia não basta para escrever nela destas coisas sem dificuldade. Por isso escrevi-o na língua – para nós estrangeira – do nosso país, com palavras árabes e latinas, acostumadas para isto.

Transcrevo o texto português que se segue (f. 162v 4-8):

Trautado do alhilej que conpos M(eestre) Moisen de Leria a rogo de R(av) Ḥayyim de Bribesca (sefardim puro). E foi en seu acordo de o fazer en ladino por o mostrareen [a]os sabedores das gentes que disto algo sabeen; e son (dois) capitulos.

O texto português continua até ao fólio 166r 8. Então passa-se de novo à língua hebreia. O português não reaparece até ao final da obra no f. 171v. Temos, pois, uma obra escrita em parte em hebreu (f. 162r 1– 162v 3 e 166r 9 – 171v 15), em parte em português (f. 162v 4 – 166r 8). Para fazer uma edição seria necessária a colaboração dum hebraísta e dum lusitanista.

Neste pequeno estudo quero falar ainda do título «Trautado do alhilej»:

Em textos medievais galegos e portugueses são frequentes as formas *trautar, trautado, trautamento*. A palavra *trautado* (< TRACTATU) apresenta a evolução fonética de *-ct-* a *-ut-* (Williams 1938: 85). A forma *trautado*, em função de particípio passado, aparece também no *Fabulário Português Medieval*, obra do século XIV, conservada num manuscrito do século XV (Leite 1903-1905: 117; 1906: 42). O verbo *trautar* está atestado no *Dicionário de Alcobaça* (século XV) (Machado²1967: 2242 [s. v. *tratar*]).

A base de *alhilej* é a palavra árabe *al-hīlāj* ou *al-haylāj* (Hilty 2005: 191), baseada no persa *hīlāk*, que traduz o termo grego ἀφέτης (cf. *DEM*, s. v. *alhilech*). Os reflexos de *hīlāj/haylāj* em textos românicos são numerosos. Na tradução judeu-portuguesa do *Libro conplido*, texto mais próximo do nosso, aparecem as formas *ileij* (pl. *ileiges*) e *iliej*; nas partes castelhanas da mesma obra registamos *alhileg, alhyleg, hiles* e, sobretudo, *yles*, forma mais frequente. O *Libro del saber de astrología* de Afonso o Sábio acrescenta a esta lista as formas *alhilech, alhileche, alhileth, alhyleth* y *hylech* (Kasten/Nitti 2002, s. v. *yles*).

Na tradução judeu-portuguesa da parte sétima do *Libro conplido* lemos que «os ileiges son o acendente e o Sol e a Lua e a parte fortuna e o meio ceu» (Hilty 2005: 82). A parte quarta desta obra dedica ao termo técnico em questão todo o capítulo terceiro, que começa assim: «En este capitulo desacordaron mucho los sabios antigos e grandes desarcordanças, porque esta cosa es muy sotil e muy profunda. E nos nombramos aqui razones d'esto segund la oppinion de los griegos e la opinion de los moros e la opinion de la yente de Layrach e diremos cada vna en sos logares. Mas primera miente diremos de Tolomeo» (Hilty 1954: 164b). A menção de Ptolomeu é significativa, porque a teoria da determinação astrológica da vida tem a sua origem em Ptolomeu (cf. *DEM*, s. v. *alhilech*). Não se trata aqui de discutir esta teoria. Uma coisa é certa: no seu tratado, Moisés de Leiria estuda a função do *alhilej* para determinar e indicar a duração da vida do recém-nascido. Uma vez publicada a obra de Moisés, e isso na sua totalidade judeu-portuguesa e hebreia, será interessante ver qual é a variante da teoria que aplica o judeu de Leiria e qual é, talvez, a influência que o *Libro conplido* exerceu sobre o tratado de Moisés de Leiria, cuja parte judeu-portuguesa aljamiada pode completar a lista mencionada no início deste estudo.

BIBLIOGRAFIA

DEM, cf. Müller, Bodo

EJ = *Encyclopaedia Judaica* (²2007). 22 vols. Detroit: Macmillan Reference USA.

FERRO TAVARES, MARIA JOSÉ PIMENTA (1992): *Los judíos en Portugal*. Madrid: Mapfre.

HILTY, GEROLD (1954): *Aly Aben Ragel: El Libro conplido en los iudizios de las estrellas*. Traducción hecha en la corte de Alfonso el Sabio. Introducción y edición por G. H. Madrid: Real Academia Española.

— (2005): *Aly Aben Ragel: El Libro conplido en los iudizios de las estrellas. Partes 6 a 8*. Traducción hecha en la corte de Alfonso el Sabio. Introducción y edición de G. H. Zaragoza: Instituto de Estudios Islámicos y del Oriente Próximo.

— (avec la collaboration de Colette Sirat) (2006): «Le judéo-portugais – une langue marginalisée ?», em: Clerici, Annina/Mendes, Marília (eds.): *De márgenes y silencios*. Homenaje a Martín Lienhard/*De margens e silêncios*. Homenagem a Martin Lienhard. Madrid/Frankfurt: Iberoamericana/Vervuert, 99-116.

KASTEN, LLOYD A./NITTI, JOHN J. (2002): *Diccionario de la prosa castellana del Rey Alfonso X*. 3 tomos. New York: The Hispanic Seminary of Medieval Studies.

LEITE DE VASCONCELLOS, JOSÉ (1903-1905 e 1906): «Fabulário Português Medieval», *Revista Lusitana* 8, 99-151 e 9, 5-109.

MACHADO, JOSÉ PEDRO (²1967): *Dicionário etimológico da língua portuguesa*. 3 tomos. Lisboa: Confluência.

MÜLLER, BODO (1987ss.): *Diccionario del español medieval*. Heidelberg: Winter.

SHARON, MIRIAM (2002): «Judeo-Portuguese. Description», em: Bunin Benor, Sarah (ed.): *Jewish Language Research Website*. <http://www.jewish-languages.org/judeo-portuguese.html> (20 Outubro 2007).

The History of Science. A collection of manuscripts from the library of The Jewish Theological Seminary (1980). An index to the microfilm collection, Reels 1-17. Ann Arbor, Michigan: University Microfilms International.

WILLIAMS, EDWIN B. (1938): *From Latin to Portuguese.* Philadelphia: University of Pennsylvania Press.

Nota final: Eu não teria podido escrever este estudo sem a ajuda de Hans-Jörg Döhla, assistente no Seminário de Filologia Românica da Universidade de Zurique, que, generosamente, pôs à minha disposição os seus conhecimentos de hebreu. Exprimo-lhe os mais cordiais agradecimentos.

Espaces réels et espaces imaginaires – Géographie linguistique des langues romanes, linguistique migratoire, études des cultures et des civilisations

Rolf Kailuweit
Universität Freiburg im Breisgau

1. Introduction

Dans la mesure où nos sciences humaines et l'étude des cultures et des civilisations sont un produit du XIXème siècle, siècle de la science de l'histoire par excellence, l'espace comme catégorie d'analyse est subordonné au temps. La recherche en linguistique et en littérature était traditionnellement une histoire des langues et de la littérature : il y était question des caractéristiques et de l'évolution des langues modernes de culture, de la périodisation des époques: classique, romantique et moderne. Une étroite articulation méthodologique et théorique avec la science de l'histoire allait de soi. En revanche, à peine considérait-on la géographie comme une discipline voisine avec laquelle un échange d'idées eut été profitable. Même une branche de la recherche comme la dialectologie, pour laquelle l'espace joue un rôle décisif, apparaît comme un adjuvant de l'histoire : il en va traditionnellement de la documentation de formes linguistiques très anciennes et de la reproduction de chronologies relatives concernant toute transformation linguistique à travers les cheminements qu'empruntent des phénomènes singuliers pour s'étendre.

L'amnésie spatiale et la focalisation temporelle se sont poursuivies au cours du XXème siècle. L'archéologie du discours par Foucault par exemple est elle aussi une philosophie de l'histoire, qui s'intéresse à établir les ruptures de discours comme des charnières entre les époques.

Pour finir, la discussion post-moderne concernant la fin de l'histoire apparaît de façon ironique comme un ultime grand discours de la temporalité. Cependant si avec le moment postmoderne toute forme de pensée qui en relève mais qui pourrait en dépasser le stade se fige dans l'indépassable coïncidence de la non coïncidence, le regard s'ouvre peut-être sur l'espace comme une catégorie de représentation culturelle au moins égale à celle du temps. Tout au moins a-t-on l'impression d'assister après le *linguistic turn*, l'*iconic turn* et le *pragmatic turn* à un *spacial turn*[1]. Si les publications traitant de la notion d'espace ces dernières vingt années sont indéniablement nombreuses, il apparaît néanmoins toujours nécessaire de défendre, par exemple en sociologie, d'une part l'importance de l'espace contre une orientation temporelle dominante (Schroer 2006), d'autre part de mettre en évidence la contribution propre de la géographie pour les sciences sociales (Werlen ²2004). De telles considérations s'accompagnent d'approches philosophiques chez Deleuze, Flusser ou Bhabha. Le potentiel de ces modèles théoriques pour une réorientation de la linguistique et des lettres en romanistique par exemple est jusqu'à présent encore méconnu.

Le but de cette contribution est cependant beaucoup plus modeste. Je n'ai pas l'intention, dans ce qui suit, d'exposer dans ses grand traits une théorie de l'espace mais de fournir quelques brèves pistes de réflexion au sujet de l'importance de l'espace pour la philologie romane. Discipline qui ne s'est encore pas du tout libérée des contraintes philologiques nationales auxquelles elle est soumise dans l'espace germanophone de manière paradoxale surtout depuis la reconnaissance dans les années 60 du XXème siècle de l'espagnol et de l'italien comme disciplines à part entière. Ces considérations suivent trois mouvements. Je commencerai avec la question de l'espace dans la philologie romane de manière générale et me tournerai ensuite vers deux projets concrets de recherche en chantier à Fribourg : l'un concerne l'établissement d'un corpus du français dans le monde, l'autre la description des cultures des médias et des migrants dans l'espace du Rio de La Plata. Tandis que le premier projet s'appuie sur la géographie linguistique traditionnelle, le second comprend une approche proprement culturelle et de civilisation. L'importance du phénomène de la migration tout comme la question de l'espace cimentent les deux projets.

---

[1] Le concept est vraisemblablement de Soja (1989). Pour d'autres exemples attestant du succès de ce terme, voir Dünne/Günzel (2006 : 9-15).

2. L'ESPACE DE LA ROMANIA

En rejeton du XIXème siècle la romanistique s'est vue confrontée dès ses débuts à une équation d'ordre national et philologique entre langue de culture et langue d'Etat. Dans sa grammaire des langues romanes (1836-1843), on sait que Friedrich Diez part de l'existence de six langues romanes : le français, l'espagnol, l'italien, le portugais, le valache (le roumain) et le provençal (l'occitan). A côté des trois langues nationales français, espagnol, portugais on trouve dès les débuts de la discipline les langues protonationales de l'Italie et de la Roumanie, qui n'acquerront que dans la deuxième moitié du XIXème siècle leur unité et leur indépendance nationale. L'étude du provençal quant à elle, à laquelle viendra s'ajouter ultérieurement aussi le catalan, représente pour ainsi dire un anachronisme a priori à une époque où l'histoire des langues et de la littérature devint un élément essentiel de la culture nationale. La Catalogne comme l'Occitanie connaissent certes une renaissance littéraire au XIXème siècle, mais il n'en ressort pas un mouvement dont le but est de fonder un Etat qui couvrirait l'ensemble de l'espace linguistique et culturel. Les revendications politiques et économiques qui trouvent leur expression maximale en Catalogne ne se limitent pas non plus à une portée régionale, mais c'est de manière également peu conséquente qu'elles visent à une indépendance étatique. Du point de vue de l'histoire de la discipline, la philologie romane traditionnelle se soustrait à l'orientation nationale-philologique dans la mesure où l'étude d'un espace linguistique et culturel dépassant les frontières nationales compte parmi ses domaines de recherche centraux. Allant dans le sens de cette hétérotopie est venu s'ajouter à la fin du XIXème siècle un autre domaine de recherche, même si de moindre importance : la réto-romanistique issue de la découverte d'Ascoli (1873) au sujet de la parenté linguistique du romanche, du ladin et du frioulan, pratiquées dans des régions de Suisse et d'Italie sans relation les unes avec les autres.

Cela étant, une philologie romane dépassant les espaces nationaux ne fut possible que sous certaines conditions. L'importance de l'espace provençal s'explique d'abord, si ce n'est seulement, par l'histoire. La langue et la littérature des Troubadours sont à l'origine, telle l'entend la thèse de départ, d'une histoire culturelle romane et participent de l'élaboration d'une littérature française, italienne et espagnole. L'accès pratique à l'espace culturel provençal se fait à travers le français. L'étude du français constitue le cœur de la philologie romane des pays germanophones : sur la base de connaissances solides du français moderne s'en suit une formation dans les domaines de l'ancien français et de l'ancien provençal. L'italien de Dante ou l'espagnol de Cervantes ne sont pris en compte que de façon marginale dans une formation centrée sur le français.

Le concept d'un espace culturel roman est principalement motivé de manière purement temporelle. Il est issu dans un premier temps de la filiation commune des langues romanes à partir le latin et dans un deuxième temps avec une culture chrétienne et de cour largement partagée depuis le Moyen-Âge. L'espace linguistique roman offre-t-il pour autant de façon synchrone un objet d'étude unifié? Cela a dû être mis en doute dès le XIXème siècle, tout du moins du point de vue de l'histoire de la littérature; cependant ce n'est qu'au XXème siècle que se différencie une science de la littérature qui gagne son autonomie par rapport à la philologie et à sa méthode de comparaison historique[2]. La différenciation de philologies axées sur une langue unique[3] qui rompt avec l'unité d'un espace culturel roman a lieu à une époque où l'acceptation d'Etats linguistiquement et culturellement homogènes a déjà été battue en brèche, à savoir dans les années 70 du XXème siècle.

L'idée que des études de français, d'italien, d'espagnol, de portugais ou de roumain sont axées sur la langue et la culture de la France, de l'Italie, de l'Espagne, du Portugal et de la Roumanie, réduit ces langues à divers degrés et de différente manière à des espaces nationaux imaginaires.

D'un point de vue historique seule l'Espagne recouvre totalement la région d'origine de la langue nationale castillane. La région d'origine du français s'étend à la Belgique et à la Suisse. Depuis les origines on parle aussi l'italien sur les territoires actuels de la France et de la Suisse, le roumain est aussi parlé en Moldavie, dans la Vojvodine serbe et dans d'autres parties des Balkans. Le portugais a sa particularité puisque ses variétés les plus anciennes, parlées dans le nord de l'Espagne, sont perçues comme une langue romane à part entière, le galicien, dont l'appartenance à l'espace lusophone n'est cependant pas catégoriquement niée.

---

[2] À Fribourg par exemple c'est Hugo Friedrich qui occupa la première chaire de littérature romane à partir de 1937; il faisait cependant passer des examens en linguistique aussi. Ce n'est que dans les années 60 qu'on entreprit de distinguer clairement entre les contenus de linguistique et de littérature.

[3] Outre la possibilité d'étudier des langues et des littératures romanes séparément les unes des autres, il existe aussi les associations liées aux disciplines respectives.

Parce qu'elles furent des langues coloniales le français, l'espagnol et le portugais sont répandus à travers le monde. En raison du nombre de locuteurs mais aussi de la production culturelle, l'Espagne et le Portugal ne peuvent plus être considérés comme les centres des espaces culturels respectifs hispanophone et lusophone. Langues de migrants, l'espagnol et l'italien surtout constituent des zones linguistiques et culturelles d'importance dans des pays où ces langues ne possèdent aucun statut officiel. En particulier l'espace culturel hispanophone aux USA devient un des espaces les plus significatifs de la culture hispanique à l'échelle mondiale. En tant que langues coloniales et de migrants les langues romanes sont en contact avec un grand nombre d'autres langues de culture et en sont influencées.

Les Etats nationaux romans d'Europe ne sont en rien monolingues. Les langues romanes, à l'exception du portugais pour lequel cela est moins significatif, sont en contact avec un grand nombre de langues autochtones, romanes et non romanes, qui, du point de vue de la langue nationale, ont le statut de langues minoritaires. À ces langues s'ajoutent des langues de migrants, comme l'arabe par exemple, surtout en France.

Il ressort deux choses de ce grossier panorama. D'un côté on s'aperçoit, pour ainsi dire sur un plan horizontal, que le champ d'expansion des différentes langues romanes s'étend aussi bien au-delà qu'en deçà de la détermination nationale traditionnelle de la territorialité linguistique. Les frontières se révèlent ici vagues et il en va de même pour le domaine de validité d'une culture linguistique, prenons l'exemple d'une littérature nationale, sensée suivre les contours d'un Etat nation. D'un autre côté, sur un plan qui serait cette fois vertical, il faut faire la part aux zones d'entrelacs formés par les différentes cultures linguistiques romanes avec d'autres cultures linguistiques et qui eux non plus ne reconnaissent pas nécessairement les frontières de l'Etat nation (on pense par exemple à l'emboîtement des espaces culturels espagnol et français au travers des langues basque et catalane de part et d'autre des Pyrénées).

De même que la proximité structurelle des langues romanes permet d'élargir l'horizon au-delà d'une philologie du cas par cas, un grand nombre de jonctions et d'emboîtements des espaces de communication en langues romanes rend une perspective pan-romane indispensable. Il s'agira donc pour la philologie romane de donner sa nouvelle mesure à l'espace linguistique et culturel qu'elle décrit. Puisqu'en tant que discipline elle a su résister à la dislocation philologique, elle peut se rattacher à de vieilles traditions sur le plan horizontal de son champ géographique d'analyse. Son objet est tout à la fois la *Romania continua* (dont la région d'extension en Europe correspond largement à celle du latin), la *Romania nova* (les régions romanisées hors d'Europe) et dans une perspective historique la *Romania submersa* (autrefois des régions latinisées où l'on ne parle plus guère aujourd'hui de langue romane).

Sur le plan vertical en revanche il est nécessaire d'opter pour une appréhension nouvelle de l'espace de communication de la Romania. Tandis que Koch/Oesterreicher (2007 [1990]) ont déjà thématisé la différenciation des langues romanes respectives à l'aide du concept de l'espace de variétés, dont l'acception est plutôt métaphorique, il reste encore à étudier de façon systématique des espaces multilingues de communication à plusieurs strates. Si l'on veut saisir langue et culture dans leur interdépendance avec l'espace, il est nécessaire d'analyser les enchâssements des diverses langues et variétés romanes et non romanes. Comme elles sont employées alternativement ou simultanément dans des situations concrètes de communication («types d'activité»), elles occupent le même espace, pour le dire de manière à moitié métaphorique. Elles ont la fonction les unes pour les autres de sub- ou de superstrates, sont dans un rapport hiérarchique en raison de nuances fonctionnelles et de prestige.

Si du point de vue de la linguistique c'est précisément la diversité de la communication qui est intéressante, il se pose néanmoins du point de vue des études culturelles et des civilisations la question de l'unité dans la diversité. Si les Etats nations pris comme ordre de grandeur de référence sont tout à la fois infra- et supra-pertinents au regard des phénomènes linguistiques, quels sont donc les espaces culturels romans? Où sont leurs frontières? Quelles sont les manifestations culturelles, les pratiques selon lesquelles ils s'orientent? C'est à l'aide de deux projets de recherches en cours à Fribourg que je voudrais dans ce qui suit m'atteler à ces questions.

3. Espace de CIEL _ F

Le projet envisagé pour une documentation du français dans le monde (*Corpus International Equilibré de la Langue Française*) se fonde sur une classification croisée dont l'un des axes se réfère à l'espace, l'autre à ce qu'on appelle les situations de communication («type d'activité»). La langue – ce que montre la recherche dialectologique traditionnelle – varie dans l'espace; elle le fait cependant aussi selon les circonstances de la parole. On présume que, selon qu'il s'agisse de propos de table, par exemple durant un repas de famille ou entre amis, d'une communication commerciale ou d'une discussion en classe, différentes formes et stratégies langagières sont utilisées.

Le but du projet est d'étudier dans quelle mesure les paramètres spatiaux ou comportementaux sont responsables de la variation du français. Quelles formes et stratégies langagières spécifiques caractérisent les variétés du français parlées en Corse, au Cameroun ou au Québec indépendamment de la situation de communication? Quelles formes et stratégies restent à l'inverse dépendantes de ces situations de communication dans ces territoires ?

Sous la désignation historique d'espaces linguistiques se cache un double problème. Le premier concerne la définition de l'extension du territoire qui peut être considéré comme francophone. Le second consiste à se demander à propos des régions de ce territoire : quelles zones doit-on prendre en compte? Enfin il s'agit d'évaluer dans quelle mesure la documentation à établir est représentative de ces zones.

Etant donné que la sédentarité est devenue depuis le néolithique le mode dominant d'existence des communautés humaines, il existe une corrélation entre l'espace et la langue. Les hommes peuvent se reposer sur le fait de pouvoir communiquer en des lieux d'implantation spécifiques à travers des formes langagières localement reconnues. Par métonymie on attribue à tel lieu telle forme langagière. On parle ainsi dans la dialectologie traditionnelle de dialecte, voire de parler (patois[4]) d'un «pays» (entendu comme entité géographique régionale réduite) ou d'une région. Ainsi n'attribue-t-on pas des manières caractéristiques de parler aux locuteurs mais au terroir natal de ces locuteurs. Des monographies intitulées «Le parler de…»[5] manifestent cette coordonnée d'évidence. Leurs descriptions des structures langagières ne se distinguent pas par leur essence des descriptions d'un système linguistique tout court, c'est-à-dire d'une langue au sens saussurien (cf. Weinhold/Wolf 2001 : 829). En revanche l'espace (linguistique) apparaît lui comme objet d'étude pour la géolinguistique. Celle-ci documente dans les atlas de langue des cartes linguistiques pour situer des foyers linguistiques et compare ces données en se penchant sur chacun des phénomènes au moyen de l'établis-

---

[4] Terme à éviter à cause de sa connotation péjorative.
[5] Flutre 1955; Aub-Buescher 1962.

sement d'isoglosses. Si les frontières de l'extension d'une forme de langue particulière (isoglosse) coïncident avec une autre (faisceaux d'isoglosses), on peut délimiter des aires linguistiques. Une aire linguistique comme territoire d'expansion d'un dialecte est ainsi non le point de départ de la recherche mais son but. Sur ce point notre projet se distingue fondamentalement de la géolinguistique traditionnelle. Comme il ne s'agit pas pour nous d'établir une grille serrée de foyers linguistiques, mais d'opérer un choix dans le matériel à documenter qui peut être considéré comme représentatif d'une aire linguistique, la détermination de ces aires ne peut être le but de la recherche, elle doit bien plutôt précéder celle-ci.

Dans la géolinguistique traditionnelle c'est justement la caractérisation a priori du pourtour du territoire à analyser qui nous semble discutable. Une analyse exhaustive pourrait procéder à une typologie et viser à une documentation et à une délimitation de toutes les variétés diatopiques appartenant au même type linguistique. Ce n'est cependant pas évident, notamment en ce qui concerne les langues romanes, qu'une variété se laisse ranger sans réserve et selon des critères internes sous un type linguistique particulier, par exemple dans le type du français[6], partant qu'un tel type linguistique se laisse constituer d'après des critères internes.

De façon objective il est possible d'appréhender le cadre extérieur ne serait-ce qu'à travers un assemblage hétérogène de critères. Les atlas de langues traditionnels ont par exemple pour point de départ les frontières nationales ou des régions constituées sur un mode historico-culturel. Des aspects linguistiques et extralinguistiques s'y associent. Les langues standard établies restent cependant en règle générale la référence. On entend «établies» dans le sens de la territorialité (cf. Haugen 1983; Krefeld 2004 : 23) : il s'agit de langues d'écriture et de culture à un stade de développement avancé, qui possèdent à l'intérieur d'un territoire déterminé (l'Etat nation en étant le prototype) un statut officiel, c'est-à-dire dont l'usage dans l'administration publique, les établissements scolaires, le culte etc. est fixé par la loi.

Attribuer à ces langues des dialectes est en fait un anachronisme sachant qu'elles sont elles-mêmes le produit tardif d'un consensus normatif de parlers locaux ou régionaux concurrents. Ainsi du français, continuation du francique, une langue régionale qui à l'époque du vieux français devait cohabiter

---

[6] Voir à ce sujet le problème de la délimitation des dialectes français et provençal (occitan) qui a débouché sur la construction du franco-provençal (Jochnowitz 1973).

avec de nombreuses autres langues régionales au prestige littéraire parfois beaucoup plus grand (le champenois, l'anglo-normand, le picard etc.). C'est pour cette raison que Coseriu (1981) distingue les dialectes de premier ordre qui sont tout aussi anciens que le dialecte qui devint, dans le processus de la constitution de la nation, la langue commune puis la langue standard et les dialectes de second ordre, qui sont issus de l'expansion d'une langue commune au cours du processus de colonisation. Notre projet ayant pour objectif de documenter de manière synchrone le français dans le monde, nous serons amenés à prendre en compte les variations aussi bien premières que secondes.

Il ressort de la différenciation entre les parlers locaux et régionaux à la caractéristique essentiellement orale et les langues standard fixées par l'écrit que le classement d'un dialecte dans une langue comme le français ne se fait pas seulement d'après des critères typologiques, mais est le résultat d'un processus historique. D'importance majeure pour ce processus enfin : le rapport des locuteurs à la langue qui peut être influencé à son tour par une politique linguistique ciblée. C'est ainsi qu'en France l'idée de l'unité de la langue et de la nation a conduit à employer le terme péjoratif de «patois» aussi bien pour désigner les dialectes du français que les langues minoritaires romanes ou non romanes ainsi que leur dialectes parlés en France. Aujourd'hui des variétés telles que le gallo parlé dans l'est de la Bretagne et qui peut être considéré historiquement et typologiquement comme un dialecte du français, tente de s'imposer comme une langue autonome, étant donné qu'une perception valorisante des dialectes ne semble pas possible en France.

Ainsi si déjà en France la spécification des frontières concernant le territoire linguistique français est loin d'être anodine, le problème s'accentue hors de France. Démarquer le territoire d'après le seul critère de la territorialité du français est peu fructueux, vu que le statut du français est très variable ne serait-ce que dans les pays qui se sont associés à l'Organisation internationale de la Francophonie (OIF). Que l'on pense par exemple d'un côté à la Roumanie, au Vietnam ou aux Iles du Cap Vert et de l'autre à la Belgique, au Québec ou au Cameroun. La Louisiane quant à elle ne s'est pas ralliée à l'OIF bien que le français d'Acadie représente une variété non négligeable du français mondial avec ses 200 000 locuteurs. Du point de vue de la dialectologie traditionnelle on ne peut compter au nombre des dialectes issus de la colonisation que ceux qui ont constitué après l'installation de migrants originaires de France un nouveau territoire linguistique fort stable et identifiable géographiquement et au sein duquel le français se distingue de manière significative de la langue standard, en particulier grâce à des processus d'innovation et d'archaïsation. C'est pourquoi le français de New York, de Buenos Aires ou d'Helsinki ne serait pas pris pour objet d'étude en géolinguistique, même s'il y a dans ces villes des communautés de migrants originaires de France.

Selon nous le dilemme posé par la délimitation du champ géographique d'investigation ne peut être résolu qu'en tenant compte du rapport des locuteurs à la langue. Il s'agit de voir si une variété du français en un lieu déterminé remplit une fonction socio-communicative, de telle sorte que les locuteurs parleraient du «français de...». D'après ce critère on peut supposer que la Louisiane en tant que lieu est associé au français, ce qui n'est pas le cas de New York, ni de la Roumanie, du Vietnam ou des Iles du Cap Vert.

De même dans notre projet il faudra rééquilibrer le découpage en zones qui aura été établi lui aussi de manière *a priori* principalement en fonction de l'attitude des locuteurs par rapport à la langue. Du point de vue des locuteurs une aire linguistique se caractérise par une variété qui d'une part est considérée comme une variété du français, d'autre part qui cohabite avec celui-ci comme langue standard et en même temps se démarque des autres variétés diatopiques du français. La détermination de la grandeur des unités est à cet égard une question empirique. Le berrichon est-il une grandeur linguistique déterminée par une aire géographique qu'il faut prendre en compte ou encore le champenois? Du point de vue des locuteurs le champenois existe-t-il en qualité de dialecte actuel ou s'agit-il d'une langue littéraire du Moyen-Âge connue des seuls philologues ?

En fonction du contexte historique dans lequel ces aires linguistiques ont pris place il faut distinguer entre plusieurs types. Le projet vise aussi bien à documenter la communication dans des régions traditionnelles de dialecte (de premier et second ordre en Europe et en Amérique du Nord) que dans des régions pour lesquels le classement des parlers locaux ou régionaux dans le français est moins évident, comme dans la région où a cours ce que l'on appelle le franco-provençal. En outre il faut considérer des zones dans lesquelles le français a constitué un dialecte de troisième ordre au sens de Coseriu (1981). Un tel dialecte consiste en une variation de la langue standard en raison d'un contact linguistique avec des variétés locales et régionales du français ou d'autres langues. Etant donné qu'en France, à travers de l'école obligatoire et des médias, la langue standard est présente dans toutes les régions où existent des dialectes de premier et de second ordre, on peut aussi observer dans ces régions la naissance de variantes régionales du standard linguistique (français régional). De nombreuses zones du champ géographique d'investigation sont néanmoins définies uniquement par des dialectes de troisième ordre et les langues de contact dont ils dérivent et qui ne sont pas le français : c'est ainsi qu'apparaît par exemple un français régional en Corse au contact du corse. Enfin il peut aussi surgir, lors des processus de colonisation, en lieu et place d'un dialecte de second ordre, un créole qui devient à son tour langue de contact pour un dialecte de troisième ordre. Le territoire de Haïti est ainsi défini par un tel dialecte de troisième ordre, forgé par le contact du créole haïtien avec le français standard. On ne peut taire le fait que les situations linguistiques sont encore bien plus complexes en Afrique notamment. On y trouve souvent en contact un grand nombre de langues autochtones, locales et régionales, des langues suprarégionales ainsi que des langues coloniales. Il apparaît particulièrement ardu de déterminer ici une zone linguistique.

Un critère complémentaire mais aussi concurrentiel peut également être fourni par la détermination d'espaces de communication. Au lieu de recourir à l'idée de zones de français régional définie par l'attitude des locuteurs, l'espace de communication serait à définir indépendamment des langues respectives pratiquées. Parmi les critères envisageables on peut songer aux rapports de communication qui structurent le quotidien et qui dépendent de données politiques, économiques et culturelles. Traditionnellement il est possible de considérer des Etats souverains comme des espaces de communication puisqu'ils induisent à travers de leur réseau administratif, en particulier des établissements scolaires et des médias, le marquage d'espaces communicationnels socialement dominants. Il n'empêche que la globalisation entraîne l'éclosion d'espaces de communication qui dépassent les frontières nationales traditionnelles. En même temps nous assistons en contrepartie à une renaissance du local et du régional. Les espaces de communication se recouvrent. Un espace de communication qui dans le cadre de notre projet se prête à une délimitation de zones linguistiques ne peut être instauré qu'en renvoyant aux attitudes des locuteurs en accord avec les situations de communication à répertorier. Il convient donc d'étudier dans quel espace, d'après les représentations des locuteurs, on communique d'une manière identique lorsqu'il est question de prendre un repas en famille ou entre amis, d'avoir une discussion commerciale ou dans un cours. Il est évident que les espaces de communication ainsi identifiés ne se recouvrent pas nécessairement. Ce qui est en revanche peut-être le cas en Corse. Le territoire est défini par les frontières naturelles de l'île et dans un second temps par des structures administratives et économiques amplement unifiées ainsi que par l'emploi répandu à égale proportion du corse comme langue de contact dans ses diverses variantes locales et régionales. Même le facteur d'urbanisation qui joue en d'autres circonstances un rôle majeur est peu pertinent en Corse dans la mesure où y compris les deux plus grandes villes Ajaccio et Bastia présentent, aux dires des locuteurs, des structures de communication locales semblables à celles des villages. Mais de manière générale il faut compter avec une hétérogénéité des espaces de communication. La zone linguistique du berrichon a beau être identifiable aussi bien à travers les rapports à la langue des locuteurs qu'à travers les études traditionnelles de dialectologie, il n'en reste pas moins qu'on n'y associe aucun espace de communication concret faute de domaines d'application actuels.

Aussi importantes soient les études de comportement, il sera indispensable de fixer de manière heuristique des espaces de communication délimités en zones. On aura recours à des catégories topographiques telles que «village», «ville», «région», «Etat». Il s'agira de découvrir pour chacun des champs géographiques d'investigation laquelle de ces catégories est essentielle pour déterminer un espace de communication.

Enfin dans ce cadre la question se pose de savoir s'il existe des espaces de communication dépassant les frontières nationales mais ne coïncidant pas avec la francophonie en sa totalité, qui prend le français standard pour modèle. De tels espaces culturels peuvent naître de rapports de communication ayant des racines économiques ou religieuses. Ils peuvent néanmoins se manifester à travers notamment d'une langue littéraire : on pense aux Caraïbes ou à l'Afrique occidentale.

Résumons : La distinction géolinguistique entre territorialité a priori et zones linguistiques à déterminer n'est pas suffisante pour notre projet. En effet on est amené d'un côté à définir l'ensemble du territoire en franchissant les frontières de la territorialité du français garantie par la loi, de l'autre à partir de zones établies a priori. Afin de déterminer les frontières générales il s'agit de découvrir à l'aide d'études de comportement, si le français (quelle que soit sa forme) peut être considéré comme une langue caractéristique du champ géographique d'étude. Pour établir une carte des zones linguistiques il convient d'interroger la portée communicative d'une variété locale ou régionale. Cette portée peut varier considérablement : d'une communauté villageoise à un espace culturel dépassant les frontières nationales d'un Etat. Un dernier point concerne l'amplitude du matériel même à documenter. Krefeld (2004 : 25) a remplacé le concept usuel dans la dialectologie traditionnelle de foyer linguistique par celui de glossotope. La dialectologie traditionnelle définit un foyer linguistique comme l'ensemble des données exploitées à partir de l'interview d'un unique locuteur représentatif pour un lieu donné. Selon Krefeld cette approche méconnaît les rapports réels de communication. C'est pourquoi au lieu d'étudier des foyers linguistiques, il se propose d'étudier des glossotopes entendus comme …

> [...] la totalité des régularités (et par là des extensions communicatives), qui régissent l'emploi local des variétés linguistiques dans un groupe confronté à ses activités quotidiennes (par exemple une famille, un voisinage, un groupe de paires etc.); le concept, qui ne s'appuie pas sur la langue mais sur les locuteurs, englobe les habitudes communicatives – liées elles-mêmes aux variétés linguistiques – aussi bien des membres du groupe entre eux que celles entre ces derniers et des locuteurs/locutrices plus ou moins proches, ou même extérieurs au groupe. Les glossotopes constituent les unités les plus petites et donc les unités primordiales de l'espace de communication dans son ensemble. (Krefeld 2004: 25s; traduction de l'auteur).

L'approche de Krefeld semble être fructueuse en particulier pour ses expériences en linguistique de la migration. En ce qui concerne notre projet elle doit cependant être modifiée en un point essentiel. Au lieu de considérer le locuteur il sera nécessaire de considérer l'acte de parole et sa spatialité. Tandis que les espaces de communication des locuteurs mobiles se déplacent avec eux et, ainsi que le montre Krefeld à l'aide des migrants italiens en Allemagne, oscillent entre le lieu d'origine et le lieu de migration, il reste indispensable pour documenter le français dans le monde d'attribuer à des espaces déterminés des manières de parler déterminées. Les manières de parler des migrants n'ont dès lors de l'importance que si elles deviennent caractéristiques pour le lieu de la migration. Les glossotopes à étudier ne se déplacent donc pas avec les locuteurs, ils restent liés à un lieu. Cela suppose bien sûr que les locuteurs soient eux aussi liés à un lieu. Un glossotope dans le sens de notre projet est axé autour d'un groupe de locuteurs, dont le mode d'expression est considéré comme habituel pour ce lieu, même si tous les locuteurs de ce groupe ne sont pas nés dans ce lieu. Si la migration dans un monde globalisé induit souvent une errance linguistique, notre projet, lui, s'intéressera justement à la renaissance compensatoire du local : l'attention accrue et la valorisation que connaissent dans la communication au quotidien et au-delà les parlers rattachés à un lieu.

4. EL RIOPLATENSE

Un groupe de travail interdisciplinaire au sein du Département de Philologie Romane de l'Université de Fribourg en Brisgau a mis sur pied un projet de recherche dont le titre est *Médias et espaces. Cultures des migrants au regard du bassin du Rio de la Plata*. Ce projet global regroupe un grand nombre de projets singuliers qui se rejoignent dans l'histoire culturelle du bassin du Rio de la Plata depuis les dernières décennies du XIXème siècle. L'arrivée massive, principalement de migrants italophones depuis environ 1870 au moment même où l'on assiste en Argentine à des transformations socio-économiques majeures, a induit l'apparition d'une culture de la migration dans les métropoles de Montevideo et de Buenos Aires, regardant toutes deux que ce soit dans leur urbanisme, leur architecture ou dans la culture de leurs élites du côté de la métropole française. Dans l'histoire du XXème siècle cet espace reste marqué par le phénomène de la migration de masse. D'un côté on assiste au moment des dictatures militaires à un exode des artistes et des intellectuels pour qui Paris est une fois de plus le lieu privilégié de leur exil. D'un autre côté de nouvelles vagues migratoires, qui ne sont pas d'origine européenne, atteignent l'espace du bassin du Rio de la Plata : des migrants venus d'Asie ou des pays andins. Enfin la crise argentine du tournant du siècle provoque un mouvement de reflux des vagues migratoires au sein des populations européennes et notamment italiennes.

Ces constellations donnent lieu ainsi à de multiples discussions théoriques sur l'espace. Les cultures des migrants de l'espace du bassin du Rio de la Plata se constituent au miroir de leurs origines réelles ou imaginaires et dans l'anticipation d'une mondialisation intérieure et extérieure, processus dans lequel le lien avec Paris est incontournable.

Un problème surgit de prime abord en ce qui concerne la délimitation de cet espace culturel. Nombreuses sont les publications d'études littéraires et de civilisations (par exemple Kohut 1996; Benson 2001) qui se réfèrent à l'espace du Rio de la Plata comme ordre de grandeur. Au sens large, telle que l'entend le Centre français *de Estudios de Literaturas y Civilizaciones del Río de la Plata*, cet espace culturel comprend les Etats argentin, uruguayen et paraguayen. L'implication du Paraguay n'est pas seulement osée d'un point de vue culturel, mais elle l'est déjà d'un point de vue géographique, c'est pourquoi nous ne nous y tiendrons pas – ce qu'on nomme Rio de la Plata est le delta commun aux grands fleuves sud-américains Paraná et Uruguay, long de 290 km et d'une largeur pouvant atteindre jusqu'à 220 km. Le Paraguay est bordé d'un côté par le Paraná mais il ne se situe pas dans le bassin du Rio de la Plata.

Si nous nous en tenons aux Etats argentin et uruguayen, nous nous heurtons de même à un problème qui en règle générale n'est pas soulevé dans les travaux de littérature et civilisation. Le fait que principalement des auteurs argentins mettent de façon inconsidérée sur le même pied les phénomènes culturels du Rio de la Plata avec ceux de l'Argentine (cf. Sarlo 2001 : 36) relève d'un double mouvement, à la fois d'exclusion et d'inclusion. L'espace du bassin du Rio de la Plata s'étend sous la domination de la capitale argentine d'une part vers l'intérieur des terres qui ne suit ni dans ses pratiques culturelles ni dans l'image qu'il se donne de lui-même la capitale. D'autre part la capitale uruguayenne Montevideo et tout le reste du territoire sont pris dans un faisceau culturel dominé par l'Argentine. Cette inclusion implique aussi une exclusion dans la mesure où Buenos Aires fonctionne tellement comme centre, que ni des phénomènes culturels hétérogènes venus de l'intérieur des terres argentines ni ceux issus du pays voisin, l'Uruguay, ne sont véritablement pris en compte comme phénomènes culturels à part entière. En outre Montevideo n'avouera pas représenter d'égale façon la culture du bassin du Rio de la Plata. On ne s'étonnera donc pas que le concept soit essentiellement remis en question du côté de l'Uruguay. C'est ainsi que Mario Delgado Aparaín souligne à l'occasion d'un colloque sur la *littérature du Rio de la Plata* qui s'est tenu à Eichstätt :

> Hemos llegado a Eichstätt para hablar de literatura rioplatense [...] allá en el Río de la Plata no somos muy seguros que en estos días tal cosa exista [...] Que hubo motivaciones comunes en ambas orillas del Plata, de eso no hay duda : Montevideo y Buenos Aires, cada cual a su modo, son ciudades hijas del macrocefalismo patológico que aquejó a prácticamente todos los pueblos de América latina, pero ellas dieron mejor que ninguna la pasta de un «hombre urbano» emparentado con la nada, disuelto en el gran número, cínico y cargado de la sabiduría del fracaso, buscando obsesivamente las esquivas definiciones del

milagro [...] Por otra parte, lo de rioplatenses [...] nos excluye a muchos, provincianos argentinos y departamentales uruguayos... (Delgado 1996 : 221).

Comme le signale Delgado, la caractéristique d'un espace culturel du Rio de la Plata ne peut être perçue que comme une conséquence de la migration et de l'urbanisation qui eurent lieu dans les dernières décennies du XIXème siècle.

Il scelle les deux capitales Buenos Aires et Montevideo dans un même destin au regard des échanges intenses, surtout entre 1870 et 1930, qui ont vu naître une littérature et une scène théâtrale propres à la région. Cela étant, le phénomène culturel caractéristique pour l'étranger reste sans conteste le tango. C'est justement le tango, qu'on nomme volontiers aujourd'hui *tango argentino*, qui met en lumière cette distorsion de la perception spatiale. On ignore ainsi souvent que *La Cumparsita* par exemple, un des tangos les plus célèbres au monde, est née de la plume de l'Uruguayen Gerardo Matos Rodríguez et qu'elle fut interprétée pour la première fois en 1917 à Montevideo par l'orchestre Roberto Firpo. De nombreux compositeurs et musiciens qui connurent le succès de part et d'autre du Rio de la Plata étaient originaires d'Uruguay. La culture urbaine dont le tango est une des manifestations est aussi celle qui délimite l'espace du bassin du Rio de la Plata par rapport à l'arrière pays, la pampa argentine et uruguayenne. Une étude consacrée à «l'espace culturel du bassin du Rio de la Plata» ne peut donc user de ce concept avec une fausse évidence. En partant des métropoles de Buenos Aires et de Montevideo il s'agira en premier lieu d'expliquer la manière dont s'est développée leur interrelation culturelle du XIXème siècle jusqu'à nos jours. Dans quelle mesure existe-t-il une autonomie culturelle qui, de manière paradigmatique serait à envisager à partir du point de vue de la plus petite des ces villes sœurs, Montevideo. Si, dans le doute, un nationalisme argentin optera pour l'incorporation, le nationalisme uruguayen lui, se construit à partir de la défensive, en vue de se démarquer de Buenos Aires.

Dans un second temps il s'agira d'analyser jusqu'où porte l'influence commune et respective des deux métropoles sur les régions environnantes. Quelle est/fut la portée de la culture du tango? Des petites villes comme Colonia ou Maldonado en Uruguay se reconnaîtraient-elles de l'espace culturel du bassin du Rio de la Plata? Qu'en est-il d'une ville d'un demi-million d'habitants comme La Plata, qui ne se trouve qu'à 60 km au sud de Buenos Aires?

Une étude des cultures et des civilisations romanes qui met l'accent sur le concept d'espace ne devrait plus réduire le concept d'espace du bassin du Rio de la Plata en y incluant le petit Etat uruguayen, à qui sa littérature confère une importance certaine, dans une description des pratiques culturelles de l'Etat argentin dix fois plus peuplé. Une fois ce réductionnisme dépassé, l'espace du Rio de la Plata peut devenir un exemple phare d'espace culturel majeur défini clairement au niveau transnational comme régional et dont la fascination, précisément dans sa spécificité régionale, reste inaltérée dans un monde globalisé.

5. Bilan

Au-delà d'un réductionnisme philologico-national, il revient à la linguistique et aux études de littératures et de civilisations de déterminer des espaces culturels et linguistiques complexes. L'unité linguistique et culturelle des Etats nations s'avère imaginaire. Le phénomène de migration de masse d'une part et la renaissance compensatoire de cultures régionales d'autre part, sont les fossoyeurs d'une représentation monolithique de la prétendue unité d'un territoire et de sa culture. Dans un même espace géographique les espaces linguistiques et culturels s'emboîtent et s'interpénètrent, leurs frontières vont au-delà et en deçà des frontières nationales. Le cadastre horizontal et vertical de ces espaces est problématique. Ont-ils des frontières clairement définissables ou sont-ils ouverts? Ont-ils un ou plusieurs centres? Quelles sont les différences fonctionnelles et de prestige qui participent de la hiérarchisation de leurs composantes? La philologie romane traditionnelle et son paradoxe inhérent d'unité et de diversité offre un champ d'étude qui, au regard d'une théorie de l'espace interdisciplinaire, peut être rendu fécond.

6. Bibliographie

Ascoli, Graziadio Isaia (1873): «Saggi ladini», en : *Archivio glottologico italiano*. Vol. 1. Roma/Torino/Firenze : Loescher, 1-556.

Aub-Buescher, Gertrud (1962): *Le parler rural de Ranrupt (Bas-Rhin): essai de dialectologie vosgienne*. Paris: Klincksieck.

Bachmann-Medick, Doris ([2]2006): «Spatial Turn», en : Bachmann-Medick, Doris

: *Cultural Turns. Neuorientierungen in den Kulturwissenschaften.* Reinbek: Rowohlt, 284-328.

BENSON, KEN (ED.) (2001): *Los múltiples desafíos de la modernidad en el Río de la Plata: Göteborg, 20-22 de junio del 2000.* Paris : CELCIRP.

COSERIU, EUGENIO (1981): «Los conceptos de 'dialecto', 'nivel' y 'estilo de lengua' y el sentido propio de la dialectología», *Lingüística Española Actual* III/1, 1-32.

DELGADO, MARIO (1996): «El largo camino de la vida breve rioplatense», en: Kohut, Karl (ed.), 221-223.

DIEZ, FRIEDRICH CHRISTIAN (⁵1882): *Grammatik der romanischen Sprachen.* Bonn: Weber.

DÜNNE, JÖRG/GÜNZEL, STEPHAN (eds.) (2006): *Raumtheorie. Grundlagentexte aus Philosophie und Kulturwissenschaften.* Frankfurt: Suhrkamp.

FLUTRE, LOUIS-FERNAND (1955): *Le parler picard de Mesnil-Martinsart (Somme): phonétique, morphologie, syntaxe, vocabulaire.* Genève: Droz.

HAUGEN, EINAR (1983): «The implementation of corpus planning. Theory and practice«, en: Cobarrubias, Juan/Fishman, Joshua A. (eds.): *Progress in language planning. International perspectives.* Berlin/New York: Mouton de Gruyter, 269-291.

JOCHNOWITZ, GEORGE (1973): *Dialect boundaries and the question of Franco-Provençal.* Paris/Den Haag: Mouton de Gruyter.

KOCH, PETER/OESTERREICHER, WULF (2007 [1990]): *La lengua hablada en la Romania : español, francés, italiano.* Versión española revisada, actualizada y ampliada por los autores. Madrid: Gredos.

KOHUT, KARL (ed.) (1996): *Literaturas del Río de la Plata hoy. De las utopías al desencanto.* Madrid/Frankfurt: Iberoamericana/Vervuert.

KREFELD, THOMAS (2004): *Einführung in die Migrationslinguistik. Von der* Germania italiana *in die* Romania multipla. Tübingen: Narr.

SARLO, BEATRIZ (2001): «Identidades culturales. Las marcas del siglo», en : Benson, Ken (ed.), 35-47.

SCHROER, MARKUS (2006): *Räume, Orte, Grenzen : auf dem Weg zu einer Soziologie des Raums.* Frankfurt: Suhrkamp.

SOJA, EDWARD (1989): *Postmodern geographies: The reassertion of space in critical theory.* London: Verso.

WEINHOLD, NORBERT/WOLF, LOTHAR (2001): «Areallinguistik«, en: Holtus, Günter/Metzeltin, Michael/Schmitt, Christian (eds.): *Lexikon der Romanistischen Linguistik.* Vol. I, 2. Tübingen: Niemeyer, 823-835.

WERLEN, BENNO (²2004): *Sozialgeographie: eine Einführung.* Bern/Stuttgart/Wien: Haupt.

ARABISMOS Y ROMANCISMOS:
EL IBERORROMANCE
Y EL HISPANOÁRABE EN DIÁLOGO

Yvonne Kiegel-Keicher
Universität Zürich

1. CONVIVENCIA Y CONTACTO DE LENGUAS

Evocando la época islámica en la Península Ibérica y la convivencia multi-secular de los varios grupos étnicos y religiosos, pensamos quizás primero en el enorme legado cultural que la sociedad musulmana medieval dejó a la cristiana. Surgen las imágenes de la Alhambra de Granada y del Alcázar de Sevilla; las vegas fértiles con sus frutales antes desconocidos; las especias y plantas medicinales nuevamente introducidas; el artesanado y el comercio florecientes. A las innovaciones del dominio cultural corresponden, a nivel lingüístico, los numerosos arabismos que las lenguas iberorrománicas tomaron del hispanoárabe o árabe andalusí[1]: esp. *alcázar*, cat. *alcàsser*, pg. *alcácer* < hisp.-ár. *al-qaṣr*; esp. *albaricoque*, cat. *albricoc*, port. *albricoque* < hisp.-ár. *al-barqūq*; esp. *albahaca*, cat. *alfàbrega*, port. *alfavaca* < hisp.-ár. *al-ḥabaqa*; esp. ant. *azogue* ('mercado [diario]'[2]), port. *açougue*, cat.

---

[1] Usamos indistintamente los términos «árabe andalusí» e «hispanoárabe», a pesar de la argumentación de Corriente en contra de este último término (véase, por ejemplo, 1992: 132s., 1997: IX). Corriente lo ve como expresión de una actitud tradicionalista que considera a los andalusíes como «fundamentalmente españoles o, al menos, hispánicos, con un superficial tinte árabo-islámico» (1992: 133). Pero no entendemos por el calificativo «hispano-» más que el aspecto geográfico, en el sentido en el que la Península Ibérica (incluido, por cierto, el Portugal actual) fue denominada ya en tiempos romanos, época que estaba aún lejos de lo que más tarde podría ser calificado como «lo español».

[2] Cf. Kiegel-Keicher (2005: 180ss. y 2006: 1480s.).

assoc < hisp.-ár. *as-sūq*. El caudal de préstamos léxicos, que abarca todos los campos semánticos, puede crear la impresión de un empuje en sentido único: el hispanoárabe como lengua fuente y las lenguas iberorrománicas como lenguas receptoras.

No obstante, hay que tener en cuenta la situación sociolingüística que se había desarrollado en al-Andalus, para ver las dos caras de la medalla. El dominio tanto del dialecto romance andalusí como del dialecto árabe andalusí[3] era común a las tres comunidades religiosas de musulmanes, cristianos (o mozárabes) y judíos. El bilingüismo oral, individualmente más o menos pronunciado según la situación particular, llevaba constantemente –y como puede observarse también en la comunicación de hablantes bilingües modernos– a situaciones de cambio de código[4]. A nivel social se añade al bilingüismo individual la diglosia de árabe clásico y árabe dialectal, por un lado, y de latín y romance, por otro, sirviendo la primera variedad, a grandes rasgos, para el uso escrito y la segunda para el uso oral, respectivamente. La tercera lengua escrita de al-Andalus, el hebreo, era exclusiva de la comunidad judía, así como lo era el latín de la sociedad cristiana. El árabe clásico, en cambio, servía de lengua escrita en cada grupo religioso. Hubo, pues, un intenso contacto de lenguas basado tanto en la coexistencia de varias lenguas escritas como en el continuo cambio de código en el lenguaje oral. Es difícil imaginar que de esta situación pudiera resultar un influjo léxico meramente unilateral. En realidad, hubo un cierto intercambio de préstamos en ambas direcciones, aunque, eso sí, en grado menor del romance al hispanoárabe que en sentido opuesto.

2. El impacto romance en el árabe andalusí

En todo caso, contamos con un aflujo de préstamos del romance al árabe andalusí que no podemos pasar por alto al tratar las interferencias léxicas

---

[3] Debido a la diversidad diatópica conviene hablar, en ambos casos, de «haz dialectal» para no crear la falsa impresión de un dialecto homogéneo. Evitamos el término equívoco «mozárabe» para el romance andalusí, puesto que no era idioma exclusivo de la comunidad mozárabe, y lo limitamos al uso como término sociológico.

[4] Del fenómeno del cambio de código –término que corresponde al inglés *code-switching*– en la sociedad andalusí en general, y en la poesía hispanoárabe en concreto, se ocupa detenidamente Bossong (2003).

del medievo peninsular. La incorporación de préstamos romances comenzó desde los primeros tiempos del dominio islámico, cuando hubo que denominar en árabe ciertos hechos culturales y ambientales característicos del territorio conquistado. Ejemplos de esta fase de préstamos sustráticos[5] son hisp.-ár. *lúp* 'lobo' e *istípa* 'estepa' (Corriente 1992: 133). La afluencia de préstamos romances continuó hasta el siglo XVI, cuando, para apoyar la conversión al cristianismo de los antiguos musulmanes, muchos neologismos pertenecientes a la esfera religiosa fueron incorporados al hispanoárabe, que ya se encontraba en vías de extinción (por ejemplo, *iqrīḏu* 'Credo', *biǧillyaš* 'vigilias'; Torres 1994: 205). Estos préstamos, como los que fueron adoptados durante los siglos de la Reconquista, provienen ya no del romance andalusí, sino del iberorromance septentrional traído por los conquistadores cristianos, de ahí que se califiquen de préstamos superestráticos (cf. Corriente 1992: 134). Entre estas dos etapas se sitúa la fase de convivencia del árabe con el romance andalusí, que suministró muchos préstamos astráticos. Estos resultan del cambio de código en la vida diaria; ejemplos son *šimṭair* 'sendero' y *baiqa* 'vega', según Ferrando Frutos (1995: 72). A todos estos préstamos, fueran de origen romance septentrional o andalusí, los vamos a llamar «romancismos», conforme a la denominación generalizada, «inventada» por García Gómez, según sus propias palabras[6], y análogamente a su equivalente, los «arabismos» del iberorromance, tomados, a su vez, del dialecto hispanoárabe[7].

Las fuentes que permiten detectar los romancismos del árabe andalusí son varias. En primer lugar, hay que mencionar los glosarios: El *Glossarium latino-arabicum* (Seybold 1900), del siglo XI; el *Vocabulista in Arabico* anónimo (Schiaparelli 1871), del siglo XIII; y el *Vocabulista arauigo en letra castellana* de Pedro de Alcalá, de 1505, que reflejan el dialecto árabe

---

[5] Para la distinción de tres etapas (sustrática, astrática y superestrática) en la adopción de préstamos romances por el árabe andalusí, véase Corriente (1992: 133).

[6] «Invento la palabra 'romancismos', acuñada en la misma ceca que 'anglicismos', 'galicismos', 'germanismos', etc., para designar 'los préstamos que el idioma árabe andaluz tomó de la lengua romance'.» (1972: III, 327, 349).

[7] Las otras varias influencias lingüísticas del romance en el árabe andalusí, tratadas detenidamente por Corriente, son de carácter fonológico segmental (la adopción, entre otros, de los fonemas /p/, /č/ y /g/; véase 1978 y 1992: 125), suprasegmental (la fonemización del acento; 1992: 125), morfológico (por ejemplo, la indistinción de género de la segunda persona singular de verbos y pronombres; 1992: 125s.) y sintáctico (por ejemplo, la sustitución del sistema aspectual del verbo por el temporal; 1992: 132).

andalusí, ofreciendo los dos últimos el mayor porcentaje de romancismos[8]. Una cantidad considerable de romancismos se encuentra, además, en los tratados botánicos y otras obras científicas hispanoárabes, que incluyen muchos términos técnicos de origen romance al lado de las denominaciones árabes[9]. Otra fuente histórica rica en romancismos son los documentos mozárabes de Toledo, redactados en lengua árabe en los dos siglos posteriores a la conquista de la ciudad por los cristianos en 1085[10]. Concluida la Reconquista salen, además, tratados religiosos con motivo de la instrucción de los nuevos conversos en la fe cristiana, que introducen ciertos términos relacionados[11]. Queda, finalmente, la poesía hispanoárabe: numerosísimos elementos de origen romance se encuentran en los 'azǧāl (sing. zaǧal) de Ibn Quzmān, escritos en árabe andalusí durante el s. XII[12]. En las ḫaraǧāt romances (sing. ḫarǧa) de las muwaššaḥāt árabes y hebreas –estudiadas, comentadas y traducidas con mucho esmero y afán por el mismo homenajeado– los elementos romances y árabes están íntimamente entremezclados.

Ahora bien, los romancismos de las varias fuentes mencionadas son de calidad muy diferente, así que no pueden ser tratados de la misma manera. Los auténticos préstamos romances, integrados al sistema lingüístico hispanoárabe, contrastan con elementos puramente romances no incorporados que se usan en medio de textos árabes. Para el estudio del dialecto árabe

[8] Según las cuantificaciones de Corriente (1992: 142), el *Vocabulista* anónimo «contiene unos 330 romancismos sobre un total aproximado de 12.000 voces (o sea, ±2,7 %), mientras que la segunda [i. e., Alcalá] tiene unos 400 romancismos sobre un total aproximado de 7.500 voces (o sea, ±5,3 %), cifras que, insistimos, son muy provisionales, [...].» Los romancismos del *Vocabulista* fueron identificados y analizados por Griffin (1958/1959/1960); para correcciones y adiciones véase Corriente (1980b). Un análisis detallado de los préstamos romances en Alcalá ofrece Galmés de Fuentes (1983: 213ss.); comentarios y adiciones en Corriente (1981).

[9] El estudio más importante al respecto es el de las voces romances del botánico anónimo de los siglos XI/XII, por Asín Palacios (1943). Simonet (1888) incluye en su obra otras fuentes botánicas hispanoárabes, por lo que, a pesar de ser anticuada desde el punto de vista metodológico y refutada en cuanto a gran cantidad de las etimologías propuestas, constituye una fuente importante para los romancismos del hispanoárabe.

[10] Editados por González Palencia (1926-1930). En cuanto a los romancismos, véase Ferrando Frutos (1995).

[11] Véase el análisis de Torres (1994) del léxico hispanoárabe de una doctrina cristiana granadina de 1554.

[12] García Gómez dedica muchos estudios a los romancismos en la obra de Ibn Quzmān (1972: III, 323ss.). Más comentarios se encuentran en Corriente (1980b) y Capra (2002).

andalusí es esencial aclarar a cuál de los dos tipos pertenecen los romancismos identificados. Ciertos criterios ayudan a calificar un romancismo como perteneciente a una u otra categoría. Un romancismo, por ejemplo, que aparece en varias fuentes independientes, es susceptible de ser un préstamo integrado al dialecto árabe andalusí; aún más si sufrió ciertas alteraciones conforme al inventario fonético, a los principios fonotácticos[13] o al sistema morfológico de la lengua receptora. Muestra un alto grado de integración si presenta, por ejemplo, el plural fracto, un diminutivo formado según el esquema árabe o la incorporación a la morfología verbal[14].

En los glosarios, de acuerdo con su objetivo de hacer conocer el árabe a hablantes del romance, predominan los romancismos de este último tipo (cf. Galmés de Fuentes 1983: 214, 220 y 244, y Corriente 1981: 5s.). En cuanto a las otras fuentes, sin embargo, la situación es más complicada. El botánico anónimo analizado por Asín Palacios (1943) confronta en su obra los nombres árabes de ciertas plantas con sus equivalencias romances, indicando explícitamente que se trata de la denominación que la planta tiene «bi-l-'aǧamīya», es decir, en romance[15]. Este procedimiento concierne a la mayor parte de las entradas. No obstante, de vez en cuando omite esta información, y hay que deducir del contexto o de la aparición del término en otras fuentes árabes que el nombre botánico de origen romance fue realmente usado en árabe andalusí, como préstamo léxico[16]. Los documentos mozárabes de Toledo presentan, asimismo, tanto romancismos incorporados al árabe andalusí como palabras romances no integradas[17]. En la poesía hispanoárabe hay que

---

[13] Por ejemplo, evitando grupos consonánticos iniciales por medio de metátesis, síncopa, vocal prostética o epentética; cf. los romancismos *qirišta* e *iqrišta* «crista», en el *Vocabulista* (II, 325).

[14] Alcalá da el siguiente romancismo junto con el plural fracto: «corneja ave conocida *cornéja cárániç*» (1505: 156 I, 24), y seguido por el diminutivo: «corneja pequeña *coráyneja*» (1505: 156 I, 25). Un verbo formado a partir de un romancismo es «*nitachán tachánt*» (1505: 406, 21, s. v. *tostar*), según Corriente (1981: 21) «formado sobre el sustantivo romance *tostón*, reflejado en Aban Quzmán como 'ṭuštūn' […]».

[15] Véase, por ejemplo, la entrada *faba*: «fūl[:] wa-yusammā bi-l-'aǧamīyati *fābaš* […]»; y en la traducción de Asín Palacios: «*Fūl* [haba]: y se llama en 'aǧamīyati *fābaš* […]» (1943: 118, n.° 227).

[16] Por ejemplo, en el caso de *mansanel* («mansanāl») no aparece la indicación en ninguna de las citas (véase Asín Palacios 1943: 167, n.° 327). Corriente (1997: 513) incluye el romancismo en su diccionario del árabe andalusí.

[17] Ferrando Frutos (1995: 75) señala como romancismo incorporado, por ejemplo, *qurrāl* 'corral, gallinero', frente a *qurtījuh* 'cortijo'. Respecto a las dificultades de identi-

diferenciar entre los romancismos integrados como préstamos léxicos, por un lado, y los romancismos que vamos a llamar «estilísticos» o «poéticos», por otro. Estos son palabras puramente romances que el poeta usa en lugar de la voz correspondiente árabe, bien por razones de rima o metro, bien para lograr un cierto efecto de sorpresa, o para representar una auténtica situación de cambio de código en la conversación de dos protagonistas. Este tipo de romancismos es particularmente frecuente en los 'azğāl de Ibn Quzmān, y predomina en las ḫaraǧāt, que juegan con un constante cambio de código de romance y árabe entre palabras sueltas o versos enteros[18].

El hecho de que la clasificación de los supuestos romancismos en los textos árabes puede plantear problemas, se manifiesta en la forma ḥazīno, que aparece en un zaǧal de Ibn Quzmān (10/2/2). Se encuentra en medio de una estrofa que constituye un excelente ejemplo del cambio de código característico de su poesía: «yā muṭarnan šilibāṭo / tan ḥazīno tan penāṭo / tarā [hāḏā] l-yawm wašṭāṭo / lam naḏuq fih ġayr luqayma»[19]. Ahora bien, en el caso de ḥazīno, ¿se trata de un lexema romance o árabe? Cierto es que ḥazīn, triste', está documentado en árabe andalusí[20]. Existe, además, el arabismo esp. hacino, que originalmente significaba 'triste' y, más tarde, 'avaro'[21]. La forma que aparece en el zaǧal de Ibn Quzmān está transcrita con los mismos caracteres del étimo árabe, pero lleva, al final, la vocal romance. ¿Se trata, pues, de la palabra árabe romanizada por el morfema

---

ficar los romancismos plenamente incorporados al árabe andalusí, véase Ferrando Frutos (1995: 73).

[18] Véase Bossong (2003: 129s.) al respecto: «En las ḫaraǧāt así como en la obra de Ibn Quzmān aparece algo de la situación lingüística real. Evidentemente no sería justificado tomar estos textos como documentos primarios; la lengua hablada está transformada al haber sido integrada, injertada al texto literario. Pero lo que se nos ha conservado no puede ser totalmente ajeno a la vida lingüística cotidiana, no es completamente estilizado; [...].» Capra (2002) se dedica al estudio exclusivo de este tipo de romancismos. Véase también García Gómez (1972: 349).

[19] La transcripción sigue a Bossong (2003: 139), que traduce así: «¡Oh tú enloquecido, chiflado! ¡Tan triste, tan penado! Tú ves este día estropeado; no voy a gustar de él sino un bocadillo».

[20] Aparece en Alcalá (1505: 272 II, 18: «hazino triste hazĭn») y en el Vocabulista (II, 615, s. v. Tristari).

[21] Según Corominas, la primera documentación del arabismo español, en la forma hasino, data de hacia 1400 (DCECH s. v. hacino). Para su interpretación del lexema en el zaǧal de Ibn Quzmān, véase DCECH s. v. atolondrar, nota 5. Cf. además Corriente (1999: 339).

masculino? ¿O de un arabismo romance andalusí transcrito en árabe y usado al lado de las otras voces romances de estos versos?[22] ¿O estamos ante un arabismo romance vuelto al árabe andalusí como romancismo? Hitchcock (1985: 250), y con él Capra (2002), lo califica de palabra árabe, negando la existencia de la vocal final romance en el manuscrito. García Gómez habla de «un adjetivo árabe (*hazin* o *hazino* = 'ḥazīn, triste'), ya hispanizado» (1972: 340). La idea del romancismo árabe la sostiene Corriente considerando *ḥazīno* como «returned from R[omance]» (1997: 124). Anteriormente, sin embargo, Corriente había defendido la hipótesis romance: «*Hacino*: [voz] ya vocalizada con la vocal final, que tanto está en el ms. como es requerida por el metro, lo que supone plena integración al mozárabe, en un verso totalmente compuesto en esta lengua, [...]» (1985: 136). Bossong, que analiza y discute detenidamente el cambio de código en esta estrofa de Ibn Quzmān, opta, asimismo, por la hipótesis romance: «[la palabra *ḥazīno*] debe ser clasificada como un préstamo del árabe al románico; no se trata de una palabra árabe, sino de un arabismo dentro del mozárabe» (2003: 140). Nos inclinamos por la misma solución, porque la forma con vocal final romance no está documentada en ninguna otra fuente del árabe andalusí. Además, el verso, si está redactado enteramente en romance, contribuye a crear una cierta simetría en la composición de la estrofa: En los versos primero y tercero la lengua cambia de árabe a romance en la rima. Los versos segundo y cuarto, en cambio, son monolingües; el cuarto, árabe andalusí, y el segundo, romance.

3. EL INTERCAMBIO ÁRABORROMANCE AL NIVEL DEL LÉXICO
    – HUELLAS DE UN DIÁLOGO

Este último tipo de romancismos «poéticos», y la manera en que se usan, crean la impresión de estar ante dos lenguas en diálogo. En lo que sigue, empero, nos vamos a ocupar de algunos casos que pertenecen al otro tipo de romancismos. Estos van a ilustrar el intercambio permanente que el árabe andalusí y las lenguas iberorrománicas llevaban, a través de los siglos, en el lenguaje de cada día. Algunos préstamos romances del árabe andalusí representan, puesto que están relacionados de algún modo con ciertos arabismos,

---

[22] Estas son *šilibāṭo* (< lat. *sibilatus* 'chiflado'), *tan penāḏo* («tan penado») y *wašṭāṭo* («guastato», 'estropeado').

unas facetas especialmente interesantes de esta situación sociolingüística. Otros lexemas dan una muestra de la conexión particular áraborromance en su propia estructura interna. En lo que sigue, vamos a estudiar tres maneras diferentes de manifestarse, al nivel del léxico, la estrecha interrelación entre el árabe andalusí y el iberorromance.

3.1. *La beticambra acafelada*

La interferencia al nivel del léxico que relacionamos tal vez primero con el constante cruce de lenguas es la composición híbrida. Existen numerosos casos tanto en árabe andalusí como en iberorromance. Hay varias posibilidades de formarse estas palabras o locuciones que se componen siempre de un elemento de origen árabe fundido con otro de origen romance.

En árabe andalusí existen sustantivos de raíz árabe a la que se ha añadido un morfema romance, como, por ejemplo, hisp.-ár. *šarbāla* 'jarra, vasija'[23], que se compone de ár. *šarba* ('bebida') y el sufijo diminutivo romance {-eλa} (Dozy 1881: I, 742 I; Corriente 1992: 127, 1997: 278)[24].

En las lenguas iberorromances hay varias locuciones adverbiales compuestas por un sustantivo de origen árabe y una preposición romance, como, por ejemplo, esp. *de balde*, *en balde*, cat. *debades*, cat. ant. *en bades*, y port. *debalde*, *embalde*, que tienen como étimo hisp.-ár. *bāṭil* 'vano, inútil', o, mejor dicho, las locuciones adverbiales *fī l-bāṭil* y *bi-l-bāṭil*[25]. De estas resultaron los préstamos híbridos romances mediante traducción parcial, a saber, de las preposiciones *fī* y *bi*.

---

[23] *Vocabulista*, I, 124: «*šarbālah* Urceus»; cf. II, 638, s. v. *Urceus*, donde *šarbāla* aparece junto con otros lexemas árabes. Cf. Dozy (1881: I, 742 I): «*šarbāla* [...] petite cruche blanche pour l'eau».

[24] Respecto a la productividad no solo del diminutivo, sino también de algunos otros morfemas romances en árabe andalusí, véanse Corriente (1983 y 1992: 126ss.) y Galmés de Fuentes (1983: 222). En el lenguaje de las *ḥaraǧāt* abundan las formas híbridas de una base árabe y un sufijo diminutivo romance, como, por ejemplo, «[bokella] ḥamrella», '[boquita] rojita', adjetivo híbrido formado sobre *ḥamrā* ('roja'); véase, por ejemplo, Bossong (2003: 137s.).

[25] Véase Alcalá (1505): «en vano *fal bátil*» (248 II, 15) y «falsa mente *bi bátil*» (256 II, 7). El arabismo portugués apareció en el siglo XIV (Machado 1991: 91, *DELP* s. v. *debalde*). La primera documentación del arabismo catalán data de fines del siglo XIII (*DEC* s. v. *debades*), del español de hacia 1200 (*DCECH* s. v. *balde* I; véase allí también para el desarrollo semántico). La forma fonética de los arabismos resulta de hisp.-ár. /ṭ/ > rom. /d/, y metátesis sencilla de /l/ o pérdida, en catalán.

Particularmente frecuentes son los verbos formados sobre una raíz árabe integrada a la morfología verbal romance, como, por ejemplo, esp. port. *acafelar*. Este verbo arcaico con el significado 'argamasar, betumar, revocar con cemento o argamasa' deriva del ár. *qafr* 'betún' (cf. Dozy 1881: II, 383 I; Corriente 1997: 435). Se trata, pues, de «una hibridación *$a(d)+qafr+ár$» (Corriente 1999: 79) del sustantivo árabe con la desinencia y el prefijo verbal romances, seguida por una disimilación por medio del cambio de líquidas /r/ > /l/, y epéntesis vocálica.

Un caso interesante entre los sustantivos híbridos iberorromances es esp. ant. *beticambra*, designación eufemística del 'retrete'. La primera parte, *beti-*, es tomada de hisp.-ár. *bait* 'casa, cuarto, habitación'. El origen de la segunda parte es rom. *cámara* (< lat. *camera*), del mismo significado, de ahí que se trate no solo de un caso de semitraducción (Corriente 1999: 261), sino, al mismo tiempo, de una tautología[26].

3.2. *Cenachos y canastas*

Puede verse como mera casualidad, pero, en realidad, es un síntoma algo curioso del enlace estrecho entre las culturas y lenguas intervinientes que ciertos conceptos se expresen en árabe andalusí por un romancismo –y por un arabismo en iberorromance.

Un ejemplo evidente es la entrada siguiente en el glosario de Alcalá: «aldaba o pestillo *pĭlche aplách*» (1505: 97 II, 5). Alcalá da como lema el arabismo español *aldaba*[27], junto con su sinónimo *pestillo*, y lo traduce por hisp.-ár. *pilche*. Este es un romancismo, fácilmente identificable como tal por contener los fonemas /p/ y /č/, originalmente ajenos al árabe, pero adoptados y fonemizados por el árabe andalusí[28]. Igual que el arabismo *aldaba* fue plenamente integrado al romance, también lo fue el romancismo al hispanoárabe, como muestran su aparición en otras fuentes, el plural fracto

---

[26] *Beticambra* se encuentra, junto con las variantes *baticambra* y *baticanbra*, en varios fueros del siglo XIV. Véanse Gorosch (1955) y Kiegel-Keicher (2005: 350, nota 846). Para más composiciones híbridas áraborromances, véanse Corriente (1999: 563ss.) y, con ejemplos del botánico anónimo, Asín Palacios (1943: XLIV).

[27] En portugués le corresponden *aldraba* y *aldrava*. Variantes de estos préstamos aparecen a partir del siglo XII (español) y XV (portugués). El étimo es hisp.-ár. *aḍ-ḍabba* (cf. Alcalá 1505: 97 II, 4: «aldaba *dába*»). Véase Kiegel-Keicher (2005: 250ss.).

[28] Véase Corriente (1978 y 1992: 125) y Galmés de Fuentes (1983: 228s., 242s.).

«*aplách*» y la incorporación a la morfología verbal árabe[29]. Con el sinónimo español de origen latino, *pestillo*, el mismo Alcalá inconscientemente alude al étimo del romancismo: *pilch(e)* < *pičl* < *pestulus*, con la sustitución de rom. /st/ por /č/, característica del árabe andalusí de Granada (Alonso 1954: 143, 145; Galmés de Fuentes 1983: 215s.), y subsiguiente metátesis de /l/. O bien, como propone Corominas, de *pesclum*, «por una falsa regresión según el modelo de *vetulus* > *veclus*» (*DCECH* s. v. *pestillo*)[30]. El hecho de que un arabismo romance y un romancismo árabe representan el mismo concepto constituye un notable cruce interlingüístico al nivel del léxico que ilustra la relación íntima de las lenguas de al-Andalus en el lenguaje de cada día.

Existen otros cruces léxicos más. En el campo de los recipientes hechos de mimbre u otro material entretejido, a modo de cesta, hay una gran variedad de formas y funciones. Por lo tanto existen numerosísimas denominaciones, tanto en romance como en árabe, de las cuales algunas son de especial interés en cuanto al intercambio léxico áraborromance. En las fuentes del árabe andalusí aparecen *qannāǧ* (Ibn Quzmān 90/9/2; cf. en Corriente 1980a) y *qannāča*, que Alcalá trae en la siguiente entrada: «canasta como cueuano *canácha canachĭt*» (1505: 137 I, 35). Es evidente, y no solo por la glosa que da Alcalá, que se trata de un romancismo hispano-árabe formado sobre rom. *canasta*, otra vez con la realización característica de rom. /st/ por hisp.-ar. /č/ (cf. Corriente 1997: 443). Está documentada, además, la forma *ṣannāǧ*: en el *Vocabulista* bajo el lema «canistrum» (II, 279), junto con el plural fracto *ṣanānīǧ*[31], y en Alcalá en la entrada siguiente: «capacho de molino de azeite *çanách çanánich*» (1505: 139 I, 4). Este lexema, que no se distingue del primero más que por el sonido inicial, ha sido objeto de las más diversas hipótesis etimológicas, junto con el lexema romance correspondiente, *cenacho*, de significado idéntico. Simonet (1888: 83) incluso trata indistintamente ambas voces árabes, *qannāǧ* y *ṣannāǧ*, en una misma entrada deduciéndolas de lat. *canistrum*. Corominas (*DCECH* s. v. *cenacho*) compila varias opiniones, inclinándose,

---

[29] Alcalá trae también el verbo: «trasponer *nipéllech pelléxt*» (1505: 407, 25). El *Vocabulista* da asimismo el singular, seguido por el plural y el verbo: «bilǧ ablāǧ niballaǧ al-bāb», es decir, 'cerrar la puerta con cerrojo' (II, 521, s. v. *pesulum*). Para más fuentes véase Corriente (1997: 61); cf. Dozy (1881: I, 108 II).

[30] Cf. Griffin (1959: 105s.), Corriente (1980b: 196) y Galmés de Fuentes (1983: 242).

[31] Bajo el mismo lema el *Vocabulista* menciona también el verbo *niṣannaǧ* (cf. Dozy 1881: I, 845 II: «faire des paniers», frente a Corriente 1997: 311: «to put into a basket»).

al final, por la hipótesis de Griffin. Este considera *ṣannāǧ* romancismo formado sobre *cenacho* (1960: 118)[32] y contaminado por ár. *ṣann*, «de significado más o menos equivalente» (1960: 120), lo que podría explicar, según él, la /ṣ/ inicial y la /n/ geminada. Corriente retoma la idea de una implicación de la palabra árabe, optando, sin embargo, por una hibridación de esta con un morfema romance: «prob. from A[rabic] *ṣinn* 'bread basket' with the R[omance] aug[mentative] suffix {-áč} [...]» (Corriente 1997: 311; cf. 1999: 281). Partiendo de esta hipótesis, sería el lexema hispanoárabe híbrido *ṣannāǧ* el que produjo un arabismo romance, *cenacho*, con hisp.-ár. /ṣ/ > rom. /ts/, y luego esp. /θ/, y cambio de la vocal pretónica de baja en semialta[33]. La forma muestra, además, romanización morfofonémica por medio del morfema masculino que funciona, a la vez, como vocal paragógica. Ambas hipótesis que toman en consideración la participación de ár. *ṣinn* son verosímiles. La decisión por una de ellas se ve dificultada por la falta de documentación de la voz romance andalusí que permitiera establecer una cronología de la aparición de las formas en ambas lenguas de al-Andalus. En cuanto a los lexemas siguientes, en cambio, no cabe duda alguna de que se trata de arabismos: esp. *azafate*, cat. *safata* y port. *açafate* se tomaron de hisp.-ár *as-safaṭ* 'cestilla'[34]. Los arabismos y su

---

[32] Griffin deduce *cenacho* «del lat. *cēnācŭlum* 'piso superior' [...]. De tal significado se habrá pasado al de 'granero' (cf. el fr. ant. *cenail* 'grenier') y de 'granero' al de 'cesta, capacho'» (1960: 118s.).

[33] La objeción de Corominas, que «el resultado habría sido en castellano **açañeche*, [...]» (*DCECH* s. v. *cenacho*, nota 8), no es suficiente para rechazar del todo la hipótesis del origen árabe de la forma romance. Primero, es de suponer que la adopción no fue directa, sino a través del romance andalusí. Además, hay varios factores que pueden haber influido en la forma fonética efectiva del préstamo. Hay casos en que, a pesar de un entorno inhibidor, la *'imāla* –proceso de palatalización de ár. /a/ hacia [ε, e] en entornos no faríngeos o enfáticos– se realiza en el étimo (véase Corriente 1992: 38, nota 4). Además, es posible que el préstamo, por ciertos motivos, vuelva la vocal de manera inesperada (cf. Corriente 1999: 24). En el caso presente, por ejemplo, la /a/ etimológica se encuentra en posición pretónica, que es particularmente débil. Es concebible que se realice por una schwa u otra vocal central parecida, tal vez apenas perceptible, o que hasta se pierda. En el préstamo esta vocal se reproduce, o bien se restablece, conforme al inventario fonético de la lengua receptora. En cuanto a la /n/ geminada hay que tomar en consideración, asimismo, ciertos factores que llevan a excepciones a la regla general (véase Corriente 1999: 31).

[34] Según Corominas, la primera documentación del arabismo español data de 1496 (*DCECH*), la del catalán de 1695 (*DEC*). Machado indica para el arabismo portugués el año 1510 (1991: 24).

étimo pertenecen al mismo campo semántico, designando, aparte de una bandeja, una especie de canastillo.

3.3. *Hazas de alcaucil*

Una consecuencia del contacto entre varias lenguas y culturas son los préstamos que vamos a llamar «palabras migratorias» (alem. «Wanderwörter», ídem en inglés; cf. fr. «mot migrateur»). Se trata de ciertas palabras que «migran», a través de una cadena de préstamos seguidos, de una lengua a otra. En la Península Ibérica medieval encontramos una especie particularmente interesante de palabras migratorias, en las que se manifiesta, una vez más, el enlace estrecho entre el árabe andalusí y el iberorromance. En estos préstamos se cierra el círculo: después de haber sido prestada de la lengua fuente a otra receptora, la palabra vuelve como préstamo a la primera. Se da tanto el caso de que el árabe andalusí adopte un préstamo del romance que, más tarde, es reintegrado al romance como arabismo, como el caso contrario, de un arabismo romance que vuelve al árabe como romancismo[35].

En Alcalá (1505: 97 I, 30) se encuentran, bajo el lema «alcauci», las formas «*cabcĭla cabcĭl*». El lema es castellano; las dos formas que le siguen son el nombre de unidad y el nombre de género, respectivamente, del lexema correspondiente hispanoárabe. Este último, empero, no parece ser palabra genuinamente árabe, con su raíz cuadriconsonántica, mientras que aquel, con el artículo árabe aglutinado, tiene aspecto de préstamo árabe. En realidad,

---

[35] Es lo que Corriente (1997: 124) propone en el caso de *ḥazīno*; véase arriba. Ciertos arabismos iberorromances marcan el término de otro itinerario largo y típico de palabras migratorias, que, por razones de espacio, no podemos tratar aquí. Son las palabras que el árabe había adoptado en Oriente como préstamo, o directamente del latín, o a través del griego y arameo, y que volvieron con la expansión del árabe hasta Europa, terminando como préstamos del árabe andalusí al iberorromance. Los ejemplos más frecuentes citados son: esp. *alcázar*, cat. *alcàsser*, pg. *alcácer* < hisp.-ár. *al-qaṣr* < ár. *al-qaṣr* «< aram. *qaṣṭĕrā* < b[ajo] gr[iego] *kástra* < lt. *castra*» (Corriente 1999: 128); y esp. port. *acirate* < hisp.-ár. *as-sirāṭ* < ár. *as-sirāṭ* /aṣ-ṣirāṭ «< [rabínico] *isṭrāṭā* < lt. *strāta* 'camino'» (Corriente 1999: 88); cf. Schall (1982: 147). Casos interesantes son, además, esp. *albaricoque*, cat. *albricoc*, port. *albricoque* < hisp.-ár. *al-barqūq* < ár. *al-barqūq* «< gr. *praikókion* < lt. *praecŏquum*» (Corriente 1999: 75); y lat. *signum* > gr. *sígnon* > ár. *siǧn*, cuyo recorrido, junto con el desarrollo semántico hasta el significado árabe 'cárcel', ha sido detenidamente estudiado por Niehoff (1996); cf. además Schall (1982: 148). Un préstamo romance tardío es pg. *séjana*, *sájena* 'baño de cautivos' (cf. Corriente 1999: 432).

se trata de un arabismo romance junto con su étimo, que es un romancismo árabe. La voz transcrita por Alcalá, hisp.-ár. *qabsīl(a)*[36], fue tomada de rom. and. «*QAPIĆÉ̱LA*, dim[inutivo] derivado del lt. hispánico *capitia* 'cabeza'» (Corriente 1999: 138, cf. 1997: 411). Del romancismo hispanoárabe, plenamente integrado a nivel fonológico y morfológico[37], resultó, más tarde, esp. *alcaucil*[38]. El significado permaneció el mismo: tanto hisp.-ár. *qabsīl* como esp. *alcaucil* denominan la 'alcachofa' –término tomado, por cierto, del árabe andalusí *al-ḫaršūfa*[39]. Aquí se nos ofrece, pues, la circunstancia de que un objeto es denominado en hispanoárabe por un romancismo y en iberorromance por dos arabismos, siendo uno de estos préstamo de aquel.

El caso siguiente ilustra el fenómeno opuesto: un arabismo romance reintegrado al árabe andalusí como romancismo. El *Vocabulista* apunta «*ḥiṣṣa* porcio» (I, 87; cf. II, 529, s. v. *Porcio*). En los documentos mozárabes de Toledo se encuentra *fāṣa* con el significado «porción de terreno» (Ferrando Frutos 1995: 83). A primera vista y a pesar de cierta semejanza semántica, ambas formas no parecen estar relacionadas, puesto que hay que clasificarlas como pertenecientes a raíces árabes distintas, $\sqrt{ḥ\!ṣṣ}$ y $\sqrt{f\!āṣ}$, respectivamente. No obstante, existe un enlace etimológico entre ambas palabras hispanoárabes, a saber, esp. *haza*, o, mejor dicho, esp. ant. *faça* 'porción de terreno o de tierra de labor'. ¿Cómo están relacionadas estas tres formas? Si suponemos, con Corriente (1999: 343, cf. 1997: 388), que hubo un alomorfo árabe andalusí **ḥaṣṣa* del clásico *ḥiṣṣa*, es fácil identificar la voz romance como préstamo tomado del lexema dialectal árabe[40], cuyo significado fue restringido en el préstamo al campo de la agricultura.

---

[36] Corriente (1999: 138; cf. 1997: 411) la transcribe con *sīn*; Dozy (1881: II, 299 II) la recoge bajo *qabṣīla*, con *ṣād*.

[37] Con la pérdida de la vocal pretónica el préstamo se integró en el esquema cuadriconsonántico {1a23ī4}.

[38] La primera documentación, en la forma *alcaucí*, data de 1423 (*DCECH* s. v. *alcaucil*). Las numerosas variantes del arabismo muestran varias posibilidades de tratarse el grupo consonántico etimológico /bs/: hay casos de vocalización /b/ > /u/ (*alcaucil, alcaucí*), de pérdida de la primera consonante /b/ > ø (*alcacil, arcacil*) y de sustitución de la obstruyente en posición final de sílaba por una sonorante, /b/ > /n/ o /r/ (*alcancil, alcarcil*).

[39] La primera documentación de este arabismo español, en la forma *carchofa*, data, también, de 1423 (*DCECH* s. v. *alcachofa*). En catalán le corresponde *carxofa* (primera documentación alrededor de 1460: *DEC* s. v.), y en portugués *alcachofra* y *alcachofa* (primera documentación en el siglo XVI, según Machado 1991: 44).

[40] Para la representación de rom. /ts/ por la fricativa enfática sorda hisp.-ár. /ṣ/, véase Alonso (1946: 30, 34s.).

Comparando el otro lexema árabe, *fāṣa*, –señalado por Ferrando Frutos (1995: 74) como romancismo con indicios de integración– y el arabismo romance esp. ant. *faça*, saltan a la vista la semejanza formal y la identidad de significados: el árabe andalusí ha vuelto a tomar prestado como romancismo el arabismo romance. Como en los casos anteriormente estudiados, se trata de un significado relacionado con la realidad cotidiana de la sociedad medieval: las voces pueden considerarse como parte del lenguaje de cada día, marcado por el cambio de código áraborromance que trae consigo el intercambio léxico.

4. Conclusión

Tanto los abundantes romancismos del dialecto árabe andalusí, documentados en varias fuentes históricas, como los arabismos de las lenguas iberorromances, mucho más numerosos aún y de los que una gran cantidad está en uso hasta hoy día, son testigo de la convivencia multisecular de lenguas y culturas en la Península Ibérica medieval. La intensidad efectiva del contacto lingüístico entre el romance y el árabe andalusí la dejan entrever los casos que acabamos de estudiar y que no son más que un fragmento diminuto del conjunto de préstamos de esta índole: las formas híbridas; los romancismos árabes y los arabismos romances que expresan un mismo concepto; y las palabras migratorias entre el árabe andalusí y el iberorromance, nos dan la impresión de estar ante un auténtico diálogo de lenguas. Este diálogo, y la transmisión de estos préstamos por él fomentada, se extiende a través de varios siglos e incluye variedades y lenguas diversas: en la ida y venida continua de préstamos léxicos participaron, al lado del árabe andalusí y el romance andalusí, los dialectos romances septentrionales, continuados en las lenguas actuales, el castellano, el catalán y el portugués, herederas del legado léxico de una convivencia singular.

5. Bibliografía

Alcalá, Pedro de (1505): *Arte para ligera mente saber la lengua arauiga/Vocabulista arauigo en letra castellana*. Edición: Lagarde, Paul de (1883): *Petri Hispani de lingua arabica libri duo*. Göttingen: Hoyer. Reimpresión (1971): Osnabrück: Zeller.

ALONSO, AMADO (1946): «Las correspondencias arábigo-españolas en los sistemas de sibilantes», *Revista de Filología Hispánica* 8, 12-76.

— (1954): «Árabe *st* > esp. *ç* – esp. *st* > árabe *ch*», en: Alonso, Amado: *Estudios lingüísticos. Temas españoles*. Madrid: Gredos, 128-150.

ASÍN PALACIOS, MIGUEL (1943): *Glosario de voces romances registradas por un botánico anónimo hispano-musulmán (siglos XI-XII)*. Madrid/Granada: CSIC/ Escuelas de Estudios Árabes de Madrid y Granada.

BOSSONG, GEORG (2003): «El cambio de código árabo-románico en las *ḥaraǧāt* e Ibn Quzmān», en: Temimi, Abdeljelil (ed.): *Hommage à l'École d'Oviedo d'Études Aljamiado (dédié au Fondateur Álvaro Galmés de Fuentes)*. Zaghouan: Publications de la Fondation Temimi pour la Recherche Scientifique et l'Information (FTERSI), 129-149.

CAPRA, DANIELA (2002): «Romancismos y oralidad en los zéjeles de Ibn Quzmān», *Artifara* 1, <http://www.artifara.com/rivista1/testi/zejeles.asp> (9 de julio de 2007).

CORRIENTE, FEDERICO (1978): «Los fonemas /p/, /č/ y /g/ en árabe hispánico», *Vox Romanica* 37, 214-218.

— (1980a): *Gramática, métrica y texto del cancionero hispanoárabe de Aban Quzmán (reflejo de la situación lingüística de Al-Andalus tras concluir el período de las Taifas)*. Madrid: Instituto Hispano-Árabe de Cultura.

— (1980b): «Notas de lexicología hispanoárabe. I. Nuevos romancismos en Aban Quzmán y crítica de los propuestos. II. Los romancismos del 'Vocabulista in Arabico': addenda et corrigenda», *Vox Romanica* 39, 183-210.

— (1981): «Notas de lexicología hispanoárabe. III. Los romancismos del Vocabulista. IV. Nuevos berberismos del hispanoárabe», *Awrāq* 4, 5-30.

— (1983): «Algunos sufijos derivativos romances en mozárabe, hispanoárabe y en los arabismos hispánicos», *Aula Orientalis* 1, 55-60.

— (1985): «Apostillas de lexicografía hispano-árabe», en: *Actas de las II Jornadas de Cultura Árabe e Islámica (1980)*. Madrid: Instituto Hispano-Árabe de Cultura, 119-162.

— (1992): *Árabe andalusí y lenguas romances*. Madrid: Mapfre.

— (1997): *A dictionary of Andalusi Arabic*. Leiden: Brill.

— (1999): *Diccionario de arabismos y voces afines en iberorromance*. Madrid: Gredos.

DCECH = COROMINAS, JUAN/PASCUAL, JOSÉ A. (1980-1991): *Diccionario crítico etimológico castellano e hispánico*. 6 vols. Madrid: Gredos.

DEC = Coromines, Joan (1980-1991): *Diccionari etimològic i complementari de la llengua catalana*. Amb la col·laboració de Joseph Gulsoy i Max Cahner. 9 vols. Barcelona: Curial Edicions Catalanes.

DELP = Machado, José Pedro (⁷1995 [1952]): *Dicionário etimológico da lingua portuguesa*. 5 vols. Lisboa: Livros Horizonte.

Dozy, Reinhart P. A. (1881): *Supplément aux dictionnaires arabes*. 2 vols. Leiden: Brill.

Ferrando Frutos, Ignacio (1995): «Los romancismos de los documentos mozárabes de Toledo», *Anaquel de Estudios Árabes* 6, 71-86.

Galmés de Fuentes, Álvaro (1983): *Dialectología mozárabe*. Madrid: Gredos.

García Gómez, Emilio (1972): *Todo Ben Quzmān, editado, interpretado, medido y explicado*. 3 vols. Madrid: Gredos.

González Palencia, Ángel (1926-1930): *Los mozárabes de Toledo en los siglos XII y XIII*. 4 vols. Madrid: Instituto de Valencia de Don Juan.

Gorosch, Max (1955): «*Beticambra, baticambra y cámara, cambra* 'retrete, letrina'», en: *Miscelánea filológica dedicada a Mons. A. Griera*. 2 vols. Barcelona: CSIC/Instituto Miguel de Cervantes/Instituto de Estudios Pirenaicos. Vol. 1, 317-333.

Griffin, David A. (1958/1959/1960): «Los mozarabismos del 'Vocabulista' atribuido a Ramón Martí», *Al-Andalus* 23:2 (1958), 251-337; 24:1 (1959), 85-124; 24:2 (1959), 333-380; 25:1 (1960), 93-170.

Hitchcock, Richard (1985): «The interpretation of Romance words in Arabic texts. Theory and practice», *La Corónica* 13, 243-254.

Kiegel-Keicher, Yvonne (2005): *Iberoromanische Arabismen im Bereich Urbanismus und Wohnkultur. Sprachliche und kulturhistorische Untersuchungen.* Tübingen: Niemeyer (Beihefte zur Zeitschrift für romanische Philologie, 324).

— (2006): «Lexicología y contexto histórico-cultural: los arabismos del español», en: Bustos Tovar, José Jesús de /Girón Alconchel, José Luis (eds.): *Actas del VI Congreso Internacional de Historia de la Lengua Española* (Madrid, 29 de septiembre-3 de octubre de 2003). Madrid: Arco Libros. Vol. 2, 1477-1490.

Machado, José Pedro (1991): *Vocabulário Português de Origem Árabe*. Lisboa: Notícias.

Niehoff-Panagiotidis, Jannis (1996): «Romania Graeco-Arabica: lat. *signum* > gr. σίγνον > arab. *siğn*», en: Lüdtke, Jens (ed.): *Romania Arabica. Festschrift für Reinhold Kontzi zum 70. Geburtstag*. Tübingen: Narr, 1-19.

Schall, Anton (1982): «Geschichte des arabischen Wortschatzes – Lehn- und Fremdwörter im Klassischen Arabisch», en: Fischer, Wolf-Dietrich (ed.): *Grundriss der arabischen Philologie*. Vol. 1: *Sprachwissenschaft*. Wiesbaden: Reichert, 142-153.

Schiaparelli, Celestino (ed.) (1871): *Vocabulista in Arabico. Pubblicato per la prima volta sopra un codice della Biblioteca Riccardiana di Firenze*. Firenze: Tipografía dei Successori Le Monnier.

SEYBOLD, CHRISTIAN FRIEDRICH (ed.) (1900): *Glossarium latino-arabicum ex unico qui exstat codice leidensi undecimo saeculo in Hispania conscripto*. Berlin: Emil Felber.

SIMONET, FRANCISCO JAVIER (1888): *Glosario de voces ibéricas y latinas usadas entre los mozárabes. Precedido de un estudio sobre el dialecto hispano-mozárabe*. Madrid: Establecimiento Tipográfico de Fortanet. Reimpresión (1967): Amsterdam: Oriental Press.

TORRES, MARÍA PAZ (1994): «Léxico hispano-árabe en una doctrina cristiana granadina de 1554», en: Corriente, Federico/Aguadé, Jordi/Marugán, Marina (eds.): *Actas del Congreso Internacional sobre Interferencias Lingüísticas Árabo-Romances y Paralelos Extra-Íberos: celebradas en Madrid del 10 al 14 de diciembre de 1990*. Zaragoza: Navarro & Navarro, 201-209.

Situação diglóssica e escrita narrativa em Angola

Martín Lienhard
Universität Zürich

1. Introdução

Quando, nos últimos anos do século XVI, os portugueses se instalaram em Luanda, não foi com o objetivo de conquistar e ocupar o interior. Interessados principalmente em promover o comércio escravista, o que pretendiam era impor sua hegemonia comercial, militar e política aos senhores tradicionais da área. O que, na sua linguagem feudal, ofereciam aos chefes locais era o estabelecimento de relações de «vassalagem». Houve muita reticência, manifestações de resistência e, nalguns casos, esforços sérios para repelir os intrusos. Na sua maioria, porém, os chefes africanos, fascinados pela perspectiva de poderem prover-se das mercadorias que traziam as naves portuguesas, terminaram aceitando a hegemonia portuguesa.

Essa hegemonia se estendia também à esfera da comunicação. Os portugueses, sem dedicar grandes esforços para difundir sua língua entre as populações locais, impuseram o português padrão para a comunicação oficial entre eles e os autóctones. Começou a surgir, dessa maneira, uma típica situação de *diglossia colonial*. Noção criada e desenvolvida pela sociolingüística, a *diglossia*[1] é uma modalidade específica de «bilingüismo social». Ela remete para a coexistência, no seio de uma mesma comunidade ou formação social, de duas línguas (ou variedades) de prestígio social desigual. A primeira (A) corresponde à língua (ou variedade) que se impõe na comu-

---

[1] A noção de diglossia foi proposta em 1959 por Charles A. Ferguson e desenvolvida logo por Joshua A. Fishman (1971).

nicação escrita, no espaço do poder e da «alta cultura»; a segunda (B) é a língua (ou variedade) que se usa para a comunicação oral ou informal. Isso implica que a preferência por uma língua ou a outra depende mais da situação comunicativa do que da competência dos falantes. A *diglossia colonial* é o termo que propomos para nomear a forma específica de diglossia que as potências européias – particularmente Espanha, Portugal, Bélgica, França – introduziram nos territórios colonizados. Ela se caracteriza pelo monopólio absoluto da língua do colonizador no espaço oficial e pela marginalização não só das línguas nativas ou autóctones, mas também das variedades orais da língua oficial e das línguas crioulas que vão se desenvolvendo, aos poucos, através dos intercâmbios entre colonizadores e colonizados.

A diglossia colonial, mecanismo claramente coercitivo, funciona como uma lei não escrita. Como toda a lei, ela só se mostra tolerante com as infrações que não ameaçam os princípios que pretende defender. Os autores de textos escritos dispõem, portanto, de uma certa margem para interpretar ou reinterpretar as exigências da «lei» da diglossia. A maneira como um autor concreto «reage» às exigências da diglossia colonial não só determina, em grande medida, a configuração estética de seus escritos, mas denuncia também uma determinada atitude ideológica. A aceitação plena, a recusa ou a subversão da língua oficial são «reações» que traduzem, ainda que não mecanicamente, atitudes mais ou menos críticas perante a situação colonial. Não é surpreendente, portanto, que o questionamento literário da diglossia colonial se torne mais radical no contexto da luta anti-colonial.

No começo de um processo de colonização, a língua oficial do colonizador é, por força, extremamente minoritária. Os que a falam são, principalmente, os representantes políticos, administrativos e religiosos procedentes da metrópole e os membros da sociedade autóctone que cumprem o papel de interlocutores privilegiados dos invasores. Mais reduzido ainda é o grupo de pessoas familiarizados, como leitores ou como autores de textos, com a língua escrita. Numa situação deste tipo, os documentos redigidos na língua oficial do colonizador são acessíveis tão-somente a um grupo privilegiado de leitores locais e ao público leitor da metrópole. Na verdade, os primeiros textos que surgem num território colonizado se destinam, principalmente, à metrópole. Se trata, geralmente, de cartas, relatórios e outros escritos de natureza político-administrativa. Em Angola, a absoluta preponderância dos interesses escravistas fizeram com que uma situação deste tipo prevalecesse durante mais de dois séculos.

2. Época da penetração escravista

Enquanto documentos inscritos num circuito cujo centro se localizava na metrópole, os textos escritos em Angola ao longo dos séculos XVII e XVIII, embora quase sempre motivados pela «realidade local», manifestam uma perspectiva até certo ponto «alheia» ao território. «Africanos» só quanto ao lugar onde são redigidos, esses textos levam a marca ideológica e lingüístico-literária da metrópole. Em uma palavra, eles constituem «corpos estranhos» no contexto cultural africano. A nível lingüístico, a única concessão que seus autores costumam fazer aos universos lingüísticos locais consiste na incorporação de palavras – mais raramente de frases – em alguma das línguas locais. Embora, nalguns textos, os africanismos léxicos sejam muito numerosos, nunca as estruturas morfossintáticas da língua dominante chegam a ser seriamente ameaçadas.

Exemplo disso é o «Extenso relatório» que Fernão de Sousa, governador português de Angola entre 1624 e 1630, dirigiu a seus filhos «pera vos aproveitardes dos sucessos que tive, como di balizas de erros do governo volos deixo escritos para escolherdes» (Sousa 1985: 217). Neste documento, os africanismos léxicos, tomados do kimbundu ou do kikongo, invadem sobretudo a terminologia político-administrativa[2]:

> (…) e por ser muy perjudicial aos *souas*[3] Antonio Dias *tendalla*[4] o mandey prender, e embarquey pera o Reyno, e castiguey outros como pareceo justiça, e desfiz o officio de *tendala*, e de *samba tendala*[5] e *mani lumbo*[6] pola grande

---

[2] Nas notas léxicas deste trabalho, (Ass.) remete para o *Dicionário kimbundu-português* de António de Assis Júnior (1947) e (Sw.) para o *Dictionnaire kikongo et kituba-français* de Pierre Swartenbroeckx (1973). Kk. = kikongo, kmb. = kimbundu. Refiro-me sempre às entradas principais no respectivo dicionário.

[3] *Soba*, kmb. *sôba* (plural em *ji-*) 'nome genérico de representante da autoridade gentílica em determinada região' (Ass.).

[4] *Tendala*, kmb. *tandála* (plural em *ji-*) '1° conselheiro do Estado, correspondente ao Presidente do Conselho do Rei ou Nação' (Ass.). «Tandala é o que serve de intérprete, e era cousa de muita autoridade ver a um homem destes a quem o gentio tinha por ídolo ajoelhado aos pés do Governador na sala do Docel, quando vinha algum Sova estar com ele desta sorte servindo de intérprete» (Cadornega 1972, I: 185).

[5] *Samba tendala* 'ajudante de *tendala*'. Kk. *samba* (classe *di-ma*) 'ajudante de um médico ou mago, comandante' (Sw.).

[6] *Mani lumbu* (também *muene lumbu*) 'funcionário real'. Kk. *mwéné* 'senhor' e *lûmbu* (plural em *tûm-*) 'recinto, harém, morada de chefe' (Sw.). «Na língua maxiconga Mani quer

oppressão que dauaõ aos *souas*, e mandey recolher os *macunzes*[7], e que os *souas* naõ dessê *futas*[8], *loandas*[9], nẽ outros tributos ao gouernador, e cappitaẽs de presídio, e que sômente pagassê os *baculamentos*[10] a ElRey nosso senhor cõ que os desobrigey da oppressaõ que recebiaõ dos portugueses cõ carregadores e os obrigarẽ a tomar fazendas por força di que resultaua tomarẽlhe molheres, e filhos em grande danno seu, e diste Reyno, e por evictar estas occasioẽs mandey recolher os *arimos*[11] pera sitios particulares pera nelles *tungarẽ*[12] os negros forros cõ sua gente. (Sousa 1985: 222)

No trecho citado, a maioria dos empréstimos do kimbundu ou do kikongo servem para designar funções político-administrativas e modalidades tributárias que não têm equivalentes na metrópole. A adoção da terminologia africana corresponde, portanto, a uma medida de economia lingüística: a tradução de todos esses vocábulos teria exigido, sem garantir a transmissão correta da mensagem, um esforço considerável. É interessante constatar que esses termos não são percebidos como «alheios» pelo autor do texto; todos eles pertencem, com efeito, a um «português angolano» oficial que surgiu ao calor das necessidades administrativas dos colonizadores/escravistas. O que demonstra a naturalização dos empréstimos africanos é sua integração ao sistema morfossintático do português: pluralização dos nomes (*soba-s* em vez do plural kimbundu *ji-sôba*); conjugação dos verbos («pera nelles *tungarẽ* os negros forros»); derivação nominal (*baculamento*, nome formado a partir do verbo kimbundu *-bakula* 'tributar'). É evidente, pois, que ao lançar mão de um «português africano» já consagrado pelo seu uso oficial, o autor

---

dizer Senhor» (Cadornega 1972, I: 353). «Muene lumbo [...] é o que tem conta da Casa Real e guarda as cousas de mais estima dela» (Cadornega 1972, I: 353).

[7] *Macunze*, kk. *nkùnzi* (classe *mu-ba*) 'portador, embaixador, enviado' (Sw.). «Mukunzes na língua ambunda são os enviados ou embaixadores» (Cadornega 1972, I: 349). Kmb. *múkunji* (classe *mu-a*) 'enviado, profeta, missionário' (Ass.).

[8] *Futa* 'tipo de tributo'. Kmb. *fúta* (pl. em *ji-*) 'dádiva ou presente de que chega de uma viagem, aos parentes e amigos' (Ass.).

[9] *Loanda* 'tipo de tributo'. Kmb. *luuanda* (classe *lu-malu*) 'aduana, imposto' (Ass.).

[10] *Baculamentos* 'tipo de tributo'. Kmb. *-bakula* 'pagar tributo, contribuição, dízimo, imposto' (Ass.).

[11] *Arimo* 'lavra, sementeira'. Nome em português «africano», derivado do nome kmb. *marímu* (classe *di-ma*) 'terras de lavoura longe das povoações, *hinterland* agrícola' (Ass.). Esse nome é derivação, à sua vez, do verbo *-dima* (ou *-dima*) 'lavrar'.

[12] *Tungar* 'estabelecer-se'. Kmb. *-tunga* 'edificar, construir' (Ass.). «Tungar é fazer quartel e casas» (Cadornega 1972, I: 345).

não ambiciona questionar a diglossia reinante: atitude lógica para um alto funcionário da potência colonizadora/escravista.

Na sua *História geral das guerras angolanas*, António de Oliveira de Cadornega (1680) demonstra uma familiaridade relativamente grande com a «língua ambunda» (kimbundu), as sociedades e as culturas locais. O léxico africano presente no seu texto abrange não só termos de interesse político-administrativo, mas se estende também à flora, à fauna e à esfera ideológico-religiosa. À diferença do relatório de Souza, a *História* de Cadornega não só revela um léxico *outro*, mas alude também à existência – e a certos conteúdos – de todo um universo lingüístico-cultural *outro*. Assim, se referindo ao culto dos defuntos, ele escreve: «Bem sabem os entendidos que a imaginação é cauza, pella mayor parte, de sonharem com seus defuntos, dizendo os coatou ozombi» (Cadornega 1972: I, 370). *Os coatou o zombi* é um sintagma composto segundo as regras da morfossintaxe portuguesa, mas sua base léxica é kimbundu[13]. Para esclarecer o significado dessa frase híbrida, o autor explica, numa nota marginal: «*Coatou* he pegou na sua lingoa. *Ozambi* [sic, em vez de *ozombi*] chamão ao defunto». O leitor entende, pois, que essa frase significa 'o defunto tomou possessão deles'. Dezenas de páginas depois, Cadornega conta o caso de um moço prisioneiro que Njinga, a rainha de Matamba, costumava humilhar publicamente dizendo que era a mulher de um capitão derrotado. Cada vez que a rainha lhe perguntava se isso era verdade, «o pobre transformado» respondia «Queleca *calunga* queto»[14], expressão que – na tradução do próprio Cadornega – significa «he verdade minha morte» (Cadornega 1972, I: 414). Por outro lado, um sacerdote católico que residia na corte da rainha se dirigia a ela dizendo «Calunga Calunga queto»: «Calunga, Calunga nossa» (Cadornega 1972, I: 414). Como é que Cadornega explica o fato de esses homens, ao se dirigirem à rainha, a chamarem de *Calunga*? Numa nota, ele comenta que essa palavra, «em língua ambunda», significa 'mar' e 'morte'. O que não diz, mas demonstra saber em outro lugar da *História*, é que *kalunga*, em kimbundu, é uma palavra que remete para diversas manifestações de uma força superior: o mar, a morte, a autoridade real[15]. Ao revelar esta semân-

---

[13] Kmb. *-kuata* 'agarrar, pegar, segurar' (Ass.); kmb. *nzumbi* 'espírito de um morto'.

[14] Kk. *kièléka kalùnga ki'êto* 'nossa morte'; kk. *kièléka* (classe *ki-bi*) 'verdade'; *ki(a)*: prefixo concordante; *-êto*: adjetivo possessivo 1ª pessoa pl. (Sw.).

[15] Uma das definições mais precisas de *kalunga* se encontra numa nota do missionário lingüista Héli Chatelain (1964 [1894]: 538): «*Kalunga* é ainda uma palavra misteriosa que

tica tipicamente bantu, o texto de Cadornega manifesta a existência de um universo de discurso *outro*. As interferências desse universo no seu texto são, porém, modestas. Cadornega não oculta, pois, a realidade de um país lingüística e culturalmente «dividido», mas também não ataca nem subverte seriamente a diglossia reinante.

3. ÉPOCA DA «RECOLONIZAÇÃO»

No século XIX, a política de «recolonização» que começou com o reconhecimento da perda definitiva do Brasil para se intensificar logo no contexto das lutas pela repartição do território africano entre as potências imperialistas[16], acabou abrindo certo espaço para o surgimento de uma «vida literária» local. Aparecem, neste contexto, vários *filhos do país* (crioulos) que praticam o jornalismo, mas a maioria deles, filhos e netos de europeus (Dias 1998: 530), não questionam o colonialismo português – nem a permanência da situação diglóssica. Segundo Mário António Fernandes de Oliveira, já existia em Luanda, no século XIX, uma «dominância crioula, representada por uma maioria de 'africanos' na sociedade luandense» (*in* Troni 1991: 14). Mas em que medida essa «dominância crioula» chegou a se traduzir numa produção literária específica, realizada à margem do sistema diglóssico? Para Oliveira, uma obra paradigmática desse momento é a «noveleta» *Nga Mutúri* ('Senhora viúva') que Alfredo Troni, funcionário português residente em Luanda, publicou em 1882 no *Diário da Manhã* de Lisboa. Esse relato apresenta as «lembranças» de uma ex-escrava que conseguiu, graças à sua habilidade e ao casamento com um comerciante português, ocupar uma posição de certa visibilidade na sociedade crioula luandense. Embora caracterizado por uma «etnografia» pormenorizada desse ambiente social, a noveleta de Troni continua, quanto à sua configuração lingüístico-literária, na linha de Cadornega. Oliveira admitiu, aliás, que *Nga Muturi* «deve ter tido um número escasso de leitores, designadamente entre as pessoas mais próximas da sociedade [luandense] que

---

aparece nas linguagens bantas. Em quimbundo tem muitas significações: (1) Morte; (2) *Ku'alunga*, Residência dos mortos; (3) *Mu'alunga*, o Oceano; (4) Senhor; com esta significação somente é usada pelos I'mbangala e alguns dos seus vizinhos; em Luanda nunca; (5) algumas vezes uma exclamação de espanto, admiração».

[16] Processo que conclui na Conferência de Berlim (1884-1885).

lhe ofereceu o tema» (*in* Troni 1991: 31). *Nga Mutúri* seria, portanto, um romance «crioulo» ignorado pelos crioulos.

Poucos anos depois, a *Gramática elementar do kimbundu ou língua de Angola* do missionário suíço Héli Chatelain (1888-89) revela, com uma autoridade sem precedentes, os contornos e a riqueza do universo lingüístico-literário kimbundu. Segundo seu autor, essa obra se destinava, em primeiro lugar, «aos nossos irmãos de côr, pretos e pardos de Angola, com o fim de apprenderem a estimar e a cultivar a sua bella língua pátria» (Chatelain 1888-89: IX). Na última parte de sua introdução a essa gramática, Chatelain se refere, sob o título de «Litteratura oral», a existência de uma «litteratura puramente nacional». Essa – nos diz o autor – abrange

> um rico thesouro de proverbios ou adagios (= *jisabu*, sing. *sabu*), de contos ou apologos (= *misoso*, sing. *musoso*), de enigmas (= *jinongonongo*, sing. *nongonongo*) e de cantigas, aos quaes se podem juntar as tradições historicas (= *malunda*) e mithologicas, os ditos populares, ora satyricos ou allusivos (= *jiselengenia*), ora allegoricos ou figurados (= *ifikila*); em todos os quaes se condensou a experiencia dos dos seculos e ainda hoje se reflecte a vida moral, intellectual e imaginativa, domestica e politica das gerações passadas: a alma da raça inteira. (Chatelain 1888-89: XVIII)

Para Chatelain, formado na tradição – romântica – dos estudos folclóricos ingleses, as populações nativas de Angola, como os setores *folk* da Inglaterra, são os depositários legítimos dos valores «nacionais». O kimbundu é a «língua pátria». Em 1892, Joaquim Dias Cordeiro da Matta, discípulo de Chatelain, publica uma *Cartilha racional para se aprender a ler o kimbundu*. Para justificar o fato de ele apresentar esse livro em kimbundu, o autor alegou que isso era «essencial para que os filhos de Angola aprendessem a ler e escrever na própria língua» (Oliveira 1997: 89). Cordeiro da Matta pertencia a um grupo de ativistas negros do interior que impulsionava, na década de 1880, uma imprensa «africana» (em português), radical e independentista (Dias 1998: 530). Ao propor a transformação do kimbundu, língua de tradição oral, numa língua para a expressão escrita, o que Cordeiro da Matta tinha em mente era, aparentemente, a abolição da diglossia colonial a favor de um sistema no qual a língua africana e a língua européia pudessem coexistir em pé de igualdade.

4. Época da «descolonização»

A narrativa angolana moderna nasceu paralelamente à intensificação da luta política, ideológica e militar pela descolonização do país. Objetivo comum dos narradores que surgiram neste contexto era a criação de uma literatura «descolonizada» e «nacional». Qual ia ser a língua dessa literatura? Para os narradores que começaram sua atividade por volta de 1960, o português padrão, imposto pela diglossia colonial como língua única para a «alta cultura», não servia como veículo de uma mensagem descolonizadora e nacional. Também não era realista a opção pelas línguas africanas. Poucos eram os escritores potenciais com competência suficiente para escrever numa dessas línguas «nacionais»; todos eles, com efeito, ou eram de ascendência portuguesa ou pertenciam aos grupos de «assimilados». Ademais, o público possível para uma literatura em língua africana era, dada a orientação da política educativa colonial, exíguo demais. No Peru, referindo-se à literatura dos mestiços andinos, o lingüista Alberto Escobar disse alguma vez que «la literatura del mestizo andino no tendrá expresión por la vía de la lengua quechua, pero tampoco la hallará por el castellano *puro*» (Escobar 1984: 81). Os narradores angolanos chegaram a uma conclusão análoga: nem as línguas africanas nem o português «puro» eram veículos adequados para exprimir a complexa realidade do país. Tratava-se, portanto, de procurar soluções novas para a questão da linguagem na literatura escrita.

Um dos laboratórios importantes da nova narrativa angolana foi o campo de concentração de Tarrafal (Cabo Verde), onde, nos anos 1960, José Luandino Vieira e Agostinho Mendes de Carvalho (Uanhenga Xitu) escreveram – ou pelo menos esboçaram – boa parte das obras respectivas. Os dois, embora por caminhos bem diferentes, foram dos narradores que mais contribuíram para, no campo da narrativa escrita, tornar o sistema diglósssico caduco.

Para discutir as estratégias adotadas por Uanhenga Xitu, escritor nascido na *sanzala*[17] de Calomboloca (Icolo e Bengo), vamos apoiar-nos nos seus romances *Maka na sanzala (Mafuta)* e *Manana*. O primeiro, publicado pela primeira vez em 1974, mas esboçado já em 1967 e concluído em 1970[18], é apresentado por seu autor como um «exercício de Kimbundu» (Xitu 1979:

---

[17] *Sanzala* (pl. em *ji-*) 'povoado' (Ass.).
[18] Veja-se «Uma carta póstuma ao Higino Aires Alves de Sousa Viana de Almeida» (Xitu 1979: 11-13).

9). A *maka*[19] que se conta neste livro é o conflito que provoca, nas *sanzalas*, a beleza extraordinária de Mafuta, moça de olhos verdes. Narra-se em particular a rivalidade entre dois dos seus pretendentes: o *soba* Ngimbi e o jovem Kalutula. A semântica do nome da protagonista feminina é o «motor» da história narrada. «Mafuta – explica o narrador – é recontro. Mafuta – é briga. Mafuta – é remoinho. Mafuta – é ciclone. Mafuta – é abismo» (Xitu 1979: 138)[20]. Trata-se, portanto, de uma história eminentemente dramática.

Essa história se conta, basicamente, através de uma sucessão de momentos ou cenas de tipo ritual: parto, xinguilamento (invocação dos espíritos), demanda judicial, pedido de mão, carnaval (*dizanda*), banquete na *mbanza*[21] do soba, disputa entre mais-velhos, rito de adivinhação. Nessas cenas, a oralidade tradicional – diálogos, invocações, canções – cumpre um papel central. Adotando os princípios do realismo lingüístico, o narrador tende a representar os enunciados «orais» na língua ou linguagem que correspondem à situação comunicativa. A voz narrativa se exprime, embora com numerosos quimbundismos, num português angolano relativamente próximo do português padrão. A certa altura, o *kimbanda*[22] Toko, pai de Mafuta, apanha no seu quintal o jovem Kulatala, pretendente secreto de sua filha. Quando começa a repreendê-lo «num tom de trovão» (Xitu 1979: 82), as pessoas que passam se aglomeram à volta do velho. «Incitado mais pela presença do povo que se ria e que gostava de ouvir o Toko e gostando este por seu lado de ser ouvido» (Xitu 1979: 83), o kimbanda se entusiasma e começa a proferir acusações extremamente graves contra o pai e o avô do jovem. Avisado pelos vizinhos, Bungula, o pai do jovem, acode e começa, por sua vez, a agredir, verbalmente, o «bruxo»:

- Eie Toko, utokola akua-kuanza, kua uajibile o mama nhi mona, mu kizuua kimoxi. Iene i uabonguele o malebu, ia-ku-kutile mu Mbanza ia Ngimbi. Atxi kongo uandala udifuta nhi Mafuta! Kituxi kia kujiba uandala ukibaka nhi Mafuta. Uandala ku-mu-sumbisa kua soba Ngimbi...[23]

---

[19] *Máka* (classe *di-ma*, pl.) 'falas, pendências' (Ass.). Em português angolano, *maka* significa 'problema', 'confusão'.

[20] *Mafuta* (pl. de *rífuta [dífuta]*) 'recontro, refrega, briga, onda grossa e violenta (ao quebrar-se na praia), cachão, remoinho, ciclone, pego, sorvedouro, confusão, abismo' (Ass.).

[21] *Mbanza* (pl. em *ji-*) 'cidadela, residência do chefe, capital' (Ass.).

[22] *Kimbánda* 'pessoa que trata de doentes, exorcista, bruxo' (Ass.).

[23] «Tu és o Toko, «aparas» (intrujas) os das margens do Cuanza, onde mataste mãe e filho, no mesmo dia. E aí foste enxovalhado, amarrado no soba Ngimbi. E agora queres

Ao ouvir estas palavras, Toko queria pular o cercado do quintal para desafiar o Bungula. E (…) no quintal rugia (…):
- Deixem-me ir ter este descendente de ladrões, cujo pai roubava massambala [sorgo] e cachos de dendém… *Toko u-mu-zuela kien'ókio? Eie uene mu funda o muiji, mukonda dia uii ua tat'enu?*[24]. (Xitu 1979: 84-85)

Cenas dialogais deste tipo abundam em *Maka na sanzala (Mafuta)*. Elas permitem a Uanhenga Xitu apresentar uma espécie de «etnografia da fala»[25] da povoação de uma área kimbundu (Icolo e Bengo). A isso, sem dúvida, se referia o autor quando anunciava, na sua introdução, «um exercício de kimbundu». A abundância dos diálogos em kimbundu transformam o romance em verdadeiro texto bilíngüe: na literatura angolana escrita em português, *Mafuta* é, sem dúvida, o relato com maior presença de enunciados em língua africana (mais de duzentos, sem contar as palavras isoladas). Afora da letra de algumas cantigas (canções de pilar arroz, de pôr sortes ao pássaro *kiua-kiua*, etc.), os enunciados em kimbundu são acompanhados, em nota de rodapé, de uma tradução aproximada ao português. Leitor «ideal» desse romance é, sem dúvida, o leitor bilíngüe kimbundu-português, mas a estratégia escolhida não exclui os leitores ignorantes da língua africana.

A configuração lingüística de *Manana*, romance publicado em 1978, é mais complexa que a de *Mafuta*. À diferença deste romance «rural», *Manana* evoca uma sociedade urbana em transição para uma certa modernidade. Uma sociedade na qual o kimbundu coexiste com outras línguas africanas (umbundu, fiote) e, sobretudo, um grande número de socioletos afro-lusitanos. O que conta com muita graça o narrador-protagonista Filito – um jovem já casado – é a história de seus inúteis esforços para casar com Manana, moça que pertence a uma família tradicional de *kimbandas*. O que contribui para manter o leitor em suspenso são as infinitas complicações que o jovem «pícaro» afronta pela necessidade de ocultar a Manana a existência de sua esposa e a sua esposa a vontade de casar com outra mulher.

---

pagar a dívida de tua façanha com o corpo de tua filha! O crime de assassinato queres pagá-lo com a Mafuta. Queres vender a Mafuta ao Soba Ngimbi para saldar aquela vergonha». (NdA, Xitu 1979: 84)

[24] «É ao Toko que falas assim? Tu que enterras toda a geração por causa do roubo de teu pai?…». (NdA, Xitu 1979: 85)

[25] Para a «etnografia da fala» (*ethnography of speaking*), veja-se Hymes 1972 e Sherzer 1983.

O romance tematiza o conflito entre dois mundos, respectivamente «moderno» e «tradicional». Um dos cenários principais desse conflito é o diálogo. Vejamos um exemplo:

> - Filito, para casa, estudar! *Ndoko!...*[26] Era a mãe, com um chicote na mão, que há muito me esperava para preparar a lição. Aplicou-me duas vergastadas. Corri para trás do tio. Mas a mãe, num tom exaltado, disse para o tio Chico:
> - *Ngana Chico, ambul'o mona!...*[27]
> - Bater, não. A cunhada veja bem – é! É falta de respeito na minha pessoa, bater o garoto na minha «presência». É um abuso!...
> - Falta *ia* respeito *ianhi*? *O mona mungu ualoia ku izámia, eié ua-mu-té boba ku mabáia?!*[28]
> - E o que isso faz? E o que isso tem?
> - É o qu'isso faz, não é? *Mona uami-é! uevu* [uivua], *Chico? ... Mona uami-é!*[29]. (Xitu 1978: 28-29)

Este intercâmbio verbal deve entender-se como a representação realista de um diálogo entre duas pessoas adultas perfeitamente bilíngües. O que caracteriza esse diálogo é o constante *code-switching* entre português e kimbundu. A mãe procura sempre impor o kimbundu, demonstrando assim uma atitude (lingüisticamente) «conservadora». O tio, mais «aculturado», prefere usar o português – aliás um português incorreto em termos da língua padrão («falta de respeito *na* minha pessoa», «presência»). No conjunto do romance, os mais-velhos, especialmente os *kimbandas*, mostram preferência pelo kimbundu, enquanto os jovens misturam as duas línguas, falam variedades socioletais ou se exprimem em algum «idioleto» afro-lusitano. Aliás, nas suas «Dedicatórias» às suas (muitas) amigas, o autor declara: «Vocês vão ver: este livrário não tem português caro, não. Português do liceu, não. Do Dr., não. Do funcionário, não. De escritório, não. Só tem mesmo português d'agente [da gente] mesmo, lá do bairro, lá da sanzala, lá do quimbo» (Xitu 1978: 15). À diferença de *Mafuta*, romance «bilíngue», *Manana* é multilín-

---

[26] 'Vamos!' (Glossário do autor).
[27] 'Senhor Chico, larga a criança!...' (NdA).
[28] 'Qual falta de respeito? Amanhã o filho vai ao exame e o pões aqui nas tábuas?!...' (NdA).
[29] '- o filho é meu, ouviste Chico? É meu!...' (NdA).

güe[30]. O multilingüismo que caracteriza *Manana* pode ser visto, por um lado, como o resultado de uma «etnografia da fala» em um meio urbano. Embora o próprio Mendes de Carvalho tenha afirmado que só se considerava um «apanhador de dados» e não um escritor[31], o multilingüismo, na sua obra, é também um recurso propriamente literário. Para Bakhtin, como se sabe, o plurilingüismo é uma das características da «literatura carnavalizada». Aqui também, a multiplicação e a interação de diferentes línguas, linguagens e discursos no seio de um mesmo texto cria um universo claramente «carnavalesco», bem afastado do universo monolíngüe «sério» em português padrão que a diglossia colonial pretendia impor na literatura. Para isso contribui, também, a auto-ironia de um autor que classifica seu texto de «livrário»: «Mas livrário é quê? [...]. Livrário é como uma pessoa que 'falou só mas não disse nada'» (Xitu 1978: 13).

Numa entrevista com Michel Laban, José Luandino Vieira afirmou que os livros de Mendes de Carvalho eram «a prova, digamos, magnetofónica, do meu trabalho literário, com os mesmos elementos, da mesma área; porque, ao nível do diálogo, dentro das frases do diálogo, não há divergência de processo – há apenas divergências na construção do diálogo» (Laban 1980: 63). É verdade que na obra de Uanhenga Xitu, a penetração do kimbundu e das linguagens socioletais se limita, geralmente, ao diálogo, enquanto nos relatos de Luandino, ao quase desaparecer a fronteira entre discurso do narrador e diálogo, os «mesmos elementos» tendem a permear a totalidade do texto. Agora, em que medida os «elementos» alheios ao português padrão são, na obra de Luandino, os «mesmos» que na de Mendes de Carvalho? Procuraremos estudá-lo brevemente no romance *Nós, os do Makulusu* (1975). Este relato, geralmente considerado como a obra máxima da nova narrativa angolana, evoca a história de um grupo de meninos-adolescentes dum *musseque*[32] ou bairro de Luanda antes e durante os anos da guerra contra a insurgência nacionalista. Através da superposição de momentos que pertencem a épocas e espaços diferentes vai se revelando, aos poucos,

---

[30] Referindo-se a *Manana*, Russel G. Hamilton (1991: 321) distingue, a partir de critérios sociais e étnicos, cinco «discursos»: «classical Kimbundu, semi-creolized Kimbundu, nonstandard Portuguese (i. e. the Portuguese «you don't learn in school»), ruling-class Portuguese, and *Ambaquista* Portuguese». Essa última variedade é o português que os africanos «aculturados» falavam, nos fins do século XIX, na cidade de Ambaca.

[31] Luanda, 16 de abril de 2002, entrevista vídeo.

[32] *Múseke* (pl. *miseke*) 'areia grossa, terra saibrosa' (Ass.).

o passado e o presente de uma sociedade ex-escravista, colonial e racista. Já os primeiros estudos que lhe foram dedicados[33] enfatizaram a natureza especial da linguagem criada por Luandino. «Bilingues quase que somos»: esta frase que o narrador, com leves variações, repete várias vezes ao longo do relato, insinua a natureza «quase bilíngüe» do texto. Agora, à diferença de *Maka na sanzala (Mafuta)* de Uanhenga Xitu, obra na qual o bilingüismo se manifesta na oposição entre discurso narrativo em português e diálogos em kimbundu, *Nós, os do Makulusu* oferece, antes, um *collage* de diferentes discursos, línguas e linguagens. Para Russell G. Hamilton, *Nós, os do Makulusu* «é um grande documento de sociologia da linguagem no contexto contraditório do nacionalismo preto justaposto aos temores e aspirações dos colonos brancos em Angola» (Hamilton 1980: 178). Esta observação exige alguns comentários. Luandino afirmou que foi lendo *Sagarana* do escritor brasileiro João Guimarães Rosa que compreendeu que

> um escritor tem a liberdade de criar uma linguagem que não seja a que os seus personagens utilizam [...]. Quero dizer: o que eu tinha de aprender do povo eram os mesmos processos com que ele constrói a sua linguagem [...], os mesmos processos conscientes ou inconscientes de que o povo se serve para utilizar a língua portuguesa. (Laban 1980: 27-28)

Embora o texto *Nós, os do Makulusu* esteja salpicado por algumas frases em kimbundu, a base do trabalho lingüístico-literário de Luandino é o «português» falado pelo «povo». O leque dos recursos lingüístico-poéticos que se descobrem no romance é muito amplo. A nível do léxico é freqüente, ao lado dos empréstimos «simples», a formação de palavras novas de raiz kimbundu: empréstimo do kimbundu + sufixo português. Assim, Maninho, o irmão do narrador, mostra um «sorriso *monandengo*»[34] (Vieira 1985: 17); um amigo acolhe o narrador com «litúrgicas palavras *mussecadas*» (Vieira 1985: 63); um clarinete «*cassumbula*»[35] a alegria das crianças (Vieira 1985: 108), e outras crianças brincam «*uatobando*[36] os gritos» (Vieira 1985:

---

[33] Vejam-se, por exemplo, os trabalhos reunidos no volume editado por Laban et al. (1980).

[34] Kmb. *mon'a ndênge* 'menino' (Ass.)

[35] Do kmb. *kasumbula* 'jogo que consiste em tirar com a máxima ligeireza o que o parceiro tiver na mão' (Ass.).

[36] O verbo *uatobar* é construído a partir de *ua tobo*, segunda (ou terceira) pessoa singular, pretérito I, do verbo kmb. *-toba* 'tolejar, dizer parvoices' (Ass.).

96). Por vezes, a neologia abrange mais de uma palavra. É o caso de uma pergunta nominal que Maninho dirige ao narrador: «*Sânjicas quijilas?*» (Vieira 1985: 17). *Sánji*, em kimbundu, significa 'galinha', *kijíla* 'tabu' ou 'abstinência'. «*Sânjicas quijilas?*» equivale, pois, a '«galináceos tabus'. O que Maninho pergunta ao narrador é, concretamente, se ele está observando um «tabu galináceo»: maneira de zombar da repugnância que a muamba de galinha inspira ao narrador. A nível da sintaxe é freqüente a imitação de construções típicas da oralidade socioletal luandense: «eu te gosto» (Vieira 1985: 39), «estás só olhar» (Vieira 1985: 26), «tão com depressa» (Vieira 1985: 38) ou «gritava na criada» (Vieira 1985: 39)[37]. Apesar de todas estas referências ao contexto lingüístico local, a poética geral que governa *Nós, os do Makulusu* não pode ser explicada em função de uma «etnografia da fala luandense». O sistema metafórico, por exemplo, embora também contenha alusões a realidades africanas, remete claramente para uma poética de tipo vanguardista: «Por isso sua sanzalinha de sentimentos tem de fazer rotação, procurar novas matas para se rir com elas» (Vieira 1985: 14). A propósito da primeira frase do romance («Simples, simples como assim[38] um tiro: era alferes, levou um balázio, andava na guerra e deitou a vida no chão, o sangue bebeu»), Hamilton escreveu: «É mais que evidente a analogia com a técnica de contar tradicional africana, que aparece maximamente na expressão 'e deitou a vida no chão, o sangue bebeu'» (Hamilton 1980: 178). A nível da sintaxe, o que caracteriza essa expressão é a parataxe e a inversão da ordem verbo > objeto direto; a nível da poética, a substituição da palavra «morrer» por duas metáforas muito plásticas. É duvidoso que tais particularidades tenham a ver, diretamente, com a «técnica de contar tradicional africana». A meu ver, se trata, antes, de recursos típicos de uma poética de vanguarda.

Em resumo, o trabalho lingüístico-literário de Luandino em *Nós, os do Makulusu*, embora em parte inspirado na realidade lingüística local, não desemboca numa «etnografia da fala luandense». Base do universo lingüístico-poético do romance é, antes, uma *translíngua* na qual cabem, ao lado do kimbundu, dos kimbundismos e de construções e fórmulas inspiradas

---

[37] As «traduções populares» de frases em kimbundu que Óscar Ribas (2002: 16) anotou em 1965 contêm construções desse tipo, por exemplo «Já estou ir na minha amiga» (tradução de *Ngoloia kiá ku kamba diâmi*).

[38] Segundo o próprio Luandino, «como assim» é uma expressão socioletal que traduz a expressão kimbundu *kala kiki* (Laban 1980: 57).

nos socioletos afro-lusitanos, expressões e figuras cuja origem se deve buscar, sobretudo, na excepcional criatividade poética do autor. Ao criar para *Makulusu* uma translíngua que só existe nesse texto, Luandino colocou essa sua obra nas margens do espaço onde ainda vigora, embora atenuada, a diglossia colonial. Um texto assim não tem «destinatário», a não ser os leitores dispostos a se aventurarem sem bússola num universo desconhecido.

A última obra que desejamos comentar brevemente neste contexto é *Manuel Muhongo ou a queda do pescador* de António Valis (1998). É um relato muito impactante que alterna capítulos onde fala a voz de um narrador anônimo e outros que apresentam o testemunho «oral» do pescador luandense Manuel Muhongo[39]. Cenário é a prisão de São Paulo em Luanda. Muhongo é acusado de contrabando de café, atividade que aparentemente realizava ao serviço de um branco que fugiu para Portugal: «Estou preso por causa dum branco. E o branco fugiu e Muhongo está de culpado candongueiro sabotador. Eu Muhongo que tinha barco e motor e mulher e amante e dinheiro e amor» (Valis 1998: 75). No prefácio, o autor explica que escreveu o texto entre março e agosto de 1978 na prisão de São Paulo, onde esteve detido por motivos políticos. É provável, portanto, que o testemunho de Muhongo seja o resultado – direto ou indireto – de conversas com o pescador. As falas de Muhongo, sempre lúcidas, mas amiúde coléricas, compõem um fulgurante testemunho da vida das camadas marginalizadas na cidade de Luanda e, ao mesmo tempo, um requisitório contra a arbitrariedade do poder existente. O que dá uma força – e uma poesia – particular a essas falas é sua linguagem – uma linguagem tributária, de alguma maneira, dessa «Torre de Babel miniaturizada, construída, destruída e reconstruída» (Valis 1998: 3) que é a prisão. No trecho seguinte, Muhongo – pescador do mar – evoca o culto a *kyanda*, gênio do mar que protege os pescadores:

Mesa necessitas de montar mesmo n'areia na esteira no *luando*[40] comida variada oferta de *quianda* qu'inda feijoada de *maji ma ndende*[41] *funjada*[42] de

---

[39] *Múhongo* 'egrégio, magnânimo, excelente'. É também nome próprio (Ass.).
[40] Kk. *lwándu* (classe *lu-tu*) 'esteira' (Sw.).
[41] Feijoada de óleo de palma (NdA).
[42] Palavra derivada de kmb. *fúnji* (pl. em *ji-*) 'massa feita de fubá de mandioca, arroz, batata ou milho' (Ass.).

quindele[43] mesmo *mufete*[44] *mukeka*[45] ou *quixiluanda*[46] vai d'oferta alimentação de *quianda*. É dia de festa qu'até dormida na praia *dixisa*[47] *luando* cama macia em baixo areia nos pés o mar as onda em cima as estrela *tetêmbua*[48] você ficas *sunguilando*[49] mesmo *coxilando*[50] beleza boniteza é música na natureza. E o ano vai e o ano vem e desgraça dá-te encontro. S'inda faltaste c'o respeito na *quianda* é *calema*[51] que morde onda *de zanga*[52] é quase maré descontente. (grifos nossos; Valis 1998: 65-66)

Singularizado pela abundância de empréstimos do kimbundu e uma morfossintaxe aparentemente arbitrária, este trecho configura um universo lingüístico bem afastado do português padrão. Agora, para um leitor luandense, o «exotismo» dessa linguagem é só relativa. Vários africanismos são nomes de pratos conhecidos da cozinha luandense (*mufete*, *mukeka*, etc.); outros remetem para realidades ou objetos familiares aos habitantes da área: *quianda* ('sereia'), *calema* ('temporal'), *luando* ('esteira'). Os verbos *sunguilar* ('seroar') e *coxilar* ('cochilar') são de uso comum em Angola. Quanto à morfossintaxe, uma leitura em voz alta, «rítmica», atenua muito sua aparência caprichosa. Aparentemente multilíngüe, o fragmento reproduzido recria na verdade o léxico, a sintaxe e o ritmo dessa «translíngua» que tendem a ser as linguagens das camadas populares e marginalizadas em Luanda.

Os capítulos onde fala o narrador anônimo servem para situar e comentar essas falas. Nesses capítulos se descobre uma linguagem bem diferente, «poética», mas respeitosa das normas do português literário. O texto estabelece, pois, um diálogo de igual para igual entre a «língua de Camões» e a «translíngua popular» luandense. Esse «bilingüismo sem diglossia»[53] é a utopia que *Muhongo ou a queda do pescador* opõe à diglossia colonial.

---

[43] Kmb. *kindele* (classe *ki-i*) 'de cor branca, limpo' (Ass.), 'farinha de milho'.
[44] 'Peixe assado nas brasas com escamas e tripas' (NdA).
[45] 'Guisado de peixe ou carne misturado com farinha de mandioca' (NdA).
[46] 'Guisado de peixe com fatias de pão torrado' (NdA).
[47] 'Espécie de esteira' (NdA).
[48] Kmb. *tetembua* (pl. en *–ji*) 'estrela' (Ass.)
[49] Kmb. *-sungila* 'velar, seroar' (Ass.).
[50] Kmb. *-koxila* 'cochilar, dormitar' (Ass.).
[51] 'Temporal' (NdA).
[52] Kmb. *dízanga/rízanga* (classe *di-ma*) 'lagoa, poça, lago' (Ass.).
[53] Este termo designa em Fishman (1971: 295-298) um dos avatares do bilingüismo social.

5. CONCLUSÃO

No começo da penetração portuguesa em Angola, o sistema da diglossia servia, principalmente, para excluir a população autóctone do espaço do poder. Nesse contexto, a literatura que se escrevia em Angola, destinada em boa parte aos leitores – ou às autoridades – da metrópole, evitava ao máximo o contato com os universos lingüísticos africanos. Só aceitava, por motivos práticos, a inclusão de termos locais que não tinham equivalente em português. Os socioletos afro-lusitanos que foram surgindo nos contatos entre africanos e europeus também foram excluídos da cultura letrada. Até há poucas décadas, a diglossia, que exigia o uso exclusivo do português padrão na comunicação escrita (em geral) e na literatura (em particular), nunca foi questionada seriamente. A «descolonização» permitiu, finalmente, reconsiderar a questão da língua. Formados num contexto nacionalista e revolucionário, os escritores que surgiram por volta de 1960 começaram a romper, de diversas maneiras, a muralha imaginária que protege o português padrão contra o assalto das línguas africanas e as diferentes variedades locais do português. Embora diferentes quanto à sua origem, sua trajetória político-inteletual e os objetivos que perseguem com suas obras, narradores como Uanhenga Xitu, José Luandino Vieira ou António Valis criaram obras que oferecem uma certa visibilidade às línguas e aos socioletos discriminados. Nos seus romances *Maka na sanzala (Mafuta)* e *Manana*, Uanhenga Xitu apresenta aos leitores uma espécie de «etnografia da fala» do espaço-tempo considerado: a *sanzala* tradicional em *Mafuta* e o espaço urbano e suburbano de Luanda ao começo da «modernização» em *Manana*. Essa «etnografia» evidencia a autonomia que conservam as diferentes línguas ou linguagens. Outra é a visão que se desprende do romance de Luandino Vieira. *Nós, os do Makulusu* é um universo poético «translíngüe» que retoma e rearticula, sem sacrificar ao «realismo lingüístico», elementos léxicos e morfo-sintáticos do kimbundu e dos socioletos afro-lusitanos da capital. A «translíngua» que caracteriza as falas de Muhongo em *Muhongo ou a queda do pescador* remete, apesar de certas convergências com a de Luandino, para uma estratégia diferente: a de recriar, evidenciando seu potencial poético, a «translíngua» que foi criada pelos grupos marginais na cidade de Luanda. O diálogo horizontal entre essa «translíngua» e a do «narrador anônimo» pode ser visto como proposta de um caminho possível para a superação da diglossia colonial.

6. Bibliografia

Alexandre, Valentim (2000): *Velho Brasil/Novas Áfricas. Portugal e o Império (1808-1975).* Porto: Afrontamento.

Assis Júnior, António de (1947): *Dicionário Kimbundu-Português.* Luanda: Argente, Santos & Cª.

Cadornega, António de Oliveira de (1972 [1680]): *História geral das guerras angolanas (História geral angolana).* Edição de José Matias Delgado. 3 vols. Lisboa: Agência-Geral do Ultramar.

Chatelain, Héli (1888-89): *Kimbundu grammar. Gramática elementar do kimbundu ou língua de Angola.* Genève: Schuchardt.

Dias, Jill (1998): «Angola», em: Alexandre, Valentim/Dias, Jill (coords.): *O império africano 1825-1890.* Lisboa: Editorial Estampa, 319-556.

Escobar, Alberto (1984): *Arguedas o la utopía de la lengua.* Lima: IEP.

Ferguson, Charles A. (1996 [1959]): «Diglossia», em: Ferguson, Charles A.: *Sociolinguistic perspectives. Papers on language in society, 1959-1994.* Edition by Thom Huebner. New York-Oxford: Oxford University Press, 25-39.

Fishman, Joshua A. (1971): «The sociology of language: an interdisciplinary social science approach to language in society», em: Fishman, Joshua A. (ed.): *Advances in sociology of language.* Paris/Den Haag: Mouton, 217-404. (Para o conceito de diglossia, veja-se particularmente o capítulo «Societal bilingualism: stable and transitional», 286-299.)

Hamilton, Russel G. (1980): «Preto no branco, branco no preto – Contradições lingüísticas na novelística angolana», em: Laban, Michel et al.: *Luandino. José Luandino Vieira e a sua obra (estudos, testemunhos, entrevistas).* Lisboa: Edições 70, Signos 32, 147-187.

— (1991): «Lusophone literature in Africa: Language and literature in portuguese-writing Africa», *Callaloo* 14.2, 313-323.

Hymes, Dell (1972): «Models of the interaction of language and social life», em: Gumperz, John/Hymes, Dell (eds.): *Directions in Sociolinguistics. The Ethnography of Communication.* New York etc.: Holt, Rinehart & Winston, 35-71.

Laban, Michel (1980): «Encontros com Luandino Vieira, em Luanda», em: Laban, Michel et al.: *Luandino. José Luandino Vieira e a sua obra (estudos, testemunhos, entrevistas).* Lisboa: Edições 70, Signos 32, 9-82.

Lienhard, Martín (2005): *O mar e o mato. Histórias da escravidão.* Prefácio de Emmanuel Dongala. Luanda: Kilombelombe.

Matta, Joaquim Dias Cordeiro da (1893): *Ensaio de dicionário kimbundu-português.* Lisboa: Casa Editora António Maria Pereira.

Oliveira, Mário António Fernandes de (1991): «Quimbundismos no português literário do século XVIII nas áreas angolana e brasileira», *RILP* 5-6, dezembro, 148-160.

— (1997): *A formação da literatura angolana (1851-1950)*. Lisboa: Imprensa Nacional/Casa da Moeda.

RIBAS, ÓSCAR (2002): «O quimbundo e a expressão popular portuguesa (1965/1974)», em: Ribas, Óscar: *Temas da vida angolana e suas incidências*. Luanda: Caxinde, 165-168.

SHERZER, JOEL (1983): *Kuna ways of speaking: an ethnographic perspective*. Austin: University of Texas Press.

SOUSA, FERNÃO DE (1985/88 [1625-1630]): «O extenso relatório do governador a seus filhos», em: Heintze, Beatrix (ed.): *Fontes para a história de Angola do século XVII* (colectânea Fernão de Sousa, 1622-1635). Stuttgart: Steiner Verlag, vol. I, 114-130.

SWARTENBROECKX, PIERRE (1973): *Dictionnaire kikongo et kituba-français*. Bandundu (Zaire): CEEBA.

TRONI, ALFREDO (1991 [1882]): *Nga Mutúri*. Prefácio de M[ário] António [Fernandes de Oliveira]. Lisboa: Edições 70.

VALIS, ANTONIO (1998): *Manuel Muhongo ou a queda do pescador*. Oeiras (Portugal): Celta.

VIEIRA, JOSÉ LUANDINO (⁴1985 [1967]): *Nós, os do Makulusu*. Lisboa: Edições 70.

XITU, UANHENGA (Agostinho Mendes de Carvalho) (s/d [1978]): *Manana*. Lisboa: Edições 70.

— (Agostinho Mendes de Carvalho) (s/d [1979]): *Maka na sanzala (Mafuta)*. Lisboa: Edições 70.

PORTUGUÊS DE MOÇAMBIQUE NA LITERATURA: FORMAS DE RESISTÊNCIA CULTURAL

Marília Mendes
Universität Zürich

1. RESISTÊNCIA NO INTERIOR DA SITUAÇÃO COLONIAL

A presença portuguesa em Moçambique data do início do século XVI, mas é só depois da Conferência de Berlim (1884-1885) que as fronteiras da colónia são delimitadas e Portugal empreende uma efectiva ocupação militar, administrativa e económica do território (Dias 2003: 17). A língua portuguesa impõe-se então ao multilinguismo local e estabelece uma relação de tipo diglóssico com as línguas bantu da região[1]. O processo colonial serve-se do conhecimento como forma de poder, dois aliados inseparáveis no domínio autoritário de outros povos. A língua do colono é o instrumento desse poder e domínio e, enquanto língua de prestígio, é a condição necessária para a ascensão social.

---

[1] Segundo Hildizina Dias (2003), o contacto entre as línguas bantu e a portuguesa até ao século XIX diferiu fundamentalmente no Norte e Centro do Sul do país: neste último o contacto entre as línguas terá sido muito esporádico, limitando-se somente a algumas trocas comerciais. No Norte e Centro, depois de um período inicial semelhante, surgiu um segundo tipo de contacto originado por desertores portugueses que, deixando as feitorias do litoral, se embrenhavam no interior, casavam com filhas de chefes autóctones e estabeleciam, assim, laços de parentesco com as populações locais. Estes «afro-portugueses» praticavam um sincretismo religioso e de costumes entre as duas culturas e falavam provavelmente «uma versão 'reduzida' e 'simplificada' do português» (2003: 13). Eles tornaram-se numa nova classe dominante, os «prazos», e no século XIX tentaram impedir o avanço do domínio português. Eles foram um veículo de transmissão da língua portuguesa e, para Hildizina Dias, poderão estar na génese do processo de moçambicanização da língua portuguesa.

Nas colónias portuguesas o estatuto dos povos vai ser claramente regulamentado: além do colono e do indígena, é criada a figura do assimilado, o africano que, tendo acesso a uma formação escolar em português e adoptando um modo de vida europeu, poderia, teoricamente, aspirar a um estatuto equivalente ao do colono. Na prática, no entanto, tal mobilidade social era mais teórica do que real: o panorama escolar da colónia[2] revela que os esforços empreendidos nesse sentido foram extremamente limitados, além de quase não visarem os «indígenas», que permaneciam nas suas aldeias, mas que constituíam um importante contingente de mão-de-obra recrutável[3].

A assimetria da relação entre colonos e colonizados, relação «que se manifestava a todos os níveis da sociedade e da sua organização» (Mendonça 1989: 51), é o tema fundamental da literatura considerada moçambicana antes da independência, para Fátima Mendonça, é o que a permite distinguir da literatura portuguesa de cariz colonial. Menos evidente na literatura moçambicana parece ser o questionamento da diglossia e do domínio cultural português, embora se possa vislumbrar formas de resistência na linguagem utilizada. Normalmente considera-se que só a partir dos anos 1920 se dá a emergência, embora ainda incipiente, de literatura dita «moçambicana» (Mendonça 1989: 34). Tratava-se manifestações literárias feitas à imagem duma tradição romântica portuguesa, inspiradas num cânon português (e desfasadas das correntes modernistas europeias) (Mendonça 1989: 16). Linguisticamente ambicionavam a reprodução de um português canónico, quando muito matizado por uma ou outra palavra de origem local.

Um conto narrado num português não padrão é «A negra Rosa» (1949) de Ruy Guerra. A narração está no discurso indirecto livre e é a representação do monólogo interior da personagem, a negra Rosa[4], que fora ama em casa

---

[2] Os números são expressivos. Por exemplo, em 1954 a taxa de analfabetismo em Moçambique era a mais elevada em toda a África (95% entre a população negro-africana, 25% entre os portugueses); em 1956 havia dois liceus em Lourenço Marques e na Beira; e «até 1950, apenas um estudante negro havia concluído o 5.º ano liceal». (Mazula 1995c, em: <http://www.macua.org/livros/Aeducacaocolonialde1930a1974.htm>)

[3] A desigualdade, que a diglossia reflecte, era parte constituinte da filosofia colonial portuguesa: «O colonialismo exige essencialmente o desnível das raças e das culturas, um objectivo de exploração pela dominação política, a qual geralmente se exprime pela diferenciação entre cidadão e súbdito» (Salazar, citado por Mazula 1995b, em: <http://www.macua.org/livros/AEDUCAAOOCOLONIALFRENTECULTURADOCOLONIZADO.htm>).

[4] No conto, a referência à personagem é sempre feita desta forma: «a negra Rosa». A aposição do adjectivo «negra» ao nome próprio da personagem, «Rosa», constitui uma clara

de uma família portuguesa e que aqui reflecte sobre os laços de afecto que a ligam às crianças que criara, bem como sobre a progressiva degradação da sua situação em casa dos patrões brancos e a arbitrariedade destes, insensíveis às debilidades próprias da sua avançada idade:

> Mas negra Rosa não tem tempo. Negra Rosa é cocuana. Anda devagar. Leva muito tempo. Tem de fazer café. Pôr mesa. Acordar menino Zeca para ir na escola. Negra Rosa esquece ferro. Esquece tábua de engomar. Menina zanga. (Guerra 2000 [1949: 110])

A negra Rosa é uma expressiva representante daquilo a que Spivak (citada por Parry 1995: 46) chama «a domesticated Other», o Outro domesticado, e exemplifica «the historically muted subject of the subaltern woman». (Parry 1995: 45) A sua dependência da família dos patrões brancos assume traços profundamente humilhantes: ela dorme numa esteira na cozinha e tem o hábito de se deitar «no tapete pé de cama» (Guerra 2000 [1949]: 106) dos jovens que criara. Mas apesar da penúria em que vive e do tratamento prepotente a que está sujeita, ela não se rebela, antes se conforma com a dependência económica e afectiva. Esta «domesticação» é enfatizada pela linguagem elementar, quase infantil[5] do seu fluxo de consciência, pois a fala ingénua do texto é uma imitação do idiolecto da personagem. A impressão de simplicidade e infantilidade é conseguida pelo uso de um vocabulário elementar e repetitivo, aliado ao predomínio da parataxe, caracterizada por um alinhamento de frases curtas principais, de onde os conectores e, consequentemente, as ligações lógicas foram suprimidos:

> Está no sol.

---

objectificação do nome e, por extensão, da personagem nomeada.

[5] A infantilização e bestialização dos povos africanos eram parte integrante da ideologia colonizadora dos portugueses, que concluíam, através de argumentos físico-antropológicos, que o «preto era congenitamente uma criança adulta». «[...] A precocidade, a mobilidade, a agudeza próprias das crianças não lhes faltam; mas essas qualidades infantis não se transformam em faculdades intelectuais superiores [...]. Há decerto, e abundam documentos que nos mostram ser o negro um tipo antropologicamente inferior, não raro do antropóide [sic], e bem pouco digno do nome de homem». (Oliveira Martins, citado por Mazula 1995b, em: <http://www.macua.org/livros/AEDUCAAOOCOLONIALFRENTECULTURADOCO-LONIZADO.htm>)

Negra Rosa gosta do sol. É cocuana, a negra Rosa. Cocuana gosta do sol. Sol é quente. Negra Rosa come. Negra Rosa pensa. Lembra muita coisa, a negra Rosa. E sabe muitas histórias. Histórias para os menino pequenino. Negra Rosa foi criada dos menino. Dantes... Muito tempo! Era bom. [...] Agora a negra Rosa já não é criada dos menino. É criada da casa. Não é bom. (Guerra 2000 [1949]: 105)

Esta linguagem é uma amostra daquilo a que a arrogância colonial chamava «português de preto» e configura um exemplo de mudança linguística por interferência, resultante de uma situação de contacto em que a aprendizagem da língua-alvo (o português) é deficiente. Thomason (2001) distingue entre mudança linguística por empréstimo e por interferência. No caso da primeira, os novos traços são introduzidos na língua por falantes fluentes, começando pelo vocabulário, que, dependendo da intensidade do contacto, pode ser seguido pela fonologia, pela sintaxe e só por último pela morfologia (Thomason 2001: 69). O segundo tipo de mudança linguística depende da deficiente aprendizagem da língua, começa pela fonologia e pela sintaxe é dominada pela interferência estrutural (Thomason 2001: 75). A linguagem do texto de Ruy Guerra, sendo embora uma construção ficcional, apresenta características típicas de mudança linguística por interferência: alguns, poucos, empréstimos lexicais de origem bantu, do xironga ou do xichangana[6] – *cocuana*[7], *maningue*[8]; *wananga* ou *nwananga*[9], *cha-*

---

[6] Xironga ou xichangana são línguas do grupo tsonga e são praticamente intercompreensíveis (ver Silva 2003). Usarei também as designações portuguesas, ronga e changana.

[7] Do ronga, *kokwana* (classe *mu-ba*, sem pref[ixo] no sing[ular]): 'avô, avó' (*DRP* s. v.). Junod afirma em *Moeurs* [*et Coutumes des Bantous*], I: «O termo *kokwana* designa em primeiro lugar o avô paterno e todos os antepassados do lado do pai, e é essa a sua significação própria, essencial. Os *ba-kokwana* são todos os parentes masculinos da mãe, os seus irmãos, os seus pais, os seus tios, etc...» (*apud DRP* s. v.). Na literatura moçambicana de língua portuguesa, o termo é frequente e designa (como é o caso neste conto) uma pessoa idosa.

[8] Do ronga, *ma-nyingi* (adjectivo indefinido junto a substantivos plurais das classes *djí-ma* e *bu-ma*): 'muitos, muitas' (*DRP* s. v.). Há ainda quem considere este vocábulo de origem inglesa (cf. *DLP* s. v.).

[9] Do ronga, *ñwana-nga* (cl. *mu-ba*): 'o meu filho, a minha filha' (De *ñwana* + *w'a-nga*. Liter.: 'o filho de mim') (*DRP* s. v.).

pulana[10] – e muitas modificações sintácticas, morfológicas ou morfossintácticas «agramaticais» do ponto de vista do português padrão, algumas das quais poderão ser explicadas, pelo menos em parte, pelo contacto com essas mesmas línguas:

1. Problemas na concordância nominal, havendo uma tendência a nível morfológico para a não utilização do sufixo -s no plural dos substantivos: «Negra Rosa foi criada *dos menino*». (Guerra 2000: 105, itálicos meus) Esta «deficiente» formação do plural é frequente e poderá talvez explicar-se pelo facto de as línguas bantu construírem o plural com um prefixo, sendo-lhes estranha a sufixação neste contexto;

2. Problemas morfossintácticos na concordância verbal: «*Todos menino* das casas *conhece* negra Rosa» (Guerra 2000: 112, itálicos meus);

3. Dificuldades de concordância do género: «Agora *vida* de negra Rosa não é *bom*». (Guerra 2000: 106, itálico meu) As línguas bantu não classificam os substantivos de acordo com o género, mas agrupam-nos em classes segundo os prefixos que constituem os morfemas de singular e plural. É, então, possível que a concordância de género seja difícil para um falante de bantu;

4. Problemas na utilização do conjuntivo: «*Quando* [se] negra Rosa *podia* [pudesse] é [seria] outra vez criada dos menino pequenino». (Guerra 2000: 105, itálicos meus) Segundo Pires (2003: 63), no xichangana «não existe a categoria gramatical *modo conjuntivo*[11] na flexão verbal», o que vai originar problemas quando «o uso deste modo é constrangido por elementos adjacentes ao verbo». Podemos depreender, pelo significado da frase, que este seria o caso e que a conjunção utilizada deveria ser a condicional *se*. Mas o advérbio temporal *loko* (*quando* em português) também é utilizado para

---

[10] Deve tratar-se aqui de um erro ortográfico para o termo *capulana*. Do ronga, *kapulana* (cl. *djí-ma*, sem pref. no sing.): 'pano, peça de pano, com que as mulheres se envolvem, geralmente dos sovacos aos tornozelos, por cima de outras peças de vestuário' (*DRP* s. v.).

[11] Junod (1896: 134, nota 1) refere a clara preferência do ronga pelo indicativo: «Partout ailleurs, la forme indicative en *a* est préférée, même si la phrase a un sens subjonctif ou optatif».

exprimir condição (Junod 1896: 188-189). Isto poderá explicar a presente utilização de *quando*. As mesmas dificuldades com o conjuntivo deverão estar na origem da seguinte frase: «Cada vez [talvez] quando os bebezinho *nasce* [nascerem] negra Rosa [já] *está morreu* [tenha morrido ou esteja morta]» (Guerra 2000: 113, itálicos meus);

5. Tendência para a omissão de artigos: «Agora [a] senhora zangava[-se][12] todo [o] dia». Tendência observável no PM[13]. Segundo Silva (2003: 149), este facto poderá dever-se à influência das línguas bantu, que parecem não ter artigos definidos e indefinidos, mas formas adoptadas para os substituir. Poderá também «ser fruto da própria flexibilidade semântica da língua portuguesa» (Silva 2003: 173);

6. Omissão de pronomes clíticos reflexivos: «zangava[-se]». Segundo Gonçalves (1996b: 317), pode haver no PM «uma reanálise dos critérios de utilização» destes pronomes, podendo dar-se a sua supressão, talvez por «eles *não estarem claramente associados a um papel sintáctico ou semântico*». (Gonçalves 1996b: 318) Mais à frente referir-me-ei ao fenómeno, aparentemente contraditório em relação a este, de introdução de um clítico reflexivo em casos que não o teriam no PE;

7. Um fenómeno muito frequente neste texto é a tendência para a omissão de preposições e conectores. «Outra vez negra Rosa começava [a] contar as mesmas histórias [que] contava [ao] menino Zequinha [quando ele] era pequeno». (Guerra 2000: 106) Especialmente frequente é a omissão de preposições no caso dos verbos transitivos indirectos – «Negra Rosa lembrava bem [do] menino Carlos». (Guerra 2000: 107) Segundo Gonçalves (2005: 59), «pode supor-se [...] a possibilidade de existir na língua-alvo [PM] o processo de incorporação da preposição pelos verbos» resultante de «um novo sistema de marcação casual pelos verbos». Ainda segundo Gonçalves, esta mudança de valores paramétricos surge no contexto de contacto

---

[12] Para a discussão da omissão do clítico *se*, veja-se o ponto seguinte.
[13] Usarei as abreviaturas «PM» para designar o português de Moçambique e «PE» para o português europeu.

nas línguas bantu. Nestas, uma «consequência do seu sistema de marcação causal é a possibilidade de ocorrer a incorporação da preposição» (Gonçalves 2005: 56) que influenciará depois o PM;

8. Tendência para a utilização da preposição «em» para casos que no português europeu corresponderiam à mesma preposição, mas também a «a» ou «para»: «[...] negra Rosa ia *no* quarto do menino». Segundo Gonçalves (1996b: 316) esta é uma modificação da estrutura argumental limitada aos verbos de movimento, mas que constitui um fenómeno importante no PM;

9. Utilização de expressões de tempo sem o verbo *haver*: «Dantes... [há] Muito tempo!»;

10. Semanticamente há ainda a registar o uso bastante curioso da expressão «cada vez», que pode ter vários significados: 'sempre', 'dantes', 'às vezes', 'talvez', além do significado próprio. «Mas o menino cresceu. [...] Cada vez maior que negra Rosa. Cada vez té menino Zeco é mais grande». (Guerra 2000: 105)

Verifica-se assim que alguns fenómenos observados na linguagem fictícia da negra Rosa têm correspondências no português de Moçambique, uma construção híbrida resultante da situação de contacto linguístico. Mas a linguagem do conto de Ruy Guerra, embora verosímil, é uma construção ficcional e é, por isso, um híbrido intencional. Segundo Young (1995), Bakhtin distingue dois tipos de híbridos, o orgânico e o intencional, caracterizando-se o primeiro pela fusão de pontos de vista diferentes numa nova linguagem, enquanto o segundo é o encontro conflitual de dois pontos de vista, em que uma voz pode ironizar e desmascarar a outra.

> Hibridity describes the condition of language's fundamental ability to be simultaneously the same but different. [...] For Bakhin himself, the crucial effect of hybridization comes with the latter, political category, the moment where, within a single discourse, one voice is able to unmask the other. This is the point where authoritative discourse is undone. (Young 1995: 22)

Desta forma, a duplicidade da linguagem híbrida permite, numa perspectiva política, colocar em causa a hegemonia da língua colonial. Da miscigenação linguística não nasce só um Outro diferente, uma nova variante linguística, esse Outro é um híbrido que desmascara a apropriação de um território eco-

nómico e cultural. Assim também o discurso infantilizado da negra Rosa
é simultaneamente português e uma língua outra, produzindo um efeito de
estranhamento e de segregação. E é um discurso estigmatizante porque uma
produção linguística com «erros» gramaticais (e a fala da negra Rosa tem,
do ponto de vista da norma europeia, muitos erros) é censurada e condenada
(Gonçalves 2000b: 216). Este português «africanizado», um todo orgânico
que testemunha o processo de aparecimento de uma nova variante do português, instaura a marca do Outro e denuncia a iniquidade da situação colonial.
Arrancados do seu mundo e sujeitos a um processo de inculturação e nova
aculturação, os povos autóctones são privados de uma voz porque, na nova
situação diglóssica, a sua deficiente ou inexistente formação escolar não lhes
permite uma proficiente capacidade de expressão. Assim também se pode
impedir os subalternos de falarem: afastando-os da sua língua e não lhes
dando a capacidade de se expressarem na nova língua.

Os subalternos não sabem ou não podem falar e os subalternos femininos
ainda menos (Spivak 1995). A negra Rosa não fala, mas neste conto ela adquire
uma voz, embora não seja uma voz própria, audível, mas mediatizada pelo
narrador. A ausência da sua própria voz representa assim a impossibilidade
de os subalternos falarem. Simultaneamente, este texto dá voz a discursos
subalternos, ao criar uma linguagem híbrida que no seu interior desmascara
o discurso autoritário e a acção culturalmente predadora do colonialismo. O
português moçambicano da negra Rosa desmascara a hegemonia do português europeu e a sua acção segregativa de outros discursos. Representa, dessa
forma, um acto de rebeldia contra o domínio colonial e funciona como um
acto de resistência cultural.

2. Resistência e emancipação

A diglossia em Moçambique não termina com a independência em 1975 e
a subida do movimento de libertação FRELIMO ao poder. Já durante a sua
formação como movimento de libertação, a FRELIMO, confrontada com
o multilinguismo dos seus guerreiros, escolhera o português como a língua
interna de comunicação. Depois da independência, esta passou a ser a língua
oficial do país e um grande esforço de alfabetização foi empreendido. A
política da FRELIMO, de rejeição da tradição, classificando-a de retrógrada
e prejudicial ao desenvolvimento do país, deu novo impulso à hegemonia

do português. Actualmente, segundo Gonçalves (2000a: 1), está «em curso um processo intenso de mudança de língua ('language shift') em direcção ao português»: em 1997 o português era falado por 39,6% da população, enquanto que, em 1980, só 25% o falavam.

Depois da independência, a opção (ou será imposição histórica, como defende Fátima Mendonça[14]?) por uma prática literária em português com empréstimos lexicais e/ou algumas modificações típicas do português moçambicano vai ser dominante na literatura escrita (Gonçalves 1996a). Tematicamente, será superada a primazia do conflito colono/colonizado, abordando-se outros conflitos e divergências. A guerra (que assolou o país até 1992) passa a ser tema central, mas também o conflito tradição/modernidade, que engloba outros: cidade/campo, homem/mulher, saber escolar/saber tradicional.

Na geração pós-independência destaca-se a obra de Mia Couto, especialmente devido à sua criatividade linguística. Os contos deste autor reflectem, no seu conjunto, a presença de múltiplos conflitos, sendo todos, de alguma forma, expressão de uma clivagem básica mais profunda que funciona como um *leitmotiv* de toda a obra: a colisão entre uma perspectiva pragmática e racional do mundo, por um lado, e uma cosmovisão ligada a uma relação afectiva, sensorial e mágica com a terra, tanto na sua vertente telúrica como de espaço humano, pelo outro. É um universo literário povoado por figuras marginalizadas cuja raça e origem são secundárias, porque o que verdadeiramente importa é a empatia entre os seres e as forças existentes num lado mágico e mítico-poético da vida. Essa cesura fundamental entre pragmatismo racional e a sensibilidade poética ao mundo mágico-mítico desloca o conflito das dicotomias ligadas a raça, género, modernidade ou tradição, criando um espaço utópico de heterogeneidade onde o conflito não depende de factores externos de desigualdade social, mas da sensibilidade individual à magia do mundo.

É, de certa forma, uma visão da superação de clivagens e conflitos que atravessam a sociedade moçambicana, dividida entre um passado colonial que se empenhou em aniquilar a cultura local, uma guerra civil que fez um largo uso do discurso étnico e um futuro incerto, tendente para uma moder-

---

[14] «Parece-nos que [se] subestima o facto de a estratégia do colonialismo português [...] ter travado o processo natural de desenvolvimentos das línguas africanas de Moçambique [...]. Como consequência, a língua portuguesa tornou-se o elemento privilegiado de acesso à língua, ao saber, à cultura.» (Mendonça 1989: 49)

nidade de globalização acelerada, mas onde também se manifesta um forte anseio de recuperação e reconciliação com a tradição.

Uma das primeiras colectâneas de contos publicada por Mia Couto após o acordo de paz de 1992 foi *Estórias Abensonhadas* (1994). O termo *abensonhadas* é uma amálgama das palavras *abençoado* e *sonhado*, e constitui um título promissor para a nova realidade pós-guerra no país. O primeiro conto da colectânea, «Nas águas do tempo», é uma narrativa autodiegética constituída por uma analepse aos tempos de infância do narrador. Este recorda o avô e as idas com ele ao lago, quando o avô o ensinava a ver «esses outros que nos visitam. [...] Esses outros que nos acenam da outra margem» (Couto 1994: 16) e que ninguém, além dele, via. Esta generalizada incapacidade de ver era motivo de «total tristeza» dos da outra margem e é contra ela que o avô age.

A visão é uma isotopia figurativa do texto, sendo a busca da capacidade de ver *para além* do imediatamente visível, isto é, a capacidade de apreender outras manifestações do mundo que não só as da realidade sensível, o seu *leitmotiv*. A profunda cumplicidade entre avô e neto tem lugar perante o pano de fundo da incompreensão e «cegueira» dos outros e visa a aprendizagem pelo segundo desta capacidade, é a sua iniciação a outras formas de ver.

Os outros, entre eles a mãe do narrador, não só não vêem os panos brancos como ainda associam o espaço do lago, em cuja outra margem os panos aparecem, a perigos e ameaças. Efectivamente, o espaço pantanoso do lago não era isento de perigos, como nota o narrador quando tenta colocar o pé em terra firme. Mas salva-o a sua disponibilidade para tentar ver os panos na outra margem. Estes panos são, assim sugere o conto, presenças dos mortos que visitam os vivos. Sabemos que, na cosmovisão africana, os antepassados mortos co-existem com os vivos e deles depende a natureza dos acontecimentos que interferem na vida humana. As venturas ou os infortúnios dos vivos dependem da disposição dos antepassados e esta depende da relação que os vivos com eles mantêm. Mas neste conto, os vivos estão cegos, perderam a capacidade de ver os visitantes e de os fazer felizes. O avô, personagem sábia, é o único que vê e é essa especial forma de visão que ele transmite ao neto. A cumplicidade intergeracional entre idosos e crianças é um *topos* sempre recorrente na obra de Mia Couto e é fundamental numa cultura de tradição oral, pois representa a transmissão e sobrevivência do conhecimento acumulado pelas gerações passadas. Conhecimento esse que o narrador, o elo seguinte na cadeia da transmissão, agora passa ao filho: «A esse rio volto agora a conduzir o meu filho, lhe ensinando a vislumbrar os brancos panos da outra margem». (Couto 1994: 17) São poucos os ensinamentos práticos, os costumes ou as lições de vida «tradicional» que o rapaz recebe do avô. O que o avô lhe ensina é a sensibilidade ao mundo, a capacidade de perceber o não imediatamente visível e a empatia poética com as forças mágicas da terra. A sua lição é a abertura dos sentidos à profunda organicidade do mundo, de que também os homens fazem parte: «a água e o tempo são irmãos gémeos, nascidos do mesmo ventre. E eu acabava de descobrir em mim um rio que não haveria nunca de morrer». (Couto 1994: 17)

A linguagem do conto funciona como uma metonímia das clivagens deste universo e, simultaneamente, da sua reorganização num novo todo orgânico, um híbrido que incorpora as contradições que o compõem. É também exemplar do processo de criatividade linguística de Mia Couto: partindo de um português basicamente padrão, esta linguagem inclui alguns desvios estruturais e muita invenção vocabular. Esta «brincriação» (brin[car] + criação), como lhe chama o autor (cf. Silva 2003: 121), não tem as raízes num estrato africano, antes faz uso das possibilidades criativas da língua portuguesa. Há poucos vocábulos de origem africana, e o único «moçambicanismo» claro, o termo *concho* ('canoa, pequena embarcação'), tem etimologia portuguesa (de *concha* e *cocho*, segundo o *DLP*).

Uma característica da invenção linguística de Mia Couto é a criação de neologismos lexicais. Os seguintes termos, entre muitos outros possíveis, exemplificam o processo inventivo do autor:

1. *enfilado*: termo criado pela amálgama das palavras *enfiado* (que se introduziu em orifício) e *fila* (alinhamento de indivíduos). O neologismo refere o estar num espaço reduzido e o ordenamento deste;

2. *devagaroso*: termo criado pela amálgama do advérbio *devagar* e do adjectivo *vagaroso* ou por acrescento do prefixo *de-* à base *vagaroso*. Esta associação hiperboliza o significado, lentidão, evidenciando, ao mesmo tempo, o aspecto durativo da acção;

3. *solavanqueava*: derivação verbal de *solavanco* por acréscimo do sufixo *-ear*, designativo de verbos frequentativos. O verbo *solavancar* existe no português padrão, mas refere a ideia de movimento

abrupto e não a constância do movimento, como acontece com o neologismo;

4. *nenufarfalhudas* («as águas nenufarfalhudas»): amálgama do substantivo *nenúfar* e do adjectivo *farfalhudo*, um termo hiperbólico para referir a abundância de nenúfares nas águas do lago;

5. *cacimbações*: derivado de cacimba[15] por acréscimo do sufixo *-ção* (aqui *-ções*, no plural), que designa aumentativos, mas também substantivos femininos abstractos. O termo engloba tanto o aumentativo como opera uma abstracção da cacimba. Foneticamente evoca ainda «assombrações».

Os termos acima discutidos são demonstrativos do processo, extremamente produtivo na linguagem ficcional de Mia Couto, da «brincriação» vocabular do autor. Como pudemos ver, não comporta só uma dimensão lúdica, é simultaneamente um sério processo de criação de polissemia, amalgamando significantes e significados e evocando novas ressonâncias. Outra vertente criativa é a invenção de neologismos semânticos:

1. *preponderávamos*: este verbo – que significa 'supremacia, predomínio' e é habitualmente empregue num contexto relacional – adquire aqui um significado redundante para enfatizar a presença das personagens na paisagem. Na medida em que eram os únicos, eram também a presença dominante: «nós éramos os únicos que preponderávamos» (Couto 1994: 14);

2. *desabotoando* («mas ele insistia, desabotoando os nervos», Couto 1994: 14): alargamento semântico para um objecto directo que exibe o traço [-concreto], significando perda de paciência, do controle, ultrapassando uma certa reserva;

3. Expressões surpreendentes, inéditas ou criadas pela transformação de outras, sendo a linguagem acrescida de «ecos» polissémicos que ampliam o seu âmbito de significação: «O avô era um homem em *flagrante infância*» (Couto 1994: 13), «respirámos *os alívios gerais*»

---

[15] Segundo o *DEH* (s. v.), o termo *cacimbo* é de origem duvidosa: «talvez do quimb[undo] *kixibu* 'inverno, estação fria; sereno, nevoeiro'; *cacimba* seria alt[eração] desta forma, atuando, portanto, como var[iante]; mas em *nyungwe* (Tete MOÇ) ocorre a f[orma] *Kasimba*.»

(Couto 1994: 16), «Meus *ouvidos se arregalavam* para lhe decifrar a voz rouca». (Couto 1994: 16)

Da observação deste léxico inventivo pode concluir-se que ele resulta numa potenciação da polissemia, através da interacção entre significantes que criam novos significados plenos de ecos e ressonâncias. Não é um caso de imitação de um léxico «africano», é antes um processo autónomo que faz uso das potencialidades criadoras da língua portuguesa. E, no entanto, apresenta afinidades com uma dinâmica criadora observável no português de Moçambique, também a nível lexical, de que vocábulos como *emprestação* ou *falagem* (Gonçalves 2000b: 218) são testemunho.

Mas a linguagem de Mia Couto não se limita só à recriação e inovação lexical e semântica. Verificam-se também modificações estruturais, muitas delas idênticas a fenómenos observáveis no português de Moçambique:

1. Preponderância do clítico dativo em vez do acusativo: «Eu *lhe* imitava» (= imitava-o) (Couto 1994: 14). Esta alteração da flexão dos pronomes pessoais clíticos em que *lhe* está na posição de objecto directo, desde que essa posição seja marcada com o traço [+ HUM], é característico do PM (Gonçalves 1996a: 84) e faz, segundo Gonçalves (1996a: 39), parte de um fenómeno mais lato de actividade do traço semântico [+ HUM] na gramática do português enquanto língua segunda. Este traço semântico é relevante na organização da gramática das línguas bantu e é introduzido pelos seus falantes na gramática do português. A sua generalização na gramática do português origina um processo produtivo de transformação do PM;

2. Introdução de um clítico de flexão reflexiva onde não existe no PE: «dançar-se». Aparentemente contraditório com os casos de supressão do clítico, discutido antes, este fenómeno frequente no PM terá como base um processo lexical de transitivização dos verbos intransitivos, em actividade nas línguas bantu e que os falantes transferem para o PM (Gonçalves 1996a: 52);

3. Tendência para a anteposição do pronome pessoal: «Meu avô, nesses dias, me levava rio abaixo», alteração não observada nem no PM nem no PE (Gonçalves 2000b: 217, nota 7);

4.   Tendência para a omissão de artigos, «[...] onde [o] nosso pequeno rio desaguava» (Couto 1994: 14), fenómeno também já discutido para o conto anterior, mas que aqui ocorre tendencialmente antes dos pronomes possessivos, também possível, em alguns casos, no PE;

5.   Omissão de conectores, fenómeno também já discutido: «[...] sombras feitas da própria luz, [como] se fosse ali a manhã eternamente ensonada» (Couto 1994: 14);

6.   Problemas com construções conjuntivas, havendo uma certa preferência pelo indicativo, mesmo quando a partícula em causa exige conjuntivo: «Talvez *era* [fosse] a ninguém» (Couto 1994: 16), fenómeno também já discutido anteriormente;

7.   Utilização de construções passivas estranhas no PE: «Mas nunca nos foi visto tal monstro». (Couto 1994: 15) Estaremos aqui perante um fenómeno, já discutido antes, de incorporação da preposição (por) pelo verbo, com posterior inversão da ordem sintáctica da frase? Gonçalves (2005: 59) menciona que, como consequência da incorporação da preposição, se registam no PM construções passivas dativas, «completamente excluídas da gramática do PE». O verbo *ver* teria neste caso um comportamento atípico, porque geralmente não selecciona o argumento objecto indirecto. Poder-se-á, apesar disto, considerar que estamos perante um fenómeno tão generalizado no PM que se dá a sua expansão para uma construção inabitual?

Estas são algumas das características mais evidentes da linguagem literária do conto «Nas águas do tempo», exemplo da criatividade linguística de Mia Couto. A sensibilidade poética às potencialidades criadoras da língua tem correspondências com a do avô à dimensão do invisível do mundo. Trata-se, em ambos os casos, de capacidade semelhante para pressentir a existência para além das manifestações de superfície das coisas.

É uma linguagem marcada por muita invenção lexical, mas também por alguns pontos de convergência sintáctica com o português falado em Moçambique. Esta construção ficcional é «favorecida pelo ambiente de variação e mudança linguística», mas não é mimética (Gonçalves 2000b: 217), e remete para a originalidade inventiva do português moçambicano, inspirando-se neste para se emancipar da norma europeia e para «reivindicar» liberdade criativa. Ao favorecer os neologismos em detrimentos de desvios gramaticais, esta linguagem ficcional configura uma mudança linguística por empréstimo (Thomason 2001), dissociando-se, e por extensão ao português de Moçambique, do estigma de ser língua de falantes poucos escolarizados e subalternos. Nesta obra ficcional todos falam uma mesma variante da língua, independentemente da sua origem, raça ou escolaridade.

Esta linguagem é, então, também programa político: trata-se de uma linguagem emancipada, pelo distanciamento e estranhamento relativamente à norma, do seu passado colonial, deixando de ser expressão do domínio e poder do Outro. Antes constitui uma língua para todos, um híbrido com correspondências à heterogeneidade da constelação social do país à procura da sua moçambicanidade.

Concluindo, a linguagem do conto «A negra Rosa» é a imitação ficcional e a expressão crítica de uma produção linguística vista como «inferior», que desmascara, pela sua hibridez intencional, um sistema que deliberadamente subalterniza os povos colonizados, representando dessa forma a sujeição linguística e cultural convergentes e coniventes com outras formas de domínio. A exuberância criativa da linguagem de Mia Couto é, pelo contrário, expressão de um processo de apropriação e emancipação da língua, que deixa de ser a língua do colonizador, para ser de todos os seus falantes, uma língua necessariamente híbrida que concilia em si a semelhança e a diferença, passando a ser, no entanto, algo completamente novo que divide e reconcilia ao mesmo tempo:

> Hybridity [...] makes difference into sameness, and sameness into difference, but in a way that makes the same no longer the same, the different no longer simply different. In that sense, it operates according to the form of logic that Derrida isolates in the term 'brisure', a breaking and a joining at the same time, in the same place: difference and sameness in an apparently impossible simultaneity. (Young 1995: 26)

Ausentes perante esta centralidade do português ficam as línguas africanas locais, uma evidência de que a diglossia subsiste. É vasta a discussão sobre a adequação ou não de se escrever literatura africana nas línguas europeias herdadas dos colonizadores. A literatura moçambicana parece claramente ter optado pelo português, em diferentes variantes. Por ser uma possível forma de resistência, escrevendo contra o centro, ou porque é a

forma possível, como afirma Achebe (1995) em resposta às acusações do
escritor queniano Ngugi wa Thiong'o (um dos mais acérrimos defensores e
praticantes da escrita em línguas africanas), de dizer este novo mundo que
é multiétnico e plurilingue e irreversivelmente híbrido?

3. BIBLIOGRAFIA

ACHEBE, CHINUA (1995): «The politics of language», em: Ashcroft, Bill/Griffiths,
Gareth/Tiffin, Helen (eds.): *The post-colonial studies reader.* London/New
York: Routledge, 268-271.

COUTO, MIA (1994): «Nas águas do tempo», em: *Estórias Abensonhadas.* Lisboa:
Caminho, 13-17.

DIAS, HILDIZINA NORBERTO (2003): «As origens históricas da moçambicanização da
língua portuguesa», *Revista Aprender Juntos* 2, 8-27. <http://www.edu-port.
ac.mz/filemanager/aprender_juntos/Aprender_juntos_02.pdf> (17 de Setembro
de 2007).

DEH = HOUAISS, ANTÔNIO et al. (2004): *Dicionário eletrônico da língua portuguesa*
[CD-ROM].

DRP = NOGUEIRA, RODRIGO DE SÁ (1960): *Dicionário ronga-português.* Lisboa: Junta
de Investigação do Ultramar/Centro de Estudos Políticos e Sociais.

DLP = *Dicionário da Língua Portuguesa.* Infopédia: Enciclopédia e Dicionários
Porto Editora. <http://www.infopedia.pt/> (30 de Setembro de 2007).

GONÇALVES, PERPÉTUA (1996a): «Aspectos da sintaxe do português de Moçam-
bique», em: Duarte, Inês/Faria, Isabel Hub/Gouveia, Carlos A. M./Ribeiro
Pedro, Emília (coords.): *Introdução à linguística geral e portuguesa.* Lisboa:
Caminho, 313-322.

— (1996b): *Português de Moçambique. Uma variedade em formação.* Maputo:
Universidade Eduardo Mondlane, Faculdade de Letras/Livraria Universitária.

— (2000a): «(Dados para a) História do português de Moçambique». <http://www.
instituto-camoes.pt/cvc/hlp/geografia/portuguesmocambique.pdf> (17 de Setembro de 2007).

— (2000b): «Para uma aproximação língua-literatura em português de Angola e
Moçambique», *Via Atlântica* 4, 212-223. <http://www.fflch.usp.br/dlcv/posgra-
duacao/ecl/pdf/via04/via04_18.pdf> (17 de Setembro de 2007).

— (2005): «Falsos sucessos no processamento do input na aquisição de L2: Papel
da ambiguidade na génese do português de Moçambique», *Revista da ABRALIN*
4, 1 e 2, 47-73. <http://www.abralin.org/revista/RV4N1_2/RV4N1_2_art2.pdf>
(17 de Setembro de 2007).

GUERRA, RUY (2000 [1949]): «A negra Rosa» em: Saúte, Nelson (ed.): *As mãos dos pretos. Antologia do conto moçambicano.* Lisboa: Publicações D. Quixote, 105-114.

JUNOD, HENRI A. (1896): *Grammaire Ronga suivie d'un Manuel de Conversation et d'un Vocabulaire ronga-portugais-français-anglais, pour exposer et illustrer Les Lois du Ronga, langage parlé par les indigènes du district de Lourenço-Marques.* Lausanne: Imprimerie Georges Bridel & Cie.

MAZULA, BRAZÃO (1995a): *Educação, cultura e ideologia em Moçambique: 1975-1985.* Porto: Edições Afrontamento. Excertos disponíveis em: <http://www.macua.org/livros/mazula.html> (17 de Setembro de 2007).

— (1995b): «A educação colonial frente à cultura do colonizado», em: <http://www.macua.org/livros/AEDUCAAOOCOLONIALFRENTECULTURADOCOLO-NIZADO.htm> (17 de Setembro de 2007).

— (1995c): «A educação colonial de 1930 a 1974», em: <http://www.macua.org/livros/Aeducacaocolonialde1930a1974.htm> (17 de Setembro de 2007).

MENDONÇA, FÁTIMA (1989): *Literatura moçambicana, a história e as escritas.* Maputo: Faculdade de Letras e Núcleo Editorial da Universidade Eduardo Mondlane.

PARRY, BENITA (1995): «Problems in current theories of colonial discourse», em: Ashcroft, Bill/Griffiths, Gareth/Tiffin, Helen (eds.): *The post-colonial studies reader.* London/New York: Routledge, 44-50.

PIRES, OLGA (2003): «Algumas especificidades do português falado em Moçambique – o caso de Maputo», *Revista Aprender Juntos* 2, 62-65. <http://www.edu-port.ac.mz/filemanager/aprender_juntos/Aprender_juntos_02.pdf> (17 de Setembro de 2007).

SILVA, CALANE DA (2003): *Tão bem palavra. Estudos de linguística sobre o português em Moçambique com ênfase na interferência das línguas bantu no português e do português no bantu.* Maputo: Universidade Eduardo Mondlane, Faculdade de Letras/Livraria Universitária.

SPIVAK, GAYATRI CHAKRAVORTY (1995): «Can the subaltern speak?», em: Ashcroft, Bill/Griffiths, Gareth/Tiffin, Helen (eds.): *The post-colonial studies reader.* London/New York: Routledge, 29-37.

THOMASON, SARAH G. (2001): *Language contact. An introduction.* Washington D. C.: Georgetown University Press.

YOUNG, ROBERT J. C. (1995): *Colonial desire. Hybridity in theory, culture and race.* London/New York: Routledge.

CONVERGENCIAS LÉXICAS
ENTRE DOS LENGUAS CALCO: LOS ARCAÍSMOS DEL
ESPAÑOL JUDAICO Y DEL ESPAÑOL ISLÁMICO[1]

Raquel Montero Muñoz
Universität Zürich

---

[1] En la investigación se han instaurado los términos *ladino* y *aljamiado* o *aljamiado-morisco* para denominar los textos y la lengua de los judeoespañoles y de los moriscos respectivamente, aunque no sean términos precisos ni claros. El término *ladino* se refiere a las traducciones del hebreo al español que reproducen la sintaxis y la morfología del hebreo y que contienen, a su vez, abundantes calcos semánticos y préstamos directos del léxico hebreo. Una de las características fundamentales de la literatura ladina es que está escrita en caracteres hebreos. Este fenómeno, también llamado *aljamiado*, vale igualmente para denominar textos romances escritos en caracteres árabes. Por otra parte, el término *aljamiado-morisco* abarca las traducciones de textos árabes al español, escritos tanto en caracteres árabes (*aljamiado* propiamente dicho) como en caracteres latinos, pero también se refiere, igualmente, a los manuscritos conservados en lengua y grafía árabes. Bajo el término *morisco*, utilizado como adjetivo, se entiende todo lo relacionado con la cultura de los musulmanes convertidos forzosamente al catolicismo, también llamados *cristianos nuevos de moros*. Aplicado a la literatura, se refiere, por un lado, a aquella producida por los musulmanes conversos que vivían en la Península tras la Reconquista, aunque también se conservan textos de mudéjares, es decir, de los musulmanes que vivían bajo dominio cristiano antes de la finalización de la Reconquista. Por otro lado, el término *morisco* también es usado para distinguir entre los textos escritos en aljamiado, es decir, en caracteres árabes, y aquéllos escritos en caracteres latinos. Dada la dificultad que presentan estos términos, me parece conveniente usar la siguiente terminología: *español judaico* y *español islámico*, términos introducidos por Bossong (1991), para referirme a la lengua de los textos, y *ladino* y *aljamiado-morisco* con referencia al acervo literario como fenómeno cultural de ambas minorías. De manera que los textos *ladinos* están escritos en *español judaico* y los textos *aljamiado-moriscos*, en *español islámico*, bien con grafía árabe o bien con caracteres latinos. Para la variedad oral del *español judaico*, es decir, aquella que se desarrolla tras la expulsión de los judíos españoles en 1492, utilizamos el término *judeoespañol*.

1. Introducción

En su contribución al homenaje dedicado a Álvaro Galmés de Fuentes, titulada «Judéo-espagnol calque et islamo-espagnol calque» (1985), Haïm Vidal
Sephiha apunta a la necesidad de estudios comparativos entre el español
judaico y español islámico[2], como más tarde reitera el aquí homenajeado
profesor Georg Bossong en su artículo «Moriscos y sefardíes: variedades
heterodoxas del español» (1991)[3]. En sus ensayos, ambos autores muestran
que una labor comparativa del español judaico y del español islámico puede
ser muy fructífera desde el punto de vista científico-lingüístico. Pero, a pesar
del interés que pueda suscitar un análisis lingüístico comparado de sendas
variedades del español, sigue habiendo una gran laguna al respecto.

En el presente artículo quisiera dar un nuevo impulso a la investigación
comparativa de estas dos «variedades culturales» del español, centrándome,
no en las diferencias, sino más bien en el elemento que comparten el español
judaico y el español islámico: el léxico arcaico, proveniente del español
medieval, que constituye la base lingüística común de cristianos, musulmanes y judíos.

El fenómeno ladino, así como el aljamiado-morisco, nacen bajo las
mismas circunstancias históricas. Concluida la Reconquista de la Península
por Isabel la Católica y Fernando de Aragón en 1492, la vida de las minorías
judía y musulmana sufre un cambio importante. Los judíos españoles son
expulsados poco después y la población musulmana, aunque aún puede permanecer en el país, es forzada a renunciar a su religión e identidad islámicas
y a adoptar la fe cristiana, para acabar siendo expulsados igualmente entre
1609 y 1614. Aunque haya existido una producción de literatura islámica a

---

[2] El autor confronta algunos pasajes de diferentes textos ladinos con otros del texto
aljamiado-morisco titulado *Libro de las batallas*, editado por Álvaro Galmés de Fuentes
(1978). Este estudio comparativo pone de relieve las similitudes lingüísticas a nivel morfológico y sintáctico entre el español judaico y el español islámico.

[3] Georg Bossong ofrece en este ensayo un análisis comparativo del relato del sacrificio del hijo de Abraham contrastando la versión en español judaico que se encuentra en el
comentario bíblico Me'am Lo'ez (XVIII) (Gonzalo Maeso/Pascual Recuero 1969), con la
versión en español islámico basándose en el pasaje que se halla en un manuscrito morisco
editado por Antonio Vespertino Rodríguez titulado *Leyendas aljamiadas y moriscas sobre
personajes bíblicos* (1983). En este estudio y cotejo pormenorizado, Georg Bossong pone
de relieve las diferencias y las convergencias existentes entre ambas variedades, poniendo
especial énfasis en el análisis del léxico.

partir de traducciones del árabe al español anterior a 1492, y esto presumiblemente valga también para la literatura judaica en español, la mayoría de los manuscritos conservados datan de fechas situadas entre los siglos XVI y principios del XVII. La diferencia principal de la producción literaria de judíos y musulmanes tras la Reconquista estriba en que los textos judaicos han sido escritos en el exilio, mientras que los textos islámicos, en gran parte, han sido copiados y transmitidos en territorio peninsular, aunque bajo condiciones adversas y en la clandestinidad. Sin embargo, también cabe mencionar que contamos con numerosos manuscritos islámicos de origen extrapeninsular, redactados por moriscos o *cristianos nuevos* en el exilio, bien antes o bien después de su expulsión definitiva[4].

Uno de los principales objetivos que perseguían tanto los rabinos como los alfaquíes con la traducción de textos de contenido judío e islámico era la instrucción a la ortodoxia de sus respectivas culturas y religiones en la lengua que conocían: el castellano (Sephiha 1986: 18). La necesidad de traducir literatura islámica y judía nació del desconocimiento que ambas minorías tenían de las lenguas en las que se transmiten los contenidos religiosos: el hebreo y el árabe respectivamente. Pues la convivencia plurisecular de judíos, musulmanes y cristianos y el predominio del castellano en los territorios reconquistados había conducido a que los tres grupos usaran indistintamente el castellano como lengua vehicular en su comunicación oral. Con respecto a la población musulmana, esto vale sobre todo para los moriscos que vivían en territorios reconquistados tempranamente, como Castilla y Aragón. Mientras que en otras zonas, como en Valencia y Granada, los moriscos aún conservaban el árabe en el uso oral[5]: «El recurso aljamiado es excepcionalísimo, y con razón, fuera de las áreas castellana y aragonesa, pues en la granadina y la valenciana se mantenía el uso de la lengua árabe en todo el período mudéjar y morisco» (Viguera Molins en Corriente 1990: 20).

En cuanto a la comunidad judía que vivía en la Península, esta también utilizaba el español como lengua vernácula y no el ladino (Sephiha 1986: 20 y 24). El ladino no era una lengua hablada, sino que era una lengua que nació de la traducción y, por lo tanto, solo se usaba en la escritura. Esta variedad escrita no debe ser confundida con el judeoespañol o *djudezmo*, la variedad

---

[4] Para más información acerca de la historia política y social de los moriscos, véase por ejemplo Cardaillac (1977, 1990), Domínguez Ortiz/Vincent (1984), García Arenal (1996).

[5] Para la situación lingüística de los moriscos en la Península véase también Domínguez Ortiz (1962), Santos Domínguez (1986) y Bernabé Pons (1994).

vernácula del español, hablada por los judíos españoles, que se desarrolló tras su expulsión o más concretamente, según Sephiha, a partir de 1620 en territorio extrapeninsular: «Le *ladino* ou *judéo-espagnol calque* préexiste donc au *djudyo* ou djudezmo (judéo-espagnol vernaculaire) issu, [...], vers 1620 des variétés d'espagnol emportées en 1492. On ne peut confondre l'un et l'autre»[6] (1986: 24).

2. EL ESPAÑOL JUDAICO Y EL ESPAÑOL ISLÁMICO:
DOS VARIANTES RELIGIOSAS DEL ESPAÑOL

En su traducción del árabe y del hebreo, los textos de contenido islámico y judaico, respectivamente, confieren al español una impronta marcada por conceptos culturales y religiosos del islam, por un lado, y del judaismo, por otro. La islamización o hebraización del español tiene lugar en todos los niveles lingüísticos y se hace patente en el léxico, la morfología y la sintaxis. De esta manera, el «ladino [...] n'est en fin de compte que de l'hébreu habillé d'espagnol», como lo define Sephiha (1985: 668), y el aljamiado-morisco una «variante islámica del español», según Hegyi (1978 y 1985). Este fenómeno de *contaminación lingüística* no es un caso aislado, ya que otras lenguas, como el turco, el urdu, el persa y otras de Asia y África han sido islamizadas por medio del árabe (Bossong 1991: 369-370); así como el griego, el alemán, el árabe, el persa, etc. han sido judaizadas por medio del hebreo (Bossong 1991: 369 y Sephiha 1986: 18). Por lo tanto, el *español judaico* y el *español islámico* pertenecen a las alianzas lingüísticas o *Sprachbund* de las lenguas judaizadas e islamizadas respectivamente.

Los términos utilizados por Sephiha, *judéo-espagnol calque* para el ladino e *islamo-espagnol calque* para el aljamiado-morisco, son muy precisos y definen perfectamente ambas variedades. La base teórica que presupone esta terminología consiste en la abstracción del proceso de traducción en un modelo que puede ser aplicado a todas las lenguas que nacen de un esfuerzo de *conceptualización* (Bossong 1991: 368). El modelo propuesto por Sephiha (1986) es el siguiente:

L1 ——————————▶ LV/LT ——————————▶ L2

---

[6] Hemos omitido las mayúsculas en las que estaba escrita esta frase final de la cita.

La lengua vernácula (LV) o «lengua traductora» (LT) traduce la lengua fuente (L1) calcando sus estructuras semánticas, sintácticas y morfológicas, dando como resultado la lengua calco (L2). Aplicado a las lenguas concretas (adaptado según Sephiha 1986: 57):

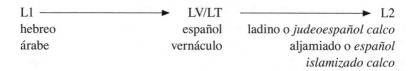

L1 ───────────▶ LV/LT ─────────────▶ L2
hebreo   español   ladino o *judeoespañol calco*
árabe   vernáculo   aljamiado o *español*
                                           islamizado calco

El lugar de LV/LT puede ser ocupado también por otras lenguas, como el alemán, el persa, en fin, todas las lenguas que han sido judaizadas o islamizadas (Sephiha 1985: 666). En términos generales el esquema adaptado sería el siguiente:

L1 ───────────▶ LT ─────────────▶ L2
hebreo   X   *judeo-X calco*
árabe   X   *X islamizado calco*
latín   X   *cristiano-X calco*

Aunque en los casos del *judeoespañol calco* y del *español islamizado calco* la lengua fuente (L1) sea diferente y pertenezca a conceptos religiosos y culturales distintos, hay una lengua común de base (LV/LT) que sirve como vehículo de transcripción o transposición de los conceptos de la religión y cultura correspondiente. En palabras de Bossong (1991: 370):

> Todos los tres dialectos culturales del español [el español cristiano, el español judaico y el español islámico] [...] provienen del mismo fondo medieval, pero, debido a circunstancias históricas conocidas, su desarrollo posterior ha tomado rumbos muy distintos.

De este modo, podemos afirmar que el *español judaico* y el *español islámico* comparten la misma base, la lengua LT, fenómeno que se manifiesta, entre otros aspectos, en los arcaísmos léxicos, una capa del léxico que caracteriza ambas variedades[7].

---

[7] Como ha mostrado Sephiha (1985) en su comparación de ciertos pasajes de la *Biblia de Constantinopla* de Abraham Ben Itshak y la edición de Galmés de Fuentes del texto aljamiado-morisco *El libro de las batallas*, un estudio comparativo del judeoespañol calco

3. Los arcaísmos comunes del español judaico
   y del español islámico

Para el análisis comparativo hemos seleccionado algunos arcaísmos contenidos en el manuscrito morisco 11/9397 (olim S 5) conservado en la biblioteca de la Real Academia de la Historia en Madrid[8]. La selección de voces
arcaicas registradas en dicho manuscrito, así como en el *Glosario de Voces
Aljamiado Moriscas* (*GVAM*), ha sido cotejada sistemáticamente con su
aparición en diferentes fuentes del español judaico, como el glosario de la
edición del *Deutoronomio* en la *Biblia de Constantinopla* y en la *Biblia de
Ferrara*, llevada a cabo por Sephiha (1973), y el *Diccionario básico Ladino-
Español* de Pascual Recuero (*DBLE*).

Los arcaísmos que aquí presentamos también siguen vivos en el judeoespañol oral, por lo que comentaremos, a modo de información complementaria, su evolución semántica, así como su uso en el judeoespañol actual.
Para ello, nos basaremos en el *Dictionnaire du judéo-espagnol* de Nehama
(1977) y en el glosario, hasta ahora inédito, que Georg Bossong ha elaborado a partir de entrevistas realizadas personalmente a judeoespañoles en
Salónica (Grecia).

La existencia de un léxico arcaico común entre el español judaico y el
español islámico probablemente se remonte al siglo XIII[9], ya que el español
medieval constituye la lengua común en el nivel oral de cristianos, musulmanes y judíos. Por ello también hemos tenido en cuenta el significado que
tenían las voces elegidas en el español medieval. Como obra de referencia
hemos recurrido al *Diccionario de la prosa castellana del Rey Alfonso*

---

y el español islámico es muy provechoso, por ejemplo, para arrojar luz sobre problemas
fonéticos y fonológicos a través de la comparación del uso de las grafías árabes para ciertos
fonemas castellanos en la literatura aljamiado-morisca y sus fonemas correspondientes en
los textos en español judaico. Además, Sephiha muestra las semejanzas morfológicas y
sintácticas entre ambas variedades, como el uso de la construcción de la oración relativa
con pronombre de referencia, el uso de las formas tónicas del pronombre personal en lugar
del átono en función de complementos directo e indirecto, el uso del participio activo, los
giros paronomásticos o la elisión del verbo ser.

[8] El manuscrito, datado en 1606, contiene la traducción del árabe al romance de un
tratado de jurisprudencia islámica de la escuela mālikī, titulado *al-Tahḏīb fī-ḫtiṣār al-
Mudawwana* (del alfaquí Abū Saʿīd Ḫalaf ibn Abī l-Qāsim al-Azdī al-Qayrawānī al-
Barāḏiʿī) El manuscrito está escrito en caracteres latinos. Una edición con análisis lingüístico
y glosario ha sido llevada a cabo como tesis doctoral por la autora.

[9] Cf. Sephiha 1985: 665.

X (DPCA), fuente representativa para el estado del castellano en la Edad Media. También ha sido de nuestro interés, por otro lado, averiguar el uso y el significado que tenían las voces aducidas en la fecha de su transmisión manuscrita, es decir, la comprobación de si están o no registradas en los diccionarios de la época, como el *Tesoro de la lengua castellana o española* de Covarrubias u otros compilados en el *Tesoro lexicográfico* de Gili Gaya.

Veamos, pues, la organización semántica de algunos arcaísmos comunes al español judaico y al español islámico y su desarrollo desde la época medieval hasta la actualidad en el judeoespañol hablado.

abezar

La voz está atestiguada en el español medieval con el significado 'acostumbrar' (cf. *DPCA* s. v.), es el causativo del sustantivo del esp. med. *vezo* 'costumbre', que a su vez proviene del lat. VITĬUM 'defecto, falta, vicio' (*DCECH* s. v. y *REW* s. v.). Según Gili Gaya (s. v.), Nebrija (1492) registra la acepción 'enseñar'. Esta acepción se explica por una ampliación semántica del verbo en el sentido de 'acostumbrar a alguien a algo' y, por consiguiente, 'enseñar, instruir a alguien en algo', y está muy difundida en el siglo XVI (Gili Gaya s. v.; Covarrubias s. v.[10]). Con este significado aparece la palabra tanto en el español judaico como el español islámico. Aquí traduce la IV. forma del verbo árabe *a'lama* 'instruir, enseñar' (*DAE* s. v.), que es el verbo causativo de *'alima* 'saber, conocer'. En el manuscrito morisco, la forma transitiva *'alima* 'saber' se traduce con el verbo transitivo *conoçer*: «Y el degüello de los descreyentes [...] quando se pueden y *conoçen* el degüello, pásale comer todo lo que degüellan» (III.20.13). El verbo transitivo *aprender* es usado para traducir la II. forma de √*'lm*, *ta'allama*: «[...] y esquibó Melique que se asiente con el letor quien no quiere *aprendella*» (II.1.3).

---

[10] Cabe mencionar aquí, a modo anecdótico, la etimología que propone Covarrubias para la voz *abezar*: «abezar vale enseñar y acostumbrar, unos quieren que trayga su origen del a, b, c, que son las letras que primero se enseñan. Pero lo más cierto es aver se dicho de bezo, que es el labio de la boca lat. labium, por ser instrumento de la pronunciación que se enseña, y en la escritura se toma por lenguaje» (Gili Gaya s. v. *abezar*). El autor confunde aquí *bezo*, voz onomatopéyica para 'boca, labio' (*DRAE* s. v.), y *vezo* 'costumbre', del lat. VITĬUM.

Es de notar que en el español judaico hallamos las mismas soluciones para la traducción de los verbos transitivos y causativos respectivamente. Como muestra Bossong, la voz *avezar/abezar* traduce la forma causativa del hebreo *limed* 'enseñar', mientras que el verbo transitivo *lamad* es traducido por *deprender* y *aprender* (cf. Bossong, en prep., y Sephiha 1973 s. v.). Si aplicamos estos ejemplos al modelo de traducción presentado arriba obtenemos el siguiente resultado:

L1 ⟶	LT ⟶	L2
árabe: trans. *'alima/ta'allama*	conoçer/aprender	conoçer/aprender
árabe: caus. *a'lama*	*abezar*	*abezar*
hebr.: caus. *limed*	*abezar*	*abezar*
hebr.: trans. *lamad*	aprender/deprender	aprender/deprender

El uso analógico de los verbos de la lengua traductora (LT), *abezar* y *aprender/deprender* para las formas causativas y transitivas respectivamente de las lenguas L1 (hebreo o árabe), se explica por el conocimiento conjunto que los miembros de ambas comunidades tenían de las estructuras lingüísticas de LT.

La voz *abezar* ha caído en desuso en el español actual, mientras que persiste en el judeoespañol *ambezar*, tanto con la función de causativo como de transitivo (Bossong, en prep.).

ajuntamiento

El sustantivo, atestiguado en 1250 según el *DCECH*, tiene tres acepciones en el español antiguo, citamos según el *DPCA* (s. v.): «1. 'Acción y efecto de ayuntar(se)', 2. 'Cópula carnal', 3. 'Unión'». La segunda acepción, 'cópula carnal', también está atestiguada en fuentes más tardías, según el *Tesoro lexicográfico* de Gili Gaya, por ejemplo en Nebrija (1492): 'copulatio, coitus'. A partir de 1679 ya solo se registran las acepciones 'concilio, convento, reunión' (Henríquez, en Gili Gaya s. v.).

Para los textos aljamiado-moriscos, el *GVAM* solo indica el significado 'asamblea, reunión', pero en el manuscrito que aquí citamos, la voz *ajuntamiento* aparece sobre todo con la acepción 'coito', que ya hallamos en el español medieval, para traducir las voces árabes *ǧimā'* o *waṭī'* 'coito'. Solo es usada con el significado 'reunión' en la frase *açala del ajuntamiento*, que traduce el término árabe *ğumʿa l-ṣalāt* 'reunión para la oración (en la mezquita)'. La voz árabe *al-ğamāʿa* 'reunión, comunidad de fieles' se traduce con el préstamo directo *alchama*, dado que es una palabra perteneciente a la liturgia religiosa islámica.

También es conocida la acepción 'coito' en el español judaico, como muestra el *Meʿam Loʿez*, mientras que en el judeoespañol, al igual que en el español actual, la voz *ajuntamiento* solo es usada para el concepto de 'reunión, asamblea' (Nehama s. v. *rassemblement*). Se puede observar, en este caso, una convergencia de la acepción arcaica de la voz *ajuntamiento* 'coito' entre el español judaico y el español islámico.

complido

El adjetivo comparte significado en el español judaico y en el español islámico. En ambas variedades tiene la acepción básica del español medieval 'perfecto, cabal, acabado'. Es la significación principal de la palabra aún en el siglo XVI y principios del XVII, como podemos ver en Gili Gaya (s. v.: «Casas 1570: compito, fornido, Palet 1604: acomply, acheué, Oudin 1607: accomply, parfait, acheué, complet»). Hasta nuestros días, la variante culta *cumplido* ha mantenido en el español el significado 'lleno, cabal, perfecto'. El español judaico igualmente usa la palabra con el significado 'completo, intacto, perfecto' (Sephiha 1973 s. v. *komplido*).

En el español islámico traduce las palabras árabes *kāmil* 'entero, íntegro, completo', *ğamīʿ* 'todo; entero' y *tāmm, tamām* 'completo'. Pero la voz ha sufrido, a su vez, un proceso de ampliación semántica, al ser utilizada también para traducir el adjetivo árabe *bāliġ* 'adulto, mayor de edad' (deriv. de √*blġ* 'alcanzar la pubertad'). La relación semántica entre 'cumplido' y 'mayor de edad' se deduce del concepto 'estar *completo* por haber llegado a la madurez física y psíquica'. Esta acepción solo la hallamos en el español islámico, mientras que en el español judaico, así como en el judeoespañol, mantiene únicamente el significado 'perfecto, completo', común al castellano.

(d)espartir

Según el *DCECH* (s. v. *parte*), los significados 'separar, dividir, repartir' de los verbos *espartir* y *despartir* son usuales en la Edad Media. El *DPCA* no lematiza los verbos *espartir/despartir*, sino que aduce las acepciones 'separar, dividir, repartir' bajo el verbo *partir*. En 1492, estas acepciones ya parecen haberse perdido; con respecto a *despartir*, Nebrija trae a colación el significado 'despartir roydo, paco seditionem' (Gili Gaya s. v.). Y en 1604 ya solo tiene la acepción específica 'despartir, apaiser' (Gili Gaya s. v.; comp. también Covarrubias s. v.: «Meterse de por medio de los que riñen, para ponerlos en paz; [...]»).

En las traducciones del árabe al castellano, el verbo *despartir* y su variante *espartir* es usado con la acepción del español antiguo 'separar, dividir; distribuir, repartir' para traducir, entre otras, la II. forma de √*frq*, *farraqa* 'separar; distribuir' y el verbo árabe *qasama* 'dividir en partes; separar': «Dixo Melique: 'Aguardar*á*n de *despartir* la hazienda del muerto conoçido con deudas hasta que ajunten sus deudores; [...]'» (VI.50.6). En este ejemplo, el significado es 'separar para después distribuir', que hallamos con frecuencia en el manuscrito analizado. Esta es la acepción que también encontramos en el español judaico: «Los carneros *espartío* Yahacob» (Gen. 30,40, citado por Bossong, en prep.). La acepción 'separar' es la registrada en el Deutoronomio, 32,8: «En hazer heredar el alto gentes, en su fazer *espartir* hijos de hombre» (cita de la *Biblia de Ferrara* en la edición de Sephiha (1973: 217)). Vemos, pues, que hay convergencia semántica entre el español judaico y el español islamizado: en ambas variedades el verbo *(d)espartir* es usado con el significado del español medieval 'dividir, separar, distribuir'.

Aparte del significado arriba mencionado, en el manuscrito morisco las voces *despartir* y *espartir*, además, traducen otras formas de la raíz árabe √*frq*, como *fāraqa* (III. forma) 'separarse; abandonar'; *tafarraqa* (V. forma) 'separarse; dispersarse' e *iftaraqa* (VIII. forma) 'separarse, dispersarse': «[...]; y no as de *despartir*, hasta que cobres el dinero» (VI.33.7). En este sentido, hemos de puntualizar que el verbo *(d)espartir* para expresar el concepto 'separar' extiende su significado en el texto morisco al ámbito del derecho matrimonial para traducir el verbo árabe *ṭallaqa* 'repudiar; pronunciar la sentencia de divorcio' (*DAE* s. v.), así como otras formas verbales con significados más específicos dentro del mismo campo, como *ḫālaʿa* 'repudiar a la mujer a instancia suya y mediante indemnización pagada por ella al esposo' (*DAE* s. v.) y *lāʿana* 'pronunciar el *liʿan*, es decir, la acusación jurada de adulterio, que conduce a la disolución del matrimonio' (*DAE* s. v., *DDI* s. v.). Con esta extensión semántica, el verbo *(d)espartir* adopta a la vez las estructuras semánticas de la lengua árabe.

En judeoespañol, por su parte, aparte del significado principal 'partager, distribuer', el verbo también tiene la acepción 'divorciar, separar' (Nehama s. v.: 'cesser de faire ménage commun').

fecho

En el manuscrito morisco la voz *fecho* traduce principalmente el sustantivo árabe *'amal* derivado de √*ʿml* 'hacer' con el significado 'acción, ejecución'. Es el significado que el sustantivo tiene también en el español medieval: «1. 'Acción u obra', 2. 'Asunto o materia de que se trata', 3. 'Caso sobre que se litiga o que da motivo a la causa'» (*DPCA* s. v. *hecho*). Pero el sustantivo árabe *'amal* además significa 'trabajo; ocupación; profesión'. En la traducción morisca, la palabra *fecho*, usada para traducir derivaciones de la raíz árabe √*ʿml*, asume también este significado, como muestra el siguiente ejemplo: «Y si allegará sierbo a un pueblo y dize qu'es horro y le pidió un ombre ayudança y lo hizo *fecho* que trae caudal, como edificar y otras cosas, sin soldada o le abía dado dádiba haziendas, pues a su dueño será, quando mereçerá, tomar el preçio de su *fecho* a quien abía ayudado, [...]» (VI.55.27).

No hemos hallado esta palabra en las fuentes consultadas para el español judaico, pero sí está registrada en Nehama para el judeoespañol hablado con las mismas acepciones que tiene en el español islámico: 'affaire, commerce, occupation, travail' y 'métier, profession' (Nehama s. v.). Es decir, que la palabra *fecho*, que en el español medieval hasta el español hodierno siempre ha tenido las acepciones 'acción, asunto, cosa que sucede' (v. *DRAE* s. v.), en judeoespañol exclusivamente significa 'trabajo, profesión', coincidiendo con el español islámico. Para expresar el concepto de 'hecho' el judeoespañol emplea el italianismo *fato* (cf. Nehama y Bossong, en prep.).

partida

El arcaísmo *partida* tiene en el español medieval las siguientes acepciones principales: «1. 'Conjunto de personas de ciertos trabajos y oficios', 2. 'Parte litigante', 3. 'Parte o porción indeterminada de un todo', 4. 'Sitio o lugar'» (*DPCA* s. v.). En el español judaico, la voz es usada con el significado 'parte de algo; fracción' (*DBLE* s. v.), que es también la acepción principal en el manuscrito morisco: «[...], porque las annefilas en *partida* de los sabios son quatro» («porque una parte de los sabios distingue cuatro oraciones voluntarias») (II.6.10). Esta voz se mantiene en el judeoespañol con el significado 'parte (de un todo)'.

En el español islámico, también está registrada la acepción 'parte, lugar, lado' como traducción de las voces árabes *ṭaraf* 'lado; parte', *nāḥiya* 'lado' y *ǧanb* 'lado, vertiente': «Capítulo quien se asentará azia el alquibla para orinar o por sus neçesidades, y el tocar el miembro y otras *partidas* del cuerpo» (I.3).

Se puede observar que el español judaico y el español islámico comparten una acepción específica ('parte de un todo') de esta palabra procedente de la base común a ambas variedades: el español medieval.

tornar

Aparte de las numerosas significaciones que tiene la voz en el español medieval (solo el *DPCA* cuenta con 21 acepciones definidas y un número no desdeñable de significaciones sin determinar, así como cinco frases), los dos conceptos principales ligados a esta voz son 'devolver, restituir' y 'regresar' (primera y tercera acepción en el *DPCA*). El significado 'repetir' también se halla ya en los textos alfonsíes, aunque esta acepción se sitúe en el decimoquinto lugar en el *DPCA*. En el manuscrito morisco, es mucho más frecuente el empleo del verbo *volver* para expresar estos conceptos; por ejemplo, hallamos el verbo *tornar* con el significado 'devolver, retornar' tan solo tres veces frente a las más de 86 ocurrencias de *volver* con la misma acepción como traducción del verbo árabe *radda* 'devolver'. Lo mismo sucede con las otras acepciones: *tornar* en el sentido de 'repetir' está documentada una sola vez, mientras que *volver* es usado con esta acepción en 41 casos. No hallamos en el texto la palabra *tornar* con el significado 'regresar, volver', para expresar este contenido solo es usado el verbo *volver*. Sin embargo, como se desprende del *GVAM* (s. v.), en otros textos aljamiado-moriscos sí se halla la acepción 'volver, dar la vuelta, retornar', y se registran, además, también los significados 'llegar a ser' y 'traducir'.

El español islamizado comparte el significado 'devolver, retornar' con el español judaico, donde, además del significado 'regresar, volver', también encontramos el concepto 'devolver' (*DBLE* s. v. y Sephiha 1973 s. v.). Es de notar que, en las fuentes consultadas para el judeoespañol calco, no hemos hallado la voz *volver* y que tampoco el djudezmo la conoce. En el judeoespañol hablado el arcaísmo *tornar* mantiene solo el significado 'regresar, volver' (cf. Bossong, en prep., y Nehama s. v.).

fraguar

El significado corriente del verbo en el español medieval es 'construir, edificar'. Con este significado se halla en el español judaico para traducir la forma hebrea *bana*: «Y sera quando te traera A., tu Dio, a la tierra que juro a tus padres, a Abraham, a Ishac y a Yahacob, por dar a ti: villas grandes y buenas, que no *fraguaste*, [...]» (Dt 6,10 citado de Sephiha 1973: 143).

Para el concepto 'construir' hallamos la misma raíz en árabe que en el hebreo, *banā*, y también es traducida con *fraguar*: «Y quien *fraguará* su casa mezquida, después la mereçió un ombre, bien puede hundirla, [...]» (VI.55.34).

No obstante, hay que mencionar que en el español islámico el verbo *fraguar* amplía su significado por adopción de las acepciones del verbo árabe que traduce. La forma árabe *banā*, además de 'construir, edificar', también significa 'consumar el matrimonio'. Con esta acepción encontramos el verbo en el texto morisco: «[...], porque el auto del matrimonio se adeudeçerá todo el dote, sino que la despartan antes del *fraguar*» (VI.53.54).

4. CONSIDERACIONES FINALES

Los arcaísmos constituyen una capa del léxico característica tanto del español judaico como del español islámico. En el presente estudio hemos comentado algunos de los arcaísmos que comparten ambas variedades religiosas del español. Este análisis no es exhaustivo, sino solo una pincelada dentro de un campo de extraordinaria vastedad y amplitud, aún por analizar. Sin embargo, esta breve exposición ha mostrado el grado de convergencia existente entre el español islámico y el español judaico. Una misma voz arcaica aparece tanto en las traducciones del hebreo como en las del árabe, respectivamente para traducir, por ejemplo, formas verbales correlativas, como hemos visto anteriormente con referencia a la voz *abezar*, utilizada para las formas verbales causativas tanto del hebreo como del árabe. No obstante, hemos de precisar que la convergencia entre ambas variedades no solo consiste en la adopción de las mismas palabras para conceptos y estructuras comunes a ambas lenguas, sino también, y quizá este es el rasgo más relevante, en el uso paralelo de una acepción determinada de una voz polisémica. Sirva de ejemplo para ilustrar el fenómeno el caso de *ajuntamiento*, que, como hemos mostrado, mantiene el significado arcaico 'coito' tanto en los textos ladinos como en los textos traducidos del árabe, mientras que cae en desuso en el judeoespañol vernáculo; así como en el ejemplo *partida*, cuya acepción 'parte de un todo' se mantiene en ambas variedades lingüísticas del español.

En este estudio comparativo nos hemos centrado únicamente en uno de los numerosos aspectos susceptibles de ser analizados en esta área de conocimiento, como, por ejemplo, podrían ser las similitudes sintácticas y morfológicas o las semejanzas estructurales de los calcos semánticos, así como las divergencias léxicas entre ambas variedades. Las posibilidades teóricas son múltiples y el campo de análisis es vasto. Esperamos que, en un futuro, podamos contar con una creciente investigación en esta dirección, que ahonde en el estudio pormenorizado de las variedades del español judaico y del español islámico para arrojar luz sobre las más que posibles conexiones existentes entre ellos.

5. BIBLIOGRAFÍA

BERNABÉ PONS, LUIS F. (1994): «Sociolingüística de los moriscos expulsados: árabe, catalán, valenciano, castellano», en: *L'expulsió dels moriscos. Conseqüències en el món islàmic i el mon cristià. Sant Carles de la Ràpita, 5-9 de desembre de 1990: 380è aniversari del éxpulsió dels moriscos, congrés internacional.* Barcelona: Generalitat de Catalunya. Departament de Cultura, 380-383.

BOSSONG, GEORG (1978): *Los Canones de Albateni. Herausgegeben sowie mit Einleitung, Anmerkungen und Glossar versehen von Georg Bossong.* Tübingen: Niemeyer.

— (1991): «Moriscos y sefardíes: variedades heterodoxas del español», en: Strosetzki, Christoph/Botrel, Jean-François/Tietz, Manfred (eds.): *Actas del I Encuentro Franco-Alemán de Hispanistas* (Mainz, 9-12.3.1989). Madrid/Frankfurt: Iberoamericana/Vervuert, 368-392.

— (en prep.): *El judeoespañol de Salónica. Análisis lingüístico del léxico del judeoespañol de Salónica basado en entrevistas.*

CARDAILLAC, LOUIS (1977): *Morisques et chrétiens. Un affrontement polémique (1492-1640).* Paris: Klincksieck.

— (1990): *Les Morisques et l'Inquisition.* Paris: Publisud.

CORRIENTE, FEDERICO (1990): *Relatos píos y profanos del ms. aljamiado de Urrea de Jalón.* Prólogo de María Jesús Viguera Molins. Zaragoza: Institución Fernando el Católico.

COVARRUBIAS = ARELLANO, IGNACIO, et al. (eds.) (2006): *Sebastián de Covarrubias Horozco. Tesoro de la lengua castellana o española.* Madrid/Frankfurt: Iberoamericana/Vervuert.

CREWS, C. M. (1960): «Extracts from the Meam Loez (Genesis) with a Translation and a Glossary», *Proceedings of the Leeds Philosophical Society* IX, 2, 13-106.

DAE = CORTÉS, JULIO (1996): *Diccionario de árabe culto moderno: árabe-español.* Madrid: Gredos.

DBLE = PASCUAL RECUERO, PASCUAL (1977): *Diccionario básico ladino-español.* Barcelona: Ameller.

DCECH = COROMINAS, JUAN/PASCUAL, JOSÉ A. (²1980-1991): *Diccionario crítico etimológico castellano e hispánico.* 6 vols. Madrid: Gredos.

DDI = MAÍLLO SALGADO, FELIPE (2005): *Diccionario de derecho islámico.* Gijón: Ediciones Trea.

DOMÍNGUEZ ORTIZ, ANTONIO (1962): «Notas para una sociología de los moriscos españoles», *Miscelánea de Estudios Árabes y Hebraicos* XI, 39-54.

DOMÍNGUEZ ORTIZ, ANTONIO/VINCENT, BERNARD (1984): *Historia de los moriscos.* Madrid: Alianza Universidad.

DPCA = KASTEN, LLOYD A./NITTI, JOHN J. (2002): *Diccionario de la prosa castellana del Rey Alfonso X.* New York: The Hispanic Seminary of Medieval Studies.

DRAE = Real Academia Española (²²2001): *Diccionario de la Lengua Española* [CD-Rom]. Madrid: Espasa Calpe.

GALMÉS DE FUENTES, ÁLVARO (1978): *Libro de las Batallas. Narraciones épico-caballerescas.* 2 vols. Madrid: Gredos.

GARCÍA ARENAL, MERCEDES (1996): *Los moriscos.* Granada: Universidad de Granada. (Edición facsímil de Madrid: Editora Nacional, 1975.)

GILI GAYA = GILI GAYA, SAMUEL (1947-): *Tesoro lexicográfico (1492-1726).* Madrid: Aguirre.

GONZALO MAESO, DAVID/Pascual Recuero, Pascual (1969): *Me'am Lo'ez. El gran comentario bíblico sefardí.* Madrid: Gredos.

GVAM = GALMÉS DE FUENTES, ÁLVARO/SÁNCHEZ ÁLVAREZ, MERCEDES/VESPERTINO RODRÍGUEZ, ANTONIO/VILLAVERDE AMIEVA, JUAN CARLOS (1994): *Glosario de Voces Aljamiado-Moriscas.* Oviedo: Universidad de Oviedo (Bibliotheca Arabo-Romanica et Islamica, 1).

HEGYI, OTTMAR (1978): «El uso del alfabeto árabe por minorías musulmanas y otros aspectos de la literatura aljamiada, resultantes de circunstancias históricas y sociales análogas», en: *Actas del Coloquio Internacional de literatura Aljamiada y morisca* (Oviedo, 1972). Madrid: Gredos, 147-165 (CLEAM 3).

— (1985): «Una variante islámica del español: la literatura aljamiada», en: *Homenaje a Álvaro Galmés de Fuentes*. 3 vols. Oviedo: Universidad de Oviedo/ Madrid: Gredos. Vol. I, 647-655.

MONTERO MUÑOZ, RAQUEL (en prep.): *El hundidor de çismas y erejías. Edición, estudio lingüístico y glosario del manuscrito RAH 11/9397* (tesis doctoral inédita).

NEHAMA, JOSEPH (1977): *Dictionnaire du judéo-espagnol*. Madrid: Consejo Superior de Investigaciones Científicas.

REW = MEYER-LÜBKE, WILHELM (⁶1992): *Romanisches Etymologisches Wörterbuch*. Heidelberg: Winter.

SALA, MARIUS (1976): *Le Judéo-Espagnol*. Den Haag/Paris: Mouton.

— (1970): «Arcaísmos e innovaciones en el léxico del español americano», en: Magis, Carlos H. (dir.): *Actas del Tercer Congreso Internacional de Hispanistas. Celebrado en México, D. F., del 26 al 31 de agosto de 1968*. México: El Colegio de México, 779-785.

SANTOS DOMÍNGUEZ, LUIS ANTONIO (1986): «La minoría morisca: apuntes de sociolingüística histórica», *La Corónica* 14/2, 285-290.

SEPHIHA, HAÏM VIDAL (1973): *Le Ladino (judéo-espagnol calque). Deutéronome, versions de Constantinople (1547) et de Ferrare (1553). Édition, étude linguistique et lexique*. Paris: Editions Hispaniques.

— (1977): «Archaïsmes lexicaux en ladino (judéo-espagnol calque)», *Cahiers de linguistique hispanique médiévale* 2, 253-261.

— (1985): «Judéo-espagnol calque et islamo-espagnol calque», en: *Homenaje a Álvaro Galmés de Fuentes*. 3 vols. Oviedo: Universidad de Oviedo/Madrid: Gredos. Vol. I, 665-674.

— (1986): *Le judéo-espagnol*. Paris: Éditions Entente.

VESPERTINO RODRÍGUEZ, ANTONIO (1983): *Leyendas aljamiadas y moriscas sobre personajes bíblicos. Introducción, edición, estudio lingüístico y glosario*. Madrid: Gredos (CLEAM 6).

LECTURA IDENTITARIA DE *PUESTO QUE* EN EL *QUIJOTE* Y SUS TRADUCCIONES

Estanislao Ramón Trives
Universidad de Murcia

No es fácil sorprender la curiosidad de un lingüista multilingual y, muy especialmente, prestigioso hispanista como el homenajeado en este lugar, Georg Bossong. De ahí que haya tenido que escarbar en el magín de la mano de nuestro común maestro, Klaus Heger, para dar cuenta del *recorrido noemático-cognitivo integrado en el control de la operación verbal* y sus consecuencias para el resultado y alcance relacional de los componentes de la propia operación verbal en su conjunto, con la mirada puesta en la locución *puesto que* en distintos pasajes de la escritura del *Quijote*, como paso previo a sus ulteriores traducciones.

En efecto, entre la *tautología* y la *contradicción* –frente a los valores lógico-formales, nunca realmente tales en la operación verbal, que entraña un sistema noemático-significativo, arquetípica y prototípicamente contextualizado, como es la lengua– se desencadena una rica nómina de valores que totaliza, con los ya dichos, dieciséis posibilidades relacionales veritativo-fundamentales entre *lo verdadero* y *lo falso*, como, siguiendo la proposición 5.101 del *Tractatus logico-philosophicus* de L. Wittgenstein, presenta Heger (1976: 194).

Echando un vistazo al *recorrido noemático-cognitivo integrado en el control de la operación verbal* en relación con algunas construcciones con *y* u *o* en español, podemos darnos cuenta de que el sentido global resultante de la puesta en relación o *discursivización* de unas unidades verbales respecto de otras surge de la operación verbal en su conjunto desde la previsión o comprobación noemático-cognitiva, que ya podemos rastrear en *Acerca del Alma* de Aristóteles (1999: 427-430), y es patente en el modelo propuesto por Heger, como hemos dicho, dado que el cerebro, con sus dos hemisferios en sintonía sinergética, no solo computa o cuenta sino que condensa e intelige.

Reparemos en los enunciados siguientes:

1. *En España para poder votar hay que ser ciudadano español y haber cumplido 18 años*

Si las condiciones para poder votar en España las globalizamos en [A], *ser ciudadano español*, y [B], *haber cumplido 18 años*, nos damos cuenta de que la relación que inteligimos o globalizamos, más allá de la mera acumulación cuantitativa de los segmentos discursivizados, no es una mera *sumación* simétrico-alternante de [A] y [B], como el operador sintagmático *y* puede sugerir, sino que se requiere la convergencia de los dos sumandos en una auténtica operación sintagmática que podemos calificar de *conjuntiva*, con un *recorrido noemático-cognitivo integrado en el control de la operación verbal*, que está en la base de los más variados supuestos entrañados en las expectativas despertadas por una operación verbal como esa. Lo podemos simbolizar con el *cuadrado semiótico* o con una *tabla de valores de verdad*, pero el hablante que domina el conjunto controla todos esos supuestos de una forma que podemos visualizar del siguiente modo, sobre la base de los valores positivo o negativo del *aseverema* subyacente –en los términos planteados en otro lugar– y asignando a su combinatoria sintagmática 1/Ø, según se considere válido o no:

1.1. Mediante el cuadrado semiótico:

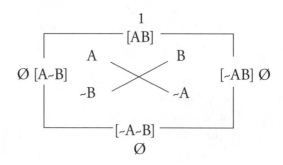

En virtud de lo cual, cualquier miembro de la mesa electoral sabe cómo aplicar el precepto constitucional electoral, aceptando únicamente a aquellos votantes que cumplan con los dos requisitos, [A] y [B]; y, por el contrario, desechará a aquellos otros que *tengan la ciudadanía española*, [A], y *no hayan cumplido 18 años de edad*, [~B]; también desechará a quienes *no tengan la ciudadanía española*, [~A], y sí *hayan cumplido 18 años de edad*; y, finalmente, tampoco permitirá votar a quienes *ni tengan la ciudadanía española*, [~A], *ni hayan cumplido 18 años de edad*, [~B].

Estas cuatro decisiones están implícitas en la globalidad noemático-cognitiva subyacente al enunciado o microtexto actualizado en 1.

1.2. Mediante la tabla de verdad:

[AB].....................1
[A~B]....................Ø
[~AB]....................Ø
[~A~B]............... Ø

Donde, obviamente, se evidencian las mismas decisiones puestas de manifiesto ante la sintagmación de los diversos valores aseverativo-polares, que el hablante no entiende sino desde la globalidad noemático-cognitiva subyacente al enunciado o microtexto actualizado en 1.

2.   *Se han previsto autobuses para invitados y residentes*

En un enunciado como 2., si las condiciones para poder viajar las globalizamos en [A], *tener invitación*, y [B], *tener la residencia*, nos damos cuenta de que la relación que inteligimos textualmente o globalizamos, más allá de la mera acumulación cuantitativa de los segmentos discursivizados, no es una mera *sumación* de [A] y [B], como el operador sintagmático *y* puede sugerir, sino que, en este supuesto, se requiere la convergencia de los dos sumandos en una auténtica operación sintagmática que podemos calificar de *adjuntiva*, con un *recorrido noemático-cognitivo integrado en el control de la operación verbal*, que está en la base de los más variados supuestos entrañados en las expectativas despertadas por una operación verbal como esa. Lo podemos simbolizar con el *cuadrado semiótico* o con una *tabla de valores de verdad*, pero el hablante que domina el conjunto controla todos esos supuestos de una forma intelectiva que podemos visualizar del siguiente modo, sobre la base de los valores positivo o negativo del *aseverema* subyacente y asignando a su combinatoria sintagmática 1/Ø, según se considere válido o no:

2.1. Mediante el cuadrado semiótico:

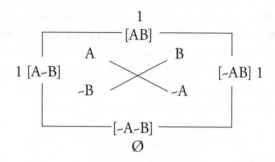

En virtud de lo cual, cualquier responsable de los autobuses previstos sabe cómo controlar el derecho a viajar en tales autobuses, y, consecuentemente, aceptará que viajen en los autobuses tanto los dos tipos de viajeros, los que cumplan con el requisito [A], *ser invitado*, y los que cumplan con el requisito [B], *ser residente*, como que en tales autobuses viajen *solo invitados*, [A], y *ningún residente*, [~B], o también permitirá viajar *sin invitado alguno*, [~A], y *solo con residentes*, [B]; finalmente, tampoco permitirá viajar a quienes *ni sean invitados*, [~A], *ni sean residentes*, [~B].

Estas cuatro virtualidades están implícitas en la globalidad noemático-cognitiva subyacente al enunciado o texto configurado en 2., y son el fundamento inexcusable de las decisiones intersubjetivas que el hablante responsable debe seguir a la hora de controlar el intercambio intersubjetivo propiciado por dicho texto.

2.2. Mediante la tabla de verdad:

    [AB]................1
    [A~B]................1
    [~AB]................1
    [~A~B]............... Ø

Donde, obviamente, se evidencian las mismas decisiones puestas de manifiesto ante la sintagmación de los diversos valores aseverativo-polares, que el hablante no entiende sino desde la globalidad noemático-cognitiva subyacente al enunciado o texto configurado en 2.

De forma que cuando el hablante produce o recibe una frase de ese tipo, dinamiza en su circuitería cerebral, en su mente, un esquema sinergético tetrafásico, subsecuente a las *variaciones* posibles de dos elementos con dos valores, que controla el éxito de la operación verbal en su integridad, y esto desde el adulto al niño. Los niños en sus juegos, en efecto, establecen «normas» con *exigencias conjuntivas* o con *posibilidades adjuntivas* que controlan gran parte de su comportamiento lúdico-social. Las entidades bancarias, análogamente, también admiten *cheques con la firma del portador y del titular* –en sentido *conjuntivo*–, al tiempo que –en sentido *adjuntivo*– admiten *pagos de recibos los martes y los jueves*, por caso. A ningún banquero, salvo error, se le ocurriría aceptar un cheque sin las dos firmas exigidas, y, *a pari*, a nadie, salvo error, se le ocurriría pagar un recibo dos veces. La diferencia de comportamiento no cabe ser imputada, como hemos aprendido tantas veces en los escritos de Jean-Claude Chevalier y Ramón Trujillo, solo al operador sintagmático *y*, sino, muy especialmente, a su *entorno sintagmático*, cuya lectura global, en efectiva complicidad entre el *literalismo* y el *contextualismo*, en los términos de François Recanati (2005), genera el *tetrafásico* código de comportamiento, que, como una *filigrana* de autentificación documental, da validez y seguridad a la conducta del hablante en situaciones intersubjetivas como las planteadas en los enunciados aducidos.

Análogamente, si reparamos en los enunciados pivotados por el *marcador* u operador sintagmático *o*, observamos una muy distinta rentabilidad discursiva, según su combinatoria global o textual, sin perjuicio de su *identidad* sistémico-verbal. Y es lo que se puede observar en los enunciados que siguen.

3.   *Para estar en forma, Juan va al gimnasio o pasea*

3.1. *Para estar en forma, Juan va al gimnasio y pasea (hace las dos cosas)*

3.2.1. *Juan hoy solo va al gimnasio*

3.2.2. *Juan hoy solo pasea*

En un enunciado como 3., como se pone de manifiesto en sus réplicas convergentes ulteriores representadas por los enunciados 3.1., 3.2.1. y 3.2.2., si las condiciones *para que Juan esté en forma* las globalizamos en [A], *ir al gimnasio*, o en [B], *pasear*, nos damos cuenta de que la relación que inteligimos textualmente o condensamos y globalizamos, más allá de la mera *alternancia* sustitutiva o sustractiva de los segmentos discursivizados, no es una mera *sustracción* simétrico-alternante de [A] respecto de [B], como el operador sintagmático *o* puede sugerir, sino que, en este supuesto, se requiere la convergencia de los dos argumentos en una auténtica operación sintagmática que podemos calificar de *adjuntiva*, con un *recorrido o marco sinergético-relacional, noemático-cognitivo, integrado en el control de la operación verbal*, que está en la base de los más variados supuestos entrañados en las expectativas despertadas por una operación verbal como esa. Lo podemos simbolizar con el *cuadrado semiótico* o con una *tabla de valores de verdad*, pero el hablante que domina el conjunto controla todos esos supuestos de una forma intelectiva integradora que podemos visualizar del siguiente modo, sobre la base de los valores positivo o negativo del *aseverema* subyacente y asignando a su combinatoria sintagmática 1/Ø, según se considere válido o no:

3.1. Mediante el cuadrado semiótico:

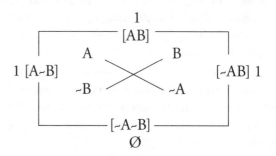

En virtud de lo cual, cualquier hablante que pretenda *estar en forma* sabe cómo aplicar el código relacional subyacente al enunciado 3., y, consecuentemente, aceptará, unas veces, los *dos tipos de medios para estar en forma*, el medio [A], *ir al gimnasio*, y el medio [B], *pasear*; otras veces, echará mano del medio [A], *ir al gimnasio*, y desechará el medio de *pasear*, [~B]; o bien optará por *no ir al gimnasio*, [~A], y *solo paseará*, [B]; y, finalmente, no se permitirá hacer nada para estar en forma, *ni ir al gimnasio*, [~A], *ni pasear*, [~B].

Estas cuatro virtualidades están implícitas en la globalidad noemático-cognitiva subyacente al enunciado o texto configurado en 3., y son el fundamento inexcusable de las decisiones intersubjetivas que el hablante responsable debe seguir a la hora de controlar el intercambio intersubjetivo propiciado por dicho texto.

3.2. Mediante la tabla de verdad:

[AB]....................1
[A~B]....................1
[~AB]....................1
[~A~B]................ Ø

Donde, obviamente, se evidencian las mismas decisiones puestas de manifiesto ante la sintagmación de los diversos valores aseverativo-polares, que el hablante no entiende sino desde la globalidad noemático-cognitiva subyacente al enunciado o texto configurado en 3.

De forma que cuando el hablante produce o recibe una frase de ese tipo, dinamiza en su circuitería cerebral, en su mente, un esquema sinergético-relacional tetrafásico, subsecuente a las *variaciones* posibles de dos elementos con dos valores. El solapamiento del comportamiento del operador sintagmático *y* con respecto al operador *o*, obviamente no puede ser imputado solo a los operadores sintagmáticos *y/o*, hiato discursivo ajeno la estructuración sistémica de la lengua, donde no cabe sino diferenciar *lo aditivo* –*y*– frente a *lo sustractivo* –*o*–, sino que se debe, muy especialmente, a su *entorno sintagmático*, cuya lectura global de ida y vuelta *de abajo-arriba* y *de arriba-abajo*, en los términos de François Recanati (2004), genera el *tetrafásico* código de comportamiento, que, como una *filigrana* de autentificación documental, da validez y seguridad a la conducta del hablante en situaciones intersubjetivas como las planteadas en los enunciados aducidos, en función del *sentido textual* donde se atenúa o cancela la *polaridad* distintivo-significativa existente en el sistema entre *lo aditivo* –*y*– y *lo sustractivo* –*o*– y se genera un *híbrido discursivo*, marcado a veces mediante el hiato *y/o*, en virtud del cual lo virtualmente *conjuntivo* pasa a ser una mera posibilidad *adjuntiva*, que permite la *alternancia de valores aseverativos polares*, y, por su parte, *lo virtualmente disyuntivo* pasa a una mera *posibilidad alternativa*, que es compatible con una *mera posibilidad adjuntiva*.

4.   *Para estar en forma, Juan o va al gimnasio una hora diaria o pasea dos horas por día*

4.1.   *Juan hoy no va al gimnasio,* **puesto que** *pasea dos horas (y eso le basta)*

4.2.   *Juan hoy no pasea,* **puesto que** *va al gimnasio una hora (y eso le basta)*

En el enunciado 4., en efecto –según se evidencia en sus réplicas convergentes representadas en 4.1. y 4.2.–, si los medios *alternativos* de que se vale Juan *para estar en forma* los globalizamos en [A], *ir al gimnasio una hora diaria*, y en [B], *pasear dos horas por día*, nos damos cuenta de que la relación que inteligimos o globalizamos, más allá de la mera *alternancia* de los segmentos discursivizados, no es una mera *sustracción* o reversible eliminación de [A] respecto de [B], como el operador sintagmático *o* puede sugerir, sino que se requiere la convergencia de los dos argumentos en una auténtica operación sintagmática que podemos calificar de *disyuntiva*, con un *recorrido o marco sinergético-relacional, noemático-cognitivo, integrado en el control de la operación verbal*, que está en la base de los más variados supuestos entrañados en las expectativas despertadas por una operación verbal como esa. Lo podemos simbolizar con el *cuadrado semiótico* o con una *tabla de valores de verdad*, que podemos visualizar del siguiente modo, sobre la base de los valores positivo o negativo del *aseverema* subyacente y asignando a su combinatoria sintagmática 1/Ø, según se considere válido o no.

4.1. Mediante el cuadrado semiótico:

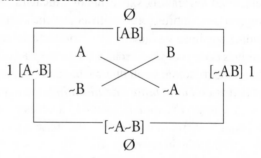

En virtud de lo cual, Juan sabe cómo aplicar la *alternancia* a sus comportamientos con el fin de *asegurarse estar en forma*, y, consecuentemente, unas veces, se satisfará con el requisito de *ir al gimnasio una hora*, [A], y sustraerá o desechará el requisito de *pasear dos horas por día*, [~B]; y otras, desechará o sustraerá el requisito de *ir al gimnasio una hora*, [~A], y se satisfará con el requisito de *pasear dos horas por día*, [B]. Pero, al mismo tiempo, ese mismo *código de comportamiento* le impide tanto dar cumplimiento conjunto a los dos requisitos sustractivo-alternativos para estar en forma, [AB], como no dar cumplimiento a ninguno de los dos, [~A~B].

Estas cuatro virtualidades están implícitas en la globalidad noemático-cognitiva subyacente al enunciado o texto configurado en 4., y son el fundamento inexcusable de las decisiones que el hablante responsable debe seguir a la hora de controlar su comportamiento orientado al objetivo propiciado por dicho texto.

4.2. Mediante la tabla de verdad:

[AB]...................Ø
[A-B]..................1
[-AB]..................1
[-A-B].............. Ø

Donde, obviamente, se evidencian las mismas decisiones puestas de manifiesto ante la sintagmación de los diversos valores aseverativo-polares, que el hablante no entiende sino desde la sinergia de la globalidad noemático-cognitiva subyacente al enunciado 4.

De forma que cuando el hablante produce o recibe una frase de ese tipo, dinamiza en su circuitería cerebral, en su mente, un esquema sinergético-relacional tetrafásico, subsecuente a las *variaciones* posibles de dos elementos con dos valores, que controla el éxito de la operación verbal en su integridad, según se ha dicho.

Lo que antecede nos pone en la pista de lo que queríamos observar respecto de las construcciones con *puesto que* en el *Quijote* y sus traducciones. Tomo los textos de *Don Quijote de la Mancha*, edición de Francisco Rico (2001).

I. Pues ese mismo abecedario pondréis vos en vuestro libro; que *puesto que* a la clara se vea la mentira, por la poca necesidad que vos teníades de aprovecharos dellos, no importa nada (Pról., 1.ª parte, 16-17).

II. tomé un cartapacio [...] con caracteres que conocí ser arábigos. Y *puesto que aunque* los conocía no los sabía leer, anduve mirando si parecía por allí algún morisco aljamiado que los leyese, [...] (cap. 9, 1.ª parte, 107).

III. **puesto que** [...] ella le mandaba que saliese de aquel lugar y se fuese al del Toboso [...], estaba determinado de no parecer ante su fermosura fasta que hobiese fecho fazañas que le hiciesen digno de su gracia; (cap. 29, 1.ª parte, 334).

IV. dijeron a Sancho que los guiase [...], *puesto que* ni el cura ni Cardenio quisieron ir con ellos, porque no se le acordase a don Quijote la pendencia (cap. 29, 1.ª, 337).

V. Este hará veinte y dos años que salí de casa de mi padre, y en todos ellos,
puesto que he escrito algunas cartas, no he sabido dél (cap. 29, 1.ª parte, 452).

VI. de donde coligió Sancho que su ventura había de sobrepujar y ponerse encima de la de su señor, fundándose no sé si en astrología judiciaria que él se sabía, *puesto que* la historia no lo declara: [...] (cap. 8, 2.ª parte, 686).

VII. –¿Y quién la notó? –preguntó la duquesa.
–¿Quién la había de notar sino yo, pecador de mí? –respondió Sancho.
–¿Y escribistesla vos? –dijo la duquesa.
–Ni por pienso –respondió Sancho–, porque yo no sé leer ni escribir, *puesto que* sé firmar (cap. 36 2.ª parte, 931).

VIII. no se me pasará del magín; pero esotros badulaques [...] será menester que se me den por escrito, que, *puesto que* no sé leer ni escribir, yo se los daré a mi confesor para que me los encaje [...]
–¡Ah pecador de mí –respondió don Quijote–, y qué mal parece en los gobernadores el no saber leer ni escribir! [...], y, así, *querría que aprendieses a firmar siquiera.*

–Bien sé firmar mi nombre –respondió Sancho–, que cuando fui prioste en mi lugar aprendí a hacer unas letras como de marca de fardo, que decían que decía mi nombre; [...] (cap. 43, 2.ª parte, 976)

IX. Admiráronse [...] más los duques que ninguno, que, *puesto que* la tenían por boba [...], no por tanto que viniese a hacer locuras (cap. 52, 2.ª parte, 1054).

X. Resolviéronse el duque y la duquesa de que el desafío que don Quijote hizo a su vasallo pasase adelante; y *puesto que* el mozo estaba en Flandes [...], ordenaron de poner en su lugar a un lacayo gascón (cap. 54, 2.ª parte, 1067).

Esta reflexión ha sido suscitada por el valioso artículo «Le signifié de langue, ou la précision inutile», de Jean-Claude Chevalier y Marie-France Delport (2006). Basten estos diez textos que vienen a coincidir con los por otros aducidos.

En I., justamente, el dato o hecho adivinable de que «a la clara se vea la mentira», exonera del despreciable aprovechamiento o plagio. El subjuntivo con que *puesto que* aparece construido incide en la modalidad potencial con el sentido de que quien tenga entendederas para ver pueda descubrir su artificio a las claras, sin ocultamientos, apoyado en «la poca necesidad que vos teníades de aprovecharos». Viene a decir que no hace ningún daño con sus citas, ninguna mentira, ni al sabio ni al necio y, en cualquier caso, «servirá aquel largo catálogo de autores a dar de improviso autoridad al libro». La inconveniencia salvable a la que podría aludir la construcción con «*aunque*» destroza la ironía y frescura de la baciyélmica escritura cervantina que, obviamente, también afecta a las abundantes construcciones con *puesto que* como el texto I., que no se puede olvidar, aunque sea de Perogrullo, que está construido precisamente con *puesto que*, que es lo que es desde su identidad sistémica, distinta, obviamente, de la de *aunque*. Lo cual me hace recordar el error, al que aludía en otro lugar (1979), de traducir el *Miles gloriosus*, de Plauto, no ya como *El soldado glorioso* o *valeroso*, sino –como se ha hecho– por *El soldado fanfarrón*, que priva al lector de la traducción del derecho que tiene a que se le respete la ironía del título, que ya tiempo tendrá de interpretar sus irónicos planteamientos.

En II., por su parte, tenemos las dos locuciones juntas, *puesto que* y *aunque*. Esta última incide en una construcción diatáctica que entraña la diferencia entre *conocer caracteres arábigos* y *saberlos leer*, poniendo de relieve una cierta contradicción o atenuación concesiva de la implicación no cumplida entre *saber leer caracteres* y *conocerlos*, pero no a la inversa. Y con respecto a *puesto que*, con un valor mostrativo-descriptivo, incide en el hecho evidente de que «no los sabía leer» y, lógicamente, como una premisa de un silogismo en *modus ponens/modus tollens* encamina hacia su conclusión, que, en este caso, viene representada por «anduve mirando si parecía por allí algún morisco aljamiado que los leyese». La no equivalencia sistémica e incluso discursiva de ambas locuciones es evidente. Solo la *negación* que aparece en uno de los segmentos diatáctico-oracionales, como en I., puede explicar que se haya pensado en la *concesividad*, pero no lo justifica, a mi juicio, como hemos señalado.

En III., por su lado, se parte, precisamente, del hecho o dato de que Dulcinea quiere ver a don Quijote para decidirse a no ir a verla «fasta que hobiese fecho fazañas que le hiciesen digno de su gracia». Buscar un dato inconveniente a su determinación en lugar de abundar en su acicate o motivación, como entrañaría la construcción con «aunque», restaría valor a la determinación de don Quijote, que no se mueve sino por complacer la voluntad de su dama, directamente descrita en la construcción introducida por *puesto que*, en cuyo *dominio* aparece también la *negación*, como I. y en II.

En IV., por otra parte, el dato o supuesto en que se basan para pedir a Sancho «que los guiase» estriba en que quienes conocían el camino (el cura y Cardenio) no «quisieron ir con ellos» para evitar que don Quijote al verlos recordase la pendencia con Cardenio. No se trata, pues, de ningún tipo de obstáculo o inconveniente por salvar; más bien se da un dato de apoyo o motivación desencadenante.

En V., por otro lado, la extrañeza por no haber sabido de su padre se fundamenta y motiva en el dato incontrovertible de «haber escrito algunas cartas». No ha lugar, si queremos mantener la inmediatez de la escritura cervantina, para la introducción de la interpretación concesiva como prototípica o arquetípico-sistémica de la locución *puesto que*. La falta de reciprocidad entre *escribir* y *recibir cartas* está asegurada desde la sistemática lexemática, pero desnaturalizar una locución a favor de otra no es coherente con la escritura concreta. La *negación* en uno de los segmentos diatácticooracionales nos merece el mismo análisis que en los casos precedentes. Los operadores sintagmáticos como *puesto que*, también *aunque*, son como el cambio de agujas del ferrocarril, que, sin cambiar su convoy, lo encaminan en un sentido determinado. Podemos comparar las construcciones virtuales siguientes: {{he escrito algunas cartas, no he sabido de él}vs.{he escrito varias cartas **y** no he sabido de él}vs.{*aunque* he escrito algunas cartas, no he sabido de él}vs.{*puesto que* he escrito algunas cartas, no he sabido de él}}, donde cabe reconocer que cada construcción tiene su sentido discursivo en función de las unidades verbales en sintagmación.

En VI., por su lado, el dato, supuesto o motivo que fundamenta el «no saber si se fundaba en astrología judiciaria» no es otro que el hecho de que sencillamente «la historia no lo declara». El recurso a una lectura mediante *aunque* se presenta no ya como irrelevante, sino como impertinente.

En VII., a su vez, el dato, supuesto o motivo matizador del conjunto está representado por la construcción *«puesto que* sé firmar», y se presenta espontáneamente por parte de Sancho como una característica positiva para optar a gobernador, cargo para el que, en aplicación del código social interiorizado en Sancho, *le basta con saber firmar.* Ese es su remedio al mal de «no saber leer ni escribir». La razón de ser de esta exégesis está fundamentada en el texto VIII., como vamos a ver.

En VIII., en efecto, podemos señalar dos aspectos. Por un lado, el dato, supuesto o motivo por el que «Sancho dará a leer el escrito *<de esotros badulaques>* a su confesor para que se los encaje» no es otro que «el hecho de que Sancho no sabe leer ni escribir». No le da a leer el escrito a su confesor a pesar de no saber leer ni escribir, sino, precisamente, por eso, por no saber leer ni escribir, para que se lo lea. De forma que no ha lugar a construcción alguna con *aunque.* Y, por otro lado, en la segunda parte del texto se refleja el código social interiorizado en Sancho respecto al común sentir de las gentes de que, para no hacer el ridículo, por lo menos hay que saber firmar. Lo cual apoya y justifica la lectura del texto VII.

En IX., por su parte, el dato o desencadenante de la admiración de los duques respecto del comportamiento de «doña Rodríguez, la dueña de la casa» es el hecho de que «la tenían por boba y de buena pasta»; y añaden que el tenerla por tal no llegaba al grado de esperar o temer de ella locuras, «no la tenían por tan boba que viniese a hacer locuras». Justo lo contrario de la inconveniencia superable, siendo un hecho probado, «la tenían por boba», expresamente atenuado mediante la locución «no por tanto que», «no por tan boba que», como es evidente.

En X., asimismo, el dato o motivo desencadenante de que el duque y la duquesa pusieran un suplente para el desafío que don Quijote hizo a su vasallo no era otro que el hecho o dato de saber que «el mozo estaba en

Flandes». No se trata, pues, de que pusieran un suplente a pesar de que el mozo estaba en Flandes, sino precisamente por esa circunstancia, por ese hecho, dato o noticia.

Volviendo sobre lo señalado *supra* 4.1., 4.2. y en torno a VII. y VIII., en el código social subyacente al *Quijote* anidaba una suerte de imperativo de comportamiento público en virtud del cual «para no hacer el ridículo ante los demás hay que o saber leer y escribir o, por lo menos, firmar», en una suerte de *disyuntiva* operativa subyacente al comportamiento donde se reconoce *lo uno* y se justifica *lo otro*, no en forma *contradictivo-concesiva*, sino en forma *descriptiva*, donde se viene a manifestar la satisfacción de que *no se tiene problema con no saber leer ni escribir, porque se sabe firmar (y basta con esto)*. En contraste, otros intérpretes piensan que se entra en la disculpable contradicción de que *se sabe que firmar entraña saber leer y escribir, pero garabatear una firma puede salvar las apariencias de que no se sabe leer ni escribir*, y se viene a interpretar *puesto que* como *aunque*: lo que, desde nuestro punto de vista, no resuelve el problema, dado que persiste el significado *identitario* de {*aún* + *que*}, a todas luces análogo al de {*puesto* + *que*} y similares, {*dado, aceptado, asumido, comprobado...* + *que*}, que es descriptivo y no contradictivo, al margen de ulteriores desarrollos transcategoriales en la filogénesis y ontogénesis de la lengua. Pero, en mi opinión, es la *modalidad del subjuntivo*, en este caso, como en {*leerse pueda, se lea* frente a *se lee*}, en analogía con la *negación* anteriormente comentada, la responsable fundamental de *concesividad*, disculpa o zozobra en su caso. Dejando, pues, a la convergencia del conjunto el aporte significativo arquetípico de cada unidad, en mi opinión no ha lugar para privar a *puesto* + *que* de su valor *evidencial*, narrativo-descriptivo, al modo de premisa dentro del silogismo enunciativo del conjunto enunciativo, resuelto por *modus ponens/modus tollens*.

La incidencia de lo arriba señalado en las traducciones del *Quijote* puede reflejarse esquemáticamente, en consonancia con lo señalado en otro lugar (1982: 162) entre *causación* y *evidenciación*, en los términos siguientes:

	ENUNCIADO (*perspectiva de abajo-arriba*)	ENUNCIACIÓN (*perspectiva de arriba-abajo*)
Latín	quia, quoniam...,(Ø)	nam, enim, etenim, nempe...,(Ø)
Alemán	weil + postposición verbal...,(Ø)	denn...,(Ø)

Francés	parce que…, (Ø)	car, étant donné que, vu que…, (Ø)
Inglés	because…, (Ø)	since, as…,(Ø)
Español	porque…, (Ø)	puesto que, dado que…, (Ø)
	porque,…	
	causación	*evidenciación*

Bibliografía

ARISTÓTELES (1999): *Acerca del Alma*. Introducción, traducción y notas de Tomás Calvo Martínez. Madrid: Gredos.

CHEVALIER, JEAN-CLAUDE/DELPORT, MARIE-FRANCE (2006): «Le signifié de langue, ou la précision inutile», en: Luquet, Gilles : *Le signifié de langue en espagnol. Méthodes d'approche*. Paris: Presses Sorbonne Nouvelle, 23-37.

HEGER, KLAUS (1976): *Monem, Wort, Satz und Text*. Tübingen: Niemeyer.

RAMÓN TRIVES, ESTANISLAO (1979): *Aspectos de semántica lingüístico-textual*. Madrid: Ediciones Istmo.

— (1982): *Estudios sintáctico-semánticos del español. I. La dinámica interoracional*. Murcia: Editorial Godoy.

— (2003): «A vueltas con el SI deíctico-aseverativo y su polivalencia sintagmática en castellano», en: Girón Alconchel, José Luis et al. (eds.): *Estudios ofrecidos al profesor José Jesús de Bustos Tovar*. Madrid: Facultad de Filología-Instituto de Estudios Almerienses. Editorial Complutense, 135-156.

RECANATI, FRANÇOIS (2004): *Literal Meaning*. Cambridge: Cambridge University Press.

— (2005): «Literalism and Contextualism», en: Preyer, Gerhard/Peter, Georg (eds.): *Contextualism in Philosophy: Knowledge, Meaning and Truth*. Oxford: Oxford University Press, 171-196. (Traducción española, en prensa, de Francisco Campillo García en *RIL* 10, Universidad de Murcia.)

RICO, FRANCISCO (ed.) (2001): *Miguel de Cervantes. Don Quijote de la Mancha*. Barcelona: Editorial Crítica.

TRUJILLO, RAMÓN (1996): *Principios de semántica textual*. Madrid: Arco/Libros.

WITTGENSTEIN, LUDWIG (^{3}2002 [1921]): *Tractatus logico-philosophicus*. Madrid: Alianza Editorial.

La reducción oracional en la construcción factitiva española

Eugeen Roegiest | Renata Enghels
Universiteit Gent

1. Planteamiento

Tradicionalmente se considera la construcción factitiva (CF) *hacer + infinitivo* como la única construcción infinitiva en que se opera obligatoriamente una reducción oracional o clausal (*clause reduction*) de los dos predicados en una estructura monoclausal. Varios argumentos y tests parecen corroborar esta tesis. En este estudio nos interesan más particularmente:

(a) la imposibilidad de intercalar elementos significativos, especialmente el sujeto del infinitivo (S_2), entre el semi-auxiliar *hacer* y el infinitivo;

(b) la subida de los pronombres clíticos, o sea la aglutinación de los pronombres del infinitivo al semi-auxiliar *hacer*;

(c) la unicidad de las relaciones gramaticales en la estructura compleja, lo que tiene como efecto que el S_2 solo puede asumir la relación gramatical disponible en la estructura bipredicativa reestructurada, objeto directo (OD) con un infinitivo intransitivo, objeto indirecto (OI) con un infinitivo acompañado de un OD propio (Comrie 1976: 263).

A pesar de estos argumentos, no cabe duda de que la construcción factitiva implica la dualidad de los eventos denotados e incluso la dualidad de los argumentos activos (Shibatani 1976: 15), mientras que el causativo léxico (p.ej. *matar, derrumbar, mostrar, enseñar*, etc.) supone un proceso unitario, no descomponible. Compárense las oraciones siguientes:

(1a) Juan *hizo parar* el tren porque gritaba como un loco.

(1b) *?Juan *paró* el tren porque gritaba como un loco.

Este solo hecho ya sugiere que la construcción factitiva no es equiparable a un predicado causativo léxico simple[1]. Además, ya en Roegiest (1983) demostramos que entre las lenguas románicas la reducción clausal de la construcción factitiva se presenta como gradual. Incluso dentro del mismo idioma como el español, la realidad empírica resulta tan compleja que la hipótesis de una estructura monoclausal no siempre se corrobora. La construcción factitiva puede descomponerse por la interacción de varios factores, lo que da lugar a varios grados de cohesión.

Uno de estos factores es el significado de la construcción factitiva. Así, Campos reconoce que «*hacer* puede significar 'forzar' o bien puede significar 'causar'» (1999: 1544):

(2a) Patty hizo estudiar a Pablo (a la fuerza). ['forzar']

(2b) El perro hizo tropezar a Pablo (*a la fuerza). ['causar']

La lectura causal se impone siempre con un sujeto principal (S_1) inanimado, mientras que con un S_1 humano, la fuerza coercitiva del S_1 sobre el S_2 puede ser directa o indirecta:

(3a) (Le) hizo firmar el contrato a su mujer.

(3b) Hizo firmar el contrato por su mujer.

En (3a), el S_2 *su mujer* no actúa de manera autónoma, no se responsabiliza, en (3b) ambos SS conservan su autonomía. Solo un S_1 humano puede transferir su responsabilidad al S_2. Con un S_1 humano la acción causada no necesariamente llega a realizarse, mientras que una causa inanimada supone que la acción se concluye efectivamente sin manipulación del S_2 (Davidse 1992: 113). Lo que precede sugiere la existencia de dos parámetros distintos:

---

[1] Claro está que esto no excluye que la CF toma como modelo la estructura transitiva o ditransitiva del predicado simple (cf. Kemmer/Verhagen 1994: 138).

el grado de autonomía o dinamicidad del S del infinitivo y el cumplimiento de la acción causada, lo que contribuye a reforzar su autonomía proposicional. Planteamos que el comportamiento sintáctico refleja la complejidad semántica de la construcción factitiva. Por consiguiente, basándonos esencialmente en datos empíricos[2], examinaremos en lo que sigue en qué medida la estructura cognitivo-semántica determina la estructura sintáctica y por tanto el grado de cohesión entre los predicados constituyentes. Examinaremos también en qué medida los argumentos aducidos pueden considerarse efectivamente como indicadores unívocos de una reducción clausal. Trataremos sucesivamente las marcas sintagmáticas (2.) y las marcas paradigmáticas o casuales de los argumentos en la construcción factitiva (3.).

2. LA POSICIÓN SINTÁCTICA DE LOS PARTICIPANTES

2.1. *¿Intercalación o no del S_2 nominal?*

La idea generalmente aceptada es que en la CF ningún elemento léxico se intercala entre el verbo causativo *hacer* y el infinitivo, por el alto grado de cohesión que existe entre ambos predicados. Efectivamente, el escrutinio de las construcciones encontradas en el *CREA* muestra que en la mayoría de los casos el S_2 nominal se coloca detrás del infinitivo (4a). No obstante, la intercalación del S_2, que da muestras de una descomposición del predicado complejo, no se excluye (4b):

(4a)   *Pío hace ver al presidente la conveniencia* de citarles, al conde y a él mismo, para una reunión conjunta (*CREA*, Figuero J., 1981)[3].

(4b)   *El hecho de que* desde sus celdas puedan aquí contemplar el cielo, avistar el mar, las playas y las montañas *hace al interno sentirse* tal vez más desgraciado (*CREA*, *El País*, 1988).

---

[2] El análisis recurre a datos encontrados en el *CREA*, o sea el *Corpus de Referencia del Español Actual*, pero también se basa en autores, particularmente cuando se trata de medir el impacto de la ocurrencia del pronombre dativo, que depende fuertemente de factores regionales, incluso idiolectales. Para más información en cuanto al corpus, véase 5. Bibliografía y las informaciones que facilitamos en los apartados respectivos.

[3] Las cursivas y los paréntesis en los ejemplos son nuestros.

A fin de identificar los factores que determinan la fusión, así como la posición del S_2, comparamos 100 ejemplos con S_2 pospuesto con 100 frases con S_2 antepuesto[4].

2.1.1. Causal vs. coercitivo

En primer lugar, la naturaleza semántica del sujeto principal S_1 parece desempeñar un papel importante. El cuadro 1 revela efectivamente que los SS_1 humanos[5] causan en la mayoría de los casos (84,3%) la posposición del S_2. Al revés, con SS_1 inanimados la fusión parece menos imperativa, ya que se construyen frecuentemente con un S_2 antepuesto (58,1%):

tipo S_1	S_2 prev		S_2 posv		TOTAL	
	#	%	#	%	#	%
HUM	6	15,7%	32	84,3%	38	100%
INAN	94	58,1%	68	41,9%	162	100%

Cuadro 1

Esta diferencia ya denuncia el impacto considerable que tiene la semántica del S_1 sobre la posición del S_2[6]. La acción causada por un S_1 inanimado, por ser exclusivamente causal, supone el cumplimiento total del proceso

---

⁴ Como la anteposición del S_2 en la CF puede considerarse como 'menos prototípica' es también difícil encontrar un conjunto extenso de ejemplos de esta estructura. Por eso hemos seleccionado los 100 primeros casos encontrados –después del escrutinio de miles de ejemplos con el verbo *hacer*– en el *CREA*. Por razones evidentes de equilibrio estadístico, los comparamos con 100 casos con S_2 pospuesto. Estos ejemplos son representativos del español moderno escrito, tanto peninsular como latinoamericano.

⁵ Animales y colectivos como *la empresa, la prensa, el jurado...*, han sido inventariados como referentes humanos, o sea animados. La clase de los inanimados incluye también nombres abstractos como *la paz, el amor, el hecho...*

⁶ La semántica del S_1 también parece tener un impacto sobre otro fenómeno sintáctico en la CF, a saber la omisión del pronombre reflexivo del infinitivo. La omisión del pronombre reflexivo es típica de la construcción factitiva con S_1 humano: (a) Yo la haré *callar* si llora (Sen Ad, 59); (b) [...] cuando llegué a Veracruz [él] me hizo *sentir* como un gusano (Mon, 559); (c) Nos hicieron *sentar* en unos bancos de madera (Tor, 420); aunque no es sistemática: (d) De un modo respetuoso pero firme le hicieron *acostarse* otra vez (Sen Cr, 220), y a veces ocurre también con un S_1 inanimado: (f) ¡Burlaos de mí si eso os hace *sentir* más hombres!

causado, que de ahí se caracteriza por un grado de autonomía mayor, lo que se manifiesta sintácticamente en la descomposición del predicado complejo *hacer + inf.* y la anteposición del S_2. En cambio, el S_1 humano se caracteriza por un grado de control potencialmente alto sobre el proceso subordinado, de manera que el S_2 puede tener una autonomía más o menos baja. La posposición del S_2, posición propia de un OD en un predicado simple e indicio de la incorporación del proceso subordinado en el proceso causativo, denota un grado menor de autonomía atribuido al S_2. Al revés, la intercalación o anteposición del S_2 se realiza únicamente en cuanto este participante asume mayor responsabilidad dentro del proceso causado, lo que corresponde a un grado de fusión más bajo. Por eso, es de suponer que en una CF con S_1 humano, el S_2 preverbal será humano y preferentemente acompañado de un infinitivo transitivo, como en los ejemplos siguientes:

(5a) Al cabo de 20 minutos *se le hace al paciente sonar la nariz* con una gasa y si ésta no está coloreada se puede sospechar que se trata de una obstrucción, […] (*CREA*, VV. AA., 1991).

(5b) «Se trata», continuaba el diario, «de actos hostiles de *España* hacia nuestro país, que *hace a Marruecos pagar* las contradicciones de su política magrebí, desgarrada entre sus ambiciones territoriales sobre Marruecos y sus intereses en materia de gas con Argelia» (*CREA, El País*, 1984).

Así lo muestra efectivamente el cuadro 2:

S_1 HUM +	S_2 prev		S_2 posv		TOTAL	
	#	%	#	%	#	%
S_2 HUM + Inf TR	4	57,1%	3	42,9%	7	100%
S_2 HUM + Inf INTR	2	22,2%	7	77,8%	9	100%
S_2 INAN	0	[0]	22	[100%]	22	100%

Cuadro 2

(Men, 226); (g) […] los primeros calores me hacen *sentir* como si pudieran brotarme hojas de los dedos (Mon, 243). Esta contribución no analizará este fenómeno.

294   Eugeen Roegiest | Renata Enghels

Este hecho ya sugiere la importancia de las propiedades semánticas de los demás constituyentes de la construcción.

2.1.2. La dinamicidad de los protagonistas

En efecto, del cuadro 3 se desprende que el carácter humano o no del S_2 determina también su posición en la CF. Lógicamente son los SS_2 humanos los que son potencialmente agentivos y los que pueden adquirir la responsabilidad del proceso causado. Esto se manifiesta sintácticamente en el hecho de que los SS_2 humanos se intercalan frecuentemente (75,2%) entre el verbo causativo y el infinitivo, mientras que los inanimados coinciden prototípicamente con la posposición y la fusión completa (88,6%):

tipo S_2	prev		posv		TOTAL	
	#	%	#	%	#	%
HUM	91	75,2%	30	24,8%	121	100%
INAN	9	11,4%	70	88,6%	79	100%

Cuadro 3

Sin embargo, como ya conocemos el peso del sujeto principal, la fusión se realiza probablemente en función de la dinamicidad de ambos participantes. Los datos estadísticos siguientes dan cuenta de la posición del S_2 en cada contexto posible, según la naturaleza humana o no de los protagonistas:

tipo S_1/S_2	prev		posv		TOTAL	
	#	%	#	%	#	%
S_1 HUM + S_2 INAN	0	[0]	22	[100%]	22	100%
S_1 HUM + S_2 HUM	6	37,5%	10	62,5%	16	100%
S_1 INAN + S_2 HUM	85	81%	20	19%	105	100%
S_1 INAN + S_2 INAN	9	15,8%	48	84,2%	57	100%

Cuadro 4

Los datos nos permiten sacar las conclusiones provisionales siguientes. En la construcción coercitiva (con S_1 humano) solo un S_2 humano puede intercalarse (cf. *supra* ej. 5), el S_2 inanimado siempre se pospone:

(6)   Después, con el mismo solemne ritual, se entona un «Te Deum», mientras en el exterior, entre las frondas del Campo del Moro, *los artilleros hacen disparar a sus cañones* las veintiuna salvas de ordenanza que anuncian al pueblo de Madrid el bautizo del Rey (*CREA*, Hernández R., 1995).

Paralelamente, en la CF causal con S_1 inanimado el S_2 humano ocupa preferentemente la posición preverbal (81%) (7a), mientras que un S_2 inanimado suele posponerse al infinitivo (84,2%) (7b):

(7a)   El río se torna cada vez más torrentoso, se suceden gran cantidad de rápidos cuyas crestas se elevan a muchos metros, provocando *el estrépito que hace a los indígenas llamar*le el Gran Gritón (*CREA*, Che Guevara E., Granado A., 1992).

(7b)   Pero era sólo *la lluvia que hacía crujir las ramas secas del acebu-che* (*CREA*, Maqua J., 1992).

Esto significa que el grado de agentividad del S_2 puede modificar el orden prototípico de ambos tipos de CF. Los S_2 inanimados se comportan formalmente como un OD prototípico, lo que corresponde a la función básica de transitivización de la CF.

Con todo, a veces se antepone el S_2 inanimado. Lo que salta a la vista, si estudiamos más en detalle los 9 ejemplos con S_2 inanimado intercalado, es la naturaleza semántica particular de este S_2 antepuesto. La categoría de los no-humanos no es completamente homogénea, ya que existen inanimados que en algunos contextos ejercen cierto control sobre el proceso causado, sea como S de un infinitivo transitivo (8a), sea por su dinamicidad interna en casos como *vehículo, planta*, etc. (8b). Estos 'cuerpos autocontroladores' (Enghels 2007: 201-202) pueden asumir cierta autonomía en el proceso causado –tanto más cuanto que el S_1 es inanimado–, lo que se refleja sintácticamente en la descomposición de la CF y la anteposición del S_2:

(8a)   ¿Y cuál es *esa raíz histórica* que *hace al barroco español lanzarle* a la cara al mundo *a un Cervantes, a un Lope, a un Góngora, a un*

Quevedo, a un Calderón y a un Gracián, por sólo mencionar las figuras centrales? (*CREA*, Coronado J., 1984).

(8b) Reventaron una cubierta y *una gran piedra* desprendida de un faldeo, a la vuelta de un recodo, *hizo al vehículo saltar bruscamente de costado*; [...] (*CREA*, Gasulla L., 1975).

El comportamiento de este tipo de inanimados es muy diferente del de los SS_2 abstractos –algunos ejemplos del corpus son *la paz, la situación, la alegría* o *el carácter*–, que se caracterizan por no haber adquirido cualquier responsabilidad en el proceso subordinado. Por tanto estos SS_2 se posponen sin excepción:

(9) *La fase siguiente*, vinculada a la revolución industrial en Occidente, *hace variar* cualitativamente *el carácter de la expansión colonial* arrastrando a parte de la población y los territorios de los «nuevos» países hacia la división colonial del trabajo (*CREA*, Fabelo Corzo J., 2004).

En resumidas cuentas, lo importante no solo es la oposición *humano* vs. *inanimado*, sino también el grado de agentividad inherente de los inanimados. Con un S_1 inanimado y un S_2 inanimado dinámico, la fusión resulta menos evidente, lo que se refleja sintácticamente en la frecuente anteposición de este tipo de S_2.

2.1.3. Las propiedades del infinitivo

Otro constituyente cuyas propiedades semánticas influyen posiblemente en la posición del S_2 y en el grado de fusión de la CF es el proceso causado mismo, o sea el infinitivo. Si distinguimos entre los infinitivos que implican un alto grado de transferencia de energía, a saber los transitivos, y los verbos que no representan ninguna transferencia sino una emisión o recepción de energía, a saber los intransitivos[7], obtenemos los resultados siguientes:

---

[7] Esta bipartición se inspira del modelo de la transitividad tal y como ha sido definido por Langacker (1991). La distinción entre los verbos que implican una emisión de energía y los que representan una recepción corresponde, además, a la oposición entre los inacusativos y los inergativos. Como es bien sabido, el verbo inacusativo es un tipo de intransitivo que

tipo Inf	prev		posv		TOTAL	
	#	%	#	%	#	%
TR	67	83,8%	13	16,2%	80	100%
INTR	33	27,5%	87	72,5%	120	100%

Cuadro 5

Los datos revelan una diferencia entre ambos tipos de infinitivo: con los infinitivos intransitivos la fusión se produce en la mayoría de los casos (72,5%) (10a), mientras que la descomposición parece ser la solución preferida cuando la CF incluye un infinitivo transitivo (83,8%) (10b). Compárense a este propósito los ejemplos siguientes con un S_1 inanimado y un S_2 humano:

(10a) [...] y en esos casos justamente *la condición de clausura* ayuda poco, más bien exacerba los ánimos, le *hace a uno (y al otro) pronunciar agravios*, [...] (*CREA*, Benedetti M., 1982).

(10b) [...]; *Igualdad* que forja la nación y que defiende un fin común y que *hace nacer a los ciudadanos* en seguridad, ideal de todos los valores patrióticos (*CREA*, Ulloa F., 2004).

Si nos concentramos en la CF con S_1 inanimado, cuyos datos desvían más de lo esperado (cf. *supra* cuadro 4), observamos que la transitividad del infinitivo contribuye indiscutiblemente a la anteposición del S_2:

S_1 INAN +	+ S_2 INAN			+ S_2 HUM		
	S_2 prev	S_2 posv	TOTAL	S_2 prev	S_2 posv	TOTAL
	#	%	#	%	#	%	#	%	#	%	#	%
+ Inf TR	3	[100%]	0	[0]	3	[100%]	59	86,8%	9	13,2%	68	100%
+ Inf INTR	6	11,1%	48	88,9%	54	100%	26	70,3%	11	29,7%	37	100%

Cuadro 6

---

se caracteriza por tener un sujeto poco agentivo, como *nacer, aparecer, caer...* Se opone a la categoría de los inergativos, que tienen sujetos muy activos: *bailar, trabajar, hablar...*

En realidad, el papel del infinitivo resulta algo más complejo. Un análisis detallado de los infinitivos intransitivos muestra que en la CF con S_1 inanimado y S_2 humano preverbal (26 casos) muchos infinitivos registrados en el cuadro 6 se acompañan de un objeto preposicional (*pensar en, olvidarse de...*) (11) o son inergativos (*actuar, reaccionar...*) (12):

(11a) *La creencia* en que la estabilidad económica ya está consolidada *hace a los políticos pensar* más *en* el '95 que en el '92 (*CREA, El Cronista*, 1992).

(11b) La primera representación, la vivencia de la maternidad, se refiere al hecho de que visualizan el cuerpo como un medio reproductor, *lo que hace a estas jóvenes adolescentes centrarse en* el rol materno al definirse como mujeres (*CREA, Crisol*, 2003).

(12a) *La credibilidad* que el juez Pfeiffer, a juzgar por cada una de sus diligencias, estaba concediendo al denunciante, *sumado al cercano seguimiento* que la UDI llevaba del proceso, *hicieron a los partidos de la Concertación reaccionar* en forma enérgica (*CREA, La Época*, 1996).

(12b) [...] tantos *los motivos y las causas que hacen a un hombre actuar* de una manera determinada que no podemos hacer la historia de los buenos y los malos, [...] (*CREA*, Matuta Vidal J., 1992).

Al revés, la mayoría de los infinitivos intransitivos en la CF con S_1 inanimado y S_2 humano posverbal (11 casos) ocurren sin ningún complemento y aparecen pues como infinitivos escuetos (*sufrir, toser, soñar, tambalearse, contonearse, andar...*)[8]:

---

[8] Claro está que el orden puede depender también de factores de tematicidad. La complejidad formal del SN determina su posposición al infinitivo, p. ej. en: (a) [...], no suelen fumar *esos puros que tanto hacen sufrir a quienes se sientan detrás de quien los consume* (*CREA*, Orúe E., 2001). Aquí no hemos tenido en cuenta tampoco la intercalación de SS_2 que coocurren con el pronombre clítico, como los pronombres tónicos, las formas *usted, uno*, los cuantificadores como *todos*, y los numerales: (b)Pero admito que lanzarse al mundo le hace *a uno* cambiar (*CREA*, Martín Gaite C., 1992); o (c) [...] pero ese alma colectiva de la humanidad es algo transindividual incosciente, el volksgeist hegeliano nos hace *a todos* participar de él, pero a ninguno comprenderlo [...] (*CREA*, Hernáiz J., 1986).

(13a) Habrás oído en muchas partes que *esas espinas* obran grandes pro-digios contra todo género de tribulaciones y calamidades. Incluso *hacen andar a los cojos*, dan visión a los ciegos y sanan las heridas de los leprosos a su contacto (*CREA*, Torbado J., 1993).

(13b) La paz parece ya firmada con la sociedad, y *el humo del tabaco*, como un azulado manto de hermandad y de paz, se extiende sobre todos nosotros, *hace toser a las viejas*, [...] (*CREA*, Verdaguer J., 1980).

Al mismo tiempo, los infinitivos transitivos que acompañan al S$_2$ humano pospuesto llevan un OD inanimado cuyo grado de participación es mínimo y que por tanto disminuye el grado de transitividad del infinitivo[9]. Muchas veces el OD está representado por una proposición (14a) o constituye con el infinitivo una fuerte cohesión como locativo (*abandonar la ruta*) (14b) o como expresión figurada (*rasgarse las vestiduras*) (14c):

(14a) *La conexión con la utopía* («seamos realistas, pidamos lo imposi-ble»), *hace decir a Alain Touraine que* estamos ante la aparición de un comunismo utópico (*CREA*, Fernández Ordóñez F., 1980).

(14b) [...] pero *una evaluación* del tiempo y medios necesarios para construir un ciclotrón en tiempo de guerra *hace abandonar a los alemanes esta ruta tan aparentemente prometedora* (*CREA*, Gutié-rrez J., 1981).

(14c) *La palabra «planificación» hace rasgarse las vestiduras a muchos* (*CREA*, Fernández Ordóñez F., 1980),

mientras que los infinitivos transitivos que ocurren con S$_2$ humano antepuesto pueden ser trivalentes (15a) o incluso llevan un OD humano (15b):

(15a) [...] su actitud estaba determinada por *lo único que hace a los comu-nistas conceder algo a sus prisioneros* en rebeldía: las presiones internacionales (*CREA*, Valladares A., 1985).

---

[9] En el sentido de Hopper/Thompson (1980: 291): «Our own statistics suggest that, [...] there is a marked tendency for O's to be individuated, i. e. to have properties associated with referentiality/definiteness and animacy. [...]. It follows from this that definite/animate O's may be more, not less, natural O's than indefinite/inanimate ones».

(15b) El miedo a la muerte es *lo que*, al fin, *hace a los hombres temer* y *acatar al Estado* hasta la indignidad (*CREA*, Sánchez Ferlosio R., 1993).

No es de extrañar que del mismo modo un S_2 inanimado antepuesto se combine con un infinitivo transitivo:

(16a) Se esperaba que esta situación continuara, pero un masivo movimiento de ventas de yenes en Europa *hizo al dólar ganar terreno* frente al yen y al dólar [*sic*] hasta niveles de 103,45 yenes y 1,492 marcos (*CREA*, *La Vanguardia*, 1995).

(16b) ¿Y cuál es esa raíz histórica que *hace al barroco español lanzarle a la cara al mundo a un Cervantes, a un Lope, a un Góngora, a un Quevedo, a un Calderón y a un Gracián*, por sólo mencionar las figuras centrales? (*CREA*, Coronado J., 1984),

o con un infinitivo que tematiza su S con un complemento predicativo:

(17)   [...] con una ligereza de aire que *hacía al aire mismo parecer pesado*, ay qué ligero el tal Alonso de Ávila, [...] (*CREA*, Fuentes C., 1993).

2.2. *¿Subida o no de los pronombres clíticos?*

La subida de los pronombres clíticos, o sea la aglutinación de los pronombres del infinitivo al semi-auxiliar *hacer*, se considera tradicionalmente como una prueba de la reducción oracional. Sin embargo, el comportamiento de los pronombres clíticos es un fenómeno sintáctico que ha suscitado controversia en los estudios sobre la CF española. Según Demonte (1977: 194-195), la fusión completa con *hacer* conlleva la subida de todos los clíticos de la oración:

(18)   *Se los* hice hacer vs. **Le* hice hacer*los*. [se/le = a Juan; los = los deberes]

En cambio, otros autores como Hernanz (1999: 2249) plantean que el único clítico que sube obligatoriamente es el que sustituye al S_2 (19a), mientras que la subida es facultativa para los pronombres objetos del infinitivo (19b):

(19a) *Los* hacemos bailar vs. *Hacemos bailar*los*. [los = los novios]

(19b) *Los* hacemos hacer vs. Hacemos hacer*los*. [los = los deberes]

Esta hipótesis implica que si tenemos dos pronombres en la frase, estos pueden o bien separarse, o bien juntarse delante del verbo principal.

El objetivo de la sección actual es examinar: (a) en qué medida los pronombres clíticos suben en la CF española, (b) qué factores intervienen y (c) si se puede considerar su posición como un indicio fiable de los diferentes grados de reducción oracional.

2.2.1. Primeros datos estadísticos

A fin de realizar estos objetivos, hemos compuesto un corpus representativo del español moderno escrito –tanto peninsular como latinoamericano– que contiene 363 ejemplos del *CREA*[10]. Las CCFF retenidas se caracterizan por la presencia de por lo menos dos pronombres clíticos que o bien se aglutinan ambos al verbo principal (*cl + cl + V*) (20a), o bien se separan (*cl + V + Inf + cl*) (20b):

(20a) Las tierras se han removido varias veces y lo que queda no es suficiente para suponer que se trata de un baño judío, aunque su proximidad a la sinagoga *nos lo* hace suponer en un primer momento (*CREA, ABC,* 1989).

(20b) [….] el que pueda caminar sobre ella sin que nadie le conozca, *le* hace sentir*la* como propia, le hace sentir el placer de poseerla (*CREA,* Aparicio J. P., 1981).

Un primer análisis estadístico muestra que en español la posición de los clíticos varía y que la separación de los clíticos es algo más frecuente si bien no realmente predominante:

---

[10] El número más bien restringido de ejemplos pertinentes se explica por el carácter muy específico de la construcción: las CCFF son frecuentes, pero muchas veces se construyen con un S_2 nominal o con un solo pronombre.

	cl + cl + V		cl + V + Inf (cl)		TOTAL	
	#	%	#	%	#	%
hacer + Inf	172	47,3%	191	52,7%	363	100%

Cuadro 7

Un estudio más detallado permite aislar un primer factor que puede impedir la subida del clítico OD$_{Inf}$, a saber su carácter humano o no. Del cuadro 8 se desprende efectivamente que la subida de dos pronombres humanos es muy excepcional (9,2%), mientras que la presencia de dos clíticos de naturaleza diferente, humana e inanimada, favorece la subida (69%)[11]:

	+ subida		− subida		TOTAL	
	#	%	#	%	#	%
HUM + HUM	12	9,2%	119	90,8%	131	100%
HUM + INAN	160	69%	72	31%	232	100%

Cuadro 8

Este comportamiento diferente se explica por los rasgos inherentes de los clíticos. En español, la marca del dativo no parece formalizar suficientemente la superioridad agentiva del S$_2$ relativa a un OD$_2$ humano en el mismo dominio proposicional. La combinación con un OD$_2$ inanimado no plantea el problema jerárquico del grado de participación en el proceso denotado: la jerarquía queda garantizada por los rasgos inherentes de ambos participantes.

A fin de encontrar los factores que favorecen o impiden la subida de los pronombres clíticos –y por consiguiente la reducción de ambos predicados–,

---

[11] Hay que tener en cuenta que en algunos casos la separación de los clíticos se explica por su incompatibilidad. Es bien sabido que las personas del discurso no se combinan entre ellas (*me os, *me te…) (a) y tampoco con un pronombre dativo de 3.ª persona (*me le, *te les…) (b). Además, cuando el infinitivo se acompaña de dos objetos –directo e indirecto, pronominal o no–, éstos se quedan en el dominio proposicional del infinitivo (c). Por consiguiente, en estos contextos, la no-subida de los pronombres no puede invocarse como prueba de reducción clausal: (a) Sólo tu voz *me* hace querer*te* (*CREA*, Ocampo S., 1988); (b) Verme vestida de mujer india *la* hace creer*me* un ser sin ninguna importancia (*CREA*, Boullosa C., 1994); (c) ¿Pero por qué? No *me* hagas decír*telo* ahora (*CREA*, Esquivel L., 1989).

analizamos más detalladamente los casos que no siguen la tendencia general, a saber los contextos en que dos clíticos humanos suben juntos (2.2.2.) y aquellos en que dos pronombres de naturaleza diferente se separan (2.2.3.).

2.2.2. La subida de dos pronombres humanos

En 12 ejemplos de nuestro corpus, la reducción proposicional se produce pese al carácter humano de ambos clíticos:

(21) Ese tipo no tiene nada que ver con nosotros, ya te dije, olvídate o *te lo* haremos olvidar la otra vez que te vea (*CREA*, Ramírez Heredia R., 1984)._

Dos factores parecen contribuir a la subida en estos casos. En primer lugar, el comportamiento de los clíticos confirma el impacto general de la naturaleza semántica del S_1[12] tal como lo vimos con respecto a la posición del S_2 nominal (cf. *supra* 2.1.1.). El cuadro 9 demuestra que el S_1 humano contribuye, por su función coercitiva, a la fusión de ambos predicados y por consiguiente a la subida de ambos clíticos, en contraste con un S_1 inanimado que concede al S_2 un grado de autonomía más alto:

HUM + HUM	+ subida		– subida		TOTAL	
	#	%	#	%	#	%
S_1 HUM	4	21,1%	15	78,9%	19	100%
S_1 INAN	1	2,4%	41	97,6%	42	100%

Cuadro 9

Compárense a título ilustrativo los ejemplos siguientes con el mismo infinitivo *recordar* y un S_1 humano (22a) o inanimado (22b):

(22a) Yo sentí entonces que nunca podría olvidar a Byron. […] Usted *me lo* ha hecho recordar (*CREA*, Villena L., 1995).

---

[12] Este cuadro incluye todos los ejemplos con dos clíticos humanos pero excluye los casos con una posible incompatibilidad pronominal, cf. la nota 10.

(22b) Yo quise mucho a tu tía y la echo de menos. Tu carta *me* hizo recordar*la* (*CREA*, Aguilar Camín H., 1995).

Además, en nuestro corpus la subida completa de dos clíticos humanos se realiza únicamente con infinitivos con S no agentivo como *ver, recordar, aceptar* y *olvidar*. Así, el tipo de infinitivo disminuye también la autonomía del S_2, hasta tal punto que la fusión se realiza a pesar del carácter humano de los clíticos:

(22c) En lugar de verdugo, los medios nos pedían que lo tratáramos como víctima y a sus acusadores, que pedían justicia, *nos lo* [*sic*] hacían ver como victimarios crueles e insensibles [...] (*CREA, Revista Comunicación*, 2001).

2.2.3. La separación de dos clíticos de naturaleza semántica diferente

El cuadro 8 ha mostrado que en el 31% de las CF analizadas ambos clíticos quedan separados si bien no representan a dos referentes humanos. No es de extrañar que el S_1 inanimado, en correspondencia con el carácter meramente causal que confiere a la CF, desfavorezca la subida de ambos clíticos, incluso cuando son de naturaleza semántica diferente:

HUM + INAN	+ subida		− subida		TOTAL	
	#	%	#	%	#	%
S_1 HUM	143	87,2%	21	12,8%	164	100%
S_1 INAN	17	25%	51	75%	68	100%

Cuadro 10

Al revés, la CF monoproposicional española comporta prototípicamente un S_1 humano, un S_2 humano y un OD_2 inanimado, lo que aproxima la CF al modelo ditransitivo prototípico. Comparemos los ejemplos siguientes con un S_1 humano y subida de ambos clíticos (23a) y un S_1 inanimado y no-subida (23b):

(23a) Yo no me refiero solamente a ese recurso no renovable de cada minuto, de cada hora y de cada día, que si perdemos es a voluntad, pero no queremos que *nadie nos lo* haga perder (*CREA, Revista Semana*, 2000).

(23b) Y si los que usted cita como 'no guerristas' perdemos el liderazgo será porque lo perdemos en nuestras regiones, no porque ningún perverso *dictado* de Madrid *nos* haga perder*lo* (*CREA, Cambio 16*, 1990).

Llama la atención que en la inmensa mayoría de los casos de subida con S_1 inanimado, el OD_2 está representado por el pronombre neutro *lo*, con referente abstracto, sin antecedente nominal:

(24a) Las tierras se han removido varias veces y lo que queda no es suficiente para suponer que se trata de un baño judío, aunque su *proximidad* a la sinagoga *nos lo* hace suponer en un primer momento (*CREA, ABC*, 1989),

mientras que un clítico objeto que remite a un SN, suele mantenerse en el dominio del infinitivo:

(24b) Les parecía que los problemas que a ellos les acosaban, Orbiac los tenía solucionados, y *eso les* hacía olvidar*los* por unos momentos (*CREA*, Sánchez-Ostiz M., 1989).

2.2.4. Conclusión

El análisis empírico de la posición de los clíticos en la CF española confirma el papel predominante de los rasgos inherentes del S_1 y la subsiguiente función semántica de la CF, ya observados con respecto al comportamiento sintáctico del S_2 nominal. Además la sintaxis de los clíticos viene determinada por un sutil juego de equilibrio entre el S_1, el S_2 y el OD del infinitivo. Mientras que en una CF con un S_1 humano, solo un OD_2 (humano) con un grado elevado de autonomía o de subjetividad potencial se mantiene en la subordinada, paralelamente solo un OD_2 no referencial – con un grado de autonomía muy débil – lleva a la reducción proposicional de una acción causada por un S_1 inanimado.

3. LAS MARCAS CASUALES DEL S_2

3.1. ¿El caso como indicio de fusión?

Teóricamente el S_2 está marcado como OD si el infinitivo es intransitivo, y marcado como OI con un infinitivo acompañado de un OD. Es sabido que sobre todo en español peninsular el OD y el OI pueden llevar las mismas marcas formales, particularmente cuando el OD es humano e individuado. Esta impresión de confusión se nota particularmente en el pronombre clítico: la frecuencia del pronombre dativo (*le*) en vez del pronombre acusativo (*lo*, *la*) varía según la región, incluso según el idiolecto. Por eso nuestro corpus se compone de autores con varios grados de leísmo[13].

Además se observa que la CF en el español peninsular favorece tanto el uso de la marca preposicional *a* como el uso de *le* (Roegiest 1989, 2005: 177-178)[14] en comparación con otros contextos. Incluso autores poco leístas en nuestro corpus como Muñoz Molina recurren a *le* en la construcción factitiva.

La ocurrencia de *le* con *hacer* y un infinitivo transitivo es general y puede considerarse como una prueba de reestructuración monoclausal, sobre todo cuando se acompaña de la subida de los clíticos objetos del infinitivo:

(25a) Algo alarmado *se lo* hice notar a Lepprince (Men, 351).

(25b) Patricia la tenía, pero *se la* hizo quitar con una pequeña operación que no dejó cicatriz alguna (Sen Ad, 149).

(25c) Se aprendió los peldaños, como él decía, de memoria y quiso hacér-*selos* aprender a la reina (Sen CR, 202).

Sin embargo, *le* ocurre también muy frecuentemente con un infinitivo transitivo sin que haya subida clítica:

(26a) Tenía dos hijos varones y era su suegra quien la atendía. No aguantaba el hecho de no poder moverse y quizá fue esto, más que los dolores, lo que *le* hizo pedir*nos* que le diéramos algo para acabar de una vez, dice González Navarro (*El País*, 1985).

(26b) Luego *le* hizo a su mujer masticar*lo*, ingerir*lo* y devolver*lo* por el mismo procedimiento (Rubin R., 1991, México).

---

[13] Para más información sobre este corpus véase 5. Bibliografía.
[14] Véase también Fernández Ordóñez (1999: 1327).

(26c) [...] que una cosa fuera imposible [...] a mi abuelo Manuel [...] *le* hacía preferir*la* (MM jp, 27).

(26d) [...] el contraste con la luz de la calle *le* hizo ver*la* casi a oscuras (MM jp, 218).

Incluso es posible cuando *hacer* se construye con una completiva:

(27) [...] una de las manos [...] estaba tirándole del pelo, haciéndo*le* que levantara la cabeza, obligándole a ver la cara redonda y transfigurada del hombre (MM pl, 408).

3.2. *El impacto de la estructura semántica*

De lo que precede se deduce que el mero principio sintáctico de la fusión bipredicativa no basta para justificar el uso del pronombre dativo, si aceptamos la subida clítica como una prueba de fusión. En primer lugar, la presencia de un infinitivo acompañado de OD parece contribuir al uso de *le*, con o sin subida de clíticos. Las excepciones son raras:

(28) [...] *la* hizo levantar la cara y mirar*lo* tan de cerca que le rozaban los labios los pelos negros del bigote (MM jp, 371).

En segundo lugar, el cuadro siguiente, que representa a cuatro autores peninsulares con grado de leísmo ascendente, muestra indiscutiblemente que el pronombre dativo se prefiere también con un S_1 inanimado y un infinitivo intransitivo, mientras que un S_1 humano desencadena más frecuentemente el pronombre acusativo:

	S_1 INAN					S_1 HUM				
	le masc	le fem	lo	la	TOTAL	le masc	le fem	lo	la	TOTAL
MM	17	3	6	3	20/9	5	-	11	8	5/19
Sen	3	1	1	1	4/2	2	1	3	3	3/6
Tor	1	1	-	3	2/3	-	-	1	1	-/2
Men	5	1	-	-	6/-	6	-	1	2	6/3
total	26	6	7	7	32/14	13	1	16	14	14/30

Cuadro 11

Aparte de que el femenino recurre menos al dativo, la selección del pronombre tiene que ver con la naturaleza del S_1 pero también con la acción causada. Con un S_1 inanimado el acusativo tiende a limitarse a un S_2 que no tiene ningún control sobre la acción causada[15]:

(29a) [...] aquella íntima y serena sonrisa que *lo* hacía parecer un poco lejos de todo, pero no extraviado [...] (MM jp, 376),

(29b) [...] entonces él notaba que no se podía contener, que el próximo roce, por mínimo que fuera, *lo* haría correrse, y eyaculaba enseguida [...] (MM pl, 324).

(29c) [...] groseros diminutivos que *los* harían enrojecer de vergüenza ajena [...]. (MM jp, 390),

contrariamente al dativo, que prefiere verbos pronominales, eventualmente con objeto preposicional, o verbos inergativos[16] (*vivir, acordarse, detenerse, parecerse*, etc.):

(30a) [...] aquel cuarteto [...] *le* hacía acordarse infaliblemente de una foto de bodas (MM jp, 97).

(30b) [...] un aire de contrariada bondad que *le* hacía parecerse a la foto de su padre (MM jp, 385).

(30c) [...] la indignidad de su comportamiento [...] *le* hacía vivir prematuramente en el tiempo futuro (MM pl, 449).

Al revés, con los mismos infinitivos en condiciones similares, se ve aparecer el pronombre acusativo, en cuanto el S_1 es humano:

(31a) Le apretó la mano, *lo* hizo tenderse, y luego se acostó a su lado (MM jp, 208).

(31b) [...] uno de los guardias que *lo* hacían subir a empujones bruscos (MM pl, 422).

---

[15] El uso del pronombre acusativo es muy frecuente con VV copulativos como *parecer*, aunque el límite entre el uso del dativo o del acusativo resulta muy tenue, como lo muestra: (29') [...] adquirieron una coriácea gravedad que muy pronto *les* hizo parecer mayores de lo que eran (MM jp 146).

[16] Para la definición de los inergativos, cf. *supra* nota 7.

(31c)   [...] el guardia *lo* hizo sentarse con un gesto rápido y brusco (MM pl, 424).

(31d)   Para mí que *lo* hicieron desaparecer, pero esto es sólo una teoría (Men, 453).

Aunque el corpus del que disponemos no ofrece indicios claros, la ocurrencia del acusativo (minoritaria con relación al dativo en ciertos autores como Mendoza) podría expresar una acción coercitiva directa por parte del S_1 humano. Es también lo que tal vez pueda dar cuenta del uso excepcional del pronombre acusativo en (28) *supra*, que comporta un infinitivo transitivo sin subida del clítico objeto de infinitivo.

3.3. *Conclusión*

En español la marca del objeto (dativo o acusativo) apenas funciona como indicio de cohesión sintáctica. Más bien refleja el grado de participación o de agentividad del argumento en la acción causada denotada por el infinitivo. Como el S_1 inanimado confiere a la construcción factitiva un significado causal que implica que la acción causada se cumple efectivamente sin manipulación del S_2, la marca dativo se justifica y solo se abandona en cuanto el S_2 no asume ningún control. Al revés, con un S_1 humano la CF expresa una acción coercitiva que puede ser más o menos directa sin que garantice el cumplimiento de la acción causada. El S_2 podrá ser más directamente manipulado por el S_1, lo que se refleja en el uso del acusativo siempre que el S_2 no controle él mismo ningún OD_2 ni que asuma cierto grado de autonomía por una coerción indirecta. Por eso el pronombre dativo aparece más frecuentemente con un S_1 inanimado y con un infinitivo transitivo, pero menos respectivamente con un S_1 humano y con un infinitivo intransitivo, según la siguiente escala de accesibilidad al dativo:

$$S_{1\ [+/-\ HUM]} + V_{TR} \gg S_{1\ [-\ ANIM]} + V_{INERG} \gg S_{1\ [+\ HUM]} + V_{INERG} \gg S_{1\ [+/-\ HUM]} + V_{INAC,}$$

cuyas dos posiciones superiores suelen optar por el pronombre dativo.

4. CONCLUSIONES GENERALES

Los tres fenómenos sintácticos analizados, la posición del S_2, la subida de los clíticos y las marcas casuales de los pronombres, convergen con respecto a los principales componentes de la CF. El factor determinante primero lo constituye la semántica del S_1. Mientras el S_1 inanimado desencadena la anteposición del S_2 al infinitivo, la separación de los pronombres clíticos y el uso del pronombre dativo *le*, el S_1 humano induce la posposición del S_2, la subida de los clíticos y el uso del pronombre acusativo.

Al S_1 se añaden los componentes de la estructura argumental del infinitivo que refuerza o debilita su impacto. De este modo, el infinitivo transitivo, el S_2 humano y agentivo, el OD_2 humano contrastan con el infinitivo intransitivo escueto, el S_2 inanimado abstracto y el OD_2 no referencial al otro extremo del continuo. A la inversa de los primeros, los últimos componentes tienden a la posposición del S_2, a la subida de los clíticos, al pronombre acusativo. Todos estos fenómenos expresan en primer lugar el mayor o menor grado de agentividad (responsabilidad, control, participación activa) del S_2 en el proceso causativo. Al mismo tiempo, formalizan el grado de cohesión entre los dos predicados de la CF, con excepción de la marca casual del S_2. Contrariamente a la opinión generalmente aceptada, el dativo aparece en correlación con los factores que desfavorecen la reducción oracional.

5. BIBLIOGRAFÍA

5.1. *Corpus*

(*CREA*) *Corpus de Referencia del Español Actual*. http://www.rae.es
(MEN) Mendoza, Eduardo (1975): *La verdad sobre el caso Savolta*. Barcelona: Seix Barral.
(MON) Montero, R. (1997): *La hija del caníbal*. Madrid: Espasa.
(MM jp) Muñoz Molina, Antonio (1991): *El jinete polaco*. Barcelona: Planeta.
(MM pl) Muñoz Molina, Antonio (1997): *Plenilunio*. Madrid: Alfaguara.
(SEN rr) Sender, Ramón (1970): *El rey y la reina*. Barcelona: Destino.
(SEN CR) Sender, Ramón (1971): *Carolus Rex*. Barcelona: Destino.
(SEN Ad) Sender, Ramón (1978): *Adela yo*. Barcelona: Destino.
(TOR) Torrente Ballester, Gonzalo (1988): *Filomeno, a mi pesar*. Barcelona: Planeta.

5.2. Obras consultadas

Campos, Héctor (1999): «Transitividad e intransitividad», en: Bosque, Ignacio/ Demonte, Violeta (eds.): *Gramática descriptiva de la lengua española*. Madrid: Espasa-Calpe, 1520-1574.

Comrie, Bernard (1976): «The syntax of causative constructions: cross-language similarities and divergencies», en: Shibatani, Masayoshi (ed.): *Syntax and semantics VI: the grammar of causative constructions*. New York: Academic Press, 261-312.

Davidse, Kristin (1992): «Transitivity/ergativity: The janus-headed grammar of actions and events», en: Davies, J. R. Martin/Ravelli, Louise (eds.): *Advances in systemic linguistics: Recent theory and practice*. London: Pinter, 105-135.

Demonte, Violeta (1977): *La subordinación subjetiva*. Madrid: Cátedra.

Enghels, Renata (2007): *Les modalités de perception visuelle et auditive. Différences conceptuelles et répercussions sémantico-syntaxiques en espagnol et en français*. Tübingen: Niemeyer.

Enghels, Renata/Roegiest, Eugeen (2007): «Les pronoms clitiques et la réduction propositionnelle dans les factitifs français et espagnols», en: Cuniţă, Alexandra/Lupu, Coman/Tasmowski, Liliane (eds.): *Studii de lingvistică şi de filologie romanică. Hommages offerts à Sanda Reinheimer Rîpeanu*. Bucureşti: Editura Universităţii din Bucureşti, 245-258.

Fernández Ordóñez, Inés (1999): «Leísmo, laísmo y loísmo», en: Bosque, Ignacio /Demonte, Violeta (eds.): *Gramática descriptiva de la lengua española*. Madrid: Espasa-Calpe, 1317-1393.

Hernanz, Carbó (1999): «El infinitivo», en: Bosque, Ignacio/Demonte, Violeta (eds.): *Gramática descriptiva de la lengua española*. Madrid: Espasa-Calpe, 2197-2356.

Hopper, Paul J./Thompson, Sandra A. (1980): «Transitivity in grammar and discourse», *Language* 56/2, 251-299.

Kemmer, Suzanne/Verhagen, Arie (1994): «The grammar of causatives and the conceptual structure of events», *Cognitive Linguistics* 5/2, 115-156.

Langacker, Ronald W. (1991): *Foundations of Cognitive Grammar. Descriptive application*. Stanford: Stanford University Press.

Roegiest, Eugeen (1983): «Degrés de fusion dans la construction factitive des langues romanes», en: Roegiest, Eugeen/Tasmowski, Liliane (eds.): *Verbe et phrase dans les langues romanes. Mélanges offerts à Louis Mourin*. Gent: Romanica Gandensia, 271-288.

— (1989): «Variation actantielle de l'objet et construction factitive en espagnol. Un problème de typologie romane», en: Klenk, Ursula/Körner, Karl H./Thummel,

Wolf (eds.): *Variatio Linguarum. Papers in Honour to Gustav Ineichen*. Stuttgart: Steiner, 227-238.

— (2005): «Variación pronominal en español: el pronombre dativo entre sintaxis y semántica», en: Knauer, Gabriele/Bellosta von Colbe, Valeriano (eds): *Variación sintáctica en español: Un reto para las teorías de la sintaxis*. Tübingen: Niemeyer, 175-190.

SHIBATANI, MASAYOSHI (1976): «The grammar of causative constructions: a conspectus», en: Shibatani, Masayoshi (ed.): *Syntax and semantics VI: the grammar of causative constructions*. New York: Academic Press, 1-42.

FORMAS DE CONTACTO
ENTRE EL ESPAÑOL Y EL ITALIANO

Stephan Schmid
Universität Zürich

1. INTRODUCCIÓN

En los estudios sobre el contacto lingüístico parece dominar a veces una perspectiva territorial que privilegia las situaciones donde dos lenguas coexisten en la misma área o se sitúan en directa vecindad geográfica. Tal vez esta razón explique el hecho de que en el mayor manual de lingüística del contacto falte un capítulo dedicado a la pareja español-italiano (*HSK* 12.2). Sin embargo, a lo largo de la historia se han producido varios casos donde estos dos idiomas estuvieron en contacto incluso fuera de sus propias áreas de origen, como atestiguan la lengua franca de la Edad Media usada en los puertos del Mediterráneo o las interlenguas de los trabajadores inmigrados en la Suiza alemana. Es precisamente esta gran variedad de fenómenos de contacto lo que plantea el *desideratum* de una historia de las relaciones entre el español y el italiano.

Por supuesto, la lingüística histórica ha descrito algunos resultados del contacto entre las dos lenguas –sobre todo a través del estudio de los préstamos, tanto de los italianismos en la lengua española como de los hispanismos en el italiano y en sus dialectos–. La sociolingüística en cambio tiene que tomar en consideración otras formas más dinámicas del contacto lingüístico, como la adquisición del italiano y del español como segunda lengua o el cambio de código en el habla de individuos bilingües. En Italia, estos fenómenos debieron de ocurrir en los siglos de dominación española y han vuelto a aparecer en las últimas décadas como consecuencia de la inmigra-

ción latinoamericana; por otro lado, el siglo pasado ha visto la emigración de
millones de italianos hacia América Latina, produciendo varias formas de
bilingüismo. Aunque no sea fácil documentar estas manifestaciones 'pasa-
jeras' del contacto lingüístico, se encuentran ejemplos en textos literarios
(donde nos topamos a veces incluso con un epifenómeno del contacto, o sea
con la parodia lingüística).

El presente estudio persigue dos objetivos: primero, presentar una tipología de las distintas formas de contacto lingüístico (junto a una panorámica
de los relativos contextos históricos) y, segundo, analizar algunos de esos
fenómenos dinámicos, incluyendo formas de mezcla y de hibridación. Lejos
de poder ofrecer una verdadera historia del contacto entre el español y el
italiano, nuestro trabajo se limita a ilustrar brevemente cuatro casos ejemplares: la lengua franca mediterránea (§ 2), el bilingüismo literario en el
período de la dominación española en Italia (§ 3), el repertorio lingüístico
de los inmigrados italianos en el Río de la Plata (§ 4) y la adquisición del
italiano por inmigrados españoles en la Suiza alemana (§ 5).

2. LA LENGUA FRANCA MEDITERRÁNEA

Procediendo por orden cronológico, encontramos en la 'lengua franca mediterránea' el primer resultado de un contacto entre el italiano y el castellano. En
la Edad Media, el epíteto 'franco' fue atribuido por los árabes a los europeos,
en particular a los de habla romance; así, el término se refería originariamente
a cualquier lengua románica, pero con el tiempo llegó a denominar un medio
de comunicación intercultural bastante particular (cf. Kahane/Kahane 1976,
Cifoletti 1989: 5-11, Metzeltin 1996: 555-557). En efecto, a partir de los siglos
XIV y XV debía de existir en Oriente una lengua mixta simplificada, surgida
tras las incursiones bélicas de las cruzadas y difundida sobre todo por la
expansión comercial de Venecia; esta 'lengua franca' propiamente dicha fue
usada en la comunicación entre árabes, turcos y europeos.

Desde el punto de vista sociolingüístico cabe destacar la gran variabilidad
de la lengua franca, que constituye una especie de compromiso entre interlenguas básicas de locutores no nativos y 'xenolectos' de locutores nativos de
italiano y de español. Desde el punto de vista lingüístico este compromiso
produjo una norma *sui generis*, caracterizada por un inventario muy reducido
de formas gramaticales y un léxico fuertemente mixto, compuesto sobre todo

de elementos italianos, venecianos y españoles. Por supuesto, no disponemos de documentos directos de esta manera de hablar, pero se puede vislumbrar un reflejo de ella en algunos textos literarios, escritos fundamentalmente con intenciones cómicas. He aquí un ejemplo en los versos 11-14 de un villancico de Juan del Encina (1469-1529), escrito después de su peregrinaje a Jerusalén en 1516 (citado de Cifoletti 1989: 218-220)[1]:

> Peregrin taybo cristian
> si querer andar Jordan
> pilla per tis jornis pan
> que no trovar pan ne vin.

En este fragmento de lengua franca el poeta castellano se sirve de elementos léxicos de su lengua materna (*si, querer, que, no, pan*), empleando al mismo tiempo lexemas del diasistema italiano, muchos de los cuales parecen ser venecianos por su forma apocopada (*peregrin, cristian, vin, andar, trovar*). Observamos un único arabismo integrado, *taybo* (del árabe *ṭayyib* 'bueno'), y un sintagma de difícil clasificación: *tis jornis*. Cifoletti (1989: 220) atribuye a esta locución el significado 'viaje' propio del castellano *jornada* (cf. *DCELC*, s. v.), pero tal vez sea mejor traducirla literalmente como 'tus días', analizando el morfema *-is* como desinencia de plural aplicada a una base *jorn* (que podría ser occitana, catalana o simplemente una tentativa de crear una palabra italiana); es cierto que en todo el villancico predomina el plural de tipo iberorrománico (v. 24 *ovos* 'huevos', v. 29 *taybos* 'buenos')[2]. Respecto a la morfología verbal, se nota la reducción a pocas formas (infinitivo, imperativo) típica de las lenguas 'de emergencia'.

El elemento español de la lengua franca mediterránea llega a ser más visible a partir del siglo XVI, cuando los españoles empiezan a ocupar la costa argelina. En su tratado *Topographia e historia general de Argel* de

---

[1] Una traducción aproximativa al español moderno podría ser la siguiente: 'Buen peregrino cristiano / si quieres ir al Jordán / toma pan para tu viaje / que no encontrarás ni pan ni vino'.

[2] Según Cifoletti (1989: 49), en la lengua franca se encuentran tres procesos morfológicos para formar el plural: coincidencia con el singular (morfema cero), substitución de morfemas según el modelo italiano y uso del plural español en *-(o)s*. En cambio, el *Dictionnaire de la langue franque* indica solo la primera estrategia: «les noms n'ont pas de pluriel» (cf. Cifoletti 1989: 75).

1612, Fray Diego de Haedo registra el uso de un idioma mixto en la ciudad de Argel, definiendo el término 'lengua franca' del siguiente modo:

> La tercera lengua que en Argel se usa, es la que los moros y turcos llaman franca, o hablar franco, llamando ansi a la lengua y modo de hablar christiano, no porque ellos hablen toda la lengua y manera de hablar de christiano, o porque este hablar (aquellos llaman franco) sea de una particular nacion christiana, que lo use, mas porque mediante este modo de hablar que esta entre ellos en uso, se entienden con los christianos, siendo todo el, una mezcla de varias lenguas christianas, y de bocablos, que por la mayor parte son Italianos, y Españoles, y algunos Portugueses de poco aca [...] (citado de Cifoletti 1989: 158).

Más adelante, el cronista no solo describe la estructura gramatical de la lengua franca, afirmando que «no saben ellos variar los modos, tiempos y casos», sino que ofrece también como *exemplum fictum* un diálogo entre un marabú y un viejo cristiano:

> Veccio, veccio, niçarane Christiano ven aca, porque tener aqui tortuga? qui por tato de campaña? gran vellaco estar, qui ha por tato. Anda presto puglia, porta fora, guarda diablo, portar a la campaña, questo si tener en casa, estar grande pecato. Mira no trovar mi altra volta, sino a fee de Dio, mi parlar patron donar bona bastonada, mumucho, mucho (citado de Cifoletti 1989: 161).

No siempre es fácil distinguir las tres lenguas que aparecen en este texto, ya que contamos con algunas formas homónimas como *christiano, grande, a*, etc., pero adoptando en estos casos un criterio de 'unidad del sintagma', se pueden atribuir 26 palabras (*tokens*) al castellano, 20 al italiano y 11 al veneciano; solo *niçarane* viene del árabe *nasrâni* 'cristiano'[3]. Si la primera pregunta se construye con lexemas castellanos (*porque tener aqui tortuga?*), la segunda es más bien italiana (*qui por tato de campaña?*); en el último enunciado hay una serie de palabras típicamente venecianas (*mi parlar patron donar bona bastonada*). Desde el punto de vista gramatical se observa otra vez la reducción de las formas verbales, solo que esta vez

---

[3] En este punto es algo discutible el análisis de Schuchardt (1909: 453), quien afirma a propósito del diálogo inventado por Diego de Haedo: «Das Spanische bildet hier wie man sieht, die Grundlage, in welche verschiedene nur italienische Wörter eingewebt sind [...] [el español forma aquí la base dentro de la cual se entretejen algunas palabras solamente italianas]».

al infinitivo y al imperativo se añade otra forma, la del participio perfecto (*por tato = portato*).

Con la misma fisonomía de lengua mixta simplificada (formada a partir de elementos italianos, venecianos y castellanos) la lengua franca mediterránea se presentará pronto en textos literarios franceses, por ejemplo en la famosa ceremonia turca del *Bourgeois gentilhomme* de Molière (1670; acto IV, escena 8):

> Mi star mufti,
> Ti qui star, ti?
> Non intendir?
> Tazir, tazir.

Si es evidente que este diálogo trata sobre todo de lograr un efecto cómico, el lenguaje empleado corresponde perfectamente a lo que habíamos llamado la 'norma' de la lengua franca. De hecho, algunos rasgos gramaticales típicos –como los pronombres sujeto *mi* y *ti* del veneciano y el uso generalizado del infinitivo y del participio– aparecen de forma idéntica en el *Dictionnaire de la langue franque ou petit mauresque* «à l'usage des français en Afrique», publicado en 1830 (año en que comenzó la conquista francesa de Argelia). En el prefacio de este libro de texto, reproducido como facsímil por Cifoletti (1989: 71-89), leemos lo siguiente:

> La langue franque ou petit mauresque [...] est encore employée par les habitants des villes maritimes, dans leurs rapports avec les Européens. Cet idiome [...] n'a ni orthographe, ni règles grammaticales bien établies; [...] et le petit mauresque en usage à Tunis, n'est pas tout-à-fait le même que celui qu'on emploie à Alger; tirant beaucoup de l'italien dans la première de ces régences, il se rapproche au contraire de l'espagnol dans celle d'Alger (citado de Cifoletti 1989: 73-74).

Resulta plausible explicar el mayor peso del elemento italiano o español en Túnez y Argel con la situación geográfica de las respectivas ciudades.

Terminamos este breve párrafo llamando la atención sobre un fenómeno particular de simplificación lingüística, con el fin de ilustrar los mecanismos comunicativos que generaron el sistema verbal de la lengua franca: el empleo generalizado del infinitivo. La investigación sobre la adquisición espontánea del italiano como segunda lengua ha mostrado cómo –en condiciones normales de inmersión– los principiantes en el aprendizaje del italiano generalizan algunas formas del presente, en particular la tercera y la segunda persona (cf. Schmid 1994: 191). En cambio, la generalización del infinitivo es un rasgo típico de la manera en que algunos italianos comunican con hablantes no nativos, o sea de lo que hoy en día se llama *foreigner talk* o 'xenolecto' (v. Schmid 2003: 353, Lipski 2007). No pudo escapar este hecho a la perspicacia de aquel gran romanista, vascólogo e investigador del contacto de lenguas que fue Hugo Schuchardt: «[...] ¿pero cómo podría el árabe, que aún no conoce el italiano, elegir *mangiar* como representante de *mangio, mangi, mangia*? [...] Es el europeo quien imprime al infinitivo su carácter de passepartout» (Schuchardt 1909: 444)[4].

3. Bilingüismo literario en el período de la dominación española en Italia

Si es cierto que la lengua franca mediterránea estaba compuesta de elementos italianos y españoles, cabe subrayar el hecho de que esta no surgió directamente del contacto entre hablantes nativos de estas dos lenguas. La primera ocasión en la que un grupo formado por españoles aprendió el italiano (o viceversa) se produjo en aquellas regiones de Italia que pasaron a estar bajo el dominio aragonés como Sicilia (1302), Cerdeña (1326), el Reino de Nápoles (1442) y el Ducado de Milán (1559); en Italia se dieron, pues, situaciones de bilingüismo durante varios siglos, precisamente hasta el fin de la Guerra de Sucesión Española en 1714.

La historia cultural de este período y sus reflejos en la lengua italiana han sido descritos en varias obras (véanse en particular Croce 1895, 1917 y Beccaria 1968). Recordemos solo que ya en el *Diálogo de la lengua*, compuesto hacia 1535 en Nápoles, Juan de Valdés hace afirmar a Marcio, uno de los dos interlocutores italianos, que «en Italia assí entre damas como entre cavalleros se tiene por gentileza y galanía saber hablar castellano». El interés de los italianos cultos por aprender este idioma queda atestiguado por la gramática *Osservationi della lingua castigliana* de Giovanni Miranda (1566) y por el *Vocabulario de las dos lenguas toscana y castellana* de Cristóbal de

---

[4] «[...] wie käme denn der Araber der des Italienischen noch unkundig ist, dazu *mangiar* als Vertreter für *mangio, mangi, mangia* zu wählen? [...] Es ist der Europäer, der seinem Infinitiv den Passepartoutstempel aufdrückt».

las Casas, publicado en varias ediciones en Sevilla y en Venecia; al mismo tiempo se escribieron libros de texto para españoles que querían aprender italiano, como por ejemplo el *Arte muy curiosa por la qual se enseña muy de rayz el entender y hablar la Lengua italiana* (cf. Terlingen 1943: 65-66). El largo período de la presencia española no pudo evitar dejar huellas en la lengua italiana. Según algunos autores, el influjo de la 'etiqueta' de la administración española aparece por ejemplo en las formas de alocución de la lengua italiana: el apóstrofe *Vossignoria* y el mismo pronombre de cortesía de tercera persona *Ella* (más tarde *Lei*) serían imitaciones de *Vuestra Merced*, así como la substitución de *Messer/Madonna* con *Signor/Signora* se debería a un modelo español (cf. Durante 1981: 151). De origen español son varios lexemas italianos, como los substantivos *compleanno* (el nexo consonántico –pl– no pertenece al verbo italiano *compiere*) e *imbarcadero* (que contiene un sufijo ajeno al italiano); otros préstamos son *premura* (< *primor*), *floscio* (< *flojo*), *sussiego* y *brío*[5]. Por otro lado, las estrechas relaciones políticas y culturales entre los dos países favorecieron también la entrada de italianismos en la lengua castellana, como *novela, capricho, manejar* y muchos otros (v. Lapesa [9]1981: 409 y en general Terlingen 1943).

Para el estudio del contacto lingüístico se revelan particularmente interesantes aquellos textos literarios que combinan de una forma u otra las dos lenguas. Gracias a los estudios del tesinés Elvezio Canonica (1988, 1991, 1996) nos enteramos de la existencia de textos españoles con inserciones en italiano (y viceversa), así como de verdaderos fragmentos de poesía bilingüe. He aquí dos estrofas del *Cancionero de Estúñiga* (que recoge la actividad poética en la corte napolitana de Alfonso V de Aragón entre 1443 y 1458) donde el poeta Carajal mezcla la lengua castellana con la italiana (citado de Canonica 1996: 32):

> ¿Dónde sois gentil galana?
> Respondió manso e sin priessa:
> «Mia matre è de Adversa
> io, miçer, napolitana».
> Preguntel si era casada

---

[5] Para los elementos españoles en el léxico italiano véase en general Migliorini (1971: 396-397), Beccaria (1968: 192-203) y Zolli (1991: 119-132). Aún más profundo es el influjo del castellano (o del catalán) sobre el léxico de algunos dialectos como el siciliano (Michel 1996), el ligur (Toso 1993) y el napolitano (Barbato 2000).

o si se quería casar:
«Oimé –disse– esventurata,
hora fosse a maritar».

Desde el punto de vista de la enunciación, los versos 3-4 y 7-8 reproducen la *oratio reflexa* de una figura diegética a través de una de las funciones típicas de la alternancia de código; la distribución estricta de las dos lenguas en el esquema estrófico exige que también el *verbum dicendi* del v. 7 sea realizado en la lengua de la citación, fenómeno que ocurre también en la conversación bilingüe (Schmid 1995c: 566-567). Contribuyen a la mímesis del texto algunos rasgos dialectales como el étnico *napolitana* (contra el estándar *napoletana*) en el v. 4 y el uso del subjuntivo imperfecto con función de condicional en el v. 8; la única interferencia del castellano se encuentra en la *e-* protética de *esventurata* (v. 7), uno de los procesos fonológicos más llamativos en la adquisición de una segunda lengua por hispanohablantes (cf. Schmid 1997a: 339).

A finales del siglo XVI nos encontramos con un caso de virtuosismo lingüístico aún más elevado: en 1587 se publican en Milán los poemas bilingües de Cosme de Aldana, español criado en Italia igual que su hermano mayor (el poeta Francisco de Aldana, muerto en 1578). En los cuartetos de un soneto «De verso Español, y Toscano de dos en dos» alternan no solo las dos lenguas, sino también las rimas según el esquema métrico ABBA (citado de Canonica 1996: 92):

Vida no la diré, pues no hay más verte
frate, che ogni mia gioia è già finita
et vive hor sola in te, per cui si adita
que un día se acabe un mal tan duro y fuerte.

Además de ser un bilingüe 'equilibrado', este poeta español da prueba de dominar perfectamente los esquemas de la literatura italiana: los cuatro versos son la enunciación de una sola voz, la del yo poético, que expresa la tópica petrarquesca de la lamentación «in morte».

Pero el siglo XVI nos brinda también textos literarios de tono menos elevado, como aquellas comedias italianas donde ciertas figuras hablan una forma aproximada de español (v. Canonica 1988). En la anónima comedia sienesa *Gl'Ingannati* el viejo Gherardo se dirige a la madre de la joven admirada por él con las siguientes palabras: «Mas io queria trovar una madre que me blancasses alguna vez las camisas e me rattoppasses calzas y el giubbon y que me tenesses por fiolo; e io la serviria di buena gana» (citado de Canonica 1988: 70). El personaje emplea un lenguaje fuertemente mixto: a elementos italianos (*io, e, di*), dialectales (*giubbon, fiolo*) y homónimos (*una madre*) se añaden préstamos integrales (*mas, alguna vez, las camisas, calzas, y, por, buena gana*) y tres palabras híbridas (*blancasses, rattoppasses, tenesses*); notamos que las tres formas verbales de tercera persona terminan erróneamente en -*s*, o sea con una desinencia percibida como típicamente castellana.

Un diálogo semejante se lee en *La Moscheta* de Ruzante[6], donde el mismo personaje Ruzante –disfrazado para tentar a su esposa– pasa del dialecto véneto a una especie de italiano hispanizante (acto II, escena 4): «Se volís essere la mias morosas, ve daranos de los dinaros» (cf. Canonica 1988: 70). En este caso, el formante -*s* se aplica de manera exagerada a todas las formas flexionadas, con el intento de ridiculizar al hombre que no domine bien la lengua española. Este tipo de juego lingüístico es posible gracias a la afinidad estructural y léxica de las dos lenguas; además, las formas híbridas constituyen a menudo un compromiso (cf. *dinaros* con it. *denaro* y esp. *dinero*), para que la pieza de teatro resulte comprensible a un público italiano sin conocimientos particulares de la lengua española.

4. EL REPERTORIO LINGÜÍSTICO DE LOS INMIGRADOS ITALIANOS EN EL RÍO DE LA PLATA

Si en las sociedades de tipo feudal y colonial el desplazamiento de poblaciones estaba vinculado sobre todo a la clase hegemónica y a los esclavos, en la época moderna surge la emigración de las clases subalternas como consecuencia de las crisis económicas en los países europeos. Por ejemplo, entre 1876 y 1925 dos millones de personas se dirigieron desde Italia hacia Argentina, estableciéndose en su gran mayoría en el área metropolitana de Buenos Aires. Las contaminaciones lingüísticas que nacieron entonces del contacto entre el italiano y el español han sido descritas bajo la etiqueta de 'cocoliche', término con el cual se designa «a series of continua ranging from (usually substandard) Italian to native porteño Spanish» (Whinnom

---

[6] Seudónimo del actor y autor paduano Angelo Beolco (1496-1542).

1971: 97-102). Para este *continuum*, Meo Zilio (1964 [1989]: 207-208) pone de relieve la falta de un «límite neto entre las dos lenguas», calificando el cocoliche como una especie de «lengua mixta» que sin embargo no llega a colocarse como tercer idioma al lado del español y del italiano; más precisamente, el cocoliche habría existido bajo tres formas distintas, o sea como «italiano españolizado», como «español italianizante» y como «cocoliche *sensu stricto*».

Parece que no existen documentos directos que atestigüen la lengua oral o escrita en la vida cotidiana de los inmigrados italianos en Argentina (aunque Meo Zilio 1964 [1989]: 213-246 haya descrito de forma detallada sus rasgos fonéticos y gramaticales), así que para ilustrar esta forma de mezcla lingüística nos vamos a servir otra vez de un texto literario. Recordemos que la misma denominación de 'cocoliche' deriva del nombre de una figura teatral (*Antonio Cuccoliccio*), una caricatura con la cual en los sainetes rioplatenses del principio del siglo XX se ridiculizaba al inmigrante italiano (Gobello 1991: 63). Veamos un ejemplo de *El baile de doña Giacumina* de Robustiano Sotera, publicado en 1900 en *El Fogón* de Montevideo:

–Beníssimo moquier, *había contestado su esposo*, fariemos in balies qui decarrá moy ditrás á cuel que fano los gallecos intalo clús. Sarrá ina fiestas, in acuntecimientos chagariegos, cuarque cusa fino de lo siclos! (citado de Meo Zilio 1964 [1989]: 252)[7].

Salta a la vista el intento caricatural de este texto que presenta fenómenos de hibridación en todos los niveles. En el plano fonológico notamos la falta de distinción entre las vocales átonas medias y altas (*moquier, moy* vs. *acuntecimientos, ditrás*, etc.)[8], la falta de distinción entre oclusivas intervocálicas

---

[7] Meo Zilio (1964 [1989]: 253) ofrece la siguiente traducción al español rioplatense: «Muy bien, mujer, *había contestado su esposo*, haremos un baile que dejará atrás al que hicieron los gallegos en el Club. Será una fiesta, un acontecimiento chacarero, alguna cosa de fin de siglo».

[8] En realidad lo que uno pensaría encontrar es la cerrazón de las vocales átonas medias (/o/ → /u/), conforme con el sistema fonológico de los dialectos italianos del extremo sur, y a lo mejor el proceso contrario (/u/ → /o/) como reacción hipercorrecta a esa tendencia, pero en ningún caso la cerrazón de /ɔ/ tónica como en *cusa*. La causa de este fenómeno hay que buscarla en la parodia del deje extranjero, como justamente advierte Whinnom (1971: 100): «Entwistle (1936: 274) says that the Italian appears to mistake the quality of the Spanish atonic /o/ and substitutes /u/ (*dun* for *don*, etc.); but

sordas y sonoras (*gallecos, chagariegos*) y el rotacismo en *cuarque*, todas interferencias de un dialecto italiano de tipo meridional; bastante natural es la sustitución por su oclusiva homorgánica de la fricativa velar sorda (*moquier, decarrá*), que además de no existir en italiano es un fono marcado desde el punto de vista tipológico (Schmid 1997b: 288). En el plano morfológico y léxico tenemos una interferencia del italiano meridional en el artículo *lo* aglutinado a la preposición *inta*. Sorprendentemente, nos encontramos otra vez con un uso endémico de la -*s* final que aparece también con sustantivos en singular (*ina fiestas, lo siclos*). Este fenómeno choca con el nivel bastante desarrollado de la morfología verbal (*fariemos, fano*) y parece obedecer a la función paródica de este género literario (igual que en las comedias italianas del siglo XVI). En fin, el diálogo presenta algunos elementos artificiales junto a rasgos de 'español italianizante' (o sea de español L2 de un italófono), a pesar de que Meo Zilio (1964 [1989]: 247) clasifique el lenguaje de este texto como cocoliche *sensu stricto*.

Confrontemos pues el cocoliche de 1900 con un documento no literario de los años ochenta del siglo pasado. Se trata de una carta escrita por una mujer calabresa de 69 años de edad que había emigrado a Argentina en los años cuarenta y que se dirige a su hijo residente en Italia:

> Caro figlio per papà come ti dicevo si ha fatto un ceccheo generale analisi di sangre, radiografia di torace e di rignone [...] e il dottore dico che tutto sta bene, l'unico che tiene la pressione alta. Sta tomando qualcher cantidà di pastiggia, però non vaca se un giorno vaca l'altro suve, io penso sarà dello nervio, che lui per qualcher cosa si pone nervoso, toma pure pastiggia per lo nervio però sta dormido todo il dia, paresse un trappo di piso non tiene forza per nada (citado de Giunchi 1986: 132).

La autora de la carta intenta escribir en italiano, pero su texto contiene numerosas interferencias del español en todos los niveles. Se trata pues del fenómeno inverso a lo que hemos encontrado hasta ahora. Este lenguaje altamente híbrido no resulta de una adquisición imperfecta del español de parte de un italófono ('español italianizado'), sino de la pérdida de la primera lengua en un sujeto bilingüe ('italiano españolizado'), y es interesante obser-

---

he is relying on newspaper specimens of the dialects composed by Argentines, and what must actually happen is that it is the Argentine who mistakes the Italian substitute /o/ for the equivalent of Spanish /u/».

var cómo el proceso de *language attrition* produce fenómenos lingüísticos diferentes respecto a los que hemos analizado hasta ahora.

La carta contiene muchos préstamos integrales (*sangre, toma*) o casi integrales, porque están realizados con una grafía italiana (*ceccheo, paresse, rignone*); además hay calcos léxicos (*tiene*), idiomáticos (*si pone nervoso*) y morfosintácticos (*si ha fatto*). Presumiblemente la autora de la carta no ha recibido ninguna formación escolar en español, por lo que adopta grafías de tipo italiano que se acercan con cierto realismo fonético a los préstamos españoles. Notamos por ejemplo el empleo del grafema <v> para la fricativa bilabial sonora en *suve* y *vaca*, donde además el grafema <c> indica la pronunciación oclusiva de la fricativa velar sorda. Particularmente interesante es la solución italiana <ggi> en *pastiggia*: este trígrafo correspondería en italiano a una africada palato-alveolar sonora (geminada), pero aquí está reflejando la fricativa homorgánica que aparece en la pronunciación porteña del grafema <ll> (Fontanella de Weinberg 2000: 40). En *pastiggia* y *dello nervio* estamos ante un plural español, aunque la marca morfológica haya sido parcialmente eliminada por un proceso fonológico, o sea la caída de la -*s* final de palabra que representa la solución mayoritaria en mujeres de clase social baja en el área bonaerense (Fontanella de Weinberg 2000: 39)[9].

Sin embargo, incluso la carta de la emigrada italiana que parece haber en parte 'olvidado' su lengua nativa muestra un nivel elevado de complejidad morfosintáctica que no tiene nada que ver con el sistema simplificado de la lengua franca mediterránea; en particular, la morfología verbal está perfectamente desarrollada. Que el contacto entre italiano y español en el Río de la Plata no haya producido una lengua mixta fuertemente simplificada ha sido explicado por Whinnom (1971: 102) por factores externos de tipo sociolingüístico, en particular por el fuerte afán de integración de los inmigrados y por su contacto bastante intenso con la población bonaerense; la misma parodia del cocoliche en la prensa habría prevenido a los italianos de conservar los errores más salientes. Por otro lado, es cierto que la afinidad genética entre las dos lenguas románicas –con su fondo léxico común y las evidentes analogías gramaticales– ha creado una situación de contacto menos 'catastrófica' respecto a la de los pidgins clásicos, por lo que no ha sido necesario el recurso a procedimientos drásticos de simplificación lingüística.

---

[9] En cambio, Whinnom (1971: 98) afirma que el plural en -*s* había aparecido pronto en la adquisición del español por parte de los inmigrados italianos.

5. LA ADQUISICIÓN DEL ITALIANO POR INMIGRADOS ESPAÑOLES
   EN LA SUIZA ALEMANA

En su ensayo sobre la 'hibridación lingüística' publicado en 1971, el hispanista británico Keith Whinnom afirma que «there is in fact no 'mirror-image' of cocoliche», pero que «one might with fair confidence predict – it would be interesting to have a study of an actual case – the stages of linguistic development of a native Spanish-speaker in a Italian-speaking environment» (p. 100). Por ejemplo, un hispanohablante que aprenda italiano conservará en la fase inicial el lexema *amigo* en vez de *amico* y adoptará solo unos pocos morfemas italianos.

Ahora bien, en la última década del siglo XX emigraron a Italia casi 100.000 hispanófonos, entre los cuales los peruanos constituyen la nacionalidad más frecuente (Schmid 2004: 200). Un estudio detallado de las interlenguas de un grupo de mujeres peruanas en Turín ha sido realizado por Vietti (2005), pero cabe notar que –bastante curiosamente– un fenómeno 'especular' al cocoliche había existido ya veinte años antes fuera de Italia: se trata de la adquisición espontánea del italiano por trabajadores españoles residentes en la Suiza alemana. Este contexto migratorio ha dado lugar a un *continuum* de variedades (parecido al cocoliche *sensu amplo*), surgido sin embargo a través de un contacto lingüístico 'extraterritorial' (como en el caso de la lengua franca mediterránea).

A partir de los años sesenta del siglo pasado, el italiano había sido adoptado en la Suiza alemana como lengua vehicular entre inmigrados provenientes de varios países, como atestiguan estas palabras de una trabajadora catalana: «perché siamo due grechi due españolas [...] y così parliamo l'italiano» (Schmid 1994: 28). Para designar este fenómeno se ha utilizado incluso el término 'lingua franca' (cf. por ejemplo Berruto 1991: 333, Schmid 2002: 105), y de hecho el análisis lingüístico de interlenguas iniciales ha permitido descubrir algunos rasgos de simplificación que aparecen también en los pidgins, entre los cuales destaca el empleo del infinitivo como forma verbal generalizada (v. Berruto 1991: 358-361). No obstante, la situación sociolingüística del proletariado en Suiza se distingue en varios aspectos de las sociedades de esclavos en la época colonial, por lo que los fenómenos de pidginización han sido solo marginales.

En la sociedad helvética, el italiano no es la lengua de la clase hegemónica, sino del grupo étnico más fuerte entre las clases subalternas. La difusión de esta lengua en una zona extraterritorial se debe a la primacía a la vez histórica y demográfica de la inmigración italiana en Suiza (Schmid 2002: 102-105) y es reforzada por el estatuto de lengua nacional. Así, el italiano ha podido establecerse como alternativa a las variedades locales (alemán estándar y dialecto suizo), debido a los contactos relativamente escasos con la población autóctona, al problema que conlleva la diglosia helvética y, en algunos casos, a la dificultad 'intrínseca' del alemán, lengua genética y tipológicamente lejana de la mayoría de las lenguas de inmigrados. Para testimoniar estas condiciones basten dos afirmaciones de un obrero andaluz: «italiani andavano insieme [...] con espagnoli e viceversa, no, forse per il motivo de la lingua. Devo dire una cosa de entrada, no, per noi latini el tedesco è molto duro» (Schmid 1995a: 49).

Las afinidades no solo lingüísticas, sino también culturales, favorecieron la adquisición de la lengua italiana por parte de los españoles, que constituyen por orden cronológico el segundo grupo de inmigrados en la Suiza alemana y que desempeñaron un papel importante en la difusión del italiano como lengua franca entre los trabajadores extranjeros. Incluso entre la segunda generación de españoles es bastante frecuente el conocimiento del italiano, como prueban las investigaciones sociolingüísticas llevadas a cabo en la Universidad de Zúrich (cf. Jiménez Ramírez 2001: 20-21, Khan-Bol 2005: 64).

La importancia comunicativa del italiano, sobre todo en el dominio del trabajo, es ilustrada por la entrevista con un empleado de Correos que tenía en aquel momento 18 años de edad y vivía en Zúrich desde hacía un año:

> I: [...] al lavoro parli [...] un po' d'italiano?
> A: Sempre [...], parlo molto italiano, perché el tedesco – ya más vado e dico «parlas italiano?», capisses, [...] perché es più facile per me.
> I: [...] e anche con il capo? Il capo che lingua parla? Parla anche italiano o parla...?
> A: Parla italiano, casi tutos los capos parlan italiano (Schmid 1994: 24, 28).

Desde el punto de vista lingüístico cabe notar que aunque el joven se encuentre en un estadio inicial de la adquisición del italiano, su interlengua no despliega procesos drásticos de simplificación morfológica: en vez de emplear formas *passepartout* como el participio y el infinitivo, trata de crear formas flexionadas aplicando a raíces léxicas del italiano las reglas morfológicas del español, tanto en los paradigmas verbales (*parlas, capis-*

ses) como en los paradigmas nominales (*tutos los capos*). El procedimiento cognitivo que está en la base de estos errores es una especie de 'hipótesis de congruencia gramatical' entre las dos lenguas (Schmid 1993: 410-413): esta estrategia funciona bien en el caso de la primera y de la tercera persona del presente, pero falla en la segunda persona así como en la formación del plural. ¿Será una casualidad que en ambos errores las formas 'hispanizantes' terminen en -*s* final? Un análisis contrastivo en clave tipológica nos revela la mayor transparencia y uniformidad morfológica (o sea la menor complejidad cognitiva) del plural español respecto al sincretismo del italiano (Schmid 1995b: 284-285). Para evitar equívocos, hay que hacer hincapié en el carácter transitorio de tales fenómenos de hibridación lingüística: tuve la oportunidad de encontrar a la misma persona algunos años después de la entrevista y me di cuenta de que había abandonado tales formas híbridas a favor de las reglas morfológicas del italiano estándar.

Para demostrar hasta dónde puede llegar la adquisición del italiano por parte de españoles en la Suiza alemana es necesario citar otro ejemplo. Se trata de la entrevista con una mujer de 32 años, residente en Zúrich desde hacía quince:

> Siamo arrivati [...], siamo andati [...] ad abitare in [...] una casa a Höngg, e lì abitava anche una famiglia italiana [...]. Però siccome che era la prima volta che uscivo da casa mia proprio [...], allora io mi chiudevo lì nella mia camera [...], non uscivo. Poi loro avevano bambini, e loro venivano sempre perché io ero anche una cosa nuova per loro. Poi piano piano ho cominciato a parlare, a uscire un pochettino (Schmid 1995a: 47).

Queda claro que estamos en el otro polo del *continuum* de interlenguas, con una variedad en la que casi no quedan huellas del idioma nativo y que se acerca de manera impresionante al modelo que le ha servido de *input*, o sea al italiano *popolare* o subestándar (cf. Schmid 1992).

6. OBSERVACIONES CONCLUSIVAS

La reseña de cuatro situaciones de contacto entre español e italiano ha permitido constatar algunas afinidades y diferencias. Entre los fenómenos que desvelan un contacto escaso y un bajo nivel de competencia en la segunda lengua cabe mencionar el empleo generalizado del infinitivo en la lengua franca mediterránea (§ 2) y el uso impropio de 'seudo-morfemas' en -*s* por la parodia literaria (§§ 3, 4). Sin embargo, la exageración paródica del segundo rasgo tiene una base real en la saliencia perceptiva y en la frecuencia de la -*s* final del español, ya que se manifiesta también en otras formas de contacto entre las dos lenguas, por ejemplo en la adquisición temprana del plural español por hablantes no nativos (§§ 2, 4) o en su imagen especular, la transferencia al italiano de los morfemas en -*s* por parte de hablantes nativos del español (§ 5).

En los últimos años ha suscitado un interés notable la idea de un tercer tipo de lenguas de contacto, distinto tanto de los pidgins como de las lenguas criollas (Thomason 2001: 196-221); esta propuesta plantea problemas relevantes para la clasificación genética de las lenguas (Greenberg 1999, Bossong 2004: 3-17) y para el análisis del habla bilingüe (Auer 1999, Schmid 2005, Berruto 2006). Al parecer, del contacto entre el español y el italiano no ha nacido una verdadera lengua mixta –excepción hecha, en cierto sentido, de la lengua franca mediterránea, que sin embargo tiene más que ver con un pidgin que con una lengua mixta del tercer tipo–. Una de las causas reside, sin duda, en el contacto bastante intenso de las respectivas poblaciones; de esta manera los fenómenos de hibridación que se produjeron en las interlenguas básicas nunca llegaron a fosilizarse en una variedad estable de lengua mixta. Otra causa que permitió a los que querían aprender la otra lengua acercarse en ambos casos con éxito a la lengua objetivo consiste en la gran similitud léxica y gramatical de las dos lenguas, que hace superfluo cualquier recurso a estrategias de simplificación drástica como las que operan en la génesis de los pidgins.

En suma, las varias formas de contacto entre español e italiano constituyen un objeto de sumo interés para la investigación lingüística. En particular, merece la pena dejar por una vez de lado el estudio de los préstamos para enfocar formas más dinámicas del contacto de lenguas. En esta tarea es particularmente útil el aporte metodológico de la sociolingüística y de las teorías sobre la adquisición de una segunda lengua.

7. Bibliografía

Auer, Peter (1999): «From code-switching via language mixing to fused lects: Toward a dynamic typology of bilingual speech», *International Journal of Bilingualism* 3, 309-332.

BARBATO, MARCELLO (2000): «Catalanismi nel napoletano quattrocentesco», *Medioevo Romanzo* 24, 385-417.

BECCARIA, GIANLUIGI (1968): *Spagnolo e spagnoli in Italia. Riflessi ispanici sulla lingua italiana del Cinque e del Seicento.* Torino: Giappichelli.

BERRUTO, GAETANO (1991): «*Fremdarbeiteritalienisch*: fenomeni di pidginizzazione dell'italiano nella Svizzera tedesca», *Rivista di Linguistica* 3, 333-367.

— (2006): «Sul concetto di lingua mista», en: Bombi, Raffaella et al. (eds.): *Studi linguistici in onore di Roberto Gusmani.* Alessandria: Edizioni dell'Orso, 153-170.

BOSSONG, GEORG (2004): «Herausforderungen an die genealogische Sprachklassifikation». Discurso pronunciado en el *Linguistisches Kolloquium*, Múnich, 26 de mayo 2004. <http://www.rose.uzh.ch/seminar/personen/bossong/boss_gsatz_01.pdf> (14 de octubre 2007)

CANONICA, ELVEZIO (1988): «L'Italia e la Spagna. Lo spagnolo degli italiani e l'italiano degli spagnoli. Alcune commedie del XVI e del XVII secolo», *Nuova Secondaria* 3, 68-72.

— (1991): *El poliglotismo en el teatro de Lope de Vega.* Kassel: Reichenberger.

— (1996): *Estudios de poesía translingüe. Versos italianos de poetas españoles desde la Edad Media hasta el Siglo de Oro.* Zaragoza: Pórtico (Hispanica Helvetica 9).

CIFOLETTI, GUIDO (1989): *La lingua franca mediterranea.* Padova: Unipress.

CROCE, BENEDETTO (1895): *La lingua spagnuola in Italia.* Roma: Loescher.

— (1917): *La Spagna nella vita italiana durante la rinascenza.* Bari: Laterza.

DCELC = COROMINAS, JUAN (1954-57): *Diccionario crítico etimologico de la lengua castellana.* 4 vols. Bern: Francke.

DURANTE, MARCELLO (1981): *Dal latino all'italiano moderno.* Bologna: Zanichelli.

ENTWISTLE, WILLIAM J. (1936): *The Spanish language.* London: Faber and Faber.

FONTANELLA DE WEINBERG, MARÍA BEATRIZ (2000): «El español bonaerense», en id. (ed.): *El español de la Argentina y sus variedades regionales.* Buenos Aires: Edicial, 37-61.

GIUNCHI, PAOLA (1986): «L'Argentina e l'italiano. Il destino della lingua italiana in Argentina e i risultati della sua fusione con lo spagnolo», *Italiano e Oltre* 1, 129-133.

GOBELLO, JOSÉ (1991): *Nuevo diccionario lunfardo.* Buenos Aires: Ediciones Corregidor.

GREENBERG, JOSEPH (1999): «Are there mixed languages?», en: Fleishman, L. et al. (eds.): *Essays in poetics, literary history and linguistics presented to Viacheslav Vsevolodovich Ivanov on the occasion of his seventieth birthday.* Moscow:

United Humanities Press, 626-633 (reimpresión en: Greenberg, Joseph (2004): *Genetic linguistics. Essays on theory and method*. Oxford: Oxford University Press, 349-357).

HSK 12 = Goebl, Hans et al. (eds.) (1996-1997): *Kontaktlinguistik. Ein internationales Handbuch zeitgenössischer Forschung* (2 vols.). Berlin: Mouton de Gruyter.

JIMÉNEZ RAMÍREZ, FÉLIX (2001): *El español en la Suiza alemana*. Frankfurt: Peter Lang.

KAHANE, HENRY/KAHANE, RENÉE (1976): «Lingua franca: the story of a term», *Romance Philology* 30, 25-41.

KHAN-BOL, JEANNINE (2005): *La identidad y la lengua de los españoles de la segunda generación en la Suiza alemana: un análisis cualitativo*. Tesis de licenciatura. Zürich: Universität Zürich.

LAPESA, RAFAEL (⁹1981): *Historia de la lengua española*. Madrid: Gredos.

LIPSKI, JOHN M. (2007): «On the source of the infinitive in Romance-derived pidgins and creoles». <http://www.personal.psu.edu/jml34/infinitive.pdf> (10 de octubre 2007)

MEO ZILIO, GIOVANNI (1964 [1989]): «El 'cocoliche' rioplatense», *Boletín de Filología* 16, 61-119 (reeditado en 1989 bajo el título «Aspectos de gramática contrastiva italo-hispánica: el Cocoliche», en: Meo Zilio, Giovanni: *Estudios hispanoamericanos. Temas lingüísticos*. Roma: Bulzoni, 207-254).

METZELTIN, MICHAEL (1996): «Lingua Franca», en: *HSK* 12.1, 554-558.

MICHEL, ANDREAS (1996): *Vocabolario critico degli ispanismi siciliani*. Palermo: Centro di Studi Filologici e Linguistici Siciliani.

MIGLIORINI, BRUNO (1971): *Storia della lingua italiana*. Firenze: Sansoni.

SCHMID, STEPHAN (1992): «Le interlingue di ispanofoni nella Svizzera tedesca: un tipo di italiano popolare?», en: Moretti, Bruno et al. (eds.): *Linee di tendenza dell'italiano contemporaneo*. Roma: Bulzoni, 271-286.

— (1993): «Learning strategies for closely-related languages: on the Italian spoken by Spanish immigrants in Switzerland», en: Kettemann, Bernhard/Wieden, Wilfried (eds.): *Current issues in European second language acquisition research*. Tübingen: Gunter Narr, 405-418.

— (1994): *L'italiano degli spagnoli*. Milano: Franco Angeli.

— (1995a): «Zum Italienisch spanischer Arbeitsimmigranten in der deutschsprachigen Schweiz», *Babylonia* 1/1995, 45-51.

— (1995b): «Morphological naturalness in Spanish-Italian interlanguages», en: Pishwa, Hanna/Maroldt, Karl (eds.): *The development of morphological systematicity. A cross-linguistic perspective*. Tübingen: Gunter Narr, 263-291.

— (1995c): Reseña de Giovanna Alfonzetti (1992): *Il discorso bilingue: Italiano e dialetto a Catania*. Milano: Franco Angeli, en: *Journal of Pragmatics* 24, 563-538.

— (1997a): «The naturalness differential hypothesis: cross-linguistic influence and universal preferences in interlanguage phonology and morphology», *Folia Linguistica* 31, 331-348.

— (1997b): «Phonological processes in Spanish-Italian interlanguages», en: Leather, Jonathan/James, Allan (eds.): *New sounds 97*. University of Klagenfurt, 286-293.

— (2002): «La rilevanza sociolinguistica della comunità italofona in Svizzera e il legame fra comunità immigrate e italofonia nella Confederazione Elvetica», en: Trincia, Luciano (ed.): *L'umanesimo latino in Svizzera: aspetti storici, linguistici, culturali*. Treviso: Fondazione Cassamarca, 99-113.

— (2003): «Aspetti prosodici del *Foreigner Talk* italiano», en: Valentini, Ada et al. (eds.): *L'ecologia linguistica*. Roma: Bulzoni, 347-368.

— (2004): «Dallo spagnolo all'italiano: elementi di analisi contrastiva», en: Ghezzi, Chiara et al. (eds.): *Italiano e lingue immigrate a confronto: riflessioni per la pratica didattica*. Perugia: Guerra, 197-219.

— (2005): «Code-switching and Italian abroad. Reflections on language contact and bilingual mixture», *Italian Journal of Linguistics/Rivista di Linguistica* 17, 113-155.

SCHUCHARDT, HUGO (1909): «Die Lingua franca», *Zeitschrift für romanische Philologie* 33, 441-461.

TERLINGEN, JUAN (1943): *Los italianismos en español desde la formación del idioma hasta principios del siglo*. Amsterdam: Noord-Hollandsche Uitgevers Maatschappij.

THOMASON, SARAH G. (2001): *Language contact. An introduction*. Washington D. C.: Georgetown University Press.

TOSO, FIORENZO (1993): *Gli ispanismi nei dialetti liguri*. Alessandria: Edizioni dell'Orso.

VIETTI, ALESSANDRO (2005): *Come gli immigrati cambiano l'italiano. L'italiano di peruviane come varietà etnica*. Milano: Franco Angeli.

WHINNOM, KEITH (1971): «Linguistic hybridization and the 'special case' of pidgins and creoles», en: Hymes, Dell (ed.): *Pidginization and creolization of languages*. Cambridge: Cambridge University Press, 91-115.

ZOLLI, PAOLO (^{2}1991): *Le parole straniere* (segunda edición al cuidado de Flavia Ursini). Bologna: Zanichelli.

SOBRE LA CATEGORIZACIÓN LÉXICA EN SEMÁNTICA COGNITIVA[1]

Agustín Vera Luján
UNED

Después de tres décadas de desarrollo, la *semántica cognitiva* ha logrado establecerse como una disciplina de perfiles nítidamente reconocibles. Esta singularidad es, en gran medida, resultado de sus planteamientos a propósito de los mecanismos sobre los que descansaría la categorización del significado, que contrastan grandemente con los de otras aproximaciones al estudio del significado lingüístico, en especial con los de la semántica estructural europea.

Una parte esencial de los planteamientos de la semántica cognitiva en torno a la categorización descansa sobre el concepto de *prototipo* tal y como fuera caracterizado por Rosch (1973: 114). Los seres humanos son capaces de diferenciar, dentro de una misma categoría conceptual, entre miembros que la representarían en distinto grado, reconociendo entre ellos a ciertos elementos especialmente ejemplares, o *prototípicos*, que serían por lo mismo *centrales* para la definición de la categoría, y a otros como menos representativos y, por tanto, *periféricos*.

El modelo de categorización cognitiva propuesto por Rosch (1973, 1975) venía a explicar coherentemente comportamientos categorizadores como el descrito por Berlin y Kay (1969) respecto de los términos básicos de color y un buen número de hechos similares y comunes respecto de la categorización de un amplio número de categorías conceptuales de la realidad.

---

[1] El presente trabajo ha sido realizado dentro del proyecto de investigación BFF2002-02442 sobre «Verbos de estado en español. Modelos cognitivos y procesos de estructuración categorial», financiado por el MCYT.

La denominada *teoría de prototipos* despertó muy tempranamente el interés de lingüistas que verían en los trabajos de Rosch un modelo aplicable a los diferentes componentes y niveles lingüísticos, y de manera especial a los estudios sobre el significado. Charles J. Fillmore (1975) mostraría la necesidad de adoptar la misma perspectiva para dar cuenta del contenido de signos como *soltero*, que, lejos de dejarse caracterizar mediante el recurso a propiedades *necesarias y suficientes* como «que no está casado», mostraría una estructuración interna en la que el ejemplar prototípico requeriría, además de esta propiedad general de «no estar casado», la de otras como «de una edad no avanzada»; Lakoff (1977) propondría la descripción del contenido sintáctico-oracional de *agente* como categoría semántica estructurada prototípicamente, correspondiendo la condición de *centro* o *prototipo* categorial a un conjunto de propiedades o rasgos como el representado en (1), y empleos como los de (2) a manifestaciones *periféricas* de esa misma categoría, en la medida en que falta en ellas algunas de las propiedades del prototipo (1). Con los mismos planteamientos de base, Coleman y Kay (1981) han descrito la significación de *mentir* como equivalente a un prototipo que coincidiría con la serie de rasgos indicada en (3), y en relación con la cual actualizaciones que denotan situaciones en las que la afirmación de algo que se sabe no es cierto que no obedece al deseo de perjudicar al destinatario de la acción de mentir, sino a otras finalidades como ser cortés, no producir dolor o sufrimiento, etc., constituirían otras tantas manifestaciones periféricas.

(1)
- a) Hay un agente que hace algo
- b) Hay un paciente que experimenta un cambio a un estado (el nuevo estado es típicamente no normal o inesperado)
- c) El cambio en el paciente resulta de la acción del agente
- d) La acción del agente es intencionada
- e) El agente mantiene el control sobre lo que hace
- f) El agente es responsable fundamental de lo que sucede
- g) El agente es la fuente u origen de la acción; el paciente el destinatario
- h) Hay un único suceso (hay coincidencia espacio-temporal entre la acción del agente y el cambio en el paciente)
- i) Hay un único agente, definido
- j) El agente usa sus manos, su cuerpo o algún instrumento

k)   El cambio en el paciente es perceptible
l)   El agente percibe el cambio
m)   El agente mira al paciente

(2)
a)   Juan golpeó a María sin querer
b)   Pedro asustó a todos con su actitud

(3)
a)   Afirmar un hablante algo que es falso
b)   conociendo el hablante la falsedad de lo afirmado
c)   para engañar al destinatario

Los planteamientos reseñados corresponden a una etapa de desarrollo de la teoría de prototipos que Kleiber (1991) ha denominado *teoría estándar*, un momento de desarrollo inicial que pronto daría paso a una versión diferente, denominada por el mismo Kleiber (1991) *teoría ampliada*, y que supone importantes modificaciones en uno de los postulados fundamentales de dicha teoría, tal y como había sido formulada inicialmente: el de que el grado de prototipicidad de los miembros de una categoría estaría en proporción directa a su pertenencia a la misma, de manera tal que mientras que cada prototipo pertenecería plena o centralmente a la categoría respectiva, las entidades no prototípicas o periféricas se caracterizarían por una pertenencia en menor grado. La pertinencia de estos planteamientos sería cuestionada tras estudios como el de Schmidt (1974) y, especialmente, el de Armstrong, Gleitman y Gleitman (1983), que han puesto de manifiesto lo inadecuado de la asociación *grado de prototipicidad-grado de pertenencia categorial* a propósito del ámbito conceptual de los *números impares*, en el que, aunque parece empíricamente probado el carácter especialmente representativo, o prototípico, de los números de un dígito frente a aquellos otros más elevados, no es menos cierto que no parece en modo alguno adecuado considerar que estos últimos pertenezcan a la categoría *número impar* en grado menor que los primeros.

La separación entre las dimensiones de prototipicidad de una entidad respecto de una categoría y su pertenencia a la misma como cuestiones radicalmente diferentes, y la aceptación de que los mecanismos de prototipicidad tienen lugar en el seno de categorías cuyos miembros pertenecen a

ellas por igual, habrían de conducir a la reducción de los hechos de prototipicidad al estatuto de lo que Lakoff (1986) ha denominado *propiedades
típicas*, meros *efectos* asociados a la percepción categorial por parte de los
sujetos categorizadores, y que nada tendrían que ver con la centralidad o
marginalidad intrínsecas de las propiedades que determinan la pertenencia
de una entidad a una categoría.

El abandono de la tesis de que la noción de *prototipicidad* constituiría un
mecanismo de estructuración categorial estricto acarrearía cambios importantes en la teoría de prototipos. Mientras los prototipos eran concebidos
como los representantes ideales de una categoría, y los elementos periféricos
como resultado de mecanismos de *proyección parcial* con tales elementos
centrales, los límites de una categoría venían claramente establecidos, en
último extremo, ante la necesidad de que los miembros no prototípicos, en
tanto que parcialmente relacionados con el prototipo categorial, compartieran
con aquel alguna propiedad. Descartada, por las razones que apuntamos más
arriba, la idea de que tales prototipos sean otra cosa que meros efectos perceptivos de los sujetos categorizadores, sería necesario contar en su lugar con
un nuevo procedimiento «objetivo» con el que poder justificar la existencia
misma de las categorías, y su condición de entidades internamente estructu-
radas; es decir, integradas por elementos que no comparten necesariamente
todas y cada una de las propiedades del conjunto que las define.

El lugar que como mecanismo estricto de estructuración categorial
correspondía en la denominada teoría estándar al concepto de *prototipo*
será ocupado en la teoría ampliada por el de *parecido de familia*, formulado
originariamente por Wittgenstein (1953), y que establece como principio
de delimitación categorial que los miembros de una categoría pueden no
compartir las mismas propiedades, siendo suficiente que las similaridades
afecten a pares de elementos.

La novedad esencial respecto de las primeras formulaciones de la teoría
de prototipos radica, por tanto, en que el papel organizador o definitorio del
prototipo es ocupado por el de una definición que alcanza o recubre a todos
sus miembros, con la particularidad de que no todos ellos han de satisfacer
todas las propiedades en cuestión. Desde esta nueva perspectiva, los límites
categoriales vienen impuestos por la necesidad de que todos los miembros
de una categoría presenten alguna o algunas propiedades en común, pero,
como hemos indicado, sin necesidad de que estas identidades alcancen a
todos los integrantes de la categoría.

Esta concepción es la que preside claramente la definición de los tipos categoriales de la propuesta de Fillmore (1982). La categoría *long* es definida por un conjunto disjunto de propiedades, una de las cuales es primaria o básica frente a la otra, de manera que tanto el valor espacial como el temporal pueden ser adscritos a la misma categoría; la categoría *climb* se define como un conjunto disjunto de propiedades («escalar» y «ascender»), de forma que solo uno de sus miembros las satisface por completo, mientras que otro –integrante también de la misma categoría– solo cumpliría la primera; la categoría *bird* se define como el conjunto de propiedades que corresponde a todos los elementos que la integran («con pico», «ovíparo», «no doméstico», «con alas», «con una determinada forma», «con plumas», «capaz de volar») y agrupa, por tanto, a aves muy diferentes, algunas de las cuales, como los pingüinos, no son capaces de volar; la categoría *rouge* se define como el espacio semántico-conceptual que corresponde a una zona de color que presenta un espectro con variaciones o tonalidades diferentes, de forma que sus integrantes presentarán diferencias que, sin embargo, no los excluyen de los límites de esa categoría, y la de *bachelor* se caracteriza como un conjunto de propiedades que no solo se limitaría a la de las «personas no casadas» sino que incluiría también otros rasgos de «edad,» «pertenencia o no a determinados grupos sociales o religiosos específicos», por lo mismo no generalizables a la totalidad de *solteros*.

La reformulación de la teoría de prototipos a través de la asunción del principio del *parecido de familia* supuso también importantes consecuencias respecto del tratamiento de la metáfora y la metonimia como principios de categorización semántico-conceptual.

Sin duda, las investigaciones más destacables en este ámbito son las llevadas a cabo desde hace años por George Lakoff, que han inspirado numerosos estudios en la misma línea[2], todos ellos estrechamente relacionados con los planteamientos cognitivos de Eleanor Rosch. Si lo que podríamos denominar «categorización monosémica» era concebida por ella, tal y como hemos señalado, como resultado de la percepción por parte del ser humano de determinadas características de la realidad «objetiva» o

---

[2] Además de los trabajos ya citados de Lakoff, véanse Lakoff 1987, 1990, 1993; igualmente Lakoff y Johnson 2003 y Lakoff y Brugman 1986. Entre los múltiples trabajos surgidos en la línea inaugurada por Lakoff, véanse, entre otros, Brugman 1984; Taylor 1990; Langacker 1987; Sweetser 1990; Fernández Duque y Johnson 1999; Johnson 1987; Narayanan 1997 (véase nota 4); Turner 1987.

cultural, que impondrían su relevancia, su condición de rasgos categoriales relevantes, a unos sujetos categorizadores cognitivamente conformados para llevar a cabo estas operaciones, Lakoff ha postulado un modelo semejante en lo relativo al funcionamiento de la metáfora y la metonimia, a las que ha caracterizado como mecanismos de categorización que consisten en procesar ciertas categorías conceptuales en los términos de otras, generalmente más concretas, que resultan especialmente relevantes en el mundo socio-físico. Metáfora y metononima, de este modo, no constituirían «figuras» más o menos excepcionales, sino mecanismos cognitivos básicos y absolutamente frecuentes.

Lakoff (Lakoff y Johnson 2003: 117-118[3]) ha definido la metáfora como la «proyección» de una categoría que se encuadra en un determinado *dominio de la experiencia* en otra que está vinculada con un dominio diferente. Los procesos de metaforización tendrían lugar, según él, en los que denomina *dominios básicos de la experiencia*, que caracterizan a experiencias humanas recurrentes en términos de dimensiones naturales como partes, etapas, causas, etc. La condición «natural» de estas experiencias se explicaría porque estas son producto de:

a.   nuestros cuerpos (del aparato perceptual y motor, de capacidades mentales, sentimientos, etc.),

b.   nuestras interacciones con el entorno físico (movimiento, manipulación de objetos, comer, etc.),

c.   nuestras interacciones con otras personas dentro de una determinada cultura (en términos de instituciones sociales, políticas, económicas y religiosas).

Se ha indicado (Narayanan 1997[4]) que al menos algunas de estas «proyecciones» tienen un correlato neuronal empíricamente contrastado, consistente en las conexiones que realizan determinados circuitos neuronales entre el sistema sensorio-motor y áreas corticales más profundas. Así, por ejemplo,

---

[3] Citamos por la reedición de 2003 este trabajo de Lakoff y Johnson que se publicaría inicialmente en 1980.

[4] Cf. Narayanan, S. (1997): *Embodiment in language understanding: Sensory-motor representations for metaphoric reasoning about event descriptions*. Tesis doctoral no publicada. Berkeley: University of California-Berkeley. Citamos a través de Lakoff y Johnson (2003).

la metáfora *El afecto es calor*, que encontramos en enunciados como (4) y (5), sería el resultado de la experiencia común de los niños cuando son sostenidos por sus padres. En estas circunstancias, afecto y calor concurren conjuntamente, lo que supondría la activación neuronal simultánea de dos partes separadas del cerebro –la relacionada con las emociones y la relacionada con la temperatura–, sentándose de tal forma las bases neuronales de esta metáfora (Lakoff y Johnson 2003: 256).

(4) Es una persona muy cálida

(5) Es un pedazo de hielo

Por lo que a la metonimia se refiere, para Lakoff (Lakoff y Johnson 2003: 35-40), que engloba indistintamente dentro de este mecanismo a los tradicionales de sinécdoque y metonimia, se trata de un mecanismo de funcionalidad básicamente referencial que permite enfocar más específicamente ciertos aspectos de lo referido, lo que se logra mediante la proyección de una categoría que se encuentra en un determinado marco de la experiencia en otra distinta pero que pertenece al mismo marco.

El interés que la metonimia ha despertado en la semántica cognitiva es sin duda menor que el merecido por la metáfora, a cuyo estudio se vienen dedicando desde hace ya algunos decenios multitud de trabajos. En todo caso, se trata de una aproximación a ambos fenómenos que se ha revelado incuestionablemente rentable para abordar la descripción de muchos de los muy comunes fenómenos de polisemia presentes en el léxico de las lenguas naturales, gracias, tanto a la concepción de ambos fenómenos como una «proyección» de ciertos elementos de un marco en elementos distintos de uno o varios marcos diferentes, cuanto a la adopción del principio de *parecido de familia* como mecanismo estructurador categorial básico.

En efecto, si la concepción de la metonimia y de la metáfora como resultado de la «proyección» de un elemento en otro perteneciente al mismo marco o a un marco distinto de la experiencia, respectivamente, permite considerar como miembros de la misma categoría semántico-conceptual, por ejemplo, a los valores de *vaso* correspondientes al propio «recipiente» o «continente» y a los de la «cantidad de líquido que cabe en él», o a los de «temperatura» y «afecto» de *cálido*, el postulado de *parecido de familia* resulta determinante para abordar de manera explicativamente satisfactoria los casos de categorías polisémicas de mayor complejidad, cuando sus estructuras albergan, como sucede muy frecuentemente, múltiples relaciones metafóricas y/o metonímicas[5].

Tomemos en consideración, a título de ejemplo, el caso del español *hallar*[6], cuya definición, según el Diccionario de la Real Academia (1992), recoge (6) en lo esencial:

(6)
  a)   «dar con una persona o cosa que se busca»
  b)   «dar con una persona o cosa sin buscarla»
  c)   «descubrir con ingenio algo hasta entonces desconocido»
  d)   «ver, observar, notar»
  e)   «descubrir la verdad de algo»
  f)   «dar con una tierra o país de que antes no había noticia»
  g)   «conocer, entender después de una reflexión»
  h)   «estar presente»
  i)   «estar en cierto estado»

Se trata de una forma léxica polisémica cuyos sentidos no pueden ser considerados como variaciones en torno a un mismo núcleo semántico común, ni como producto de una única «proyección» metafórica o metonímica que los articulara como miembros de una misma categoría semántico-conceptual, pues estos valores se distribuyen, en términos generales, en los siguientes grupos:

(7)
  i)   (6a), (6b) y (6f),
  ii)   (6d),
  iii)   (6g)
  iv)   (6c) y (6e)
  v)   (6h)
  vi)   (6i)

---

[5] En esta línea se insertan ya estudios como Fillmore (1982) o Geeraerts (1988). Por lo que a la complejidad de las categorías polisémicas descritas desde tales planteamientos se refiere, dos trabajos donde se aborda la descripción de una categoría de complejidad considerable son los de Lakoff (1986, 1987) sobre los clasificadores en dyirbal.

[6] Para una caracterización histórica del desarrollo de estos valores en los casos de *hallarse* y *encontrarse*, Cfr. Vera Luján (2003, 2005).

Se advertirá fácilmente la dificultad de postular la condición de categoría semántico-conceptual unitaria de los sentidos incluidos en (7) desde los postulados primeros de la teoría de prototipos, pues no parece posible establecer un nexo semántico evidente entre buena parte de sus valores. Por el contrario, el postulado del *parecido de familia*, conjugado con la consideración de la metáfora y la metonimia como mecanismos estructuradores categoriales, permitiría esta conceptuación unitaria, al tiempo que ofrecería una explicación adecuada del modo en que aquellos están vinculados.

(6a), (6b) y (6f) muestran, en efecto, la presencia de un sentido básico, «dar con», «encontrar», que en las tres acepciones en cuestión resulta matizado: según, en los dos primeros casos, lo encontrado sea «resultado o no de una búsqueda», y por su condición de «desconocido» en el último. La adscripción de estos tres tipos de contenidos a una misma categoría semántico-conceptual resultaría justificada, por tanto, en virtud de la presencia en las tres acepciones de una misma propiedad común.

(6d) señala un sentido, «ver», cuya participación en la categoría *hallar* puede ser explicada en el marco del modelo de la metáfora desarrollado a partir de los trabajos de Lakoff: la relación «ver»-«dar con…» pondría de manifiesto una metáfora del tipo *Ver una entidad es entrar en contacto con ella* fundamentada en una experiencia «natural» como es la relación habitual entre estas dos circunstancias en el mundo objetivo, en el que la visión de una entidad supone una forma de contacto con ella. La operatividad de esta metáfora, que supone, como indicábamos, que «ver» es entendido o procesado como equivalente de «encontrar», es la responsable del sentido de los enunciados de (8):

(8)
i)   halló el color de la pared demasiado obscuro
ii) halló a Pedro muy cansado

El valor de *hallar* en (6g), «conocer, entender después de una reflexión», pondría de manifiesto la operatividad de una nueva proyección metafórica, esta vez entre «dar con…» y «conocer, entender…», que, utilizando las convenciones de representación de Lakoff para estos mecanismos, podríamos identificar como *Entender algo es entrar en contacto con ello*, y que pondría de manifiesto de nuevo una tendencia cognitiva para entender los procesos de procesamiento intelectual, o conocimiento, de la realidad como un contacto o encuentro con dicha realidad. Esta proyección *entendimiento-encuentro* estaría en la base del sentido opuesto de expresiones como (9) y (10), en la medida en que, a la proyección *entendimiento-encuentro*, se opondría la contraria *no entendimiento-alejamiento*:

(9) Halló la solución del problema
(10) Estaba lejos de la solución del problema

(6c) y (6e) se corresponden con los valores de *hallar* que la Academia identifica, respectivamente, como «descubrir con ingenio algo hasta entonces desconocido» y «descubrir la verdad de algo». Teniendo en cuenta la definición de la misma Academia de *descubrir*, que en su acepción número 3 caracteriza como «hallar lo que estaba ignorado o escondido,» parece adecuado considerar que (6c) constituye una variación de (6a) reservada a los casos en los que lo hallado presenta la característica de ser «desconocido». Por su parte, en (6e), «descubrir la verdad de algo», «descubrir» parecería hacer referencia a la acepción número 5 de la definición académica de esta voz («venir en conocimiento de una cosa que se ignoraba»), por lo que podría ser conectada con (6g), constituyendo, pues, el caso del «conocimiento de una verdad ignorada».

Los casos de las acepciones (6h) y (6i) de *hallar* remiten a dos sentidos, estativo-atributivo y estativo-locativo, como los que se ponen de manifiesto en (11) y (12) respectivamente:

(11) Juan se halla cansado
(12) La casa se halla en la cima de la colina

Si, en la línea de la propuesta de Traugott (1974), consideramos que algunas variaciones del significado de un término, producto de su utilización en determinados contextos sintagmáticos, pueden ser clasificadas como manifestaciones de procesos metonímicos, en la medida en que suponen la atribución de ciertos aspectos del marco en que una determinada forma es utilizada al significado de dicha forma, el desarrollo de los sentidos mencionados en el marco de la categoría *hallar* podría ser explicado, en efecto, como producto de una *proyección metonímica* a partir de los valores perceptivos de esta forma que, como muestran enunciados del tipo de (13)-(14), se asocian en determinados contextos a una inferencia pragmática de naturaleza estativa:

(13) Aquel día me sentía enfermo
(13i) Aquel día me hallaba enfermo
(13ii) Aquel día estaba enfermo
(14) Los ejércitos se veían en medio de la llanura
(14i) Los ejércitos estaban en medio de la llanura
(14ii) Los ejércitos se hallaban en medio de la llanura

Según este análisis, *hallar* constituiría, por tanto, una forma léxica cuyo contenido presentaría una estructura como (15), que en modo alguno podría ser considerada como una única categoría semántico-conceptual desde planteamientos explicativos como los característicos de lo que hemos venido denominado «primera etapa» de la teoría de prototipos, ya que, como hemos mostrado, los diferentes sentidos de esta forma no comparten en todos los casos un número aun mínimo de propiedades, ni los procesos de metaforización y de metonimia se encuentran conectados de manera que afectan globalmente a todos los sentidos en cuestión. La adopción del postulado del *parecido de familia* como mecanismo organizador de la estructura de las categorías, por el contrario, permite esta consideración unitaria, ya que los distintos sentidos que están fuera del marco básico de «contacto» se encuentran relacionados por proyecciones de tipo metafórico y metonímico que los vinculan, al menos, por pares de elementos.

(15)

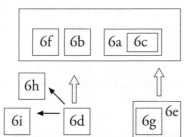

(donde representamos las relaciones de metaforización que vinculan a distintos elementos de la categoría con una flecha de doble trazo, y las de tipo metonímico mediante una fecha de trazo simple)

Los planteamientos de la semántica cognitiva reseñados contrastan fuertemente con los de la semántica estructural europea. Sin duda, el aspecto que

Agustín Vera Luján

diferencia de manera más trascendental a ambas aproximaciones al estudio del significado radica en la concepción, por parte de la primera, de los procesos de categorización como resultado de la percepción de propiedades objetivas. Semejantes planteamientos se contraponen radicalmente a una concepción estructuralista estricta según la cual los límites de una categoría semántica son resultado de las relaciones que establece con otras del sistema lingüístico de que se trate, de las que deriva su *valor* específico. En este sentido, resultan plenamente ajustadas apreciaciones como la de Coseriu (1990), para quien la semántica cognitiva de base prototípica es una *lingüística esqueológica*, una lingüística *de las cosas*, o la de Kleiber (1991), quien ha destacado la pérdida de operatividad absoluta, desde tales planteamientos, del concepto mismo de *valor* semántico[7].

A pesar de estas diferencias entre ambos modelos de categorización del significado, el contraste de los planteamientos de la semántica cognitiva y de la semántica estructural resulta, a mi modo ver, de utilidad, y no solo para subrayar oportuna y necesariamente las profundas diferencias que los separan, sino en la medida en que puede permitir enriquecer la comprensión del funcionamiento de los mecanismos semánticos mediante una aproximación, posible en determinados casos, entre las posiciones de uno y otro modelo explicativo.

Merece la pena, en este sentido, subrayar que la noción de *prototipo*, entendida como *efecto perceptivo*, resulta sin duda de utilidad para una descripción de muchos mecanismos semánticos que trascienden del ámbito estricto de la categorización léxica. Como ha sido puesto de relieve en distintos trabajos realizados desde la perspectiva de la semántica cognitiva (Sweetser 1990, Kleiber 1991), muchos de los mecanismos que subyacen a la construcción de unidades fraseológicas, desde un punto de vista semántico, tienen que ver precisamente con la manifestación o cristalización en este

---

[7] En todo caso, esta diferencia se atenúa en algún modo a la vista de los planteamientos de Rosch y alt. (1976), y Lakoff (1987), en el sentido de que la estructuración específica de cada categoría dependería finalmente de lo que denominan la *cue validity* de las entidades o miembros de la categoría y de sus propiedades o características. Según este principio, la elección de las propiedades definitorias de una categoría estaría condicionada por la necesidad de seleccionar aquellas que sirven para diferenciar más nítidamente a la categoría en cuestión de las restantes, o de las más próximas. Ello, y aun a pesar de la naturaleza sociofísica nunca negada de propiedades y categorías, supone incuestionablemente un cierto recurso a una noción muy próxima a la de *estructura* y a la de *valor* estructural.

tipo de unidades de características semánticas de los núcleos prototípicos de las unidades fraseológicas.

Tales planteamientos no suponen, por otra parte, ninguna novedad radical. En el marco de modelos de filiación estrictamente estructural, conceptos como el de *virtuema* (Pottier 1964) o el de *semas aferentes* (Rastier 1987) focalizan mecanismos muy próximos, aunque considerados, al menos en la práctica, como secundarios en el marco de la semántica estructural, fundamentalmente interesada en la dimensión sistemática de la significación.

Esta aproximación entre semántica cognitiva y semántica estructural puede resultar especialmente rentable en lo relativo a la caracterización de los mecanismos de metonimización y metaforización. No parece factible sostener que el modelo de categorización desarrollado en trabajos como los mencionados pueda postularse como un tratamiento de la polisemia que se acomode sin problemas a una caracterización estrictamente estructuralista del funcionamiento lingüístico, pero el modelo de categorización semántica propuesto por Lakoff para dar cuenta, especialmente, de los problemas planteados por la metáfora resulta, en términos generales, muy semejante a algunas propuestas de procedencia estructuralista. Así, por ejemplo, si contrastamos los planteamientos ya comentados con los del modelo semiótico hegeriano (Heger 1974), que reflejamos en (16), y en el que los problemas que plantea la polisemia a la relación de *consustancialidad cuantitativa* existente entre significante y significado lingüísticos se resuelve mediante la distinción entre *significado* (conjunción de todos los sentidos a que puede estar asociado un significante) y *semema* (una variación combinatoria del significado en los casos de polisemia u homonimia, o una mera variación que coincidiría con aquel en los demás casos), de manera que el signo es definido como la relación solidaria entre *significante* y *significado* hegeriano, puede advertirse fácilmente que tales planteamientos resultan en lo esencial idénticos a los que subyacen a un modelo de categorización como el de Lakoff, e implican consecuencias parecidas. En ambos casos los límites de una categoría sígnica son diseñados de manera que conjunciones de sentidos que pueden no compartir una misma base sémica común se asocian como el *significado* de un *significante* que, potencialmente, remite en tales términos a una constelación de sentidos.

(16)

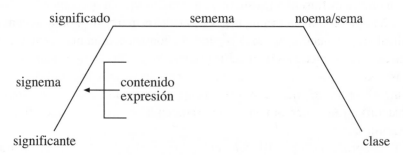

(donde *noema/sema* equivale a *concepto*, *clase* a objeto denotado, y *signema* simboliza al signo en tanto que relación interdependiente entre *significante* y *significado* hegeriano)

Este modelo estructuralista, e igualmente su contrapartida cognitiva, resultan, en todo caso, explicativamente menos adecuados que otras alternativas propuestas con la misma finalidad de resolver el problema que, para la caracterización del signo lingüístico como unidad interdependientemente constituida por expresión y contenido, supone la polisemia. A estos efectos parece preferible una alternativa explicativa como la formulada por Trujillo (1976) y Gutiérrez (1981, 1996), que con la distinción entre *expresión* y *significante* consiguen restituir una más plausible relación unívoca entre expresión y contenido lingüísticos.

En la línea de la propuesta mencionada, la polisemia, y los mecanismos que la generan, quedarían fuera de una visión estrictamente sistemática del significado, pues los signos aparentemente polisémicos deberían ser considerados como signos distintos, como manifestaciones de contenidos diferentes que también poseen *significantes* (aunque no *expresiones*) distintas. En un marco explicativo semejante, no obstante, las propuestas de la semántica cognitiva a propósito de la metonimia y la metáfora adquieren un valor nada desdeñable, pues pueden ser consideradas como una perspectiva de alto rendimiento explicativo para describir, desde un punto de vista diacrónico, el modo en que surgen determinados significados. Semejante explicación no supondrá, en modo alguno, la posibilidad de establecer ninguna clase de mecanismos generativos de naturaleza diacrónica, pero sí buen número de tendencias generales a que obedecen tales cambios[8]. Es esta la naturaleza de las múltiples metáforas que este tipo de estudios vienen proponiendo desde hace años, que constituirían auténticos modelos de proyección conceptual utilizables potencialmente para la generación de nuevos signos a través, en especial, de los procesos de metaforización.

BIBLIOGRAFÍA

ARMSTRONG, SHARON L./GLEITMAN, LILA/GLEITMAN, HENRY (1983): «What some concepts might not be», *Cognition* 13, 263-306.

BERLIN, BRENT/KAY, PAUL (1969): *Basic color terms: Their universality and evolution*. Berkeley: University of California Press.

BRUGMAN, CLAUDIA MARLEA (1984): «The very idea: a case study in polysemy and cross-lexical generalizations», en: *Papers from the parasession on lexical semantics*. Chicago: Chicago Linguistic Society, 21-38.

COLEMAN, LINDA/KAY, PAUL (1981): «Prototype semantics: The English word LIE», *Language* 57, 1, 26-44.

COSERIU, EUGENIO (1990): «Semántica estructural y semántica 'cognitiva'», en: *Profesor Francisco Marsá. Jornadas de Filología*. Barcelona: Publicaciones de la Universidad de Barcelona, 239-284.

FERNÁNDEZ DUQUE, DIEGO/JOHNSON, MARK L. (1999): «Attention metaphors: How metaphors guide the cognitive psychology of attention», *Cognitive Science* 23, 1, 83-116.

FILLMORE, CHARLES J. (1975): «An Alternative to Checklist Theories of Meaning», en: Cogen, Cathy et al.: *Proceedings of the 1st Annual Meeting of the Berkeley Linguistic Society*, 123-131.

— (1982): «Towards a descriptive Framework for Spatial Deixis», en: Jarvella, Robert J./Klein, Wolfgang (eds.): *Speech, Place and Action*. London: John Wiley and Sons, 31-59.

GEERAERTS, DIRK (1988): «On Necessary and Sufficient Conditions», *Journal of Semantics* 5, 275-291.

GUTIÉRREZ ORDÓÑEZ, SALVADOR (1981): *Lingüística y semántica*. Oviedo.

— (1996): *Introducción a la semántica funcional*. Madrid: Síntesis.

HEGER, KLAUS (1974): *Teoría semántica II*. Madrid: Alcalá.

---

[8] Estos planteamientos han de ser, sin duda, puestos en relación con los de Ullmann (1965).

JOHNSON, MARK (1987): *The body in the mind: The bodily basis of meaning, imagination and reason.* Chicago: University of Chicago Press.

KLEIBER, GEORGES (1990): «Prototype et prototypes: encore une affaire de famille»: Dubois, Danièle (coord.): *Sémantique et cognition. Catégories, prototypes, typicalité.* París: Éditions du CNRS, 103-130.

— (1991): *La sémantique du prototype.* Paris: PUF.

LAKOFF, GEORGE (1977): «Linguistic Gestalts», *Proceedings of the Chicago Linguistic Society* 8, 183-228.

— (1986): «Classifiers as a Reflection of Mind», en: Craig, Colette (ed.): *Noun Classes and Categorization.* Amsterdam: John Benjamins, 13-51.

— (1987): *Women, Fire and Dangerous Things. What Categories reveal about Mind.* Chicago/London: University of Chicago Press.

— (1990): «Metaphor and War: The metaphor system used to justify war in the gulf». <http://philosophy.uoregon.edu/metaphor/lakoff-l.htm> (10 de junio de 2007).

— (1993): «The contemporary theory of metaphor», en: Ortony, Andrew (ed.): *Metaphor and thought.* Cambridge, England: Cambridge University Press, 202-251.

LAKOFF, GEORGE/BRUGMAN, CLAUDIA MARLEA (1986): «Argument forms in lexical semantics», en: Nikiforidou, Vassiliki et al. (eds.): *Proceedings of the Twelfth Annual Meeting of the Berkeley Linguistics Society.* Berkeley, California: Berkeley Linguistics Society, 442-454.

LAKOFF, GEORGE/JOHNSON, MARK (2003 [1980]): *Metaphors we live by.* Chicago: University of Chicago Press.

LANGACKER, RONALD W. (1987): *Foundations of Cognitive Grammar.* I. Stanford: Stanford University Press.

POTTIER, BERNARD (1964): «Vers une sémantique moderne», *Travaux de Linguistique et de Litterature* II, 1, 107-137.

RASTIER, FRANÇOIS (1987): *Sémantique interprétative.* Paris: PUF.

ROSCH, ELEANOR (1973): «On the internal structure of perceptual and semantic categories», en: Moore, Timothy E. (ed.): *Cognitive Development and the Acquisition of Language.* New York/London: Academic Press, 111-144.

— (1975): «Cognitive Reference Points», *Cognitive Psychology* 4, 328-350.

— (1977): «Human categorization», en: Rosch, Eleanor/Lloyd, Barbara B. (eds.): *Cognition and Categorization.* Hillsdale: Lawrence Erlbaum, 27-48.

ROSCH, ELEANOR/MERVIS, CAROLYN B./GRAY, WAYNE D./JOHNSON, DAVID M./BOYES BRAEM, PENNY (1976): «Basic Objects in Natural Categories», en: *Cognitive Psychology* 8, 382-436.

SCHMIDT, A. (1974): «The Relevance to Semantic Theory of a Study of Vagueness», en: Lagaly, Michael et al. (eds.): *Papers from the 10ᵗʰ Regional Meeting of the Chicago Linguistic Society*. Chicago: Chicago Linguistic Society, 617-630.

SWEETSER, EVE (1990): *From Etymology to Pragmatics. Metaphorical and cultural aspects of semantic structure*. New York: Cambridge University Press.

TAYLOR, JOHN R. (1990): *Linguistic Categorization. Prototypes in Linguistic Theory*. Oxford: Clarendon Press.

TRAUGOTT, ELISABETH CLOSS (1974): «Explorations in linguistic elaboration; language change, language acquisition, and the genesis of spatio-temporal terms», en: Anderson, John Mathieson/Jones, Charles (eds.): *Historical linguistics I*. Amsterdam: North-Holland, 263-314.

TRUJILLO, RAMÓN (1976): *Elementos de semántica lingüística*. Madrid: Cátedra.

TURNER, MARK (1987): *Death is the mother of beauty: Mind, metaphor, criticism*. Chicago: University of Chicago Press.

ULLMANN, STEPHEN (1965): *Semántica. Introducción a la ciencia del significado*. Madrid: Aguilar.

VERA LUJÁN, AGUSTÍN (2003): «Sobre el origen de las construcciones estativo-atributivas con *hallar*», en: *Estudios ofrecidos al Profesor José Jesús de Bustos Tovar*. Madrid: Facultad de Filología-Instituto de Estudios Almerienses. Editorial Complutense. Vol. I, 259-273.

— (2005): «Sobre los valores locativos de *hallarse* y *encontrarse*», en: Castañer, Rosa M.ª/ Enguita, José M.ª (eds.): *In memoriam Manuel Alvar (1923-2001)*. Archivo de Filología Aragonesa LIX-LX. Zaragoza: Instituto Fernando el Católico, 929-946.

WITTGENSTEIN, LUDWIG (1953): *Philosophical investigations*. New York: The McMillan Co.

ALJAMIADO *REPROBAR* 'SOMETER A PRUEBA'

Juan Carlos Villaverde Amieva
Universidad de Oviedo

Hace algunos años, en un interesante ensayo el profesor Bossong (1991) llamaba la atención acerca de la singularidad del español, que, además de su natural pertenencia al ámbito del cristianismo latinizado, forma parte también de la «alianza lingüística» (*Sprachbund*) de las otras dos grandes religiones monoteístas (judaísmo e islam). Tras algunas observaciones en clave sociolingüística sobre la historia idiomática de sefardíes y moriscos, ofrecía el autor un interesante estudio comparativo de sendos relatos del episodio bíblico del sacrificio del hijo de Abraham, poniendo en paralelo un texto del gran comentario bíblico del *Me'am Lo'ez* (s. XVIII) con una versión del relato en un manuscrito aljamiado-morisco aragonés (s. XVI). La confrontación de ambos textos y el análisis comparado de los mismos le da pie a ofrecer una caracterización de las «variedades heterodoxas» del español, como él las denomina, a la vez que le permite poner de relieve algunas concordancias y divergencias entre el «español judaico» y el «español islámico».

De la novedad del planteamiento de Bossong[1], así como de ciertos fenómenos que analiza y de algunas primicias léxicas del romance arabizado por él sacadas a la luz, vamos a detener la mirada en una voz sobre la que formula algunas observaciones y a la que nos proponemos aquí prestar

---

[1] Aunque Bossong suponía que anteriormente no se había realizado un cotejo entre textos judeoespañoles y aljamiados («por primera vez, que yo sepa» [1991: 370]), Haïm Vidal Sephiha había ya ensayado una aproximación al asunto en la reseña de *El libro de las batallas* (1976), que luego reprodujo en su contribución «Judéo-espagnol calque et islamo-espagnol calque» (1985).

alguna atención. Me estoy refiriendo al verbo *reprobar*, que figura en el fragmento del relato aljamiado-morisco del sacrificio de Ismael[2], puesto a contribución por Bossong para su estudio[3]. Aparece la forma verbal que ahora nos interesa en el momento más dramático del relato, cuando Ibrāhīm, con el cuchillo en la mano, se dispone a degollar a su hijo Ismāʿīl, el cual le dice: «Este é día d-espartimiento», es decir, momento de separación, a lo que el padre responde:

> Señor, dale sufrençia así como l-as *reprobado* (Vespertino Rodríguez 1983: 146)[4].

En el análisis que Bossong hace de este pasaje, tras advertir de manera certera la modificación semántica operada en la voz *sufrençia* ('constancia, perseverancia, firmeza'), en la que percibe claramente un incremento semántico en relación con el árabe *ṣabr* ('paciencia'), cuyos antecendentes encuentra en las traducciones alfonsíes[5], pasa a ocuparse de la voz que ahora nos interesa. A partir de esa forma compuesta, advierte Bossong que *reprobar*, modificado formalmente con respecto a la forma primitiva (*probar*), adquiere un sentido que es «totalmente distinto del verbo homófono del español común» (1991: 383); y alude a otro testimonio aljamiado del

---

[2] Conviene recordar que, a diferencia de la versión bíblica, donde es Isaac (padre de Jacob, de quien descienden las doce tribus de Israel) el hijo que Abraham lleva al sacrificio, en la tradición islámica se trata de Ismael (Ismāʿīl), nacido de Agar y entonces unigénito, a quien se hace remontar el linaje de los árabes y entre cuyos descendientes se contará el profeta Mahoma. Además, este episodio de la vida de Abraham o Ibrāhīm, primer mortal en creer en un Dios único y al que la voluntad divina somete a la prueba límite del sacrificio del propio hijo, está cargado de enorme valor simbólico en el islam, en memoria del cual se celebra su fiesta mayor o del sacrificio (*ʿīd al-kabīr, ʿīd al-aḍḥà*), el día 10 del mes de *ḏū l-ḥiǧǧa* o de la peregrinación.

[3] El relato completo fue editado por Vespertino Rodríguez (1983: 141-147).

[4] En los pasajes aljamiados aquí citados la transliteración de los distintos editores ha sido reducida al sistema simplificado propuesto en los últimos volúmenes de la Colección de Literatura Española Aljamiado Morisca (CLEAM), hoy día generalmente adoptado por los aljamiadistas; en el mismo sentido, hemos obviado algunos detalles irrelevantes y pasado por alto otras menudencias gráficas que no hacen al caso. Téngase en cuenta además que, de acuerdo al sistema de CLEAM, utilizo ç y ẕ para transliterar respectivamente las consonantes árabes *sīn* y *ṭā'*.

[5] Con remisión a su trabajo fundamental sobre las traducciones regias: *Probleme der Übersetzung wissenschaftlicher Werke aus dem Arabischen in das Altspanische zur Zeit Alfons des Weisen* (1978).

mismo[6], para concluir que la desviación semántica de la forma romance estaría relacionada con el verbo árabe *fatana* ('tentar, meter a prueba'). Habrá luego ocasión de volver sobre todos estos extremos. Pero vayamos directamente al texto morisco. El relato del que procede la voz se encuentra en un manuscrito aljamiado aragonés (el célebre códice T 12 de la Colección Gayangos, custodiado en la Real Academia de la Historia, que contiene una de las versiones del *Poema de Yúçuf*) y, presumiblemente, en su origen debía formar parte de una *ḫuṭba* o sermón para ser leída en la fiesta del sacrificio, conocida entre los moriscos como «pascua de las aḍaḥeas» o «pascua de carneros». El relato comienza así:

> Siervos d-Allah, éste es el día aquel que *raprobó* Allah en-él a su amigo Ibrāhīm (Vespertino Rodríguez 1983: 141),

donde se ofrece una variante *raprobar*, que pone de manifiesto una vez más la vacilación de la secuencia inicial re- ~ ra-, característica del aragonés y bien atestiguada en los textos aljamiados[7].

Otra versión aljamiada del episodio del sacrificio de Ismāʿīl[8], más amplia y pormenorizada e indudablemente extraída de una *ḫuṭba* de la pascua de

---

[6] Remite al glosario de la obra de Kontzi (1974), s. v. *rrep(o)robar* 'prüfen'; el pasaje del ms. Junta 3 donde aparece la voz dice: *halecó Allah … a Mūnqar wa-Nakir para reprobar en la fuesa a todos los ḥalecaḍos* (1974: 593).

[7] Véanse, a este propósito, dobletes como *recontar/racontar, rencurar/rancurar, redoblar/radoblamiento*, que entresaco del *GVAM*.

[8] Se encuentra en el ms. 1163 de la BN de París y fue transcrita por Suárez Piñera (1973: 498-512); difiere de la del ms. T 12 editada por Vespertino Rodríguez (1983). Los relatos sobre el sacrificio de Ismāʿīl circularon ampliamente entre los moriscos aragoneses. Además de las dos ya señaladas, existe otra versión incluida en la *ḫuṭba* de la pascua de carneros del manuscrito aljamiado Junta 25 que, transmitida por Ibn ʿAbbāç, está próxima a la del ms. de la BN de París, aunque más extensa y se aparta de la misma en algunos puntos y detalles; ha sido editada –sin el rigor filológico de las ediciones actuales– por Pedro Longás (1915: 201-213).

Se conserva igualmente una versificación de «La degüella de Ibrahim», así titulada, en un manuscrito morisco tardío en caracteres latinos que apareció dentro de un códice aljamiado en Almonacid de la Sierra, en el año 1876; aunque no formaba parte, lógicamente, del gran hallazgo de 1884, perteneció también a Pablo Gil y fue ya catalogado (con otra composición poética sobre las lunas del año del mismo hallazgo, hoy en paradero desconocido) por Saavedra (1878: 181) y luego por Pablo Gil (1904: 549). A diferencia del códice en cuyo interior se encontró (el actual ms. 28 de la Junta), el manuscrito de «La degüella de Ibrahim» no pasó a formar parte de la gran colección adquirida en 1910 por la Junta para la carneros[9], nos ofrece testimonios interesantes del verbo *reprobar* con idéntico valor, ajeno absolutamente al romance de los cristianos; así, por ejemplo, tras sucesivos intentos de Ibrāhīm para degollar a su hijo, oye aquel la voz de Allāh que desde lo alto le dice:

Yā siervo *reprobado*, as vereficado el sueño (Suárez Piñera 1973: 512)[10],

que enlaza directamente con el texto coránico: *qad ṣaddaqta l-ru'yā* (azora 37, 105), es decir, «ya has confirmado la visión que tuviste», en alusión a una aleya anterior (37, 102) que refiere la confesión de Abraham a su hijo cuando le hace saber que soñó que debería sacrificarlo.

Añadamos que toda esta cuestión léxica remonta, en última instancia, al comienzo del relato en Génesis (22, 1): *ha-'Elohim nisa 'et-'Avraham*, que el *Meʻam Loʻez* traduce como «el Dio prebó a Abraham» (Bossong 1991: 384) y la versión moderna de la Biblia árabe: *Allāh imtaḥana Ibrāhīm* (*Al-Kitāb al-Muqaddaç* s. f.: 21).

Fuera de los relatos abrahámicos, el verbo *reprobar* con el valor de 'someter a prueba' se documenta con frecuencia en otros textos aljamiados; en nuestro *Glosario* tuvimos ocasión de reunir algunos testimonios[11], con frecuencia procedentes de relatos sobre la tradición profética judeo-cristiana incorporada al islam. Según un *ḥadīz*[12] que recoge al-Çamarqandī, el propio Profeta había declarado:

Ampliación de Estudios. El manuscrito fue adquirido al parecer en 1946 por la Biblioteca de Cataluña, en cuyos fondos se encuentra hoy día con el núm. 1574. Allí fue redescubierto e identificado por Juan Carlos Busto Cortina, que dio noticia del mismo en el XI Congreso de Estudios Moriscos de Zaghouan (mayo 2003) y se propone la edición de esta interesante muestra de la poesía morisca. Y aún podemos mencionar una breve recensión del episodio, igualmente tardía, interpolada en un pasaje del *Breviario çunní* que copia Mohanmad de Vera en su *Tratado* (cfr. Suárez García 2003: 147).

[9] «Dirvos-é algún tanto de lo que wey se abe leído en aquesta alḫuṭba del feyto de la degüella» (Suárez Piñera 1973: 498).

[10] En pasaje paralelo de la versión del ms. T 12 leemos: «Yā Ibrāhīm, ya as verdadeçido el sueño» (Vespertino Rodríguez 1983: 147), que nos permite constatar la alternancia *vereficar/verdadeçer* en este calco semántico sobre el ár. *ṣaddaqa*.

[11] *GVAM* s. v. *rrepºrobar*; alguna de las ocurrencias ahí recogidas presupone más bien una variante *reprebar* (documentada también en otros textos, como veremos), por lo que hubiera sido más correcto haber desdoblado en diferentes entradas (*reprobar/raprobar/reprebar*) las formas registradas.

[12] Transmitido por ʻAbd Allāh b. ʻUmar.

Los más amados de los ḥaleqados ada Allah fueron los annabīes i *reprobólos* Allah con la pobreza (Busto Cortina 1991: 151).

En efecto, los relatos popularizantes del género *qiṣaṣ al-anbiyā'*, que fueron traducidos y difundidos ampliamente entre los moriscos aragoneses, son caladero propicio para nuestra pesquisa lexicográfica, como ya hemos podido comprobar a propósito de Ibrāhīm, reiteradamente *reprobado* a lo largo de su vida hasta el extremo de ser requerido al sacrificio de su unigénito. No menos expresivos son otros testimonios, como el que aparece en «Recontamiento de Yaʻqūb i de su fijo Yúçuf»[13], o sea, los patriarcas Jacob y José, donde en una misiva que el primero envía al rey de Egipto, declara:

Sepas, yā rey, que nós somos de casa que an seído *reprobados* con los albālā'es i an sufrido,

y tras dar cuenta de las pruebas a las que habían sido sometidos su abuelo Ibrāhīm e Ismāʻīl, añade:

a cuanto yo, yā rey, é seído *reprobado* con el perdimiento de mi fijo Yūçuf[14].

Pero sin duda la máxima expresión de la contrariedad, la aflicción y el azote de las desgracias se nos ofrece asociada a la figura bíblica de Job (Ayyūb), modelo de paciencia ante la adversidad de las pruebas a las que fue reiteradamente sometido. En una versión aljamiada de la «Estoria y recontamiento de Ayūb, de sus *reprobaciones* i de su paciencia»[15], menudea el término (ya en el propio título), tanto en sus formas verbales como nominales:

---

[13] Así debía titularse, a juzgar por su colofón, el relato acéfalo editado por Ursula Klenk (1972: 98).

[14] Ambos pasajes en Klenk (1972: 88); he respetado la transcripción *albālā'es* que ofrece la editora del texto, aunque la profusión de tal grafía en los manuscritos aljamiados (cfr. *GVAM* s. v. *albalā'*) parece sugerir que la voz se pronunciaría *albalé ~ albelé* en la lengua de los moriscos, como efectivamente encontramos en algunos textos en caracteres latinos.

[15] Editada por Vespertino Rodríguez (1983: 282-299). El relato había sido publicado por Guillén Robles (1885: I, 225-263), el cual, a su manera, ya había llamado la atención sobre voces como *reprobación* y *reprobar* al sustituirlas en su edición (por *prueba* y *probar*) y relegar a nota las lecturas genuinas del texto aljamiado (I, 225, 236, 269).

Yā Ayūb, Allah ... áte *reprobado* con la más fuerte de las *reprobaciones* (Vespertino Rodríguez 1983: 286).

Job es «el reprobado» por antonomasia y con tal epíteto aparece calificado de manera recurrente:

> Yo soy la mujer de Ayūb el *reprobado* ... i ruégote que me des alguna cosa para que coma mi marido Ayūb el *reprobado* (Vespertino Rodríguez 1983: 293)[16].

Las citas anteriores se encuentran lejos de agotar el inventario de las formas de esta familia léxica, que alcanza también a las manifestaciones más tardías de las letras moriscas, ya en caracteres latinos, tales como *La degüella de Ibrahim*, antes citada[17], el también aludido tratado de materia religiosa de Mohanmad de Vera (compuesto en vísperas de la expulsión)[18] o las composiciones en verso del poeta aragonés Mohamad Rabadán, de principios del siglo XVII, que con tanto éxito se leían y copiaban en el exilio tunecino hasta bien entrado el siglo siguiente[19].

Por contra, en los escritores moriscos del exilio, en cuyos textos se pueden rastrear ecos de usos y acepciones de la aljamía peninsular, no he logrado -en búsqueda de urgencia- documentar la voz; de otra manera, en el célebre

---

[16] No menos significativo es el pasaje de una plegaria en verso que glosa, junto a otros profetas con sus atributos característicos, a «Ayyūb el reprobado» (cfr. Fuente Cornejo 2000: 312).

[17] Según me hace saber Juan Carlos Busto Cortina, a quien agradezco las informaciones que me ha facilitado sobre esta obra.

[18] Cfr. Suárez García (2003 s. v. *reprovar* y *reprovación*), donde se recogen sus distintas ocurrencias, alguna de las cuales (fol. 202 v) tiene el mero valor de 'probar, hacer una prueba'; por otra parte, todas ellas son formas en estrecha dependencia con el texto aljamiado del *Libro de Çamarqandī*, del que se sirvió generosamente Mohanmad de Vera para componer su *Tratado*.

[19] Cfr. *Poemas de Mohamad Rabadán*, edición de José Antonio Lasarte (1991), a partir del manuscrito de la BN de París, donde parecen alternar *reprobar* (p. 202 b) y *reprebar* (p. 258 a) con el valor aquí señalado, junto a *reprobado* con el significado de 'acreditado' (p. 187 a) y *reprobança* (p. 143 a) con el valor de 'reprobación' (¿Será esta última voz en M. Rabadán un eco del léxico del Mancebo de Arévalo, que -como vamos a ver- también la usa, y a cuya influencia fue permeable el poeta de Rueda de Jalón? Cfr. en esa misma página 143 la forma *peregrinança*). Por otra parte, Antonio Vespertino Rodríguez, que prepara una nueva edición de la obra de M. Rabadán y a quien agradezco su ayuda, me confirma la aparición de las mencionadas formas también en el ms. del British Museum de Londres.

ms. S 2 de la Colección Gayangos, redactado en Túnez en la primera mitad del siglo XVII, solo encuentro el verbo *probar* con el significado de 'tentar, someter a prueba':

Yo soy ánjel de Dios, que me ynbió a *probar* tu persona[20].

De otra parte, aunque ese valor de 'someter a prueba' de la voz está absolutamente generalizado en los textos aljamiados, no se nos escapa que en contadas ocasiones la voz retiene el significado patrimonial romance, heredado del latín[21], de 'no aprobar, condenar'. Tal parece ser el caso siguiente del ms. Junta 13:

i-el dešador de aṣṣala (...) *repruébalo* con quinze escarmientos (Khedr 2004: 270);

a este cabría añadir algún que otro ejemplo que hemos podido espigar en diversas fuentes aljamiadas publicadas e inéditas. Me limitaré a considerar solo un par de ejemplos, en atención a la relevancia de sus autores. Encontramos la voz en el *Breviario çunní* del alfaquí segoviano Iça de Gebir:

y esté en prisión hasta que esté *reprobada* de repintencia,

donde el término ocurre en un claro contexto penal que Gayangos aclaraba en nota: «probada una o dos veces, probada suficientemente» (1853: 382). Y no falta tampoco la contribución del Mancebo de Arévalo, con su particular *reprobança*, que bien podría ser una de sus recreaciones léxicas, tan propias de este enigmático autor, formada a partir de un sustantivo incrementado, presumiblemente, con un sufijo de los que tanto gustaba usar y abusar este morisco para conferir a su discurso esa aureola tan característica que, en no pocas ocasiones, se resiste a su interpretación; por fortuna, no parece ser el caso del pasaje que nos concierne:

---

[20] Galmés de Fuentes (2006: 440); junto a la forma citada, aparece el verbo *probar* otras dos veces en el texto tunecino, igualmente con el significado de 'poner a prueba', en un contexto caballeresco (2006: 262 y 264), y aún otra más (2006: 479) donde, por el contrario, la voz tiene el valor de 'saborear' en referencia a la muerte, como el verbo árabe *ḏāqa* de la conocida expresión coránica (3, 185; 21, 35; 29, 57), que en ocasiones encontramos traducido por *tastar* en los textos aljamiados aragoneses (cfr. *GVAM* s. v.).

[21] Para la historia de *reprobar*, véase *DCECH* s. v. *probar* y *reproche*.

la segunda *reprobança* de mi congoja es que no m-é aprovechado del don de mi entendimiento (Fonseca Antuña 2002: 177),

donde el significado de la voz sufijada[22], aparte de los presuntos incrementos que le haya querido insuflar el Mancebo, no parece ir más allá de la mera acción expresada por el verbo *reprobar* en su acepción romance originaria[23].

Establecido el arraigo y difusión del verbo *reprobar* (y sus formas nominales) en los textos aljamiados, con la variante secundaria *reprebar* de circulación más restringida (y la ocasional *raprobar*), y bien identificado su significado de 'someter a prueba', conviene ahora interesarse por la procedencia y filiación de este valor semántico advenedizo.

---

[22] A propósito de la derivación léxica con el sufijo *-ança* ~ *-anza* en el Mancebo, véase Fonseca Antuña (2002: 652-654), donde se registran formas como *acordanza, abonkanza, fulminaça, dotomança, poemança*… y así hasta medio centenar largo de creaciones (¿recreaciones?) con tal tipo derivativo. Recuérdese, como ya hemos indicado, que la voz *reprobança* aparece también en Mohamad Rabadán (cfr. más arriba, nota 19).

[23] Esta forma *reprobança* ('reprobación') del Mancebo procede de su obra titulada *Sumario de la relación y ejercicio espiritual*, mientras que en la *Tafçira* encontramos la variante *reprueba*, forma postverbal que parece significar 'prueba': *ramaḍān … es … reprueba de la fortaleza que les di* (Narváez Córdoba 2003: 282; más formas en págs. 132, 312, 357, 372); por el contrario, la única ocurrencia del verbo *reprobar* (256) parece ajustarse más bien al significado originario ('desaprobar'), en clara antonimia con *aprobar* 'asentir', igualmente documentado en la *Tafçira* (265). Para explicar esa divergencia semántica entre las formas nominales y la verbal, no deberíamos pasar por alto la peculiar polifonía del lenguaje de este enigmático autor en quien, además del romance materno en que escribía («nuestra lengua castellana», cfr. Fonseca Antuña 2002: 121), con insólitas veladuras y rebuscadas opacidades estilísticas, amén de los ecos disfrazados de la literatura ascética de la España cristiana, concurre el hecho de la transmisión aragonesa de sus textos en los que afloran las voces dialectales de Aragón y no escasean los particularismos del léxico aljamiado.

En cualquier caso, el valor 'someter a prueba', que encontramos con tanta tenacidad en los textos aljamiados aragoneses, es ajeno a las voces homónimas en las obras del morisco abulense. Por contra, encontramos en la *Tafçira* algunos ejemplos de tal valor semántico, expresados unánimemente con el verbo *tentar* (Narváez Córdoba 2003: 256, 257, 367) y las correspondientes formas nominales *tentaçión* ~ *tentazión* (256, 257, 258) y *tentada* (348), sin duda netamente castellanas (y tal vez un eco del lenguaje religioso cristiano). A mayor abundamiento, podemos señalar que, en análogos contextos y con el mismo significado ('poner a prueba'), aparece con anterioridad el verbo castellano *tentar* en el *Breviario çunní* (mediados del siglo XV) del segoviano Iça de Gebir (Gayangos 1853: 259, 327-328, y 328); las dos últimas referencias son harto elocuentes a nuestro propósito pues se refieren al sacrificio de Ismael: *Ibrahim … quando fue tentado en su querido hijo Izmeil*, y en el mismo sentido: *la tentación de Allah a Ibrahim*.

Ya hemos indicado más arriba que, a la vez que llamaba la atención acerca de la significación tan característica de la voz aljamiada, Bossong relacionaba su sentido con el verbo árabe *fatana* 'tentar, poner a prueba' (y con el sustantivo *fitna* 'tentación'); manifestaba asimismo que, desde el punto de vista del significante, la forma *reprobar* sería «un derivado del verbo *probar*, modificado formalmente con respecto al español común» (1991: 383), dando a entender que en la derivación radicaría la marca de su arabización semántica tomada del verbo *fatana*[24]. Pero vayamos por partes y reexaminemos la cuestión atendiendo a cada uno de los argumentos de Bossong.

Por lo que se refiere a la relación entre el aljamiado *reprobar* y el árabe *fatana*, y aunque Bossong no ofrece testimonios de su aserto, podemos añadir que ciertamente no faltan en los textos moriscos ejemplos de tal vinculación. De gran interés a este propósito son las traducciones del Corán, especialmente la única versión completa del texto sagrado llegada a nosotros, en copia aragonesa y en caracteres latinos (del año 1606), conservada en la Biblioteca Pública de Toledo (Vernet/Figuls 2001)[25]. En efecto, en dicha traducción encontramos ejemplos como:

Ya *reprobemos* ad aquellos que fueron antes dellos (Vernet/Figuls 2001: 259) / wa-la-qad *fatannā* lladīna min qabli-him (azora 29, 3);

o este otro expresivo pasaje:

y te salbemos del miedo y *reprobémoste reprobamiento* (Vernet/Figuls 2001: 202) / fa-naǧǧaynā-ka min al-ġamm wa-*fatannā futūn* (20, 40),

---

[24] Supone Bossong un paralelismo entre el verbo aljamiado *reprobar* y el ladino *prebar* (←*probar*) con el mismo valor semántico (< hebr. *nisa*), donde «la modificación formal es utilizada conscientemente como un signo exterior de la hebraización semántica» (1991: 383); ahora bien, ello implicaría la existencia de una oposición entre los semas 'probar'/'someter a prueba' expresada en la distribución complementaria *probar*/*prebar*, originada tras la reducción del diptongo *ue* > *e* en las formas conjugadas del verbo, de donde procede el infinitivo analógico *prebar*, que el judeoespañol comparte con otras áreas del dominio lingüístico hispánico (astur-leonés, algunas zonas de América central, y también los textos aljamiados aragoneses).

[25] Sobre las limitaciones de esta edición (con «numerosos errores de lectura») téngase en cuenta la reseña de Raquel Montero (2003). En breve verá la luz una nueva edición a cargo de Consuelo López-Morillas, Gijón: Trea (Bibliotheca Arabo-Romanica et Islamica).

que, como vemos, traslada la construcción paronomásica, con el *maṣdar* del propio verbo, del original árabe.

Y así encontramos hasta un total de catorce pasajes en que verbo *reprobar*, con el valor de 'probar' (y a veces con el matiz de 'poner a prueba'), traduce en el Corán morisco el verbo *fatana* del texto original[26]; esta docena larga de formas corresponde, más o menos, a la mitad del total de las ocurrencias de *fatana* en el texto coránico. En los demás casos, el verbo árabe ha sido traducido por otras voces: *escandalizar, descreer, ser descreyente, afortunar, hazerse yerrar, hazer eslenar, quemar, apartar*, o bien por perífrasis como: *apartarse del adin*[27]. Estos ejemplos ponen de manifiesto que el sentido 'probar' no agota la significación del verbo árabe, a la vez que nos muestran otros valores del espectro semántico de la raíz √*ftn*, que el traductor morisco ha reflejado en variada selección léxica, a veces meramente contextual.

Más clara todavía se nos presenta la situación con el sustantivo *fitna*; en efecto, las casi treinta ocurrencias de la voz en el Corán, aparecen traducidas en el texto morisco por *reprobación* (en 3 ocasiones), como *reprebo* (en 4 ocasiones), y aún por el infinitivo *reprobar* (una vez)[28], que representan la tercera parte del total de las apariciones de la voz árabe en el Corán; junto a ellas a ellas, *fitna* es interpretada como *fortuna* (8 veces), *descreyencia* (~ *descreer*) (7 veces), *escándalo* (3 veces), otras dos como *tormentar* y *desyerror*, y en una ocasión por el arabismo *albelé*[29].

Esta referencia a la voz árabe *al-balā'* desplaza nuestra atención hacia otra raíz árabe y nos acerca al sentido genuino de la voz aljamiada que nos ocupa, poniéndonos en la pista de su verdadera filiación árabe. Recuérdese que ya anteriormente habíamos encontrado el término *al-balā'* asociado al

---

[26] Cfr. Vernet/Figuls 2001, 123 [= azora 9, 49], 131 [= 9, 126], 205 [= 20, 85 y 90], 207 [= 20, 131], 259 [= 29, 2], 301 [= 38, 34], 308 [= 38, 34], 328 [= 44, 17], 382 [= 72, 17].

[27] Respectivamente en: Vernet/Figuls 2001, 84 [= 6, 53], 358 [= 57, 14], 178 [= 16, 110], 59 [= 4, 101], 98 [= 7, 27], 184 [= 17, 73], 345 [= 51, 13], 72 [= 5, 48], 249 [= 27, 47], mientras que en 138 [= 10, 83] no aparece traducido.

[28] Vernet/Figuls 2001, 210 [= 21, 35], 307 [= 39, 49], 385 [= 74, 31]; 115 [= 8, 25], 214 [= 21, 111], 370 [= 64, 15]; 351 [= 54, 27].

[29] Vernet/Figuls 2001, *fortuna*: 57 [= 4, 91], 74 [= 5, 71], 123 [= 9, 49], 183 [= 17, 60], 215 [= 22, 11], 219 [= 22, 53], 233 [= 24, 63], 235 [= 25, 20]; *descreyença*: 22 [= 2, 217], 20 [= 2, 191 y 193], 116 [= 8, 39], 119 [= 8, 73], 123 [= 9, 47 y 48]; *escándalo*: 138 [= 10, 85], 235 [= 25, 20], 260 [= 29, 10]; *tormentar*: 296 [= 37, 63]; *desyerror*: 32 [3, 7]; *albelé*: 11 [= 2, 102]..

verbo *reprobar*, en uno de los pasajes citados del *Recontamiento de Yaʿqub i de su fijo Yúçuf*:

> nós somos de casa que an *seído reprobados* con los *albālā'es* i an sufrido (Klenk 1972: 88).

El examen de pasajes como este y otros análogos, referidos al sacrificio de Ismāʿīl y a la *reprobación* de los profetas, que tomamos como punto de partida en nuestro análisis, nos permite advertir que en los mismos la noción de tentación o prueba está estrechamente asociada a la idea de 'aflicción, desgracia, sufrimiento', valores semánticos todos ellos presentes en el sustantivo *al-balā'*, y en las formas verbales de la raíz √*blw*: así en su forma I (*balā*) y notoriamente en la forma VIII (*ibtalà*), que comparten el significado de 'probar, poner o someter a prueba, sufrir', de donde procede efectivamente tal sentido en el verbo *reprobar*. Los propios manuscritos aljamiados nos ofrecen testimonios elocuentes de la ecuación ár. *ibtalà* = rom. *reprobar*; por ejemplo, en el relato del sacrificio de Ismāʿīl, antes analizado, del ms. 1163 de la BN de París, que comienza precisamente el anuncio del asunto en árabe con su traducción romance:

> Dīšo Allah en su alqur'ān: e *reprobó* a Ibrāhīm su Señor / Qāla Allahu fī kitābi-hi wa-iḏi *ibtalà* Ibrāhīma rabbu-hu (Suárez Piñera 1973: 498),

referencia inequívoca a una aleya (2, 124), que en el Corán morisco que venimos citando aparece así: *y reprobó a Ybrahim su Sennor* (Vernet/Figuls 2001: 13). Y en efecto, de las varias decenas de ocurrencias del verbo *reprobar* en la versión morisca, más de las dos terceras partes corresponden en el texto árabe a verbos de la raíz √*blw*; veamos:

> *seréis reprobados* en vuestros algos y en vuestras personas (Vernet/Figuls 2001: 47) / la-*tublawunna* fī amwāli-kum wa-anfuçi-kum (3, 186);

de la misma manera:

> para que *sean reprobados* partida de vosotros con partida (Vernet/Figuls 2001: 335) / li-*yabluwa*-kum baʿda-kum bi-baʿḍ (47, 4).

Asimismo encontramos otros casos en los que *reprobar* traduce el verbo en forma VIII:

> a quanto la persona quando la *reprueba* su Sennor (Vernet/Figuls 2001: 398) / fa-ammā l-inçān iḏā mā *btalā*-hu rabbu-hu (89, 15),

y no faltan ejemplos de la voz no-agentiva:

> allí *serán reprobados* los creyentes (Vernet/Figuls 2001: 398) / hunāka *btuliya* l-mu'mīnina (33, 11).

Además de *balā* e *ibtalà*[30], encontramos también alguna otra forma verbal derivada de la raíz:

> wa-li-*yubliya* l-mu'mīnina min-hu *balā*^{an} ḥaçan^{an} (8,17) / para *reprobar* a los creyentes con ello *reprobamiento* bueno (Vernet/Figuls 2001: 114)[31],

El empleo en este último caso de *reprobamiento* para el árabe *al-balā'* parece indicar que este nombre se ha asimilado al *maṣdar* traduciendo la secuencia como si se tratase de la característica estructura paronomásica árabe con acusativo interno (romanceado habitualmente en los textos aljamiados por formas sustantivadas con el sufijo -*miento*). Por lo demás, el término *al-balā'* se traduce en el Corán morisco por *repruebo* (4 veces) y, en una ocasión, simplemente se preserva el arabismo *albelé*[32], forma esta que ya nos ha salido al paso anteriormente[33].

---

[30] Otros ejemplos en: Vernet/Figuls 2001, *ibtalà*: 13 [= 2, 124], 26 [= 2, 249], 43 [= 3, 152], 44 [= 3, 154], 387 [= 76, 2], 398 [= 89,15; *balā*: 16 [= 2, 155], 71 [= 5, 48], 95 [= 6, 165], 109 [= 7, 163], 110 [=7, 168], 134 [= 10, 30], 140 [=11, 7], y así hasta una veintena de formas verbales.

[31] Una traducción semejante encontramos en el pasaje: *y os reprobamos ... por reprobación* (Vernet/Figuls 200: 210) en que *fitna* complementa el verbo *balā*: wa-nablū-kum ...*fitna* (21, 35).

[32] Vernet/Figuls 2001, *repruebo*: 6 [= 2, 49], 107 [= 7, 141], 297 [= 37, 106], *albelé*: 163 [= 14, 6]. Esta voz *albelé* aparece también otras dos veces (328, 359) en pasajes de *tafçīr* al texto coránico.

[33] Añadamos, por otra parte, que en el texto morisco se documentan igualmente las formas nominales *prueba* (Vernet/Figuls 2001: 151, 209, 254) y *probança* (12, 250, 258), que traducen siempre el ár. *burhān* y corresponden a los pasajes coránicos 12, 24; 21, 24; y 28, 24, en el primer caso, y 1, 111; 26, 24 y 28, 75, en el segundo.

Fuera del libro sagrado[34], otras obras aljamiadas susceptibles de ser confrontadas con su original árabe, nos permiten abundar en esta dirección. A tal fin el *Libro de Çamarqandī* es altamente significativo, pues las más de treintena veces que aparece *reprobar* (~ *reprebar*) en el mismo están traducida unánimemente por el verbo *ibtalà*[35]. No será necesario multiplicar los ejemplos; si acaso detengámonos en un par de pasajes para retornar a los contextos sobre los que habíamos iniciado nuestra indagación; veamos:

i cuando *reprobó* a Ibrāhīm su Señor (...) *reprobólo* con los alinpiamientos (Busto Cortina 1991: 196) / wa-iḏ *ibtalà* Ibrāhīm rabbu-hu (...) *ibtalā*-hu biṭahāra (Çalām 1979: 235);

o, en fin, la expresión: «i *reprobólos* Allah con la pobreza», referida a los profetas en el pasaje de la traducción aljamiada del *Tanbīh al-gāfilīn*, antes aducido, que traduce la secuencia *fa-btalā-hum bi-l-faqr* del original árabe (Çalām 1979: 184).

A la vista de todos estos testimonios parece claro que el verbo *reprobar* (con sus formas nominales) ha incrementado en los textos aljamiados su significado originario con el valor añadido de 'poner a prueba' procedente de los verbos *balā* y, sobremanera, *ibtalà*. Se trataría pues de otro «calco de significación», según la denominación de Kontzi (1978), para añadir a los muchos ya identificados.

Pero esta explicación no abarca todos los aspectos del asunto, pues es posible que en la transferencia entre el ár. *ibtalà* y el verbo aljamiado *reprobar* haya operado un mecanismo más complejo que el de un mero calco de

---

[34] De manera excepcional encontramos en el Corán morisco *reprobar* para traducir el verbo *imtaḥana* (utilizado, como hemos señalado, en la traducción moderna de la Biblia en el pasaje del Génesis citado anteriormente): *para reprobadlas* (Vernet/Figuls 2001, 366) romancea el ár. *fa-mtaḥinū-hunna*, en la aleya 10 de la azora 60 (denominada *al-mumtaḥana*, la examinada) que en el texto morisco figura como: *açora del reprobamiento* (365). Por el contrario, encontramos un caso donde el ár. *ibtalà* se traduce por *esprimentar*: *exprimentad a los huérfanos* (Vernet/Figuls 2001, 49) = *wa-btalū l-yatāmà* (4, 6), y aún en otro pasaje encontramos un significado secundario del verbo en forma I: *y el día que se descubrirán los secretos* (396) = *yawma yublà ç-çarā'ir* (86, 9).

[35] E igualmente no faltan en el *Libro de Çamarqandī* formas nominales, como el *maṣdar* (*balà*), vertido por *reprobación*, voz esta que, en otra ocasión, interpreta el término *al-balā'* que, a su vez, se traduce por el postverbal *reprebo* (3 veces); junto a estas, no obstante, el arabismo *albalé* aparece medio centenar de veces, tanto en singular como en plural (Cfr. Busto Cortina 1991, Vocabulario, s. v.).

significación. Ya Bossong advirtió que en la modificación formal (*probar* → *reprobar*) radicaba la arabización semántica. Pues bien, abundando y matizando la observación de Bossong, deberíamos suponer más bien que es la preexistencia de dos voces romances el requisito que facilita la transferencia semántica, de manera que una de ellas recibe al incremento de significado y acabará especializando los valores recibidos del árabe. Sobre parejas verbales romances del tipo simple/prefijado (y quizá también sobre otros modelos de derivación), con valores distintos pero semánticamente relacionados (en este caso *probar/reprobar*), se trasladarían al verbo hispánico prefijado, y precisamente a través de su prefijo, los matices y valores particulares de formas derivadas del verbo árabe; cumpliría así el prefijo romance, en cierta medida, la función del morfema derivacional del verbo árabe, de manera que, en el caso que nos ocupa, al significado originario de *reprobar* ('no aprobar') se ha venido a agregar el de la forma VIII árabe *ibtalà* ('someter a prueba').

Para poder extraer conclusiones generales sería preciso realizar un examen a fondo del asunto y poner a contribución más amplios materiales (aquí reducidos a una sola voz) estableciendo los oportunos cotejos entre formas aljamiadas y sus correspondientes árabes. Nos limitaremos por el momento a dejar esbozada la cuestión, que parece haber pasado inadvertida a los estudiosos del léxico aljamiado-morisco.

A modo de conclusión, pensemos en las posibilidades que ofrece el prefijo español *re-* con sus distintos valores: 'repetición', 'aumento', 'oposición o resistencia', 'movimiento hacia atrás', 'negación o inversión del significado', 'encarecimiento' (cfr. *DRAE* s. v. *re*[1]), susceptibles de canalizar matices y significados verbales más o menos insólitos en romance, pero propios del complejo sistema derivacional del verbo árabe. En parecidos términos al proceso operado en *reprobar* podría explicarse el incremento semántico 'relatar, transmitir un *ḥadīṯ*' del verbo aljamiado *recontar* (concurrente con el no prefijado *contar*), en cuya forma verbal prefijada, y a través del valor intensivo asociado al prefijo romance *re-*, ha tenido lugar sin duda un calco sobre el modelo ár. *ḥaddaṯa*. Indagaciones ulteriores, con el examen de nuevos materiales (*apretar/repretar*, *tentar/retentar*[36], etc.), de distintos

---

[36] En este verbo, frecuente en los textos aljamiados, encontramos otra vertiente de la noción de 'tentación' (especialmente diabólica), relacionada con los significados de la raíz cuadrilítera árabe √wçwç; recuérdense las dos aleyas de la última azora del libro: *min širri l-waçwāçi, alladi yuwaçwiçu ṣudūri n-nāçi* (Corán, 114, 4-5), y en versión morisca: *del mal*

Aljamiado *reprobar* 'someter a prueba'   365

prefijos y de otros procesos derivativos romances, permitirán abundar en esta perspectiva para dar cuenta de fenómenos aún poco conocidos y estudiados del romance arabizado de los textos aljamiado-moriscos.

BOSSONG, Georg (1978): *Probleme der Übersetzung wissenschaftlicher Werke aus dem Arabischen in das Altspanische zur Zeit Alfons des Weisen*. Tübingen: Niemeyer.

— (1991): «Moriscos y sefardíes: variedades heterodoxas del español», en: Strosetzki, Christoph/Botrel, Jean François/Tietz, Manfred (eds.): *Actas del I Encuentro Franco-Alemán de Hispanistas* (Mainz 9-12.3.1989). Madrid/Frankfurt: Iberoamericana/Vervuert, 368-392.

BUSTO CORTINA, JUAN CARLOS (1991): *El alkitāb de Çamarqandī (Ms. 4871 de la BM de Madrid)*. Tesis doctoral inédita. Oviedo: Universidad de Oviedo.

ÇALĀM, AḤMAD (ed.) (³1979): *Al-Çamarqandī. Tanbīh al-gāfilīn*. Edición de Aḥmad Çalām. Beirut: Dār al-kutub al-'ilmiyya.

DCECH = Corominas, Joan/Pascual, José A. (1991): *Diccionario crítico etimológico castellano e hispánico*. 6 vols. [¹1980-1991; 2.ª/3.ª reimpresión: 1991].

FONSECA ANTUÑA, GREGORIO (1987): «Algunos ejemplos de formación léxica en el 'Sumario de la relación y ejercicio espiritual' del Mancebo de Arévalo», en: *Homenaje a Álvaro Galmés de Fuentes*. Oviedo: Universidad de Oviedo/Madrid: Gredos. Vol. 3, 652-654.

— (2002): *Sumario de la relación y ejercicio espiritual sacado y declarado por el Mancebo de Arévalo*. Introducción, edición, estudio lingüístico y glosario por Gregorio Fonseca Antuña. Madrid: Fundación Ramón Menéndez Pidal (CLEAM 12).

FUENTE CORNEJO, TORIBIO (2000): *Poesía religiosa aljamiado-morisca*. Madrid: Fundación Menéndez Pidal (CLEAM 10).

GALMÉS DE FUENTES, ÁLVARO (2006): *Tratado de los dos caminos por un morisco refugiado en Túnez. Manuscrito S 2 de la Colección Gayangos, Biblioteca de la Real Academia de la Historia*. Edición, notas lingüísticas y glosario por Álvaro Galmés de Fuentes. Preparado para la imprenta por Juan Carlos Villaverde Amieva, con un estudio preliminar de Luce López-Baralt. Madrid: Universidad Complutense/Oviedo: Universidad de Oviedo (CLEAM 14).

---

del retentador escondido, aquel que retienta en los corazones de las gentes (Vernet/Figuls 2001: 406).

GAYANGOS, PASCUAL DE (1853): «Suma de los principales mandamientos y devedamientos de la Ley y Çuna por don Yçe de Gebir, alfaquí mayor y muftí de la aljama de Segovia, año de 1462», *Memorial Histórico Español* V. Madrid: Real Academia de la Historia.

GIL Y GIL, PABLO (1904): «Los manuscritos aljamiados de mi colección», en: *Homenaje a D. Francisco Codera. Estudios de erudición oriental.* Zaragoza: Tipografía Mariano Escar, 537-549.

GUILLÉN ROBLES, FRANCISCO (1885-86): *Leyendas moriscas*. 3 tomos. Madrid: Imprenta y Fundición de M. Tello.

GVAM = Galmés de Fuentes, Álvaro/Sánchez Álvarez, Mercedes/Vespertino Rodríguez, Antonio/Villaverde Amieva, Juan Carlos (1994): *Glosario de Voces Aljamiado-Moriscas*. Oviedo: Universidad de Oviedo (Bibliotheca Arabo-Romanica et Islamica, 1).

KHEDR, TAREK (2004): *Códice aljamiado de varias materias*. Madrid: Seminario Menéndez Pidal/Oviedo: Seminario de Estudios Árabo-Románicos (CLEAM 13).

KLENK, URSULA (1972): *La Leyenda de Yūsuf, ein Aljamiadotext*. Tübingen: Niemeyer (Beihefte zur Zeitschrift für romanische Philologie, 134) .

KONTZI, REINHOLD (1974): *Aljamiadotexte*. 2 vols. Wiesbaden: Franz Steiner.

— (1978): «Calcos semánticos en textos aljamiados», en: *Actas del coloquio internacional sobre literatura aljamiada y morisca* (Oviedo, 10-16 de julio, 1972). Madrid: Gredos (CLEAM 3), 317-331.

LASARTE, JOSÉ ANTONIO (1991): *Poemas de Mohamad Rabadán*. Edición de José Antonio Lasarte. Zaragoza: Diputación de Zaragoza.

LONGÁS BARTIBÁS, PEDRO (1915): *Vida religiosa de los moriscos*. Madrid: Centro de Estudios Históricos.

MONTERO MUÑOZ, RAQUEL (2003): Reseña de Joan Vernet/Lluís Figuls Roqué (2001): *Alcorán. Traducción castellana de un morisco anónimo del año 1606*. Introducción de Joan Vernet y transcripción de Lluís Roqué Figuls. Barcelona: Reial Acadèmia de Bones Lletres, *Aljamía* 15, 282-287.

NARVÁEZ CÓRDOVA, MARÍA TERESA (2003): *Mancebo de Arévalo. Tratado [Tafsira]*. Edición, introducción y notas de María Teresa Narváez Córdoba. Madrid: Trotta.

SAAVEDRA, Eduardo (1878): *Discursos leídos ante la Real Academia Española*. Madrid: Impresores y Libreros.

SEPHIHA, HAÏM VIDAL (1976): Reseña de Álvaro Galmés de Fuentes (1975): *El libro de las batallas*, 2 vols. Madrid: Gredos, en: *Bulletin de la Société Linguistique de Paris* LXXI-2, 236-241.

— (1985): «Judéo-espagnol calque et islamo-espagnol calque», en: *Homenaje a*

Álvaro Galmés de Fuentes. 3 vols. Oviedo: Universidad de Oviedo/Madrid: Gredos. Vol. I, 665-674.

Sociedades Bíblicas (ed.) (s. f. [1971]): *Al-Kitāb al-Muqaddas*. Cambridge: Cambridge University Press.

Suárez García, Raquel (2003): *El tratado de materia religiosa de Mohanmad de Vera (Ms. 397 de la Biblioteca Nacional de Madrid)*. Tesis doctoral inédita. Oviedo: Universidad de Oviedo.

Suárez Piñera, M.ª del Rosario (1973): *Publicación y estudio de los pasajes aljamiados del ms. 1163 de la Biblioteca Nacional de París*. Tesis doctoral inédita. Oviedo: Universidad de Oviedo.

Vespertino Rodríguez, Antonio (1983): *Leyendas aljamiadas y moriscas sobre personajes bíblicos. Introducción, edición, estudio lingüístico y glosario*. Madrid: Gredos (CLEAM 6).

Vernet, Joan/Figuls Roqué, Lluís (2001): *Alcorán. Traducción castellana de un morisco anónimo del año 1606*. Introducción de Joan Vernet y transcripción de Lluís Roqué Figuls. Barcelona: Reial Acadèmia de Bones Lletres.

DIVERGENCIA DIALECTAL EN EL ESPAÑOL DE ANDALUCÍA: EL ESTÁNDAR REGIONAL Y LA NUEVA KOINÉ MERIDIONAL

Juan Andrés Villena Ponsoda
Universidad de Málaga

1. INTRODUCCIÓN[1]

En contextos de contacto dialectal originado por la migración a los centros urbanos desde las áreas rurales, la convergencia y divergencia entre variedades del mismo dialecto están condicionadas por factores internos (lingüísticos) y externos (sociales y demográficos). El deterioro dialectal producido por la convergencia hacia la variedad estándar nacional se ve favorecido cuando se encuentran diferentes variedades en contextos urbanos y no existe una alternativa regional prestigiosa que sirva de contrapeso. Por el contrario, si existe dicha variedad estándar regional, puede activarse la revitalización del dialecto y aumentar la divergencia de este con relación al estándar nacional.

La convergencia en el sentido de la variedad estándar del español entre los hablantes urbanos jóvenes e instruidos es frecuente en todos los dialectos

---

[1] Los datos y resultados en los que se basa este estudio proceden del Proyecto de Investigación sobre el Español Urbano de Málaga (Proyecto ESESUMA), financiado por la DGICYT (HUM2004-06052-C06-02/filo) y fondos FEDER. El presente trabajo es una versión española ampliada y modificada de mi contribución al artículo de Juan M. Hernández-Campoy y Juan A. Villena Ponsoda: «Standardness and non-standardness in Spain: Dialect attrition and revitalisation of regional dialects of Spanish», en: David Britain (ed.): *Dialect death in Europe* (en prensa).

regionales. Los patrones fónicos prestigiosos se extienden desde Madrid y alcanzan a todas las áreas. Los dialectos innovadores y las variedades de transición (murciano, extremeño), así como las variedades meridionales del castellano (sur de Castilla-La Mancha), tienden a adquirir o, en su caso, a incrementar la frecuencia de uso de ciertos rasgos conservadores prestigiosos (como la distinción de /s/ : /θ/, el mantenimiento de /d/ en posición intervocálica), pero siguen usando, al mismo tiempo, otros rasgos innovadores (sílabas abiertas, lenición de consonantes). Como consecuencia de ello, la nivelación (*levelling*) de variedades no conduce a la advergencia (*advergence*), tal y como sería esperable, sino que parece llevar a la creación de una nueva variedad coinética que aproxima entre sí a los dialectos regionales centrales y meridionales de España. Esta nueva variedad o *español común* responde a la imagen de un colchón o amortiguador situado entre, por un lado, el estándar nacional, basado en los dialectos castellanos septentrionales (*castellano*), y, por otro, las variedades innovadoras meridionales (*andaluz*).

Sin embargo, no todas las variedades meridionales convergen, de hecho, en la dirección de esta nueva koiné. La influencia de Sevilla como el origen de las innovaciones extendidas por toda la Andalucía occidental desde la Edad Media tardía (Cádiz, Jerez, Huelva) determina la revitalización de los patrones innovadores de pronunciación y la formación de un estándar regional basado en el dialecto urbano de Sevilla (*sevillano* o *norma sevillana*). Esta corriente de prestigio regional pierde cada vez más fuerza en la Andalucía central y oriental (Córdoba, Málaga, Granada, Almería, Jaén).

La nueva koiné interregional acepta los patrones innovadores de pronunciación relacionados con las consonantes en posición final de sílaba, a la vez que revitaliza rasgos conservadores casi olvidados e, incluso, introduce contrastes prestigiosos inéditos. En este sentido, el *español común* es una nueva cuña introducida entre las corrientes lingüísticas septentrionales (Madrid) y meridionales (Sevilla), que han caracterizado la historia antigua y más reciente de la lengua española en la Península Ibérica. Es difícil predecir el futuro desarrollo y expansión de esta variedad; sin embargo, la mezcla equilibrada, por un lado, de rasgos prestigiosos y, por otro, de rasgos no marcados hace pensar que esta nueva koiné puede ser un buen candidato para la constitución de un español estándar alternativo, al menos en España.

2. VARIEDADES INNOVADORAS Y CONSERVADORAS

2.1. *Dialectos fieles y dialectos no marcados*

El origen y la diferenciación entre los dialectos regionales del español pueden explicarse adecuadamente sobre la base de un pequeño número de principios muy generales que han condicionado la pronunciación de los sonidos desde las etapas más tempranas de la Edad Media. En la medida en que tales condicionamientos son, al parecer, interlingüísticamente universales y operan sobre las formas lingüísticas solo gradualmente, el marco de la Teoría de la Optimalidad (*Optimality Theory*, OT) se manifiesta como apropiado para una descripción satisfactoria. Nuestra hipótesis es que los rasgos fonológicos de los dialectos regionales del español derivan de una única serie de principios universales y que las diferencias entre ellos son una cuestión de orden o jerarquía entre dichos condicionamientos.

Existe un conjunto interesante y bastante amplio de trabajos dedicados a la explicación de los fundamentos de la OT (cf. Prince/Smolensky 1993; Archangeli/Langendoen 1999; Kager 1999; Dekkers et al. 2000; Anttila 2002: 214-237). Aquí se aceptan los postulados generales de la teoría de la optimalidad sobre el componente fonológico de la gramática, así como sus principios más básicos (Prince/Smolensky 1993; McCarthy/Prince 1994; Archangeli/Langendoen 1999; Kager 1999). Sin embargo, no es importante decidir ahora si la OT es un procedimiento mejor que otros para representar el componente fonológico de la gramática; lo que importa, por el contrario, es subrayar su capacidad de simplificar procesos lingüísticos complejos.

La teoría de la optimalidad propone dos categorías de constricciones universales que interesan especialmente aquí: en primer lugar, las constricciones de *marcación* (*markedness constraints*), que controlan la formación de la estructura superficial (buena formación silábica, simplicidad, economía, etc.) y facilitan la producción de los resultados menos marcados; en segundo lugar, las constricciones de *fidelidad* (*faithfulness constraints*), que rigen las relaciones entre las formas subyacentes (de entrada o *input*) y las formas superficiales (de salida u *output*)[2] (véase cuadro 2, más abajo). Cuando ambos grupos de constricciones interaccionan, sería de esperar que las constricciones de fidelidad (como Ident) prevalecieran

---

[2] Ejemplos de ambos tipos de constricciones son, respectivamente: constricciones de no asociación, como NOCODA, que impulsa las formas superficiales más armónicas y naturales (menos marcadas), o IDENT, que controla el mantenimiento del mayor parecido posible entre las formas subyacentes y las superficiales.

sobre las constricciones de marcación (como NoCoda or NoComplexOnset) en los dialectos conservadores, en tanto que en los dialectos innovadores sería esperable lo contrario.

Los dialectos regionales del español pueden clasificarse en dos grupos principales: innovadores (I) y conservadores (C), según su posición respectiva con respecto a las constricciones de marcación y fidelidad sobre la estructura de la sílaba y sobre los inventarios fonológicos (Villena Ponsoda 2006; Villena/Vida 2003):

1)   Por una parte, las variedades innovadoras (no marcadas) eliden las codas silábicas, aceptan un cierto número de cambios fonológicos latentes en el sistema del castellano del siglo XIII y simplifican el inventario fonológico (Moreno Fernández 2004), como consecuencia del contacto dialectal y la coinización ocurrida en el período de repoblación de las áreas conquistadas por los cristianos (Penny 2000). La elisión de la coda y la simplificación del ataque silábico condujeron a la formación de sílabas abiertas, así como a la producción de ciertas reducciones o fusiones (*mergers*) entre consonantes del castellano medieval: dentales (*ç*, *z*, como en *caça* y *pozo*) y alveolares (*s*, *ss*, como en *casa*, *poso*; cf. *oso* y *osso*); a saber, los llamados «ceceo» y «seseo» meridionales. Estas opciones no marcadas dieron lugar a una serie de cambios en cadena que son responsables, entre otros, del dialecto andaluz actual (Villena Ponsoda 2001).

2)   Por otra parte, las variedades conservadoras (fieles) refuerzan las codas silábicas y mantienen los contrastes marcados entre las mencionadas consonantes del castellano medieval (*ts*, *dz* frente a *s*, *z*; *tʃ* frente a *ʒ*, etc.), deteniendo así e, incluso, invirtiendo todo cambio dirigido a favorecer la facilidad de pronunciación (cuadro 1).

Castellano Medieval		Dialectos Conservadores		Dialectos Innovadores		Estándar
caça	[ts]	ˈkaθa	[θ]	ˈkaθˢa	[θ]~[s̺]	*caza*
casa	[s̺]	ˈkas̺a	[s̺]	ˈkaθˢa	[θ]~[s̺]	*casa*
cacho	[tʃ]	ˈkatʃo	[tʃ]	ˈkaʃo	[ʃ]	*cacho*

callo	[ʎ]	ˈkaɟo, ˈkaʎo	[ʎ] ~ [ɟ]	ˈkaʒo	[ʒ]	callo
cayo	[ɟ]	ˈkaɟo	[ɟ]	ˈkaʒo	[ʒ]	cayo
caja	[ʃ]	ˈkaxa	[x]	ˈkaha, ˈkaː	[h] ~ ∅	caja
cada	[d]	ˈkaða	[ð]	ˈka	∅	cada
las casas	[-s]	las̺ˈkas̺as̺	[s̺]	la ˈkːaθˢa	∅	las casas
esto	[-s]	ˈes̺to	[s̺]	ˈetːo	∅	esto
leción	[-n]	leɣ ˈθjón	[n]	le ˈθjõ	∅	lección

Cuadro 1. Diferencias entre dialectos innovadores y conservadores del español

2.2. Inventarios fonológicos

El orden o jerarquía entre las constricciones universales de fidelidad y de marcación es responsable de la divergencia entre los dialectos regionales innovadores y conservadores del español. Ahora bien, para explicar el conjunto completo de la variación, se necesita operar no solo con las constricciones sintagmáticas, encargadas de controlar el grado de optimalidad de los candidatos o formas de salida tomados aisladamente, sino asimismo con constricciones sistémicas que operan sobre la estructura de los inventarios. En este sentido, se debe efectuar una distinción teórica entre: (1) constricciones sistémicas y (2) constricciones sintagmáticas (Flemming 2002; Padget 2003; Ito/Mester 2003; Lubowicz 2003). Así como se ha probado sobradamente la existencia de las constricciones *sintagmáticas* (ya sean de fidelidad: FaithX, Max, Dep, Ident, Integrity, etc., ya de marcación: NoMarkedX, NoCoda, NoCxOnset, etc.), puede pensarse que existe una familia de constricciones *sistémicas*, que condicionarían las relaciones entre unidades en los inventarios fonológicos y que, por lo tanto, no operarían directamente con formas de salida aisladas con sus correspondientes candidatos de entrada. Estas constricciones sistémicas controlan las configuraciones óptimas de fonemas. Las constricciones sistémicas de fidelidad, por un lado, maximizan la distintividad perceptiva entre formas en contraste y, por ello, impiden la neutralización (NoMerge). Por otro lado, las constricciones sistémicas de marcación minimizan el esfuerzo articulatorio o de procesamiento (Space). Así pues, para dar cuenta de los rasgos sistémicos, deben proponerse formas en contraste como candidatos de entrada y salida (cuadro 2).

Cuadro 2. Constricciones sistémicas y sintagmáticas en la Teoría de la Optimalidad.
Fuente: adaptado de Ito/Mester (2003: 2-3)

Como se ha visto más arriba (cuadro 1), muchos de los rasgos de las variedades innovadoras ponen de manifiesto que dichas variedades: 1) han escogido las combinaciones no marcadas de fonemas, a pesar de que ello supone la reducción de ciertos contrastes (constricciones sistémicas); 2) se han inclinado por la facilidad de pronunciación de las formas subyacentes, aunque ello suponga el aumento de la distancia entre la forma de entrada y la de salida (constricciones sintagmáticas). Los dialectos andaluces (junto con las variedades canarias y caribeñas) son las variedades innovadoras más prominentes (*salient varieties*) del español. Disponen de un inventario fonémico simplificado que implica determinadas reducciones de contrastes del castellano medieval (Villena Ponsoda 2001) y que opta por las estructuras silábicas no marcadas (cuadro 3).

Conservador (C)   Innovador (I)

Obstruyentes

Labial	Dental	Palatal	Velar		Labial	Dental	Palatal	Velar
p	t	tʃ	k	Tensa	p	t	tʃ	k
b	d	ǰ	g	Laxa	b	d	ǰ	g
f	θ	s	x	Fricativa	f	θˢ		h

Sonorantes

m	n	ɲ		m	n	ɲ
	l	ʎ			l	

	ɾ		Laxa		ɾ	
	r		Tensa		r	

Cuadro 3. Inventarios fonológicos de los dialectos innovadores (I) y conservadores (C) del español. Fuente: Villena Ponsoda (en prensa)

Como se representa en el cuadro 3, los dialectos conservadores, en primer lugar, mantienen los contrastes entre las dentoalveolares /θ/, /l/ y las palatales /s/, /ʎ/, lo que supone el uso de la apicoalveolar retraída [ṣ] y la lateral [ʎ]; en segundo lugar, evitan la fricatización de la palatal /tʃ/; en tercer lugar, por último, usan la fricativa velar tensa /x/ y detienen otros cambios que afectan a las consonantes en la posición del ataque silábico (elisión de /d/, lenición de /x/, fricatización de /ǰ/, etc.). Por el contrario, los dialectos innovadores permiten la extensión de estos cambios. Como resultado, los patrones innovadores de pronunciación incluyen tanto la reducción de los contrastes entre las dentales /s/ y /θ/ (casa = caza) o de las palatales /ǰ/ y /ʎ/ (rayar = rallar), como la fricatización de las palatales /tʃ/ y /ǰ/ (['kaʃo] cacho, ['kaʒo] callo) y la lenición o, incluso, elisión de otras consonantes ([a'βlao] hablado, [ko'mio] comido, [ko'e] coger, etc.).

En cuanto a las consonantes en la posición de la coda silábica, resulta ocioso decir que las variedades innovadoras prefieren las sílabas abiertas y que llevan a cabo una fuerte reducción en el número de fonemas por medio bien de la neutralización: /r/ = /l/ como en ['aɾto] (alto y harto); /p/ = /k/ como en ['at:o] (acto y apto), bien de la elisión: [e'ða] edad, [ko'me] comer, [krimiˈna] *criminal*. Es más, las consonantes restantes tienden a la aspiración y posteriorización (-n > -ŋ, [kaˈmjõŋ, kaˈmjõ] *camión*, etc.).

2.3. *Constricciones sintagmáticas y sistémicas*

Estos cambios significan aparentemente que, en las variedades innovadoras, las constricciones de marcación ocupan una posición jerárquica superior a la de las constricciones de fidelidad, tanto las sintagmáticas (NoCoda, NoComplexOnset >> Ident) como las sistémicas (Space >> NoMerge).

La primera jerarquía (sintagmática) implica la generalización de un modelo ideal de sílaba sin coda (*los niños son listos* [loˈniɲoˈθõˈlitːo]) y con ataque simple, lo que lleva consigo que las africadas tiendan a la fricatización (*un cachillo (de) pan pa(ra) comer* [ˈũkaˈʃiʒoˈpãpakoˈme]), tal y como queda reflejado en el cuadro 4.

los niños	NoCoda	NoCxOnset	Ident i/o
los·ni·ɲos	*		
loh·ni·ɲoh	*		*
lo·hni·ɲo		*!	*
☞ lo·ni·ɲo			*
cachillo			
ka·tʃi·ʒo		*!	
katʃi·ʒo	*!		
☞ ka·ʃi·ʒo			*!

Cuadro 4. Constricciones universales sintagmáticas en los dialectos innovadores del español. Fuente: adaptado de Villena/Vida (2003)

Como se observa, el modelo óptimo de sílaba (sin coda y con ataque silábico simple) favorece, por un lado, las variantes elididas de /s/ en la posición de la coda silábica y, por otro, las variantes fricativas de la africada /tʃ/. En primer lugar, las formas con [s] o [h] final de sílaba son los candidatos menos probables y los más fieles, en tanto que los que suponen la resilabificación de dichos segmentos (lo·hni·ɲo) hacen pensar en un refuerzo del siguiente ataque silábico. En segundo lugar, los candidatos con ataque silábico complejo (ka·ˈtʃiʒo) y aquellos, realmente improbables, con división silábica entre los dos momentos de la africada (kat·ˈʃiʒo) evitan la fricatización de /tʃ/. Conviene asimismo comentar que la resilabificación de /s/ ante oclusiva (particularmente /t/) produce un aumento de la intensidad y duración del VOT (Voice Onset Time) e, incluso, la producción de una africada dental: ka·ˈhtiʒo > ka·ˈthiʒo > ka·ˈtsiʒo *castillo* (Colina 1997; Vida Castro 2004: 49-86; Torreira 2006; Moya Corral 2006, Ruch 2006)[3].

La segunda jerarquía (sistémica) produce un inventario consonántico más simple (cuadro 5). Por una parte, el contraste conservador entre cuatro fricativas (cast. med.: /f/ : /s̪/ : /s̺/ : /ʃ/; esp. mod.: /f/ : /s/ : /θ/ : /x/) implica una división mayor y un número de distinciones más amplio en el espacio articulatorio que los que supone la reducción innovadora entre dichos fonemas. Por otra parte, la ausencia de palatal fricativa favorece la fricatización innovadora de /tʃ/ y /ĵ/, de modo que ha de suponerse que por debajo de las variedades innovadoras existe un inventario que excluye o, al menos, dificulta la aparición de sílabas con ataque complejo (como en /tʃ/ + vocal).

Inventarios	*CxOnset	Space	Contrast /s̪/ : /s̺/	Merge
tʃ ĵ f θˢ h			*!	*!
tʃ ĵ f θ s̺ x	*!	*!		

Cuadro 5. Constricciones universales sistémicas sobre el inventario de consonantes obstruyentes en los dialectos innovadores. Fuente: Villena Ponsoda (2006)

---

[3] Cf. Labov (1997: 151-153).

3. Desgaste y revitalización dialectal. El nacimiento de una nueva variedad

3.1. La comunidad de habla

Puesto que la variedad estándar nacional se basa, indiscutiblemente, en los dialectos conservadores septentrionales, los patrones innovadores meridionales de pronunciación están minusvalorados, de modo que los hablantes urbanos de clase media tienden a un comportamiento lingüístico convergente en el sentido de los modelos conservadores. Esta es una afirmación válida para todos los dialectos innovadores en España. Sin embargo, la distancia que existe, por un lado, entre los dialectos andaluces y la variedad estándar y, por otro, entre los sociolectos de la clase media y los de la clase trabajadora en las comunidades de habla andaluzas, es mayor que la que se percibe en cualquier otra variedad.

En consecuencia, las comunidades de habla andaluzas deberían definirse como «comunidades de habla dialectales divergentes» (*divergent-dialect speech communities*), en el sentido de Milroy (1992: 55-60), puesto que:

> [...] first, Belfast dialect (for example) is observed to be divergent from other dialects and, particularly, from 'mainstream' norms of language, such as RP and standard English; second, the dialect exhibits a great deal of *internal* variation. (1992: 55)

Los patrones lingüísticos meridionales están condicionados no solo por el estatus del hablante, sino asimismo por la combinación de los parámetros del contacto: abierto o cerrado, y de la red social: densa o no densa (Trudgill 1996). Ambos factores (en otros términos: la estratificación y la comunidad de habla) interaccionan con el efecto de la geografía en la sociedad a través de los parámetros de la atracción o la influencia lingüística; esto es, por ejemplo, la distancia entre los centros y el grado relativo de semejanza entre los sistemas lingüísticos en contacto (Britain 2002; Hernández Campoy 2001). La influencia de Sevilla en las áreas circundantes ha sido constante desde la Edad Media, de modo que su variedad urbana se ha convertido en la base de un estándar regional oral que es una alternativa innovadora al estándar nacional de España. Esta influencia, sin embargo, no alcanza a las áreas orientales de Andalucía, donde no existe, por otra parte, un centro urbano con capacidad cultural, económica o política para desempeñar funciones similares a las llevadas a cabo por Sevilla. Así pues, las variedades urbanas orientales (Granada, Málaga, Jaén o Almería) no se subordinan a la variedad superpuesta (*roofed variety*) del estándar regional de Sevilla ni tienen una variedad regional prestigiosa propia. El resultado es que tienden a converger en el sentido del estándar nacional.

Las comunidades de habla occidentales manifiestan una configuración cercana a lo que Auer (2002) ha llamado *diaglosia* (*diaglossia*), en la que hay, al menos, dos variedades (el dialecto terciario y el estándar regional) entre el estándar nacional y los dialectos regionales o *regiolectos* (*regiolects*). Las comunidades de habla orientales, por el contrario, presentan lo que podría denominarse «continuo convergente», en el que sería difícil distinguir variedades separadas entre el dialecto terciario y las variedades vernaculares (gráfico 1).

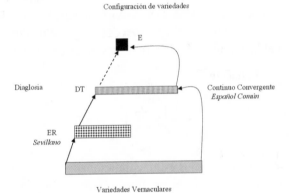

E: Estándar; DT: Dialecto Terciario; ER: Estándar Regional

Gráfico 1. Configuración de variedades en las comunidades de habla andaluzas. Fuente: Villena Ponsoda (en prensa)

3.2. *Variedades no marcadas divergentes. El estándar regional sevillano*

Arriba se han caracterizado las variedades divergentes andaluzas como dialectos no marcados, puesto que optan por los resultados más simples y de pronunciación más fácil, en perjuicio del aumento de la distancia entre la representación subyacente y la realización superficial. Los patrones de pronunciación de los hablantes andaluces occidentales revelan la existencia de un inventario subyacente innovador y, lo que es más interesante, que la pronunciación divergente es prestigiosa. La reducción del contraste entre las fricativas coronales del castellano medieval[4] es bastante común en los centros urbanos occidentales, tales como Sevilla o Jerez, en tanto que en las ciudades orientales, como Granada o Málaga, la frecuencia de uso de este patrón innovador es mucho menor. Es más, si se considera el comportamiento lingüístico de los hablantes más instruidos, se comprueba que los patrones divergentes se aceptan y se han convertido en la norma de corriente dominante en las ciudades occidentales, pero en absoluto en las orientales. Puede, pues, decirse, al menos con respecto a la realización de las fricativas dentales, que las comunidades occidentales y orientales parecen estar claramente separadas (gráfico 2).

Los mencionados patrones divergentes son variables e incluyen usos condicionados social y estilísticamente (los denominados «seseo», «ceceo» y algunas otras variantes locales). Si bien la reducción es bastante común en ambas ciudades orientales (Granada y Málaga), es evidente que se trata de un rasgo estigmatizado en las comunidades de habla del este de Andalucía, en la medida en que los hablantes instruidos la rechazan tajantemente.

Reducción

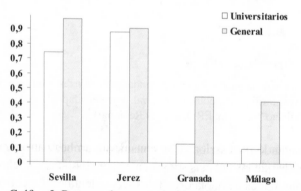

Gráfico 2. Patrones de pronunciación del inventario fonológico innovador en cuatro ciudades andaluzas. Comparación entre titulados universitarios y la población general. Fuente: adaptado de Villena Ponsoda (en prensa)[5]

---

[4] Aunque esta reducción se inició ya en la Edad Media, se habla frecuentemente de reducción de la oposición de /s/ : /θ/, puesto que se toma el contraste estándar de /s/ : /θ/ como una referencia anacrónica.

[5] Las fuentes utilizadas son las siguientes: Sevilla (Carbonero 2003); Jerez (Carbonero et al. 1992), Granada (Moya/García Wiedemann 1995); Málaga (Villena 1996, 2000).

Por su parte, la realización fricativa innovadora de las palatales /tʃ/ y /ɟ/ sigue patrones similares, tal y como se refleja en el gráfico 3. Dichos patrones ponen de manifiesto que los hablantes andaluces occidentales (Jerez) aceptan ampliamente las variantes no marcadas divergentes, como la fricativa [ʃ], puesto que los hablantes instruidos la usan casi en la misma medida que el resto de la comunidad. Por el contrario, los hablantes orientales usan raramente dicha variante y los más instruidos la rechazan categóricamente.

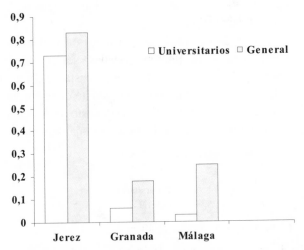

Fricatización

Gráfico 3. Fricatización de la palatal /tʃ/ en tres ciudades andaluzas. Comparación entre titulados universitarios y la población general. Fuente: adaptado de Villena Ponsoda (en prensa)

Como se ha comentado más arriba, si se consideran ambos patrones de uso, da la impresión de que las normas subyacentes son distintas e, incluso, opuestas en las comunidades de habla orientales y occidentales. La convergencia por parte de los hablantes orientales hacia las normas prestigiosas dominantes en el plano nacional pone de manifiesto, hasta cierto punto, su preferencia por las opciones conservadoras, como las sílabas con ataque complejo: [ˈtʃoˈtʃo] *chocho* y los contrastes fonémicos marcados, como /s/ : /θ/ ([ˈtas̺a] *tasa* y [ˈtaθa] *taza*). Los hablantes occidentales, por el contrario, prefieren las opciones divergentes no marcadas a pesar de su manifiesta infidencia. A ello se añade algo más importante: las diferencias de sexo en la fricatización de /tʃ/ corroboran que los patrones divergentes innovadores son, seguramente, las normas de prestigio regional en el área occidental de Andalucía, en tanto que los hablantes orientales parecen estar sujetos a las normas conservadoras (gráfico 4). Las mujeres sobrepasan a los hombres en el uso de la variante infidente [ʃ] en Jerez, frente a lo que ocurre en Granada y Málaga. Lejos de ser esta una excepción del principio empírico interlingüístico sobre la preferencia femenina por las variantes estándar (Labov 2001: 399-491), este comportamiento apunta a la estandarización de los patrones divergentes en las áreas de influencia de la ciudad de Sevilla.

Fricatización

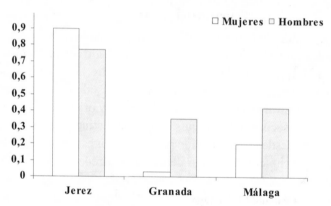

Gráfico 4. Diferencias de sexo en la fricatización de /tʃ/ en tres ciudades andaluzas. Fuente: Villena Ponsoda (en prensa)

3.3. *Variedades convergentes fieles. La koiné interregional*

El deterioro o decadencia de las variedades andaluzas orientales no conduce irremediablemente a la advergencia (Mattheier 1996). Antes bien, la convergencia entre dialectos en contacto en contextos urbanos parece precipitar la formación de una variedad intermedia parcialmente basada en el dialecto terciario meridional, pero proclive a adquirir ciertos rasgos prestigiosos conservadores. Si bien es cierto que esta variedad intermedia no está aún bien definida ni se ha descrito completamente, parece claro que, por un lado, acepta la pronunciación meridional innovadora no marcada de las consonantes en la posición de la coda silábica; por otro lado, detiene o ralentiza la frecuencia de realización no marcada de las consonantes en la posición del ataque silábico e, incluso, llega a descomponer fusiones, dado el prestigio social que tiene la distinción de series léxicas (particularmente entre /s/ : /θ/). Todo ello trae consigo la convergencia entre, por una parte, los dialectos innovadores y, por otra, las variedades periféricas (murciano, extremeño) y las variedades castellanas meridionales (sur de Castilla-La Mancha). En la medida en que son los jóvenes urbanos e instruidos los que figuran al frente en el uso de esta nueva variedad, al menos en las ciudades andaluzas orientales (Moya/García Wiedemann 1995; Villena 1996; 2001), parece probable que, en el futuro, pueda transformarse en una nueva forma de variedad estándar oral: el *español común*.

El rasgo más sobresaliente de esta variedad consiste en el ascenso de las constricciones de fidelidad, por encima de las de marcación, al puesto más alto de la jerarquía de constricciones sistémicas: NoMerge >> Space (véase, más arriba, cuadro 5). El prestigio social relacionado con la distinción de /s/ : /θ/ activa la escisión de la primitiva fusión entre las fricativas del castellano medieval. Dicha reducción fonológica ha existido como variante única en muchas de las variedades del andaluz central y oriental hasta muy recientemente. En consecuencia, la adquisición de la distinción estándar es un cambio en marcha desde arriba liderado por los hablantes urbanos jóvenes e instruidos. Como dicho cambio debió de iniciarse alrededor de los años cincuenta del siglo XX (véase Villena Ponsoda 2001), la escisión opera sobre la base del inventario de fonemas innovador (véase, arriba, cuadro 3) y, por lo tanto, los dos nuevos fonemas en contraste son dentales. En realidad, se oponen como sibilante (estridente) frente a no sibilante (no estridente). Así pues, puede proponerse un inventario de fonemas intermedio para dar cuenta de estos patrones de pronunciación (cuadro 6).

Andaluz Oriental Convergente

Obstruyentes

	Labial	Dental	Palatal	Velar
Tensa	p	t	tʃ	k
Laxa	b	d	ǰ	g
Fricativa no sibilante	f	θ		h
Fricativa sibilante		s̻		

Cuadro 6. Inventario fonológico de la Variedad Meridional Convergente. Fuente: Villena Ponsoda (en prensa)

Aunque no existe una fricativa palatal, los alófonos continuos [ʃ] de la africada /tʃ/ son muy inusuales (Villena Ponsoda 2001), de modo que parece darse una restricción de coocurrencia entre la palatal [ʃ] y la dental sibilante [s̻] (Villena Ponsoda 2003). Tiende asimismo a moderarse la frecuencia de elisión consonántica en el ataque silábico (/x/, /d/). Así, por ejemplo, los porcentajes de distinción de /s/ : /θ/ en Granada y Málaga son del 54%, en tanto que el uso respectivo de la fricativa [ʃ] es de 18% y 28%.

El uso del inventario convergente aumenta conforme crece la educación y cuanto más joven es el hablante, tal y como queda reflejado en el gráfico 5. Los hablantes con estudios universitarios han adoptado el inventario convergente y, en particular, aquellos nacidos después de 1970 usan el patrón de distinción de /s/ : /θ/ consistentemente[6].

---

[6] Efectos para Málaga. ANOVA: $R^2 = 0.342$; efectos intergrupos: interacción = no sig. Educación: F = 11.792 (2), sig. 0.000. Edad = no sig.

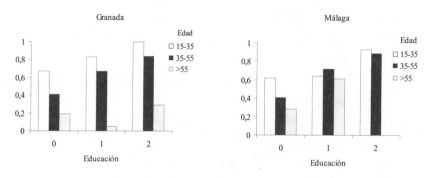

0 = Elemental; 1 = Secundaria; 2 = Universitaria

Gráfico 5. Efecto de la edad y la educación en el uso del inventario convergente en Granada y Málaga

Si se compara con las variedades innovadoras y conservadoras, la variedad convergente manifiesta una posición intermedia que refleja, por un lado, un grado notable de fidelidad (*faithfulness*) con respecto a la configuración subyacente de fonemas (constricciones sistémicas o de inventario) y, por otro lado, una notable tendencia a la facilidad de pronunciación y a la no marcación (*unmarkedness*) con respecto a la formación de la estructura superficial (constricciones sintagmáticas). El mantenimiento de las series léxicas con /θ/ y /s/ y la evitación de ulteriores cambios infidentes en cadena, tales como x, h > ∅, θˢ > h, o la reducción de contrastes (/θˢ/ = /x/, /s/ = /tʃ/), dependen de las constricciones sistémicas, en tanto que la variación derivada de la adopción del modelo más simple de sílaba (sin coda y con ataque simple) está condicionada por las constricciones sintagmáticas (véase cuadro 7):

(1)   Constricciones sistémicas:

(i) Distinción de /θ/ : /s̺/ vs. reducción de /θ/ = /s̺/, que incluye los patrones mayoritarios no sibilantes («ceceo» [θ]) y sibilantes («seseo» [s̺]), así como otros patrones minoritarios, tales como el de 'heheo' (Villena Ponsoda, en prensa).

(2)   Constricciones sintagmáticas:

(ii) Africada [tʃ] vs. fricativa [ʃ].

(iii) Fricativa [x] o aspirada [h] vs. elidida.

(iv) Aproximante [ð] vs. elidida.

(v) Mantenimiento de segmento ([s] o [h]) en la posición de la coda vs. elisión.

(vi) Refuerzo de [h] en posición final de sílaba ante oclusiva, especialmente delante de /t/.

	Variedades Convergentes	Ejemplo	Variedades Divergentes	Ejemplo	Estándar
Constricciones sistémicas	/θ/ : /s̪/	['kaθa] / ['kas̪a]	/θ/ = /s̪/ ([θ]~ [s̪])	['kaθa] ~ ['kas̪a]	*caza/ casa*
Constricciones sintagmáticas	[tʃ]	['petʃo]	[ʃ]	['peʃo]	*pecho*
	[x, h]	['kaxa] ~ ['kaha]	[∅]	[kaː]	*caja*
	-ð- >> ∅	['kaða] ~ ['ka]	[∅]	[ka]	*cada*
	Coda h >> s	[dos] ~ [doh]	No Coda	[do]	*dos*
	h + stop	['pah·ta]~ ['pa·tha]~ ['pa·tsa]	NoCoda + stop	['patːa]	*pasta*

Cuadro 7. Diferencias entre variedades convergentes y divergentes

Junto a estos rasgos fonológicos, algunas otras diferencias morfológicas ponen de manifiesto una divergencia creciente con respecto a las variedades innovadoras. En particular, destaca el uso de los paradigmas comunes a los dialectos centrales y septentrionales, pero divergentes de los propios de las variedades andaluzas occidentales (cuadro 8).

Andaluz Occidental	Andaluz Oriental y Español Común	Estándar
yo como	*yo como*	*yo como*
tú come-∅	*tú come-∅*	*tú comes*
él come-∅	*él come-∅*	*él come*

nosotro comemo-Ø	*nosotro comemo-Ø*	*nosotros comemos*
ustede come-Ø,	*vosotro coméi-Ø*	*vosotros coméis*
ustede coméi-Ø		
ello comen-Ø	*ello comen*	*ellos comen*

Cuadro 8. Paradigmas verbales en los dialectos innovadores y conservadores del español

Con respecto a las consonantes en la posición de la coda silábica, los resultados obtenidos por Vida Castro (2005) en su investigación en la ciudad de Málaga permiten afirmar que, tal y como era de esperar, la retención de la coda (0.33) es menos frecuente que la elisión (0.67), de modo que el dialecto de Málaga se sitúa como uno de los más avanzados de los dialectos innovadores del español (Vida Castro 2005: 116-127). En efecto, la frecuencia de uso de la variante sibilante [s̪] es muy baja (0.01), de modo que los alófonos aspirados [h] (0.32) expresan ahora las funciones (gramaticales y sociales) manifestadas por [s] en los dialectos conservadores.

Si bien la elisión es la variante más común, la retención de la coda resulta favorecida por los hablantes más instruidos (tabla 1). Las sílabas marcadas, con retención fiel de [h] delante de oclusiva (lah·tapa, *las tapas*), son también las de más frecuente realización, particularmente, como se señaló más arriba (1.3.), porque la aspiración tiende a pronunciarse en la sílaba siguiente como una [th] aspirada o, incluso, como una dental africada [ts] (lah·tapa, la·thapa, la·tsapa, *las tapas*).

	Sin instrucción	Elemental	Secundaria	Universitaria	Sig.	Ejemplo
N	8	15	25	26	Anova	
[s]	0.00±0.00	0.00±0.02	0.01±0.01	0.01±0.02	0.575	las̪mes̪as̪
						las̪alas̪
[h]	0.06±0.04	0.06±0.3	0.14±0.7	0.12±0.7	0.000	lahmes̪a
						lahala

388 Juan Andrés Villena Ponsoda

[Ø]	0.90±0.16	0.90±0.05	0.80±0.10	0.81±0.10	0.001	lameṣa
						la ala
[h] + [t]	0.84±0.22	0.90±08	0.95±0.07	0.95±0.05	0.023	lahtapa
						lohtío
[Ø] + [t]	0.14±0.22	0.08±08	0.03±0.07	0.03±0.05	0.021	laØtapa
						loØtío

Tabla 1. Estratificación educacional de las variantes de /s/ en Málaga. Fuente: adaptado de Vida Castro (2005: 158-159)

En el gráfico 6 se muestra el efecto de la educación del hablante en la probabilidad de uso de las variables comentadas hasta aquí: por un lado, la distinción de /s/ : /θ/ y la retención de la coda y, por otro lado, la fricatización de /tʃ/ y la elisión de /x/. La pronunciación marcada de las codas y la mencionada escisión de la fusión medieval de fricativas son favorecidas por los hablantes instruidos, en tanto que la elisión de las velares fricativas y el uso de las palatales fricativas aumenta conforme desciende el nivel educacional del hablante.

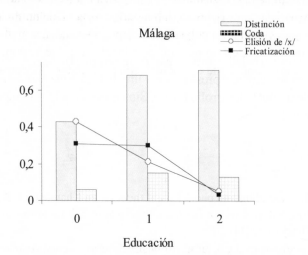

0 = Elemental; 1 = Secundaria; 2 = Universidad

Gráfico 6. Diferencias educacionales en el uso de cuatro variables fonológicas en Málaga

4. Conclusión

La variedad interdialectal (*español común*) descrita a grandes rasgos arriba se está desarrollando como una nueva variedad estándar oral alternativa al estándar nacional en España. Esta variedad tiene notables posibilidades de aceptación en la medida en que reúne y mezcla una amplia combinación de rasgos lingüísticos, geográficos y sociales:

1)   Los dialectos centrales y meridionales convergen para llegar a constituir una variedad nivelada basada en el inventario innovador.

2)   El área geográfica en la que ocurre incluye comunidades económicamente desfavorecidas, en contraste con la España industrial del norte.

3)   Los repertorios fonológicos de las diferentes áreas en proceso de convergencia son cercanos entre sí. A ello se añade el hecho de que las variedades castellanas, murcianas y extremeñas (así como, incluso, las zonas periféricas del este de Andalucía) han usado siempre los contrastes fonémicos prestigiosos (como el de /s/ : /θ/), que adquieren ahora los hablantes andaluces orientales. Por el contrario, las variantes innovadoras no marcadas en la posición de la coda son bien aceptadas en estas variedades intermedias.

En resumen, la nueva variedad coinética parece reunir una bien integrada combinación de rasgos socialmente prestigiosos y lingüísticamente naturales, que invita a augurarle un buen desarrollo futuro. Sin embargo, solo el tiempo hablará sobre su fortuna.

5. Bibliografía

Anttila, Arto (2002): «Variation and phonological theory», en Chambers, J. K./ Trudgill, P./Schilling-Estes, N. (eds.): *The handbook of language variation and change*. Oxford: Blackwell, 214-237.

Archangeli, Diana/Langendoen, D. T. (eds.) (1999): *Optimality Theory. An overview*. Oxford: Blackwell.

Auer, Peter (2002): «Europe's sociolinguistic unity; or, a typology for European dialect/ standard constellations», en: Delbecque, Nicole et al. (eds.): *Perspectives on variation. Sociolinguistic, historical, comparative*. Berlin: Mouton de Gruyter, 7-42.

BRITAIN, DAVID (2002): «Space and spatial diffusion», en: Chambers, J. K./Trudgill, P./Schilling-Estes, N. (eds.): *The handbook of language variation and change.* Oxford: Blackwell, 603-637.

CARBONERO, PEDRO (2003): *Estudios de sociolingüística andaluza.* Sevilla: Universidad.

CARBONERO, PEDRO/ÁLVAREZ, JOSÉ LUIS/CASAS GÓMEZ, JOAQUÍN/GUTIÉRREZ SÁNCHEZ, ISABEL MARÍA (1992): *El habla de Jerez. Estudio sociolingüístico.* Jerez: Ayuntamiento.

COLINA, SONIA (1997): «Identity constraints and Spanish resyllabification», *Lingua* 103, 1-23.

DEKKERS, JOOST/VAN DER LEEUW, FRANK/VAN DE WEIJER, JEROEN: *Optimality Theory. Phonology, syntax, and acquisition.* Oxford/New York: OUP.

FLEMMING, EDWARD (2002): *Auditory representations in phonology.* New York/London: Routledge.

HERNÁNDEZ CAMPOY, JUAN MANUEL (2001): *Geolingüística: Modelos de interpretación geográfica para lingüistas.* Murcia: Universidad.

ITO, JUNKO/MESTER, ARMIN (2003): *Systemic Markedness and Faithfulness.* <http://roa.rutgers.edu/searchlist, 710-0105> (13 de octubre de 2006).

KAGER, RENÉ (1999): *Optimality Theory.* Cambridge: CUP.

LABOV, WILLIAM (1997): «Resyllabification», en: Hinskens, Frans/Van Hout, Roeland/Wetzels, Leo (eds.): *Variation, change and phonological theory.* Amsterdam/Philadelphia: John Benjamins, 145-179.

— (2001): *Principios del cambio lingüístico. Vol. 2: Factores externos.* Madrid: Gredos 2006.

LUBOWICZ, ANNA (2003): *Contrast preservation in phonological mappings. Dissertation.* <http://roa.rutgers.edu/searchlist, 554-1002> (13 de octubre de 2006).

MATTHEIER, KLAUS (1996): «Varietätenkonvergenz. Überlegungen zu einem Baustein einer Theorie der Sprachvariation», *Sociolinguistica* 10, 1-31.

McCARTHY, JOHN/PRINCE, ALAN (1994): *Emergence of the unmarked. Optimality in Prosodic Morphology.* <http://roa.rutgers.edu/searchlist, 13-0594> (13 de octubre de 2006).

MILROY, JAMES (1992): *Language variation and change. On the historical sociolinguistics of English.* Blackwell: Oxford.

MORENO FERNÁNDEZ, FRANCISCO (2004): «Cambios vivos en el plano fónico del español: variación dialectal y sociolingüística», en: Cano, Rafael (ed.): *Historia de la lengua española.* Barcelona: Ariel, 973-1009.

MOYA CORRAL, JUAN ANTONIO (2006): «Noticia de un sonido emergente: la africada dental procedente del grupo -st- en Andalucía», *Revista de Filología de La Laguna.* Original mecanografiado (en prensa).

MOYA CORRAL, JUAN ANTONIO/GARCÍA WIEDEMANN, EMILIO (1995): *El habla de Granada y sus barrios*. Granada: Universidad.

PADGETT, JAYE (2003): «Contrast and post-velar fronting in Russian», *Natural Language and Linguistic Theory* 21, 39-87.

PENNY, RALPH (2000): *Variation and change in Spanish*. Cambridge: CUP.

PRINCE, ALAN/SMOLENSKI, PAUL (1993): *Optimality Theory: Constraint interaction in Generative Grammar*. Boulder/New Jersey: Rutgers University/University of Colorado.

RUCH, HANNA (2006): *El fenómeno de la africada [ts] < /-st-/ en el andaluz: aspectos fonéticos y sociolingüísticos*. Seminararbeit inédito. Universität Zürich.

TORREIRA, FRANCISCO (2006): «Coarticulation between aspirated-s and voiceless stops in Spanish: An interdialectal comparison», en: Sagarra, Nuria/Almeida, Jacqueline Toribio (eds.): *Selected Proceedings of the 9th Hispanic Linguistics Symposium*. Sommerville, MA: Cascadilla Proceedings Project, 113-120.

TRUDGILL, PETER (1996): «Dialect typology: Isolation, social network and phonological structure», en: Guy, Gregory R. et al. (eds.): *Towards a social science of language*. 2 vols. Amsterdam/Filadelfia: John Benjamins. Vol. I, 3-22.

VIDA CASTRO, MATILDE (2005): *Estudio sociofonológico del español hablado en la ciudad de Málaga. Condicionamientos sobre la variación de /-s/ en la distensión silábica*. Alicante: Universidad.

VILLENA PONSODA, JUAN ANDRÉS (1996): «Convergence and divergence in a standard-dialect continuum: Networks and individuals in Malaga», *Sociolinguistica* 10, 112-137.

— (2000): «Identidad y variación lingüística: Sistema y síntoma en el español andaluz», en: Bossong, Georg/Báez de Aguilar González, Francisco (eds.): *Identidades lingüísticas en la España autonómica*. Frankfurt/Madrid: Vervuert/Iberoamericana, 107-150.

— (2001): *La continuidad del cambio lingüístico. Tendencias conservadoras e innovadoras en la fonología del español a la luz de la investigación sociolingüística urbana*. Granada: Universidad.

— (2003): «Restricciones de coocurrencia entre las consonantes obstruyentes fricativas en los dialectos innovadores del español. Datos de la variación fonológica en el español de Andalucía», en: Moreno Fernández, Francisco et al. (eds.): *Lengua, variación y contexto. Estudios dedicados a Humberto López Morales*. Madrid: Arco/Libros, 907-922.

— (2006, en prensa): «La formación del español común en Andalucía. Un caso de escisión prestigiosa», en: Martín Butragueño, Pedro/Herrera Zendejas, Esther (eds.): *Actas del Coloquio sobre patrones fónicos y variación lingüística* (El Colegio de México, 23-27 de octubre de 2006). México: El Colegio de México.

— (en prensa): «Sociolinguistic Patterns of Andalusian Spanish», en: Moreno Fernández, Francisco (ed.): *International Journal of the Sociology of Language* (número especial: *Spanish in Spain: Language and Society*).

VILLENA PONSODA, JUAN ANDRÉS/VIDA CASTRO, MATILDE (2003): «The effect of social prestige on reversing phonological changes: universal constraints on speech variation in Southern Spanish», en: Thelander, Mats et al. (eds.): *Language variation in Europe. Papers from ICLAVE 2. Papers from the 2nd International Conference on Language Variation and Change in Europe* (Uppsala, 12th-14th June, 2003). Uppsala: Uppsala University, 432-444.

EL HEBREO EN LAS GRAMÁTICAS
DEL JAPONÉS Y EL TAGALO DE MELCHOR
OYANGUREN DE SANTA INÉS (1688-1747)[1]

Otto Zwartjes
Universidad de Ámsterdam, NIAS (Wassenaar)

1. INTRODUCCIÓN

Por un lado, existe hace algún tiempo un aumento de interés en la producción lingüística de los franciscanos en México, mientras que por otro lado, es tan solo recientemente cuando han empezado a publicarse estudios y ediciones dedicados a las obras lingüísticas de los franciscanos españoles en otras partes del mundo, como en Oriente Medio (Lourido Díaz 2005 y 2006; Zwartjes 2007a, 2007b). Las obras lingüísticas de los franciscanos españoles distan de ser uniformes y es notable que hasta hoy no se hayan publicado monografías que se dediquen específicamente a la tradición franciscana a nivel mundial. Varias son las razones que nos conducen a analizar la obra lingüística de Melchor Oyanguren de Santa Ynés: 1. la obra del franciscano Melchor Oyanguren de Santa Inés (1688-1747) hasta ahora ha sido ignorada casi por completo[2], 2. carecemos de ediciones modernas[3], 3. no existen

---

[1] Este artículo es una ampliación de una ponencia leída en el Primer Congreso Internacional de Lingüística Misionera (Oslo, 13-16 de marzo de 2003), subvencionado por el proyecto OsProMil (Oslo Project on Missionary Linguistics) del Consejo Noruego de Investigaciones Científicas (NFR; Norges Forskningsråd). Agradezco la valiosa labor de Hans-Jörg Döhla y Raquel Montero Muñoz, cuyas correcciones y sugerencias han contribuido notablemente a mejorar el manuscrito original. Asumo la responsabilidad absoluta de posibles errores.

[2] Hay unas excepciones importantes: Humboldt (1826), Alvar (1997) y Bae (2004, 2005).

[3] Que nosotros sepamos, no hay ediciones facsimilares del *Tagalysmo elucidado*, pero sí hay una edición facsimilar del *Arte de la lengua japona* publicada en 1972 en Tokyo sin

estudios que evalúen su interés para la historiografía lingüística hispánica en general, 4. no se ha investigado su importancia para la codificación y el estudio de la tipología de las lenguas orientales en general y la lingüística histórica y comparativa en particular. En este artículo trataremos, por un lado, las observaciones sobre el hebreo y, por otro lado, se analizará el uso del metalenguaje hebreo en las gramáticas del tagalo y del japonés de este autor franciscano.

Se ha sostenido a menudo que las descripciones de los misioneros de la época colonial fueran acríticas y –por no haber abandonado drásticamente los moldes grecolatinos– no fueran capaces de captar las idiosincrasias de estas lenguas exóticas. Por otro lado, se ha demostrado en investigaciones recientes que el estudio del hebreo abrió nuevos horizontes con respecto a los análisis morfológicos y tipológicos de las lenguas que hasta la época nunca antes habían sido estudiadas. En la mayoría de los casos no podemos negar la existencia de los modelos grecolatinos, pero también está demostrado que los misioneros iban refinándolos, ampliándolos y adaptándolos a las nuevas circunstancias de manera que abundan ejemplos de análisis que van «más allá de los moldes grecolatinos» (Esparza Torres 2007: 23). Como se verá abajo, Oyanguren de Santa Inés no es una excepción y su obra es de particular interés, sobre todo por la gran cantidad de lenguas que se analizan en ella, como el latín, el griego, el hebreo, el portugués, el francés, el italiano, el vasco, el tagalo, el japonés, el chino mandarín (o lengua «caraya» o lengua de los «sangleyes»), «la lengua de Siam», e inclusive el náhuatl. En este artículo se presenta en qué medida facilitaron los conocimientos del hebreo el estudio de otras lenguas no-indoeuropeas prestando especial atención a la estructura interna de la palabra.

2. Datos biográficos de Oyanguren de Santa Inés

Oyanguren de Santa Inés nació en Salinas (Guipúzcoa) en 1688. En 1715 partió para Filipinas donde llegó en 1717. Fue mandado para las misiones de Cochinchina donde fue encarcelado, y desterrado a Manila donde cayó enfermo. En 1721 regresó a México para curarse de su enfermedad y volvió a las Filipinas en 1725. En 1726 fue nombrado Doctrinero del pueblo de los

---

introducción, de una tirada muy limitada. Hemos podido consultar el ejemplar de la biblioteca de la universidad de Arizona.

Baños de Aguas Santas y ejerció el ministerio en Saryaya hasta 1736. A causa de su delicada salud tuvo que regresar a España, pero al llegar a México, no pudo continuar su viaje. En 1744 ocupó el puesto de Presidente del Hospicio del convento de San Agustín de las Cuevas, donde murió en 1747 (Gómez Platero 1880: 388-389; Pérez 1908: 241-247; Bae 2005: 21).

3. OBRA

De su mano se han conservado dos gramáticas publicadas en México, una del japonés (1738), intitulada: *Arte de la lengua japona, dividido en quatro libros según el arte de Nebrixa* y otra del tagalo (1742) con el título: *Tagalysmo elucidado, y reducido (en lo posible) a la Latinidad de Nebrija. Con su sintaxis, tropos, prosodia, pasiones &c. y con la alusión, que en su uso y composición tiene con el Dialecto Chinico, Mandarin con las lenguas Hebrea y Griega.* Oyanguren compuso una parte de la última obra primero en latín, pero no fue bien recibida. Si bien la terminó en 1723, según leemos en el prólogo (Oyanguren 1742: 2), esta no fue impresa hasta 1742[4]. Tenemos también noticias de que el franciscano de Salinas fuera autor de tres obras perdidas, una gramática del vascuence compuesta ya en 1715 (es decir 14 años antes de la famosa gramática intitulada *El imposible vencido* de Manuel de Larramendi [1690-1766]): *Arte de la lengua Vascongada* y el *Cantabrismo elucidado,* y un diccionario trilingüe tagalo-castellano-cántabro (174?,[5] Sueiro, 2003: 144). Las lenguas maternas de Oyanguren de Santa Inés eran el vascuence y el español. Como se deduce de los títulos de las gramáticas, había aprendido el latín, el griego, el hebreo, y el chino, y además de esto, tenemos noticias de que tenía conocimientos de vietnamita y malayo[6]. No es improbable que Oyanguren conociera algunas gramáticas

---

[4] Cuando se imprimió la gramática japonesa en 1738, ya existía el *Tagalismo elucidado,* porque se encuentran varias referencias en ella al último (cf. 1738: 55, 152, 156).

[5] La fecha exacta es desconocida.

[6] Muchos sacerdotes que predicaban en las Filipinas aprendieron más de una lengua, como por ejemplo el alumno del gramático y lexicógrafo Alonso de Molina (c.1514-1485), el franciscano Juan de Ayora (murió en 1582), que aprendió el tagalo, el ilocano y el chino (Sueiro 2003: 151). Según Tormo Sanz (1978: 385) —sin mencionar sus fuentes— Juan de Ayora sería autor de un *Arte de la lengua mejicana* y un *Vocabulario español mejicano,* afirmando que esta lengua podría ser la lengua tarasca, que es poco probable. Si se tratara de esta lengua, no le daría el nombre de «lengua mexicana».

mesoamericanas, aunque compare solamente en una ocasión el tagalo con
el náhuatl, sin mencionar la fuente.

4. Fuentes

Como ya ha demostrado Bae (2005), Oyanguren de Santa Inés no fue el
primer autor europeo de una gramática del japonés, ya que existen dos
gramáticas anteriores, como la del jesuita portugués João Rodrigues (1561-
1634) y otra compuesta en latín por el extremeño Diego de Collado (murió
en 1638), que permaneció en el Japón durante los años 1619 y 1622 y cuya
obra se basa principalmente en su antecesor portugués (Collado 1632: f.4;
Spear 1975: 2). Antonio de Nebrija fue sin duda la fuente principal para las
dos gramáticas de Oyanguren, dado que ya se encuentra su nombre en los
títulos de sendas obras. Pero en algunos pasajes Oyanguren menciona también a Collado, como por ejemplo en los análisis de los llamados «tiempos
philosophicos» del verbo:

> Supuesta la formacion del infinitivo, y presente de indicativo, por caminar por
> el orden del Vocabulario, aunque el Padre Collado no dio â la lengua Japona mas
> que los tres tiempos philosophicos de presente, preterito, y futuro, es cierto, que
> con algunas particulas se le pueden dar los tiempos imperfectos, ó no philosophi-
> cos, como se hace en la lengua Mandarina, ó China (Oyanguren 1738: 55)[7].

Otra obra de importancia para la gramática del japonés de Oyanguren es
el *Vocabulario de Japón declarado primero en Portugués por los padres de
la Compañía de Jesús de Aquel Reyno, y agora en castellano en el Colegio
de Santo Thomás de Manila* (Manila: Colegio de Santo Tomás), que es
mencionado en numerosos pasajes como el «Vocabulario».

---

[7] Otra referencia se encuentra en Oyanguren 1738: 72. La gramática del japonés de
Collado se basa principalmente en las gramáticas de Rodrigues, como se lee en el prólogo
(Collado 1632: f.3). El nombre de Antonio de Nebrija no aparece en el título, pero sí se
encuentra una referencia a su obra en la primera página donde leemos: «In hac arte Grammaticae seruauimus ordinem, quem peritus Antonios Nebrissenses, & alij seruarunt in suis
linguae Latinae, per partes, videlicet Orationis, nempe Nomen, Pronomen, &c.» (Collado
1632: f.6) («En esta gramática hemos seguido el orden que el perito [gramático] Antonio de
Nebrija y otros siguieron en sus gramáticas de la lengua latina, conviene a saber, por partes
de la oración, como Nombre, Pronombre, etc.»).

Este vocabulario anónimo, datado en 1630, fue impreso a cargo de Tomás Pimpin y Iacinto Magauriva y es atribuido a Iacinto Esquivel. La autoría de esta obra colectiva aún no se ha podido verificar con certeza. Es la versión española de un original portugués cuya autoría tampoco se ha podido verificar. Algunas veces el vocabulario portugués es atribuido a João Rodrigues, pero no puede ser la misma persona que João Rodrigues «Tçuzu» (= «Tsuji» que significa «el intérprete») el famoso autor de las gramáticas, por varias razones, que no podemos exponer aquí[8]. Esta vasta obra lexicográfica intitulada *Vocabulario da Lingoa de Iapam com a declaração em Portugues, feito por alguns Padres, e Irmãos da Companhia de Iesu* (Nagasaki: Collegio de Iapam da Companhia de Iesus, 1603 y 1604) tampoco es el primer vocabulario occidental de la lengua japonesa, ya que en 1595 se publicó la obra anónima trilingüe latín-portugués-japonés basada en la obra lexicográfica de Ambrosius Calepino (1440-1510) con el título *Dictionarium Latino Lusitanicum, ac Iaponicum*. No es improbable que Oyanguren tuviera algún ejemplar de estos diccionarios a su disposición, pero es obvio que sacó sus ejemplos de la versión española, porque se encuentra una referencia explícita en su gramática:

… vide el vocabulario impresso en el Combento de N.P. Sto. Domingo de Manila sin nombre de Autor; año de 1630. Por Jacinto Magauriva traducido de Portugues, donde ay algunos (Oyanguren 1738: 30).

Al contrario que sus antecesores Rodrigues y Collado, Melchor Oyanguren aprendió el japonés fuera del Japón y sin haber estado nunca en este país. Oyanguren aprendió la lengua a partir de las fuentes que estaban a su alcance, así como a través de informantes, que eran miembros de la minoría japonesa en Filipinas. Por lo tanto, Oyanguren era perfectamente consciente de que la lengua japonesa que estaba aprendiendo era la lengua arcaica que se usaba hacía mas de un siglo. No solo las fuentes escritas pertenecían a un momento anterior de la historia de la lengua japonesa, sino también la variedad lingüística de los informantes probablemente conservara elementos arcaicos, ya que estos eran cristianos (portugueses, españoles y japoneses) exiliados, refugiados procedentes del Japón a partir del año 1614 (Cooper 2001: xix):

---

[8] Para más detalles, véase Boxer (1949-50: 351).

Aqui se reducen otros modos que ay, como condicional, causal, &c. y de consiguiente las oraciones, que llaman condicionales, ó causales, las quales no tienen en la lengua Japona especial dificultad, [...] y de todas se pondran exemplos de sus mesmos Escritores, por mas seguros para la práctica, y por lo que huviere mudado el dialecto Japòn en mas de un Siglo, que ha, que cerraron el Japòn, y echaron de alli assi â Españoles, como â Portugueses (Oyanguren 1738: 67).

La versión española del *Vocabulario* fue sin duda la fuente principal para los datos relacionados con los «lenguages de Ximo y Cami», ya que el *Vocabulario* presta mucha atención a estas variedades lingüísticas (Atsuko Tashiro 2007: 217; para los análisis de las variedades sociolectales, ver también 218-221). Oyanguren copió sus ejemplos directamente del *Vocabulario* y también se encuentra la misma explicación de las abreviaciones B, P, y S:

la B se usa cuando se trata de una voz del 'Buppo', una voz no usada entre personas nobles y sí entre la 'jente baja, la lengua de mugeres, ô niños, la P si es el registro de los Poetas, y se pone una S «si es de escritura» (Oyanguren 1738: 17-18).

Como se desprende de su gramática tagala, Oyanguren no fue pionero en la codificación de esta lengua y explica la razón y los objetivos explícitos por los que decidió emprender la tarea de escribir una nueva gramática de esta lengua:

El motivo de escrebir este Arte (aviendo tantos) es el nivelarlo en lo possible à la latinidad, poniendo reglas fixas, evitando con esto la confusion de tantos Artes, unos cortos, otros largos, otros muy confusos, pues à penas avrá Arte, que se parezca á otro; porque unos trasladan, y juntan de distintos Artes, otros mudan lo trasladado, y assi ay tantos Artes quantas cabezas, *quot homines tot artes* (Oyanguren 1742: 2).

En esta gramática del tagalo encontramos muchas secciones dedicadas al chino[9] como afirma el propio autor cuando dice que se le ofrece al aprendiz

---

[9] «Assimismo en algunas advertencias va encajada la substancia Grammatical de la Lengua Caraya, Mandarina, ò China; para que pueda servir â los Ministros Evangelicos que Administran en las Provincias de las Yslas de Luzon; pues muchas veces succede morir algunos Chinos Christianos en los Pueblos Tagalos con el gran desconsuelo, de no aver,

«la substancia del Arte Chinico, ó Mandarín». Además, Oyanguren informa a sus lectores que también pueden recurrir a otras obras existentes, como «los Artes del P. Varo, de la Sagrada Religion de N.P. Santo Domingo: ò à los del P. Piñuela, ó Fr. Basilio Glemona Recoletos de Nuestro Padre San Francisco» (Oyanguren 1742: 8)[10] todas disponibles aparentemente en Manila.

Otro aspecto interesante por el cual la gramática de Oyanguren se distingue de otras gramáticas de su época es el hecho de que muy frecuentemente nombre sus fuentes: así Oyanguren con frecuencia habla de «los Europeos Missionarios» (1742: 13), o simplemente de «los primeros Tagalistas» (1742: 11), e incluso nos proporciona nombres concretos, como el de Gaspar de San Agustín (1646-1724), autor de una gramática del tagalo (1703) o el de Francisco Blancas de San José (1560-1614), el «Ciceron Tagalo», el de Oliber de N.H.S. Gregorio de N.H. Sta Anna, a quien no hemos podido identificar, y, finalmente, de «otros Franciscanos, que imitan la natural locucion Tagala» (Oyanguren 1742: 186). Este hecho es cuanto más sorprendente porque los misioneros generalmente no suelen hacer mención explícita de sus fuentes.

Como cualquier estudioso ilustrado, Oyanguren muestra tener conocimientos de filosofía y de lógica. Así, en la última sección de la gramática japonesa dedicada a las figuras retóricas, Oyanguren menciona a Desiderius de Erasmus de Rotterdam (c.1466-1536) y a Publius Rutilius Lupus, autor de la clásica obra *De figuris sententiarum et elocutionis,* una adaptación latina de una obra sobre la retórica de Gorgias de Atenas (siglo V a. d. C.). Pero hay que notar que no coinciden los tropos y figuras enumeradas por Oyanguren con los que se encuentran en el tratado de Rutilius y por lo tanto, es probable que sacara su información de Antonio de Nebrija, que a su vez había tomado como modelo la obra de Donato[11].

---

quien les Administre el Santo Sacramento de la Penitencia, por no entender su lenguage; y en este breve resumen, con un poquito de comunicacion con ellos, para la comprehension de las tonadas; puede con facilidad el Missionario hacerse capaz de su lenguage, y dâr á muchas Almas esse consuelo; pues la Lengua Caraya es breve, y facil; aunque sus frases, y tonadas son dificultosas» (Oyanguren 1742: 3).

[10] Para más información bio-bibliográfica sobre Glemona y Varo consúltese Breitenbach (ver Varo 2000[1703]). Probablemente circulaban más gramáticas del chino en Manila, porque Oyanguren usa el plural en la siguiente cita: «Las particulas proprias de muchas cosas se pueden vèr en los Artes Chinicos, y otras enseñarà el uso» (Oyanguren 1742: 27).

[11] Es difícil identificar la edición de Nebrija empleada por Oyanguren. Sobre las distintas reediciones de Antonio Nebrija consúltese Esparza Torres (2007) y sobre la fortuna de los tropos y figuras en las distintas reediciones de Nebrija, véase sobre todo Roldán Pérez.

En un pasaje sobre las «sabidas definiciones quidditivas, ó descriptivas de las figuras» Oyanguren no solo menciona al sabio humanista Erasmus y al clásico Rutilius, sino también nombra un *Lexicon graecolatino*[12]. Finalmente, hace mención de una fuente de su propia cosecha, su *Tagalismo elucidado* (Oyanguren 1738: 156), que aparentemente ya debía existir antes, a pesar de que fuera publicada cuatro años después del *Arte de la lengua japona*. Mientras que los misioneros franciscanos en el Nuevo Mundo se vieron confrontados con el problema de que no había fuentes escritas en las cuales pudieran basar sus obras lingüísticas, –y solucionaron este problema tomando los ejemplos de la tradición oral, o la plática de los indios, o de la «vieja palabra, o *huehuetlahtolli*»– sus colegas en Asia estaban en una situación más afortunada, porque podían basarse en autores clásicos, tanto en autores autóctonos como en obras clásicas europeas traducidas al japonés por los jesuitas, como por ejemplo las fábulas de Esopo (Amakusa 1593). Además, sacaron los ejemplos para la enseñanza de colecciones de proverbios, como el *Xixo Xixxo* (Amakusa 1593), o la versión romanizada del *Heiqe Monogatari* (*Feiqe no Monogatari*, Amakusa, 1592).

No es posible identificar las obras de inspiración concretas que usó Oyanguren para el hebreo, dado que en ninguna de las dos gramáticas se encuentra una referencia.

5. LAS LENGUAS

Como observa Smith-Stark (2005: 26) en las gramáticas mexicanas encontramos solo esporádicamente información sobre la pronunciación de otras lenguas europeas. En la comparación de lenguas, los misioneros casi siempre toman como ejemplo el español, el latín y a veces el hebreo, mientras que muy escasamente comparan las lenguas indígenas con lenguas europeas: «There is very little or nothing said about the other languages which some

---

(1994). El análisis de las fuentes en el terreno de la retórica no se ha investigado en las obras lingüísticas misioneras y puede enriquecer nuestros conocimientos sobre la enseñanza y el empleo de las fuentes de la época en cuestión.

[12] No resulta fácil identificar la fuente exacta, dado que existían muchas obras con este título en la época en cuestión, por ejemplo, el *Lexicon* de Henri Estienne (1540-1600), el de Heinrich Bazel (1527-1579), de Johannes Servilius (fl. 1539), George Pasor (1570-1638), Johannes Walderus (1520-1542), etc.

of the missionaries surely knew: Greek, Arabic, French, Basque, Flemish, Italian, Danish». No es este el caso en las obras de Oriente, como muestran sobre todo las gramáticas de Rodrigues, Collado, Varo y de Oyanguren. En Varo encontramos varios pasajes donde se hallan referencias al francés, al portugués, etc. (en Varo 2000 [1703]: 7). En la obra de Oyanguren abundan comparaciones con una cantidad impresionante de lenguas. De esta manera Oyanguren toma el español para explicar la pronunciación de las letras <c> y <h> en la romanización del japonés (Oyanguren 1738: 3) y cuando trata de la pronunciación de la letra <j> compara este sonido «blando» con el portugués (1738: 1).

La obra de Oyanguren no solo contiene información importante sobre el tagalo, el japonés y el chino del siglo XVIII, sino que también se hallan observaciones relevantes sobre las lenguas peninsulares y los dialectos hablados en su época:

> Los Cantabros, y Castellanos viejos pecan por carta de menos en no pronunciar la H, como aspiracion: Los Andaluces, y Valencianos pecan por carta de mas en hacerla, y pronunciarla como letra; en el Idiòma Tagalog se debe pronunciar como letra, porque los primitivos Tagalistas la acomodaron en lugar de la J, y si no se pronuncia avrá muchos equivocos en muchas dicciones (Oyanguren 1742: 7).

Son las referencias a la lengua vasca las que han contribuido al interés de la obra de Oyanguren por la historiografía lingüística en general. Oyanguren compara, por ejemplo, la pronunciación de la letra <z> japonesa con la pronunciación de la sibilante fricativa dorsoalveolar sonora /z/ en vasco, o equipara la descripción del uso del «proverbo» japonés *suru* («hacer algo») y el verbo vasco *egin* («hacer algo», en la ortografía de Oyanguren <eguin>) (Oyanguren 1738: 156)[13]. En otro pasaje hace referencia a la pronunciación del castellano de los vascos (1738: 2) y hace comparaciones con la lengua de los cántabros, los árabes, y los macaos (1742: 6).

Aunque en aquella época todavía no existían intentos de agrupar lenguas del tipo aglutinante, Oyanguren fue probablemente uno de los primeros

---

[13] Se trata de un verbo pospuesto a un nombre indefinido en ciertos verbos compuestos, como *lo egin* (= 'dormir'), como en el japonés *oto ga suru* (= «hacer ruido»), cf. el uso en turco de Nombre + *yapmak* o *etmek*. Estas construcciones sustituyen verbos específicos (Martin 1975: 871).

–o el primero– en el mundo que lo hizo, confrontando el euskera con el japonés:

> La colocacion Japona es entrincada, y nada semejante â la colocacion de las lenguas Europèas: alguna similitud tiene con nuestra Vascongada, en quanto à ser subjuntiva su colocacion (Oyanguren 1738: 139[sic, debe ser 136]).

Además de esto, Oyanguren señala dos de las características principales de las lenguas aglutinantes, como son la posición de los (post)modificadores y la posición final del verbo:

> Ponese el nominativo al principio de la oracion, y el verbo suele finalizar, ó terminarla, como se vee en muchos exemplos, que tiene el Vocabulario, el adverbio no suele seguir al verbo, antes le suele anteceder, las otras partes de la oracion se colocan segun cupieren, y el uso lo demuestra, aunque los adverbios de tiempo suelen posponer (Oyanguren 1738: 136-137).

Oyanguren también intenta clasificar las lenguas «aglutinantes» –el japonés y el vascuence– empleando el término ambiguo «lengua subjuntiva», mientras que observa que la lengua japonesa tiene muchas partículas, y el chino, pocas:

> La lengua Japona es invariable, y no tiene casos, en lo qual imita al dialecto Chino, ô Mandarino, que no tiene casos, aunque no le imita en las particulas, porque la lengua Japona tiene distintas, y muchas particulas, y la lengua China tiene pocas, ut sieng, seng: seng tien: tie, men &c. solo se advierte, que la lengua Japona en la mayor parte es subjuntiva como lo es nuestra lengua Vascongada, «De qua egimus in sua arte» (Oyanguren 1738: 6).

En otro párrafo de la gramática japonesa, Oyanguren usa el mismo término («subjuntivo») para las posposiciones, una característica de lenguas aglutinantes como el vasco y el japonés:

> Ya queda dicho, que el dialecto Japón es en la mayor parte sujntivo [sic], como lo es nuestra lengua Vizcaina, y allí las que el Latino llama preposiciones, porque se anteponen: son en el Japòn posposiciones (Oyanguren 1738: 126).

El término *subjuntivo* es una traducción de la voz griega *hipotáctico* (de ὑποτάσσω) término que también carece de univocidad. Por un lado el término implica el sentido de jerarquía, es decir, de *subordinación*[14], pero también implica la noción en sentido lineal, expresado en el significado 'juntar'. Esta connotación reaparece en el término holandés *aanvoegende wijs* para el «modo subjuntivo» (*aanvoegen* = 'añadir', 'juntar'). En inglés, *to subjoin* tiene entre otros, el significado 'to affix', que denomina aproximadamente lo que hoy entendemos por «aglutinante» con referencia a lenguas.

Finalmente, merece ser mencionado aquí que en sus gramáticas Oyanguren (1742: 1-2) también hace algunas observaciones sobre el árabe, como cuando describe aspectos fonéticos del tagalo por medio de una comparación con el árabe. Así dice que el tagalo no tiene una pronunciación «dental» como el vascuence, sino más bien «gutural y sonora como la Arábiga». Además, también inserta comentarios sobre lenguas del Nuevo Mundo, como el náhuatl (1742: 4):

> Carecen los Tagálos de consonantes mudas, y liquidas, por lo qual en algunas pocas voces en que a las mudas se siguen consonantes, no se pronuncian liquidamente (como lo hacen los Indios Mexicanos con su Lengua Mexicana, *vt Tenepantla*) sino se pronuncian no liquidas, y heridas, arrimando la consonante à la vocal siguiente (Oyanguren 1742: 4).

Sin duda se trata aquí de la lateral africada /λ/, que no solo existe en el náhuatl sino también en el totonaco (Smith-Stark 2005: 18). Lo que intenta enfatizar Oyanguren es que el dígrafo <tl> se pronuncia como un solo fonema y no como dos fonemas separados <t> + <l>[15].

6. El hebreo

6.1. *Comparación con fonemas hebreos*

En busca de ejemplos ilustrativos de otros idiomas, algunos gramáticos mejicanos incluyeron referencias al hebreo para explicar la pronunciación

---

[14] Liddel/Scott (1968): 'place, or arrange under', 'subject', 'subjoin', 'append'.

[15] Probablemente Oyanguren eligió una palabra nahua donde aparece /λ/ en posición media, como es el caso en la voz *tenepantla* que significa según Molina (2001[1555]: 99r) «en medio de algunos, o entre otros». La <tl> tiene diversas realizaciones fonéticas: en posición final es básicamente sorda, y en las demás posiciones es sonora (aunque es posible que llegue a fricativizarse entre vocales). También suele asimilarse a /l/ en combinaciones como *tlal-tli* da *tlal-li* (José Antonio Flores Farfán: comunicación personal).

del náhuatl. Alonso de Molina (1571: 3), por ejemplo, compara un sonido mexicano con una letra hebrea, el *tsade* (צ). Igualmente compara la pronunciación tagala con la «gangosa» del hebreo:

> Es el Dialecto Tagalog muy abundante, sonòro, elegante, y que en la mayor parte imita a la pronunciacion Europea, aunque no es su pronunciacion dental como lo es la Cantabrica, y tiene, y consta de pronunciacion gutural mas Sonora, que la Arabiga, y menos dificil que la China, ò Dialecto Mandarin, sin la molestia de sus tonadas: en lo qual imita el *ñgna in* gangoso del Hebreo (Oyanguren 1748: 1-2).

6.2. *Elementos suprasegmentales*

Con respecto al campo de los elementos suprasegmentales en Oriente también se desarrolló una tradición regional que se distingue claramente de la tradición de las obras misioneras que se compusieron en las Américas. Por un lado existen descripciones del tono como rasgo fonémico en el chino, las llamadas «tonadas» según la terminología española de la época (Varo 2000 [1703]: ff.9-17), mientras que, por otro lado, hallamos en las islas Filipinas una tradición descriptiva y un metalenguaje innovador respecto al acento en tagalo. Oyanguren dedica muchas secciones al tono del chino, pero estos capítulos no deben ser considerados muy originales, ya que constituyen copias de las definiciones de Francisco Varo. Pero sigue la tradición filipina en cuanto a la descripción del acento. Franciso Blancas de San José (murió en 1614) fue el primero (a saber de las fuentes que se han conservado) en acuñar el término «[sílaba] penúltima producta» y «penúltima correpta» (también «corrupta») (Blancas de San José 1997 [1610]: 300-301). Como señala Fernández Rodríguez (en prensa, analizando la obra de Vivar, 1797: s.n.), tras las entradas del Calepino Ilocano «se encuentra el acento, esto es, P.P. –penúltima producta– cuando el acento se sitúa en la penúltima sílaba o P.C. –penúltima corrupta– cuando el acento se sitúa en la última vocal de la palabra». La terminología empleada por Oyanguren utiliza tres nomenclaturas que siguen tres tradiciones diferentes: por un lado emplea las siglas *p.p.* y *p.c.* pertenecientes a la tradición filipina de los «tagalistas» (1742: 11-12; 211ss.), por otro lado usa la nomenclatura griega, como los términos para los «tonos barítonos, paroxítonos, proparoxítonos» (1742: 11) y, finalmente incluye la nomenclatura hebrea para la descripción de la acentuación en la lengua tagala, utilizando los términos *milléhel, athnach* y *metheg*:

> Entre las vozes Tagalas unas simples, y otras compuestas ay muchissimas vozes, que tienen la ultima sylaba breve la qual sylaba apunta el Vocabulario con esta señal (pp) y podian los primeros Tagalystas aver imitado à distintas naciones Europeas apuntando la penultima sylaba (ó la antepenultima en dicciones polisylabas, siendo esta breve), como lo hazen los Cantabros, Castellanos, Griegos, Hebreos, &c. Los Castellanos lo usan en muchissimas vozes, y en especial en los preteritos imperfectos de subjuntivo, amáras, leyèras; y de esta suerte podian aver apuntado sus Libros Tagalos los primeros Tagalystas y quitarnos de ojear tantas vezes el Vocabulario; à este accento llama el Hebreo Milléhel, ò breve.
>
> El accento, que los Tagalystas denotan, ó marcan con esta señal entre parenthesis (pc) una p, y c, con la virgulilla arriba es semejante al accento Grammatico Hebraico Athnach; por que en el medio de la diccion causa como levissima pausa para tomar respiracion, y de aqui tomò su denominacion el Hebreo; y en este genero de pronunciacion se detienen los Tagalos con sutileza, y prosiguen à finalizar la diccion; su figura en el Hebreo es como la del *tha* Griega, &c. (Oyanguren 1742: 209).

> Los primeros Tagalystas en algunas raìzes simples nos dejaron rayita transversal, para que nos detuviessemos en la pronunciacion de la diccion, y en el Dialecto Tagalo, ay bastantes raíces de este thenor; v.g. *ab-ab*; pc. Ajustar: *abal-abal*, estorbar... Este accento es à manera del accento Metheg de los Hebreos, que retiene la sylaba, aunque entre los Hebreos no es pariformiter al de los Tagalos (Oyanguren 1742: 213) .

Los términos *milléhel, athnach* y *metheg* fueron introducidos en los tiempos masoréticos. El término *milehel* denomina la posición del acento en la penúltima sílaba, en lugar de la última sílaba como es usual; el término *athnach* es utilizado para denominar el «semicolon» o «pausa»; *metheg* se usa para indicar varios acentos secundarios, bien para evitar la pérdida de vocales en la pronunciación, o bien para indicar la pronuncación de vocales que habitualmente se reducen a una *schwa*, pero que en ciertas posiciones fonéticas deben ser pronunciadas. La pausa, o cierre glotal, también es un fonema que existe en el náhuatl, denominado «saltillo» en la tradición misionera (Smith-Stark 2005: 16, 30). Como podemos ver en varias fuentes, por ejemplo en Vivar (Fernández Rodríguez, en prensa), en las Filipinas se desarrolló otro término, el «cortadillo». Pero Oyanguren prefiere usar la terminología hebrea para describir esta «pronunciación parada» o «detenida».

6.3. Morfología

Es indiscutible que el modelo griego se haya desarrollado exclusivamente para describir y aprender el griego y no apriorísticamente para describir otras lenguas. En las palabras de Hovdhaugen (1984: 68): «Greek linguistics was identical with the study of the Greek languages». Existe un balance entre los términos metalingüísticos y los hechos lingüísticos mismos. En lo referente a las gramáticas latinas podemos decir *grosso modo* lo mismo. Los gramáticos latinos desarrollaron un metalenguaje latino para describir el latín, pero la diferencia es que su terminología se basa en traducciones o adaptaciones de conceptos griegos al latín, y así surgieron ciertas incongruencias: en algunos casos se omitieron conceptos redundantes (como el artículo, la voz media, el número dual), y en otros, el sistema fue ampliado con la inclusión de otros conceptos inexistentes en el griego (como el ablativo, el *supinum*, etc.). Además de esto, había aspectos que desconoce la tradición griega, como el aspecto contrastivo inherente al sistema latino. Aunque no se desarrollara una tradición de manuales o «cursos» de lenguas extranjeras, sí existen algunas excepciones interesantes desde el punto de vista de la historiografía lingüística, como el *Ars grammatica* de Dositheus Magister (siglo IV), una gramática latina para griegos basada en la obra de Cominiano. Se han conservado algunos libros conocidos bajo el nombre *Pseudo-Dositheana Hermeneumata* (Hammond/Scullard 1970: 363) y en este contexto podemos mencionar también la obra *De differentiis et societatibus Graeci Latinique verbi* de Ambrosios Teodosius Macrobius (siglo IV) sobre las semejanzas y diferencias entre el griego y el latín. Aparte de estas dos, ninguna otra lengua fue objeto principal de ningún tratado o estudio, y siguiendo a Kukenheim, podemos decir que esta «ignorancia» fue un obstáculo para el desarrollo de la gramática comparada en la Antigüedad, y más tarde en el Renacimiento[16].

---

[16] «Chez les Romains, l'ignorance des langues autres que le latin et le grec, a fortement retardé – et pour longtemps après eux – les progrès de la grammaire comparée» (Kukenheim 1951: 79).

Sin embargo, esto no quiere decir que los gramáticos no hubieran tenido ciertos conocimientos de otras lenguas. Marcus Terentius Varro (nacido en 116 a. d. C.), por ejemplo, sabía por lo menos que en la lengua de los fenicios, los egipcios y los galos los nombres eran indeclinables, como muestra la siguiente cita:

> Quare si essent in analogia, aut ut Poenicum et Aegyptiorum vocabula singulis casibus dicerent, aut pluribus ut Gallorum ac ceterorum; nam dicunt *alauda alaudas* et sic alia. Sin quod scribunt dicent, quod Poenicum si<n>t, singulis casibus ideo eas litteras Graecas nominari: sic Graeci nostra senis casibus non quinis dicere debebant; quod cum non faciunt, non est analogia (Varro 1967 [116 a. D.]: 64).
>
> [Wherefore, if these proper names were in a state of Regularity, either they would use them with a single case-form each, like the words of the Phoenicians and the Egyptians, or with several, like those of the Gauls and of the rest: for they say nom. *alauda* 'lark', gen. *alaudas*, and similarly other words. But if they write, they say that the Greek letters received names with but one case-form each for the reason that they really belong to the Phoenicians, then in this way the Greeks ought to speak our words in six cases each, not in five: inasmuch as they do not do this, there is no Regularity]. (Traducción de Kent 1958, II: 423; 1967, II: 423)

Estas observaciones sobre lenguas de otras familias lingüísticas como la semítica, deben ser consideradas significativas, aunque nunca hayan sido analizadas ni sistematizadas. Cuando los europeos empezaron a interesarse en la lengua hebrea durante la Edad Media y sobre todo en el Renacimiento, se ampliaron los conocimientos sobre lenguas diferentes de las lenguas indoeuropeas y así el modelo descriptivo fue enriqueciéndose. Mientras que Antonio de Nebrija emplea en su gramática latina (Nebrija 1981 [1481]) el método monolingüe (es decir que usa un solo idioma tanto para el metalenguaje como para la lengua descrita), en la edición bilingüe (Nebrija 1996 [c.1488]) se añadió el aspecto contrastivo por medio del uso del castellano y el latín. Además, en la gramática castellana (1992 [1492]) encontramos muchas referencias a lenguas semíticas, como el árabe y el hebreo. Podemos resumir con Esparza Torres (2007: 23) que los misioneros lingüistas de la Nueva España describieron las lenguas indígenas «más allá de la estructura» basándose en «la búsqueda de la particularidad de la lengua náhuatl en comparación con el latín y con el castellano».

Se ha dicho a menudo que los gramáticos renacentistas de lenguas vernaculares europeas y de lenguas «exóticas» (amerindias y asiáticas) fueron inspirados por la tradición de las gramáticas latinas del hebreo al introducir el concepto de «raíz», fenómeno inexistente en la tradición greco-latina. El concepto de «raíz» (*radix*) provendría de la traducción literal de la voz hebrea שרש (shoresh) usada por los gramáticos hebreos del siglo XI para traducir el concepto árabe *aṣl* ('base, fundamento'), en oposición a *farʿ* ('ramificación'). Según la tradición greco-latina solo se distinguirían las entidades «letra», «sílaba», «palabra» (o «dicción») y «oración» y no tendrían términos para entidades que hoy llamamos «morfemas». Lo último en sí es correcto –y así se explica la necesidad de inventar el nuevo concepto de «morfema» en la lingüística moderna–. Pero esto no quiere decir que los gramáticos latinos de la Antigüedad no conocieran términos para entidades más pequeñas dentro de la estructura interna de la palabra. Según Priscianus: «*dictio es pars minima orationis constructae*» y se basa sobre todo en criterios semánticos, oponiendo *dictio* con la entidad *syllaba*. Ambos términos se distinguen en que *dictio* tiene función significativa (*aliquid significare*) mientras que *syllaba* no la tiene[17]. En su modelo, Priscianus emplea términos, como *enclitica monosyllaba* y *adiectio* para describir elementos con el rasgo *nihil significare possit per se*. Esta terminología se divulgó en el Nuevo Mundo (cf. Zwartjes 1998).

Es importante destacar aquí que el término *radix* no era del todo un término desconocido en la tradición grecolatina, pero el concepto de la raíz del latín era diferente al de la raíz semítica y por lo tanto no tenía el mismo significado que después le adjudicarían los gramáticos renacentistas a este término[18]. Marcus Terentius Varro coincide con Priscianus en su definición

---

[17] Esta distinción fundamental no desapareció en las teorías gramaticales y renacentistas, pero hay que pensar en importantes excepciones, como la teoría semiótico-filosófica de Ramón Llull (c.1232-1316) donde hay intentos para conceder existencia autónoma a los sufijos *-tivum, -bile* y *-are* (Nasta 1992: 279). Oyanguren cita también a Ramón Llull en su *Tagalismo* (1742: 48) y el impacto de este autor es palpable (cf. la cita sobre la derivación más abajo).

[18] Cf. «Die antike Grammatik kennt den Begriff der Wurzel oder Stammes nicht. Sie lässt die individuellen Wortformen nicht durch den Antritt von Bildungs- und Flexionselementen an einem gleichbleibenden Kern entstehen, sondern leitet ein Wort, einen Kasus, eine Person von einem andern Wort, einem andern Kasus, einer andern Person ab». («La gramática antigua no conoce los términos raíz («Wurzel») ni radical («Stamm»). No crea las formas individuales de las palabras añadiendo elementos de derivación y flexión, sino

de la «indivisibilidad» de la palabra («Verbum dico orationis vocalis partem quae sit indivisa et minima», Taylor 1975: 9), pero también emplea el término *radix*. Citamos el pasaje:

> Primigenia dicuntur verba ut lego, scribo, sto, sedeo et cetera, quae non sunt ab ali<o> quo verbo, sed suas habent radices. Contra verba declinata sunt, quae ab ali<o> quo oriuntur, ut ab lego legis legit, legam et sic indidem hinc permulta (Varro 1967 [116 a. d. C.]: 37).

> [Primitive is the name applied to words like *lego* «I gather», *scribo* 'I write', *sto* 'I stand', *sedeo* 'I sit', and the rest which are not from some other word, but have their own roots. On the other hand derivative words are those which do develop from some other word, as from *lego* come *legis* 'thou gatherest', *legit* 'he gathers', *legam* 'I shall gather', and in this fashion from this same word come a great number of words.] (Traducción de Kent 1967: 209).

En otro lugar de su gramática, Varro muestra que *medicus* ('físico') deriva de la «raíz» *ars medicina, sutor* ('sastre') de *ars sutrina*, subrayando que las «raíces» en estos ejemplos no son los verbos *mederi* ('curar') ni *suere* ('coser') respectivamente (1967 [116 a. d. C.]: 93, Kent 1958, II: 88-90). En el séptimo libro vuelve a tratar la «raíz» más detalladamente:

> neque si non norim radices arboris, non posse me dicere pirum esse ex ramo, ramum ex arbore, eam ex radicibus quas non video. Quare qui ostendit equitatum esse ab equitibus, equites ab equite, equitem ab equo neque equus unde sit dicit, tamen hic docet plura et satisfacit grato, quem imitari possimusne ipse liber erit indicio (Varro 1967 [116 a. d. C.]: 4).

> [and that I have no knowledge of the roots of a tree, still I am not prevented from saying that a pear is from a branch, the branch is from a tree, and the tree from roots which I do not see. For this reason, he who shows that *equitatus* 'cavalry' is from *equites*, 'cavalrymen', *equites* from *eques* 'cavalryman', *eques* from *equus* 'horse', even though he does not give the source of the word *equus*, still gives several lessons and satisfies an appreciative person; whether or not

---

deriva una palabra, un caso, una persona de otra palabra, de otro caso, de otra persona.» (Jellinek 1914, II: 132).

we can do as much, the present book itself shall serve as testifying witness.]
(Kent 1958, I: 4)[19].

¿Se trata aquí de una teoría morfémica bloomfieldiana *avant la lettre*?
Por supuesto que no. No se trata en absoluto de una teoría que consiste en
los análisis descriptivos de los procesos morfológicos y morfosintácticos,
como la inflección, la composición o la derivación. Sin embargo, es importante notar que la palabra *radix* se empleaba como término metalingüístico
para designar lo que tienen en común, las palabras y sus derivaciones. Por
lo tanto, afirmar que la palabra *radix* se remonta a la tradición semítica, es
una simplificación[20]. Es obvio que cuando se aplica el concepto de «raíz»
a la lengua árabe o hebrea, nunca designa exactamente lo mismo que en
otras lenguas como el latín o el náhuatl. Los nombres y los verbos árabes
se construyen a partir de una «raíz» de tres letras radicales (o menos frecuentemente de cuatro o cinco radicales) abstracta e impronunciable, como
k-t-b, de la que deriva cada palabra pronunciable, el «semantema», por
medio de la integración y combinación de otros elementos como vocales,
afijos, la duración vocálica, o la geminación consonántica. Es obvio que
no todas las lenguas comparten exactamente estas características, pero si
comparamos las descripciones de Varro con el concepto semítico de la
«raíz», tenemos que constatar que la idea de la «imperceptibilidad» está
presente en ambas tradiciones. Para Varro, la «raíz» es invisible «... ex
radicibus **quas non video**» [la negrita es mía], mientras que en la tradición
semítica la raíz no es «pronunciable» (Troupeau 1984: 239). A partir del
siglo XVI los misioneros-gramáticos empezaron a usar el término «raíz»
en todos los continentes del mundo y pronto también se estableció como
término común en las gramáticas escritas en los ambientes académicos
europeos. Las consonantes que forman la «raíz» se denominaban *literae
radicales* («semantema»), mientras que todas las vocales y las demás
letras que no eran radicales eran denominadas *serviles*. Como sinónimos
de *literae radicales* también se usaban los términos *literae essenciales* y
substantiales, y para *serviles* también se usaba el término *accidentales*
(Jellinek 1914, II: 133-134). Algunos gramáticos introdujeron esta clasificación en las descripciones de lenguas no semíticas y el orientalista Elias

---

[19] Cf. También Varro (1967 [116 a. d. C.]: 53, Kent 1958, II: 413 y Varro (1967 [116 a.
d. C.]: 13, Kent 1958, I: 13).
[20] Cf. la nota 18.

Hutter (1553-1609) incluso consideraba que la existencia de raíces era una característica universal de todas las lenguas[21].

El uso del término «raíz» ya se registra en varias de las primeras fuentes del Nuevo Mundo. En el primer diccionario de una lengua indígena del Nuevo Mundo, el náhuatl, Alonso de Molina esboza la esencia de las morfología de esta lengua, afirmando:

> Porque es muy necessario para vsar bien delos verbos y delos nombres verbales que dellos salen, saber qual es la substancia del verbo, y qual es el propio nombre o particulas que se le anteponen, se porna un semicirculo para que se entienda, que lo que se pone despues del dicho semicirculo, es la substancia y cuerpo del verbo, y lo que esta antes del semicirculo, es el pronombre o particulas que se anteponen al verbo. Pero aun que aya diuision entre el verbo y particulas, todo se ha de pronunciar junto. Exemplo, Nitetla, cuilia: tomar algo a alguno, la substancia del verbo es, cuilia, y el pronombre y particulas son, nitetla: pero ha se de pronunciar nitetlacuilia (Molina 2001 [1555]: 10-11, cf. Molina 1571, I, 25r, II, 12v y Esparza 2007: 30).

En la misma época, Maturino Gilberti (c. 1507-1585) ofrece otras metáforas para las «raíces», afirmando que «no significan nada» si no se combinan con los «miembros», o «ramos»; se trata claramente de una continuación de la clásica característica *aliquid significare* prisciana aplicada a la entidad *dictio* en la Antigüedad (Gilberti 1989 [1559]: 181, cf. Monzón 1999: 149-150). Otra metáfora para la «raíz» es el «fundamento para edificar» que encontramos en la gramática de la lengua tarasca de Lagunas (1983 [1574]: 241) que nos recuerda el término hebreo *benyamin*.

Es significativo que no solo se encuentre esta terminología en las descripciones de lenguas amerindias o asiáticas; también en España hay autores que la emplean en sus análisis del castellano, como se lee en el fragmento siguiente de Gregorio Mayans y Siscar (1699-1781):

---

[21] Por ejemplo: [griego]: ἐΞΗΠΑΝΘη, EXARuit [latín], VERDORRet [alemán]; [griego] MENει [latín] MANet [alemán] BLEIBet, etc. (aquí se marcan las letras *radicales* con mayúsculas y las *serviles* en letras minúsculas. En la versión original de Jellinek se distinguen las *radicales* de las *serviles* con colores diferentes (Jellinek 1914, II: 134). Es ilustrativo que los artículos definidos en la columna de los ejemplos alemanes también se consideraran como serviles (es decir, como las desinencias de inflección).

Despues de esto, acercandonos mas a las mismas Voces, se han de distinguir las Letras Radicales de las Serviles, si las huviere, buscando la Etimologia en las Radicales, i la Analogia en las Serviles: como en *mandamiento*, en cuyas dos primeras Silabas Radicales se vè el Origen; en las otras dos Serviles, la produccion: de la misma suerte que en *adelantamiento, cabimiento, descubrimiento, erizamiento, fenecimiento, guarnimiento, hacimiento,* i otros semejantes. Pero si no huviere Letras Serviles; en todas las Radicales se ha de buscar el Origen: unas sin partir el Vocablo: otras, partiendole (Mayans y Siscar 1981 [1737]: 122).

Ya desde la Antigüedad, circulaban en Europa prácticas didácticas para la instrucción en los procesos de composición y derivación. A finales del siglo VIII encontramos un análisis de la palabra *honorificabilitudinitas* en la obra de Pedro de Pisa (Law 2003: 248). En la gramática hebrea de Johannes Reuchlin (1455-1522) hallamos un análisis comparable del sintagma *hae inhonorificabilitudines* para mostrar cómo funciona el análisis morfológico en hebreo. Reuchlin divide esta palabra en segmentos diferentes hasta llegar a la «raíz» y explica a los estudiantes de hebreo que tienen que operar de la misma manera en los análisis del hebreo (Law 2002: 247-248, cf. Percival 1986: 31). Mientras que Johannes Reuchlin fue pionero en Europa en introducir los términos *pronomina separata* y los *pronomina affixa*, constatamos que en España los conocimientos de las gramáticas hebreas escritas por autores occidentales en latín iban divulgándose desde una época relativamente temprana. Ya en el último capítulo de la *Biblia complutensis* intitulado *De modo inveniendi sores idest radicem sive primitivum cuiusque dictionis hebraice* («del método de encontrar el *sores*, o sea la raíz primitiva de cualquier dicción hebrea») se usan ambas palabras –*radix* y *primitivum*– como sinónimos para distinguirlas de las palabras que se derivan de estas raíces (*alie dictiones deriuatiue habent originem*) (1516: xv recto).

¿Eran estas las fuentes en que se basó Oyanguren? La respuesta no es fácil, porque el franciscano también cita a Ramón Llull (ca. 1232-1315):

Siendo esta lengua [tagala] tan abundante en su composicion general y particular, à mas de las raîzes simples, y absolutas, que son muchas, y de ellas el Indio usa indiferentemente sin composicion, ni conjugacion; me pareció mas acertado componer este *Arte* al simil del Arte de N.B. iluminado Doctor Raymundo Lulio de N.V. Orden Tercera de Penitencias; quien las significaciones de las voces distingue por parte de la forma, material, sujeto, y termino, v.g. domificante, domificador, domificativo, domificatividad, domificar, domificado, domificable, domificibilidad, domificacion, &c. Pues esta explicacion es la mas genuina para la multitud significativa, y elegancia de esta lengua Tagala; lo qual no sigo, por regirme por los Vocabularios, y Artes antiguos (Oyanguren 1742: 48).

Se ha dicho a menudo que el estudio del hebreo abrió nuevos horizontes con respecto a los análisis de la estructura morfológica de la palabra. En México, por ejemplo, se conservan análisis acertados de la estructura de la palabra y fueron los misioneros los que introdujeron nuevos términos o los que adaptaron términos existentes de la tradición gramatical a las nuevas circunstancias. En Zwartjes (1998) analizamos los términos metalingüísticos y semi-metalingüísticos que estaban en boga en México, como por ejemplo las *addictiones*, los *semiverbos*, *interposiciones*, y luego los términos tomados prestados de la tradición hebrea, como *afijos*, *letras radicales* –o *substanciales*– en oposición a las *letras radicales* –o *accidentales*– que acabamos de analizar[22].

En otras tradiciones surgieron nuevas tendencias en el uso del metalenguaje. Después del pionero Reuchlin, el holandés Thomas Erpenius (1584-1624) estableció nuevas normas para la descripción morfológica de lengua semíticas y su gramática del árabe tuvo gran éxito entre los franciscanos españoles y portugueses en el Oriente Medio (Zwartjes 2007a y 2007b). Erpenius usa el término *radix* para las tres letras radicales y después emplea el término *thema* ('base', que corresponde con inglés «stem» diferente de «raíz») con el fin de diferenciar la forma básica para formar palabras derivadas, pero –a nuestro saber– esta terminología nueva no tuvo seguidores en el Nuevo Mundo. Al contrario, en la tradición de gramáticos –sobre todo los contratados por la *Sacra Congregatio De Propaganda Fide*– el término «raíz» disfrutó de gran difusión, como por ejemplo en las *Institutiones Grammaticae linguae ge'ez* que se publicó como apéndice del *Lexicon Aethiopicum* (1638) compuesto por Iacobus Wemmers. En esta gramática sobre el ge'ez (etíope) Wemmers muestra que esta lengua no distingue casos, al igual que el hebreo y el caldeo, y que también conoce «artículos prefijados a los nombres» (f.12). Los pronombres pueden ser divididos en los *separata* y los *coniuncta sive affixis* (f.15). En el *Paradigma nominum cum affixis* equipara el etíope con otras lenguas semíticas, como el hebreo, el siríaco, y el caldeo.

---

[22] Son los términos que se encuentran principalmente en las gramáticas del náhuatl, zapoteco, tarasco, totonaco y mixteco. Véase Zwartjes (1998) para las referencias bibliográficas.

Wemmers enseña a sus lectores que en dichas lenguas es preciso identificar primero la raíz: «Quemadmodum in lingua Hebraea, Syra, Chaldaea, & Arabica verborum radix semper in primis inuestiganda est» (f.24). En su gramática del persa, Ludovico de Dieu (1590-1642) informa a sus lectores que la «esencia» de la raíz persa es diferente de la hebrea (Jeremiás 1999: 282). Juan Baptista Podesta (siglo XVII) en su *Cursus grammaticalis linguarum orientalium, Arabicae, scil. Persicae et Turcicae* (1686) contribuyó considerablemente a la historiografía lingüística por distinguir los términos *radix* y *thema* pormenorizadamente. Según este autor, el término *radix* debe ser usado únicamente para la descripción de raíces de origen árabe, mientras que *thema* debe usarse para la «base», o el «punto de arranque» a partir del que se conjugan los verbos y se declinan los sustantivos (Jeremiás 1999: 283).

Para la descripción de las lenguas aglutinantes algunos gramáticos preferían emplear el término *radix*, sin embargo, este término no se registra en todas las gramáticas de lenguas aglutinantes. En una gramática del turco compuesta por Romero este usa el término *aumento* para tales morfemas:

> Los Turcos tienen muchas clases del verbo, â saber, verbos substantivo, activo, pasivo, negativo, transitivo, imposible, cooperativo, y reciproco. Los seis ultimos se derivan del verbo activo. El verbo pasivo se forma del activo, anteponiendo la palabra mek, ô mak, el aumento -il, ô yl, سومك sewmek, amar, سويلمك e sewilmek, ser amado (Romero 1799: tercera parte, f. 29v)[23].

¿Y cómo trata Oyanguren los términos «raíz» y los «afijos»? Para empezar, no encontramos en la obra de Oyanguren ninguna definición teórica del término «raíz», mientras que otros autores de la tradición filipina la explican con sorprendente precisión. En la primera gramática de una lengua filipina, el tagalo, compuesta por Francisco Blancas de San José encontramos una de las pocas definiciones del término «raíz», que refleja perfectamente los deseos

---

[23] Esta obra es un buen ejemplo de plagio, porque es una traducción literal de una gramática francesa cuyo autor no se menciona. En el prefacio se menciona a Francisco à Mesgnien Meniński (1623-1698), autor de las *Institutiones Linguae Turcicae*, mientras que en la «razon de esta obra» podemos leer que «los preceptos de Don Nicolas Vanni, oficial de la Secretaria de la Interpretacion en la lengua Turca, *mis proprias reflexiones*, y las reglas de una gramatica de un anonimo frances, son los auxilios, que hè tenido» (f. 7.v) [la cursiva es mía]. La obra «anónima» es sin duda la *Grammaire Turque ou methode courte & facile pour apprendre la langue turque* de Jean-Baptiste Holdermann (1694-1730) que se publicó en Constantinopla en el año 1730.

de la época: ampliar la terminología para adaptar el modelo tradicional a las realidades de lenguas tipológicamente divergentes, como lo es el tagalo:

> Quando en este libro se nombrare y repitiere esta palabra, Rayz, es dezir palabra qualquiera que sea, en su sencillez sin tener composicion alguna ora que ella en si y por si sola tenga significacion, ora no. v.g. sulat, dezimos que es rayz, porque no se le ha puesto aun composicion alguna, y della salen muchas ramas tantas quantas composiciones se le ajuntan que son muchas como aqui se yra viendo: no obstante que ella por si significa lo mismo que escritura. Item esta palabra, tipon, es rayz de quien proceden muchos verbos actiuos y passiuos y ella por si sola nunca se vsa ni tiene por si sola significacion: sino dize se que significa, juntar, por que aplicandole particulas, se haze verbos que significan esso (Blancas 1997 [1610]: f. 3).

Ahora habrá que ver si Oyanguren realmente pudo aprovechar sus conocimientos de la lengua hebrea y el impacto de las gramáticas hebreas para la descripción de la estructura de la palabra japonesa. En lo que sigue vamos a dar un ejemplo de la descripción del uso de la terminología en su gramática así como del tratamiento de los tiempos nebrijenses. Se registra a menudo el término «raíz», pero podemos observar claramente que no es capaz de aislar la raíz de sus terminaciones y que sus paradigmas verbales en sí son copiados de sus antecesores, de manera que no contribuye en nada al análisis morfológico del verbo japonés. Oyanguren clasifica los verbos japoneses en tres conjugaciones afirmativas y negativas respectivamente, la primera termina en «de, ji, ij, &c» (44), la segunda termina en «Y», pero reconoce que «ay mucha variedad por las diversas consonantes, que ay antes de la Y, como se verà en los anomalos preteritos» (76) mientras que en la tercera conjugación se «reducen los verbos acabados en sus diptongos japones en ai, oi, vi, &c.» (82). No podemos tratar aquí en detalle el paradigma verbal de Oyanguren, pero a modo de ilustración daremos solo un ejemplo representativo:

> Los verbos acabados en chi, para formar el presente mudan en tçu, como machi, esperar, matçu, matta [...] las raìces que acaban en ubi, umi, uni, la mudan en unda, v.g. musubi atar: musubu, es presente: musunda, es preterito» (Oyanguren 1738: 76).

El texto de Oyanguren sigue el modelo de Collado donde se mencionan las tres mismas conjugaciones (Collado 1632: 18), sin embargo, en el *Arte breve* de Rodrigues hay cuatro conjugaciones afirmativas y tres negativas (1620: 18r). Oyanguren no copia las tablas de Rodrigues donde figuran columnas separadas que incluyen las «syllabas finaes» y sus «raizes» respectivamente (f.21r-v). En la última sección de la gramática Oyanguren enumera «verbos o raíces que hacen el pretérito en atta, aita, eita, ita, otta, utta, uda, unda, oda, oita, uita, aida, eida, y oida» (ff. 167-178). Desde el punto de vista de un lingüista en la actualidad el autor vascuence no ha logrado sistematizar estos paradigmas y parece no haberse distanciado demasiado de las descripciones medievales, en las que tales análisis como estos no son la excepción: «Haec cogitatio, nis, oni, onem, tio tione, et pluraliter nes inum onibus nes nes bus» (Law 1990: 63).

Primeramente, Oyanguren trata de identificar la raíz del verbo del japonés, como lo había aprendido de las gramáticas hebreas, pero no es capaz de abstraer o aislar un mismo morfema *-ta/da,* que expresa el tiempo pasado y que se distingue del tiempo no pasado indicado con la terminación *-(r)u.* Después de ciertos cambios morfo-fonológicos como la sonorización, la inserción y la deleción vocálica se construyen los alomorfos citados arriba (para los detalles ver por ejemplo Tsujimura 1996: 40-49). Desde la perspectiva de la lingüística moderna sería más transparente si hubiera empleado el concepto del «tema» (cf. inglés «stem»). La morfología verbal se subdivide en los elementos siguientes.

[Raíz + inflección]$_{TEMA}$ (+ Auxiliar) | (+Partícula)[24]

No podemos hablar de un «defecto» en absoluto, porque el uso de este concepto era limitado y muchos gramáticos optaron por proceder del mismo modo, ya que desde el punto de vista didáctico en aquella época, este método pudo ser el más común, el más fácil de memorizar, y por ello quizás era más «transparente» de lo que puede parecernos hoy en día.

7. CONCLUSIÓN

Los autores griegos de la Antigüedad desarrollaron un método y un metalenguaje que atendía perfectamente a los fenómenos de su propia lengua. En las obras de autores de gramáticas latinas se agregó el aspecto contrastivo

---

[24] Esquema adaptado de Shibatani (1990: 224).

entre latín y griego. Sin embargo, hay algunas excepciones donde encontramos alusiones a otras lenguas, como ocurre en la obra de Varro. En el Renacimiento el estudio de las lenguas orientales condujo a una ampliación del sistema. Las dos gramáticas de Oyanguren de Santa Inés, son, como acabamos de demostrar, sin duda, obras originales y bastante innovadoras para la historiografía lingüística en general, por el hecho de ser obras eclécticas donde se intenta –aunque casi nunca de manera sistemática desde el punto de vista de un lingüista moderno– construir un modelo analítico-descriptivo y tipológico. Oyanguren fue el primer misionero que pudo sacar provecho de su origen vascuence. De esta manera su obra constituye –a nuestro saber– la primera fuente que contiene tantas referencias a la lengua vasca, así como comparaciones con otras lenguas aglutinantes como el japonés. Además, la obra de Oyanguren es de particular interés, porque combina fuentes portuguesas (Rodrigues), españolas (Nebrija, el vocabulario anónimo), y latinas, tanto de la Antigüedad como contemporáneas (Rutilius, Nebrija, Collado). A la vez, tampoco faltan menciones a obras medievales (Llull). Y finalmente, su obra también está basada en fuentes de la «escuela filipina» (Blancas de San José, San Agustín).

Se viene afirmando a menudo –sobre todo en los círculos de lingüistas modernos que prefieren resaltar los defectos en vez de poner la obra en su contexto cultural– que los objetivos y las intenciones de los misioneros eran casi sin excepción prácticos, y que estas obras son principalmente de carácter pedagógico-didáctico y no tanto teórico. Como hemos visto, esto no se puede aplicar a la obra de Oyanguren. La intención del autor es diferente: aparentemente ha compuesto una gramática que va «más allá de la didáctica-práctica» y que contiene numerosas secciones en las que se atiende más a la educación general. Sus innumerables referencias a tantas lenguas diferentes muy probablemente tenían escaso valor didáctico para los que no conocían estas lenguas, ni para los que solo querían aprender una lengua sin tener la necesidad de entrar en la lingüística comparativa. Las referencias al vasco no podían tener ningún valor didáctico práctico para aquellos que no eran vascófonos y las comparaciones no parecen estar pensadas exclusivamente para aquellos que solo desearan aprender la lengua japonesa o tagala. Incluso para el aprendizaje del tagalo, parece poco necesaria la adquisición del chino. No obstante, el autor publica sus estudios comparativos con lo que podemos ver que le interesaba la lingüística comparativa y que quería trasmitir esta afición a sus lectores. La contribución de Oyanguren a nivel teórico y terminológico ha sido sin duda limitada o casi nula, ya que la introducción de los tres hebraísmos fácilmente podrían ser sustituidos por otros términos equivalentes sacados de la tradición greco-latina o por sus equivalencias españolas.

Cabe preguntarnos si la obra de Oyanguren de Santa Inés tiene algún valor para la reconstrucción de los dialectos del japonés hablado del siglo XVIII. Oyanguren aprendió el japonés fuera de Japón, al contrario que sus antecesores. Con toda probablidad la obra de Oyanguren no tiene mucho valor tampoco para poder reconstruir la variedad del japonés hablado por los japonese exiliados en Manila, por las siguientes razones. 1. Tenemos la impresión de que el papel de los informantes ha sido limitado ya que Oyanguren siguió casi sin excepción las fuentes de sus antecesores, principalmente la versión española del *Vocabulario* y la gramática de Collado. Solo en pocos casos Oyanguren ofrece a sus lectores nuevos datos que no se registran en las fuentes antecedentes y, cuando añade nuevas entradas, no se hallan nunca afirmaciones explícitas sobre la procedencia de tales datos. Por eso, no se deja reconstruir fácilmente el papel de los informantes nativos. 2. Las fuentes principales, a su vez, son fuentes indirectas. Collado usa casi exclusivamente el material de Rodrigues mientras que el *Vocabulario* usado por Oyanguren es una traducción de un original portugués. Para todos aquellos que quieran recurrir a fuentes originales, será mejor analizar los originales portugueses para reconstruir el japonés y sus variedades de aquella época.

Para concluir podemos establecer que la verdadera contribución de Oyanguren es el hecho de haber iniciado unos análisis de la lingüística comparativa novedosos para su época, ya que anteceden a Lorenzo Hervás y Panduro y Humboldt (se sabe que el último conocía bien la gramática japonesa de Oyanguren porque escribió un artículo sobre ella (Humboldt 1826)). Podemos deducir que la importancia de los materiales estudiados muestra el interés de un verdadero aficionado erudita ilustrado en lenguas exóticas y en sus características, así como su afán por compartir estos conocimientos con sus lectores. Su obra nunca fue estudiada ni analizada de manera satisfactoria y hasta la actualidad carecemos de re-ediciones de las obras. Esperamos llenar este vacío en un futuro próximo.

8. Bibliografía

8.1. *Fuentes primarias*

Anónimo (1953 [1595]): *Dictionarivm latino lvsitanicvm, ac iaponicvm, ex Ambrosii Calepini volumine depromptum...* Ed.: Hirosato Iwai. Tokyo: The Tokyo Bunko, Oriental Library. [Amacusa: In Collegio Iaponico Societatis Iesv].

Anónimo (1998 [1603-1604]): *Evolabon nippo jisho (Vocabvlario da Lingoa de IAPAM com adeclaração em Portugués), feito por algvns padres, e irmãos da companhia de IESV. Com licença do ordinario, & superiores em Nangasaqui no Collegio de Iapam da Companhia de IESVS*. Osaka: Naruo Maeda Seibundo.

Anónimo (1630): *Vocabulario de iapon declarado primero en portugues por los padres de la Compañia de IESUS de aquel reyno y agora en castellano en el colegio de Santo Thomas de Manila*. Manila: Tomas Pinpin y Iacinto Magauriva.

Biblia *(Políglota) complutensis* (1983-1984 [1515]). Vol. VI. *Introductiones artis grãmatice hebraice. Et primo de modo legendi & pronuciãdi*. Folios i-xiv. Edición facsimilar. Roma: Gregorian University Polyglott Press. [Alcalá de Henares: Arnau Guillén de Brocar].

Blancas, Francisco de S. Joseph (1997 [1610]): *Arte y reglas de la lengua tagala*. Edición facsímil de la edición princeps con estudio de Antonio Quilis. Madrid: Ediciones de Cultura Hispánica, 1997. [Bataan: Thomas Pinpin Tagalo].

Collado, Diego (1632): *Ars grammaticae Iaponicae Linguae*. Roma: Typis/imprensis Sacra Congregatio de Propaganda Fide.

Dieu, Ludovicus de (1639): *Rudimenta linguae persicae*. Leiden: Elziviriana officina.

Erpenius, Thomas (1620): *Rudimenta lingvæ arabicae..* Leiden: Ex Typographia Auctoris.

Gilberti, Maturino (1997 [1559]): *Vocabulario en Lengua de Mechuacan*. Introducción y transcripción de agustín Jacinto Zavala. Zamora, Michoacán: El Colegio de Michoacán. [México: Juan Pablos].

Lagunas, Juan Baptista de (1983 [1574]): *Arte y Dictionario: con otras obras, en lengua Michuacana. Co[m]puesto por el muy R.P Fray Padre — , Praedicador, Guardian de Sanct Francisco, de la ciudad de Guayangareo, y Diffinidor de la prouincia de Mechuacan, y de Xalisco*. Ed. J. Benedict Warren. Morelia, Michoacán: Fimax Publicistas Editores. [Mexico: Pedro Balli].

Larramendi, Manuel de (1886 [1729]): *El imposible vencido. Arte de la lengua Bascongada*. Nueva edición publicada por los Hijos de I. Ramón Baroja. San Sebastián: Establecimiento tipográfico de los Editores.

Mayans y Siscar, Gregorio (1981 [1737]): *Origen de la lengua española*. Edición facsimilar. Madrid: Linotipias Montserrat. [Madrid: Juan de Zúñiga.]

Molina, Alonso de (2001 [1555]): *Aqui comiença vn vocabulario en la lengua castellana y mexicana*. Ed. facs. con estudio preliminar de Manuel Galeote. Málaga: Universidad de Málaga/Ayuntamiento de Málaga (Anejo XXXVII de *Analecta Malacitana*). [México: Juan Pablos].

— (1571): *Arte de la lengua mexicana y castellana*. México: Pedro Ocharte.

Nebrija, Antonio de (1981 [1481]): *Introductiones latinæ*. Salamanca: Industrias Gráficas Visedo. [Salamanca: S/N].

— (1996 [c.1488]): *Introducciones latinas contrapuesto el romance al latín (c.1488)*. Introducción, edición y notas de Miguel Ángel Esparza Torres & Vicente Calvo Fernández. Münster: Nodus Publikationen. [Salamanca: S/N].

— (1992 [1492]): *Gramática castellana*. Introducción, edición y notas de Miguel Ángel Esparza Torres & Ramón Sarmiento. Madrid: SGEL/Fundación Antonio de Nebrija. [Salamanca: S/N].

Oyanguren de Santa Ynes, Melchor (1738): *Arte de la lengua japona, dividido en quatro libros segun el arte de Nebrixa. Con algunas voces proprias de la escritura, y otras de los lenguages de Ximo y del Cami, y con algunas perifrases y figuras*. México: Joseph Bernardo de Hogal. (Edición facsimilar: Tenri Central Library, Japan, *Classica Japonica, Facsimile Series*. Ed. Makita Tominaga. Section I: Linguistics, vol. 5, 1972).

— (1742): *Tagalysmo elucidado, y reducido (en lo posible) a la Latinidad de Nebrija. Con su sintaxis, tropos, prosodia, pasiones &c. Y con la alusión, que en su uso y composición tiene con el Dialecto Chinico, Mandarin con las lenguas Hebrea y Griega*. México: La imprenta de D. Francisco Xavier Sánchez.

Podesta, Johannes Baptista (c.1686): *Cursus grammaticalis linguarum orientalium, Arabicae scil., Persicae et Turcicae*. Viennae.

Reuchlin, Johannes (1974 [1506]): *De rudimentis hebraicis libri III*. Reprint: Hildesheim/New York: Georg Olms Verlag. [Pforzheim: S/N]

Rodrigues, João (1604-1608): *Arte da Lingoa de Iapam composta pello Padre —— Portugues da Copanhia de Iesv diuidida em tres Livros*. Nagasaqui: no Collegio de Iapão da Companhia de Iesv Anno (1604 en la portada, y 1608 según el colofon).

— (1620): *Arte Breve da Lingoa Iapoa tirada da Arte Grande da mesma lingoa, pera os que comecam a aprender os primeiros principios della*. Amacao: no Collegio da Madre de Deos da Companhia de Iesv.

Romero, Juan Antonio (1799): Gramatica Turca o Methodo breve y fácil para aprehender la Lengua turca con una colección de nombres, verbos y phrases mas comunes y varios dialogos familiares. [Ms. Biblioteca Nacional de Madrid, sign. MSS/2809.]

SAN AGUSTÍN, GASPAR DE (1879 [1703]): *Compendio del arte de la lengua tagala por el Padre – religioso del mismo orden, comisario del Santo Oficio, visitador de esta provincia de Filipinas y Prior del Convento de Tambobong*. Manila: Imprenta de 'Amigos del País'.

VARO, FRANCISCO (2000 [1703]): *Arte de la lengua mandarina*. W. South Coblin & Joseph Abraham Levi (eds.) with an introduction by Sandra Breitenbach. Amsterdam/Philadelphia: John Benjamins. [Cantón: Piñuela]

VARRO, MARCUS TERENTIUS (1967 [116 a. d. C.]): *De Lingua Latina*. Ed. R.G. Kent: *Varro on the Latin Language*. 2 Vols. London, etc.: Loeb Classical Library.

VIVAR, PEDRO (1797): *Yloco en romance compuesto por diferentes padres ministros antiguos, diestros en este idioma y últimamente corregido, y añadido segun lo que ahora se uso y de ultima mano*. (Manuscrito, convento de agustinos filipinos, Valladolid).

WEMMERS, JACOBUS (1638): *Lexicon Aethiopicum… cum ejusdem linguae Institutionibus grammat. & Indice vocum latinarum*. Romae: Sacra Congregatio de Propaganda Fide.

8.2. Fuentes secundarias

ALVAR, MANUEL (1997): «La gramática del japonés de Melchor Oyanguren de Santa Inés». Alvar (ed.) (1997): *Nebrija y estudios sobre la Edad de Oro*. 39-51. Madrid: Consejo Superior de Investigaciones Científicas.

ATSUKO TASHIRO, ELIZA (2007): «As variedades do japonês nas *Artes* do Pe. João Rodrigues Tçuzu». *CEDOCH, Boletim*. 199-224.

http: //www.fflch.usp.br/cedoch/textos/boletim7%5B199-224%5D.pdf (2007)

AUROUX, SYLVAIN, et al. (eds.) (1984): *Matériaux pour une histoire des theories linguistiques. Essays toward a History of Linguistic Theories. Materialien zu einer Geschichte der sprachwissenschaftlichen Theorien*. Lille: Université.

BAE, EUN MI (2004): «La categoría de los 'adverbios pronominales' en el *Arte de la Lengua Japona* (1738) de Melchor Oyanguren de Santa Inés», en: Zwartjes/Hovdhaugen (eds.), 161-177.

— (2005): El sistema pronominal en la gramática del japonés del franciscano Melchor Oyanguren de Santa Inés (siglo XVIII): ¿Tradición y/u originalidad? Tesis de licenciatura. Universidad de Oslo.

BOXER, CHARLES R. (1949-50): «Padre João Rodriguez Tçuzu S.J. and his Japanese Grammars of 1604 and 1620». *Miscelánea de Filologia, Literatura e História cultural à memória de Francisco Adolfo Coelho*, 2.338-363.

CALVO PÉREZ, JULIO/JORQUES JIMÉNEZ, DANIEL (1998): *Estudios de Lengua y Cultura Amerindias. Lenguas, literaturas y medios. Actas de las IV Jornadas Internacionales de Lengua y Cultura Amerindias. Valencia, 17-20 de noviembre de 1997.* Valencia: Universidad de Valencia.

COOPER, MICHAEL (2001): *João Rodrigues's Account of Sixteenth-century Japan.* London: The Hakluyt Society.

CRAM, DAVID/LINN, ANDREW/NOWAK, ELKE (eds.) (1999): *History of Linguistics 1996. Selected Papers from the Seventh International Conference on the History of the Language Sciences (ICHOLS VII). Oxford, 12-17 September 1996.* Volume I: *Traditions in Linguistics Worldwide.* Amsterdam/Philadelphia: John Benjamins.

DITTERS, EVERHARD/MOTZKI, HARALD (eds.) (2007): *Approaches to Arabic linguistics. Presented to Kees Versteegh on the occasion of his sixtieth birthday.* Leiden/Boston: Brill Academic Publishers.

ESCAVY, RICARDO/HERNÁNDEZ TERRÉS, J.M./ROLDÁN, A. (eds.) (1994): *Actas del Congreso Internacional de Historiografía Lingüística. Nebrija V Centenario.* Murcia: El Taller.

ESPARZA TORRES, MIGUEL ÁNGEL (2007): «Nebrija y los modelos de los misioneros lingüistas del náhuatl», en: Zwartjes/James/Ridruejo (eds.), 3-40.

FERNÁNDEZ RODRÍGUEZ, REBECA (en preparación): *El* Calepino Ilocano *del P. Vivar (ms.c. 1797): Innovaciones lexicográficas y política traductora.* Tesis de doctorado.

GÓMEZ PLATERO, EUSEBIO (1880): *Catálogo biográfico de los religiosos franciscanos de la Provincia de San Gregorio Magno de Filipinas desde 1577 en que llegaron los primeros a Manila hasta los de nuestros días.* Manila: Imprenta del Real Colegio de Santo Tomás.

GRILLI, GIUSEPPE (1992): *Atti del Convegno Internazionale Ramon Llull, il lullismo internazionale, l'Italia. Omaggio a Miquel Batllori dell' Associazione Italiana di Studi Catalani, Napoli, Castel dell'Ovo 30 e 31 marzo, 1 aprile 1989. Annali 34.1.*

HAMMOND, NICHOLAS G. L./SCULLARD, HOWARD H. (eds.) (1970): *The Oxford Classical Dictionary.* Oxford: At the Clarendon Press.

HOVDHAUGEN, EVEN (1984): *Foundations of Western Linguistics: From the beginning to the End of the First Millennium A.D.* Oslo: Universitetsforlaget A.S.

HÜLLEN, WERNER (ed.) (1990): *Understanding the Historiography of Linguistics. Problems and Projects.* Münster: Nodus.

HUMBOLDT, G. DE (1826): «Notices grammaires japonaises des PP. Rodriguez et Oyanguren», en: *Supplément a la grammaire japonaise du P. Rodriguez; Ou remarques additionelles sur quelques points du système grammatical des Japonais, tirées de la Grammaire composée en espagnol par le P. Oyanguren et traduites par M.C. Landresse*, 1-12. Paris: A la Librairie Orientale de Dondey-Dupré Père et fils.

JELLINEK, MAX HERMANN (1914): *Geschichte der neuhochdeutschen Grammatikk von den Anfänge bis auf Adelung.* Heidelberg: Carl Winter's Universitätsbuchhandlung.

JEREMIÁS, ÉVA M. (1999): «The Persian Grammar of Sir William Jones», en: Cram/ Linn/Nowak (eds.), 277-288.

KUKENHEIM, LOUIS (1951): *Contributions à l'histoire de la grammaire grecque, latine et hébraïque à l'époque de la renaissance.* Leiden: Brill.

LAW, VIVIEN (1990): «The History of Morphology: Expression of a change in consciousness», en Hüllen (ed.), 61-74.

— (2003): *The History of Linguistics in Europe. From Plato to 1600.* Cambridge: Cambridge University Press.

LIDDEL, HENRY G./SCOTT, ROBERT et al. (eds.) (1968): *A Greek-English Lexicon.* Oxford: Oxford University Press.

LOURIDO DÍAZ, RAMÓN (2005): *Fr. Bernardino González, OFM (c. 1665- c. 1735). Intérprete arábico, epítome de la gramática arábiga [obras manuscritas]. Estudio preliminar de Ramón Lourido Díaz.* 2 Vols. Madrid: Real Academia de la historia/Ministerio de Asuntos Exteriores y de Cooperación.

— (2006): *El estudio del árabe entre los Franciscanos españoles en Tierra Santa (Siglos XVII-XIX).* Madrid: Editorial Cisneros.

MARTIN, SAMUEL E. (1975): *A Reference Grammar of Japanese.* New Haven and London: Yale University Press.

MONZÓN, CRISTINA (1999): «Innovations in a vernacular Grammar. A comparison of Fray Maturino Gilberti's Latin and Tarascan grammars», en: Cram, Linn/ Nowak (eds.), 147-154.

NASTA, MIHAI (1992): «Appunti per la semiosi di sei voci del Vocabolario Latino di Raimundus Lullus», en: Grilli (ed.), 277-293.

PERCIVAL, W. KEITH (1986): «The Reception of Hebrew in Sixteenth-Century Europe: The impact of the Cabbala», en: Quilis/Niederehe (eds.), 21-38.

PÉREZ, LORENZO (1908): «Los franciscanos en el extremo Oriente. (Noticias bio-bibliográficas)». *Archivum Franciscanum Historicum periodica publicatio trimestris.* Tomus I, 241-247. Firenze: Collegii PP.D. Bonaventurae. Typographia Directio et Administratio ad claras aquas prope florentiam.

QUILIS, A./NIEDEREHE, H.-J. (eds.) (1986): *The History of Linguistics in Spain.* Amsterdam: John Benjamins.

ROLDÁN PÉREZ, ANTONIO (1994): «Las *Introductiones Latinae* y la *Gramatica Caste-*

llana: una propuesta romance de metalenguaje retórico», en: Escavy, Hernández
Terrés/Roldán Pérez (eds.), 1.85-118.

SHIBATANI, MASAYOSHI (1990): *The Languages of Japan*. Cambridge: Cambridge
University Press.

SMITH-STARK, THOMAS C. (2005): «Phonological Description in New Spain», en:
Zwartjes/Altman (eds.) 3-64.

SPEAR, RICHARD L. (1975): «Introduction». Ver: Collado (fuentes primarias), 1-30.

SUEIRO JUSTEL, JOAQUÍN (2003): *Historia de la lingüística española en Filipinas
(1580-1898)*. Lugo: Editorial Axac.

TAYLOR, DANIEL J. (1975): *Declinatio. A study of the linguistic theory of Marcus
Terentius Varro*. Amsterdam/Philadelphia: John Benjamins.

TORMO SANZ, LEANDRO (1978): «Método de aprendizaje de lenguas empleado por los
franciscanos en Japón y Flipinas». *Archivo ibero-americano* 38, 377-405.

TROUPEAU, GÉRARD (1984): «La notion de 'racine' chez les grammairiens arabes
anciens». Auroux, et al. (eds.), 239-246.

TSUJIMURA, NATSUKO (1996): An Introduction to Japanese Linguistics. Cambridge,
MA: Blackwell.

ZWARTJES, OTTO (1998): «La estructura de la palabra según las primeras gramáticas
de lenguas mesoamericanas y la tradición greco-latina». Calvo/Jiménez (eds.),
99-121.

— (2007a): «Agreement Asymmetry in Arabic according to Spanish Missionary
Grammarians from Damascus (18th century)», en: Zwartjes/James/Ridruejo
(eds.), 273-303.

— (2007b): «Inflection and Government in Arabic according to Spanish Missionary
Grammarians from Damascus (XVIIIth century): Grammars at the crossroads
of two systems?», en: Ditters/Motzki (eds.), 209-244.

ZWARTJES, OTTO/HOVDHAUGEN, EVEN (eds.) (2004): *Missionary Linguistics [I]/Lin-
güística misionera [I]. Selected papers from the First International Conference
on Missionary Linguistics, Oslo, 13-16 March 2003*. Amsterdam/Philadelphia:
John Benjamins.

ZWARTJES, OTTO/ALTMAN, CRISTINA (eds.) (2005): *Missionary Linguistics II/Lin-
güística misionera II. Orthography and Phonology. Selected papers from the
Second International Conference on Missionary Linguistics, São Paulo, 10-13
March 2004*. Amsterdam/Philadelphia: John Benjamins.

ZWARTJES, OTTO/JAMES, GREGORY/RIDRUEJO, EMILIO (eds.) (2007): *Missionary Linguistics III/ Lingüística misionera III. Morphology and Syntax. Selected
papers from the Third and Fourth International Conferences on Missionary
Linguistics, Hong Kong/ Macau, 12-15 March 2005, Valladolid, 8-11 March
2006*. Amsterdam/Philadelphia: John Benjamins.

EL TRADUCTOR COMO LECTOR-INTÉRPRETE: SOBRE ALGUNAS VERSIONES ALEMANAS DE UN CAPÍTULO CLAVE DEL QUIJOTE (II, 54)

Georges Güntert
Universität Zürich

1. INTRODUCCIÓN

Cuando decimos que la traducción de un texto literario nos parece impropia o correcta, mediocre o excelente, lo que en realidad hacemos es comparar nuestra lectura de ese texto con la interpretación que de él hizo –o que suponemos que de él haría– su traductor. ¿Su traductor? ¿Es que se puede considerar original el trabajo del traductor? Al estudiar la historia de la recepción de una obra clásica como el *Quijote*, nos damos cuenta de que, mientras el original ha permanecido sustancialmente invariable a través de los siglos, las diversas traducciones que de él se han propuesto no solo difieren sensiblemente unas de otras, sino que van cambiando, ellas mismas, de aspecto y significado a consecuencia del trabajo de revisión a que son sometidas. Las versiones de mayor éxito sufren, a la hora de ser reeditadas, un proceso de actualización: los editores consideran necesario conformar el estilo de la traducción a los usos lingüísticos de sus potenciales lectores. El que desee evaluar estas traducciones tendrá que remontarse, por consiguiente, a sus primeras ediciones; y no podrá excluir, aun así, la eventualidad de interferencias ajenas, anteriores a la publicación del texto que se dispone a examinar.

Si la identidad del traductor puede ser problemática, el concepto de «lectura» no lo es menos. ¿Qué es, a fin de cuentas, una «lectura»? ¿Cuándo un comentario de texto merece este nombre? Desde el punto de vista semiótico, la interpretación de un texto no resulta lo suficientemente fundada si no se tiene en cuenta la obra en su totalidad, ya que es en el nivel del discurso donde los significados de una obra se definen. Vale la pena recordar, a este propósito, un teorema de los semiólogos de la escuela de París: la suma de los significados de las frases de un texto no equivale nunca al significado completo del discurso del que esos enunciados forman parte[1]. La idea que sirve de fundamento a este teorema puede esclarecerse con una referencia al *Quijote*: el cervantista que resumiese a la perfección el contenido de todos y cada uno de los cincuenta y dos capítulos de la primera parte, no comprendería necesariamente el sentido que deriva de las relaciones entre unidades textuales que constituyen el discurso cervantino; ni registraría, por lo tanto, los significados que genera la inserción de «El curioso impertinente», una novela dentro de la novela que funciona, según demuestran análisis recientes, como paradójica *mise en abyme* de la historia principal.

Existen en el texto, así pues, significados conceptuales que derivan del análisis comparativo de sus partes. Pero no todos los significados son de tipo conceptual. Los traductores de textos poéticos son conscientes de que deben atender, a un tiempo, al *plano del contenido* y al *plano de la expresión*: la sintaxis, el ritmo, el sonido y el metro, lejos de ser meros elementos formales del *signifiant* (sea dicho con licencia de monsieur Saussure), generan a su vez *significado*, si no de valor conceptual, ciertamente de valor emotivo. La rima, por ejemplo, crea una expectación cuyo cumplimiento satisface; el ritmo, al suscitar sensaciones de continuidad o discontinuidad, intensifica o compensa los efectos *eufóricos* o *disfóricos* que sugieren las estructuras del contenido; el metro, si excepcionalmente se da en la obra en prosa, puede ser un indicio del discurso estético. Ante una obra como el *Quijote*, cuya narración comienza con un octosílabo y un endecasílabo, esto es, con dos unidades métricas que remiten a tradiciones poéticas distintas («En un lugar de la Mancha, / de cuyo nombre no quiero acordarme»), un traductor concienzudo no podrá menos que interrogarse sobre la función cultural de estos elementos. Hoy en día, se pide a los traductores de obras literarias que dominen «los sistemas» de su propia lengua y los de la lengua de la que traducen; que sean expertos narratólogos, capaces de reconocer las perspectivas y focalizaciones; que respeten, en ambos idiomas, los niveles

---

[1] Véase Coquet (1984) y, en particular, Geninasca (1997: 92-105).

de estilo; y que conozcan el impacto de la tradición literaria en la obra de la que se quieren ocupar[2].

Al estudiar la historia de la recepción del *Quijote* en el mundo germano, llama la atención la continuidad de los esfuerzos con que los literatos alemanes han intentado asimilar esta obra a su propia cultura. El número considerable de traducciones editadas desde 1648 –una docena, según los datos de que hoy disponemos (adviértase, con todo, que no siempre es fácil distinguir entre una versión original y una simple revisión de versiones precedentes)– puede dar la impresión de una sorprendente riqueza de propuestas y del vivo interés que ha suscitado la obra maestra de Cervantes. El deseo de volver a la empresa podría interpretarse, a su vez, como un indicio de insatisfacción ante los resultados previamente conseguidos. En el prólogo de la edición de Stuttgart de 1837, el traductor anónimo del *Quijote* censura duramente la labor de algunos de sus predecesores (Tieck), a la vez que elogia la de quienes le han servido de modelo: Soltau (1800) y, en cierta medida, Bertuch (1775-77). Se vuelve a traducir a un clásico, por tanto, porque lo anterior decepciona o resulta anticuado; ello no impide, por supuesto, que quien traduce aproveche los resultados de experiencias anteriores e imite a sus predecesores siempre que le parezca oportuno.

Ahora bien: si tenemos presente la doble función del traductor, lector-intérprete y re-creador del original, podemos concebir la historia de las traducciones como una sucesión de tentativas de asimilación sin duda meritorias, aunque –si pensamos en ese trabajo de Sísifo que es la traducción de la obra poética– solo aproximativas y forzosamente limitadas. Es verdad que, en la visión de algunos teóricos de la literatura, todo acto de interpretación resulta necesariamente limitado. Paul Ricoeur, que en *Temps et récit* habla de la intersección entre el mundo del texto y el mundo del receptor, sostiene que todo lector recibe la obra según su propia capacidad de acogida:

> Ce qui est communiqué, en dernière instance, c'est, par delà le sens d'une œuvre, le monde qu'elle projette et qui en constitue l'horizon. En ce sens, l'auditeur ou le lecteur le reçoivent selon leur propre capacité d'accueil qui, elle aussi, se définit par une situation à la fois limitée et ouverte sur un horizon de monde (Ricoeur 1983: 117).

---

[2] Sobre la competencia que se exige al traductor, véase Lefevere (1992).

Pero Ricoeur se refiere a los lectores empíricos, y no a ese otro lector «implícito» que está inscrito en las estructuras del texto y cuyo papel debe analizar el lector «real». «El *enunciatario*», sostiene Greimas (1979 s. v. *lector* y *lectura*) en su terminología semiótica, «es, por definición, un *actante* conforme con el texto, y no una clase inagotable de actores individuales»; e invita a una minuciosa observación de las estructuras. La repetida y disciplinada vuelta al texto con el objetivo de descubrir la reflexión que a él subyace impide, en efecto, la proliferación salvaje de interpretaciones. Sin querer defender una actitud crítica totalitaria, confieso que no soy de quienes creen que un texto literario tolera infinitas lecturas. Aun en una época de pluralismo irreflexivo como la nuestra, sigue teniendo validez el principio elemental de que la interpretación de un texto ha de ser compatible con lo que el texto efectivamente dice[3]. El traductor, en cuanto lector-intérprete, no puede emprender su labor sin reflexionar sobre estas premisas: tanto más cuanto que le resta por afrontar su principal tarea, a saber: la de re-escribir con fidelidad la creación verbal de otro.

2. EL *QUIJOTE* EN ALEMÁN: ETAPAS DE SU RECEPCIÓN[4]

La recepción de la obra de Cervantes no fue tan inmediata en los países de lengua alemana como en Inglaterra o en Francia. En fecha muy temprana (Praga, 1617) se tradujo, no obstante, una de las *Novelas ejemplares*, «Rinconete y Cortadillo», junto con el *Lazarillo*. La primera edición alemana del *Quijote*, anunciada en los catálogos de ferias desde 1621, data de 1648[5]. Se trata de una traducción parcial de los veintidós primeros capítulos a cargo de Joachim Cäsar, un sajón de Halle que firma con el pseudónimo burlesco de «Pahsch Bastel von der Sohle». El título *Don Kichote de la Mantzscha: Das ist Juncker Harnisch auss Fleckenland* (= del país de las manchas) indica que la obra fue acogida como un «Narrwerck», es decir: como una entrete-

---

[3] Sobre la «época del pluralismo imperante», véanse las reflexiones de Villanueva (1994: 11-29).

[4] En este capítulo trato de resumir los datos de una investigación más amplia cuyos resultados han sido publicados en Güntert 2004.

[5] Hubo tres ediciones de esta traducción en el siglo XVII: Miguel de Cervantes Saavedra (1648): *Don Kichote de la Mantzscha: Das ist Juncker Harnisch auss Fleckenland. Auss hispanischer Sprach in hochteutsche übersetzt.* Frankfurt: Matthioe Götzen (reprint: Hamburg: Friedrichsen, 1928).

nida historia de burlas a la manera del *Till Eulenspiegel*. Cäsar dominaba su idioma materno y, según parece, también el de Cervantes, ya que se expresa en un alemán castizo y bien condimentado[6]. De hecho, hasta 1800 ningún traductor alemán habrá de superarle en competencia lingüística y capacidad expresiva; aunque su lengua resulte hoy más anacrónica aún que la del propio Cervantes, continúa gustando a los traductores de tendencia arcaizante.

Es posible distinguir cuatro períodos en la historia de la recepción del *Quijote* en Alemania: el primero coincide con la Guerra de los Treinta Años y nos ofrece ya, como acabamos de señalar, un *Quijote* en alemán; incompleto, sí, pero lingüísticamente valioso. Gracias a Georg Philipp Harsdörffer, que traduce hacia 1650 cinco de las doce *Novelas ejemplares*, se comienzan a apreciar, desde entonces, las narraciones breves de Cervantes. La centuria que sigue a la gran crisis política, desde 1670 hasta 1770 aproximadamente, representa el segundo período, menos creativo y fecundo en Alemania, pues la difusión de la obra de Cervantes se hace a partir de traducciones extranjeras, principalmente francesas. Las nuevas traducciones, tanto la de Basilea, impresa en 1682, como las tres de Leipzig –1734, 1753 y 1767–, siguen de hecho la versión francesa de Filleau de Saint-Martin[7]. Pero no olvidemos que durante el siglo XVIII va creciendo también la influencia de la cultura inglesa en Alemania, sobre todo entre los intelectuales protestantes, que llegan a conocer muy pronto la *Vida de Cervantes* de Mayans (editada en Londres y desde 1769 disponible en alemán) y los juicios sobre el *Quijote* de algunos literatos británicos. Así, ya en 1741 el zuriqués Johann Jacob Bodmer escribe páginas entusiastas sobre el *Quijote*, presentándolo como obra singular y profundamente humana (Bodmer 1741: 518-47). Los elogios que tributa a su protagonista, a quien considera loco y sabio a la vez, trascienden la limitada imagen del *Quijote* como mera sátira de los vicios nacionales. Mientras Bodmer, Gerstenberg, Wieland y Lessing contribuyen a divulgar la idea de un *Quijote* universal, la escuela de Herder va descubriendo los tesoros de la poesía popular, facilitando así a los lectores alemanes el acceso a los aspectos más «sanchescos» del relato.

---

[6] Sobre este aspecto véanse: Melz (1945), Berger (1908), Neumann (1917: 147-62 y 193-213) y Colón (1974).

[7] Sobre el enorme influjo de la traducción francesa, véase: von Stackelberg (1984: 65-90).

Con la traducción del *Quijote* de Friedrich Justin Bertuch, realizada entre 1775 y 1777, se abre el tercer período de la recepción de Cervantes en el ámbito germano, que se corresponde con lo que los alemanes llaman *Goethezeit*. Bertuch fue funcionario y editor en Weimar, donde llegó a coincidir con Goethe. En los periódicos que editaba dio a conocer gran parte de la obra cervantina: bajo su dirección se tradujeron también el *Persiles* (1782) y las *Novelas ejemplares* (1779-83). Se cuenta que Bertuch aprendió español en seis semanas y que su primer libro de lectura fue el *Quijote*. En su introducción a los dos *Quijotes*, el de Cervantes y el de Avellaneda, confiesa haber abreviado los cuentos de Marcela, Dorotea y el Cautivo, y haber eliminado «El curioso impertinente», sin mencionar algunas de las otras libertades que se tomó, como la de fundir varios capítulos en uno. Su *Quijote* –el que leyeron Goethe, Schiller y Kleist– se convirtió, con todo, en un éxito comercial y tuvo cuatro reediciones. Si hoy se habla poco de él, es porque las traducciones de Ludwig Tieck (Berlín, 1799-1801) y de Dietrich Wilhelm Soltau (Königsberg, 1800) son mejores, sobre todo la de Tieck, primera traducción poética del *Quijote*.

Los hermanos Schlegel, todavía en el ambiente universitario de Göttingen, entonces caracterizado por el hispanismo entusiasta de Bürger, animaron a Tieck a emprender su labor[8]. Más tarde, los tres frecuentaban –con Novalis, Schelling y otros– el círculo romántico de Jena. Los Schlegel, enterados de que Soltau estaba preparando otra traducción, decidieron prestar a Tieck todo su prestigioso apoyo: lo demostraron en una de las polémicas más encendidas de aquel período. Ellos habían leído a Cervantes en el texto original: les debemos una genial interpretación de la obra que en cierta medida continúa siendo válida aún hoy. Si el mérito de la crítica dieciochesca consistió en la afirmación del valor universal del *Quijote*, el de los románticos alemanes se manifiesta en el esfuerzo intelectual por profundizar en los conceptos de coherencia textual, de estructura antitética y de *ironía*: don Quijote y Sancho representan «dos mitos de la modernidad», y la obra que los alberga es «eines der allergründlichsten, tiefsten Produkte des Witzes und der Parodie» (Schlegel 1958: 161). Son los dos Schlegel y Tieck –este, en su cuento *Die Sommerreise*– quienes insisten por primera vez en la necesidad de considerar los cuentos interpolados en el *Quijote* como parte integrante de la obra; con

---

[8] Sobre este tema véanse los estudios de Brüggemann (1958: 48-50), Meregalli (1972: 381-95) y, naturalmente, Close (1972).

ello dan muestras de haber captado la profunda ironía inherente a la teoría de la novela de Cervantes. En su traducción, Tieck excluye consecuentemente el *Quijote* de Avellaneda, rompiendo así con una tradición secular; a cambio, incluye y traduce «El curioso impertinente». August Wilhelm Schlegel compara el episodio inserto con el de los galanteos de Marte y Venus en la *Ilíada*, afirmando que «no tiene más de común con la suerte de Ulises que 'El curioso impertinente' con la de don Quijote» (1962: 296); y que, sin embargo, ambas obras quedan enriquecidas con esta interpolación.

Otro mérito de Tieck es el de haber traducido por primera vez el epíteto «ingenioso» del título. Los primeros traductores no se atrevieron a buscarle un equivalente, y se contentaron con hablar del «caballero famoso» o del «sabio hidalgo». Tieck, en cambio, lo hace y propone «scharfsinnig». Soltau, el Anónimo y Braunfels contrapondrán a este término el de «sinnreich», ya entonces arcaico, pero de más profundas connotaciones. Harald Weinrich (1966) propondrá «feinsinnig», pero ningún traductor moderno ha tomado en consideración su sugerencia. Otros, como Rothbauer, renunciarán a traducirlo, eligiendo como título, sencillamente, *Don Quijote de la Mancha*.

La cuarta y última época de la recepción de Cervantes en Alemania, desde 1820 hasta nuestros días, es, claro está, la del hispanismo universitario y los más fluidos contactos internacionales, que permitieron a un número creciente de estudiosos leer a Cervantes en su lengua original. Se multiplican las versiones alemanas del *Quijote*: se vuelven a editar las de Tieck (once veces en el siglo XIX) y de Soltau (tres veces), pero no la de Bertuch; y salen a la luz varias traducciones nuevas: la de Hieronymus Müller (1825), la de Adelbert Keller (1839) y, por supuesto, la edición de lujo de 1837, impresa, con un memorable prólogo de Heine, en el *Verlag der Klassiker* de Stuttgart. Su anónimo traductor no sigue a Tieck, sino a Soltau, a quien acabará sustituyendo a la postre. En el siglo XIX se publican las versiones de Zoller (1865), de Von Wolzogen (1884) y la hoy muy divulgada de Ludwig Braunfels (Stuttgart, 1883), elogiada como «la más exacta» («die sprachtreueste und kenntnisreichste», según la *Wikipedia*) de las traducciones alemanas.

En el siglo XX se han reimpreso las principales versiones decimonónicas, a saber: la de Tieck (T), la de Braunfels (B) y la anónima de Stuttgart (A), que, revisada en 1908 por Thorer, pseudónimo de Felix Paul Greve, circula hoy con su nombre, como libro de bolsillo de *Insel Verlag* (A/Th-1975). Tendré también en cuenta, donde sea necesario, las versiones revisadas de Braunfels (1980) y de Tieck (1987). No faltó tampoco una valiosa propuesta nueva: la del hispanista austríaco Anton Maria Rothbauer, a quien debemos una edición de las obras completas de Miguel de Cervantes (*Gesamtwerk in 4 Bänden*, Stuttgart, 1963/70; Frankfurt, [2]1997). Su *Don Quijote de la Mancha* (R) es la cuarta traducción que incluyo en la lista de obras a comparar[9]. Y eso no es todo: la editorial Hanser anuncia la impresión, en 2008, del *Don Quijote* de Susanne Lange, traductora que ya obtuvo un premio por la calidad de su versión de los capítulos iniciales.

3. EL EPISODIO DE SANCHO Y RICOTE

El capítulo II, 54, que he elegido como campo de maniobras para mi ejercicio comparativo, es clave en el *Quijote* de 1615. En él, Sancho, el hombre «medieval», sujeto a las autoridades y obediente a su Rey, se encuentra con el morisco Ricote, el «hombre nuevo», ambiguo y contradictorio que, tras haber viajado por los países de Europa en busca de un domicilio para los suyos, amenazados con la expulsión, ha vuelto clandestinamente a Castilla para desenterrar su tesoro. Para entender del todo el valor de este episodio, hay que recordar que Sancho, dando muestras de una notable sabiduría, acaba de renunciar al gobierno de su «ínsula» (véase el capítulo anterior). Su aplicación del socrático *nosce te ipsum* le conferiría cierta grandeza si no comprobásemos, a un tiempo, su total incapacidad para descubrir la manipulación a que ha sido sometido. Su encuentro con Ricote representa una *prueba*: confirma la falta de ambición y codicia que, según las propias declaraciones de Sancho, constituye el fundamento de su personalidad[10].

Puede ser útil recordar que el tema morisco, de suma actualidad en el período en que Cervantes estuvo inmerso en la composición de la segunda parte, se presenta dos veces en el *Quijote* de 1615: mientras el encuentro con Ricote, en II, 54, nos muestra a un Sancho que renuncia definitivamente a sus sueños de poder y riqueza, preparándose ya para su regreso a la aldea, la aparición de la hija de Ricote, Ana Félix, en el litoral de Barcelona (II, 63-65), coincide con la abdicación de don Quijote, que entra en crisis durante su permanencia en esta ciudad, donde su perseguidor, finalmente, le derrota. La irrupción de la Historia de España en la historia particular de los personajes

---

[9] Véase la bibliografía final de este trabajo.

[10] Empleo el término prueba como *sintagma narrativo*, tal y como los define la escuela de Greimas. Véase Greimas-Courtés (1979) s.v. prueba.

no deja de ser significativa, ya que la desilusión del héroe se define sobre un decepcionante escenario «real», cuyo disfraz novelesco no consigue ocultar la tragedia de la expulsión de millares de españoles útiles a la economía del país y, además, bautizados.

Ahora bien: ¿cuántas lecturas tolera el capítulo II, 54? Si hojeamos, en la más reciente edición del Instituto Cervantes, el extenso panorama bibliográfico que M.ª Soledad Carrasco Urgoiti (2005: 202-206) añade a su presentación de este capítulo, nos damos cuenta de la multitud de ensayos que la crítica del siglo XX le ha dedicado. Pero ¿se trata de lecturas o de comentarios de aspectos particulares? Unos han estudiado, en exclusiva, la psicología de los personajes: ante todo, la de Ricote, cuya ambigüedad les parece doblez a algunos (Américo Castro), y, también, la de Sancho, que se compadece de la desgracia que ha caído sobre los moriscos, sin por ello estar dispuesto a desobedecer a su Rey. Otros han analizado las contradicciones del parlamento de Ricote, caracterizado por la distorsión; ello hace pensar, vista la delicada naturaleza del asunto, en una actitud irónica del *enunciador* (Thomas Mann 1975, Márquez Villanueva 1975, Martínez Bonati 1995). Otros ofrecen un amplio comentario histórico, con el propósito de iluminar el trasfondo «real» a que aquí alude Cervantes (Márquez Villanueva 1975, de Riquer). Muchos estudiosos, además, intentan definir la actitud del «autor» ante el problema morisco, aunque los más admiten que seguimos sin saber lo que Cervantes pensaba de su expulsión (Casalduero, Canavaggio, Quérillacq). Permítaseme añadir lo que M.ª Soledad Carrasco Urgoiti escribe acerca de mi propia lectura:

> Güntert (1993), tras un resumen historiográfico de las valoraciones que se han hecho del episodio y de su trasfondo histórico, analiza la función estructural que cumple dentro de la composición de la obra. Insiste en la modernidad de la figura, moralmente ambigua, de Ricote, que contrasta con la fe en el orden establecido profesada por Sancho. Tal planteamiento queda potenciado por la diversidad del grupo que integra a los supuestos peregrinos alemanes, así como por el confuso hibridismo de lenguas y manjares (2005: 204).

Quiero analizar más de cerca el capítulo en cuestión. Con la salvedad de los dos primeros párrafos, que se refieren a los Duques y a don Quijote (en una serie de capítulos en que Cervantes contempla, alternativamente, a don Quijote y a Sancho), el capítulo II, 54 forma una compacta unidad narrativa, basada en el encuentro –y el desencuentro– de Sancho con su antiguo vecino Ricote. En el nivel de los *sintagmas narrativos* pasamos de un primer estado de *disyunción* (Sancho ante los falsos peregrinos germanos cuya lengua e intenciones no entiende) a un estado sucesivo de *conjunción* (Ricote, disfrazado, se presenta a Sancho y le habla amistosamente en su lengua; Sancho se resuelve a participar en la merienda de los extranjeros); pese a este acercamiento se delinea, durante la conversación que se entabla entre ambos, una nueva discrepancia, de tipo ideológico, y, por tanto, un nuevo estado de *disyunción* entre Sancho y Ricote: sus mentalidades se revelan como irremediablemente diversas. Ricote ofrece a Sancho dinero a condición de que le ayude a desenterrar su tesoro; Sancho rechaza la propuesta, declarando que él no es ni avaro ni rebelde a las órdenes del Rey. Para justificar su actitud, Sancho recuerda su negativa experiencia como gobernador de la Ínsula Barataria; Ricote le reprocha su simplicidad y termina diciendo que no lo entiende. Las dos últimas palabras del capítulo, «se apartaron», confirman la distancia mental que entre ambos existe, a más de indicar su separación física.

Hasta ahora hemos considerado los momentos de *comunicación* y de *incomunicación* entre Sancho y Ricote; este último, sin embargo, no está solo: viaja en compañía de un grupo de falsos peregrinos. Estos jóvenes, «herejes» indudables, tienen una mentalidad mercantil: recogen fondos en los santuarios de España con el objetivo de transferirlos a su país. Después de la merienda en común, una vez que los camaradas del morisco se han dormido, Ricote y Sancho pueden hablar confidencialmente. Cuando la comunicación entre ambos se pone en marcha, advertimos, con todo, algunas desconcertantes contradicciones en el parlamento del morisco: Ricote exalta el «sabio» decreto de expulsión de sus iguales. Tratando de encontrar la verdadera razón de este contradictorio modo de hablar, Thomas Mann (1975: 465) sostuvo que Cervantes hizo tantas concesiones al discurso político oficial cuantas necesitaba para asumir la defensa de las víctimas. Con esto desplaza la atención desde el plano de los personajes al eje comunicativo que se establece entre el texto y el lector. Y, en efecto, el capítulo II, 54 no puede entenderse solamente desde el nivel del *enunciado* y de sus actores. El episodio tiene una doble dimensión, histórica y novelesca: lo que importa no es conocer la reacción de Sancho ante las ambigüedades del morisco, sino sensibilizar a los lectores, a quienes se transmiten señales contradictorias y chocantes con el propósito de obligarlos a reflexionar.

4. LAS VERSIONES ALEMANAS DE II, 54

Para comenzar, una anécdota. Durante una conferencia sobre Cervantes que dicté ante un público de lengua alemana, se me ocurrió leer un párrafo del *Quijote* en la traducción revisada de Braunfels (B-1980), que era la que tenía más a mano en aquella ocasión. Era la escena de la merienda que Sancho comparte con Ricote y los presuntos peregrinos: en ella, los jóvenes ponen en el prado, que hace las veces de mantel, aceitunas, huesos de jamón, queso e incluso caviar, todo ello acompañado de abundante de vino, que el morisco no rechaza. Después de leer en voz alta la descripción que B-1980 da de los huesos de jamón, «saubre Schinkenbeine, an denen zwar nichts zu beißen war, an denen sich aber saugen ließ», avisé a los oyentes de que esta frase, tal y como la habían oído, no se correspondía con el lenguaje de Cervantes. Fui a consultar el original, que, de hecho, se expresa en un estilo menos «sanchesco». Oigamos:

> Todos traían alforjas, y todas, según pareció, venían bien proveídas, a lo menos de cosas incitativas y que llaman a la sed de dos leguas. Tendiéronse en el suelo y, haciendo manteles de las yerbas, pusieron sobre ellas pan, sal, cuchillos, nueces, rajas de queso, huesos mondos de jamón, que si no se dejaban mascar, no defendían el ser chupados. Pusieron asimismo un manjar negro que dicen que se llama *cavial* y es hecho de huevos de pescados, gran despertador de la colambre. No faltaron aceitunas, aunque secas y sin adobo alguno, pero sabrosas y entretenidas (2005: 1168).

4.1. *Una cuestión de perspectivas*

Lo primero que se observa en este improvisado bodegón es que el narrador cervantino recurre a la prosopopeya y a la sustantivación del infinitivo de diátesis pasiva («huesos […] que no defendían el ser chupados»), sirviéndose, por tanto, de construcciones de estilo elevado que crean distancia y atenúan la crudeza realista de la descripción. Nótese, además, que en el texto original quien *habla* (el narrador) y quien *observa* («todo lo miraba Sancho») no son idénticos, de acuerdo con la importante distinción narratológica de Genette que los revisores de Braunfels parecen desconocer. B había sido más fiel al original, pues su versión –poco elegante, es cierto– reza: «saubre Schinkenbeine, die sich zwar nicht kauen ließen, aber doch nicht verwehrten, daran zu saugen». No cabe duda de que los revisores de B hicieron peor: se

propusieron mejorar el alemán de B a partir de sus propios conocimientos
de la lengua materna, pero sin consultar el original cervantino. Era mejor
también la propuesta de Tieck (T), que, respetando la construcción sintáctica del original y mitigando la crudeza de algunas de sus palabras, decía:
«Schinkenknochen, an denen sich vielleicht nichts mehr zu essen fand, die
aber doch immer noch das Abnagen vertrugen». Prefiero, por tanto, la versión
de T, y también la de R, que escribe: «[...] schöne, glatte Schinkenknochen,
die, wenn sie auch zum Beißen nichts mehr hergaben, es doch zuließen, dass
man daran sauge». Pasamos por alto el detalle léxico de las «aceitunas sabro-
sas y entretenidas», que no tiene traducción ni en T ni en B: «angenehm» o
«lecker» distan de ser expresiones equivalentes. El adjetivo «entretenidas»,
con valor activo, significa aquí «que entretienen»: quienes lo trasladan correctamente son A, que trae «die aber zum Zeitvertreib schon recht waren», y
R, que dice: «die einem genug zum Kauen gaben».

Uno de los mayores defectos de B es su tendencia a no respetar las perspectivas: en vez de reproducir el tono medio del narrador, se sirve del registro
cómico-burlesco, en su variante teutónica. Un ejemplo: la introducción de
Sancho en este capítulo es obra del narrador, según indican la clásica fórmula
de inicio («sucedió que») y el irónico inciso, y se desarrolla como sigue:

> Sucedió, pues, que no habiéndose alongado mucho de la ínsula del su
> gobierno (que él nunca se puso a averiguar si era ínsula, ciudad, villa o lugar la
> que gobernaba) vio que por el camino por donde él iba venían seis peregrinos
> con sus bordones, de estos extranjeros que piden la limosna cantando (2005:
> 1166).

B traduce:

> Es begab sich nun, als er sich noch nicht sehr weit von seiner Statthalter-Jnsul
> entfernt hatte, (es war ihm nämlich nie eingefallen sich zu erkundigen, ob er
> eine Jnsul, Stadt, Städtchen oder Dorf bestatthalterte), dass er dort des Weges,
> den er zog, sechs Pilger mit ihren Wanderstäben einherkommen sah.

La torpeza del verbo «bestatthaltern» no hace justicia, en absoluto, a la
neutralidad de «gobernaba»: a diferencia del sereno discurso del narrador
cervantino, surte un efecto de risa, como podría provocarlo el lenguaje de
un bufón. El uso de la palabra «Jnsul» podría denotar fidelidad extrema a
la letra del texto de Cervantes. Entre los traductores alemanes, no obstante,

solamente B se sirve siempre de «Jnsul», corriendo el riesgo de resultar afectado. Otro ejemplo: cuando Ricote se presenta a Sancho, este tarda en reconocer a su coterráneo a causa del disfraz: «y después de haberle estado mirando sin hablar palabra, con mucha atención, nunca pudo conocerle». Mientras T dice simplemente «[er] konnte ihn aber nicht erkennen», A, elevando algo el tono, puntualiza «ohne sich seiner erinnern zu können»; B, sin embargo, se vale de una frase hecha de sabor semipopular: «und konnte ihn dennoch *nimmer* erkennen». Son detalles que demuestran los defectos de la traducción de Braunfels y, sobre todo, su escasa atención a las cualidades tonales del original.

Si estos deslices ocurren en la traducción Braunfels de las alocuciones del narrador, ¿qué no ocurrirá con las de Sancho? El «traje de moharracho» del morisco se convierte en «Pickelhäringstracht», un término hoy incomprensible, que otrora designaba una figura cómica del folklore neerlandés, similar a *Hanswurst* o Polichinela. B-1980, con la ayuda de las soluciones de T («närrische Verkleidung») y de A («Fastnachtskapuze»), opta por «Fastnachtstracht» (traje de carnaval). Aduzco aún otro ejemplo: Sancho alude a su habilidad como gobernador diciendo que «ayer estuve [...] gobernando a mi placer, como un sagitario», esto es, como el signo astrológico del Sagitario, que el vulgo confundía con el Centauro; B traduce «regierte ich als Statthalter nach meinem Belieben, wie ein A-B-C-Schütze», señalando en nota pedestre que se trata de una expresión jocosa del lenguaje de germanías. Yerra: un *ABC-Schütze* es un principiante. T dice correctamente «wie ein Däuschen» (como un diablillo) y A, más evasivo, propone «wie ein Sultan». La mejor versión es quizás la literal de R: «wie ein Bogenschütze», imitada en B-1980.

4.2. *Problemas léxicos: arcaísmos y palabras inusitadas*

La traducción de una obra que tiene más de cuatrocientos años de antigüedad parecería justificar el recurso a los arcaísmos. Cervantes, con todo, solo los utiliza en momentos determinados; por ejemplo, cuando el ingenioso hidalgo proclama sus convicciones de caballero andante con fraseología extraída de los libros de caballerías; pero, en líneas generales, prefiere una prosa narrativa de tono medio, entre culta y familiar.

En términos históricos, el más antiguo de los traductores alemanes aquí considerados es Tieck, cuya versión se remonta a finales del siglo XVIII.

La distancia temporal se aprecia en su lenguaje. Su revisor se esforzó por reemplazar algunos de los arcaísmos: así, en vez de «Pilgrimme», «Ausforderung», «Franschen», «hülflos», «Barbarey»; «das Vergnügen, welches sie schmeckten»; «um durch sie hinzureiten», T-1987 trae «Pilger», «Herausforderung», «Franzosen», «hilflos», «Berberei»; «das Vergnügen, welches sie genossen»; «um durch sie hindurchzureiten». Desaparecen, asimismo, las características morfológicas del alemán antiguo: «ich sahe» de T deviene «sah», y el adjetivo permanece invariable en «nur wenige Gewalt». Se conservan, no obstante, varias expresiones anticuadas (como «Gewinst» «ganancia», «einen Anschlag machen» «dar traza»), de modo que en T persiste cierta pátina arcaizante.

Desde el punto de vista del léxico, A es menos arcaico que T. Curiosamente, mantiene el rasgo morfológico de la declinación de los nombres propios «Sancho'n», «Don Quixote'n», particularidad que desaparece a consecuencia de la revisión de 1908. B, en cambio, elaborada en plena época positivista, es intencionalmente arcaica y va en busca de expresiones raras, con resultados no siempre convincentes. Dice «dass er dort des Weges, den er zog, sechs Pilger [...] einherkommen sah» (donde A se contenta con «die ihm auf seinem Wege entgegenkamen») y «in allen Landschaften Afrikas» (donde A se contenta con «in allen Gegenden»). Traduce, en un párrafo que permite sin duda el recurso al estilo arcaico, «sustentar [en el duelo]» con «mannlich verfechten», y «las tales nuevas» con «Zeitung», que es un violento arcaísmo. Es discutible, igualmente, «das Herzensblut der Flaschen» «las entrañas de las vasijas», pues «Herzensblut» sobrevive apenas en algunos modismos. Otras propuestas me parecen demasiado rebuscadas: la frase «siempre tuve la mala sospecha» de Ricote, usada en su conversación con Sancho, se traduce con «ich habe immer geargwöhnt» (que B-1980 simplifica con «ich hatte immer den Verdacht»); de la impaciencia de don Quijote, a quien cuatro días parecen cuatrocientos años, B dice, con una construcción francamente infeliz: «vier Tage, die in der Rechnung seiner Sehnsucht vierhundert Jahre ausmachten». Si comparamos estas siete soluciones de B con las de R, que usa un lenguaje menos afectado, la diferencia estilística salta a la vista, pues R trae «auf der Straße, die er dahinzog», «überall in Afrika», «eintreten für», «Nachricht», «das Innere der Gurden», «ich habe immer meinen Verdacht gehabt» y «[don Quijote] verbrachte die vier Tage in frohbewegter Stimmung, obschon sie ihm, an seinem Tatendrang gemessen, wie vierhundert Jahre erschienen».

4.3. *Refranes, modismos y reminiscencias literarias*

De los traductores de una obra que, como el *Quijote*, abunda en refranes y modismos se espera que los reconozcan y que, a ser posible, reproduzcan su sentido mediante dichos análogos. En el capítulo II, 54, aparte de algunas dispersas alusiones al lenguaje paremiológico[11], encontramos dos refranes. La rima y el arcaísmo de las formas verbales posibilitan la identificación del primero: «Cuando a Roma fueres, haz como vieres»; se refiere a la actitud de Sancho, que, viendo comer y beber a los extranjeros, no vacila en imitarlos. La adaptación de este proverbio, de origen antiguo («cum Romae fueris, romano vivito more»), no debió de comportar excesiva dificultad. T lo traduce al pie de la letra: «Wenn du nach Rom ziehst, tu' wie du von andern siehst». A, en cambio, propone otro campo semántico: «Mit den Wölfen muss man heulen». B sangra el texto para marcar el refrán (sus revisores no le siguen en esto): «Kommst Du nach Rom, sieh zu / Was die andern thun, das thue du»; prefiero la brevedad de R, más próxima a la sencillez del original: «In Rom tu, was Rom tut». Del segundo refrán puesto en boca de Sancho («Lo bien ganado se pierde, y lo malo, ello y su dueño») no existe análogo alemán. Mientras T lo reconstruye fielmente, destacando el contraste entre bien y mal («*rechtes* Gut geht verloren, das *unrechte* aber mit seinem Besitzer zugleich»), B acentúa la diferencia entre la posibilidad de perder los bienes («*kann* verloren gehen») y la certeza de perder lo mal adquirido («*geht* verloren»); ello no refleja, evidentemente, el sentido del proverbio, tal y como lo registra Correas (1967: 216). A advierte un tono proverbial en la frase: «cuando se come y bebe, poca jurisdicción suelen tener los cuidados», y la traduce con el refrán «über Trinken und Essen, kann man der Sorgen vergessen». El narrador cervantino, en su descripción de la mirada curiosa de Sancho, se deja llevar por una asociación literaria y parafrasea dos versos del romancero viejo: «Todo lo miraba Sancho, y de ninguna cosa se dolía»[12]. Cervantes se abstiene de enfatizar la cita. B, en cambio, la destaca dando muestras de su erudición: «Sancho saß und schaut' es alles / Nichts von allem thät ihn schmerzen», si bien

---

[11] En su discurso, Ricote dice: «No hemos conocido el bien hasta que le hemos perdido», lo que es alusión al refrán que dice: «El bien no es conocido hasta que es perdido»; cfr. con la edición del *Quijote* de Rodríguez Marín (1962: 7, 331).

[12] Alusión cómica al famoso romance: «Mira Nero de Tarpeya / a Roma como se ardía; / gritos dan niños y viejos: / y él de nada se dolía», cfr. con II, 44, donde se cita el mismo romance.

de este modo destruye la fluidez del discurso narrativo. La mejor solución se encuentra, una vez más, en R, que respeta el ritmo de la narración y entrecomilla la cita.

El sintagma «dejando a los peregrinos sepultados en dulce sueño» proviene de un verso virgiliano (*En.* II, 265) varias veces aludido en el *Quijote*. T debió de ser consciente del origen clásico de la frase, pues traduce «ließ die Pilger im süßen Schlafe begraben». A opta por una solución más prosaica: «überließen die Pilger dem süssen Schlummer». B, por su parte, se aleja tanto de la fuente virgiliana como del original cervantino: «Das Ende ihres Weinvorrats wurde nun der Anfang eines Schlummers, der sie alle bewältigte». R combina lo mejor de T y A y traduce: «überließen die Pilger dem süßen Schlummer, in den sie wie in ein Grab gesunken waren».

Las expresiones soldadescas, con sus italianismos aproximativos –por ejemplo: «español y tudesqui, tuto uno: bon compaño» o el «jura Di» de Sancho–, no plantean especiales problemas. Oponen mayor dificultad los numerosos modismos que caracterizan la prosa cervantina. He aquí tres ejemplos: Sancho da a entender a los peregrinos «que no tiene ostugo de moneda» (A: «keinen Heller in der Tasche»; B: «nicht die Spur von Geld»); los peregrinos «quedaron en pelota» a la hora de comer (T: «blieben in Ärmeln»; A: «blieben in ihren bloßen Wämsern»; B: «standen nun in ihren Unterkleidern da»; R: «sie standen nun leichtbekleidet da»); y tienen los santuarios de España «por certísima granjería» (T: «als ihren sichersten Gewinnst»; A: «gewiss, daselbst ihre Rechnung zu finden»; B: «als ihr sicherstes Erwerbsmittel»; y R: «sie erachten sie für sichersten Gewinn»). En otro lugar, hablando de su experiencia como gobernador, Sancho juega con las palabras «ganancia» y «ganado»: «He *ganado* […] el haber conocido que no soy bueno para gobernar si no es un hato de *ganado*». Este juego de palabras es inviable en alemán y, por consiguiente, nadie se atrevió a traducirlo.

4.4. *Los significados implícitos*

Volviendo ahora a los significados que derivan del análisis de las relaciones (entre los espacios, por ejemplo, o entre los actores y sus ideologías), es cierto que, en este capítulo, se deben comparar los gestos y discursos de los viajeros (Ricote ha estado en Alemania y sus camaradas proceden de Europa septentrional) con los de Sancho, el hombre arraigado en sus convicciones de cristiano viejo. Cervantes describe la situación sin ulterior comentario, dejando que el contexto hable de por sí. Del traductor se espera que reproduzca la escena sin que pierda su significado genuino.

Durante la merienda, los jóvenes germanos y Ricote levantan, todos a un tiempo, sus «botas en el aire; puestas las bocas en su boca, clavados los ojos en el cielo, no parecía sino que ponían en él la puntería» (Rico 2005: 1169). Quien viese aquí solo una manifestación de placer, no valoraría suficientemente la polémica metáfora del narrador cervantino. La expresión «poner en él la puntería» simula a todas luces un acto bélico: una agresión que se dirige contra el cielo, localización tradicional de la divinidad. Sancho, deseando participar en el juego, imita ese gesto sin darle importancia («tomó su puntería como los demás»); adviértase, sin embargo, que Cervantes no dice de él que dispare contra el cielo. Si partimos del contraste ideológico entre los extranjeros y Sancho, hemos de atribuir a esta escena un sentido particular. Los cuatro traductores insisten en el significado connotativo del gesto, pero B es el único que no distingue entre la actitud de los peregrinos y la de Sancho. T dice de los jóvenes que «sie hefteten die Augen an den Himmel, so daß es schien, als wenn sie sich dort ein genaues Ziel zum Treffen setzten»; y de Sancho que «nahm [er] ebenso sein Ziel». A distingue aún más claramente entre los primeros: «sie hefteten die Augen auf den Himmel, als ob sie nach ihm zielten»; y Sancho: «er zielte nach den Wolken so gut und mit demselben Behagen wie die übrigen». B, luchando contra la concordancia, escribe «jeder [...] blickte starr nach dem Himmel auf, gerade als ob sie nach ihm zielen wollten» (¡sic!); y repite «gen Himmel» también con respecto a Sancho: «nahm seinen Zielpunkt gen Himmel wie die andern». R, finalmente, dice de los peregrinos: «schien es gar nicht anders, als wollten sie diesen zum Ziel nehmen»; y de Sancho: «legte sie [die Weingurde], wie die andern es getan, aufs Ziel an». Las diferencias son mínimas, es cierto, pero se diría que T, A y R leen el texto con más atención que B.

Otro punto delicado de la narración es el escenario en que Ricote confiesa a Sancho sus ideas y proyectos. Desenterrar un tesoro morisco con la intención de exportarlo es un acto que las autoridades han prohibido. La confesión, por tanto, no puede hacerse sino en lugar secreto. El narrador cervantino subraya la diferencia espacial mediante dos verbos, pues dice: «y hablando Ricote a los demás peregrinos, *se apartaron* a la alameda que se parecía, bien *desviados* del camino real» (p. 1168). El participio «desviado» y, sobre todo, el sustantivo «desvío» pueden tener una connotación moral, tanto más cuanto que Ricote y Sancho se desvían «del camino *real*». Este matiz, sin embargo, resulta intraducible. Como traducción de «camino real» se nos ofrece en alemán la palabra *Heerstrasse* (carretera por donde pasan los ejércitos), que emplean A y B, equivale vagamente a «camino real», pero no da cuenta de la alusión que el contexto sugiere en Cervantes.

En su parlamento, verdadero discurso, Ricote habla de sus viajes por Francia, Italia y Alemania; se estableció durante algún tiempo cerca de Augsburgo, donde la gente (según él) dejaba vivir en paz a los adeptos de otras confesiones. Son significativas las alusiones a la economía (Augsburgo, ciudad de los Fugger, emporio financiero de Europa) y a las prácticas religiosas de aquel país que, a diferencia de lo que ocurría en la España de Cervantes, comenzaba a tolerar, a su pesar y bajo ciertas condiciones, la «libertad de conciencia» de sus ciudadanos (la *paz de Augusta*, de 1555, sancionó el principio territorial de *cuius regio, eius religio*, sin que esto implicase libertad de culto). Márquez Villanueva (1975: 279-285) ha demostrado que en la España de Felipe III, y especialmente durante la persecución de los moriscos, el término «libertad religiosa» pudo ser sinónimo de libertinaje y perversión mental. Ricote afirma que en Alemania pudo vivir «con más libertad, porque sus habitadores no miran en muchas delicadezas» y que allí «cada uno vive como quiere, porque en la mayor parte [de Alemania] se vive con libertad de conciencia». Pues bien: la reacción del lector de hacia 1600 no debió de ser idéntica a la que experimenta el lector de hoy. Hablar sin más de «Gewissensfreiheit», como hacen los cuatro traductores, sin añadir nada sobre la especial resonancia que entonces tenía el término, no sea quizás del todo correcto. Y es que el derecho a la libertad de conciencia es una conquista del Siglo de las Luces.

4.5. *Valores rítmicos*

Es interesante comparar la sintaxis del original con la que adoptan sus traductores. Como prosista, Cervantes da prueba de suma competencia en el arte de organizar el párrafo, usando ora períodos extensos escandidos mediante oraciones y sintagmas, especialmente en las introducciones, ora frases breves que focalizan, cada una, un objeto distinto de la observación, como en la enumeración de los diversos manjares que componen la merienda de los peregrinos. Así, en el cap. II, 54 son frecuentes tanto los períodos largos como los breves y concisos, que sirven para enfatizar las emociones o para estructurar el diálogo. Valgan como ejemplos, por una parte, las trece líneas –en la edición del Instituto Cervantes– del período inicial del episodio («Sucedió que») y, por otra, las siete frases que constituyen el párrafo de la merienda («Hízolo así Sancho»). También el parlamento de Ricote, en sus momentos más épicos, cuenta con frases de doce y hasta quince renglones, y con otras de tamaño más modesto.

¿Cómo se comportan los traductores alemanes frente a este aspecto de la prosa cervantina? T es el más fiel de todos desde el punto de vista sintáctico: pone los puntos donde cree que los puso Cervantes y mete punto y coma, o coma, donde el original los pide[13]; los revisores del siglo XX no respetaron esta opción estilística de Tieck y despojaron su versión de una de sus más sobresalientes características. Los períodos de T adquieren, de hecho, una ligereza y un ritmo casi flotante que son solo suyos. B, en cambio, interrumpe a menudo la fluidez del discurso cervantino: divide el párrafo de introducción en tres segmentos y el período más extenso de Ricote en dos frases. De modo análogo proceden A y R, que «normalizan» aún más el ritmo narrativo de Cervantes. Estos últimos, evidentemente, intentaron acercar la obra a la capacidad intelectiva de los lectores modernos, poco acostumbrados a la manera clásica de narrar. La intención de Tieck, sin embargo, fue (sobre todo) estética.

Una traducción poética del *Quijote*, observaba su amigo August W. Schlegel (1962: 326), no se puede contentar con verter su contenido semántico, sino que debe respetar lo más posible el ritmo de la prosa y la articulación sintáctica del período. Que la reflexión sobre la importancia del *significante* concierne tanto a la poesía en verso como a la prosa es una idea clave de la reseña de Schlegel a la traducción de Tieck. He aquí lo que escribe:

> Was die Prosa betrifft, so liebt der Castilianer wie der Italiener in seiner sonoren und leicht hingleitenden Sprache, daß das Ohr mit einer tönenden Fülle von Worten und majestätischem Umfange der Perioden befriedigt werde; und dieser goldene Strom der Beredsamkeit ist nicht das, was den einheimischen Leser an seinem Don Quixote am wenigsten entzückt. Von nichts muß sich also der Übersetzer mehr hüten, als nicht in die zerschnittene Schreibart zu verfallen,

---

[13] Francisco Rico (2005: 163) señala que «los autógrafos cervantinos ignoran (casi) la puntuación». Con todo, lo que se debería verificar es cómo se presenta la sintaxis en las ediciones españolas más antiguas. El problema consiste en que no siempre sabemos cuáles fueron las ediciones consultadas por los traductores.

die sich zudem weder mit der Ruhe der Darstellung noch mit ihrer gefälligen Umständlichkeit verträgt (1962: 304-305)[14].

5. EN LUGAR DE UNA CONCLUSIÓN

Quizá un solo capítulo no resulte tan representativo como para formular un juicio definitivo sobre la calidad de las cuatro traducciones que hemos comparado en nuestro trabajo. Se advierten, no obstante, evidentes divergencias en lo que tiene que ver con el estilo. Las cuatro traducciones son meritorias: todas son más o menos correctas, si pasamos por alto el recurso de T y A a los arcaísmos (como han hecho sus revisores) y ciertas construcciones poco elegantes de B. La versión contemporánea de R es, de todas, la que necesitaría menos enmiendas.

Limitémonos, por tanto, a comparar las versiones decimonónicas entre sí. T y B se distinguen por ser, la primera, obra de un escritor dotado de sentido estético y, la segunda, obra de un erudito de formación positivista, carente de sensibilidad literaria. Es verdad que la exactitud no es la mayor virtud de T. Pero su prosa tiene una calidad rítmica que las otras versiones desconocen. Cuando Sancho oye pronunciar su nombre sin reconocer a quien a él se dirige, T expresa su asombro a través del ritmo: «Sancho verwunderte sich, sich bei seinem Namen nennen zu hören und sich von einem fremden Pilgrimme umarmen zu sehen, er betrachtete ihn ohne ein Wort zu sprechen, *lange mit der größten Aufmerksamkeit*, konnte ihn aber nicht erkennen». T consigue despertar la participación emotiva del lector, que, según mandan los cánones literarios, comprende lo que ocurre conceptual y rítmicamente.

La muy elogiada exactitud de B se manifiesta en el feliz hallazgo de términos apropiados: así, el novio de Ana Félix, don Gaspar Gregorio, no es un «Edelmann» (A) o un «vornehmer reicher Mensch» (T), sino un «Majoratsherr», de acuerdo con el original cervantino, que habla de un «mancebo

---

[14] «En cuanto a la prosa, hay que recordar que tanto los españoles como los italianos gustan de una lengua sonora, fluida y suavemente articulada, de manera que los oídos queden siempre satisfechos con una abundancia de sonoridad y de amplios rodeos sintácticos; y este dorado río de elocuencia no es de los encantos menores en el *Quijote*. Debe de guardarse el traductor lo más posible de caer en el vicio del estilo 'cortado' [lo dice con referencia a Soltau], que no se aviene ni con la serenidad de la representación ni con la agradable complicación de estos períodos.» La traducción es mía.

mayorazgo rico»; pero el «närrische Verkleidung» de T, a propósito del disfraz de Ricote, es mucho más apropiado que la «Pickelhäringstracht» de B. No cabe duda de que Braunfels desatiende los valores tonales, lo que personalmente considero un grave defecto del traductor.

A no brilla por su talento literario y sensibilidad estética, pero hay que admitir que encuentra a menudo soluciones muy apropiadas desde el punto de vista del contenido. De haber estado más atento a los valores expresivos del texto, no habría iniciado su *Don Quixote* del modo siguiente: «Der Held unserer Geschichte wohnte vor nicht gar langer Zeit in einem Dorf der Mancha, auf dessen Namen ich mich nicht besinnen mag, und gehörte zu der Classe derer, die einen Spieß und eine echte Tartsche im Wandschrank haben, einen dünnen Klepper im Stall und ein Windspiel im Hofe». Este exordio, si bien perfectamente inteligible, no convence desde el punto de vista sintáctico. La articulación del comienzo del *Quijote* es tan singular que no debería perderse en la traducción. A traduce la expresión cervantina «duelos y quebrantos» con «arme Ritter»: así se designa, en ciertas regiones de Alemania, un plato pobre compuesto de leche, huevos y pan frito. Indeciso entre la traducción irónica de A, semánticamente imprecisa pero atenta a las exigencias del discurso, y los «jämmerliche Knochenreste» de B, que, si bien grotescos, contienen los significados de «dolerse» y de «quebrantar», me atengo a la solución de R, «Rührei mit Speck», más apetitosa y próxima a la literalidad del original cervantino.

6. Bibliografía

6.1. *El texto*

Rico, Francisco (dir.) (2005): *Miguel de Cervantes. Don Quijote de la Mancha. Edición del Instituto Cervantes 1605-2005.* Barcelona: Galaxia Gutenberg.

6.2. *Las traducciones*

T = Tieck, Ludwig (1799-1801): *Miguel de Cervantes Saavedra. Leben und Thaten des scharfsinnigen Edlen Don Quixote de la Mancha.* Traducción del español por Ludwig Tieck. 4 vols. Berlin: Unger.

T-1987 = Tieck, Ludwig (1987): *Miguel de Cervantes Saavedra. Leben und Taten des scharfsinnigen Edlen Don Quixote von la Mancha.* Traducción del español de Ludwig Tieck con un ensayo de Heinrich Heine e ilustraciones de G. Doré. Zürich: Diogenes.

A = Edición anónima (1837-38): *Miguel de Cervantes Saavedra. Der sinnreiche Junker Don Quixote von la Mancha.* Con la biografía de Cervantes por Viardot y una introducción de Heinrich Heine. 2 vols. Stuttgart: Verlag der Klassiker.

A/TH = THORER, KONRAD (1975 [1908]): *Miguel de Cervantes Saavedra. Der scharfsinnige Ritter Don Quixote von der Mancha.* Con un ensayo de I. Turgenjew y un epílogo de A. Jolles. Revisión del texto anónimo de 1837 por Konrad Thorer. 3 vols. Frankfurt/M: Insel-Verlag.

B = BRAUNFELS, LUDWIG (1883): *Miguel de Cervantes Saavedra. Der sinnreiche Junker Don Quijote von der Mancha. Übersetzt, eingeleitet und mit Erläuterungen versehen von Ludwig Braunfels.* 4 vols. Stuttgart: Spemann.

B-1980 = BRAUNFELS, L. (1980): *Miguel de Cervantes Saavedra. Der sinnreiche Junker Don Quijote von der Mancha.* Edición completa de la traducción de L. Braunfels, revisada por A. Spemann con un epílogo de F. Martini con las notas de la traducción de Braunfels. Darmstadt: Wissenschaftl. Buchgesellschaft Darmstadt (publicada también en München: Winkler-Verlag 1979 y Munich: Dtv 2006).

R = ROTHBAUER, ANTON M. (ed.) (1964): *Miguel de Cervantes Saavedra. Gesamtausgabe in vier Bänden.* Vol. II: *Don Quijote de la Mancha. Erster und Zweiter Teil.* Edición y traducción de Anton M. Rothbauer. Stuttgart: Goverts.

6.3. *Literatura especializada*

BERGER, TJARD (1908): *Don Quijote in Deutschland und sein Einfluss auf den deutschen Roman 1613-1800.* Tesis doctoral. Heidelberg: Universitätsdruckerei J. Hörning.

BERTUCH, FRIEDRICH JUSTIN (1775-77): *Miguel de Cervantes Saavedra: Leben und Thaten des Don Quixote von La Mancha.* Nebst der Forts. des Avellaneda, übersetzt von Friedrich Justin Bertuch. 6 vols. Weimar.

BODMER, JOHANN JACOB (1741): «Von dem Character des Don Quixote und des Sanscho Pansa», en: *Kritische Betrachtungen über die poetischen Gemälde der Dichter.* Zürich: Orell, 518-547.

BRÜGGEMANN, WERNER (1958): *Cervantes und die Figur des Don Quijote in Kunstanschauung und Dichtung der Deutschen Romantik.* Münster: Aschendorff.

CARRASCO URGOITI, MARÍA SOLEDAD (2005): «Lecturas del *Quijote.* Segunda parte, cap. 54», en: Rico, Francisco (dir.): *Miguel de Cervantes. Don Quijote de la Mancha. Edición del Instituto Cervantes 1605-2005.* Barcelona: Galaxia Gutenberg, II, 202-206.

CLOSE, ANTHONY (1972): *The Romantic Approach to «Don Quixote»*. Cambridge: University Press.

COLÓN, GERMÀ (1974): *Die ersten romanischen und germanischen Übersetzungen des Don Quijote*. Bern: Francke.

COQUET, JEAN-CLAUDE (1984): *Le discours et son sujet. Essai de grammaire modale*. Paris: Kliencksieck.

CORREAS, GONZALO (1967 [1627]): *Vocabulario de refranes y frases proverbiales*. Bordeaux: Institut d'Études Ibériques.

GENINASCA, JACQUES (1997): *La parole littéraire*. Paris: Presses Universitaires de France.

GREIMAS, ALGIRDAS JULIEN/COURTÉS, JOSÉ (1979): *Semiótica. Diccionario razonado de la teoría del lenguaje*. Versión española de Enrique Ballón Aguirre y Hermis Campodónico Carrión. Madrid: Gredos (Biblioteca Románica Hispánica, 5. Diccionarios, 10).

GÜNTERT, GEORGES (1993): *Cervantes. Novelar el mundo desintegrado*. Barcelona: Puvill.

— (2004): «Sobre la recepción de Cervantes en el mundo germano: las principales traducciones del *Quijote*», *Anuario de estudios cervantinos* 1, 57-78.

LEFEVERE, ANDRÉ (1992): *Translation, Rewriting and the Manipulation of Literary Fame*. London/New York: Routlege.

MANN, THOMAS (1975): «Meerfahrt mit Don Quijote», en: *Gesammelte Werke*. Vol. IX: *Reden und Aufsätze*. Zürich: Ex Libris, 427-477.

MÁRQUEZ VILLANUEVA, FRANCISCO (1975): *Personajes y temas del «Quijote»*. Madrid: Taurus.

MARTÍNEZ BONATI, FÉLIX (1995): *Don Quijote y la poética de la novela*. Alcalá de Henares: Centro de estudios cervantinos.

MELZ, CHRISTIAN F. (1945): *An evaluation of the earliest German translation of «Don Quijote»: Junker Harnisch aus Fleckenland*. Berkeley y Los Angeles: Univ. of California Press.

MEREGALLI, FRANCO (1972): «Cervantes nella critica romantica tedesca», *Annali della Facoltà di Lingue e Letterature Straniere di Ca' Foscari* 11.2, 381-95.

NEUMANN, MAX HELMUT (1917): «Cervantes in Deutschland», *Die neueren Sprachen* 25, 147-162 y 193-213.

RICO, FRANCISCO (2005): *El texto del «Quijote»*. Barcelona: Destino.

RICOEUR, PAUL (1983): *Temps et récit*. Paris: Du Seuil.

RODRÍGUEZ MARÍN, FRANCISCO (1962): *Cervantes. Don Quijote de la Mancha*. 8 vols. Madrid: Espasa Calpe.

SCHLEGEL, FRIEDRICH (1958): «Die spanisch-portugiesische Literatur», en: Behler,

Ernst (ed.): *Kritische Friedrich Schlegel-Ausgabe.* Vol. XI: *Wissenschaft der europäischen Literatur.* Zürich: Thomas, 154-162.

SCHLEGEL, AUGUST WILHELM (1962): *Kritische Schriften.* Ausgewählt, eingeleitet und erläutert von Emil Staiger. Zürich: Artemis Verlag.

SOLTAU, DIETRICH W. (1800): *Miguel de Cervantes Saavedra: Der sinnreiche Junker Don Quixote von la Mancha.* Übersetzt von Dietrich W. Soltau. 4 vols. Königsberg: Nicolovius.

STACKELBERG, JÜRGEN VON (1984): «Der Don Quijote von Port-Royal. Filleau de Saint-Martin und seine deutschen 'Weiterübersetzer'», en: Stackelberg, Jürgen von: *Übersetzungen aus zweiter Hand. Rezeptionsvorgänge in der europäischen Literatur vom 14. bis zum 18. Jh.* Berlin: Mouton de Gruyter, 65-90.

VILLANUEVA, DARÍO (1994): «Pluralismo crítico y recepción literaria», en: Villanueva, Darío (comp.): *Avances en teoría de la literatura.* Compostela: Universidade de Santiago de Compostela, 11-29.

WEINRICH, HARALD (1966): «Die Melancholie Don Quijotes», en: Hatzfeld, Helmut (ed.): *Don Quijote. Forschung und Kritik.* Darmstadt: Wissenschaftliche Buchgesellschaft, 295-316.

Sobre «Lo eterno» de Blas de Otero

Itzíar López Guil
Universität Zürich

Lo eterno

1   Un mundo como un árbol desgajado.
    Una generación desarraigada.
    Unos hombres sin más destino que
    apuntalar las ruinas.

5   Rompe el mar
    en el mar, como un himen inmenso,
    mecen los árboles el silencio verde,
    las estrellas crepitan, yo las oigo.

    Sólo el hombre está solo. Es que se sabe
10 vivo y mortal. Es que se siente huir
    —ese río del tiempo hacia la muerte—.

    Es que quiere quedar. Seguir siguiendo,
    subir, a contramuerte, hasta lo eterno.
    Le da miedo mirar. Cierra los ojos
15 para dormir el sueño de los vivos.

    Pero la muerte, desde dentro, ve.
    Pero la muerte, desde dentro, vela.
    Pero la muerte, desde dentro, mata.

    ...El mar —la mar—, como un himen inmenso,
20 los árboles moviendo el verde aire,
    la nieve en llamas de la luz en vilo...

                        (Otero 1960: 11-12).

El poema liminar de *Ángel fieramente humano* (1950) –aquel que Blas de Otero consideraba su primer libro de poesía– es, sin duda, uno de los textos de nuestro autor más citados y comentados por la crítica, especialmente en los trabajos que versan sobre la etapa inicial de su quehacer poético, entre los que cabe destacar el pionero de Dámaso Alonso, de 1952, reproducido después en el prólogo de *Ancia* (1958): allí el célebre poeta y filólogo encuadra el poema en la que denomina *poesía desarraigada*, una poesía que definirá como «una frenética búsqueda de ordenación y de ancla» para aquellos a quienes «el mundo nos es un caos y una angustia» (Alonso 2007: 13-14). Será precisamente este el aspecto que la crítica coincidirá en privilegiar en sus lecturas de «Lo eterno»: la lucha del Yo, sediento de eternidad, con la angustia existencial de saberse «vivo y mortal», el conflicto proveniente de «una naturaleza doblemente escindida, disociada de la realidad divina por su condición mortal, disociada de la realidad material por su obsesivo anhelo de inmortalidad» (Scarano 1994: 117). Y así, por ejemplo, Alarcos Llorach, en su monografía sobre la obra poética oteriana, afirmará (homologando sujeto biográfico y sujeto poético): «El poeta […] se debate con sentimiento agónico entre el pasar del río manriqueño y el deseo de quedar, entre el deseo de la vida y la corrosión interna e inexorable de la muerte» (Alarcos 1973: 39). La resolución final de dicho conflicto en el poema será interpretada mayoritariamente de forma negativa. Según Yvan Lissorgues (con quien, entre otros, coincide López Castro 1997: 156-157), «la lucha de Blas es más lucha contra las paredes de lo absurdo, en las que el hombre se ha encerrado, que lucha por cualquier ilusoria fe en lo eterno» (Lissorgues 1986: 275). Para la mayor parte de los estudiosos «la conciencia aguda de ese mar final como muerte irremediable» (Scarano 1987: 170) es tema central del poema, que concluye con la muerte del Yo; su imposibilidad de escapar a tan nefasto destino queda afirmada, según el parecer de los especialistas, a través de su ausencia en la última estrofa, que, por contraste con la segunda, pone de relieve lo que sí permanece, lo que se considera «eterno»: «el espacio del Cosmos: el Paraíso primero, del cual el hombre fue expulsado, el ámbito edénico que se revela ahora definitivamente perdido» (Scarano 1987: 171).

El poema se estructura discursivamente sobre una confrontación de dos temporalidades: la lineal y limitada del ser humano y aquella circular y cíclica de la naturaleza. No puedo, sin embargo, estar de acuerdo con esta lectura *desesperanzada* del poema, con esta común afirmación de que el texto se cierra con la mera imposibilidad del Yo de acceder a «lo eterno». Porque, como me propongo demostrar, en nuestro poema sí se presenta una solución al ansia de inmortalidad del Yo: el espacio perenne de la poesía, del arte, a cuya atemporalidad alude el título. Hay motivos extratextuales e intratextuales que apoyan y validan mi interpretación: a continuación los expondré, empezando por aquellos ajenos al propio texto, para proceder después al análisis de «Lo eterno».

1. Una de las razones extratextuales que cabe apuntar en defensa de mi tesis es la propia poética oteriana del momento, aquella que en 1952 el autor sostiene en «Y así quisiera la obra», pues no concuerda con esta visión devastadora: «No hay creador *capaz de levantar unas ruinas si no dispone de un ideal positivo*; si primero él no ha forjado –cual un futuro ya presente– su escala de valores y su escuela de verdades» (Otero 1983: 179-180; la cursiva es mía). Según Otero, el arte debe encaminarse siempre hacia la construcción, hacia la propuesta de valores y verdades; es necesario ofrecer un «ideal positivo» si se desea «levantar ruinas»: el uso aquí de la misma imagen que en «Lo eterno», las *ruinas*, para definir el material con el que trabaja el artista no es casual. Blas de Otero en 1952 defiende un arte constructivo, que *levante ruinas*, una actitud bien distinta de la que, en nuestro poema, se atribuye a la «generación desarraigada», a esos «hombres» que se limitan a «apuntalarlas» y de quienes el sujeto poético se distancia.

2. Otro factor ajeno al propio texto del poema, que hay que tener en cuenta en su interpretación y en el que apoyo mi lectura, es el entramado de relaciones establecidas entre «Lo eterno» y el macrotexto, en especial con la cita que principia el libro, pero también con el resto de los poemas, esclareciendo la función que «Lo eterno» cumple en *Ángel fieramente humano* (*AFH*).

2.1. Todo el libro puede y debe ser decodificado metaliterariamente, según evidencia ya el primer texto que llega a los ojos del lector al abrir el volumen: la cita inicial, en la que se alude directamente al código poético, al tipo de comunicación que el macrotexto, en su conjunto, defiende y privilegia. La cita –no es una novedad para la crítica– procede del «Prefacio» de Rubén Darío a sus *Cantos de vida y esperanza*; pero aquí se reproduce modificada: si Darío afirmó «Yo no soy un poeta para las muchedumbres. Pero sé que indefectiblemente tengo que ir a ellas» (1987: 96), en *AFH* se le hará decir *«Yo no soy un poeta de mayorías; pero sé que, indefectiblemente, tengo que ir a ellas»* (Otero 1960: 9). Las palabras de Darío, en su contexto originario, especificaban que el autor no dirigía su obra a una masa de lectores, a pesar de

Itzíar López Guil

que considerase inevitable –y parecía lamentarlo– que acabase en sus manos: para designar a esos interlocutores no deseados emplea un término peyorativo, *muchedumbres*, que conlleva implícita la idea de *masa*, de grupo desorganizado, movido por impulsos pasionales comunes. En *AFH*, sin embargo, se hace afirmar a Darío algo bien diferente: 'a pesar de que no soy un poeta de *mayorías*, esto es, elegido y leído por *mayorías*, acabaré logrando llegar a ellas'. La nueva voz, *mayorías*, posee connotaciones claramente positivas: aunque con ella se designa también a un grupo de personas, evoca orden y racionalidad, la unión de un conjunto de individuos –el más numeroso– que comparten un idéntico ideario. La modificación de la cita y su inserción al inicio de poemario nos está descubriendo el programa que primará en el libro, aquel que debe guiar su interpretación, opuesto al de Darío: se desea recorrer ese camino, ser voz de las mayorías, llegar a un gran número de lectores individuales. Y, de hecho, en «Y así quisiera la obra», Otero declarará: «… Bien sabemos lo difícil que es hacerse oír de la mayoría. También aquí son muchos los llamados y pocos los escogidos. Pero *comenzad* por llamarlos, que seguramente la causa de tal desatención está más en la voz que en el oído» (Otero 1983: 179; la cursiva es mía). *AFH* es precisamente este *comienzo* en la impostación de la voz poética hacia un público amplio formado por individuos: dada la dificultad que entraña esta empresa, será concebida procesualmente, como un «ir a ellos», como un camino que, eso sí, «indefectiblemente» se acabará recorriendo. Este programa comunicativo, que no se completará sino en la etapa social de nuestro poeta, rige el cambio que se opera desde la situación enunciativa de los primeros poemas, en los que habla un «yo», a aquella común a los textos a partir de la segunda sección, donde el sujeto poético empieza a emplear para referirse a sí mismo la forma «nosotros», en la que da cabida a su interlocutor, estableciendo un lazo de complicidad con él. La cita inicial, por consiguiente, no solo pone de manifiesto una particular concepción de la comunicación poética (opuesta a una tradición lírica anterior, la de Darío, que se manipula y subvierte), sino que anticipa el contenido de lo que le seguirá, donde el lector también hallará una honda reflexión metaliteraria.

2.2. Inmediatamente tras la cita, y asimismo en cursiva, figura «Lo eterno». No lo creo una mera «Introducción» o un «Prólogo» al resto de las secciones del poemario, como defienden Scarano (1987: 169-171) o Paulino Ayuso (2003: 6) respectivamente: si fuera así, si constituyera una parte del conjunto que forman los demás poemas, no se diferenciaría de ellos tipográficamente y le precedería un título como al resto de las composiciones del libro, incluidas todas en alguno de los cuatro apartados del poemario (I. «Desamor», II. «Hombre», III. «Poderoso silencio» y «Final»). Y es que, a mi modo de ver, «Lo eterno» mantiene con la totalidad de estas secciones una relación de equivalencia discursiva: se trata de un texto-proclama, de un poema-manifiesto, de una propuesta poética positiva que, acto seguido, el poemario realizará, pondrá en práctica. Que tal es su función lo demuestran dos hechos:

a) El primero de ellos es de carácter extratextual: me refiero al diferente orden que Blas de Otero dará a los poemas de *AFH* y *Redoble de conciencia* (*RC*) cuando, casi un decenio más tarde, decida refundirlos en *Ancia*. Amén de eliminar algunos y añadir un elevado número de textos nuevos, cambiará la cita inicial y el lugar y el título de «Lo eterno», introduciendo como poema liminar el que lo era ya en *RC*, «Es a la inmensa mayoría», al que seguirán cinco secciones numeradas y/o tituladas. Si las modificaciones en el macrotexto en general se explican, como bien ha demostrado De la Cruz (1986: 144), por el deseo de constituir un recorrido poético diferente y con un significado distinto del de *AFH* y *RC*, el cambio del poema inicial se debe precisamente a la función que el texto situado en esta posición cumple en cada uno de los libros. En 1958 nuestro autor tenía un concepto de poesía bien diferente del que proclamaban «Lo eterno» y los poemas de *AFH* en su orden originario, pues ya había publicado *Pido la paz y la palabra* y estaba inmerso en su etapa «social»: el nuevo orden de los poemas en *Ancia* buscará explicar el camino recorrido desde la poética de *AFH* hasta la defendida en 1958; de ahí que el antiguo poema inicial de *AFH* quede relegado a un lugar no tan destacado de la primera sección de *Ancia* y que su nuevo título, «La Tierra», ponga de relieve el componente terrenal, humano del poema, opuesto a aquel que se subrayaba con su título originario.

b) La segunda prueba es de naturaleza textual: «El ser», el último poema de *AFH*, guarda una clara correspondencia con el final de «Lo eterno», ya que coincide con él en una visión de la muerte no como final absoluto, sino como «otra forma de amor y de alegría» (Otero 1960: 93) a la que tiene acceso el sujeto poético, ese «ser» que ahora, al terminarse *AFH*, ya no es un «yo» sino un «nosotros». Más adelante volveré sobre este punto.

3. Por último, y según anuncié al inicio de este trabajo, me baso en razones intratextuales para sostener que el poema ofrece una solución positiva al conflicto existencial y poético que tematiza: el análisis discursivo de «Lo eterno»

que me propongo abordar en lo que sigue tiene como fin evidenciarlas.

Desde el punto de vista métrico, «Lo eterno», un poema sin rima, presenta dos secciones, bien diferenciadas también en el plano del contenido, como se verá después: la primera (A), está compuesta por las dos cuartetas iniciales (vv. 1-8) de métrica irregular; B comprende el resto del poema, donde hallaremos únicamente versos de once sílabas.

Es de reseñar la importancia que tiene en este poema en concreto el plano de la expresión, pues tiende a representar, no solo sonora sino también visualmente, el plano del contenido. En la cuarteta inicial, la desolación se vuelve perceptible a la vista y al oído gracias al uso de una sintaxis asindética, ya que las dos primeras oraciones son simples y acaban con una pausa severa a final de verso, imposibilitando la fluidez: la horizontalidad visual del verso se empleará conscientemente en esta estrofa para representar la falta de verticalidad, de espiritualidad, que se está evocando en el plano del contenido. El primer verso comienza con el armonioso predominio del sonido suave nasal que produce la aglomeración de emes y enes («Un mundo como un») y que contrasta con el brusco sonido inarmónico de la -j- de «desgajado», remarcando la violencia con la que el árbol –figura vertical– ha sido arrancado. El segundo verso es más reducido en extensión que el primero, transmitiendo ópticamente la sensación de espacio recortado. Y aquí vuelve a reaparecer el sonido velar fricativo sordo en la g- inicial de «generación», que, junto a la -rr- de «desarraigada», inciden en la falta de armonía, en la violencia. La repetición del prefijo des- en las dos palabras que cierran cada verso, denotando negación y carencia en el plano del contenido, apoya la idea de desolación de estas dos oraciones entrecortadas, prisioneras en el espacio visual de un verso que no fluye. La oración que constituye el tercer verso ya no es simple y, en un encabalgamiento, se desliza hasta el cuarto, el más breve de todos, que produce un efecto óptico de apuntalamiento de la estrofa: parece como si la sujetara para que no se cayese al vacío interestrófico. Pero es que, además, esa reducción del verso está representando, asimismo, la idea de reducción espacial que evoca la voz *ruinas*, la desintegración física y paulatina de algo que, en este caso, es también esta cuarteta fragmentada: se establece así una coincidencia clave, no solo entre plano del contenido y plano de la expresión sino también entre enunciado y enunciación, que invita a una lectura metapoética del enunciado (la tradición poética anterior, ya en ruinas, no se recrea y renueva, sino que se apuntala para que no se derrumbe). La sensación de ahogo y de angustia se ve reforzada por otro efecto óptico, pues al tiempo que decrecen visualmente los finales de verso, los artículos indeterminados, anafóricamente emplazados, aumentan espacialmente los inicios:

> **Un** mundo como un árbol desgajado.
> **Una** generación desarraigada.
> **Unos** hombres sin más destino que
> apuntalar las ruinas.

El enorme blanco interestrófico que genera la división en dos partes del endecasílabo que podrían haber formado el verso cuarto y el quinto, empleado en la primera cuarteta para evocar la sensación de caída, se usa en la segunda para crear la representación gráfica de una ola:

> Rompe el mar
> en el mar, como un himen inmenso,
> mecen los árboles el silencio verde,
> las estrellas crepitan, yo las oigo.

Este espacio en blanco, además de cumplir una función óptica concreta en cada estrofa (caída para la primera, ola para la segunda), incide en la idea de desarraigo. Porque parece como si ambas estrofas hubieran encajado alguna vez una con otra y hubieran sido separadas, como si lo de arriba hubiera sido arrancado de lo de abajo, fragmentando en dos el verso cuarto. El distanciamiento entre la generación desarraigada que apuntala ruinas y el Yo no es solo discursivo, sino también visual.

Si la estrofa inicial da cabida al mundo, a la generalidad que evoca esa indeterminación de los artículos que principan las tres oraciones, la segunda estrofa, contrastando con toda esa planicie, con toda esa desolada falta de verticalidad, de espiritualidad y trascendencia, es puro movimiento visual y concreción: todos los artículos son determinados y ya no se habla de «unos hombres», sino que aparece por vez primera el Yo. La aliteración de los vv. 5 y 6 es, en mi opinión, una de las mejores de nuestra historia literaria: el quinto verso, la cresta de la ola, se inicia con esa *R* mayúscula ([r̄]) que da comienzo al movimiento; la bilabial plosiva [p] representa el momento de ruptura, seguido de [r] suaves (ma**r** en el ma**r**), que reflejan cómo va decreciendo la fuerza de la ola, cómo el agua va perdiendo impulso, hasta volverse una pura aglomeración de nasales (**m**ar co**m**o u**n** hi**m**e**n** i**nm**e**n**so), que terminan en esa [s] final, evocadora del suave sonido de la ola cuando ya solo es una capa de espuma sobre el agua.

Quiero también destacar de esta estrofa cómo la lejanía, referida a la altura en que se sitúan estos fenómenos naturales respecto al sujeto, halla asimismo su representación visual mediante un mecanismo de reducción: el espacio textual dedicado al mar, lo más próximo al Yo en altura, ocupa dos versos; los árboles, más elevados que el Yo, un verso, mientras que las estrellas, tan lejanas ya de él, únicamente medio verso. El contraste entre la inmensidad de la naturaleza y el espacio del sujeto también es visual: se encuentra arrinconado al final del último verso, mientras sobre él se cierne toda la estrofa.

Ya hemos adelantado en buena medida el plano del contenido. En A1 (primera cuarteta) se nos presenta la desoladora situación de una humanidad en un mundo plano, sin espacios ni valores trascendentes, dedicada únicamente a sostener las *ruinas* de lo que fue (como ya se ha visto, esta voz, que Otero emplea en «Y así quisiera la obra» para designar la materia poética, también aquí puede aludir a la propia cuarteta «en ruinas» y, por extensión, a la poesía: es una de las claves que enlazan el sentido literal con el sentido metaliterario del poema). Pese a la indeterminación, este mundo, esta humanidad y estas ruinas, ontológicas y poéticas, están ubicados en el mismo período temporal que el Yo, son coetáneos suyos. A2 (segunda cuarteta) contrasta con A1 por la presencia del Yo rodeado de figuras naturales individuadas (*el* mar, *los* árboles, *las* estrellas). Las tres figuras realizan acciones (*rompe, mece, crepita*), operan movimiento, y las tres evocan una cierta idea de eternidad: el mar, por su vaivén constante, representa una temporalidad diferente, cíclica, opuesta al limitado fluir del río que hallamos en el v. 11. La diferencia entre ambos es también visual: el mar se extiende de un verso a otro, mientras que el río, esa figura manriqueña tan cara a Otero, queda aprisionado entre los guiones que aprisionan ópticamente el v. 11. Por otro lado, el mar es comparado con un himen: es una pureza inmensa, no contaminada; de ahí que su movimiento vuelva sobre sí mismo –«Rompe el mar / en el mar»– evocando un tiempo circular, autosuficiente.

Los árboles, por su verticalidad, apuntan al espacio supraterrenal, al cielo, donde están ubicadas las estrellas, pero no llegan a ellas. Son la única figura, de las tres enumeradas, que tiene vida: a lo largo del libro reaparecerá en múltiples ocasiones ya que el sujeto poético la identificará consigo mismo (p. ej.: «Y, en medio, el cuerpo mío, / árbol de luz gritando desde el suelo», 1960: 51) por su doble componente, por tener «raíz mortal» y ser «fronda de anhelo» (1960: 51), esto es, fronda que ansía llegar al espacio de la trascendencia. Estos dos componentes que aúna la figura del árbol están escindidos en A1 (de ahí que el Yo se ubique en A2): «Un mundo como un árbol desgajado», es decir, un árbol sin fronda; «Una generación desarraigada», sin raíces, muerta en vida, que se limita a apuntalar las ruinas de la tradición poética anterior. Al ser la parte del árbol más próxima al espacio de la trascendencia, la *fronda* se homologa en el libro con los versos del *ángel fieramente humano*: se anhela que lleguen al cielo, se desea escribir una poesía trascendente, eterna. En el antepenúltimo poema, «Serena verdad», que resume el recorrido poético del ángel a lo largo del libro, se afirma: «Y fui llama en furor. Pasto de luz, / viento de amor que, arrebatadamente, / arrancaba las frondas y las iba / subiendo, sí, subiendo hasta tu cielo» (1960: 87). Lograr este arte eterno es precisamente la meta que Blas de Otero confía alcanzar, según confiesa en carta a Ángela Figuera, fechada el 18 de octubre de 1949: «Hoy es difícil escribir buena poesía con el tema enorme que se nos ha echado encima. Pero de todas formas creo que llegaremos a ver los principios, por lo menos, de un nuevo arte eterno» (De la Cruz 1988: 14).

El vértigo que experimenta el sujeto poético en *AFH* en su lucha por subir las frondas hasta la eternidad, hasta el cielo, donde habita la divinidad –cualidad, desde un punto de vista metaliterario, del arte que se desea alcanzar («Estos sonetos son […] Lenguas de Dios», 1960: 73)–, se debe a que no dispone de un conocimiento del camino a seguir. Porque la poesía no se rige por una lógica racional, sino por la lógica poética, que es ese «pájaro divino» del poema «No puede», que «va y se posa / sobre el inmóvil corazón cansado» y, como consecuencia, el Yo adquiere el conocimiento trascendente: «y entiendo por qué el mundo está inclinado, / por qué la Tierra gira, tan hermosa» (1960: 47). El Yo solo *intuye* la posibilidad de esta poesía, no tiene seguridad alguna de llegar a ella. En «Vértigo» se tematiza esta situación con la imagen de la cueva platónica: «[…] nuestra sombra en la pared / no es nuestra, es una sombra que no sabe, / que no puede acordarse de quién es. / […] Nos quedamos / mirando fijamente a la pared, no podemos llorar y se nos queda / el llanto amontonado, de través, […]» (1960: 39-40). Nótese que *acordarse* o *recordar* es instaurar un tiempo pasado en el tiempo presente, una operación mental sobre la temporalidad idéntica a la de la creación poética. Y mientras el ángel no logre acordarse de su esencia divina, «de quién es», su llanto no fluirá, su poesía será solo silencio: este «silencio» perenne, este silencio «verde» que mecen los árboles de A2.

La última figura natural evocada, las estrellas, tan lejanas ya del Yo, «crepitan». El parpadeo que producen estos astros, perceptibles únicamente con el sentido de la vista, se representa con el verbo *crepitar*, es decir, en forma de sonido, generando una bella sinestesia que lo que busca es destacar la oscuridad en la que el Yo se ve inmerso y su impotencia para acceder visualmente a ellas. El Yo oye las estrellas, oye su ruido, pero todavía no tiene acceso a su luz, que representa el conocimiento trascendente, la poesía eterna, en este y muchos otros poemas de *AFH* (la cursiva es mía): en «Música tuya» («Mares, alas, intensas *luces* libres, / sonarán en mi alma cuando vibres / [...] Y yo sabré la música ardorosa / de unas alas de Dios, de una *luz* rosa, / de un mar total con olas como abrazos», 1960: 20); en «Vivo y mortal» («Sé que hay estrellas, *luminosos* mares / de fuego», 1960: 43); en «Estos sonetos», donde existe ya la certeza de haber logrado crear ese arte eterno («Estos sonetos son las que yo entrego / plumas de *luz* al aire en desvarío», 1960: 73); o en «Serena verdad», donde las frondas-versos alcanzan el cielo y están «Allí, mecidas, en vaivén de céfiro / en finísima *luz* y aguas de oro» (1960: 87). La luz no eterna es la que menciona el Yo en el poema «Mortal», donde también ocurre la voz *crepitar*: «Pero mortal, mortal, rayo partido / yo soy [...] Dura / lo que el rayo mi luz [...] la vida es ese ruido / del rayo al crepitar. Así, repite / el corazón, furioso, su chasquido, / se revuelve en tu sombra, te flagela / tu silencio inmortal; quiere que grite / a plena noche..., y luego, consumido, / no queda ni el desastre de su estela» (1960: 49). Es decir, cuando el corazón «furioso» emula el crepitar del rayo, anhelando crear también él vida, no logra el efecto deseado: su estela desaparece enseguida. Más adelante veremos por qué.

El segmento B (desde el v. 9 hasta el final), como ya indiqué, se distingue de A por su métrica absolutamente regular (todos los versos son endecasílabos). En B podemos diferenciar dos subsegmentos discursivos: las estrofas 3, 4 y 5 conformarían B1, que establece un contraste y una equivalencia con A1, y la estrofa 6, el segmento B2, que repite, con muy significativas variantes, buena parte de A2.

De las afirmaciones que se hacían en A1 sobre un sujeto colectivo, indeterminado, pero ligado a una época concreta, a un momento histórico preciso (aquel en el que vive el Yo), en B1 se pasa a reflexionar sobre «el hombre» en general, entendido ahora como especie humana, extrayéndolo de unas coordenadas temporales determinadas: así se inicia ese tránsito hacia la mayoría, hacia el ser humano, contemplado aquí en su naturaleza mortal, en su soledad frente a la muerte. Por tanto, el contraste métrico hallado en el plano de la expresión (A = irregularidad, caos vs. B = regularidad, perfección) está reflejando la confrontación que el texto establece, en el plano del contenido, entre la existencia concreta y la reflexión intelectual sobre la misma, entre la angustia histórica de una generación «desarraigada» (A1) y la representación poética (B1) que el sujeto, distanciándose de sí mismo, hace de una angustia mayoritaria: la certeza de nuestra propia muerte. Si en A1 los hombres «desarraigados» no tienen otro destino que apuntalar ruinas, en B1 el ser humano no tiene otro destino que la soledad y la muerte, que es la mayor forma de desarraigo. Porque el primero es un desarraigo provocado por las circunstancias históricas, mientras que el segundo forma parte de nuestra propia naturaleza y es ineludible.

La presentación de la naturaleza mortal del hombre abarca el primer terceto y resulta así métricamente equivalente al terceto de la muerte, mientras que el cuarteto está dedicado argumentalmente a los intentos del hombre de huir de su muerte. Es de subrayar el ritmo entrecortado del espacio del hombre, con sintagmas brevísimos y dos encabalgamientos (uno de ellos, abrupto): adviértase el efecto óptico que causa el inicio del verso 9, en el que el sustantivo *hombre*, en el centro, parece aprisionado entre el adverbio *Sólo* y el adjetivo *solo*, lo mismo que «el río del tiempo hacia la muerte» en esos guiones que condenan su fluir al espacio de un verso.

Todo ello contrasta con la desenfrenada carrera del hombre buscando salida, trascendencia, en la cuarteta de B, con ese ritmo entrecortadísimo que se alivia solo con el encabalgamiento suave, con el que se representa precisamente el momento en el que el hombre decide autoengañarse, «dormir el sueño de los vivos». El terceto de la muerte es demoledor desde el punto de vista óptico y sonoro: volvemos otra vez a la sintaxis asindética y la repetición anafórica de casi todo el verso tres veces no solo transmite un sentimiento de inmovilidad e irrefutabilidad en esa segura presencia de la muerte, no solo subraya visualmente su inevitabilidad (especialmente si se confronta con el ritmo visual de la cuarteta); es que, además, la escasa variación entre los versos 16 y 17, en los que de la forma verbal *ve* se pasa a *vela* (es decir, se añade nada más que una sílaba), produce la sensación de que la muerte, con mover un dedo, con añadir una sílaba únicamente, mata. De hecho, apenas hay movimiento en estos versos, ni en el plano del contenido, ni en el de la expresión: porque ni *ver* ni *velar* son verbos de movimiento; mientras que ocurre todo lo contrario en la cuarteta en la que el hombre intenta huir. Esta confrontación óptica recalca angustiosamente el contenido: el hombre se desespera por escapar de la muerte, pero a ella no le cuesta más que una mera sílaba matarnos.

Hasta aquí el sentido existencialista del segmento B1. Porque, desde el punto de vista metaliterario, su significado es bien diferente, ya que en él se tematizan las diferentes etapas que ha de recorrer este *ángel* para alcanzar su objetivo: la palabra perdurable. La regularidad métrica que encontramos a partir de este segmento señala, en el plano de la expresión, que ya se ha entrado en ese camino, en ese proceso. El paso desde lo histórico a lo genérico, del «yo» al «hombre», constituirá la primera etapa de dicho recorrido: distanciarse de las propias pasiones, matarlas, para poder «recordar» la esencia de la eternidad. Es necesaria la desaparición del sujeto histórico en su transformación en sujeto poético, en palabra poética que transmita emoción. Y para que la palabra poética sea emocionante nuestro autor defendía la necesaria muerte de las propias emociones en el acto creador, la distancia, la contención, la frialdad: por eso el corazón «furioso» de «Mortal» no logra dejar estela. En «Y así quisiera la obra», Otero dirá: «Corrijo, casi exclusivamente en el momento de la creación: por *contención*, por *eliminación*, por *búsqueda* y por *espera*» (1983: 180). El punto de partida de la nueva poética de Blas de Otero, que empieza precisamente en *AFH* y con «Lo eterno», es ese: la distancia respecto a sí mismo y el diálogo dentro del texto, no con los propios sentimientos, sino con los de las mayorías, operación que comienza en B1 en el momento en el que el sujeto poético pasa a hablar de «el hombre», abandonando la primera persona del singular empleada en A2. En este nuevo arte eterno no se debe «admitir nada negativo ni desorientado. (Es preciso decirlo, aun contra nuestra propia obra pasada.) En este sentido, nos inclinamos a lo clásico: llamo aquí romántico a lo negativo, y a lo positivo, clásico» (Otero 1983: 179). Del significado de lo «positivo» para Blas de Otero ya hemos hablado anteriormente. En cuanto a lo negativo, según se desprende de la correspondencia mantenida con Ángela Figuera en 1949, año de creación de «Lo eterno», Otero entiende por romanticismo esa «desorientación» identificable, como señala De la Cruz, no solo con la falta de sujeción a modelos de belleza preexistentes, sino también con el torrente verbal incontrolado; porque, en palabras del autor, «en arte no es suficiente lo espontáneo y subjetivo, por muy sincero y sentido que fuere» (De la Cruz 1988: 15). Y así, Otero reprochará a Figuera lo que él juzga su mejor cualidad y su mayor defecto: su espontaneidad: ¿Cree usted que debe escribirse lo que le sale y como le sale? Lo primero, quizá. De ninguna manera lo segundo –por mucho Espíritu que sople. También el diablo es un soplón [...] Nos da usted *su* emoción ante el paisaje. Muy bien. ¿No sería mejor *la* emoción del paisaje? (De la Cruz 1988: 14; la cursiva procede del original).

Una poesía que transmita la emoción concreta del sujeto biográfico sería una poesía mortal: lo que se busca es representar y comunicar *la* emoción, la del ser humano, la de las mayorías. Para ello, en primer lugar, se deben cerrar los ojos a uno mismo, a la esencia mortal del Yo, pues solo así se logrará «dormir el sueño de los vivos», que es «subir, a contramuerte, hasta lo eterno» a través de la poesía (por eso, una vez alcanzado el objetivo, el ángel afirmará que «Estos sonetos son [...] cárceles de mi sueño», 1960: 73). Esta es la misma operación que realiza el sujeto poético en «Mientras tanto»: «y, cerrando los ojos, / [...] seguimos subiendo la trágica escalera / colocada, / creada por nosotros mismos». O el de «Vértigo», en su particular caverna de Platón, cuando no logra acordarse de quién es y el llanto se le agolpa en la garganta: entonces «nos tapamos los ojos con las manos» y solo así «sentimos que nos llaman desde lejos, / no sabemos de dónde, para qué» (1960: 40).

La trágica escalera acaba en la muerte simbólica del Yo, de la propia emoción incontrolada, del corazón «furioso» de «Mortal»: ese es el motivo por el cual, en nuestro poema, la muerte se ubica *dentro* del hombre. Pero es una muerte que «ve», que tiene acceso a la luz, a la trascendencia, y para llegar a ella «mata», acaba con el sujeto biográfico y lo transforma en palabra perdurable, en palabra para las mayorías que, actualizándola en cada acto de lectura individual, la volverán cíclica, eterna.

B2, que repite A2 con leves, pero significativísimas modificaciones, expone de manera magistral la poética de Blas de Otero y el valor concedido por él a la poesía. La primera diferencia que hallamos son unos signos gráficos –los puntos suspensivos– que no había en A2 y que encuadran el terceto: se oponen, visual y semánticamente, a los guiones que aprisionan y limitan el fluir del «río del tiempo hacia la muerte» y expresan continuidad, falta de límites, eternidad. En B2, el mar ya no «rompe»: es otro mar, es ese «mar yerto» con el que se designan los poemas en «Estos sonetos». Y es que, al contrario que en A2, en B2, en el espacio textual de la trascendencia, no hay verbos en forma personal que midan temporalmente la duración de la acción. El único verbo es ese gerundio del segundo verso, una forma no personal imperfectiva, que no expresa ni el inicio ni el final del movimiento: «los árboles moviendo el verde aire». El silencio ha sido sustituido por aire, por *éter* perenne: el de «Estos sonetos» que «son las que yo entrego / plumas de luz al *aire*» (1960: 73; la cursiva es mía). Y si en A2 las estrellas eran percibidas únicamente por su sonido, por su crepitar, marcando así la imposibilidad del Yo de acceder visualmente a su luz, en el último verso hallamos su transformación precisamente en una metáfora que no describe el sonido, sino la calidad de su luz: esa calidad es «nieve en llamas de la luz en vilo», una antítesis (una frialdad blanca, pero ardiente, de la luz suspendida en lo alto, perífrasis con la que ahora son designadas las estrellas); por tanto, no solo las estrellas reaparecen en tanto que luz, sino que esa luz es descrita mediante una antítesis en la que el elemento fuego, antes únicamente audible, ahora es visible. La frialdad de la nieve representa la distancia asumida por el Yo, mientras que «las llamas» remiten al efecto logrado. La primera sección de *AFH*, que ya desde su título «Desamor» tematiza la asunción de esta obligada distancia, se abre con un poema de título homónimo al de la sección, en el que el sujeto poético afirma:

> Cuando tu cuerpo es nieve / [...] Cuando es ya nieve pura, / [...] triste de ver ya frías, desamadas, / las prendas y el amor que aún las conoce. / Entonces a mí puedes / venir, llegar, oh pluma [...] / yo tenderé y tiraré hacia arriba, / altos sueños, mis redes, / para que eterna, si antes fugitiva, / entre mis alas, no en mis brazos, quedes (1960: 15-16).

Como bien señala De la Cruz en su magistral análisis de este poema (2003: 3-5), las *alas* del sujeto poético, de este *ángel*, son los propios versos. En ellos, y no en los brazos mortales, la amada, convertida ya en materia poética, ganará eternidad accediendo al espacio de la trascendencia, transubstanciada en poesía. Pero esta operación –lo acabamos de leer– únicamente puede tener lugar cuando su cuerpo «es nieve» y están fríos el amor y las –tan garcilasianas– «prendas», que aquí cumplen idéntica función discursiva que en el intertexto original, la *Égloga I*. La nieve, la frialdad es ardiente porque consigue crear vida (*la* emoción) a través de la muerte, según afirma el sujeto poético de «Hombre en desgracia»: «Doy señales de vida con pedazos de muerte / que mastico en la boca, como un hielo sonoro» (1960: 54).

La descripción de la luz de las estrellas en B2 implica que ya hay un conocimiento profundo de la misma, a la que en A2 el Yo no tenía acceso. Y al ser descrita mediante una antítesis, mediante una figura poética del ingenio, ese conocimiento se inscribe en una lógica diferente a la lógica racional: la lógica poética. Ahora bien ¿desde la lógica poética de quién, puesto que el Yo no reaparece como tal en B2? Desde la lógica poética de la palabra lírica que es, para Blas de Otero, la palabra que transmite *la* emoción y perdura. Porque el Yo sí está presente, pero transformado en palabra poética, la única manera para él de tener acceso a la eternidad, a la trascendencia. Y este cambio lo evidencia la variante más importante de B2 con respecto a A2: *la mar*, esa designación afectiva del mar, emplazada entre guiones. El Yo que contempla el movimiento del mar en A2 no escapa a su condición de mortal, pero en B2, precisamente como consecuencia de su muerte simbólica, logra trascender, insertarse en el espacio de la ciclicidad y tener acceso a la luz de las estrellas, a través de su designación afectiva del mar. Los guiones que rodean «la mar» remiten a los guiones del «río del tiempo hacia la muerte» de B1 e indican la procedencia humana de este sintagma. La palabra es, en este texto, la posibilidad que el enunciador propone para salvar su condición mortal. Pero no una palabra cualquiera, sino «la mar», aquella que es capaz de transmitir *la* emoción de una mayoría (que la actualizará en el acto de lectura individual) y que obedece a una forma superior de conocimiento: la de la poesía perdurable.

Para terminar, quisiera hacer referencia al último poema del libro, «El ser». Como he defendido al inicio, «Lo eterno» tematiza, sección a sección, todo el recorrido del *ángel*: los límites permitidos en la extensión de este trabajo me obligan a aludir únicamente a este hecho que, en todo caso, evidencian los propios títulos de las secciones, pues en ellos se emplean términos presentes en nuestro poema y en cuyo significado metaliterario creo haber insistido suficientemente («Desamor», en el sentido de 'distancia', 'desapego'; «Hombre»; «Poderoso silencio»). «Final», integrado por dos poemas, evoca la fase última del itinerario. En la primera composición, titulada también «Final», el sujeto poético («nosotros») está al cabo de una calle –ese recorrido hacia la eternidad– y, aunque espera que sea la adecuada, duda de ello: «Puede que mi calle esté más arriba / más adelante» (1960: 92). El segundo poema, escrito todo en mayúsculas, es tipográficamente diferente al resto del libro; con su título, «El ser», se designa la esencia del sujeto poético: es homóloga a aquella del sujeto de la «Noche oscura» sanjuaniana en el estado de la cita que encabeza «El Ser» («... estando ya mi casa sosegada»), es decir, libre de pasiones mundanas. Gracias a la gentileza de la profesora De la Cruz, que me indicó que los siete primeros versos del poema, entrecomillados, pertenecen a los *Upanishads* védicos, he podido localizar su procedencia concreta: el *Taittiriyaka Upanishad*, donde el éter, el aire (Vayu), es la unión entre cielo y tierra. Los tres primeros versos de «El ser» reproducen el 7.º Anuvaka del II.º Valli, que afirma que la alegría es la divinidad (Brahma) y reside en el aire (en la traducción que manejó Otero, «el espacio», en el sentido de 'éter'), permitiéndonos respirar y vivir. Los vv. 4 a 7 traducen el inicio del 6 Anuvaka del III.ᵉʳ Valli, el capítulo donde su protagonista, Brighu, logra adentrarse en la luz pura del conocimiento y conoce la alegría de la divinidad, la dicha de Brahma: ese es el momento que reproduce nuestro texto, aplicándolo, claro está, al recorrido de nuestro sujeto poético. Por tanto, la pregunta que formula el *ángel* en los últimos versos de «El ser» (y de *AFH*) –los únicos del poema que, en rigor, obedecen a la pluma de Blas de Otero– es de carácter retórico, puesto que, como Brighu, ha llegado al conocimiento, a la luz. Ahora sabe que la muerte es «otro modo de amor y de alegría», otro modo de vida: el de la palabra perenne, aquel que se alcanza al final de «Lo eterno».

El verdadero hilo rojo de toda la obra de Blas de Otero es esta reflexión permanente sobre la poesía, este nivel metaliterario de sentido coexistente en cada poema con su sentido más literal, aspecto que pone de manifiesto el valor concedido por Blas a la palabra, al tipo de poesía que acabamos de estudiar. Aquella que comienza con *AFH*, aquella por la que muchos años después escribirá (1980: 120):

> Gracias por el asombro y por la obra.
> Gracias por morir; gracias por perdurar.

Bibliografía

Ascunce, José Ángel (ed.) (1986): *Al amor de Blas de Otero*. Deusto: Universidad de Deusto.

Alarcos Llorach, Emilio (1973): *La poesía de Blas de Otero*. Salamanca: Anaya.

Alonso, Dámaso (1965): «Poesía arraigada y poesía desarraigada», en: Alonso, Dámaso: *Poetas españoles contemporáneos*. Madrid: Gredos, 345-358.

— (2007): «Prólogo», en: Otero, Blas de: *Ancia*. Madrid: Visor, 11-21.

Darío, Rubén (1987): *Poesía*. Barcelona: Planeta.

De la Cruz, Sabina (1986): «*Ángel fieramente humano* y *Redoble de conciencia* a la luz de *Ancia*», en: Ascunce, José Ángel (ed.): *Al amor de Blas de Otero*. Deusto: Universidad de Deusto, 125-144.

— (1988): «La irrenunciable belleza», *Zurgai* noviembre, 14-17.

— (2003): «'Desamor', un poema olvidado», *Ínsula* 676-677, 3-5.

González, José M. (1982): *Poesía española de posguerra. Celaya-Otero-Hierro. 1950-1960*. Madrid: Edi-6.

Lissorgues, Yvan (1986): «El poema 'Lo eterno', punto de partida de la conquista del ser en *Ángel fieramente humano*», en: Ascunce, José Ángel (ed.): *Al amor de Blas de Otero*. Deusto: Universidad de Deusto, 273-280.

López Castro, Armando (1997): «Blas de Otero: la búsqueda de la palabra», en: López Castro, Armando: *Poetas españoles del siglo XX*. León: Universidad de León, 155-167.

Otero, Blas de (1983 [1952]): «Y así quisiera la obra», en: Ribes, Francisco (ed.): *Antología consultada de la joven poesía española*. Ed. facsímil. Valencia: Prometeo.

— (1960): *Ángel fieramente humano. Redoble de conciencia*. Buenos Aires: Losada.

— (1980 [1970]): *Historias fingidas y verdaderas*. Madrid: Alianza.

— (2007 [1958]): *Ancia*. Madrid: Visor, 11-21.

Paulino Ayuso, José (2003): «*Ángel fieramente humano*: entre raíz mortal, fronda de anhelo», *Ínsula* 676-677, 5-8.

Scarano, Laura R. (1987): «La experiencia del desamparo en *Ángel fieramente humano* de Blas de Otero», *Cuadernos para la Investigación de la Literatura Hispánica* 8, 167-192.

— (1994): «La cuestión del sujeto en la poesía de Blas de Otero: pluralidad y fragmentación de la voz», *Anales de la Literatura Española Contemporánea* 1-2, 113-131.

800 AÑOS DE LITERATURA CATALANA Y 500 AÑOS DE LIBRO CATALÁN. LA RECEPCIÓN DE LA CULTURA CATALANA EN SUIZA Y ALEMANIA. PRIMERA PARTE: LA ERA DE LOS MANUSCRITOS

Anton-Simó Massó i Alegret
Universität Zürich

1. INTRODUCCIÓN

El año 1474 se publicó en Valencia un libro de sesenta páginas titulado *Trobes en llaors de la Verge Maria* que se ha considerado tradicionalmente como el primer libro editado por la imprenta en lengua catalana. Quinientos años después el escritor Joan Fuster, en su lúcido ensayo *L'aventura del llibre català*, reclamaba la necesaria elaboración de una historia del libro catalán. Entretanto han salido estudios interesantes sobre el tema: *Parlar bellament en vulgar* de Sabine Philipp-Sattel, que nos introduce en los archivos catalanes medievales; *Llibreters i impressors* de Jordi Rubió i Balaguer, que describe los primeros pasos de la imprenta en la Corona de Aragón; y la reciente monografía de Manuel Llanas *Sis segles d'edició a Catalunya*.

Con la llegada de la democracia a España y la reorganización autonómica de los años setenta, la cultura catalana salió de las catacumbas y el libro en catalán entró en las escuelas. En las librerías y en el mercado ya se había introducido tímidamente, sobre todo a partir de los años sesenta, época en la que aparecen una serie de iniciativas culturales (Òmnium Cultural, Edicions 62, Nova Cançó, EDIGSA, Enciclopèdia Catalana) que reflejan la vitalidad de una cultura que teóricamente estaba condenada a desaparecer bajo la dictadura.

Actualmente el libro catalán vive un momento apasionante y contradictorio a la vez. Hemos pasado de los 600 títulos anuales en catalán del año 1975 a los 8.000 títulos actuales. El catálogo de las Edicions 62, que nació en 1962 con el emblemático libro de Joan Fuster *Nosaltres els valencians*, ha superado los 3.000 títulos en cuarenta años.

Por una parte, se están editando los grandes clásicos medievales y modernos con criterios científicos (ediciones críticas de Ramon Llull, de Francesc Eiximenis y del *Tirant lo Blanc*, o las de Jacint Verdaguer, Mercè Rodoreda y Salvador Espriu) y, por otra parte, el libro en catalán vive una extraordinaria situación de inmersión lingüística. De cada docena de libros que se venden en Barcelona solo uno es en lengua catalana. La diferenciación entre libro catalán y libro en catalán se hace inevitable.

A raíz de la presencia de la cultura catalana como invitada de honor en la Feria del Libro de Frankfurt se ha abierto un intenso debate, siempre latente en Cataluña, sobre la identidad de la literatura catalana y sobre la definición del libro catalán. Después de consultar a sirios y troyanos, las autoridades catalanas han tomado la sabia decisión de diferenciar entre el concepto de «literatura catalana» (la literatura escrita en lengua catalana en cualquier parte del mundo) y la acepción de «libro catalán» (libro editado en el área del dominio lingüístico catalán en cualquier lengua culta del planeta). De esta forma, la cultura catalana puede presentarse como lo que es: una cultura europea con personalidad propia, que en gran parte le da el hecho de poseer una lengua diferenciada y una rica literatura en catalán; y al mismo tiempo una cultura mestiza, fruto de su situación geográfica, puente de culturas entre Iberia y Europa y pueblo de aluvión, fraguado a través de invasiones y (e)migraciones a lo largo de la historia. Desde este punto de vista tanto *La Tuhfa* de Anselm Turmeda, como el *Hagadà de Sarajevo*, el *Beato de Turín* o la «Biblioteca Catalana», editada por Bartomeu Costa-Amic en México, pueden considerarse «libro catalán».

Este pueblo forjado a base de *homines umdecumque venientes* ha tenido una especial propensión a dejar constancia de su paso por el país y a legitimar su dominio por medio de documentos. Desde los primeros tiempos de la Marca Hispánica, las cartas de población y los contratos de *aprisio* y *complantatio* conviven en las *chartararia* de los condados catalanes con códices legislativos y cantares de gesta. Los *scriptoria* de los monasterios y las curias condales producen una serie de manuscritos, pergaminos y libros iluminados que, poco a poco, irán constituyendo la base bibliográfica de nuestros actuales archivos y bibliotecas. La cultura catalana es, pues, desde sus inicios, en buena medida, una cultura basada en el papel y en la letra escrita.

Desde el punto de vista material se pueden distinguir tres épocas claramente diferenciadas: la era de los manuscritos medievales, la revolución renacentista de la imprenta y la democratización contemporánea de la letra impresa a raíz de la generalización de la prensa periódica.

Desde el punto de vista lingüístico, la cultura catalana escrita se caracteriza por ser una zona de lenguas en contacto: trilingüismo latino-árabe-provenzal durante los siglos IX-XII, trilingüismo latino-provenzal-catalán durante los siglos XIII-XV y trilingüismo latino-catalán-castellano a partir del siglo XVI. Sin olvidar las obras en hebreo de los judíos catalano-provenzales ni los documentos aragoneses e italianos que genera la cancillería de los condes de Barcelona y de los reyes de Aragón.

2. LOS MANUSCRITOS

Los monasterios benedictinos de la Cataluña Vieja, los monasterios cistercienses de la Cataluña Nueva y la cancillería de los condes de Barcelona son los centros neurálgicos de la producción escrita durante los siglos de la Cataluña románica y gótica. Las Biblias de Ripoll, los Beatos de Liébana y las vidas de santos conviven con las crónicas reales y los compendios de derecho consuetudinario. El *Diplomatari i escrits literaris de l'abat i bisbe Oliba*, que fue abad de Ripoll y de Cuixà y obispo de Vic, nos ilustra sobre la actividad científica y literaria que se llevaba a cabo en el seno de los escritorios monacales del cambio de milenio. La traducción de libros de matemáticas, astronomía y medicina del árabe al latín fue una gran aportación catalana al progreso de la ciencia europea.

La familia de los condes de Barcelona, por su parte, reorganiza sus archivos en el siglo XII, en el momento de devenir reyes de Aragón. Se redactan las *Gesta comitum Barcinonensium*, monumento historiográfico de la dinastía, y el *Liber feudorum maior*, monumento burocrático de su legitimidad.

Cuando el archivero de Alfonso I el Casto, Ramón de Caldes, hace copiar los 951 pergaminos, que datan de 868 hasta 1196, y que constituyen la base documental del *Llibre dels feus*, manuscrito número 1 del Archivo de la Corona de Aragón, está poniendo las bases de uno de los archivos más importantes de la Europa medieval: más de 20.000 pergaminos desde el siglo IX, 8.000 volúmenes con 4 millones de documentos a partir del siglo XIII y 50.000 cartas del epistolario real.

3. Las crónicas

De entre toda la documentación generada por los condados catalanes y por la Corona de Aragón a lo largo de un milenio hay cuatro libros que destacan por su valor historiográfico, lingüístico y literario: *Les quatre grans cròniques*.

Las crónicas recogen los frutos de una primitiva tradición historiográfica llevada a cabo en los monasterios, basada en los *cronicons*, y de la actividad poética de los trovadores y juglares. Si bien es verdad que de los trovadores catalanes tan solo nos han llegado los *cançoners*, no es menos cierto que las crónicas catalanas contienen fragmentos de cantares de gesta prosificados en lengua catalana. Martí de Riquer da una lista de 24 trovadores de los cuales se ha conservado obra catalana escrita. Ferran Soldevila ha reconstruido fragmentos de poemas épicos catalanes transcritos en prosa. Monjes y trovadores han dejado sus huellas poéticas en las interesantísimas crónicas catalanas que constituyen, junto a los grandes escritores medievales Ramon Llull, Arnau de Vilanova, Anselm Turmeda, Francesc Eiximenis, Bernat Metge, Joanot Martorell, Ausiàs March, Jaume Roig o Isabel de Villena, uno de los pilares básicos del legado cultural catalán medieval que nos ha llegado en forma de libro.

Cronológicamente hay que empezar por las cuatro versiones del *Gesta comitum Barcinonensium* (dos en latín y dos en catalán) escritas entre 1162 y 1314 en el monasterio de Ripoll, que contienen una parte de la *Historia Gothica*, y el *Cronicó de Perpinyà* del año 1284, que está escrito en catalano-provenzal. Pero las crónicas catalanas más importantes, por su extensión y contenido, son: *Libre dels feyts* de Jaime I y *Libre del rey En Pere* de Bernat Desclot, ambas del siglo XIII, y la *Crònica* de Ramon Muntaner y la *Crònica* de Pedro III, que fueron redactadas en el siglo XIV.

El *Libre dels feyts* de Jaime I el Conquistador (1208-1276), dictado por el propio rey durante los últimos años de su reinado, entre 1270 y 1276, es una autobiografía del rey que narra las conquistas de Mallorca y Valencia. La versión catalana más famosa es la del Monasterio de Poblet, acabada el año 1343 por el monje cisterciense Celestí Destorrents. La versión latina del fraile dominico Pere Marsili, *Liber gestorum Jacobi primi*, data del 1313.

Del *Libre del rei En Pere i els seus antecessors passats*, redactado por Bernat Desclot, entre 1283 y 1288, se conservan más de veinte manuscritos y dos versiones catalanas. Entre otros hechos narra la complicada historia de la Sicilia catalana en tiempos de Pedro II el Grande (1240-1285). Desde el punto de vista lingüístico es la más antigua de las cuatro, pues los primeros manuscritos conservados son del siglo XIII, contemporáneos de Ramon Llull.

La *Crònica* de Ramon Muntaner, que describe la ruta de los almogávares por el Mediterráneo, fue redactada a partir de 1325 y ha sido objeto de muchas traducciones. Hay una versión alemana de Karl F. W. Lanz editada en Leipzig el año 1842. Ernest Marcos ha contrastado la versión catalana de Muntaner sobre la expedición de la Compañía Catalana en Oriente con la versión bizantina de Paquimeres. La *Crònica* catalana contiene el poema épico *Sermó per lo passatge de Sardenya e Còrsega*.

La *Crònica* de Pedro III el Ceremonioso (1319-1387), dictada por el propio rey entre los años 1349 y 1385, es un dietario de su largo reinado (1336-1387). De la primera parte, *Crònica de Sant Joan de la Penya*, se hicieron tres versiones, una en latín, otra en aragonés y otra en catalán. En 1380 el rey Pedro III hizo donación de su biblioteca al monasterio de Poblet, mausoleo de la familia de los condes de Barcelona.

A posteriori se han descubierto otras crónicas redactadas durante los siglos XIII y XIV: el *Libre dels reis*, el *Libre de les nobleses dels reis* de Francesc, la *Crònica del rei En Pere* de Galceran de Tous y el *Libre de l'infant En Pere*, que es prácticamente una novela caballeresca inspirada en la figura del rey Pedro II el Grande.

Paralelamente a las crónicas reales, las distintas instituciones que van surgiendo en la confederación catalano-aragonesa (Corts, Consell de Cent, Consolat de Mar, Generalitat) también escriben sus libros institucionales y, a partir del siglo XIV, sus dietarios: *Llibre jutge, Llibre de les lleudes de la ciutat, Llibres de Repartiment, Llibre dels Usatges, Llibre Verd, Llibre del mostassaf, Llibre del Consolat de Mar, Costums de Tortosa, Furs de València, Dietaris de la Generalitat, Capítols de Cort*.

En el siglo XV con la llegada de la imprenta algunas crónicas se imprimen, a veces ampliadas, se traducen o se reescriben de nuevo. Es el caso de las *Històries e conquestes dels reys d'Aragó e comtes de Barcelona* de Pere Tomic, la *Crònica General* de Pere Antoni Beuter o las *Cròniques d'Espanya* de Pere Miquel Carbonell.

El *Dietari del capellà d'Alfons el Magnànim*, atribuido al cura valenciano Melcior Miralles (1419-1502), que narra la entrada triunfal del rey Alfonso el Magnánimo en Nápoles, también puede considerarse, en parte, una crónica áulica.

En Italia se ha escrito un poema épico en latín sobre la expedición mallorquina de Ramón Berenguer III el Grande, *Liber Maiolichinus*; las crónicas latinas que hablan de la conquista catalana de Sicilia por Pedro II el Grande y la crónica sobre el rey Alfonso el Magnánimo, *De dictis et factis Alphonsi regi*, del Panormita, de la cual tenemos la versión catalana del siglo XV, de Jordi Centelles. En esta crónica se dice que el rey Alfonso tenía por divisa un libro abierto «per mostrar que lo saber e conexença de bones arts e de sciència als reys pertany, la qual no.s pot atènyer sense legir e studiar e amar los libres» (II, 13).

Las crónicas catalanas con su gran bagaje de leyendas y datos históricos constituyen una fuente de inspiración para escritores, pintores y músicos. El *Tirant lo Blanc* y el *Curial e Güelfa* beben de esta fuente; escritores románticos y de la Renaixença como Víctor Balaguer y Jacint Verdaguer reelaboran este manantial de información y arte.

A las crónicas, a veces denominadas «los Cuatro Evangelios de las letras catalanas», no les podían faltar sus correspondientes apócrifos. Este es el caso, por ejemplo, de la falsa crónica de Bernat Boades, *Libre de feyts d'armes de Catalunya*, datado el 1420, que en realidad fue escrito por el monje Gaspar Roig i Jalpí en el siglo XVII.

Los *Anales de la Corona de Aragón* de Jerónimo Zurita (siglo XVI) y los *Anales de Cataluña* de Feliu de la Penya (siglo XVII) continúan esta tradición historiográfica en lengua castellana.

Actualmente disponemos de la edición de Ferran Soldevila de *Les quatre grans cròniques* y de las ediciones de Jordi Bruguera del *Llibre dels Fets* y de Miquel Coll i Alentorn del *Llibre del rei En Pere*, publicadas por la Editorial Barcino en su pionera colección «Els Nostres Clàssics». Pero pronto vamos a disponer de las ediciones críticas de todo el corpus historiográfico medieval catalán gracias a la colección «Monuments d'Història de la Corona d'Aragó» que dirige Stefano M. Cingolani.

Hay muchos documentos por estudiar y editar todavía en los archivos de la antigua Corona de Aragón, por ejemplo toda la documentación que generaron las Cortes Catalanas. Más suerte hemos tenido con los *Dietaris de la Generalitat de Catalunya* (1359-1714), que han sido publicados por Josep M. Sans Travé, director del Archivo Nacional de Cataluña, y por la Generalitat de Catalunya.

El Institut d'Estudis Catalans ha publicado los textos de los historiadores árabes referentes a la Cataluña carolingia, pero sobre esta materia también hay aún mucho camino por recorrer.

Desde Suiza se han hecho aportaciones fundamentales a la difusión de este tesoro bibliográfico. El profesor Germà Colón ha dirigido desde su Seminario de Románicas de la Universidad de Basilea las ediciones críticas de los *Furs de València* y del *Llibre del Consolat de Mar*. En el año 2002, a raíz de la exposición sobre manuscritos e impresos de la Corona de Aragón organizada en la biblioteca de la misma universidad, se publicó un interesante catálogo bilingüe titulado *Vier mal vier Streifen-Cuatro coronas con cuatro barras*, que hace un repaso ilustrativo de toda la producción bibliográfica de la Corona de Aragón, desde las *Homilies d'Organyà* (1204) hasta las gramáticas catalanas de la Renaixença (siglo XIX).

Capítulo aparte merece la excelente edición del famoso *Atles Català*, realizado por los cartógrafos judíos mallorquines Cresques Abraham y Jafudà Cresques en 1375, y editado por Georges Grosjean en la editorial Urs Graf Verlag, de Dietikon, en 1977.

4. LAS BIBLIAS

La cultura catalana fue cristalizando a ambos bandos de los Pirineos, en el seno de la Marca Hispánica, con un complicado entramado de condados, villas, castillos y monasterios. Los *homines umdecumque venientes* traían consigo lenguas diversas, leyes distintas y religiones diferentes. Los factores hegemónicos de homogeneización acabaron siendo: la lengua catalana, las leyes visigodas y el derecho romano, y la religión cristiana. Pero a lo largo de toda la historia de la Corona de Aragón, desde los primeros condes francos hasta los reyes Trastámaras, convivieron en el seno de la confederación y crearon cultura de alto nivel tres grupos bien diferenciados: moros, judíos y cristianos.

Desde el punto de vista bibliográfico existe una gran desproporción entre los documentos que nos han llegado y la producción real de la época. La cultura catalana también ha sido verdugo y víctima a la vez de esta tendencia histórica europea. *La Tuhfa* de Anselm Turmeda, el *Hagadà de Barcelona* y la *Bíblia de Cervera* representan tan solo la punta de un iceberg que sigue escondido en un mar de prejucios y errores. Muchos documentos, por desgracia, se han perdido para siempre. Por ejemplo los manuscritos árabes de Ramon Llull.

El cristianismo catalán sin embargo dispone de un fondo documental envidiable, en gran parte desconocido, que poco a poco va saliendo a la luz pública gracias a iniciativas como el *Arxiu de Textos Catalans Antics* o el *Corpus Biblicum Catalanicum*.

Los condados catalanes participaron activamente de la *renovatio carolingia*. La liturgia romana fue desplazando progresivamente la liturgia mozárabe-visigoda. El canto gregoriano se impuso a los primitivos cantos cristianos, no obstante todavía podemos encontrar remotas resonancias de aquellos ritos en antiguas partituras como el *Cant de la Sibil.la*, el *Misteri d'Elx* o el *Llibre Vermell de Montserrat*. La letra redonda carolingia se generalizó en la Cataluña Vieja, mientras se seguía practicando la escritura visigoda en la Cataluña Nueva, aún en poder de los árabes. El mismo sello de la condesa Ermessenda de Carcassona, propagadora del arte románico en Cataluña, llevaba inscrito su nombre en latín y en árabe. En los escritorios de los monasterios y las catedrales se traducían libros, se redactaban homilías y vidas de santos y se miniaban biblias.

La lengua predominante de los documentos es el latín, y aunque en los concilios de Maguncia, Reims y Tours, el año 813, se aconseja a los clérigos la predicación «*in rusticam romanam linguam*», tendremos que esperarar hasta el año 1204 para encontrar las primeras homilías escritas en catalán: *Homilies d'Organyà*. *Les Homilies de Tortosa*, que son de la misma época, están escritas en occitano.

Hoy en día disponemos de buenas ediciones de estos primeros documentos religiosos. Las ediciones críticas de las *Homilies d'Organyà* de Joan Coromines y Amadeu Soberanas, con los estudios de Armand Puig, y la edición de Josep Moran de *Les Homilies de Tortosa*, nos sitúan en una Cataluña en contacto permanente con las tierras occitanas del sur de Francia.

Probablemente, fueron los movimientos espirituales de dichas tierras (cátaros, valdenses y albigenses) los que estimularon la proliferación de textos bíblicos en latín y en occitano; y, a partir del siglo XIII, las traducciones al catalán. La demanda de los judíos y judeoconversos catalanes tampoco se debe menospreciar. No en vano se han rastreado algunas influencias hebreas en los textos catalanes redactados a partir de la Vulgata latina.

Sea como fuere, el resultado es que disponemos de una buena colección de biblias y salterios de origen catalán. De los siglos IX-X nos han llegado dos biblias de Vic (fragmentarias) y una biblia de la Seu d'Urgell (completa). En la época del abad Oliba, alrededor del año 1000, el escritorio del monasterio de Ripoll produce dos biblias muy famosas por sus miniaturas: la *Bíblia de Ripoll* y la *Bíblia de Sant Pere de Rodes*. Recientemente se ha descubierto otra denominada *Bíblia de Fluvià*. De los siglos XII-XIII tenemos biblias de importación como la *Bíblia de Lleida* y la *Bíblia de Sant Cugat* de origen francés y la *Bíblia de Girona*, que perteneció a la biblioteca del papa Luna, Benedicto XIII, de origen italiano. Y ya del siglo XIV se conservan varias biblias como las *Bíblias de Tortosa*, la *Bíblia de Escaladei*, que está en Tarragona y consta de once volúmenes, la *Bíblia de Vic* y la *Bíblia de Sant Cugat*, y las biblias glosadas de la Universidad de Barcelona y de la Universidad de Valencia. A partir del siglo XV, con la llegada de la imprenta, se hacen nuevas versiones como la Biblia impresa de Tortosa del año 1483 o la denominada *Bíblia Valenciana* de 1478, que fue quemada por la Inquisición.

Las primeras traducciones catalanas de la Biblia latina, la Vulgata, son de la época de Pedro III el Cerimonioso (ca. 1360-1370), y se conservan en tres manuscritos del siglo XV: el manuscrito Peiresc de París (completo), el manuscrito Colbert, también de París, y el manuscrito Egerton de Londres (ambos incompletos). La *Bíblia rimada de Sevilla*, que de hecho es el manuscrito más antiguo de una versión catalana de la Biblia, ha sido objeto de dos tesis doctorales y es un caso singular, pues está escrita en verso.

Aparte de las biblias completas se hicieron innumerables traducciones de los Salmos y de los Evangelios. El Salterio más antiguo en lengua catalana es el de fray Romeu Sabruguera (1261-1313), que fue muy imitado durante el siglo XIV. De la famosa *Bíblia Valenciana de Portaceli* tan solo se salvó el Salterio, publicado el año 1480 en Barcelona por el impresor alemán Nicolás Spindeler. En la Biblioteca Nacional de Madrid hay otra versión del Salterio catalán redactada por el poeta valenciano Joan Roís de Corella, del año 1490. Jaume Riera i Sans ha estudiado los salterios judaizantes que se encuentran integrados en las biblias catalanas y ha publicado un *Siddur* catalán del siglo XV que perteneció a un converso valenciano.

Las traducciones catalanas de la Biblia también sufrieron los estragos de la Inquisición. Los 600 volúmenes de la *Bíblia Valenciana*, traducida por fray

Bonifaci Ferrer, hermano de San Vicent Ferrer, en la cartuja de Portaceli y editados por los impresores alemanes Jaime y Felipe Vizlandt en Valencia, el año 1478, fueron destruidos para siempre. El año 1563 el clérigo valenciano Jeroni Conques tuvo que defenderse frente al tribunal de la Inquisición de un grave delito: haber traducido el *Llibre de Job*. El manuscrito, sin embargo, se ha salvado. Está en la Biblioteca Nacional de Madrid y ha sido editado por Jaume Riera i Sans.

La primera traducción del Nuevo Testamento en catalán es del año 1312 y el manuscrito más antiguo (siglo XIV) proviene de la abadía de Marmoutier. Se han hecho otras versiones integradas en las biblias catalanas ya citadas, e incluso existen traducciones del Nuevo Testamento al hebreo hechas a partir del manuscrito catalán. El Nuevo Testamento ha sido objeto de posteriores traducciones: *Els quatre evangelis menorquins* (1735), la versión del liberal Josep Melcior Prat publicada en Londres durante su exilio inglés (1832) o la novísima traducción del escritor valenciano Joan Francesc Mira del año 2004.

Paralelamente a las Sagradas Escrituras hubo otros libros religiosos que circularon con éxito por los condados de la Cataluña medieval. Joan Coromines ha dado a conocer la versión catalana de la *Leyenda dorada* de Santiago de la Vorágine (1260), conocida en catalán como *Vides de sants rosselloneses*. También tuvieron mucha difusión los *Diàlegs de Sant Gregori* en su versión catalana. El manuscrito del monasterio de Santes Creus es del año 1340.

Hoy día tenemos en el mercado tres biblias catalanas del siglo XX: la *Bíblia de Montserrat*, la *Bíblia de Catalunya* y la *Bíblia Interconfessional*, que se basan en los textos hebreos, arameos y griegos. Además, se están editando las versiones medievales de la Biblia, en la colección «Corpus Biblicum Catalanicum», gracias a la iniciativa de las Publicacions de l'Abadia de Montserrat y la Associació Bíblica de Catalunya.

En Cataluña se han publicado, recientemente, las versiones castellana y catalana del Corán. La versión castellana de Juan Vernet del año 1953 y la versión catalana de Mikel de Epalza en el año 2001.

Los estudios sefardíes también viven un cierto renacimiento. Prueba de ello son la colección «Biblioteca Nueva Sefarad» de Barcelona o las actividades del Institut d'Estudis Nahmànides de Gerona.

La literatura religiosa en general tiene una buena recepción en el seno de la sociedad catalana. La colección «Clàssics del Cristianisme» dispone de un interesante catálogo con un centenar de títulos bien traducidos. El libro de divulgación científica del biblista catalán Armand Puig titulado *Jesús. Un perfil biogràfic* ha sido un sorprendente éxito editorial.

Igualmente están en boga las ediciones facsímiles de libros antiguos, como los Beatos de Liébana. En Cataluña tenemos dos magníficos ejemplares del siglo X: el *Beato de la Seo de Urgel* y el *Beato de Gerona*, ambos de estilo visigótico y de origen leonés. El *Beato de Turín*, sin embargo, que fue realizado en Gerona y es de estilo carolingio, está en Roma.

5. LOS TRATADOS

En los escritorios de los monasterios y las catedrales no solo se llevaban a cabo obras de arte, como los célebres Beatos de Liébana, sino que también se traducían libros de ciencia y filosofía. El monje francés Gerbert d'Orlhac, futuro papa Silvestre II, pasó varios años en Vic y Ripoll, formándose y colaborando en la escuela de traductores organizada por el abad Oliba (971-1046). Hasta la fundación de las primeras universidades las *scholae* y los *scriptoria* son los centros transmisores de cultura. Las primera universidad de la Corona de Aragón fue el Estudi General de Lleida, fundado el año 1300 por Jaime II el Justo. Durante el siglo XIII la Universidad de Montpellier es la universidad de referencia para la cultura catalana.

Joan Vernet y su equipo, en los dos volúmenes de *La ciència en la història dels Països Catalans* publicados por la Universidad de Valencia, ofrecen una amplia bibliografía de todas las obras traducidas en los escritorios pirenaicos, que nos ilustran sobre la gran aportación árabe y judía a la ciencia europea. Los tratados de astronomía y de medicina de los escritores catalanes del siglo XIII y XIV Ramon Llull y Arnau de Vilanova son fruto de esta colaboración entre musulmanes, judíos y cristianos. Los astrolabios catalanes medievales y el mismo papel de Játiva con el que se redactaban los libros eran de procedencia árabe. La escuela cartográfica de Mallorca fue obra de los judíos catalanes. En las ciencias médicas también destacaron judíos como Jafudà Bonsenyor, médico de Jaime II, y Lluís Alcanyís, primer profesor de medicina de la Universidad de Valencia, autor del *Regiment preservatiu e curatiu de la pestilència*.

En el siglo XIV el rey Pedro III el Ceremonioso y sus hijos Juan I el Cazador y Martín I el Humano se convierten en protectores activos de la ciencia y se rodean de los primeros humanistas catalanes. La cancillería real marca la pauta lingüística. Los secretarios reales crean un modelo de catalán escrito que se usará en los epistolarios y en las crónicas. Bernat Metge (1346-1413), secretario de Juan I y traductor de Petrarca, escribe *Lo somni*, que, con su elegante prosa y sus diálogos ciceronianos, supone el inicio del humanismo en Cataluña. Anfós Par, en 1923, elaboró una sintaxis del catalán medieval a partir de los textos de Bernat Metge. Las ediciones de Josep M. de Casacuberta (1925) y Stefano M. Cingolani (2006) nos ofrecen la posibilidad de disfrutar de las dos versiones que se han conservado de la obra.

Los primeros tratados catalanes, sin embargo, se desarrollan en la esfera de los trovadores, a imitación de los tratados retóricos latinos. Las *Razós de trobar* de Ramon Vidal de Besalú y las *Regles de trobar* de Jofre de Foixà, aunque fueron escritas en *proençal-catalanesch*, pueden considerarse el prólogo de una tradición que arraigará en los países de la Corona de Aragón a partir del siglo XIII: se puede escribir sobre ciencia, teología y filosofía en catalán. Como escribió Ramon Llull en su *Art amativa*, «per ço, la posam en vulgar, que.ls homens qui saben llatí ajen doctrina e manera com de les paraules latines sapien devallar a parlar bellament en vulgar» (ORL 17, 7).

Ramon de Penyafort y Ramon Sibiuda redactan sus *Sumae* y el *Liber creaturarum* en latín. Ramon Llull y Arnau de Vilanova escriben sus tratados indistintamente en latín y en catalán. Francesc Eiximenis redacta su gran suma teológico-política *Lo crestià* en lengua catalana, a pesar de la prohibición del Concilio Provincial de Tarragona (1318) de escribir «libros theologicos in vulgari». Los sermones de San Vicent Ferrer y la *Vita Christi* de Sor Isabel de Villena (ya en el siglo XV) están escritos en un exquisito catalán coloquial.

Con la aparición de las órdenes mendicantes, dominicos y franciscanos, y la creación de las universidades, las ciencias que integraban el *trivium* (gramática, retórica y dialéctica) y el *quadrivium* (aritmética, geometría, música y astronomía) bajan de los monasterios pirenaicos a las ciudades mediterráneas y saltan a las islas, siguiendo el proceso expansivo territorial de la Corona de Aragón. A su vez, estos proto-humanistas catalanes se aprovechan de la sabiduría acumulada por los talmudistas judíos y los filósofos musulmanes. Solo en este contexto se explica un fenómeno bibliográfico como el de Ramon Llull (1232-1316).

Armand Llinarès, en su biografía de Ramon Llull, da una lista de 280 títulos atribuidos al gran escritor mallorquín, de los cuales 75 fueron redactados en lengua catalana y el resto en latín. Los manuscritos árabes, por desgracia, se han perdido.

A lo largo de 27.000 páginas, Ramon Llull habla de prácticamente todas la materias que integraban el *trivium* y el *quadrivium* medieval y lo hace usando todas las técnicas narrativas conocidas en su época: el arte de los trovadores, la mística árabe y la cábala judía; diálogos, poesías y novelas. Lo más interesante desde nuestro punto de vista es que lo hace en catalán y de este modo se convierte en el padre de la literatura catalana. Además crea vocabulario. El vocabulario luliano consta de unas 7.000 palabras diccionariables. Los manuscritos (un millar) e incunables de Ramon Llull están esparcidos por los archivos y bibliotecas más importantes de Europa y han sido traducidos a diversas lenguas. Hoy día se pueden consultar sin problemas entrando en la *Base de dades Ramon Llull* de la Universidad de Barcelona.

La recepción de Ramon Llull en el seno de la cultura alemana tiene una larga tradición. En los archivos alemanes se conservan muchos manuscritos lulianos y en Alemania se han llevado a cabo las primeras ediciones sistemáticas de sus obras. Una de las más conocidas es la *Moguntina* de 1721-1742. El actual Raimundus Lullus Institut de la Universidad de Friburgo, fundado por Friedrich Stegmüller en 1957, edita las *Opera Latina*. En las librerías es fácil encontrar *Das Buch vom Heiden und den drei Weisen*, editado por Reclam, o *Das Buch vom Freunde und vom Geliebten* de la editorial Herder. Últimamente ha salido la versión bilingüe catalán-alemán de *Lo desconhort* traducido por Johannes y Vittorio Hösle, las versiones bilingües latín-alemán del *Ars brevis* y de la *Lògica nova* de la Meiner Verlag y las versiones alemanas del *Llibre d'amic e amat* y del *Llibre de meravelles* de la catalanista suiza Gret Schib Torra, que a su vez ha realizado las ediciones críticas de la *Doctrina pueril* y el *Arbre de filosofia d'amor* para la colección «Els Nostres Clàssics» de la Editorial Barcino. En esta misma colección se han publicado, en los años veinte y treinta del siglo XX, las ediciones críticas del *Llibre d'amic e amat*, *Libre de meravelles* y *Libre de Evast e Blanquerna*, y en 1988 el *Llibre de l'orde de cavalleria*. Actualmente se está editando toda la obra catalana de Ramon Llull, con metodología científica filológicamente homologable, por el Patronat Ramon Llull de Palma de Mallorca y las Publicacions de l'Abadia de Montserrat. Por fin tenemos una buena edición de libros fundamentales como el *Llibre del gentil e dels tres savis* y la *Lògica nova*, a cargo de Antoni Bonner, y pronto vamos a disponer de la edición definitiva del *Llibre de contemplació en Déu*.

Otra iniciativa editorial notable es la llevada a cabo por el Obrador Edèndum de Santa Coloma de Queralt, que ha empezado a publicar las obras latinas de Ramon Llull en versión bilingüe latín-catalán. El primer volumen publicado es *Retòrica nova*.

Los estudios filosóficos y filológicos sobre la obra de Ramon Llull en lengua alemana siguen dando sus frutos. Uno de los últimos trabajos editados es *Der Dialog bei Ramon Llull, Literarische Gestaltung als apologetische Strategie*, de Roger Friedlein.

Y una joya bibliográfica que está en el mercado, en edición facsímil, es el *Electorium parvum seu Breviculum*, manuscrito 92 de la Badische Landesbibliothek Karlsruhe, que contiene las famosas miniaturas de la *Vita coetanea* de Ramon Llull, redactado por Thomas Le Myésier el 1321 en la cartuja de Vauvert y editado por Gerhard Stamm. La versión alemana moderna de la *Vita coetanea* es de E. W. Platzeck (1964). La versión francesa ha sido realizada en Suiza por Ramon Sugranyes de Franch a raíz del Coloquio Luliano celebrado en la Universidad de Friburgo en 1984.

Los libros de Kurt Flasch sobre el pensamiento filosófico del medioevo han revalorizado la aportación de Ramon Llull a la filosofía cristiana, siguiendo una larga tradición lulista que viene de Nicolás de Cusa, Giordano Bruno, Agrippa von Nettesheim y Leibniz.

Los comentarios de Giordano Bruno y Agrippa von Nettesheim al arte de Ramon Llull los podemos leer en la elegante edición facsímil de las *Raymundi Lullii Opera* que Lazarus Zetzner compiló en Estrasburgo el año 1651. La actual edición de Charles Lohr y Antoni Bonner se ha realizado en Stuttgart, en la Frommann-Holzboog Verlag.

Contemporáneos de Ramon Llull son escritores como el rabino de Gerona Mossé ben Nahman-Bonastruc ça Porta, poeta cabalista, autor del *Comentari sobre el Pentateuc*, que participó en la controversia de Barcelona de 1263; los dominicos Ramon de Penyafort y Ramon Martí, este último autor de obras apologéticas como *De secta Mahometi* y *Pugio fidei contra iudaeos*; y Arnau de Vilanova, autor de tratados de medicina como el *Speculum medicinae*.

Arnau de Vilanova (1238-1311) poseía una gran biblioteca y fue médico de cabecera de reyes y papas. Entre otras cosas tradujo libros de medicina del árabe al latín, como el *Liber de viribus cordis* de Avicena. Fue profesor de medicina de la Universidad de Montpellier, donde, además de tratados de medicina, también escribió libros religiosos de tendencia antiescolástica como el *De tempore adventus Antichristi*. Sus obras catalanas han sido editadas por Miquel Batllori y sus obras latinas por Josep Perarnau. Con la llegada de la imprenta sus textos fueron objeto de múltiples ediciones.

En el siglo XIV aparecen tres figuras muy interesantes de las letras catalanas: el fraile franciscano Francesc Eiximenis, el fraile dominico Vicent Ferrer y el fraile apóstata Anselm Turmeda.

Francesc Eiximenis (1327-1409) estudió en Valencia, Colonia, París, Oxford y Roma. Fue consejero de Pedro III el Ceremonioso y de sus hijos Juan I el Cazador y Martín I el Humano, y del papa Benito XIII. Escritor prolífico en latín y en catalán, como Ramon Llull, escribió sobre los principales temas de su época en el estilo espiritualista reformista franciscano. En catalán destacan su *Vita Christi, Llibre dels àngels, Lo llibre de les dones, Scala Dei, Regiment de la cosa pública* y sobre todo su gran enciclopedia titulada *Lo crestià*, de la cual nos han llegado cuatro libros de los doce previstos. *Lo libre de les dones* ha sido editado por Frank Naccarato y *Scala Dei* por Curt Wittlin. La Universidad de Gerona está publicando las ediciones críticas de las *Obres de Francesc Eiximenis*. De momento han salido los tres primeros volúmenes del *Dotzè llibre del Crestià*.

Desde Suiza, la profesora Beatrice Schmid ha hecho un estudio lingüístico comparativo de las versiones originales de *Blanquerna* de Ramon Llull y *Scala Die* de Francesc Eiximenis con las versiones valencianas del siglo XVI de Joan Bonllavi. Y desde la misma Confederación Helvética, la catalanófila Gret Schib ha continuado las ediciones críticas de los *Sermons* de San Vicent Ferrer, que había iniciado Josep Sanchis Sivera en los años treinta en Valencia. Por desgracia, durante la Guerra Civil desapareció uno de los cuatro volúmenes manuscritos del Archivo de la Catedral de Valencia, que contenía los sermones del ciclo de Navidad. Este tesoro lingüístico también se ha perdido para siempre.

En la ciudad suiza de Friburgo, sin embargo, se han conservado 16 resúmenes de sendos sermones que el santo valenciano predicó en Suiza durante la Cuaresma del año 1404. Estos sermones fueron recopilados por Friedrich von Amberg en el Couvent des Cordeliers de Friburgo.

San Vicent Ferrer (1350-1419) fue confesor del papa Benito XIII en Aviñón y participó activamente en el Compromiso de Caspe (1412) y en la Disputa de Tortosa (1413). Su celo escolástico por intentar comprender y demostrar las ideas fundamentales de la fe cristiana no estaba exento de contradicciones, tal como se desprende del interesante estudio de Albert Toldrà titulado *Aprés la mort*.

La figura del fraile mallorquín Anselm Turmeda (1352-1430) contrasta con el escolasticismo de sus contemporáneos, pues apostató del cristianismo y escribió *La Tuhfa*, una apología de la fe musulmana, en árabe. *La Tuhfa* ha sido traducida al catalán y al castellano por Mikel de Epalza. Armand Llinarès ha editado la versión francesa de la *Disputa de l'ase*, en la cual fray Anselm discute con un asno sobre la supuesta superioridad del hombre sobre los animales. El *Llibre dels bons amonestaments* de Anselm Turmeda gozó de mucha popularidad en Cataluña y fue utilizado como libro de lectura en las escuelas catalanas hasta mediados del siglo XIX.

Durante la baja Edad Media aparece un nuevo público burgués, que consume libros, a lo largo y ancho de las ciudades de la Corona de Aragón. De esta época nos han llegado tratados de medicina como *Cirugia Parva* y *Llibre del prior*; de cocina, *Llibre de Sent Soví* y *Libre del coch*; de heráldica, *Arbre d'honor*; de sexología, *Speculum al foder*; o el divertido libro de aforismos titulado *Llibre de tres*. También se hicieron populares las traducciones de tratados italianos en catalán, como *Llibre del tresor* o *Flors de virtut*, y las traducciones de los primeros humanistas Boccaccio y Dante. La versión catalana del *Decamerón* de 1429 y la traducción catalana de la *Divina Comedia*, llevada a cabo en Sicilia por Andreu Febrer, son dos ejemplos de los nuevos aires humanistas que se respiran en los países de habla catalana. Los poetas Jordi de Sant Jordi y Ausiàs March y el novelista Joanot Martorell se dejan seducir por el *dolce stil nuovo* italiano y escriben literatura catalana de alto nivel «lleixant a part l'estil dels trobadors».

Ausiàs March (1397-1459), considerado por Amadeu Pagès como el último trovador, fue traducido y admirado en toda España por su escolasticismo. Los diez mil versos de Ausiàs March traducidos al castellano por Baltasar de Romaní y por Jorge de Montemayor fueron objeto de múltiples ediciones a lo largo del siglo XVI. La edición bilingüe catalán-castellano es de 1539. En alemán ha sido traducido parcialmente por Hans-Ingo Radatz y por Sabine Philipp-Sattel. Las tres ediciones fundamentales en lengua catalana son las de Amadeu Pagès, Joan Ferraté y Pere Bohigas.

Sobre la poesía de Ausiàs March se está llevando a cabo una notable labor hermenéutica que, gracias a trabajos como los de Lola Badia y Robert Archer, pronto nos permitirá pasar del nostálgico aforismo catalán «puix parla català, Déu li don glòria» al aforismo fusteriano « puix parla català, vejam què diu».

El Humanismo y el Renacimiento, por otra parte, revalorizan el papel académico de la lengua latina, y la Corona de Aragón entra en un período de decadencia política a partir del siglo XV. El impresionante *Cant espiritual* de Ausiàs March y el *Tirant lo Blanc* de Joanot Martorell son, en realidad, el canto del cisne de una época dorada de la literatura catalana. Cristòfol Despuig, autor de *Los col.loquis de la insigne ciutat de Tortosa*, es el primer autor catalán que se justifica por no escribir su libro en castellano o en latín. Un humanista como Juan Luis Vives, que era de habla catalana, no escribe ni un solo tratado en su lengua materna. Las *Opera omnia* de Ioannis Lodovici Vivis están siendo editadas por las Edicions Alfons el Magnànim de Valencia.

6. LOS EPISTOLARIOS

Los libros de viajes, los dietarios y los epistolarios ocupan un lugar nada despreciable dentro de la tradición bibliófila catalana. En la Biblioteca Riccardiana de Florencia hay un manuscrito del siglo XIV con la traducción catalana de *Il Milione* de Marco Polo. El *Dietari del capellà d'Alfons el Magnànim* es a la vez una crónica de la vida cotidiana de la sociedad europea de los siglos XIV-XV y un viaje por el Mediterráneo catalán. Leyendo el *Epistolari de Pere III* podemos disfrutar de la elegante prosa que desarrollaron los secretarios de la cancillería real durante el siglo XIV.

La monumental selección de documentos llevada a cabo por el profesor Heinrich Finke a principios del siglo XX en sus *Acta Aragonensia* y *Acta Concilii Constanciensis* nos da una idea aproximada de la gran cantidad de cartas que generó la casa de los condes de Barcelona y reyes de Aragón. También se puede constatar el predominio de la lengua catalana en la correspondencia y la homogeneidad lingüística que existía entre las distintas cortes. Igual de interesante es toda la correspondencia generada por la corte pontificia de Benito XIII (1394-1417) durante el Cisma de Occidente y el Concilio de Constanza (1414-1418).

El epistolario más apasionante de la cultura catalana, sin embargo, es el que produjo la familia Borja durante el siglo XV. Esta família de Játiva, que llegó a dominar el obispado de Valencia, el ducado de Gandía y el Vaticano, nos proporcionó dos papas, Calixto III (1455-1458) y Alejandro VI (1492-1503); un santo, San Francisco de Borja; y dos personajes históricos, mitificados por la literatura y el arte, César Borja y Lucrecia Borja; y generó una cantidad ingente de documentación. Una tercera parte de esta documentación está redactada en lengua catalana.

El *Diplomatari Borja*, que está esparcido por más de cincuenta archivos de Europa y América, está siendo publicado por las Edicions 3 i 4 de Valencia a iniciativa del editor Eliseu Climent y dirigido por el historiador Miquel Batllori. Hasta la fecha han salido tres volúmenes con la documentación relacionada con el obispado de Valencia, el Concilio de Constanza y el Concilio de Basilea. También se ha publicado la versión catalana del famoso *Dietari secret* de Johannes Burckard, maestro de ceremonias de los papas, en el cual se basa, en buena parte, la leyenda negra que persigue a la familia Borja.

Otro diplomatario muy interesante e ilustrativo para conocer la evolución de la lengua catalana en el siglo XVI son los *Epistolaris d'Hipòlita Roís de Liori i d'Estefania de Requesens*, publicados por la Universidad de Valencia en la colección «Fonts Històriques Valencianes».

7. LAS NOVELAS

Si bien es verdad que *Les quatre grans cròniques* tienen mucho de novelesco, sobre todo la *Crònica* de Ramon Muntaner, y que Ramon Llull escribió dos novelas de carácter apologético-didáctico, *Blanquerna* y *Llibre de meravelles*, las dos novelas por excelencia de la literatura catalana medieval son *Curial e Güelfa* y *Tirant lo Blanc*.

La editorial Quaderns Crema de Barcelona ha publicado una serie de estudios fundamentales para conocer el estado actual de la catalanística, sobre la literatura contemporánea y sobre la literatura medieval. Anton Espadaler, en su ensayo *Una reina per a Curial*, nos aclara una serie de puntos polémicos sobre la autoría de la novela (anónima) y sobre su trasfondo histórico. En la misma colección el profesor Martí de Riquer nos introduce magistralmente en el mundo de la novela caballeresca con su *Aproximació al Tirant lo Blanc*.

Cuando Joanot Martorell (1410-1465) acabó la redacción de su novela *Tirant lo Blanc* en 1460 no podía imaginarse que treinta años después su libro se convertiría en uno de los primeros éxitos de la historia de la imprenta. El impresor alemán Nicolás Spindeler imprimió los 715 ejemplares de la edición princeps en Valencia el año 1490. Siete años después el librero Pere Miquel sacó una nueva edición del *Tirant* de 300 ejemplares en Barcelona y en 1511 Diego de Gumiel publicó la edición castellana en Valladolid. El libro causó tal impacto que el mismo Cervantes lo salvó de la quema en la famosa escena del escrutinio del capítulo sexto del *Quijote*.

La edición facsímil del *Tirant lo Blanc* de 1490 ha sido publicada por la Kraus Reprint Corporation de New York. Al hojearla constatamos las dimensiones colosales del libro y la profesionalidad de los libreros judíos alemanes que llevaron la imprenta a España. La edición crítica bilingüe de Albert Hauf se basa en el mismo texto original de 1490, para la versión catalana, y en el texto de Diego de Gumiel de 1511, para la versión castellana. Con razón ha sido tildado como la «Biblia de la cultura catalana». Mario Vargas Llosa, en su *Carta de batalla por Tirant lo Blanc*, lo define como una novela total: novela caballeresca, fantástica, histórica, militar, social, erótica y psicológica.

En el *Tirant lo Blanc* encontramos la síntesis de lo que fue la cultura catalana medieval: desde el *Llibre de l'orde de cavalleria* de Ramon Llull, hasta los poemas catalanes sobre la caída de Constantinopla, pasando por el arte de los trovadores y las crónicas de Desclot y Muntaner. El paralelismo entre Tirant y Carmesina y Roger de Flor y la princesa María de Bizancio resulta inevitable.

Durante la Feria del Libro de Frankfurt de 2007 se ha presentado la traducción alemana completa del *Tirant lo Blanc, Der Roman vom Weissen Ritter*, de S. Fischer Verlag, a cargo de Fritz Vogelgsang. El primer volumen salió el año 1990. Hemos tenido que esperar 17 años para ver publicados los tomos segundo y tercero. Solo por eso habrá valido la pena la presencia catalana en la Feria del Libro alemana.

La novela catalana moderna también ha estado presente en Frankfurt. Se ha hecho una nueva versión de *Solitud* de Víctor Català y se han traducido clásicos del siglo XX como *Vida privada* Josep Maria de Sagarra, *Bearn* de Llorenç Villalonga, *El quadern gris* de Josep Pla o *Cavalls cap a la fosca* de Baltasar Porcel. Igualmente han estado bien representadas las novelistas catalanas contemporáneas por medio de Mercè Rodoreda, Montserrat Roig, Carme Riera, Antònia Vicens o Maria Barbal. Y la poesía, con la excelente edición bilingüe catalán-alemán de la obra poética completa de Salvador Espriu, editada por Ammann Verlag, de Zúrich.

Sor Isabel de Villena (1430-1490), coetánea de Joanot Martorell y de Ausiàs March, fue la primera mujer que escribió y publicó un libro en España. Su *Vita Christi* ha sido interpretado por Joan Fuster como una respuesta feminista a la otra gran novela valenciana del siglo XV, escrita en verso y de carácter misógino: el *Spill* de Jaume Roig (1400-1478). La reciente edición de Antònia Carré, en verso y en prosa, del *Spill* nos permite disfrutar por partida doble la riqueza de vocabulario del médico valenciano.

La ciudad de Valencia, con sus tertulias literarias, su universidad y su burguesía ilustrada, era terreno abonado para el nacimiento de la segunda aventura del libro catalán. Por eso la escogieron los impresores judíos alemanes para publicar los primeros incunables de la Corona de Aragón. En los siglos posteriores esta primacía pasaría a Barcelona, capital cultural de las letras catalanas durante la Renaixença y capital editorial de las letras hispánicas hasta hoy día.

Don Quijote vio su primera imprenta en Barcelona, «Aquí se imprimen libros», y también vio allí, por primera vez, el mar. Quizás por eso la describió como «archivo de la cortesía, albergue de los extranjeros, hospital de los pobres, patria de los valientes, venganza de los ofendidos y correspondencia grata de firmes amistades, y en sitio y en belleza, única». La aventura libresca del *Quijote* también empezó en buena medida en las imprentas de Barcelona, pero esta es ya otra historia. Una historia de diglosia lingüística que nos ha acompañado hasta nuestros días.

8. BIBLIOGRAFÍA

ALVAR, CARLOS/LUCÍA, J. M./SCHMID, BEATRICE (eds.) (2002): *Vier mal vier Streifen-Cuatro coronas con cuatro barras. Handschriften und Drucke aus dem östlichen Teil Spaniens-Manuscritos e impresos de la Corona de Aragón*. Basel: Romanisches Seminar.

CASANELLAS, PERE (2005): «El *Corpus Biblicum Catalanicum*: Un antic tresor que finalment comença a ser explotat», *Llengua i Literatura* 16, 517-530.

CINGOLANI, STEFANO MARIA (2007): *La memòria dels reis*. Barcelona: Editorial Base.

COLOMER, EUSEBI (1997): *El pensament als Països Catalans durant l'Edat Mitjana i el Renaixement*. Barcelona: Institut d'Estudis Catalans/Publicacions de l'Abadia de Montserrat.

NADAL, JOSEP M./PRATS, MODEST (1982): *Història de la llengua catalana, 1. Dels inicis al segle XV.* Barcelona: Edicions 62.

PHILIPP-SATTEL, SABINE (1996): *Parlar bellament en vulgar: die Anfänge der katalanischen Schriftkultur im Mittelalter.* Tübingen: Gunter Narr.

PUIG, ARMAND (2001): «Les traduccions catalanes medievals de la Bíblia», en: *Scripta Biblica* 3, 107-231.

RIQUER, MARTÍ DE (1980): *Història de la literatura catalana, 1.* Barcelona: Editorial Ariel.

ROBLES I SABATER, FERRAN (2005): *Bibliografía de la literatura catalana en versió alemanya – narrativa, poesia, teatre.* Aachen: Shaker Verlag.

RUBIÓ I BALAGUER, JORDI (1993): *Llibreters i impressors a la Corona d'Aragó.* Barcelona: Publicacions de l'Abadia de Montserrat.

SOLDEVILA, FERRAN (1963): *Història de Catalunya.* Barcelona: Editorial Alpha.

— (ed.) (1983): *Les quatre grans cròniques.* Barcelona: Editorial Selecta.

VERNET, JOAN/PARÉS, RAMON (eds.) (2004): *La ciència en la història dels Països Catalans, 1. Dels àrabs al Renaixement.* València: Universitat de València/Institut d'Estudis Catalans.

Percepção literária e diversidade linguística. A propósito de um *refran* da lírica galego-portuguesa[1]

Maria Ana Ramos
Universität Zürich

1. Em um mundo medieval de culturas plurilingues, de traduções e de tradutores, não é surpreendente que o bilinguismo, ou o multilinguismo, se assuma como objecto literário na composição da poesia lírica. A situação linguística peculiar da Idade Média, caracterizada pela diglossia entre latim e línguas vulgares, e qualificada por vínculos entre várias tradições culturais, vai mostrar-nos diversas manifestações de miscigenação entre línguas vernáculas, nem sempre alheias a qualquer barbarolexia, em textos de essência literária[2].

---

[1] Referir-me-ei ao *refran* da cantiga *A* 126 (*Cancioneiro da Ajuda*, Lisboa, Palácio da Ajuda, ms. sem cota), atribuída a Fernan Garcia Esgaravunha, trovador português, pertencente à importante linhagem dos Sousas, com obra poética composta no segundo quartel do século XIII (Oliveira 1994: 340-341; Michaëlis 1904, I: 255-256; II: 347-350).

[2] A caracterização de F. Brugnolo delimita bem o conceito de plurilinguismo na produção lírica como «tratto configurativo» na organização estrutural do texto: «... intendendo per plurilinguismo poetico quel particolare procedimento consistente nell'impiego simultaneo di due o più idiomi differenti, in successione o alternanza prestabilita, all'interno di un medesimo testo poetico in quanto unità formale...» (Brugnolo 1983: 5). Já Tavani, pouco antes, especificava que «... la mistione linguistica assume più decisa funzione di strumento espressivo di una data realtà sociale e culturale...» (Tavani 1981: 55). Uma visão global sobre esta problemática foi recentemente questionada nos Congressos sobre *Plurilinguismo e letteratura* realizado em Bressanone em Julho de 2000 (Brugnolo-Orioles 2002) e sobre *Le plurilinguisme au Moyen Age – Orient/Occident*, organizado por S. Thiolier-Méjean e C. Kappler, em Paris na Sorbonne em Junho de 2005.

Assim, não será infrequente a fortuita inserção textual em uma língua diferenciada daquela que é adoptada por quem escreve[3]. Mais esporádicos serão os casos de textos completamente construídos com apoio na alternância linguística em mais de uma língua na procura de uma expressividade linguística propositada – associação, mistura, ou hibridismo – que tanto actua na *maestria* de quem escreve, como na virtuosidade de quem vai acolher o texto assim produzido[4].

A destreza no aproveitamento literário da diversidade linguística ilustrava-se desde cedo na Península Ibérica com a produção das *muwashshah* e com a singularidade das *hardjas*. À concepção poética do *Al-Andalus* não se pode dissociar a subtileza de um conjunto de características específicas (linguísticas, semióticas, sociológicas), que vai permitir o incremento de uma consciência de «literariedade» através de práticas de certo uso *artístico* e de *embelezamento* da linguagem[5].

Muito estimulante é, neste contexto, a recente interpretação de um verso de uma *cantiga de amigo*, atribuída a Pedr' Eanes Solaz (poeta activo nos finais do século XIII). Efectivamente, na cantiga, *Eu velida non dormia* (B 829/V 415)[6], o verso <Edoy lelia doura>, que sobrevém mais de uma vez (vv. 2, 4, 6, etc.), foi avaliado, depois de várias propostas explicativas que se inclinavam para a onomatopeia, como um verso bilingue. A conjugação

---

[3] A convivência linguística manifestar-se-á em particular na Península Ibérica, como bem ilustra o título do estudo de G. Bossong, *Poesía en convivencia. Estudios sobre la lírica árabe, hebrea y romance en la España de las tres religiones* (colección Arabica Romanica, Gijón: Trea) (no prelo).

[4] As formas mais marcantes da aplicação textual desta técnica – plurilinguismo social e cultural – durante os séculos XII e XIII documentam-se com os dois textos plurilingues de Raimbaut de Vaqueiras (Brugnolo 1983: 10-103; Tavani 1989; 2000) e com a canção trilingue, *Aï faus ri*, atribuída a Dante, com o seu célebre «namque locutus sum in lingua trina» (v. 41) (Brugnolo 1983: 107-165; Chiamenti 1998; De Robertis 2005: 222-227).

[5] Independentemente da ampla bibliografia disponível sobre a reciprocidade cultural ibérica, consultem-se, entre os vários estudos de G. Bossong dedicados a esta problemática, aquele que põe em evidência as mudanças de código linguístico entre romance e árabe (Bossong 2003). A base de dados *BiRMED*, referente à *Bibliografia de Referencia da Lírica Medieval Galego-Portuguesa*, faculta o elenco dos estudos mais recentes que relacionam, entre formas e conteúdo, as *hardjas* e a poesia galego-portuguesa (Brea-Fidalgo 2006).

[6] As siglas *B* e *V*, seguidas de numeração, correspondem respectivamente ao *Cancioneiro Colocci-Brancuti* (= *Cancioneiro da Biblioteca Nacional*), Lisboa, BN Cod. 10991, e ao *Cancioneiro Português da Vaticana*, Biblioteca Apostolica Vaticana, Vaticano, Vat. lat. 4803.

linguística entre o galego-português e o árabe andaluz não poderá deixar de evocar o acolhimento literário da tradição poética ibérica com as *hardjas*. Desse modo, <lelia doura> pôde ser lido como *líya ddáwra*, equivalente a *é a minha vez*, podendo interpretar-se a sequência como <Edoy>, *E hoje*, <lelia doura>, *é a minha vez*, com uma mudança de língua, uma espécie de cesura, entre a primeira e a segunda parte do verso. A explicação será ainda apoiada pela comparência de <leli> nos vv. 25, 27, 29, 31, *layli/layl*, 'noite', em árabe andaluz. A restituição permitiria afirmar, conforme as palavras de R. Cohen e de F. Corriente, que «our protagonist speaks Galician-Portuguese, (…) and mixed with Archaic Iberian Romance (*ed oi*) and Andalusi Arabic (*líya ddáwra* and *láyli*) (…)». (Cohen-Corriente 2002: 36)

Assim sendo, não era o tumulto linguístico, ou a «algazarra», nem mesmo a reverência por uma ou por outra língua, o que poderá qualificar a produção literária durante este período medieval. Apoderando-me do sugestivo título «armonia de las lenguas», que introduz uma das últimas publicações de V. Beltrán, *La corte de Babel* (2005), é possível reconhecer que, realmente, na Península Ibérica, o equilíbrio linguístico, ou o prestígio de cada uma das línguas, não dependia da pesquisa de uma identidade ôntica no plano da criação literária. E as cortes – considera Beltrán – «tanto las señoriales como las regias, hubieron de ser siempre plurilingües. La corte tardaría todavía en elegir e imponer una lengua única a todos o parte de sus reinos; quizá sea la razón de tan armoniosa convivencia…» (Beltrán 2005: 36-37).

No entanto, uma 'boa' concepção de língua poética era contemplada no importante tratado, as *Regles de Trobar* de Jaufre de Foixà, trovador cata-lão que, no final do século XIII, assim se pronunciava pela inflexibilidade linguística, reelaborando as *Razos de trobar* de Raimon Vidal. Mas, mais do que uma apologia literária, é a consciência linguística que se evidencia na sua descrição, ao especificar já a ideia precedente de registo linguístico entre língua literária e língua comum, perceptível em Raimon Vidal:

> Lengatge fay a gardar, car si tu vols far un cantar en frances, no.s tayn que.y mescles proençal ne cicilia ne gallego ne altre lengatge que sia strayn a aquell; ne aytan be, si.l faç proençal, no.s tayn que.y mescles frances ne altre lengatge sino d'aquell. E sapies que en trobar proensals se enten lengatges de Proença, de Vianes, d'Alvernya, e de Limosi, e d'altres terres qui llur son de prés, les quals parlen per cas. Empero, si tu trobes en cantar proençals alcun mot qui sia frances o catalanesch, pus hom aquell mot diga en Proença o en una de aquelles terres qui han lengatge convinent, les quals lor son pres, aquells motz potz pausar o

metre en ton trobar o en ton cantar; e si ayso fas, no potz dir per axo que sia fals. (Marshall 1972: 64, 129)[7]

Uma concepção clara do determinismo literário e da noção do *mesclar* em línguas poéticas.

2. O entendimento de «literariedade», quanto ao galego-português, não se confinará nem à Península, nem exclusivamente a poetas autóctones que se moviam apenas entre os diversos espaços cortesãos ibéricos[8]. No âmbito da tradição literária românica, a mais antiga das composições líricas que explora a alternância linguística servir-se-á também do galego-português. Raimbaut de Vaqueiras, um dos marcantes trovadores provençais, inclui o galego-português na *constitutio* da quinta estrofe do seu *descort* plurilingue, *Eras quan vey verdejar*, composto nos finais do século XII, princípios do século XIII. Para que «ieu fauc dezacordar / los motz e-ls sos e.ls lenguatges» (vv. 7-8), sublinha o poeta o *des(a)cordo* com a mulher amada em várias estrofes, através de *rimas*, de *sons* e de *linguagens*, evidenciando assim o desentendimento amoroso pelo desentendimento verbal. Cada estrofe mostrará uma língua diversa. É assim que comparece

---

[7] A transcrição, aqui reproduzida, é retirada do ms. *H*, embora J. H. Marshall inelva também a versão do outro cancioneiro, ms. *R*.

[8] Adopto a designação «galego-português» ao referir-me aqui à concepção literária de *língua poética* dos trovadores medievais. Releiam-se as páginas escritas por C. Michaëlis a propósito da utilização do binómio *galego-português* (Michaëlis 1904, II: 778-813). É sua a expressão «Galliza maior e antiga» (p. 778) que, em termos estritamente linguísticos, será concebida por J. M. Piel como «Galécia Magna» (Piel 1975; Castro 2006: 64). A dupla designação, paralela a outros casos românicos de termos justapostos, igualmente binários (anglo-normando, franco-provençal, franco-veneto) é corrente no plano literário, embora não seja, hoje, sistematicamente adoptada na classificação de textos não literários nas respectivas áreas geográficas. Mas para a produção literária poética, a confluência *galego-português* continua a ser normalmente acolhida. Sobre este assunto, veja-se a extensa e lúcida reflexão de R. Lorenzo, da qual extraio o carácter particular da designação compósita admitida para a poesia trovadoresca: «Pódese aceptar que se fale do período trobadoresco ou galaico-portugués se facemos referencia unicamente á poesía trobadoresca, na que se inclúen autores de Galicia e Portugal, e mesmo doutras zonas, mais se nos referimos á prosa, esta designación carece de sentido para nós e en Galicia só podemos falar do período medieval coma un conxunto, desde o XIII a inicios do XVI, e designar a este período coma o do galego arcaico». (Lorenzo 2004: 29)

na estrofe inicial a língua literária primigénia, o provençal, seguida do italiano (traços dialectais do genovês), do francês, do gascão e do galego-português, acompanhadas de uma tornada que, estruturalmente, retomará cada uma das línguas usadas na composição. Transcrevo na leitura de G. Tavani apenas a estrofe, assim como os versos da tornada, elaborada em galego-português (Tavani 1989: 19-20)[9]:

> Mas tan temo vostro preito,
> todo.n son escarmentado:
> per vos ei pen' e maltreito
> en meo corpo lazerado;
> la noit quan jaç'en meu leito
> so<n> mochas vezes penado,
> e car monca m'ei profeito
> falid' ei, e<n> meu cuidado.

> mon corasso<n> m'avetz treito
> e, molt gen faulan, furtado.

Ainda no ambiente provençal, o poeta Bonifacio de Génova exercitará a técnica poética em duas *cantigas d'amor* compostas em galego-português, incluídas na mais antiga colecção de poesia profana galego-portuguesa – *Cancioneiro da Ajuda* –, o que deixa pressupor uma tradição escrita estável dentro da própria Península Ibérica para o trovador genovês, que frequentou a corte afonsina em meados do século XIII[10]. No seu sirventês, *Un nou sirventes ses tardar*, além de adoptar o provençal e o francês, emprega também o galego-português (vv. 7-13) em uma composição que é endereçada a Afonso X, rei de Leão e Castela[11]:

---

[9] O *descort* tem sido objecto de vários estudos. Retenho a proposta de G. Tavani (1989), não só por reexaminar as edições precedentes como a de J.-M. D'Heur (1973: 151-194), a de F. Brugnolo (1983: 70-103) e a de M. Brea (1985a), mas por propor uma leitura mais coerente, apesar da transmissão textual muito deficitária.

[10] O *Cancioneiro da Ajuda* inclui as duas composições do poeta nos f. 73r e f. 73v, *A* 265 e *A* 266. Tive já a ocasião de expor em alguns ensaios os problemas mais controversos colocados pela confecção e pelo carácter incompleto e inacabado do *Cancioneiro* (Ramos 1994; 2004).

[11] A leitura de J.-M. D'Heur discute os principais problemas postos pela tradição textual desta estrofe, pronunciando-se o estudioso belga sobre outras hipóteses de identificação da língua destes versos (castelhano, aragonês, catalão) (D'Heur 1973: 223-253). Adopto, no

el faz' o que quiser fazer.

Mas eu ouç' a muitos dizer
que el non los quer cometer
si non de menassas, e quen
quer de guerr' onrrado seer,
sei eu muy ben que lli conven
de meter hi cuidad' e sen,
cuer e cors, ave<i>r et amis.

A aptidão linguística plural será ainda expressa pelo poeta catalão Cerveri de Girona, activo entre 1259 e 1285. A *cobla*, datável dos finais do século XIII, apresenta também uma alternância de línguas, que ainda arvora problemas de especificação, na qual se vai observar o rendimento do galego-português (Rossich 2002; Billy 2006)[12]:

Nunca querria eu achar
ric'home con mal coraçon,
mas volria seynor trobar
que.m dones ses deman son do<n>;
e voldroye touz le<s> jors de ma vie
dames trover o pris de tote jan;
e si femna trobava ab enjan,
pel mio cap' io, misser, la pigliaria.

Un <e>sparver daria a l'Enfan
de setembre, s'aytal cobla.m fazia

Sem examinar, aqui, a questão da legitimidade das opções linguísticas na prática do plurilinguismo literário (a hierarquização de cada língua; a relação entre línguas com tradição literária e línguas sem tal tradição; o recurso entre homogeneidade ou inomogeneidade; a preferência por blocos linguísticos sucessivos, interdependentes da estrutura métrica; a miscigena-

---

entanto, a lição retida por Tavani no seu elaborado comentário linguístico a este sirventês (1981: 16-17; 117-137). Cf. também a opinião de M. Brea (1985b) e a de L. Formisano sobre as particularidades linguísticas da composição (1993).

[12] Sigo a edição de G. Tavani reproduzida no seu ensaio sobre o *Mistilinguismo* (Tavani 1981: 18).

ção linguística no interior de cada estrofe, etc.), importa-me chamar a atenção para a percepção da língua poética medieval da Península Ibérica – galego-português – como língua comparável em estatuto literário ao provençal ou ao francês. Em suma, o galego-português era nitidamente assumido pelos meios culturais como um *volgare illustre*.

3. A faculdade de apreender tanto a língua proeminente do *outro*, como o apropriar-se do prestígio literário de textos que circulavam com poder de atracção, vai também proporcionar a trovadores galego-portugueses o ensejo de acudirem a línguas não ibéricas. Em primeiro lugar, a língua de eleição – o provençal – comparecerá através de fórmulas caracterizadoras do movimento poético do *trobar*. Mesmo que certos copistas possam ter deixado transcorrer imprecisões, e mesmo que algumas edições possam ter transfigurado um *senner* provençal (*A* 236, v. 8) em um *sen ver* galego-português, não são poucos os provençalismos perfilhados por esta produção literária (Ramos 1988; Tavani 2000)[13].

A um dos trovadores, Garcia Mendes de Eixo da poderosa família dos Sousas, falecido em 1239, é atribuída uma composição, transmitida em condições textuais muito precárias e deturpadas tanto do ponto de vista paleográfico como do grafemático (Oliveira 1994: 348-349). Apesar de várias indecisões acerca da especificidade mono ou plurilingue do texto, a crítica tem sugerido em geral quer o provençal, quer, na dificuldade de uma restituição interpretativa razoável, um acentuado hibridismo linguístico[14]. Na linha familiar, o filho, Fernan Garcia Esgaravunha (Oliveira 1994: 340-341) elegerá em uma das suas cantigas de amor, como vamos ver, uma curiosa alternância linguística. Depois de cada estrofe em galego-português, intercalará um *refran* em língua galo-românica – provençal ou francês – que a crítica tem

---

[13] Casos de formas, ou de expressões isoladas, na contextura do poema podem exemplificar-se também com a língua d'*oïl* como em <se scient ouuer> (*A* 5, v. 11), <ne menchal > (*A* 156, v. 9).

[14] Não insiro o texto, *Ala u nazque la Torona*, por me parecer que, em termos de edição interpretativa (*B* 454, f. 99r), não adquirimos ainda, na sua integralidade, uma forma plausível. Consulte-se, em particular, o ensaio de J. M. D'Heur (1973: 100), o estudo de A. Ferrari, que estabelece contactos com Bernart de Ventadorn (1984: 52) e, por último, a opinião de J. C. Miranda, acompanhada de nova leitura (2004: 165-177). O uso do provençal adstrito à expressiva heterodoxia por trovadores galego-portugueses voltou, recentemente, a ser posto em evidência por G. Tavani (2005).

procurado restaurar em língua d'*oc*, ou em língua d'*oïl*, em conformidade com os critérios exegéticos assumidos.

A presença do provençal é manifesta também na produção poética de Ayras Nunez, activo nos últimos anos do reinado de Afonso X, mas ainda ao serviço de Sancho IV entre 1284 e 1289 (Oliveira 1994: 318). O clérigo-trovador usará o galego-português nas estrofes e o provençal está presente nos três *refrans* variáveis em uma cantiga fragmentada, datável entre 1280 e 1285, *Vy eu, senhor, vosso bon parecer* (*B* 875-876-877-888/*V* 459-460-461). O enriquecimento linguístico é ainda salientado neste caso pela estrutura formal com «citação», que apontaria para a lírica d'*oïl* – «chanson à refrains» –, embora o *refran* se integre, de modo imprevisto, na língua d'*oc* (Tavani 2004).

Mas é com Afonso X que vamos encontrar a relevância da escrita alternativa em mais de uma língua, quando pensamos na sua ampla produção poética em galego-português (poesia profana e *Cantigas de Santa Maria*[15]) e na sua actividade em prosa com o castelhano. O recurso a outras línguas poderia ainda ser ilustrado com o latim – língua litúrgica – justamente nas *Cantigas de Santa Maria*, ou na própria poesia satírica. O provençal voltará a comparecer na tenção bilingue entre Arnault e Afonso X (*B* 477) (Hilty 2002).

Os trovadores galego-portugueses integraram-se, portanto, no movimento da prática do revezamento linguístico, servindo-se, em princípio, da língua literária dos provençais. As circunstâncias da tradição manuscrita, a escassez de lições variantes, tanto no plano paleográfico como no grafemático, têm impedido em vários casos uma satisfatória restituição interpretativa ou crítica. É por isso que proposições editoriais na procura de um bom arquétipo têm, quase sempre, procurado restaurar uma língua canónica de qualidade poética reconhecida, suprimindo ou corrigindo as deficiências propagadas pelos manuscritos.

4. Neste incessante embaraço, entre lições difundidas pelos manuscritos e critérios editoriais adoptados, entre lição arquetípica e apreço pela trans-

---

[15] Embora não se encontre sistematicamente estudada, a tradição textual das *Cantigas de Santa Maria*, produzida em *scriptoria* afonsinos, apresenta características grafemáticas e linguísticas diferenciadas em relação à obra profana, reproduzida por cancioneiros de confecção portuguesa.

crição de copistas, vale a pena voltar a reflectir no *refran* de Fernan Garcia Esgaravunha na cantiga *Punnei eu muit'en me quitar* (*A* 126). Não só recorrer ao exame dos dois manuscritos, que transmitiram a cantiga, mas voltar a considerar a plausível identificação da língua na qual o poeta dispôs o seu *refran*[16].

O *refran*, constituído por quatro versos, apresenta-se no *Cancioneiro da Ajuda* (f. 32r-f. 32v) com disposição gráfica em função do texto musical, que não chegou a ser inserido. É conjecturável que os dois últimos versos tenham causado problemas na transcrição, ou pelas características inconsistentes do modelo, ou por dificuldades de decifração em um conjunto de textos que estavam a ser reproduzidos em galego-português. Pela emenda marginal, que ainda subsiste no pergaminho, o corrector deixou escrito <ie> e, depois, com maior nitidez, é legível a cópia da sequência que integra <ie>, isto é, <q' ie soy uotr ome lige>. A presença material de uma inspecção textual vem corroborar a suposição de que os outros versos do *refran* se encontravam correctos, não tendo proporcionado motivos para rectificação a quem se encarregou da revisão:

> [D]izer uus quereu uã ren.sēnor
> que senpre ben quige or sachaz ue ro
> ya men que ie soy uotr ome lige

No *Cancioneiro Colocci-Brancuti* (f. 63v-f. 64r), a transcrição (*B* 241) apresenta-se sem subsistência de correcção, ou de escrita titubeante:

> Dizer *u9* quereu hun a rem
> senhor que sempre ben quigi
> ar sachaz ue ro ya men
> que iesoi u otromen lige[17]

---

[16] A cantiga atribuível a Fernan Garcia Esgaravunha foi-nos transmitida pelo *Cancioneiro da Ajuda*, confeccionado na Península Ibérica nos finais do século XIII, princípios do século XIV, e no *Cancioneiro Colocci-Brancuti*, copiado em Itália no século XVI.

[17] A disposição do *Cancioneiro* quinhentista ilustra já uma transcrição verso a verso, enquanto o *Cancioneiro da Ajuda* colocava a primeira estrofe em versos contínuos (por vezes, com individualização anotada por um ponto) em concordância com as frases melódicas que ali seriam incluídas. Esta presença musical do modelo é neste caso exemplar com a separação silábica do advérbio <ue ro / ya men>, cujas sílabas deviam concordar com a posição material das notas musicais na pauta. A mesma separação ocorre ainda na cópia do

São sobretudo os dois últimos versos que mais têm apelado à interpretação crítica, mas a realidade impõe uma primeira anotação. O *refran* não é apenas constituído por estes dois versos em uma língua galo-românica, mas a primeira parte ocorre também com dois versos em galego-português como nas estrofes. Diferentemente da situação observada em Ayras Nunez, com alternância linguística entre estrofe em uma língua e *refran* em uma outra, não nos encontramos, aqui, perante um *refran* isolado, transcrito em língua galo-românica, em oposição à língua da estrofe, mas na eminência de um *refran*, que não suspende a língua da estrofe – galego-português –. O *refran* tornar-se-á só bilingue com uma mudança de língua já no interior da sua própria estrutura, tanto se admita o concerto galego-português e provençal, como a combinação galego-português e francês. O acesso a outro sistema linguístico não atinge, portanto, a integralidade do *refran*.

Pelo carácter inovador, estes versos suscitaram consideração aos primeiros romanistas que procuravam marcas indeléveis das interferências provençais na poesia galego-portuguesa. Mas a faculdade de pressentir nestes versos língua francesa e não língua provençal surgia praticamente no mesmo período[18]. A indecisão entre a língua setentrional ou meridional promoverá restituições críticas que emendam o manuscrito tanto na direcção do provençal para os editores que perfilham a língua d'*oc*, como na ligação à língua d'*oïl* para aqueles que defendem os dois versos concebidos em francês.

---

século XVI – um dos poucos vestígios de traços musicais neste cancioneiro mais tardio –, mas a distância que é visível entre <uotr ome>, e que pode apontar para realizações melismáticas, degenera na tradição posterior em uma sucessão inteligível em galego-português <u otromen>, com um <u> equivalente à locativa. Não se trata, portanto, de uma «separazione scorretta delle parole», como presume M. Spampinato Beretta, devida à incompreensão dos copistas dos dois cancioneiros, mas de uma conexão entre reprodução textual e notação musical (Spampinato Beretta 1987: 123; Ramos 1995: 716-718).

[18] Desde F. Diez, que se interessava pela sequência lexical <ome lige>, incluindo-a inicialmente nos provençalismos, a A. Varnhagen que se preservava com um «… provençal quiçá…», persiste a hesitação entre a identidade de uma ou de outra língua. O próprio Diez mudará de opinião e inclinar-se-á depois pelo francês. C. Michaëlis filiar-se-á nesta concepção de língua d'*oïl* e I. Frank considera que aqueles versos deveriam ser lidos em provençal. Fundamentado na opinião destes autores, J.-M. D'Heur opta pelo «occitan». Mais perto de nós, G. Tavani preconizará a língua francesa, mas a editora do poeta, M. Spampinato Beretta, retomará a ideia de um *refran* em provençal (D'Heur 1973: 105-114; Michaëlis 1904, I: 255-256; Fernández Pereiro 1974; Tavani 1981: 19; 91-95; Spampinato Beretta 1987: 120-125). O apropriado qualificativo franco-occitânico permite a L. Formisano eliminar a hipótese de uma «véritable citation» (Formisano 1993: 139, n. 6).

Assim, vemos o *refran* editado com a restituição dos dois últimos versos em língua d'*oïl* (Michaëlis 1904, I: 255-256; Tavani 1981: 19):

> dizer-vus quer'eu ũa ren,
> senhor que sempre ben quige:
> *or sachiez veroyamen*
> *que je soy votr'ome-lige.*

Mas também vamos encontrar os mesmos versos restabelecidos com inserções à língua d'*oc* (D'Heur 1973: 108):

> dizer vus quer'eu ũa ren,
> se*n*nor que senpre ben quige:
> *ar sachaz veroyamen*
> *que ie[u] soy vo[s]tr'ome lige.*

A edição crítica restringe-se à modificação de <u> em *veroyamen* e em *votr* (Spampinato Beretta 1987: 123-125):

> dizer-vus quer'eu ũa ren,
> señor que senpre ben quige:
> *ar sachaz veroyamen*
> *que ie soy votr'ome lige.*

Ao observar uma e outra preferência e sem, aqui, entrar em toda a argumentação subjacente às modificações operadas às lições dos manuscritos, que procuram restituir o texto a um pressuposto arquétipo correcto, em provençal ou em francês, penso que é útil concentrarmo-nos nos dois ou três casos que mais embaraçam a deliberação por um ou por outro sistema linguístico.

5. Diversamente de J.-M. D'Heur, que admite que a comparência da forma <or> no *Cancioneiro* mais antigo teria sofrido a influência do advérbio português *ora* (1973: 106), não julgo necessário evocar esta possibilidade, se pensarmos em uma estrutura dedutiva. A lição inicial podia aproximar-se de um <or> galo-românico como em construções, por exemplo, do tipo *or sachiez,*

or sachiez vraiement...[19]. Não é surpreendente que na tradição posterior a
variante <ar> seja consequente a uma substituição, que se legitimaria pela
frequência do uso desta forma em textos galego-portugueses. As ocorrências
da partícula autónoma, <ar>/<er>, com valor reforçativo, ou com o sentido
de 'novamente', 'outra vez', 'também', etc., são amplamente documentadas
tanto na poesia lírica, como nas *Cantigas de Santa Maria*, ou mesmo na
prosa medieval (uma consulta a diversos *Glossários*, ou a alguns *corpora*
informatizados faculta numerosos casos[20]). A lição no *Cancioneiro Colocci-
Brancuti* explicar-se-ia, assim, por uma regularização banal, uma *lectio
facilior* – pode dizer-se – em proveito de um elemento, que não era inusitado
no galego-português deste período.

A forma verbal <sachaz>, que comparece em igual textura gráfica nos
dois manuscritos, estimulou, como vimos, a emenda para a forma francesa
sachiez, ou para a sua manutenção *sachaz*, cujo <az> final designaria a
língua d'*oc*. No entanto, a grafia provençal mais conforme talvez contivesse
<p> e a terminação poderia oscilar entre <z> ou <tz>, *sapchatz*. As grafias
meridionais atestam o elemento <a...>, *sapiatz, sabjat, sabchat, sapcha,
sapchtaz...* Decompondo a estrutura, não é impossível que a forma verbal
integrasse um radical, que se poderia incluir na área setentrional <sach...>
sem <p> e um morfema de tempo e de pessoa <az>, que insinuaria, por sua
vez, o provençal. Não me parece forçoso supor uma mudança morfémica
no *Cancioneiro da Ajuda* de uma desinência <ez> ou <iez> para <az> por
uma imperícia, ou por uma aptidão de copista. A forma solidária nos dois
cancioneiros sem vestígios de correcção, sugere que os antecedentes dei-
xavam transparecer este cruzamento linguístico. Poderíamos estar assim
em presença de uma forma mista, artificial, que não reclama nem uma,
nem outra língua, mas apela para um meio literário global, o das líricas de
trobadors e de *trouvères*.

A forma adverbial <ueroyamen> pode também instigar uma ilação análoga. É possível reconhecer uma junção entre elementos constitutivos fran-

---

[19] Não procedo, por agora, a um levantamento exaustivo de eventuais concordâncias
nas produções líricas d'*oc* e d'*oïl*, mas registos anotados pontualmente aconselham uma
focalização minuciosa.

[20] São consultáveis, em particular, a *Base de datos da Lírica profana galego-portuguesa*
(<http://www.cirp.es/bdo/med/meddb.html>), o *Tesouro Medieval Informatizado da Lingua
Galega* (*TMILG* em <http://ilg.usc.es/tmilg/>) (Varela Barreiro 2004), ou o *CIPM, Corpus
Informatizado do Português Medieval*, em <http://cipm.fcsh.unl.pt/>.

ceses e provençais, ao emergir, também aqui, o carácter miscigenado na composição do próprio vocábulo. O primeiro elemento <ueroy> com <oy> insere-se no francês, mas o segundo especificador <amen>, sem a marca de <t>, pode aproximar-se de formas que comparecem na língua d'*oc*. Os dicionários clássicos registam formas de evolução regular ou metatética como *veramen, veiramen, veraiamen, verayamen* para o provençal. E para a língua d'*oïl* são documentadas *veraiement, verraiement, vroiment, verroiement, veirement, voirement, voirementes, verement*, etc. Sem atestações sólidas para *veroyamen* (ou mesmo com grafias alternativas *veroy/veroj/veroi*), parece plausível admitir que a sequência gráfica do manuscrito invocaria em simultâneo o francês e o provençal.

Também neste caso não se deve conjecturar que um escriba que copia textos em galego-português empreenda em consciência um desacerto de uma forma em língua d'*oc*, por uma espécie de ingerência entre língua d'*oc* e língua d'*oïl*. O advérbio não apresenta, de facto, nas duas tradições manuscritas nem hesitação, nem é sujeito a emenda. Este <oy> deveria estar, portanto, no modelo e esta sequência gráfica não pode deixar de nomear uma tradição scriptológica setentrional. Tal como <amen> com <a> indigitaria o provençal.

Sem mencionar o perceptível caso de <ie>, que mais se identifica com *je* do que com um provençal <jeu>/<ieu>, a forma verbal *soy* pode bem corresponder à alternativa gráfica <sui>/<soi>. A sequência final <uotr ome lige> deixa transparecer o francês (recorde-se o provençal *vostre*)[21]. Mas, o que mais nos interpela nestes últimos casos é a transgressão à declinação nominal (<lige> sem marca de <s>). Como se, do ponto de vista das relações gramaticais, a conectividade sequencial sem flexão se interpusesse no mecanismo da construção proposicional do galego-português. A coesão não será apenas textual, mas é determinada pela repercussão do som, como se nota justamente com a reiteração fónica entre <quige> e <lige>. E o eco sonoro renova-se com o <a> em <az> e <amen>.

A inventividade linguística amplifica-se através da interpenetração de dois códigos, não só entre galego-português e uma variedade galo-românica entre estrofes e versos. A convocação às duas variedades galo-românicas serve-se

---

[21] Claro que o provençal proporciona ocorrências análogas como *om liges, hom liges, sieus liges, vostr'om liges, vostres liges*, etc. O exame destes casos merecerá, em outro momento, uma reflexão à parte.

de um processo ainda mais meticuloso, cingindo-se a um funcionamento
de morfologia derivacional, que não se auxilia de regras (flexão, derivação)
inerentes a um único sistema linguístico.

Mas se o bilinguismo actua na estrutura interna destas formas, é pro-
veitoso observar o exercício linguístico operado ainda pelo trovador neste
refran com o recurso a um arcaísmo <quige>, em vez da variante usual
<quis>, que comparece aliás na própria composição no v. 3, *e non quis Deus,*
nen voss'amor, em um interessante registo de paronomásia. A recuperação
da forma <quige> impunha-se pela coacção da rima com a *outra* língua
<lige>[22].

6. Com esta configuração – língua artificial –, o propósito não se define
pela individualização dos versos na produção lírica galo-românica, procu-
rando-lhes um vínculo de paternidade e atribuindo-lhes, por esse motivo, a
tipologia da *citação*. Versos de um *trouvère*, ou de um *troubadour*, tomados
pelo poeta português como *ipsis litteris*, confortariam o perfil literário e
a filiação cultural com o esmero no ornamento poético através da menção
do *versus cum auctoritate*.

Não será, portanto, inesperado que não se tenham encontrado versos
absolutamente idênticos a estes quer na produção d'*oïl*, quer na poesia
provençal nos testemunhos que se conservaram até hoje. Mas este insu-
cesso não deve causar estranheza se olharmos para este *refran* como uma
construção que se move subtilmente entre o galego-português arcaico
(<quige>) e as duas línguas modelares do movimento trovadoresco. Os
dois versos não oscilam só entre uma língua e outra, com justaposição
ou alternância compacta ($L_1 + L_2$). A *maestria* linguística enriquece-se.
O poeta constrói <veroyamen> através do recurso a regras gramaticais de
derivação nominal e <sachaz> com regras de flexão verbal entre radical
e morfema desinencial de tempo e de pessoa, cujos desfechos não serão
exclusivos nem da língua d'*oïl*, nem da língua d'*oc*.

Nestas condições, não me parece necessária a intervenção editorial que
tanto tem restituído estes versos na direcção do provençal, ou na do francês,
aperfeiçoando os supostos erros de quem copiou. A leitura destes versos deve

---

[22] A forma mais comum <quis> é ainda aplicada pelo trovador em *A* 114, vv. 8, 17; *A*
125, v. 15; *B* 227, v. 4.

reapropriar-se da lição dos manuscritos, em particular da lição transmitida pelo *Cancioneiro da Ajuda*. O entrelaço linguístico expandiu-se mais do que um bilinguismo justaposto, ao inserir também o bigrafismo na estrutura interna das próprias formas, facultando-nos, assim, a antecipação de uma manifestação espirituosa, não muito afastada da paródia, através de uma *performance* linguística levada ao extremo do artifício literário.

Este uso de palavra fingida, ou de frase de sentido inverso ao que deveria ser habitual, esclarece-se com o encadeamento irónico que pode inferir-se da leitura da totalidade do poema. Repare-se. Um trovador nobre, um suserano, que maneja as *armas* da terminologia feudal (<punnei>, <ome lige>, <ũa ren>), dirige-se à *senhor* (<dizer-vus>, <quereu>, <punnei eu muito de fazer>) convocando-a ao anúncio de uma <ren>, de uma *coisa*, isto é, de uma *banalidade*. A *banalidade*, portanto. Isto é, o princípio de direito feudal, ou a utilização, livre ou forçada, pelo vassalo do que pertence ao senhor, mediante tributo, será aqui proferido pela expressão <or sachaz>, pelo reforçativo <veroyamen> e por um ritual solene <ie soy votr ome lige>, que devem soar tão falso, como falsa é a língua na qual o juramento é pronunciado.

Ainda que minoritária na lírica galego-portuguesa, estaríamos na presença de uma «chanson de change»[23]. Na impossibilidade de assumir a separação, ou de mudar de *senhor* (*De querer ben outra molher punhei / punnei muito de fazer / o que a vos foron dizer*), no fracasso do combate travado (*punnei*), e não obstante a inacção divina e amorosa (*non quis Deus nen voss' amor*), sobra ao poeta um solene pacto feudal. O compromisso imponente não pode deixar de ser cáustico e jocoso pelo estatuto social do trovador (melhor aristocracia portuguesa da época) mas, ao mesmo tempo, será paródico pela disparidade linguística, perfilhada entre o arcaísmo, que rima entre duas línguas, e pelo matiz lexical, um pouco provençal, um pouco francês, que deixa, ainda mais, ressoar o fingimento.

Todas as transfigurações foram admissíveis. Uma percepção literária inegável da atmosfera galo-românica – «chanson de change» – mas, sobretudo, uma diversidade linguística dotada de inovação original, que favorece

---

[23] Uma reflexão sobre a cantiga «de change» na lírica galego-portuguesa foi apresentada em Santiago de Compostela no Congresso dedicado ao *Cantar dos Trobadores* (26-29 de Abril de 1993) por V. Bertolucci Pizzorusso (1993). O motivo da troca de senhor será particularmente conhecido pela concepção de Uc de Saint-Circ. Valerá, por isso, a pena reanalisar a proposta de N. de Fernández Pereiro, que aponta a forte intertextualidade entre a produção poética de Uc de Saint-Circ e a de Fernan Garcia Esgaravunha (1968).

a expressividade irónica de um *senhor* que se torna *vassalo* – *ome* «servant» *lige* – ao prestar juramento feudal à *sa* senhor. Para um *seigneur* desta linhagem, a dignidade feudal *às avessas* só poderá ser enganosa e a hipocrisia da sua asseveração será ainda sustentada pelo corpo de uma língua igualmente *às avessas*. À coerência conceptual está subjacente a inconstância em amor do *fin* amante no *querer ben outra molher*, mas a «chanson de change» estende-se agora à mutabilidade de um *senhor* em *vassalo* e engrandecer-se-á linguisticamente através de uma outra troca com o pronunciar de *ũa ren* feudal (a «banalidade»), fidedigna em aparência (a língua feudal da submissão), mas defraudada pela heteronímia e pelo solecismo.

7. Reimprimo a cantiga atribuída a Fernan Garcia Esgaravunha na edição de C. Michaëlis (1904) que, apesar de algumas correcções desejáveis, afigura-se-me ainda como uma boa leitura:

> Punhei eu muit'en me quitar
> de vos, fremosa mia senhor,
> e non quis Deus, nen voss'amor;
> e poi'-lo non pudi[24]-acabar,
>   dizer-vus quer'eu ũa ren,
>   senhor que sempre ben quige:
>   *or sachiez*[25] *veroyamen*[26]
>   *que je soy votr'ome-lige.*
>
> De querer ben outra molher
> punhei eu, á i gran sazon,
> e non quis o meu coraçon;
> e pois que el nen Deus non quer,
>   dizer-vus quer'eu ũa ren,
>   senhor que sempre ben quige:
>   *or sachiez veroyamen*
>   *que je soy votr'ome-lige.*

---

[24] O ms. apresenta a variante <podi>. A oscilação entre <o> e <u> em textos galego-portugueses pode legitimar a conservação da forma do manuscrito mais antigo.

[25] Como vimos, não deve ser necessário modificar a lição <sachaz> em *sachiez*.

[26] A junção das sílabas na fixação do advérbio oculta o distanciamento silábico previsto no códice para a interpretação musical <ue ro / ya men>.

E mia senhor, per bõa fé,
punhei eu muito de fazer
o que a vos foron dizer,
e non pud'; e pois assi é,
dizer-vus quer'eu ũa ren,
senhor que sempre ben quige:
or sachiez veroyamen
que je soy votr'ome-lige.

[Michaëlis, *A* 126, 1904, I: 255-256]

REFERÊNCIAS BIBLIOGRÁFICAS

BELTRÁN, VICENÇ (2005): *La corte de Babel. Lenguas, poética y política en la España del siglo XIII*. Madrid: Gredos.

BILLY, DOMINIQUE (2006): «Les influences galégo-portugaises chez Cerveri de Girona», em: *L'espace lyrique méditerranéen au Moyen Age. Nouvelles approches*. Toulouse: Presses Universitaires du Mirail, 249-263.

BERTOLUCCI PIZORUSSO, VALERIA (1993): «Motivi e registri minoritari nella lirica d'amore galego-portoghese: la cantiga de *change*», em: *O Cantar dos Trobadores*. Santiago de Compostela: Xunta de Galicia, 109-120.

BOSSONG, GEORG (2003): «El cambio de código árabo-románico en las ḫaraǧāt e Ibn Quzmān», en: Temimi, Abdeljelil (ed.): *Hommage à l'École d'Oviedo d'Études Aljamiado (dédié au Fondateur Álvaro Galmés de Fuentes)*. Zaghouan: Publications de la Fondation Temimi pour la Recherche Scientifique et l'Information (FTERSI), 129-149.

— (no prelo): *Poesía en convivencia. Estudios sobre la lírica árabe, hebrea y romance en la España de las tres religiones*. Gijón: Trea (Arabica Romanica).

BREA, MERCEDES (1985a): «La estrofa V del *descort* plurilingue de Raimbaut de Vaqueiras», em: *Homenaje a Álvaro Galmés de Fuentes*. Oviedo: Universidad de Oviedo/Madrid: Gredos. Vol. 2, 49-64.

— (1985b): «Los versos gallego-portugueses del sirventés trilingüe de Bonifacio Calvo», em: Montoya Martínez, Jesús/Paredes Núñez, Juan (eds.): *Estudios románicos dedicados al Prof. Andrés Soria Ortega*. Granada: Universidad de Granada, 45-43.

BREA, MERCEDES/FIDALGO, ELVIRA (dirs.) (2006): *BiRMED. Bibliografía de Referencia da Lírica Medieval Galego-Portuguesa*. Santiago de Compostela: Centro Ramón

Piñeiro para a Investigación en Humanidades. Disponível em <http://www.cirp. es>.

BRUGNOLO, FURIO (1983): *Plurilinguismo e lirica medievale. Da Raimbaut de Vaqueiras a Dante*. Roma: Bulzoni.

BRUGNOLO, FURIO/ORIOLES, VINCENZO (eds.) (2002): *Eteroglossia e plurilinguismo letterario*. II, *Plurilinguismo e Letteratura. Atti del XXVIII Convegno interuniversitario di Bressanone* (6-9 luglio 2000). Rome: Il Calamo.

CASTRO, IVO (²2006): *Introdução à História do Português*. Segunda edição revista e muito ampliada. Lisboa: Colibri.

CHIAMENTI, MASSIMILIANO (1998): «Attorno alla canzone trilingue *'Ai faux ris'* finalmente recuperata a Dante», em: *Dante Studies* 116, 189-207.

COHEN, RIP/CORRIENTE, FEDERICO (2002): «Lelia doura *Revisited*», em : *La Corónica* 31.1, 19-40.

D'HEUR, JEAN-MARIE (1973): *Troubadours d'oc et troubadours galiciens-portugais. Recherches sur quelques échanges dans la littérature de l'Europe au Moyen Âge*. Paris: Fundação Calouste Gulbenkian, Centro Cultural Português.

DE ROBERTIS, DOMENICO (ed.) (2005): *Dante Alighieri. Rime.* Ed. commentata. Firenze: Ed. del Galluzzo.

FERNÁNDEZ PEREIRO, NYDIA G. B. DE (1974): «Uc de Saint-Circ et Dom Fernam Garcia Esgaravunha», em: *Actes du 5ᵉ Congrès International de Langue et Littérature d'oc et d Études Franco-Provençales* (Nice, 6-12 Septembre, 1967). Nice: Les Belles Lettres, 130-165.

FERRARI, ANNA (1984): «Linguaggi lirici in contatto: *trobadors* e *trobadores*», em: *Boletim de Filologia (Homenagem a Manuel Rodrigues Lapa)* XXIX, 35-57.

FORMISANO, LUCIANO (1993): «Un *'nou sirventes ses tardar'*: l'emploi du français entre pertinence linguistique et pertinence culturelle», em: *O Cantar dos Trobadores*. Santiago de Compostela: Xunta de Galicia, 137-154.

HILTY, GEROLD (2002): «El plurilingüismo en la corte de Alfonso X el Sabio», em: Sánchez Méndez, Juan/Echenique Elizondo, María Teresa (coords.): *Actas del V Congreso Internacional de Historia de la Lengua Española (Valencia, 31 de enero-4 de febrero de 2000)*. Madrid: Gredos, 207-220.

LORENZO, RAMÓN (2004): «Emergencia e decadencia do galego escrito (séculos XIII-XVI)», em: *A Lingua galega, historia e actualidade. Actas do I Congreso Internacional*. Santiago de Compostela, Instituto da Lingua Galega, 27-153. Disponível em <http://www.consellodacultura.org/mediateca/pubs.pdf/galego_historia_3.pdf>.

MARSHALL, JOHN H. (ed.) (1972): *The «Razos de trobar» of Raimon Vidal and associated texts*. London-New York-Toronto: Oxford University Press.

MICHAËLIS DE VASCONCELLOS, CAROLINA (1904): *Cancioneiro da Ajuda*. Ed. crítica e commentada. 2 vols. Halle: Niemeyer. (Reimp.: Torino: Bottega di Erasmo, 1966; Hildesheim-New York: Georg Olms, 1980; Lisboa: Imprensa Nacional-Casa da Moeda, 1990.)

MIRANDA, JOSÉ CARLOS RIBEIRO (2004): *Aurs mesclatz ab argen. Sobre a primeira geração de trovadores galego-portugueses*. Porto: Guarecer.

OLIVEIRA, ANTÓNIO RESENDE (1994): *Depois do espectáculo trovadoresco. A estrutura dos cancioneiros peninsulares e as recolhas dos séculos XIII e XIV*. Lisboa: Colibri.

PIEL, JOSEPH M. (1975): «Uma antiga latinidade vulgar galaica reflectida no léxico comum e toponímico de Entre-Douro-e-Minho e Galiza», em: *Revista Portuguesa de Filologia* XVII, 387-395. (Republ.: *Estudos de Linguística Histórica Galego-Portuguesa*. Lisboa: Imprensa Nacional-Casa da Moeda, 1989, 55-60.)

RAMOS, MARIA ANA (1988): «Um provençalismo no *Cancioneiro da Ajuda*: *senner*», em: Kremer, Dieter (ed.): *Homenagem a Joseph M. Piel por ocasião do seu 85º aniversário*. Tübingen: Niemeyer, 621-637.

— (1994): «O Cancioneiro da Ajuda: História do manuscrito, Descrição e Problemas», em: *Cancioneiro da Ajuda*. Ed. fac-similada. Apresentação, estudos e índices: Pina Martins, José Vitorino de/Ramos, M. Ana/Cunha Leão, Francisco G. Lisboa: Távola Redonda, 27-47.

— (1995): «A separação silábica na cópia da poesia lírica galego-portuguesa. Outro indício de antecedentes musicais», em Cunha Pereira, C. da/Pereira, P. R. D. (coords.): *Miscelânea de Estudos Linguísticos, Filológicos e Literários in Memoriam Celso Cunha*. Rio de Janeiro: Nova Fronteira, 703-719.

— (2004): «O Cancioneiro ideal de D. Carolina», em: *O Cancioneiro da Ajuda, cen anos despois. Actas do Congreso realizado pola Dirección Xeral de Promoción Cultural en Santiago de Compostela e na Illa de San Simón os días 25 a 28 de Maio de 2004*. Santiago de Compostela: Xunta de Galicia, 13-40.

ROSSICH, ALBERT (2002): «Alternança de llengües en Cerverí de Girona», em: Vilallonga, Mariàngela/Prats, David (eds.): *Estudi General. Revista de la Facultad de Lletres de la Universitat de Girona* 22 (*Miscellània d'homenatge a Modest Prats*, 2 vols.), 13-39.

SPAMPINATO BERETTA, MARGHERITA (ed.) (1987): *Fernan Garcia Esgaravunha: Canzoniere*. Edizione critica. Napoli: Liguori.

TAVANI, GIUSEPPE (1981): *Il Mistilinguismo Letterario Romanzo tra XII e XVI secolo*. L'Aquila: Japadre.

— (1989): «Accordi e disaccordi sul discordo di Raimbaut», em: *Studi provenzali e francesi* 86/87, 'Romanica Vulgaria – Quaderni', 10/11. L'Aquila: Japadre, 5-44.

— (2000): «Il plurilinguismo nella lirica dei trobatori», em: Orioles, Vincenzo (ed.): *Documenti letterari del plurilinguismo.* Roma: Il Calamo, 123-142.

— (2004): «O galego de Raimbaut de Vaqueiras e o provenzal de Airas Nunez», em: *A Trabe de Ouro* IV, 60, 445-454.

— (2005): «O provenzal dos trobadores galego-portugueses e o problema da heterodoxia expresiva», em: Casas Rigall, Juan/Díaz Martínez, Eva María (eds.): *Iberia cantat. Estudios sobre poesía hispánica medieval.* Santiago de Compostela: Universidade de Santiago de Compostela, 61-74.

VARELA BARREIRO, XAVIER (dir.): *Tesouro Medieval Informatizado da Lingua Galega.* Santiago de Compostela: Instituto da Lingua Galega (USC). Disponível em <http://ilg.usc.es/tmilg/>

LISTA DE PUBLICACIONES DE GEORG BOSSONG

Algunos de los artículos están disponibles en Internet en la página web http://www.rose.uzh.ch/seminar/personen/bossong.html#50, ordenados bajo la enumeración indicada.

1978

LIBRO

(1) *Los Canones de Albateni. Herausgegeben sowie mit Einleitung, Anmerkungen und Glossar versehen.* Tübingen: Niemeyer (Beihefte zur Zeitschrift für romanische Philologie, 165), 359 págs. [tesis doctoral presentada en la Universidad de Heidelberg, impresión patrocinada por Deutsche Forschungsgemeinschaft].

ARTÍCULOS

(2) «La abstracción como problema lingüístico en la literatura didáctica de origen oriental», *Cahiers de linguistique hispanique médiévale* 3, 99-132.

(3) «Semantik der Terminologie. Zur Vorgeschichte der alfonsinischen Schachtermini», *Zeitschrift für romanische Philologie* 94, 48-68.

MISCELÁNEA

(4) «Towards New Definitions of Traditional Terms in Typology», en: *Proceedings of the 12th International Congress of Linguists (Vienna 1977).* Innsbruck: Universität Innsbruck, 140 págs.

(5) «Die Sprachthematik in der Philosophie der französischen Aufklärung» (discurso con motivo del 200 aniversario del fallecimiento de Voltaire y Rousseau), en: *Schriften des Theodor-Zink-Museums Kaiserslautern,* Kaiserslautern: Referat Kultur der Stadt Kaiserslautern, 12 págs.

1979

Libro

(6)   *Probleme der Übersetzung wissenschaftlicher Werke aus dem Arabischen in das Altspanische zur Zeit Alfons des Weisen.* Tübingen: Niemeyer (Beihefte zur Zeitschrift für romanische Philologie, 169), 208 págs. [tesis de habilitación presentada en la Universidad de Heidelberg, impresión patrocinada por Deutsche Forschungsgemeinschaft].

Artículos

(7)   «Sémantique et structures textuelles dans le livre de 'Calila et Dimna'. Essai de théorie textuelle appliquée», *Cahiers de linguistique hispanique médiévale* 4, 173-203.

(8)   «Über die zweifache Unendlichkeit der Sprache. Descartes, Humboldt, Chomsky und das Problem der sprachlichen Kreativität», *Zeitschrift für romanische Philologie* 95, 1-20.

(9)   «Prolegomena zu einer syntaktischen Typologie der romanischen Sprachen», Höfler, Manfred/Vernay, Henri/Wolf, Lothar (eds.): *Festschrift Kurt Baldinger zum 60. Geburtstag.* Tübingen: Niemeyer, I, 54-68.

(10)   «Typologie der Hypotaxe», *Folia Linguistica* 13, 33-54.

Artículo de reseña

(11)   «Über einige Grundfragen der Sprachtypologie. Darstellung und Kritik von Francesco Antinucci, *Fondamenti di una teoria tipologica del linguaggio* (Bologna 1977)», en: *Lingua* 49, 71-98.

Reseñas de las siguientes obras

(12)   Gipper, Helmut (^{2}1978): *Denken ohne Sprache?* Düsseldorf: Pädagogischer Verlag Schwann, en: *Zeitschrift für romanische Philologie* 95, 548-549.

(13)   Valkhoff, Marius F. (1975): *Miscelânea luso-africana.* Lisboa: Junta de Investigações Científicas do Ultramar, en: *Zeitschrift für romanische Philologie* 95, 589-590.

(14)   Marcos Marín, Francisco (1978): *Estudios sobre el pronombre.* Madrid: Gredos, en: *Romanistisches Jahrbuch* 30, 347-349.

1980

Monografía

(15)   *Verbwörterbücher und Verbvalenz im Deutschunterricht für Ausländer.*

Editado por el grupo de trabajo de «Lingüística» de los lectores DAAD en Francia. Regensburg: Arbeitskreis Deutsch als Fremdsprache beim DAAD (Materialien Deutsch als Fremdsprache, 17), 120 págs. [coautor].

ARTÍCULOS

(16)   «Aktantenfunktionen im romanischen Verbalsystem», *Zeitschrift für romanische Philologie* 96, 1-22.

(17)   «Zum portugiesischen Lehngut im heutigen Japanischen», *Zeitschrift für romanische Philologie* 96, 379-389.

(18)   «Sprachausbau und Sprachpolitik in der Romania», en: Kloepfer, Rolf (ed.): *Bildung und Ausbildung in der Romania*. München: Wilhelm Fink Verlag, II, 491-503.

(19)   «La situation actuelle de la langue sarde. Perspectives linguistiques et politiques», *Lengas (Revue française de sociolinguistique)* 8, 33-58.

(20)   «Variabilité positionnelle et universaux pragmatiques», *Bulletin de la Société de Linguistique* 75, 39-67.

(21)   «Syntax und Semantik der Fundamentalrelation. Das Guaraní als Sprache des aktiven Typus», *Lingua* 50, 359-379.

ARTÍCULO DE RESEÑA

(22)   «Questions de linguistique chinoise. Réflexions critiques au sujet du livre de Claude Hagège, *Le problème linguistique des prépositions et la solution chinoise (avec un essai de typologie à travers plusieurs groupes de langues)* (Paris 1975)», en: *Lingua* 50, 233-250.

RESEÑAS DE LAS SIGUIENTES OBRAS

(23)   Waugh, Linda (1977): *A Semantic Analysis of Word Order. Position of the Adjective in French*. Leiden: E. J. Brill, en: *Zeitschrift für romanische Philologie* 96, 432-439.

(24)   García Gómez, Emilio ([2]1978): *El libro de las banderas de los campeones de Ibn Sa'id al-Magribi. Antología de poemas arábigo-andaluces*. Barcelona: Seix Barral, en: *Zeitschrift für romanische Philologie* 96, 453-456.

(25)   Bal, Willy (1979): *Afro-Romanica Studia*. Albufeira: Edições Poseidón, en: *Zeitschrift für romanische Philologie* 96, 542-544.

MISCELÁNEA

(26)   «August Wilhelm Schlegel», en: Göres; Jörn (ed.): *Deutsche Schriftsteller im Porträt*. München, vol. 3, 215 [breve ensayo biográfico].

1981

MONOGRAFÍA

(27) *Grammatiken im Deutschunterricht für Ausländer, besonders im frankopho-nen Bereich.* Editado por el grupo de trabajo de «Lingüística» de los lectores DAAD en Francia. Bonn (DAAD, Informationen Deutsch als Fremdsprache, 5), 44 págs. [coautor].

ARTÍCULOS

(28) «Die Wiedergabe deutscher Nominalkomposita im Französischen. Ein Bei-trag zur Typologie der Determinativrelation», *Zeitschrift für französische Sprache und Literatur* 91, 213-230.
(29) «Séquence et visée. L'expression positionnelle du thème et du rhème en français parlé», *Folia Linguistica* 15, 237-252.

RESEÑAS

(30) Voigt, Burkhard (1979): *Die Negation in der spanischen Gegenwartssprache. Analyse einer linguistischen Kategorie.* Frankfurt am Main: Peter Lang, en: *Romanistisches Jahrbuch* 32, 373-376.

1982

ARTÍCULOS

(31) «Vers une syntaxe textuelle du discours scientifique médiéval», *Cahiers de linguistique hispanique médiévale* 7bis, 91-125.
(32) «Las traducciones alfonsíes y el desarrollo de la prosa científica castellana», en: Hempel, Wido/Briesemeister, Dietrich (eds.): *Actas des Coloquio His-pano-Alemán Ramón Menéndez Pidal (Madrid, 31 de marzo a 2 de abril de 1978).* Tübingen: Niemeyer, 1-14.
(33) «Der präpositionale Akkusativ im Sardischen», en: Winkelmann, Otto/ Braisch, Maria (eds.): *Festschrift Johannes Hubschmid zum 65. Geburtstag.* Bern: Francke, 579-599.
(34) «Actance ergative et transitivité. Le cas du système verbal de l'oubykh», *Lingua* 56, 353-386.
(35) «Historische Sprachwissenschaft und empirische Universalienforschung», *Romanistisches Jahrbuch* 33, 17-51.

RESEÑAS DE LAS SIGUIENTES OBRAS

(36) Lleó, Conxita (1979): *Some Optional Rules in Spanish Complementation.*

Towards a Study of the Speaker's Intent. Tübingen: Niemeyer, en: *Zeitschrift für romanische Philologie* 98, 241-244.

(37) Rössler, Gerda/Gebhardt, Heidemarie (1979): *Frieden und Vorurteil. Zwei linguistische Beiträge zu sozialwissenschaftlichen Schlüsselbegriffen.* Frankfurt am Main: Haag + Herchen, en: *Zeitschrift für romanische Philologie* 98, 430-433.

1983

Artículos

(38) «Über einige Besonderheiten der Tupi-Guaraní-Sprachen», *Khipu (Revista bilingüe de cultura sobre América Latina)* 11, 39-44.

(39) «Animacy and Markedness in Universal Grammar», *Glossologia (A Greek Annual for General and Historical Linguistics)* 2, 7-20.

Reseñas de las siguientes obras

(40) Pelzing, Ernst (1981): *Das attributive Adjektiv des Spanischen. Stellenwert und Stellung.* Frankfurt am Main: Peter Lang Verlag, en: *Zeitschrift für romanische Philologie* 99, 468-471.

(41) Agud, Ana (1980): *Historia y teoría de los casos.* Madrid: Gredos, en: *Kratylos* 27, 170-175.

1984

Artículos

(42) «Zur Linguistik des Textanfangs in der französischen Erzählliteratur», *Zeitschrift für französische Sprache und Literatur* 94, 1-24.

(43) «Diachronie und Pragmatik der spanischen Wortstellung», *Zeitschrift für romanische Philologie* 100, 92-111.

(44) «Wortstellung, Satzperspektive und Textkonstitution im Ibero-Romanischen, dargestellt am Beispiel eines Textes von Juan Rulfo», *Iberorromania* 19, 1-16.

(45) «Augusto Roa Bastos y la lengua guaraní. El escritor latinoamericano en un país bilingüe», en: *Actas del Coloquio Franco-Alemán Augusto Roa Bastos (Düsseldorf 1982).* Tübingen: Niemeyer, 79-87.

(46) «Wilhelm von Humboldt y Hugo Schuchardt: dos eminentes vascólogos alemanes», *Arbor (Ciencia, pensamiento y cultura)* 467/468, 163-182.

(47) «Ergativity in Basque», *Linguistics* 22, 341-392.

514   El iberorromance y su diversidad lingüística y literaria

RESEÑAS DE LAS SIGUIENTES OBRAS

(48)   Fleischman, Suzanne (1982): *The future in thought and language. Diachronic evidence from Romance.* Cambridge: Cambridge University Press, en: *Zeitschrift für romanische Philologie* 100, 479-481.

(49)   Sturm, Joachim (1981): *Morpho-syntaktische Untersuchungen zur* phrase négative *im gesprochenen Französisch. Die Negation mit und ohne NE.* Frankfurt am Main, Bern: Peter Lang Verlag, en: *Zeitschrift für romanische Philologie* 100, 479-481.

(50)   Wandruszka, Ulrich (1982): *Studien zur italienischen Wortstellung. Wortstellung, Semantik, Informationsstruktur.* Tübingen: Gunter Narr Verlag, en: *Zeitschrift für romanische Philologie* 100, 500-504.

(51)   Roegiest, Eugeen/Tasmowski, Liliane (eds.) (1983): *Verbe et phrase dans les langues romanes. Mélanges offerts à Louis Mourin.* Gent: Romanica Gandensia, en: *Zeitschrift für romanische Philologie* 100, 611-615.

(52)   Villar, Francisco (1983): *Ergatividad, acusatividad y género en la familia lingüística indoeuropea.* Salamanca: Universidad de Salamanca, en: *Lingua* 62, 239-247.

1985

LIBRO

(53)   *Empirische Universalienforschung. Differentielle Objektmarkierung in den neuiranischen Sprachen.* Tübingen: Gunter Narr (Ars linguistica, 14), XII + 185 págs.

ARTÍCULOS

(54)   «Markierung von Aktantenfunktionen im Guaraní. Zur Frage der differentiellen Objektmarkierung in nicht-akkusativischen Sprachen», en: Plank, Frans (ed.): *Relational Typology.* Berlin: Mouton de Gruyter, 1-29.

(55)   «Zur Entwicklungsdynamik von Kasussystemen», *Folia Linguistica Historica* 6, 285-321.

RESEÑAS DE LAS SIGUIENTES OBRAS

(56)   Rentsch, Hartmut (1981): *Determinatoren für den Modusgebrauch im Neufranzösischen aus generativer Sicht.* Frankfurt/Bern: Lang, en: *Zeitschrift für romanische Philologie* 101, 361-366.

(57)   Lamiroy, Beatrice (1983): *Les verbes de mouvement en français et en espagnol.* Amsterdam: Leuven, en: *Zeitschrift für romanische Philologie* 101, 366-369.

(58)   Seiler, Hansjakob (1983): *Possession as an Operational Dimension of Language*. Tübingen: Gunter Narr Verlag, en: *Lingua* 64, 229-233 [inglés].

(59)   Drossard, Werner (1984): *Das Tagalog als Repräsentant des aktivischen Sprachbaus*. Tübingen: Gunter Narr Verlag, en: *Linguistics* 23, 490-494 [inglés].

(60)   Lehmann, Christian (1984): *Der Relativsatz. Typologie seiner Strukturen, Theorie seiner Funktionen, Kompendium seiner Grammatik*. Tübingen: Gunter Narr Verlag, en: *Linguistische Berichte* 99, 440-445.

(61)   Tschenkéli, Kita (1965-1974): *Georgisch-deutsches Wörterbuch* (3 vols.). Zürich: Amirani Verlag, en: *Lexicographica* 1, 257-262.

(62)   Lipski, John M. (1985): *The Spanish of Equatorial Guinea. The dialect of Malabo and its implications for Spanish dialectology*. Tübingen: Niemeyer, en: *Romanistisches Jahrbuch* 36, 381-383.

1986

ARTÍCULO DE RESEÑA

(63)   «On objects in Language and the objects of linguistics. Review Article on Frans Plank (ed.), *Objects. Towards a Theory of Grammatical Relations* (London 1984)», en: *Lingua* 69, 139-164.

RESEÑAS DE LAS SIGUIENTES OBRAS

(64)   Lapesa, Rafael (1985): *Estudios de historia lingüística española*. Madrid: Paraninfo, en: *Romanische Forschungen* 98, 181-184.

(65)   Fant, Lars (1984): *Estructura informativa en español. Estudio sintáctico y entonativo*. Uppsala: Uppsala universitet, en: *Romanistisches Jahrbuch* 37, 312-314.

1987

ARTÍCULOS

(66)   «Sprachmischung und Sprachausbau im Judenspanischen», *Iberorromania* 25, 1-22.

(67)   «Science in the vernacular languages: the case of Alfonso X el Sabio», en: Comes, Mercè/Puig, Roser/Samsó, Julio (eds.): *De Astronomia Alphonsi Regis. Proceedings of the Symposium on Alfonsine Astronomy held at Berkeley (August 1985)*. Barcelona: Universidad de Barcelona, Instituto «Millás Vallicrosa» de Historia de la Ciencia Árabe, 13-21.

(68)   «'El libro conplido en los juizios de las estrellas' y su original árabe. Cotejos lexicológicos», en: *Homenaje a Álvaro Galmés de Fuentes*. 3 vols. Oviedo: Universidad de Oviedo/Madrid: Gredos, III, 601-611.

RESEÑAS DE LAS SIGUIENTES OBRAS

(69)   Hegyi, Ottmar (1981): *Cinco leyendas y otros relatos moriscos (Ms. 4953 de la Biblioteca Nacional Madrid). Edición, estudio y materiales.* Madrid: Gredos, en: *Zeitschrift für romanische Philologie* 103, 450-453.

(70)   Vespertino Rodríguez, Antonio (1983): *Leyendas aljamiadas y moriscas sobre personajes bíblicos. Introducción, edición, estudio lingüístico y glosario.* Madrid: Gredos (CLEAM 6), en: *Zeitschrift für romanische Philologie* 103, 453-455.

(71)   (1985): *Linguistique comparée et typologie des langues romanes. Actes du XVIIème Congrès International de Linguistique et Philologie Romanes (Aix-en-Provence 1983).* Vol. 2. Aix-en-Provence, en: *Zeitschrift für romanische Philologie* 103, 543-550.

(72)   Benabu, Isaac/Sermoneta, Joseph (eds.) (1985): *Judeo-Romance Languages.* Yerushalayim: The Hebrew University of Jerusalem, en: *Romanistisches Jahrbuch*, 360-363.

1989

ARTÍCULOS

(73)   «Die Isotopie von Blut und Glaube. Zum Wortschatz des Antisemitismus im Spanischen des Inquisitionszeitalters», en: Blumenthal, Peter/Kramer, Johannes (eds.): *Ketzerei und Ketzerbekämpfung in Wort und Text. Studien zur sprachlichen Verarbeitung religiöser Konflikte in der westlichen Romania.* Wiesbaden, Stuttgart: Franz Steiner, 99-110.

(74)   «Die Spaniolen von Saloniki-ein Kapitel der Shoa», *Die Gemeinde (offizielles Organ der Israelitischen Kultusgemeinde Wien)* 378 (16. 7. 1989), 22-25.

(75)   «Morphemic Marking of Topic and Focus», en: Kefer, Michel/Auwera, Johan van der (eds.): *Universals of Language (= Belgian Journal of Linguistics* 4), 27-51.

RESEÑA DE LA SIGUIENTE OBRA

(76)   Holtus, Günter/Radtke, Edgar (eds.) (1984): *Umgangssprache in der Iberoromania. Festschrift für Heinz Kröll.* Tübingen: Gunter Narr Verlag, en: *Romance Philology*, 459-468.

1990

LIBRO

(77) *Sprachwissenschaft und Sprachphilosophie in der Romania. Von den Anfängen bis August Wilhelm Schlegel.* Tübingen: Gunter Narr (Tübinger Beiträge zur Linguistik, 339), 389 págs.

ARTÍCULOS

(78) «Jorge Luis Borges y la infinitud del lenguaje», *El Arcaduz* 5, 23-54; también en: Polo García, Victorino (ed.) (1988): *Oro en la piedra. Homenaje a Borges. Murcia 1987.* Murcia: Consejería de Cultura, Educación y Turismo. Editora Regional de Murcia, 33-53; y en: Polo García, Victorino (ed.) (1989): *Borges y la literatura. Textos para un homenaje.* Murcia: Universidad de Murcia, 211-248.

(79) «El uso de los tiempos verbales en judeoespañol», en: Wotjak, Gerd/Veiga, Alexandre (eds.): *La descripción del verbo español* (= *Verba. Anuario galego de filoloxía*, anexo 32). Santiago de Compostela: Universidad de Santiago de Compostela, 71-96.

1991

ARTÍCULOS

(80) «Differential Object Marking in Romance and Beyond», en: Kibbee, Douglas/Wanner, Dieter (eds.): *New Analyses in Romance Linguistics.* Amsterdam/Philadelphia: John Benjamins (Current Issues in Linguistic Theory, 69), 143-170.

(81) «Qu'est-ce qu'expliquer en linguistique? Perspectives typologiques et universalistes», en: Kremer, Dieter (ed.): *Actes du XVIIIe Congrès International de Linguistique et Philologie Romanes (Université de Trèves (Trier) 1986).* Vol. 2, sección 3, «Linguistique théorique et linguistique synchronique». Tübingen: Niemeyer, 3-12.

(82) «Die traditionelle Orthographie des Judenspanischen (ǧudezmo)», en: Winkelmann, Otto (ed.): *Zum Stand der Kodifizierung romanischer Kleinsprachen* (Romanistisches Kolloquium, V). Tübingen: Gunter Narr, 285-309.

(83) «Moriscos y sefardíes: variedades heterodoxas del español», en: Strosetzki, Christoph/Botrel, Jean-François/Tietz, Manfred (eds.): *Actas del I Encuentro Franco-Alemán de Hispanistas (Mainz 1989).* Frankfurt am Main: Vervuert, 368-392.

DOCUMENTO DE TRABAJO

(84)   «Actance et valence en français, ou: Petit traité de syntaxe française», *EURO-
       TYP groupe IV, questionnaires* (39 págs.).

1992

ARTÍCULOS

(85)   «Form und Inhalt in der Europäisierung nicht-europäischer Kultursprachen»,
       en: Baum, Richard/Albrecht, Jörn (eds.): *Fachsprache und Terminologie in
       Geschichte und Gegenwart*. Tübingen: Gunter Narr, 79-114.
(86)   «Reflections on the history of universals. The example of the *partes ora-
       tionis*», en: Auwera, Johan van der/Kefer, Michel: *Meaning and Grammar:
       Cross-linguistic Perspectives*. Berlin/New York: Mouton de Gruyter (Empiri-
       cal Approaches to Language Typology, 10), 3-16.
(87)   «Zum Begriff des Subjekts in Sprachtypologie und Universalienforschung»,
       en: Anschütz, Susanne R. (ed.): *Texte, Sätze, Wörter und Moneme. Festschrift
       für Klaus Heger zum 65. Geburtstag*. Heidelberg: Heidelberger Orientverlag,
       105-122.
(88)   «Innovative Tendenzen im sardischen Verbalsystem», en: Kramer, Johan-
       nes/Plangg, Guntram A. (eds.): *Verbum Romanicum. Festschrift für Maria
       Iliescu*. Hamburg: Helmut Buske, 337-352.

DOCUMENTOS DE TRABAJO

(89)   «L'interaction entre fonction actancielle et sémantique des actants», *EURO-
       TYP documento de trabajo* IV, 4 (22 págs.).
(90)   «Actance et valence en italien. Réponses au questionnaire», *EUROTYP
       groupe IV, questionnaires* (22 págs.).

1993

ARTÍCULO

(91)   «Hebräische Dichtung im maurischen Spanien», en: Stemmler, Theo (ed.):
       An die Gottheit. Bittgedichte aus zwei Jahrtausenden. Mannheim/Tübingen:
       Forschungsstelle für europäische Lyrik/Gunter Narr Verlag, 169-194.

DOCUMENTO DE TRABAJO

(92)   «Structure d'actance et typologie actancielle dans les langues romanes»,
       EUROTYP documento de trabajo IV, 5 (29 págs.).

(93) «Aisaku Suzuki und Margitta Hildebrand. Begegnungen von Ost und West in Keramik», *KeramikMagazin. Das Magazin für kreative Keramik* 15, 1, 21-23.

1994

LIBRO

(94) Bossong, George/Erbe, Michael/Frankenberg, Peter/Grivel, Charles/Lilli, Waldemar (eds.): *Westeuropäische Regionen und ihre Identität. Beiträge aus interdisziplinärer Sicht.* Mannheim: Palatium Verlag im J & J Verlag (Mannheimer historische Forschungen, 4), 343 págs.

ARTÍCULO

(95) «Sprache und regionale Identität», en: Georg Bossong et al. (eds.): *Westeuropäische Regionen und ihre Identität.* Mannheim: Palatium Verlag im J & J Verlag (Mannheimer historische Forschungen, 4), 46-61.

ARTÍCULO DE RESEÑA

(96) «Ein wichtiger Meilenstein in der Erforschung des Iberischen und der präromanischen Toponomastik der iberischen Halbinsel» (con motivo de la publicación de Román del Cerro, Juan Luis (1990): *El desciframiento de la lengua ibérica en «La Ofrenda de los Pueblos».* Alicante: Editorial Aguaclara, 1990), en: *Zeitschrift für romanische Philologie* 109, 578-589.

DOCUMENTO DE TRABAJO

(97) «Interaction entre fonction actancielle et sémantique des actants», *EUROTYP groupe IV* (79 págs.).

MISCELÁNEA

(98) «Die Töchter des Latein», en: *Romanisten. Reise ums Jahr in hundert Welten,* unimagazin 3/94 (número especial de la revista de la Universidad de Zúrich con motivo del 100 aniversario del Departamento de Románicas de dicha universidad) (Romanisches Seminar der Universität Zürich), 32-34.

1995

ARTÍCULO

(99) «Von der Dissoziation zur Integration, oder: weshalb 'normalisiert' man

Minderheitensprachen?», en: Kattenbusch, Dieter (ed.): *Minderheiten in der Romania.* Heidelberg-Wilhelmsfeld: Gottfried Egert Verlag, 33-44.

1996

ARTÍCULO

(100) «Normes et conflits normatifs», en: Nelde, Peter et al. (eds.): *Kontaktlinguistik. Ein Handbuch der internationalen Forschung.* Berlin: Mouton de Gruyter, 609-624.

RESEÑA DE LOS SIGUIENTES LIBROS

(101) Navarro Peiró, Ángeles (1994): *El tiempo y la muerte. Las elegías de Moseh ibn «Ezra».* Granada: Universidad de Granada, y Salvatierra Ossorio, Aurora (1994): *La muerte, el destino y la enfermedad en la obra poética de Y. ha-Levi y S. ibn Gabirol.* Granada: Universidad de Granada, en: *Notas. Reseñas iberoamericanas. Literatura, sociedad, historia.* Frankfurt: Vervuert, 3/2, 46-49.

1997

ARTÍCULOS

(102) «Arnald Steiger (1896-1963)», en: Wüest, Jakob (ed.): *Les linguistes suisses et la variation linguistique. Actes d'un colloque organisé à l'occasion du centenaire du Séminaire des langues romanes de l'Université de Zurich.* Basel/Tübingen: Francke Verlag, 137-147.

(103) «Sechs ḫarǧas, oder: Stationen femininer Erotik in Al-Andalus», en: Tietz, Manfred (ed.): *Die spanische Lyrik von den Anfängen bis 1870.* Frankfurt am Main: Vervuert, 41-57.

(104) «Sprache und Identität in der hispanischen Welt», en: Moelleken, Wolfgang W./Weber, Peter J. (eds.): *Neue Forschungsarbeiten zur Kontaktlinguistik* (Festschrift für Peter Nelde und die Brüsseler «Forschungsstelle für Mehrsprachigkeit», Plurilingua XIX). Bonn: Dümmler, 65-80.

MISCELÁNEA

(105) «Das erfolgreiche 'spanische Modell'. Tagung zu Sprache und Identität im viersprachigen Spanien», *Unijournal. Die Zeitung der Universität Zürich* 6/97, 11.

1998

ARTÍCULOS

(106) «Le marquage différentiel de l'objet dans les langues d'Europe», en: Feuillet, Jack (ed.): *Actance et valence*. Berlin: Mouton de Gruyter (EALT EUROTYP 20-2), 193-258.

(107) «Le marquage de l'expérient dans les langues d'Europe», en: Feuillet, Jack (ed.): *Actance et valence*. Berlin: Mouton de Gruyter (EALT EUROTYP 20-2), 259-294.

(108) «Éléments d'une typologie actancielle des langues romanes», en: Feuillet, Jack (ed.): *Actance et valence*. Berlin: Mouton de Gruyter (EALT EUROTYP 20-2), 769-788.

(109) «Vers une typologie des indices actanciels. Les clitiques romans dans une perspective comparative», en: Ramat, Paolo/Roma, Elisa (eds.): *Atti del XXX Congresso Internazionale della Società di Linguistica Italiana, Pavia, 26-28 settembre 1996*. Roma: Bulzoni (Pubblicazioni della Società di Linguistica Italiana, 39), 9-43.

(110) «Sprache, Mystik, Intertextualität bei Ibn 'Arabî und San Juan de la Cruz», en: Maier-Troxler, Katharina/Maeder, Costantino (eds.): *Fictio poetica. Studi italiani e ispanici in onore di Georges Güntert*. Firenze: Franco Cesati, 141-167.

(111) «La typologie des langues romanes», en: Holtus, Günter/Metzeltin, Michael/Schmitt, Christian (eds.): *Lexikon der romanistischen Linguistik*. Vol. 7. Tübingen: Niemeyer, 1003-1019.

(112) «La inversión narrativa y la tipología del español», en: Perona, José/Provencio Garrigós, Herminia/Ramón Trives, Estanislao/Vera Luján, Agustín (eds.): *Estudios de lingüística textual. Homenaje al Profesor Muñoz Cortés*. Murcia: Universidad de Murcia, 79-88.

(113) «Dos prototipos fonéticos en la Península Ibérica», en: Andrés-Suárez, Irene et al. (eds.): *Estudios de lingüística y filología españolas. Homenaje a Germán Colón*. Madrid: Gredos, 115-126.

2000

LIBRO

(114) Bossong, Georg/Báez de Aguilar González, Francisco (eds.): *Identidades lingüísticas en la España autonómica*. Frankfurt/Madrid: Vervuert/Iberoamericana (Lingüística Iberoamericana, 14), 189 págs.

522   El iberorromance y su diversidad lingüística y literaria

Artículos

(115) «Prólogo», en: Bossong, Georg/Báez de Aguilar González, Francisco (eds.):
       Identidades lingüísticas en la España autonómica. Frankfurt/Madrid: Ver-
       vuert/Iberoamericana (Lingüística Iberoamericana, 14), 7-15.
(116) «Écrire dans une langue régionale: l'expérience piémontaise vue de l'extérieur/
       Scrivere in una lingua regionale: l'esperienza piemontese considerata
       dall'esterno», en: Gilardino, Sergio/Villata, Bruno (eds.): *II Convegno inter-
       nazionale sulla lingua e la letteratura del Piemonte-Vercelli 2000*. Vercelli:
       VercelliViva, 159-193.

2001

Artículos

(117) «Die Anfänge typologischen Denkens im europäischen Rationalismus», en:
       Haspelmath, Martin/König, Ekkehard/Oesterreicher, Wulf/Raible, Wolfgang
       (eds.): *Sprachtypologie und sprachliche Universalienforschung. Ein inter-
       nationales Handbuch*. Berlin: Mouton de Gruyter. Vol. 1, 1, 249-264.
(118) «Ausdrucksmöglichkeiten für grammatische Relationen», en: Haspelmath,
       Martin/König, Ekkehard/Oesterreicher, Wulf/Raible, Wolfgang (eds.):
       *Sprachtypologie und sprachliche Universalienforschung. Ein internatio-
       nales Handbuch*. Berlin: Mouton de Gruyter, vol. 1, 1, 657-668.
(119) «La typologie linguistique», en: Holtus, Günter/Metzeltin, Michael/Schmitt,
       Christian (eds.): *Lexikon der romanistischen Linguistik*. Vol. I, 2. Tübingen:
       Niemeyer, 718-730.

2002

Artículos

(120) «Der Name *al-Andalus*: neue Überlegungen zu einem alten Problem», en:
       Restle, David/Zaefferer, Dietmar (eds.): *Sounds and systems. Studies in
       structure and change. A Festschrift for Theo Vennemann*. Berlin: Mouton
       de Gruyter (Trends in Linguistics/Studies and Monographs, 141), 149-164.
(121) «'¡Si me tomas el pelo, te hago pedazos!'. Hacia una tipología de los verbos fraseoló-
       gicos», *Revista de Investigación Lingüística* (Universidad de Murcia) 4, 5-27.

Reseña de la siguiente obra

(122) Abu-Haidar, Jareer A. (2001): *Hispano-Arabic literature and the early Pro-
       vençal lyrics*. Richmond/Surrey: Curzon Press, en: *Aljamía* 14, 288-304.

2003

Artículos

(123) «El cambio de código árabo-románico en las *ḥaragāt* e Ibn Quzmān», en: Temimi, Abdeljelil (ed.): *Hommage à l'École d'Oviedo d'Études Aljamiado (dédié au Fondateur Álvaro Galmés de Fuentes)*. Zaghouan: Publications de la Fondation Temimi pour la Recherche Scientifique et l'Information (FTERSI), 129-149.

(124) «O elemento português no japonês», en: Mendes, Marília (ed.): *A língua portuguesa em viagem*. Frankfurt: Teo Ferrer de Mesquita, 213-236.

(125) «Freiheit, Gleichheit-Mehrsprachigkeit!», en: Dorner, Max/Haußmann, Philipp/Keicher, Jürgen (eds.): *Sprachbuch*. Stuttgart: Ernst Klett Sprachen, 214-235.

(126) «Nominal and/or verbal marking of central actants», en: Fiorentini, Giuliana (ed.): *Romance objects. Transitivity in Romance languages*. Berlin: Mouton de Gruyter, 17-47.

2004

Artículo

(127) «Analytizität und Synthetizität. Kasus und Adpositionen im typologischen Vergleich», en: Hinrichs, Uwe (ed.): *Die europäischen Sprachen auf dem Wege zum analytischen Sprachtyp*. Wiesbaden: Otto Harrassowitz (Eurolinguistische Arbeiten, 1), 431-452.

2005

Libro

(128) *Das Wunder von al-Andalus. Die schönsten Gedichte aus dem Maurischen Spanien. Aus dem Arabischen und Hebräischen ins Deutsche übertragen und erläutert von Georg Bossong*. Mit einem Nachwort von SAID. München: C. H. Beck (Neue Orientalische Bibliothek, 2), 350 págs.

Artículo

(129) «Ein Muslim liebt einen Christen – Poesie aus al-Andalus» [acerca de Ibn Khâtima, *Liebe mit Übersetzung*], *Der Arabische Almanach. Zeitschrift für orientalische Kultur* 16 (2005/06), 9-13.

2006

ARTÍCULOS

(130) «La sintaxis de las *Glosas Emilianenses* en una perspectiva tipológica», en: Bustos Tovar, José Jesús/Girón Alconchel, José Luis (eds.): *Actas del VI Congreso Internacional de Historia de la Lengua Española (Madrid, 29 de septiembre-3 de octubre de 2003).* Madrid: Arco Libros, 529-543.

(131) «Religionsgeschichte, Philosophie und Sprachgeschichte: Iberoromania», en: Gerhard, Ernst/Glessgen, Martin-Dietrich/Schmitt, Christian/Schweickard, Wolfgang (eds.): *Romanische Sprachgeschichte. Ein internationales Handbuch zur Geschichte der romanischen Sprachen.* Berlin: Mouton de Gruyter, vol. 2, 1333-1346.

(132) «Meaning, form and function in basic case roles», en: Bornkessel, Ina/Comrie, Bernard/Friederici, Angela/Schlesewski, Mathias (eds.): *Semantic role universals and argument linking. Theoretical, typological, and psycholinguistic perspectives.* Berlin: Mouton de Gruyter, 237-262.

2007

LIBRO

(133) *Das Maurische Spanien. Geschichte und Kultur.* München: C. H. Beck (Beck Wissen), 128 págs. [con 7 fotografías y 2 mapas].

EN PRENSA

LIBRO

POESÍA en convivencia. Estudios sobre la lírica árabe, hebrea y romance en la España de las tres religiones (Arabica Romanica, editorial Trea, Gijón).

ARTÍCULOS

«Vertrieben aus al-Andalus. König al-Mu'tamid von Sevilla und Moshe ibn 'Ezra' aus Granada, zwei Dichter im Exil», en: *Festschrift für Raïf Georges Khoury,* editado por el Orientalisches Seminar der Universität Heidelberg (Departamento de Filología Árabe de la Universidad de Heidelberg).

«El judeoespañol de Salónica: un crisol lingüístico», en: *Actas del Tercer Congreso Internacional de Estudios Judeoespañoles, Salónica 2004.*

Tabula Gratulatoria

Cristina Albizu Yeregui, Zürich
Karl-Heinz Anton, Recklinghausen
Rafael Arnold, Paderborn
Francisco Báez de Aguilar, Málaga
Christine Bierbach, Mannheim
Nadezhda Bravo Cladera, Stockholm
Rafael Cano Aguilar, Sevilla
Ana María Cano González, Oviedo
Annina Clerici, Zürich
Germà Colón Domènech, Basel
Concepción Company Company,
    México D.F.
Bernard Comrie, Santa Barbara
Renata Coray, Zürich
Federico Corriente, Zaragoza
Tatiana Crivelli, Zürich
Verena Dehmer, Tübingen
Carmen Díaz Alayón,
    La Laguna, Tenerife
Erwin Diekmann, Mannheim
Doris Diekmann-Sammet, Mannheim
Wolf Dietrich, Münster
Hans-Jörg Döhla, Zürich
Steven N. Dworkin, Ann Arbor
Rolf Eberenz, Lausanne
Elmar Eggert, Bochum
Renata Enghels, Gent
Andrés Enrique-Arias,
    Palma de Mallorca
Mauro Fernández Rodríguez,
    La Coruña
Peter Fröhlicher, Zürich
Manuel Galeote, Málaga

Martin-Dietrich Glessgen, Zürich
Yan Greub, Paris
Georges Güntert, Küsnacht
Gerold Hilty, Oberriden
Bernhard Hurch, Graz
Rita Catrina Imboden, Zürich
Daniel Jacob, Freiburg
Carmen Jany, Zürich
Johannes Kabatek, Tübingen
Rolf Kailuweit, Freiburg
Yvonne Kiegel-Keicher, Oberursel
Johannes Kramer, Trier
Nunzio La Fauci, Zürich
Patrick Labarthe, Zürich
Martín Lienhard, Zürich
Itzíar López Guil, Zürich
Michele Loporcaro, Zürich
Katharina Maier-Troxler, Zürich
Anton-Simó Massó i Alegret,
    Kreuzlingen
Javier Medina López, La Laguna,
    Tenerife
Marília Mendes, Zürich
Laura Minervini, Roma
Raquel Montero Muñoz, Zürich
M. Carmen Muñoz Macía, Zug
Ana Isabel Navarro Carrasco, Alicante
Wulf Oesterreicher, München
Max Pfister, Saarbrücken
Michelangelo Picone, Zürich
María Teresa Poblete Bennett, Osorno
Aldina Quintana Rodríguez, Jerusalem
Estanislao Ramón Trives, Murcia

María Ana Ramos, Zürich
Eugeen Roegiest, Gent
Luciano Rossi, Zürich
Ángel Saenz-Badillos,
  Cambridge, MA
Yvette Sánchez, St. Gallen
Beatrice Schmid, Basel
Stephan Schmid, Zürich
Martina Schrader-Kniffki, Bremen
Christian Seidl, Zürich
Elisabeth Stark, Zürich
Wolf Dieter Stempel, München

Theo Vennemann, München
Agustín Vera Luján, Madrid
Ana María Vigara Tauste, Madrid
Juan Carlos Villaverde Amieva,
  Oviedo
Juan Andrés Villena Ponsoda, Málaga
Ulrich Wandruszka, Klagenfurt
Otto Winkelmann, Gießen
Klaus Zimmermann, Bremen
Vera Ziswiler, Zürich
Fernando Zúñiga, Zürich
Otto Zwartjes, Amsterdam

Departament de Teoría dels llenguatges
  i de la Comunicació, Universitat de València
Institut für Iberoromanistik, Universität Basel
Institut für Romanische Philologie, München
Institut für Romanistik, Universität Wien
Romanisches Seminar, Universität Köln
Romanisches Seminar, Universität Münster